Soziologischer Almanach

SPES-Projekt
Sozialpolitisches Entscheidungs- und Indikatorensystem für die Bundesrepublik Deutschland
Schriftenreihe Band 5

Herausgegeben von der Sozialpolitischen Forschergruppe an den Universitäten Frankfurt und Mannheim

Mitglieder der Sozialpolitischen Forschergruppe

Dr. Fritz Abb; Professor für Volkswirtschaftslehre
Eike Ballerstedt; Soziologe, M.A.
Ralph Brennecke; Diplom-Volkswirt
Dr. Joachim Gäbler; Professor für Volkswirtschaftslehre
Heinz-Peter Galler; Diplom-Volkswirt
Wolfgang Glatzer; Diplom-Soziologe
Dieter Greiner; Diplom-Mathematiker
Dr. Heinz Grohmann; Professor für Statistik
Dr. Johann Handl; Soziologe
Dr. Peter Hecheltjen; Dozent für Sozialpolitik
Dr. Hans-Dieter Heike; Professor für Sozialpolitik
Dr. Christof Helberger; Dozent für Sozialpolitik
Dr. Frank Klanberg; Volkswirt
Klaus Kortmann; Diplom-Kaufmann
Gerda Kremser; Diplom-Kaufmann
Udo Kröber; Diplom-Ingenieur
Dr. Hans-Jürgen Krupp; Professor für Sozialpolitik (federführend)
Dr. Karl-Ulrich Mayer; Soziologe
Dr. Helmut Meinhold; Professor für Wirtschafts- und Sozialpolitik
Joachim Merz; Diplom-Kaufmann
Dr. Walter Müller; Volkswirt
Heinz-Herbert Noll; Diplom-Soziologe
Dr. Rainer Ruge; Soziologe
Dr. Winfried Schmähl; Dozent für Wirtschafts- und Sozialpolitik
Günther Schmaus; Diplom-Volkswirt
Götz Scholz; Diplom-Volkswirt
Roswitha Sehringer; Diplom-Soziologin
Almut Steger; Diplom-Kaufmann
Eugenios Vlassis; Diplom-Volkswirt
Dr. Wolfgang Zapf; Professor für Soziologie

Soziologischer Almanach

Handbuch gesellschaftspolitischer Daten und Indikatoren für die Bundesrepublik Deutschland

von
Eike Ballerstedt, Wolfgang Glatzer
und
Karl-Ulrich Mayer, Wolfgang Zapf

Herder & Herder
Frankfurt/New York

ISBN 3-585-32 139-9

Umschlagentwurf: Hanswerner Klein
Herstellung: Adolf Heimzlmeier
Druck- und Bindearbeiten: Verlag Anton Hain, Meisenheim/Glan
Printed in Germany

INHALTSVERZEICHNIS

Die folgenden Abschnitte wurden bearbeitet von:

Klaus BLÖMKER:	Bildungssystem
Jürgen KOHL:	Staatseinnahmen, Staatsausgaben
Karl-Ulrich MAYER:	Vertikale Mobilität
Wolfgang ZAPF:	Eliten

An der Bearbeitung folgender Abschnitte wirkten mit:

Klaus BLÖMKER:	Bildungschancen
Helmut H. DIEDERICHS:	Medien der Massenkommunikation, Rezipienten der Massenkommunikation
Dieter HEINRICH:	Frauen
Karl-Ulrich MAYER:	Soziale Schichtung
Helga SCHÄFER:	Justiz, Kriminalität
Arno WEIGAND:	Einkommensverteilung, Vermögensverteilung
Frank HEIDER:	Randgruppen

Bei der umfangreichen Kleinarbeit wurden wir unterstützt von:

Erich WIEGAND

Annelie SEIBEL

Dietmar RÖHRICHT

Die Herausgeber und Autoren dieses Bandes danken den zahlreichen Personen und Institutionen, die unveröffentlichtes Datenmaterial zur Verfügung stellten oder in anderer Weise bei der Beschaffung von Statistiken behilflich waren.

Unveröffentlichtes Datenmaterial erhielten wir von:

Arbeits- und Sozialbehörde der Freien Hansestadt Hamburg

Deutscher Gewerkschaftsbund, Düsseldorf

Emnid-Institut, Bielefeld

Gemeinsame Medienkommission der Arbeitsgemeinschaft der Rundfunkanstalten Deutschlands und des Zweiten Deutschen Fernsehens, Stuttgart

Peter Höhmann, Regensburg

Infas, Bad Godesberg

Infratest, München

Institut für Metereologie und Geophysik der Universität Frankfurt a.M.

Werner Kaltefleiter, Kiel

Nassauische Heimstätte, Frankfurt a.M.

Pilotstation Frankfurt a.M. des Bundesumweltamtes, Berlin

Seminar für Bankbetriebslehre der Universität Frankfurt

Senckenbergische Naturforschende Gesellschaft, Frankfurt

Statistisches Bundesamt, Wiesbaden

Hanno Uosittalo, Helsinki

Rudolf Wildenmann, Mannheim

VORWORT

I

Eine aktive Gesellschaftspolitik ist nicht denkbar ohne eine einschneidende Verbesserung des gesamtgesellschaftlichen Informationssystems - ob sie nun den demokratischen Sozialismus, die humane Leistungsgesellschaft oder den sozialen Liberalismus ihr Ziel nennt. Ohne gesellschaftliche Dauerbeobachtung, Probleminformation, Erfolgskontrolle und Rückkoppelung mit den betroffenen Bürgern sind die Probleme, die der soziale Wandel permanent erzeugt, nicht angemessen zu bewältigen. Information ist ein Kollektivgut mit der Eigenschaft, einen Vorlauf für die Bereitstellung aller anderen privaten und öffentlichen Güter zu ermöglichen, wenn sie regelmäßig, rechtzeitig, systematisch und autonom bereitgestellt wird. Solange es erst Krisen sind, die über gesellschaftliche Probleme informieren, wird eine politische Ressource vergeudet, die durchaus preiswert zur Verfügung steht.

Die heutige Wirtschaftspolitik verfügt inzwischen über eine eindrucksvolle Informationsbasis. In der Bundesrepublik gibt es die Gutachten des Sachverständigenrates, den Jahreswirtschaftsbericht mit Stellungnahmen der Regierung, die Gutachten unabhängiger wirtschaftswissenschaftlicher Institute und eine vergleichsweise hervorragende Wirtschaftsstatistik, auf die sich alle anderen Aktivitäten stützen können. Daß Information allein den Erfolg einer Politik nicht garantiert, ist natürlich jedem Beobachter klar. Aber ohne das bestehende Informationssystem wären auch die relativen Erfolge der Wirtschaftspolitik undenkbar. Dieser Entwicklungsstand muß für die Gesellschaftspolitik insgesamt erreicht werden, im privaten wie im öffentlichen Sektor.

In der wissenschaftlichen Diskussion hat seit etwa zehn Jahren die sogenannte "Soziale Indikatoren-Bewegung", eine inzwischen internationale Gruppe von Sozialwissenschaftlern und aufgeschlossenen Politikern, die Forderung erhoben, jenes eindimensionale Konzept aufzuheben, das Wohlfahrt mit einem hohen Sozialprodukt und großen Wachstumsraten gleichsetzt. Sie postuliert stattdessen einen mehrdimensionalen Wohlfahrtsbegriff, der inzwischen - vielleicht etwas idealistisch - Lebensqualität genannt wird. Eine Kategorie wie Lebensqualität kann man jedenfalls nicht allein mit wirtschaftlichen Erfolgsmerkmalen bestimmen. Neue Meßgrößen müssen entwickelt werden, die in der Lage sind auszudrücken, welche Leistungen in den verschiedenen Lebensbereichen erbracht werden und welche Leistungen schließlich bei den einzelnen Bürgern anfallen. Diese Meßgrößen werden soziale Indikatoren genannt. Soziale Indikatoren sind Statistiken, die Kosten und Erträge gesellschaftlicher Aktivitäten - disaggregiert nach relevanten Gruppen und Regionen, beobachtet über einen längeren Zeitraum - in "natürlichen", d.h. nicht-monetären Einheiten messen. Nicht die Kosten des Schulsystems sind letztlich für den Bürger interessant, sondern das, was die Kinder für diese Kosten lernen; dies kann man zum Beispiel durch Leistungstests zu erfassen versuchen. Nicht die Entwicklung registrierter Kriminalität beschäftigt die Menschen, sondern ihre unmittelbare Sicherheit; durch Umfragen hat man festgestellt, wie oft die Befragten tatsächlich Opfer krimineller Akte geworden sind, und man hat dabei beträchtliche Abweichungen gegenüber den amtlichen Zahlen konstatieren müssen. Dies sind nur zwei Beispiele für die Konstruktion sozialer Indikatoren.

Insgesamt geht es darum, für die Gesellschaftspolitik eine Informationsbasis zu errichten, die derjenigen der Wirtschaftspolitik wenigstens gleichwertig ist. Soziale Indikatoren sind dabei nur eines von zahlreichen Werkzeugen. Die Gesamtheit der Bemühungen um eine Verbesserung der Information nenne ich Sozialberichterstattung (societal monitoring, social reporting). Im einzelnen kann man wenigstens fünf Funktionen unterscheiden. (1) Die Meßfunktion: die Beschreibung gesellschaftlicher Wandlungsprozesse mit Hilfe grundlegender statistischer Daten. (2) Die Bewertungsfunktion: die Evaluierung gesellschaftspolitischer Leistungen bzw. Kosten durch soziale Indikatoren, Sozialberichte, Ländervergleiche usw. (3) Die Gesamtrechnungsfunktion: die Analyse gesellschaftlicher Wechselwirkungen innerhalb eines einheitlichen Bezugsrahmens analog zur volkswirtschaftlichen Gesamtrechnung, z.B. innerhalb eines sozio-demographischen Gesamtrechnungssystems. (4) Die Erklärungsfunktion: die kausale Erklärung gesellschaftlicher Prozesse, z.B. des Statuszuweisungsprozesses, so daß steuernde Eingriffe möglich werden. (5) Die Funktion institutioneller Innovation: sie liegt quer zu den anderen Funktionen der Sozialberichterstattung, insofern damit die erfolgreiche Institutionalisierung von Meß-, Bewertungs-, Gesamtrechnungs- und Erklärungsverfahren gemeint ist. Dies mag als ein allgemeiner Aufriß genügen; Sozialberichterstattung ist ein Informationssystem - ihr generelles Ziel kann man die Messung der Lebensqualität nennen.

II

Das vorliegende "Handbuch gesellschaftspolitischer Daten und Indikatoren für die Bundesrepublik Deutschland" versteht sich als ein elementarer Beitrag zur Sozialberichterstattung. Es dient im wesentlichen der Meßfunktion, nämlich der Beschreibung grundlegender gesellschaftlicher Tatbestände und Entwicklungstrends. Ohne die Kenntnis solcher Tatbestände und Trends ist keine angemessene Bewertung, Gesamtrechnung und Theorienbildung möglich; die regelmäßige Fortschreibung solcher Informationen wäre durchaus eine institutionelle Innovation. Konservative unterschätzen häufig die Dynamik gesellschaftlicher Trends, Radikale unterschätzen häufig die Kraft sozialer Strukturen und solche Wandlungsprozesse, die ihnen nicht ins Konzept passen.
Ein gutes Datenhandbuch ist weder konservativ noch radikal; es ist vielmehr ein Hilfsmittel für die rationalere Austragung von Gegensätzen.

In den letzten Jahren sind in mehreren Ländern sozialstatistische Datenhandbücher entstanden. Der Durchbruch gelang den britischen Social Trends, die seit 1970 jährlich veröffentlicht werden. 1973 sind die französischen Données sociales, die amerikanischen Social Indicators, das japanische White Paper on National Life und der Band Gesellschaftliche Daten des Bundesministeriums für Arbeit und Sozialordnung hinzugekommen. Diese Datenhandbücher stimmen in ihrer generellen Absicht überein; sie unterscheiden sich aber nach Umfang und Anlage. Die britischen Bände sind eher an den Regierungsressorts und an "sozialen Problemen" orientiert, der französiche Band stärker an einem theoretischen Gesellschaftsmodell, der amerikanische Band eher an einem individuenbezogenen Indikatorenkonzept. Der Band des Arbeitsministeriums braucht in dieser Reihe keinen Vergleich zu scheuen; er hat gute Tabellen, informative Kommentare, und er deckt einen weiten Bereich von Problemen. Zu hoffen bleibt in diesem Zusammenhang, daß die seit zwei Jahren angekündigte Publikation des Statistischen Bundesamtes (Arbeitstitel: Sozialstatistische Trends) bald ebenfalls in Gang kommt.

Sämtliche genannten Publikationen sind von Behörden (Statistischen Ämtern, Ministerien) herausgegeben worden. Dies ist zu begrüßen, weil ganz unstreitig den Statistischen Ämtern die Kompetenz für die Bereitstellung einer "statistischen Infrastruktur" zukommt, wozu solche Datenbücher gehören. Ebenso unstreitig ist es von Nutzen, wenn Regierungen regelmäßig ihre Bestandsaufnahmen zu Protokoll geben. Ein entwickeltes System der Sozialberichterstattung kann jedoch nicht ausschließlich auf amtlichen Publikationen beruhen. Sie werden und sollen sich auf Bereiche konzentrieren, für die der Staat eine unmittelbare Zuständigkeit hat; sie werden und sollen sich auf erprobte Daten stützen und sich nicht bei der Konstruktion theoretisch problematischer Indikatoren aufhalten. In der Kontrastierung, Erweiterung und Vertiefung liegen die Aufgaben nichtamtlicher, wissenschaftlicher Beiträge.

Das vorliegende "Handbuch", dessen Autoren im übrigen in Kontakt mit den Verfassern der genannten amtlichen Publikationen stehen, sieht seine Aufgabe darin, neben unentbehrlichen Grunddaten solche Informationen zu liefern, die von amtlichen Beiträgen nicht ohne weiteres erwartet werden können: lange Zeitreihen, kompliziertere Indices, experimentelle Indikatoren, Operationalisierungsversuche sozialwissenschaftlicher Theorien. Unser "Handbuch" hat eine größere Reichweite als die bisher vorliegenden Bände, und weitere Kapitel sollen noch hinzukommen. Der Leser wird - so hoffe ich - eine Reihe von methodischen und theoretischen Neuerungen entdecken; er wird die Kritik und genaue Dokumentation der präsentierten Daten nützlich finden. Eine künftige Aufgabe wird sicher darin liegen, die Einbeziehung "subjektiver Indikatoren" (Werte, Erwartungen, Befürchtungen der Bevölkerung) noch weiter auszudehnen; in diesem Punkt sind wir aber auf die Kooperationsbereitschaft der Meinungsforschungsinstitute angewiesen. Insgesamt könnte sich ein produktives Wechselspiel derart ergeben, daß 'private' Publikationen eher wissenschaftlich experimentieren, während die amtlichen Beiträge eher bewährte Informationen, jedoch in regelmäßiger Folge publizieren.

III

Den vielleicht etwas altertümlichen Haupttitel "Soziologischer Almanach" haben wir gewählt, um einem geschätzten Vorbild die Ehre zu erweisen, dem 1961 von Murray Gendell und Hans L. Zetterberg veröffentlichten Sociological Almanac for the United States. Vor einigen Jahren ist einmal mit inhaltsanalytischen Methoden nachgewiesen worden, daß der kleine Band von Gendell/Zetterberg mehr relevante Informationen über zentrale gesellschaftspolitische Ziele seiner Gesellschaft enthält, als die amtlichen Statistischen Jahrbücher zusammen - eben weil er eine soziologische Problemorientierung hat. Das Urteil darüber, inwieweit sich auch unser Band durch eine solche Problemorientierung auszeichnet, wollen wir dem Leser überlassen. Der Titel soll aber die lange wissenschaftliche Tradition deutlich werden lassen, in der unsere Versuche stehen: die Tradition der Trendberichte von William F. Ogburn aus den 1930 er Jahren, der "Moralstatistik" um die Jahrhundertwende und den noch viel älteren Traditionen der "Political Arithmetic" und "Staatenkunde".

Ein gewitzter Kollege hat im Großen Brockhaus festgestellt, daß das Wort 'Almanach' vom arabischen al-manach herrührt, dem "Ort, wo man die Kamele niederknien läßt". Darüber könnte man länger reflektieren, insbesondere über die Bedeutung von Oasen in Wüstenzonen. Andere Wortbedeutungen verweisen auf "Erzählung" und "Kalender". Almanachs waren in früheren Zeiten astronomische Kalender und historisch-politische Jahrbücher, "instruktiv und unterhaltsam und sehr geschätzt, als anderer Lesestoff recht dürftig war".

Die Idee für diesen Band hatte Karl-Ulrich Mayer; mit ihm zusammen habe ich diese Idee in einem Seminar ausprobiert, ein erstes Konzept entwickelt und das Unternehmen in Gang gebracht. Die vorliegende Konzeption ist in zweijähriger Arbeit von Eike Ballerstedt und Wolfgang Glatzer entwikkelt worden. Sie sind die Autoren dieses Bandes. Sie haben den überwiegenden Teil der Tabellen, Datendokumentation und Kommentare erstellt sowie den Rest organisiert. Alle weiteren Mitarbeiter sind eingangs aufgeführt.

Dieser Band ist Teil des SPES-Projekts ("Sozialpolitisches Entscheidungs- und Indikatorensystem für die Bundesrepublik Deutschland") der Sozialpolitischen Forschergruppe Frankfurt/Mannheim. Das Projekt wird von der Deutschen Forschungsgemeinschaft finanziert; in ihm arbeiten Ökonomen, Statistiker und Soziologen. Aus den Diskussionen innerhalb der Forschergruppe hat unser Band viele Anregungen bekommen. Wir hoffen, daß er einen sinnvollen Beitrag zur Sozialberichterstattung im allgemeinen, zur Entwicklung eines Systems sozialer Indikatoren im besonderen leisten wird.

Mannheim, im September 1974 Wolfgang Zapf

E I N L E I T U N G

I

Mit dem Soziologischen Almanach wird ein Handbuch präsentiert, in dem aussagekräftige Sozial- und Wirtschaftsstatistiken zu verschiedenen gesellschaftlichen Bereichen und für bestimmte soziale Gruppen zusammengestellt sind.[1] Als Kompendium "anschaulicher" Daten enthält er eine Vielzahl deskriptiver und problemorientierter Statistiken und zentrale Bestands- und Verteilungsmaße. In ihm sind problemorientierte Zeitreihen und Querschnittsdaten für die Bundesrepublik enthalten und werden wichtige Informationen sowohl aus der amtlichen Statistik und der Regierungsberichterstattung wie auch aus Monographien und Umfragen einbezogen. Der Almanach stellt damit ein Bindeglied dar zwischen einer Reihe von verfügbaren, meist amtlichen statistischen Nachschlagewerken, die aufgrund des in ihnen vorherrschenden Ökonomismus und ihrer mangelnden Problemorientierung die Bedürfnisse nach gesellschaftspolitisch orientierten Informationen nur unzureichend befriedigen, und den soziologisch interpretierenden "Sozialkunden"[2] für die Bundesrepublik, in denen die bestehenden empirischen Möglichkeiten nur unzureichend ausgeschöpft werden.

---

1) Vergleichbare internationale Datenhandbücher sind:

Social Trends; hrsg. vom Central Statistical Office, London. No. 1: 1970, No. 2: 1971, No. 3: 1972, No.4: 1973

Données Sociales; hrsg. vom Institut National de la Statistique et des Etudes Economiques. Paris 1973

Social Indicators 1973 - Selected Statistics on Social Conditions and Trends in the United States; hrsg. vom Office of Management and Budget; U.S. Government Printing Office. Washington, D.C. 1973

Gesellschaftliche Daten 1973; hrsg. vom Presse- und Informationsamt der Bundesregierung. Bonn 1973

White Paper on National Life; hrsg. in Japan

2) Bolte, Karl Martin, u.a., Deutsche Gesellschaft im Wandel, 2 Bände. Opladen 1966 und 1970 (Forts. n. Seite)

II

Die sinnvolle Erhebung, Sammlung und Systematisierung sozialwissenschaftlicher Daten ist ohne den Bezugsrahmen von Theorien oder zumindest theoretischen Konzepten sicher nicht möglich: wenn mit Hilfe von Daten etwas über die gesellschaftliche "Realität" ausgesagt werden soll, so setzt dies immer erkenntnistheoretische Annahmen voraus; wenn begrifflich vorgegebene Aspekte der Realität erfaßt werden sollen, so ist damit notwendigerweise die Lösung meßtheoretischer Probleme (Operationalisierung) verbunden; schließlich beruhen die Relevanzkriterien, die nötig sind, um aus dem Universum möglicher Beobachtungen und verfügbarer Daten die erforderliche Auswahl zu treffen, auf theoretischen Konzepten oder Theorien.

Bei der Entwicklung der Konzeption des Soziologischen Almanachs stand dementsprechend das Problem der Selektionskriterien im Vordergrund. Es mußten Entscheidungen darüber getroffen werden, welche Fragestellungen und gesellschaftspolitischen Problembereiche relevant erscheinen und welche "Indikatoren" im Rahmen dieser Fragestellungen ausgewählt und präsentiert werden sollten.

In der sozialen Indikatorenbewegung [3] gibt es Versuche,

---

2) Claessens, D., Klönne, A., Tschoepe, A., Sozialkunde der Bundesrepublik Deutschland. Düsseldorf/Köln 1965

Fürstenberg, Friedrich, Die Sozialstruktur der Bundesrepublik Deutschland. Köln/Opladen 1967

Münke, Stefanie, Die mobile Gesellschaft - Einführung in die Sozialstruktur der Bundesrepublik. Stuttgart 1967.

3) Einen Überblick über diese Thematik gibt:

Leipert, Christian, Soziale Indikatoren - Überblick über den Stand der Diskussion. In: Konjunkturpolitik, 19. Jg., Heft 7/1973

Zapf, Wolfgang, Soziale Indikatoren. In: Soziologie - Sprache, Bezug zur Praxis, Verhältnis zu anderen Wissenschaften; hrsg. von Günter Albrecht, Hansjürgen Daheim, Fritz Sack. Opladen 1974

Zapf, Wolfgang, Gesellschaftliche Dauerbeobachtung und aktive Politik. In: Allgemeines Statistisches Archiv, Band 57 (1973), S. 143 - 163 (Forts. n. Seite)

theoretisch abgeleitete Klassifikationsschemata zu entwickeln, die die systematische Bestimmung der für eine umfassende Sozialberichterstattung wichtigen Dimensionen erlauben (Social System Accounting, Demographic Accounting System, Towards Master Social Indicators). Neben den bisher nicht gelösten Schwierigkeiten, ein solches Klassifikationsschema konsistent und vollständig zu erstellen, schien uns das hierbei notwendige Abstraktionsniveau und die Komplexität dieser Ansätze deren empirische Umsetzung zu erschweren. Als alternative Strategie bot sich an, von gesellschaftlichen Problemen auszugehen und im Rahmen von Problembereichen relevante quantitative Informationen zusammenzustellen. Eine derartige, an gesellschaftlichen Problemen orientierte Datensammlung hat zudem den Vorteil, daß sie relativ leicht zu Sozialindikatoren-Systemen weiterentwickelt werden kann.
Der Begriff gesellschaftliches Problem wird von uns umfassender verstanden als der Terminus soziales Problem; für den letzteren gibt es zwar keine verbindliche Definition, wohl aber einen Katalog von Problemen, die gewöhnlich unter diesem Begriff zusammengefaßt werden. Von "gesellschaftlichen Problemen" soll gesprochen werden, wenn Individuen oder Gruppen den Ist-Zustand einer Gesellschaft oder eines Teilbereiches als abweichend von Soll-Vorstellungen definieren und entsprechende Veränderungen anstreben. Gesellschaftliche Probleme sind ferner dadurch bestimmt, daß sie die relative Stabilität oder sogar Existenz der Gesellschaft oder wesentlicher sozialer Gruppen gefährden, wenn sie keiner Lösung nahegebracht werden. Gesellschaftliche Probleme in diesem Sinne bedeuten eine Herausforderung für Gesellschaften und stellen sie vor die Aufgabe, Krisen zu überwinden oder gesellschaftliche Ansprüche zu realisieren. Unter gesellschaftlichen Problemen sollen allerdings nur solche verstanden werden, die

3) Zapf, Wolfgang (Hg.), Soziale Indikatoren - Berichte und Diskussionen 1972 und 1973. Beide Bände: Frankfurt 1974.

längerfristige Herausforderungen im gesellschaftlichen Entwicklungsprozeß darstellen.

Diese gesellschaftlichen Probleme werden in verschiedenen Zusammenhängen definiert und politisch artikuliert: in der öffentlichen Diskussion (z.B. die Themen Umweltverschmutzung, Grenzen des Wachstums), von Politikern und politischen Unternehmern (z.B. die Themen Steuergerechtigkeit und Gleichheit der Bildungschancen), von Organisationen und sozialen Gruppen (z.B. die Themen Mitbestimmung, Humanisierung des Arbeitslebens) u.a.m.

Zu den gesellschaftlichen Problemen gehört auch der konventionelle Katalog sozialer Probleme (Krankheit, Arbeitslosigkeit, Armut, soziale Randlage, Obdachlosigkeit, Alkoholismus, Drogenabhängigkeit usw.) sowie die spezifischen Probleme, die Gesellschaften und gesellschaftlichen Entwicklungsphasen von Wissenschaftlern zugeschrieben werden (wie Industrialisierung, Bürokratisierung, Stagnation, Legitimationskrise u.a.).

Ein Kriterium für eine irgendwie verbindliche Hierarchie gesellschaftlicher Probleme scheint es nicht zu geben. Die dominanten Themen wechseln im Zeitablauf und zwischen sozialen Gruppen. Bestimmte Probleme, die als gelöst gelten, sind nur noch von latenter Bedeutung; andere gesellschaftliche Zusammenhänge werden - oft völlig unvermittelt - als Problem empfunden. Wegen Regelmäßigkeiten in diesem sozialen Definitionsprozeß wird von manchen Leuten von einem "Problemmoden-Zyklus" (issue-attention cycle) gesprochen.

Die <u>Liste gesellschaftlicher Probleme und Problembereiche</u>, die dem Soziologischen Almanach zugrunde liegt, ist das Ergebnis von Expertendiskussionen nach dem Prinzip der "informierten Willkür" und kann prinzipiell verändert und erweitert werden. Es wurde außerdem versucht, Bereiche zu definieren, die eine Zusammenfassung der gesellschaftlichen Probleme unter übergeordneten Gesichtspunkten erlauben. Ausgangspunkte für die Entstehung und Bewertung solcher

Problembereiche bilden die personelle, materielle und institutionelle Infrastruktur. Damit sind jene internen, relativ stabilen Einrichtungen und Tatbestände gemeint, die als Ressourcen und "Instanzen" für die ökonomische, technische, politische und soziale Entwicklung der Gesellschaft von Bedeutung sind. Aus einer individuumzentrierten Perspektive sind die individuellen Lebensbereiche und Wertvorstellungen von besonderem Interesse, weil in ihnen die Möglichkeiten der Verwirklichung gesellschaftlicher Ziele und Werte für den Einzelnen gegeben sind. Die Fragen nach der Verteilung der einer Gesellschaft zur Verfügung stehenden Ressourcen, nach den Dimensionen und dem Ausmaß der Ungleichheit und den von ihnen betroffenen Gruppen werden in den Problembereichen Soziale Gruppen und Soziale Ungleichheit thematisiert. Den Abschluß bilden drei Problembereiche mit einer gesamtgesellschaftlichen Perspektive: im Abschnitt Konflikt und Integration stehen Fragen nach dem Ausmaß von Konflikten und der Wirksamkeit von Integrationsmechanismen im Mittelpunkt; im Abschnitt Kommunikation und Partizipation wird der Versuch unternommen, Dimensionen und Ausmaß bestehender Möglichkeiten und realisierter Inhalte des Zielbündels gesellschaftliche Teilhabe, Selbstbestimmung und Selbstverwirklichung zu bestimmen, wobei ein funktionierender Kommunikationsprozeß wesentliche Voraussetzung ist. Im Abschnitt Gesellschaftliche und Staatliche Steuerung werden Art und Ausmaß staatlicher Aktivitäten dargestellt und die Steuerungskapazität unserer Gesellschaft thematisiert. Die Lösung der Probleme moderner Gesellschaften erfordert, daß diese neben dem wirtschaftlichen Bereich auch ihre sozialen Strukturen und Prozesse analysieren und planen können. Insofern ist ihre Problemlösungskapazität selbst ein gesellschaftliches Problem.

Diese Problembereiche, die an wissenschaftliche Diskussionszusammenhänge anschließen, haben für die Liste gesellschaftlicher Probleme Ordnungsfunktionen und bilden übergeordnete Bezugsrahmen, in denen die einzelnen Probleme relevant sind.

III

Als Bezugspunkte für die Auswahl von Daten im Rahmen der einzelnen gesellschaftlichen Probleme wurden vor allem Themen der wissenschaftlichen und öffentlichen Diskussion, insbesondere kontroverse Hypothesen und Behauptungen, beachtet. Der Nutzen einer solchen theoretisch orientierten Datensammlung für die wissenschaftliche und gesellschaftspolitische Diskussion könnte darin bestehen, daß sie auf der Grundlage konsensusfähiger Daten zu einer Rationalisierung beiträgt. Allerdings erweisen sich sozialwissenschaftliche Daten im Hinblick auf ihre Interpretierbarkeit meist problematischer, als es auf den ersten Blick hin den Anschein hat. Sollen die Aussagekraft bestimmter Daten geklärt und unangemessene Interpretationen verhindert werden, so ist es notwendig, den Entstehung- und Verwendungszusammenhang der Daten selbst einer Analyse zu unterwerfen, um überprüfen zu können, ob das begriffliche Konzept des Untersuchungsgegenstandes übereinstimmt mit der ihn indizierenden Operationalisierung und welche Konsequenzen sich daraus für die Interpretation ergeben. Dabei handelt es sich im wesentlichen um vier Fragestellungen:

- Werden durch das jeweilige Erhebungsverfahren alle interessierenden Fälle erfaßt oder gibt es hierbei entscheidende Lücken? Handelt es sich bei diesen Lücken um systematische - und damit u.U. kalkulierbare und in ihrer Wirkung korrigierbare - oder eher um zufällige Verzerrungen?
- Werden durch die Operationalisierung alle Komponenten des "realen" Begriffes erfaßt oder nur Teilaspekte desselben? Läßt sich gegebenenfalls die Operationalisierung des fraglichen Indikators verbessern oder müssen eher zusätzliche Indikatoren zur Beschreibung der Realität herangezogen werden?
- Gibt es Veränderungen der "Realität" im Zeitablauf, denen gegenüber der Indikator nicht sensitiv genug ist?
- Liegen bei übereinstimmenden begrifflichen Konzepten

inkonsistente quantifizierte Operationalisierungen vor?

Der Versuch, mit Hilfe von Indikatoren die Ebene der Daten mit begrifflichen Konzepten zu verbinden, ist also stets nach den Kriterien der Gültigkeit und Verläßlichkeit zu überprüfen. Meist lassen sich zwar stichhaltige Einwände gegen die Aussagekraft von Daten finden, andererseits besteht aber auch meist die Möglichkeit der Einschränkung des Ermessensspielraumes bei der Interpretation der Daten, indem die Richtung und Größenordnung "fehlerhafter" Messungen geschätzt wird.

Doch selbst wenn es gelingt, weitgehend verläßliche und gültige Indikatoren zu entwickeln, sind die Probleme des Verwendungszusammenhangs und der Interpretation der Daten noch keinesfalls gelöst. Meist besitzt ein einzelner Indikator keine zureichende Aussagekraft für einen begrifflich komplexen Sachverhalt; erst ein Bündel von Indikatoren, deren Zusammenhang plausibel gemacht werden kann, gestattet es, weiterreichende Schlußfolgerungen zu ziehen.

Mit dem Almanach sollte der Versuch unternommen werden, eine angemessene Sensibilität gegenüber Daten zu erreichen, die sowohl überzogene Skepsis wie auch kritiklose Verwendung abbaut. Dazu wären Untersuchungen zu einer Vielzahl von Daten und Indikatoren wünschenswert, die deren Konstruktion und Entstehungsprozesse systematisch analysierten, um ihre Aussagekraft zu klären und ihrer Interpretierbarkeit angebbare Grenzen zu setzen.

IV

Die weitere Arbeit am Soziologischen Almanach wird sich einmal auf die Fortschreibung der hier vorgelegten Abschnitte konzentrieren. Dies schließt Fragen nach der Relevanz der bearbeiteten gesellschaftlichen Probleme und der Qualität der ausgewählten Daten hinsichtlich ihrer Gültigkeit ebenso ein wie die Suche nach "besseren" Indikatoren; denn wir haben bisher bezüglich ihres Entstehungs- und Verwendungszusammenhangs problematische Indikatoren so lange aufgenommen, wie nicht ohne merklichen Informationsverlust auf sie verzichtet werden konnte. Durch die ständige Überarbeitung und Verbesserung des Almanachs, zu dem auch hoffentlich einsetzende Kritik beitragen wird, könnte so im Laufe der Zeit eine überschaubare, gesellschaftspolitisch orientierte Materialbasis entstehen mit einem relativ hohen Maß an Verläßlichkeit und Gültigkeit der Daten und Indikatoren.

Ein weiterer Schwerpunkt der Arbeit gilt der thematischen Ausdehnung des Almanachs um weitere gesellschaftliche Probleme. Unter anderem denken wir dabei an Bereiche wie Wissenschaft und Forschung, wirtschaftliche Konzentration und politische Beteiligung, dabei sind wir auch an der Mitarbeit "außenstehender" Experten interessiert.

Über kritische Stellungnahmen und Verbesserungsvorschläge würden wir uns freuen. Unsere Adresse:

Eike Ballerstedt, Wolfgang Glatzer
Sozialpolitische Forschergruppe Frankfurt/Mannheim
Universität Mannheim - Lehrstuhl Soziologie III

6800 Mannheim 1
Seminargebäude A 5

HINWEISE FÜR DEN LESER

Die Organisation der einzelnen Abschnitte des Soziologischen Almanachs weist eine einheitliche Struktur auf, die die Übersichtlichkeit der Datenpräsentation erhöhen soll. In Tabelle 1 werden wenige zentrale Kennziffern für einen bestimmten Problembereich möglichst für den Zeitraum der letzten 100 Jahre angegeben, nach Möglichkeit in Zehnjahresabständen seit 1870 für den Gebietsstand der Bundesrepublik oder des Deutschen Reiches. In Tabelle 2 wird jeweils der Versuch unternommen, den Standort der Bundesrepublik im Verhältnis zu anderen Ländern vergleichbarer industrieller Entwicklungsstufe abzuschätzen. In diesen internationalen Vergleich werden einbezogen die Deutsche Demokratische Republik; die Länder der Europäischen Gemeinschaft Großbritannien, Frankreich, Italien, Niederlande, Belgien, Luxemburg, Dänemark; Österreich; die Schweiz als privatkapitalistisches, Schweden als sozialstaatliches Muster; Japan, die Vereinigten Staaten von Amerika und die Vereinigten Sowjetrepubliken als Weltmächte und große Industrie- und Handelsnationen; schließlich Indien als - sicher nicht typisches - Entwicklungsland, für das aber eine gewisse Datenbasis verfügbar ist. Selbstverständlich sind derartige historische und internationale Vergleiche nur mit Einschränkung interpretierbar.

In der Haupttabelle 3 werden jeweils Grundinformationen zu den einzelnen Problembereichen für die Bundesrepublik geliefert; es wird die quantitative Entwicklung der wichtigsten Variablen von 1950 bis zum jüngsten verfügbaren Jahr möglichst in Jahresabständen dargestellt. Die folgenden Tabellen enthalten speziellere Informationen, z.B. über räumliche und gruppenspezifische Verteilungen; über Werte und Normen, Aspirationen und Erwartungen von Individuen; über subjektive Wahrnehmungen und Bewertungen objektiver gesellschaftlicher Tatbestände durch die Betroffenen u.a.m. Diese ergänzenden Übersichten fallen von Abschnitt zu Abschnitt unterschiedlich aus. Wenn in einzelnen Tabellen für die selben Variablen verschiedene Zahlen angegeben sind, ist dies in aller Regel auf die in den verwendeten Quellen unterschiedlichen Abgrenzungen der fraglichen Variablen zurückzuführen.

In einem jeden Abschnitt einleitenden Kommentar wird dem Benutzer ein kurzer Überblick über wichtige Probleme, Fragestellungen, Hypothesen und über die Datenlage des jeweiligen Themas gegeben. Inhaltlich greifen diese einführenden Bemerkungen oft über die Bereiche hinaus, die dann im anschließenden Tabellenteil durch Daten abgedeckt werden können.

Für jede einzelne Tabelle werden die dort verarbeiteten Quellen in einem Anhang zu jedem Abschnitt genau dokumentiert. Hier werden auch einzelne Variable definiert, Hinweise zu Berechnungs- und Erhebungsverfahren der Daten gegeben, die Wirkungen möglicher systematischer Fehler der Indikatoren angedeutet, Angaben über den örtlichen, zeitlichen, personellen oder inhaltlichen Geltungsbereich der Daten gemacht, etc. [a)]

Auf den folgenden Seiten sind die wichtigsten, häufig verwendeten Abkürzungen und Symbole aufgelistet. Abkürzungen, die nur in einem einzigen Abschnitt verwendet werden, werden im jeweiligen Anhang definiert.

Das Manuskript wurde im August 1974 fertiggestellt.

---

a) Um die Zuordnung der Anmerkungen zu den jeweiligen Daten möglichst einfach zu gestalten, werden in einigen Abschnitten die Zellen der Tabellenmatrix identifiziert durch die Kombination alphabetischer (a,b,c,... für die Zeilen) und numerischer (1,2,3,... für die Spalten) Symbole. Sind diese ___ unterstrichen, so beziehen sich die Anmerkungen auf die ganze Zeile oder Spalte; sind sie _ _ _ unterstrichen, so gelten die Angaben nur für die jeweils unterstrichenen Zellen.

I. VERZEICHNIS DER IN DEN TABELLENKÖPFEN VERWENDETEN ABKÜRZUNGEN (alphabetische Reihenfolge) UND SYMBOLE

BIP	Bruttoinlandsprodukt
BSP	Bruttosozialprodukt
Dim	Dimension
Ew	Einwohner
F	Frauen, weiblich
Fam	Familie
Hh, hh	Haushalt
Insg	Insgesamt (absoluter Wert, auf den sich die Prozentangaben beziehen)
M	Männer, männlich
Mill	Millionen
min	Minuten
Mrd	Milliarden
N, n	Zahl absolut
P	Personen
Std	Stunden
u.m.	und mehr, und älter, etc.
v.H.	von Hundert, Prozent
v.T.	von Tausend, Promille
v.Zt.	von Zehntausend
Zus	Zusammen (Summe der vorher aufgeführten Kategorien
Ø	Durchschnitt, durchschnittlich
%	von Hundert, Prozent
+	und
-	bis (in der Regel "bis unter")

II. VERZEICHNIS DER IN DEN TABELLENMATRIZEN VERWENDETEN SYMBOLE

-	nichts vorhanden
0 oder 0,0	mehr als nichts, aber weniger als die Hälfte der kleinsten Einheit, die in der Tabelle dargestellt wird
x	Nachweis ist nicht sinnvoll bzw. Fragestellung trifft nicht zu
. oder leeres Feld	Angabe ist sachlich sinnvoll, Werte wurden aber nicht gefunden
.|. oder ÷	grundsätzliche Änderung innerhalb einer Zeitreihe, die den zeitlichen Vergleich beeinträchtigt
(...)	Nachweis unter dem Vorbehalt, daß das Ergebnis erhebliche Fehler aufweisen kann. (Bei Stichproben des Statistischen Bundesamtes liegt der Stichprobenfehler hier zwischen 10 und 20 %.)
/	Kein Nachweis, da das Stichprobenergebnis nicht ausreichend genau ist. (Bei Stichproben des Statistischen Bundesamtes liegt der Stichprobenfehler hier bei über 20 %.)
ü, >	über, größer als
k, <	unter, kleiner als
)...	Zusammenfassung von zwei Kategorien in einer Zahl
-...	negativer Wert
+...	positiver Wert

III. ABKÜRZUNGEN FÜR DIE IN DEN INTERNATIONALEN ÜBERSICHTEN AUFGEFÜHRTEN LÄNDER (in der Reihenfolge der Nennung)

BRD	Bundesrepublik Deutschland
DDR	Deutsche Demokratische Republik
GBR	Großbritannien
FRA	Frankreich
ITA	Italien
NIE	Niederlande
BEL	Belgien
LUX	Luxemburg
DÄN	Dänemark
ÖST	Österreich
SWI	Schweiz
SWE	Schweden
JAP	Japan
USA	Vereinigte Staaten von Amerika
USR	Vereinigte Sowjetrepubliken (UdSSR)
IND	Indien

IV. ABKÜRZUNGEN FÜR DIE LÄNDER DER BUNDESREPUBLIK (in der Reihenfolge der Nennung)

Bund	Bundesgebiet (incl. West-Berlin und Saarland, wenn nicht anders vermerkt)
SchH	Schleswig-Holstein
Hamb	Hamburg
Brem	Bremen
NieS	Niedersachsen
NRW	Nordrhein-Westfalen
Hess	Hessen
RhPf	Rheinland-Pfalz
BaWü	Baden-Württemberg
Bayn	Bayern
Saar	Saarland
Berl	Berlin

V. BEI DEN QUELLENANGABEN VERWENDETE ABKÜRZUNGEN (in alphabetischer Reihenfolge)

Bd	Band
EVS	Einkommens- und Verbrauchsstichprobe
FS	Fachserie
G+WZ	Gebäude- und Wohnungszählung
H	Heft
JB, Jb	Jahrbuch
LKB	Länderkurzberichte
R	Reihe
S	Seite
SH	Sonderheft
V+BZ	Volks- und Berufszählung
Vj.	Vierteljahr, Quartal

ABKÜRZUNGEN WICHTIGER HERAUSGEBER

BfA	Bundesanstalt für Arbeit, Nürnberg
BMA	Bundesministerium für Arbeit und Sozialordnung, Bonn
BMI	Bundesministerium für Inneres, Bonn
BMWI	Bundesministerium für Wirtschaft, Bonn
BMWo	Bundesministerium für Wohnungs- und Städtebau, Bonn
BPA	Bundespresseamt, Bonn
OECD	Organisation of Economic Cooperation and Development, Paris
StBA	Statistisches Bundesamt, Wiesbaden
StRA	Statistisches Reichsamt, Berlin
UN	United Nations Organisations, New York

ABKÜRZUNGEN HÄUFIG BENUTZTER QUELLEN

BMIB Materialien	Materialien zum Bericht der Bundesregierung zur Lage der Nation, hrsg. vom Bundesministerium für innerdeutsche Beziehungen, Bonn
Bolte 1967	Karl Martin Bolte, Deutsche Gesellschaft im Wandel, Opladen 1967: C.W. Leske Verlag
Bolte 1970	Karl Martin Bolte, Deutsche Gesellschaft im Wandel 2, Opladen 1967: C.W. Leske Verlag
BPA, GD	Gesellschaftliche Daten 1973 in der Bundesrepublik Deutschland, hrsg. vom Presse- und Informationsamt der Bundesregierung, Bonn 1973
BuW 1872-1972	Statistisches Bundesamt (Hg.), Bevölkerung und Wirtschaft 1872-1972, Stuttgart und Mainz 1972: W. Kohlhammer Verlag
Gleitze 1960	Bruno Gleitze (Hg.), Wirtschafts- und sozialstatistisches Handbuch, Köln-Deutz 1960: Bund Verlag
HevsD	Joachim Bretschneider, Jürgen Husmann, Fritz Schnabel, Handbuch einkommens-, vermögens- und sozialpolitischer Daten, Köln (laufende Fortschreibung): J.P. Bachem
Hoffmann 1965	Walther G. Hoffmann, Das Wachstum der deutschen Wirtschaft seit der Mitte des 19. Jahrhunderts, Berlin-Heidelberg-New York 1965: Springer Verlag
Sachverständigenrat	Jahresgutachten des Sachverständigenrates zur Begutachtung der gesamtwirtschaftlichen Entwicklung, Bonn (jährliches Gutachten)
SOFI 1973	Materialien zur Lebens- und Arbeitssituation der Industriearbeiter in der BRD, Studienreihe des Soziologischen Forschungsinstituts Göttingen, Frankfurt 1973: Europäische Verlagsanstalt
UN, DY	United Nations Demographic Yearbook, hrsg. vom Statistical Office der UN, New York
UN, SY	United Nations Statistical Yearbook, hrsg. vom Statistical Office der UN, New York
WiSta	Wirtschaft und Statistik, monatlich erscheinende Zeitschrift, hrsg. vom Statistischen Bundesamt, Wiesbaden

ABKÜRZUNGEN NATIONALER JAHRBÜCHER

DDR JB	Statistisches Jahrbuch der DDR, Hrsg. von der Staatlichen Zentralverwaltung für Statistik, Berlin: Staatsverlag der DDR
FRA JB	Annuaire Statistique De La France. République Francaise, Ministère de l'économie et des finances, institut national de la statistique et des études économiques, Paris (I.N.S.E.E.)
ITA JB	Annuario Statistico Italiano, Instituto Centrale di Statistica, Rom
NIE JB	Statistical Yearbook of the Netherlands, Netherlands Central Bureau of Statistics, The Hague: Staatsuitgeverij
DÄN JB	Statistical Yearbook, København: Danmarks Statistik
ÖST JB	Statistisches Handbuch für die Republik Österreich, hrsg. vom Österreichischen Statistischen Zentralamt, Wien: Kommissionsverlag der Österreichischen Staatsdruckerei
SWI JB	Statistisches Jahrbuch der Schweiz, hrsg. vom Eidgenössischen Statistischen Amt, Basel: Birkhäuser Verlag
SWE JB	Statistical Abstracts of Sweden, published by the National Central Bureau of Statistics, Stockholm: Kungl. Boktryckeriet P.A. Norstedt & Söner
USA JB	Statistical Abstracts of the United States, hrsg. vom U.S. Department of Commerce, Social and Economic Statistics Administration, Bureau of the Census, Washington: U.S. Government Printing Office

A

PERSONELLE INFRASTRUKTUR

BEVÖLKERUNG, FAMILIEN UND HAUSHALTE

Für das Verständnis und die Beurteilung gesellschaftlicher Probleme und sozialer Problemgruppen sind Kenntnisse über Struktur und Entwicklung der Bevölkerung notwendige Grundinformationen; die für eine bestimmte Periode und für bestimmte Gesellschaften oder soziale Gruppen typischen Bevölkerungsweisen (Mackenroth) sind entscheidende Einflußfaktoren für die weitere Entwicklung in nahezu allen gesellschaftlich relevanten Bereichen, wie z.B. der Versorgung mit öffentlichen und privaten Gütern, dem Zugang zu Einrichtungen der Infrastruktur wie Bildungs- und Ausbildungsinstitutionen, dem Ausmaß der sozialen Sicherheit, der Möglichkeit oder Notwendigkeit der Mobilität, dem Wachstum der Wirtschaft. Wegen ihres thematisch engen Zusammenhangs bezieht sich dieser Kommentar auf die vier folgenden Abschnitte: Struktur und Entwicklung der Bevölkerung, Bevölkerungsbewegung, Familien und ihre Zusammensetzung und Haushalte und ihre Zusammensetzung.

Die beiden auffälligsten und seit Jahrzehnten anhaltenden Trends in der Veränderung der Bevölkerungsstruktur sind die Bevölkerungsverdichtung und der zunehmende Anteil der über 65-Jährigen an der Wohnbevölkerung.

Der Prozeß der Wanderungen in die heutigen Ballungsgebiete, der im letzten Jahrhundert mit der Industri alisierung einerseits und der Bodenreform andererseits einsetzte, hält weiterhin, wenn auch mittlerweile in weitaus geringerem Umfang, an: in den 5o er Jahren waren es Bewohner der DDR, seit Beginn der 60 er Jahre ausländische Arbeitnehmer und ihre Familien, deren Zuwanderung zu einem starken Bevölkerungswachstum führte. Dieser Prozeß der Bevölkerungsverdichtung und Verstädterung wirft Fragen auf nach der optimalen Stadtgröße und nach der effizienten regionalen Verteilung infrastruktureller Einrichtungen, Fragen nach den individuellen und gesamtwirtschaftlichen bzw. gesamtgesellschaftlichen Kosten und Nutzen. Der Prozeß ist verbunden mit überproportional wachsenden Verkehrsproblemen und Belastungen der

Bewohner und der Umwelt, mit Problemen, die aus der mangelnden Integration bestimmter Bevölkerungsgruppen und der zunehmenden sozialen Isolierung des Einzelnen in den Verdichtungsräumen resultieren. In den letzten Jahren ist eine Bevölkerungsbewegung aus den Kernstädten, deren Attraktivität als Folge ihrer zunehmend einseitigen wirtschaftlichen Nutzung offensichtlich immer stärker nachläßt, heraus in die umliegenden stadtnahen Zonen festzustellen, eine gegenläufige Tendenz, die der Zersiedelung Vorschub leistet, zusätzliche Probleme der Verteilung kommunaler Lasten aufwirft und die oben genannten Probleme durch starke lokale Disparitäten bei wachsenden Interdependenzen noch zusätzlich verstärkt.

Der Anteil über 65-jähriger Personen an der Wohnbevölkerung liegt in der Bundesrepublik im Vergleich zu anderen Industrieländern ausgesprochen hoch, scheint aber nach den Prognosen des Statistischen Bundesamtes die obere Grenze erreicht zu haben. Diese Entwicklung ist zurückzuführen auf die sich bis vor kurzem ständig erhöhende mittlere Lebenserwartung und die dabei gleichzeitig sinkende Zahl der Geburten. Als Folge der beiden Weltkriege ist diese für hochentwickelte Länder typische Entwicklung in der Bundesrepublik - und auch in der DDR - zudem durch Todesfälle und starke Geburtenrückgänge verstärkt worden. Ein zusätzliches Problem liegt in dem Anteil weiblicher Personen an den über 65-Jährigen, insbesondere an dem hohen Anteil verwitweter Frauen unter ihnen. Diese "Disparität der Verwitwung" ist einmal wieder auf Kriegseinflüsse, zum anderen aber auf die bei Frauen im Vergleich zu Männern wesentlich höhere mittlere Lebenserwartung zurückzuführen.

Parallel zu diesem Prozeß der "Überalterung" verläuft die Tendenz, Haushalte und Familien auf die Zwei-Generationen Kernfamilie zu beschränken. Die Folge ist eine starke Zunahme von Einpersonenhaushalten und -familien, besonders bei den verwitweten Frauen über 65 - eine Entwicklung, die zur immer größeren sozialen Isolierung der Betroffenen führen kann. Verstärkt wird diese Auswirkung noch durch das zunehmende Auseinanderklaffen von Lebenserwartung und Pensionierungsalter und die damit teilweise verbundene und wachsende Afunktionalität der Alten; sie hat ihre Ursachen nicht nur in einer sich ändernden Haushalts- und Familienstruktur, sondern vor allem auch in veränderten Produktionsbedingungen und Beschäftigungsstrukturen. Die Wandlungen der Familien- und Haushaltsstruktur, die mehr oder weniger abgeschlossene Verlagerung der Aufgaben der sozialen Sicherung von der Familie auf gesellschaftliche Institutionen und die permanente gesetzliche Ausdehnung der durch die sozialen Sicherungssysteme erfaßten Gruppen und Lebensbereiche führt in Verbindung mit der Überalterung und dem Geburtenrückgang zu ständig sich ausdehnenden finanziellen Forderungen an die privaten und öffentlichen Haushalte, die auch durch die Erweiterung des Bildungs- und Ausbildungssektors und den damit verbundenen späten Eintritt der Heranwachsenden in das Berufsleben belastet werden. Schließlich führt der hohe Anteil an Alten in der Bevölkerung zu spezifischen Bedürfnissen im Bereich sowohl der privaten wie insbesondere der öffentlichen Güterversorgung.

Die Aufgaben der sozialen Sicherung werden sich in den kommenden Jahren verstärkt als Problem erweisen in anbetracht einer ständig sinkenden Geburtenziffer und dem Umstand, daß die Nettoreproduktionsziffer mittlerweile die "kritische" Grenze von 1 unterschritten hat, d.h., daß sich die Bevölkerung -zumindest die inländische- gegenwärtig nicht einmal selbst reproduziert. Seit Jahren sind eine Zunahme kinderloser Ehen und ein Rückgang der Zahl der Kinder festzustellen, trotz früheren Heiratsalters und einer im historischen Vergleich relativ hohen Verheiratetenquote, die eher eine ansteigende Geburtenhäufigkeit erwarten ließen. Die Variabilität der Kinderzahl, in der vorindustriellen Zeit wesentlich eine Funktion rechtlicher und ökonomischer (beispielsweise Hufenverfassung) Zwänge, hat sich völlig verlagert auf die Fruchtbarkeit in der Ehe. Die Fortpflanzungsnorm wird ausgerichtet nach einem "Lebensplan", der eine bestimmte Zahl von Kindern vorsieht und dank weitverbreiteter Anwendung von Kontrazeptiva zum großen Teil wohl auch verwirklicht wird. Hierbei spielen der gewünschte Lebensstandard, Berufstätigkeit und - in eingeschränktem Maße auch - Karriereerwartungen der Frauen, Familien- und Haushaltsstruktur, Aspirationen bezüglich des Lebensstandards der Kinder, veränderte Wertvorstellungen in der Kindererziehung, schließlich auch die subjektiv empfundene Kinderfeindlichkeit der sozialen und auch physischen Umwelt eine determinierende Rolle.

Das noch vorhandene Wachstum der Gesamtbevölkerung ist teilweise auf die steigende Zahl von Geburten ausländischer Kinder, zum größeren Teil auf die relativ starke Zuwanderung ausländischer Arbeitnehmer und ihrer Familien zurückzuführen. Beide Entwicklungen erfordern ein hohes Maß an Integrationsleistungen und spezifischer Infrastruktur.

Die Bevölkerungspolitik spielt in der Bundesrepublik von ihrem Umfang her sicher eine untergeordnete Rolle bei der familialen Festlegung der Kinderzahl, allenfalls eine negative Rolle durch ihre Nichtexistenz; ein bevölkerungspolitisches System im eigentlichen Sinne ist bisher nicht entwickelt worden. Gesetze und Maßnahmen sind nicht primär bevölkerungspolitisch orientiert und zum Teil aus anderen sozialpolitischen Anliegen heraus entwickelt worden; die Bedeutung der Einkommenssteigerung durch Steuernachlässe und Kindergeld kann in bevölkerungspolitischer Hinsicht wohl kaum überschätzt werden, auch wenn "nonintuitive sideeffects" nicht ausgeschlossen werden können.

Auf die Probleme der sozialen Isolierung, die sich aus

der Überalterung und der starken Zuwanderung von Ausländern ergeben, war oben schon bezüglich der Zuwanderungsgebiete eingegangen; sie ergeben sich natürlich auch als Konsequenz der innerdeutschen Land-Stadt-Wanderung, die sich in Westdeutschland hauptsächlich auf der Achse Nord-Süd bewegt. Erhebliche Schwierigkeiten ergeben sich aber auch in den Abwanderungsgebieten, besonders dann, wenn die Bevölkerungsdichte und die Asymmetrie der Bevölkerungsstruktur in ländlichen Gebieten - in verstärktem Maße gilt dies schon jetzt für die nichtdeutschen Zuwandererländer und die westdeutschen Zonenrandgebiete - schließlich einen kritischen Wert erreicht, bei dessen Unterschreitung das soziale und wirtschaftliche System in diesen Gebieten nur noch unzureichend funktionieren kann und sie den wirtschaftlichen und sozialen Anschluß aus eigener Kraft nicht mehr leisten können. In den Ballungsgebieten geht die zunehmende Bevölkerungsverdichtung einher mit einer immer stärker differenzierten Arbeitsteilung und dem Transfer persönlicher oder familialer Verantwortung auf Institutionen; als Folge sind Einstellungs- und Verhaltensänderungen zu erwarten, die u.a. auch wieder durch soziale Isolierung gekennzeichnet sind. Diese Entwicklung steht sicher auch im Zusammenhang mit der bisher noch vorherrschenden monofunktionalen Siedlungsstruktur von Neubaugebieten, die sich aber auch auf die Stadtkerne der Großstädte ausdehnt.

In jüngster Zeit ist die traditionsreiche Frage nach dem Zusammenhang zwischen Bevölkerungswachstum und wirtschaftlicher Entwicklung in der Wissenschaft und in der Öffentlichkeit erneut diskutiert worden. Diese Diskussion konzentriert sich auf zwei Problembereiche: im Zusammenhang mit dem Wachstum der Weltbevölkerung bzw. dem der Entwicklungsländer stellt sich die Frage, ob das Wirtschaftswachstum bei gegebenen Steigerungsraten hinsicht-

lich der notwendigen Rohstoffe und mit der Produktion und Güternutzung verbundenen Umweltbelastung nicht schon in naher Zukunft einen Punkt erreicht, an dem zwangsweise das Bevölkerungswachstum oder sogar der Bevölkerungsbestand drastisch abnimmt und auch die Produktion und damit der Wohlstand stark zurückgeht.
In Verbindung mit dem Nullwachstum der Bevölkerung in den Industrieländern gilt die Antwort auf den Fragenkomplex umstritten, welche Folgen sich aus dieser Entwicklung für das wirtschaftliche Wachstum , den Wohlstand und die Lebensqualität ergeben.

Die Bevölkerungsstatistik ist eines der Hauptaufgabengebiete der amtlichen Statistik und die nahezu einzige Quelle auf diesem Gebiet. Erhebungsinstrumente sind vor allem die Volkszählungen und Mikrozensen mit den jeweiligen Zusatzerhebungen, die Bevölkerungsfortschreibungen zwischen den Volkszählungen und, am Rande, Wohnungs-, Einkommens- und Verbrauchsstichproben.
Die amtliche Bevölkerungsstatistik liefert eine Fülle von Basisinformationen, besitzt aber nur eingeschränkte Aussagekraft im Hinblick auf die oben genannten Fragestellungen. Ihr Hauptmanko ist, daß sie nur die Ergebnisse der Bevölkerungsprozesse beschreibt, die darunter liegenden, sich zeitlich und gruppenspezifisch unterscheidenden und verändernden Verhaltensnormen und Verhaltensweisen und die institutionellen und kausalen Strukturen, in die sie eingebettet sind, aber nur unzureichend erfaßt. Auch im Wissenschaftsbetrieb und bei den privaten Forschungsinstituten spielen diese Fragestellungen bisher eine untergeordnete Rolle und werden dort allenfalls im Rahmen fachspezifischer Orientierungen, z.B. Gerontologie, Jugendsoziologie, Frauenemanzipation, behandelt.

1 HISTORISCHE ÜBERSICHT ÜBER DIE BEVÖLKERUNGSENTWICKLUNG (Gebietsstand BRD)

	Dim.	1870	1880	1890	1900	1910	1920	1930	1940	1950	1960	1970
Bevölkerungszahl (in 1 000)	N	20 410	22 820	25 433	29 838	35 590	39 017	40 334	43 008	50 173	55 433	60 651
Ø jährliche Wachstumsrate	v.H.	0,7	1,2	1,1	1,6	1,8	0,6	0,7	0,7	1,4	1,0	0,9
Bevölkerungsdichte	N	82	92	102	120	143	157	162	173	201	223	244
Bevölkerungskonzentration	v.H.	4,9	.	15,6	.	27,0	30,5	35,0	36,8	31,3	34,2	32,4
Ausländeranteil	v.H.	.	0,6	0,9	1,4	1,9	.	1,2	1,5	.	1,2	4,8

2 INTERNATIONALE ÜBERSICHT ZUR BEVÖLKERUNGSSTRUKTUR (Mitte 1971)

	Bevölkerungszahl in Mill.	"Halbwertzeit"	Bevölkerungsdichte	Bevölkerungskonzentration
BRD	61,3	60	247	32,4
DDR	17,0	ca 100	158	16,6
GBR	55,6	ca 100	228	41,7
FRA	51,3	ca 170	94	19,4
ITA	54,8	ca 100	182	28,1
NIE	13,2	ca 50	323	30,9
BEL	9,7	ca 100	319	9,5
LUX	0,3	ca 150	131	x
DÄN	5,0	ca 70	116	35,0
ÖST	7,5	ca 100	89	32,1
SWI	6,3	77	152	17,6
SWE	8,1	104	18	27,8
JAP	103,4	ca 60	283	51,2
USA	207,0	53	22	28,4
USR	241,0	ca 70	11	31,5
IND	550,4	ca 70	168	8,0

3 UMFANG UND STRUKTUR DER BEVÖLKERUNG (jeweils am Jahresende)

Jahr	Bevölkerungszahl (in 1000)	davon im Alter von ... bis unter ... Jahren bis 6	6-15	15-18	18-40	40-65	65 u.m.	Frauen je 1000 Männer	Ausländeranteil
Dim.	N	v.H.	v.H.	v.H.	v.H.	v.H.	v.H.	N	v.H.
1871	20 410	15,1	17,2	11,1	35,3	16,6	4,7	1 037	.
1950	50 336	8,1	15,2	4,5	30,2	32,7	9,4	1 142	.
1951	50 726	8,6	14,6	5,0	29,9	32,2	9,7	1 132	.
1952	51 054	8,8	14,0	5,0	29,7	32,8	9,6	1 130	.
1953	51 644	8,8	13,5	5,1	29,8	32,9	9,7	1 127	.
1954	52 133	8,8	12,9	5,3	29,8	33,2	9,9		0,9
1955	52 708	8,8	12,4	5,6	30,3	33,0	9,8	1 123	0,9
1956	53 340	8,9	12,1	5,5	31,1	32,5	10,1	1 133	.
1957	54 064	9,1	12,2	5,0	31,5	32,1	10,2	1 129	.
1958	54 719	9,2	12,1	4,5	32,4	31,5	10,4	1 135	.
1959	55 257	9,4	12,1	4,2	32,7	31,3	10,5	1 132	.
1960	55 958	9,5	13,4	3,8	32,5	31,2	10,6		.
1961	56 589	9,4	12,3	3,6	32,0	31,5	11,1	1 127	1,2
1962	57 247	9,7	12,3	3,4	31,9	31,2	11,3	1 118	.
1963	57 865	9,9	12,4	3,7	31,5	31,0	11,6	1 116	.
1964	58 588	10,1	12,5	3,9	31,2	30,5	11,8	1 110	.
1965	59 297	10,1	12,5	4,0	31,1	30,2	12,0	1 105	.
1966	59 793	10,2	12,7	4,0	30,5	29,9	12,3	1 105	.
1967	59 949	10,1	13,0	3,9	30,6	29,7	12,7	1 109	3,0
1968	60 463	10,0	13,3	3,9	30,5	29,4	12,8	1 106	3,2
1969	61 195	9,7	13,5	3,9	30,8	29,2	13,0	1 097	4,0
1970	61 001	9,5	13,7	3,9	30,6	29,0	13,2	1 101	4,8
1971	61 503	8,8	14,2	4,0	30,8	28,7	13,5	1 094	5,6
1972	61 672	8,5	14,3	4,1	31,0	28,5	13,6	1 092	

4 BEVÖLKERUNGSSTRUKTURELLE MERKMALE DER BUNDESLÄNDER 1970

	Dim.	SchH	Hamb	Brem	NieS	NRW	Hess	Rhpf	BaWü	Bayn	Saar	Berl	Bundesgebiet	(in 1000)
(Bevölkerungsanteil an der Gesamtbevölkerung	v.H.	4,1	3,0	1,2	11,7	27,9	8,9	6,0	14,7	17,3	1,8	3,5	100,0	60 651
Bevölkerungsdichte	N	159	2 382	1 790	149	497	255	184	249	149	436	4 421	244	x
(Quote des Arbeitspotentials	v.H.	58,3	60,6	60,4	58,6	60,9	61,0	59,0	60,8	59,9	60,1	58,2	60,1	36 476
Ausländerverteilung	v.H.	1,7	3,2	0,9	6,4	28,2	11,5	3,6	23,1	15,9	1,2	4,4	100,1	3 439
Ausländerdichte	N	23	62	41	31	57	72	34	88	51	36	73	56	3 439

5 AUSLÄNDISCHE WOHNBEVÖLKERUNG NACH HERKUNFTSLÄNDERN, GESCHLECHT UND ALTER 1961 BIS 1971

Herkunftsländer	Ausländische Wohnbevölkerung 1967	Zusammen 1971		Ausländ. Wohnbevölkerung 1971 (ohne Berlin) Insgesamt	darunter: Männer über 16	darunter: Kinder bis 16	Frauen je 1000 Männer
Dim.	%	%	1 000	1 000	%	%	N
Türkei	9,5	19,0	652,8	603,7	60,8	16,6	371
Italien	22,8	17,2	589,8	583,5	56,3	20,3	414
Jugoslawien	7,8	17,3	594,3	559,9	62,6	8,0	469
Griechenland	11,1	11,5	394,9	385,2	45,4	19,8	765
Spanien	9,8	7,9	270,4	268,0	54,5	17,1	522
Portugal	1,3	2,2	75,2	74,9	59,4	13,2	461
Summe Anwerbeländer	62,3	75,1	2577,4	2 475,2	57,1	16,0	473
Ostblockstaaten	5,4	3,3	113,3	107,1	55,9	15,8	506
Sonst. europ. Staaten	19,5	13,1	453,6	434,5	46,5	18,0	761
Afrikanische Staaten	1,3	1,5	50,8	47,2	79,0	10,6	131
Amerikanische Staaten	3,6	2,6	90,5	82,9	42,6	22,1	830
Asiatische Staaten	3,5	2,6	89,9	80,8	59,5	15,8	414
Australien und Ozeanien	0,2	0,2	5,7	5,1	41,2	15,7	1048
Sonstige	4,1	1,7	57,5	54,8	49,3	16,2	700
Insgesamt	1806,7		3438,7	3 287,6	55,5	15,5	508

6 BEVÖLKERUNGSVERTEILUNG UND BEVÖLKERUNGSWACHSTUM NACH DER WOHNORTGRÖßE 1871 UND 1970 (Gebietsstand BRD)

Jahr	Dim	Wohnortgröße von ... Einwohner bis ... Einwohner								Bevölkerung Insgesamt (in 1 000)
		0 2 000	2 000 5 000	5 000 10 000	10 000 20 000	20 000 50 000	50 000 100 000	100 000 500 000	500 000 und mehr	
1871	%	62,0	13,0	5,9	4,5	4,5	4,9	4,9		20 410
1970	%	18,7	11,2	9,5	9,4	11,8	7,0	15,1	17,3	60 651
Wachstumsrate 1871 - 1970	%	- 11	149	383	523	684	325	1 845		197

7 BEVÖLKERUNG INNERHALB UND AUSSERHALB VON STADTREGIONEN
(Angaben in v.H. der Wohnbevölkerung)

Es wohnten in:	Dim.	1939	1950	1961	1970	Ø Bevölkerungszuwachs von 1961 bis 1970 (in v.H.)
Kernstädten	v.H.	40,9	33,2	36,8	33,9	1,2
Ergänzungsgebieten	v.H.	7,3	8,0	9,3	9,9	19,7
Summe Kerngebiete	v.H.	48,2	41,2	46,1	43,8	4,9
Verstädterten Zonen	v.H.	5,8	6,7	7,0	7,5	28,1
Randzonen	v.H.	2,7	3,2	2,9	2,9	30,1
Summe Umlandzonen	v.H.	8,5	9,9	9,9	10,4	24,6
Übrigen Gemeinden	v.H.	43,3	48,8	43,9	45,8	13,0
Bundesgebiet insgesamt (in 1000)	N	43008	50173	56157	60651	8,0

DEFINITIONEN

Ausländeranteil: Anteil der ausl. Bevölkerung an der gesamten Wohnbevölkerung
Ausländerdichte: Ausländische Personen auf 1 000 Personen der Wohnbevölkerung
Ausländerverteilung: Anteil bestimmter Gruppen von Ausländern an der ausländ. Wohnbevölkerung
Bevölkerungsdichte: Zahl der Einwohner je Quadratkilometer Fläche
Bevölkerungskonzentration: Anteil der Bevölkerung an der Wohnbevölkerung, der in Städten mit mehr als 100 000 Ew. wohnt.
Bevölkerungszahl: Wohnbevölkerung absolut
Halbwertzeit: Anzahl der Jahre, vor denen die Bevölkerung halb so groß war wie heute
Quote des Arbeitspotentials: Anteil der 15 - 65 jährigen M und der 16 - 60 jährigen F an der Wohnbevölkerung
Stadtregionen: Die Zoneneinteilung erfolgt aufgrund der Merkmalsausp rägung dreier Variablen: Bevölkerungsdichte, Quote der im primären Sektor Beschäftigten, Berufspendlerquote. Städtebaubericht 1969, hrsg. vom BMWo. Bonn 1969, S. 181 ff.
Wachstumsrate: Zuwachs der Bevölkerung innerhalb einer Zeitperiode in v.H. des Ausgangsbestandes

QUELLEN UND ANMERKUNGEN (A)

Tab 1 StBA , Bu W 1972 - 1972, S. 90, 94; StBA, V + BZ 1961, H. 7, S. 23

A a. - d. Volkszählungsergebnisse, Bundesgebiet einschließlich Saarland und Westberlin; .1 - .8 Stand jeweils im Dezember; .4 1871; .9 16.6.1925; .10 16.6.1933; .11 17.5.1939; .13 6.6.1961
b. wurde errechnet als geometrisches Jahresmittel für jede Periode;
e. jeweiliges Hoheitsgebiet; .3 14.6.1895; sonst wie bei a. - d.

Tab 2 StBA, JB 1972, S. 24*; Nationale Jahrbücher, UN DJ 1972, table 2 and 8; Mackenroth, Gerhard, Bevölkerungslehre, Heidelberg 1953; Springer S. 212

A .4b. 1969; c. 1968, nur England und Wales; d.+f. 1968; g. 1969; h. 1966; i. 1969; o. 1960; p. 1970; g. 1961; n. 1969

Tab 3 StBA, JB 1951 bis 1972, Abschnitt Gebiet und Bevölkerung; StBA BuW, StBRD 199, S. 10; StBA, unveröffentlichte Zahlen für 1971 und 1972; WiSta 1972, S. 625; Hoffmann, S. 177, BMA, Su Nr. 281/1972 vom 22.12.1972

A a..1 Gebietsstand der BRD 1970; .2-.7 Reichsgebiet; .3 6 bis unter 14 Jahre; .4 14 bis unter 20 Jahre; .5 20 bis unter 45 Jahre; .6 45 bis unter 65 Jahre; b. - i. Bundesgebiet ohne Saarland; .1 Bundesgebiet incl. Berlin; .2 - .9 b. - m. Bundesgebiet ohne Berlin; n. - x. Bundesgebiet incl. Berlin

Tab 4 StBA, JB 1972, S. 25, 30, 35; WiSta 1972, S.435 ff.

A a. - e. Ergebnisse der Volkszählung am 27.5. 1970; Bundesgebiet incl. Berlin und Saarland

Tab 5 WiSta 1971, S. 291; WiSta 1972, S. 435

A o. Sonstige: Ausländer mit mehrfacher Staatsangehörigkeit, Staatenlose, Ungeklärt, ohne Angaben

Tab 6 StBA, JB 1972, S. 34; StBA, BuW 1972 - 1972, S. 94

A a. + b. Bundesgebiet incl. Berlin und Saarland

Tab 7 WiSta 1970, S. 342; WiSta 1972, S. 628

A I. Volkszählungsergebnisse; Bundesgebiet incl. Berlin und Saarland

1 HISTORISCHE ÜBERSICHT ÜBER DIE BEVÖLKERUNGSBEWEGUNG (jeweiliger Gebietsstand)

	Dim.	1870	1880	1890	1900	1910	1920	1930	1940	1950	1960	1970
Geborenenziffer	v.T.	38,5	37,6	35,7	35,6	29,8	25,9	17,5	20,0	16,2	17,4	13,4
Sterbeziffer	v.T.	27,4	26,0	24,4	22,1	16,2	15,1	11,1	12,7	10,5	11,6	12,1
Geburtenüberschußziffer	v.T.	11,1	11,6	11,4	13,6	13,6	10,8	6,5	7,3	5,7	5,9	1,3
Quote der Zuzüge	v.T.	.	.	.	.	.	.	.	.	11,67	11,64	17,68
Quote der Fortzüge	v.T.	1,86	2,60	1,97	0,40	0,40	0,14	0,57	0,37	3,67	4,85	8,22
Binnenwanderungsquote	v.T.	.	.	.	.	.	.	.	.	61,7	60,7	60,4
Durchschnittliche Lebenserwartung der Männer	Jahr	.	35,6	37,2	40,6	44,8	56,0	59,9	.	64,6	66,7	67,4
Durchschnittliche Lebenserwartung der Frauen	Jahr	.	38,5	40,3	44,0	48,3	58,8	62,8	.	68,5	71,9	73,8
Eheschließungsziffer	v.T.	7,7	7,5	8,0	8,5	7,7	14,5	8,8	8,8	10,7	9,4	7,3
Scheidungsziffer	v.T.	.	.	0,13	0,14	0,23	0,59	0,63	0,71	1,69	0,88	1,26
Scheidungsquote	v.T.	.	.	0,74	0,81	1,52	3,21	2,95	3,81	6,75	3,57	5,09
Gesamtfruchtbarkeit	v.T.	163,	166,8	162,5	158,9	118,0	90,0	67,2	84,2	69,5	82,	74,4
Nettoreproduktionsziffer	N	.	.	1,36	1,44	1,42	1,00	0,85	0,93	0,94	1,11	1,16

2 KENNZIFFERN DER BEVÖLKERUNGSBEWEGUNG IM INTERNATIONALEN VERGLEICH 1970

	Dim.	BRD	DDR	GBR	FRA	ITA	NIE	BEL	LUX	DÄN	ÖST	SWI	SWE	JAP	USA	USR	IND
Geborenenziffer	v.T.	13,4	13,9	16,2	16,7	16,5	18,3	14,6	13,0	14,4	15,2	15,8	13,7	18,7	18,2	17,5	42,8
Sterbeziffer	v.T.	12,1	14,1	11,8	10,6	9,5	8,4	12,3	12,2	9,8	13,4	9,1	10,0	6,9	9,4	8,2	16,7
Einwandererziffer	v.T.	1,50	.	3,70	.	0,14	6,98	6,42	.	7,41	.	2,50	9,61	.	1,82	.	.
Auswandererziffer	v.T.	1,01	.	5,27	.	0,74	4,42	4,42	.	6,03	0,18	2,92	3,56	.	.	.	.
(Zuwachsrate für die letzten zehn Jahre	%	8,4	-1,1	5,3	.	8,6	12,7	6,1	7,9	7,5	5,3	15,5	7,8	11,0	14,5	12,8	26,5
(Ø Lebens- Männer	Jahr	67,3	(68,5)	68,8	69,1	68,5	70,9	(67,7)	66,4	71,0	66,4	(68,7)	72,3	69,5	(66,6	70,.	41,9)
wartung Frauen	Jahr	73,6	(73,5)	75,2	76,7	74,6	76,6	(73,5)	73,1	76,1	73,4	(74,1)	77,4	74,9	(74,0	70,.	40,6)
Nettoreproduktionsziffer	N	1,16	1,10	1,24	1,25	1,15	1,33	1,13	(1,07)	1,24	1,22	1,11	(1,11)	1,05	1,21	1,11	.

3 DIE BEVÖLKERUNGSBEWEGUNG IN DER BUNDESREPUBLIK 1950 - 1971

	Dim.	1950	1951	1952	1953	1954	1955	1956	1957	1958	1959	1960	1961	1962	1963	1964	1965	1966	1967	1968	1969	1970	1971	1972	1973
Geborenenziffer	v.T.	16,2	16,0	15,7	15,5	15,7	15,7	16,1	16,6	16,7	17,3	17,4	18,0	17,9	18,3	18,2	17,7	17,6	17,0	16,1	14,8	13,4	12,7	11,3	10,3
Sterbeziffer	v.T.	10,5	10,7	10,7	11,3	10,7	11,1	11,3	11,5	11,0	11,0	11,6	11,2	11,3	11,7	11,0	11,5	11,5	11,5	12,2	12,2	12,1	11,9	11,8	11,8
Geburtenüberschußzif.	v.T.	5,7	5,3	5,0	4,2	5,0	4,5	4,8	5,2	5,7	6,3	5,9	6,9	6,6	6,6	7,2	6,2	6,1	5,5	3,9	2,6	1,3	0,8	-0,5	-1,5
Quote der Zuzüge	v.T.	11,6	8,0	6,4	10,2	8,3	10,2	11,3	12,6	10,3	8,2	11,7	13,5	11,9	12,0	13,8	14,2	12,5	7,2	11,4	16,6	17,7	16,1		
Quote der Fortzüge	v.T.	3,6	5,2	5,1	3,1	3,8	3,9	4,5	4,5	4,0	4,2	4,9	5,6	6,7	8,4	8,9	8,4	10,3	10,2	6,8	7,2	8,2	9,1		
(Zuzüge aus der DDR (in 1 000)	N	198	166	182	331	184	293	279	262	204	144	199	207	21	43	42	30	24	20	16	17	18	20		
Jahreszuwachsrate	v.H.		0,8	0,6	1,2	0,9	1,1	1,2	1,3	1,1	0,9	1,2	1,4	1,2	1,1	1,2	1,2	0,8	0,3	0,9	1,2	-0,3	0,8	0,5	0,5
Ø Heiratsalt. der ledigen – Männer	Jahr	28,1	27,8	27,6	27,4	26,7	27,0	26,8	26,6	26,3	26,0	25,9	25,9	25,8	25,9	25,9	26,0	26,0	26,0	25,8	25,7	25,6	25,5		
Ø Heiratsalt. der ledigen – Frauen	Jahr	25,4	25,2	25,1	25,0	24,4	24,4	24,4	24,1	23,9	23,8	23,7	23,7	23,7	23,7	23,7	23,7	23,6	23,5	23,3	23,1	23,0	22,9		
Eheschließungsziffer	v.T.	10,7	10,3	9,5	9,0	8,7	8,8	9,0	9,0	9,1	9,2	9,4	9,4	9,3	8,8	8,7	8,3	8,1	8,1	7,4	7,3	7,3	7,0	6,7	6,4
Nettoreproduktionszif.	v.T.	0,94	0,92	0,93	0,93	0,95	0,95	1,00	1,07	1,07	1,11	1,11	1,14	1,13	1,17	1,18	1,17	1,18	1,16	1,11	.	1,16	.		
(Nichtehelichen Geborenenziffer	v.T.	97,3	96,4	90,3	86,7	84,2	78,6	74,7	71,9	68,5	66,9	63,3	59,5	55,6	52,3	49,9	46,9	45,6	46,1	47,6	50,4	54,6	58,1	60,5	62,7
Scheidungsziffer	v.T.	1,69	1,18	1,14	1,05	0,98	0,92	0,87	0,86	0,89	0,89	0,88	0,88	0,87	0,88	0,95	1,00	0,98	1,05	1,08	1,19	1,26	1,31		
Binnenwanderungsquote	v.T.	61,7	63,8	61,6	65,0	64,6	65,6	65,7	63,5	62,2	62,3	60,7	60,6	59,7	59,7	62,0	61,0	61,9	60,3	60,1	60,3	60,4	60,9		

4 DIE BEVÖLKERUNGSBEWEGUNG IN DEN BUNDESLÄNDERN 1970

	Dim.	Bund	SchH	Hamb	Brem	NieS	NRW	Hess	RhPf	BaWü	Bayn	Saar	Berl
Geborenenziffer	v.T.	13,4	14,1	10,3	12,3	14,5	13,1	12,9	13,4	14,4	13,7	11,9	9,5
Sterbeziffer	v.T.	12,1	13,2	14,8	13,2	12,7	11,9	11,8	12,0	10,4	11,7	11,6	19,1
Geburtenüberschußziffer	v.T.	1,3	0,9	-4,5	-0,9	1,8	1,2	1,1	1,4	4,0	2,0	0,3	-9,6
Quote der Zuzüge aus and. Bundesl.	v.T.	) 18,4	31,9	30,7	36,6	20,7	12,0	24,1	24,2	17,6	14,3	15,6	31,0
Quote der Fortzüge in and. Bundesl.	v.T.		27,2	38,2	41,7	19,9	12,5	20,7	24,3	17,8	12,4	20,3	41,2
Zuwachsrate für die letzten 10 Jahre	v.H.	9,1	9,1	-0,2	4,5	7,7	7,4	13,5	7,4	16,2	11,7	4,6	-0,4
Binnenwanderungsquote i.d. Ländern	v.T.	41,9	47,1	x	1,5	45,3	39,9	43,6	34,3	55,9	51,0	34,3	x

5 STERBEZIFFERN FÜR FÜNFJÄHRIGE ALTERSGRUPPEN (Angaben in v.T. der jeweiligen Altersgruppe)

von bis unter	0 1	1 5	5 10	10 15	15 20	20 25	25 30	30 35	35 40	40 45	45 50	50 55	55 60	60 65	65 70	70 75	75 80	80 85	85 90	90 u.m.
1913 M		13,5	2,9	1,9	3,4	4,4	4,6	5,1	6,4	8,6	11,6	16,6	24,1	35,8	52,8	80,2	123,9	189,2	273,6	386,6
F		12,8	3,0	2,0	3,1	4,0	4,7	5,3	6,1	6,9	8,5	11,8	17,4	27,9	44,5	72,0	113,1	176,1	158,0	373,1
1950 M	67,7	2,6	0,9	0,8	1,4	2,0	2,2	2,4	3,0	4,1	6,3	10,1	15,0	22,4	35,4	56,8	92,8	151,2	233,1	366,4
F	52,0	2,2	0,7	0,5	0,9	1,2	1,5	1,8	2,2	2,9	4,4	6,5	10,0	16,3	28,7	50,2	85,2	140,6	215,7	338,1
1969 M	26,0	1,2	0,6	0,5	1,4	1,6	1,5	1,8	1,5	3,7	5,9	9,6	15,8	27,8	46,4	71,1	104,4	154,8	237,8	360,5
F	19,9	0,9	0,4	0,3	0,6	0,6	0,7	0,9	1,5	2,3	3,7	5,4	8,0	13,4	23,6	41,5	72,8	123,8	204,1	304,7

6 NATÜRLICHE BEVÖLKERUNGSBEWEGUNG BEI AUSLÄNDERN UND DEUTSCHEN 1961 - 1969 (Angaben in von Tausend)

	1961	1967	1968	1969
AUSLÄNDER				
Geborenenziffer	15,8	23,0	22,5	21,5
Sterbeziffer	5,9	3,0	3,3	3,2
Geburtenüberschußziffer	10,0	20,0	19,2	18,3
Gesamtfruchtbarkeit	70,3	93,5	91,7	83,9
DEUTSCHE				
Geborenenziffer	18,1	16,8	15,9	14,6
Sterbeziffer	11,2	11,7	12,5	12,6
Geburtenüberschußziffer	6,8	5,1	3,4	2,0
Gesamtfruchtbarkeit	86,1	83,7	79,9	73,9
ZUSAMMEN				
Geborenenziffer	18,0	17,0	16,1	14,8
Sterbeziffer	11,2	11,5	12,2	12,2
Geburtenüberschußziffer	6,9	5,5	3,9	2,6
Gesamtfruchtbarkeit	85,9	84,0	80,0	74,4

DEFINITIONEN

Auswandererziffer: Zahl der Personen, die innerhalb eines Jahres nach Übersee - auf See- oder Luftweg - auswandern, bezogen auf 1 000 der mittleren Bevölkerung. Die Zahlen betreffen in der Regel nur Personen, die die Absicht hatten, im Ausland dauernd Wohnung zu nehmen.

Binnenwanderungsquote: Zahl der Personen, die innerhalb eines Jahres ihren Wohnort wechseln auf 1 000 der mittleren Bevölkerung.

Durchschnittliche Lebenserwartung: Ø Lebenserwartung von Neugeborenen

Eheschließungsziffer: Eheschließungen eines Jahres auf 1 000 der mittleren Bevölkerung

Einwandererziffer: Zahl der Personen, die innerhalb eines Jahres aus Übersee - auf See- oder Luftweg - einwandern, bezogen auf 1 000 der mittleren Bevölkerung. Die Zahlen betreffen in der Regel Personen, die die Absicht hatten, im Einreiseland dauernd Wohnung zu nehmen.

Geborenenziffer: Zahl der Lebendgeborenen eines Jahres auf 1 000 der mittleren Bevölkerung.

Geburtenüberschußziffer: Geborenenziffer minus Sterbeziffer

Gesamtfruchtbarkeit: Lebendgeborene auf 1 000 Frauen im Alter von 15 bis unter 45 Jahren

Jahreszuwachsrate: Zuwachs der Bevölkerung innerhalb eines Jahres in v.H. des Ausgangsbestandes

Nettoreproduktionsziffer: sie beantwortet die Frage, ob die Gebär"leistung" der gegenwärtig lebenden Frauen bei gegebener Bevölkerungsweise ausreicht, um sich selbst zu reproduzieren. Dies ist bei einer Nettoreproduktionsziffer von 1 der Fall. Auch die Absterbeordnung geht in die Berechnung dieser Ziffer ein.

Nichteheliche Geborenenziffer: Nichtehelich Lebendgeborene auf 1 000 Lebendgeborene insgesamt

Quote der Fortzüge: Über die deutschen Grenzen (oder Ländergrenzen) abgewanderte Personen eines Jahres auf 1 000 der mittleren Bevölkerung

Quote der Zuzüge: über die deutschen Grenzen (oder Ländergrenzen) zugewanderte Personen eines Jahres auf 1 000 der mittleren Bevölkerung

Scheidungsziffer: Ehelösungen auf 10 000 der mittleren Bevölkerung

Scheidungsquote: Ehelösungen auf 10 000 bestehende Ehen

Sterbeziffer: Zahl der Gestorbenen eines Jahres auf 1 000 der mittleren Bevölkerung

Zuwachsrate für die letzten 10 Jahre: Zuwachs von 1960 bis 1970 in v.H. des Bevölkerungsbestandes im Basisjahr

QUELLEN UND ANMERKUNGEN (A)

Tab 1 StBA, JB 1932, S. 29; BuW 1872 - 1972, S. 101 - 103, 109, 110, 114, 115 - 116; BuW, StBRD 199, S. 21; StBA, FS A, R 2, 1968, S. 17; WiSta 7/74, S. 467; Bolte 1967, S. 146; Gerhard Mackenroth, Bevölkerungslehre, Berlin 1953: Springer, S. 59, 102

A .1-.8 Deutsches Reich; .9 Bundesgebiet incl. Berlin, ohne Saarland; .10 e. Bundesgebiet ohne Berlin; e. .1-.8 nur überseeische Wanderungen reichsdeutscher Auswanderer; .9 Schätzung des StBA; g.+h. .2 1981 - 1880; .3 1881 - 1890; .4 18 - ; .5 1901 - 1910; .6 1924 - 1926; .7 1932 - 1934; .9 1949 - 1951; .10 1960 - 1962; .11 1970 - 1972; n. .11 1968

Tab 2 StBA, JB 1972, S. 43, 49, 31*, 33*; StBA, JB 1971, S. 24*, 32*; StBA, JB 1969, S. 24*; UN, DJ 1969, S. 131 ff.; UN, DJ 1971, S. 634 ff., 689 ff.; DDR, JB 1972, S. 474; USA, JB 1971, S. 153; ÖST, JB 1972, S. .; WHO, World Health Statistics Annual 1970, Genf 1974, Band I, S. 816-817.

A a.+b. .1 1971, vorläufiges Ergebnis; a. .16 Schätzung für 1951-1961; c.+d. .3+.5+.9 1969; d. .10 nur Österreicher, ohne Ausländer; e. .1+.2+.8+.11+.13-.16 1960-1970; .3+.5-.7+.10+.12 1961-1971; .9 1959-1969; f.+g. 1970, mit Ausnahme von .2 1963-1966, .7 1959-1963, .11 1958-1963, .14 1968, .15 1967-1968, .16 1951-1960; h. .1-.4+.6-.8 +.10-.15 1967; .5+.9 1966; .1 ohne Berlin; .8+.12 Bruttoproduktionsziffer

Tab 3 StBA, JB 1973, S. 55, 56, 64; StBA, JB 1972, S. 43, 52, 53; StBA, JB 1966, S. 67; StBA, JB 1961, S. 71; StBA, JB 1957, S. 64; StBA, BuW 1872-1972, S. 109; BMI, betrifft 8: Lastenausgleich, Flüchtlingshilfe, Häftlingshilfe, Bonn 1971, S. 5

A a.-c.+k.+n. .1 einschließlich Ausländern in IRO Lagern

Tab 4 StBA, JB 1972, S. 43, 53; StBA, BuW 1872-1972, S. 91

Tab 5 StBA, JB 1972, S. 50; StBA, BuW StBRD 199, S. 22

Tab 6 WiSta 1971, S. 17

1 FAMILIENSTAND NACH GESCHLECHT 1871 BIS 1970 (Angaben in v.H. der jeweiligen Wohnbevölkerungsgruppe)

	ledig			verheiratet			verwitwet			geschieden			Verheiratetenquote der 35-40 jährigen	
	Zus.	M	F	Zus.	M	F	Zus.	M	F	Zus.	M	F	M	F
1.12.1871	60,6	62,4	58,8	33,5	34,1	33,0	5,7	3,4	8,0	0,2	0,1	0,2	.	.
1.12.1900	59,5	61,7	57,4	34,8	35,3	34,2	5,6	2,9	8,2	0,2	0,1	0,2	85,3	81,0
16,6.1925	52,9	54,6	51,3	40,8	42,2	39,4	5,9	2,9	8,7	0,4	0,3	0,6	87,6	76,9
17.5.1939	47,0	49,0	45,2	46,1	47,2	45,0	6,0	3,1	8,8	0,9	0,7	1,1	84,9	79,0
13,9.1950	44,7	47,3	42,5	45,8	48,3	43,6	8,1	3,4	12,2	1,4	1,0	1,7	84,5	74,1
6,6.1961	40,9	44,1	38,1	48,8	51,8	46,2	8,6	3,0	13,6	1,6	1,1	2,1	90,5	81,1
27.5.1970	39,6	43,2	36,4	49,9	52,8	47,3	8,6	2,7	13,9	1,9	1,3	2,3	88,5	88,0

2 FAMILIENSTRUKUR IM INTERNATIONALEN VERGLEICH 1970

		Dim	BRD	DDR	GBR	FRA	ITA	NIE	BEL	LUX	DÄN	ÖST	SWI	SWE	JAP	USA	USR	IND
Ø Familiengröße		N	2,75	-	3,85	.	.	3,58	.	-	-	3,81	-	4,25	.	(3,81)	.	.
Ø Kinderzahl (ledige)		N	0,96	(0,69)	0,88	.	.	1,92	.	-	(0,99)	1,35	-	0,89	.	1,25	.	.
Verheirateten-quote der über 15-jährigen	M	%	70,1	72,4	69,0	64,2	63,4	66,5	69,2	66,7	64,3	66,0	64,6	60,2	64,0	(74,1)	.	.
	F	%	60,3	59,0	63,4	58,5	59,3	64,4	64,5	63,2	62,2	55,3	59,5	59,1	62,8	(68,1)	.	.

3 CHARAKTERISTIKA DER FAMILIENSTRUKTUR 1957 BIS 1971

	Dim.	1957	1961	1970	1971
Anzahl der Familien (in 1 000)	N	18 716	19 845	22 054	22 040
Ø Familiengröße	P	2,88	2,76	(2,73)	2,72
Familien mit ledigen Kindern (in 1 000)	N	10 602	10 918	11 199	11 136
Ø Kinderzahl	P	1,83	1,80	1,89	1,90
dar.: Familie identisch mit Haushalt	%	.	80,1	90,4	90,8
davon: Familien mit 1 Kind	%	48,8	50,1	45,8	45,5
Familien mit 2 Kindern	%	31,1	30,9	32,7	32,9
Familien mit 3 Kindern	%	20,2	19,1	21,6	13,7
Familien mit 4 u.m. Kindern	%				7,9
davon: vollständige Familien	%	80,8	81,3	86,3	86,7
unvollständige Familien	%	19,2	18,7	13,7	13,3
davon: Vater als Familienvorstand	%	1,9	1,9	1,6	1,5
Mutter als Familienvorstand	%	17,3	16,8	12,1	11,9
dar.: ledige Mutter als Fam.vorstand	%	1,8	1,6	1,2	1,2
Familien ohne ledige Kinder (in 1 000)	N	8 106	8 924	10 852	10 903
dar.: Ehepaare	%	53,8	51,8	49,9	49,9
Familie identisch mit Haushalt	%	.	70,6	84,5	85,2

4 DEMOGRAPHISCHE UND NICHTDEMOGRAPHISCHE EINFLÜSSE AUF DIE VERÄNDERUNG DER ZAHL DER FAMILIEN VON 1957 BIS 1970 (Angabe in Prozentpunkten der Basis 1957)

Familienzusammensetzung:	Veränderungsrate zwischen 1970 und 1957 aller Familien	der Familien ohne ledigen Kindern	der Familien mit ledigen Kindern	Gesamtzahl 1957 (in 1 000)
TATSÄCHLICHE WERTE				
Ehepaare	+17	+24	+13	12 921
Unvollständige Familien	+20	+45	-25	5 795
darunter Frauen	+22	+53	-26	4 613
darunter Männer	+14	+21	-14	1 182
Familien zus.	+18	+34	+ 6	18 716
ANTEIL DEMOGRAPHISCHER FAKTOREN				
Ehepaare	+18	+21	+16	
Unvollständige Familien	+27	+38	+11	
darunter Frauen	+29	+34	+ 9	
darunt Männer	+20	+23	+12	
Familien zus.	+21	+29	+15	
ANTEIL NICHTDEMOGRAPHISCHER FAKTOREN				
Ehepaare	- 1	+ 3	- 3	
Unvollständige Familien	- 7	+ 7	-34	
darunter Frauen	- 7	+11	-35	
darunter Männer	- 6	- 2	-26	
Familien zus.	- 3	+ 5	- 9	

5 DIE FAMILIENSTRUKTUR NACH DER NATIONALITÄT DES HAUSHALTUNGSVORSTANDES 1970

	Dim.	ausl. Familienvorstand	deut. Familienvorstand	zus.
Anzahl der Familien (in 1 000)	N	625	21 430	22 055
davon: Familien mit ledigen Kindern bis 18	v.H.	46,7	50,9	50,8
darunter: Familien mit Kindern unter 6	v.H.	25,8	17,4	17,6
unvollständige Familien	v.H.	8,3	13,9	13,8
∅ Kinderzahl	N	1,90	1,89	1,89
davon: Familien ohne Kinder	v.H.	53,2	49,1	49,2
darunter: Ehepaare	v.H.	47,2	50,1	50,0
verheiratet, getrennt lebend	v.H.	37,0	3,1	4,1

6 FAMILIEN NACH FAMILIEN- UND HAUSHALTSTYP, IN DEM SIE LEBEN 1961 (Kinder = ledige Kinder, Enkel = ledige Enkel)

Familientyp	Familien Insgesamt (in 1 000)		Ø Familiengröße	Familien nach Haushaltstyp, in dem sie leben:				Familien nach Gemeindegröße:	
				1-Pers.-Haushalte	1-Fam.-Haushalte	Mehr-Fam.-Haush.	dar. mit 3 und 4 Generat.	bis 2 000 Einwoh.	100 000 u.m. Einwohner
Dim.	N	%	P	%	%	%	%	%	%
EHEPAARE									
ohne Kinder	4 621,6	23,3	2,00	-	82,2	17,8	5,3	18,1	40,1
mit Kindern	8 812,2	44,4	3,88	-	82,2	17,8	11,5	23,4	31,0
nur mit Enkeln	59,1	0,3	3,09	-	89,5	10,5	6,8	20,9	36,1
VERWITWETE UND GESCHIEDENE PERSONEN									
ohne Kinder	3 873,8	19,5	1,00	58,8	-	41,2	19,8	18,9	41,0
mit Kindern und/oder Enkeln	1 736,6	8,7	2,51	-	75,1	24,9	13,4	21,2	35,4
LEDIGE PERSONEN									
mit Kindern und/oder Enkeln	182,9	0,9	2,19	-	38,7	61,3	45,7	24,3	33,2
VERHEIRATETE PERSONEN OHNE ANGABEN ÜBER EHEPARTNER									
ohne Kinder	428,6	2,2	1,00	52,6	-	47,4	5,2	12,9	43,4
mit Kindern und/oder Enkeln	129,9	0,7	2,49	-	61,7	38,3	29,1	10,9	38,1
ZUSAMMEN	19 844,6	100.	2,67	12,6	63,2	24,2	12,1	11,5	35,8

7 DIE UNTERSCHIEDE DER KINDERZAHLEN IN DEN EHEN BESTIMMTER BEVÖLKERUNGSGRUPPEN 1962 (Ø Kinderzahl aller Ehen in der BRD einschließlich Westberlin = 100)

	Indexwert
nach Gemeindegrößenklassen:	
bis unter 2 000 Einwohner	125
von 2 000 bis unter 10 000 Einwohner	109
von 10 000 bis unter 50 000 Einwohner	98
von 50 000 bis unter 200 000 Einwohner	92
200 000 und mehr Einwohner	81
nach der Stellung im Beruf:	
Arbeiter	100
davon: in der Land- und Forstwirtschaft	127
in den übrigen Wirtschaftsbereichen	100
Angestellte	85
Beamte	99
Selbständige	113
davon: in der Land- und Forstwirtschaft	142
in den übrigen Wirtschaftsbereichen	96

nach der Stellung im Beruf und dem Netto-Monatseinkommen der außerhalb der Land- und Forstwirtschaft tätigen Männer:

	- 600	600 - 800	800 - 1 200	1 200 u.m.
Arbeiter	97	104	108	(101)
Angestellte	79	84	89	92
Beamte	88	96	103	125
Selbständige	96	92	95	100

8 DURCHSCHNITTLICHER GEBURTENABSTAND DER EHELICH LEBEND- UND TOTGEBORENEN

Jahr	Durchschnittlicher Abstand in Monaten des Geburtstages der ... Kinder 1. vom Tag der Eheschließung	2. vom Geburtstag des vorangegangenen Kindes	3.	4.	5.	6.	7.
1959	21,0	42,2	45,3	42,4	38,4	34,3	31,2
1966	21,8	41,5	45,1	43,4	40,6	37,5	33,9
1967	22,1	41,6	46,0	44,3	42,0	38,2	35,3
1968	22,0	42,3	47,3	46,2	43,3	39,7	36,6
1969	22,1	42,2	50,3	48,2	45,4	41,3	38,5
1970	22,3	43,9	51,0	50,5	47,6	43,5	39,6
1971	23,1	44,3	52,3	51,7	49,2	45,1	42,7
Zunahme von 1966 auf 1971	1,3	2,8	7,2	8,3	8,6	7,6	8,8

9 FAMILIENZUWACHSZIFFERN VON 1900 BIS 1970

Beobachtungsjahr	Nach 19,5 jähriger Ehedauer insgesamt ehelich lebendgeborene erste Kinder auf 1 000 vorangegangene Eheschliessungen	zweite Kinder erste Kinder	dritte Kinder zweite Kinder	vierte Kinder dritte Kinder
1900	900	883	811	772
1910	881	810	702	665
1920	842	720	596	573
1930	819	730	579	552
1940	789	693	495	454
1950	782	708	540	4?2
1960	838	749	519	469
1966	851	788	529	445
1967	851	786	517	428
1968	845	764	494	389
1969	832	752	460	358
1970	811	715	412	322

ABKÜRZUNGEN

ausl ausländisch
deut deutsch
Streitk Streitkräfte

DEFINITIONEN

Familie: Familie ist im Sinne der Familienstatistik immer die in einem Haushalt zusammenlebende Familie. Unter Familie versteht man sowohl die Eltern-Kind-Gemeinschaft als auch verwitwete oder geschiedene Personen, die mit ihren ledigen Kindern zusammenleben, daneben aber auch Ehepaare, verwitwete oder geschiedene Personen ohne ledige Kinder. Ledige Personen mit Kindern gelten ebenfalls als Familien. Nicht als familienzugehörig werden alle ledigen Personen gezählt, die weder mit ihren Eltern noch mit eigenen Kindern zusammenleben.
Familiengröße: Zahl der in Familien lebenden Personen/Zahl der Familien
Generationenabstand: Durchschnittliches Alter der Mütter der erstgeborenen Kinder eines Jahres bei deren Geburt.
Haushalt: gemeint sind natürlich Privathaushalte; Privathaushalte sind zusammenwohnende und gemeinsam wirtschaftende Personengruppen (vgl. Abschnitt "Die Haushalte und ihre Zusammensetzung").
Unvollständige Familie: Familien mit ledigem, verwitwetem, geschiedenem oder verheiratet getrennt lebendem Haushaltsvorstand.

QUELLEN UND ANMERKUNGEN (A)

Tab 1 BuW 1872 - 1972, S. 96

A a.-e. Volkszählungsergebnisse; a. Deutsches Reich; b.-e. Bundesrepublik Deutschland incl. Berlin und Saarland

Tab 2 StBA, JB 1972, S. 36; StBA, JB 1973, S. 30*; StBA, FS A, RZ 1970, S. 49; DDR, JB 1973, S. 449; GBR, Social Trends, 1973, S. 80 - 81; NIE, JB 1972, S. 23; DÄN, JB 1973, S. 26; ÖST, JB 1973, S. 28 ff.; SWE, JB 1973, S. 68; USA, JB 1973, S.

A Einige Länder machen in der Statistik keinen Unterschied zwischen Haushalten und Familien.
DDR: Kinderzahl ist auf die Zahl der Haushalte bezogen. Folge - Unterschätzung. 1971
GBR: Verheiratetenquote nur für England, Wales, Nordirland. 1966
NIE: Familiengröße und Kinderzahl. 1971
DÄN: Kinderzahl ist auf Zahl der Haushalte bezogen. Folge - Unterschätzung. 1965 Verheiratetenquote 1971
ÖST: Familiengröße und Kinderzahl 1971. Verheiratetenquote 1967
SWE: Familiengröße und Kinderzahl 1965. Kinder nur bis 16 Jahre. Verheiratetenquote 71
USA: Verheiratetenquote der Personen ab 18, 1971. Familiengröße - Gesamtbevölkerung/Zahl der Familien. Folge - Überschätzung

Tab 3 FS A, R 5, Haushalte und Familien. 1971, S. 39 - 42; StBA, BuW 1872 - 1972, S. 98; WiSta 1972, S. 87 ff.; StBA, Statistische Berichte VIII 8/10; FS A, V + BZ 1961, Heft 16, S. 41

A T. ledige Kinder ohne Einschränkung durch ihr Alter; b. als Basis wurde hier die Bevölkerung in Privathaushalten genommen; 1970 einschließlich mehrfach gezählter Haushaltsmitglieder; .1.4 Daten des Mikrozensus; .2.3 Volkszählungsergebnisse

Tab 4 WiSta 1972, S. 90 ff.

A T. Daten des Mikrozensus; die demographische Struktur von 1957 wurde konstant gehalten. Demographische Faktoren: Wachstum und Struktur der Bevölkerung

Tab 5 WiSta 1972, S. 164 ff.

A T. Daten des Mikrozensus

Tab 6 STBA, FS A, V+BZ 1961, H. 16, S. 40 ff.

Tab 7 Karl Martin Bolte, Deutsche Gesellschaft im Wandel, Opladen 1967: Leske, S. 153

A Errechnet nach Angaben des Statistischen Bundesamtes, siehe auch WiSta 2/1964

Tab 8 WiSta 1973, S. 639

A 1959 ohne Berlin

Tab 9 WiSta 1971, S. 17; WiSta 1962, S. 593

A 1970 Geschätzte Werte des Statistischen Bundesamtes

1 HISTORISCHE ÜBERSICHT

	Dim.	1870	1880	1890	1900	1910	1920	1930	1940	1950	1960	1970
Zahl der Privathh. (in 1 000)	N	8 697	9 609	10 584	12 179	14 283	15 275	17 695	20 335	16 650	19 399	21 990
Ø Größe der Privathaushalte	N	4,63	4,60	4,55	4,49	4,40	3,98	3,61	3,27	2,99	2,82	2,69
1-P-Haushaltsquote	v.H.	6,1	6,3	7,1	7,1	7,3	6,7	8,4	9,8	19,5	21,3	25,1
(Quote der Anstalts-wohnbevölkerung	v.H.	1,8	2,2	2,7	2,9	3,3	2,5	2,0	4,1	1,9	2,7	2,5

2 HAUSHALTSSTRUKTUR IM INTERNATIONALEN VERGLEICH 1970

	Dim	BRD	DDR	GBR	FRA	ITA	NIE	BEL	LUX	DÄN	ÖST	SWI	SWE	JAP	USA	USR	IND
Ø Größe der Privathh.	N	2,69	2,67	3,06	3,05	3,17	3,19	(3,10)	3,33	2,80	3,02	3,05	2,92	(4,53)	(3,20)	.	.
1-P-Haushaltsquote	%	25,1	26,5	17,9	20,8	11,1	14,8	16,2	7,6	.	22,2	.	25,3	8,1	17,0	.	.
Quote der Anstalts-wohnbevölkerung	%	2,5	(1,0)	.	.	.	(2,4)	.	-	.	1,3	.	0,8	.	(0,1)	.	.

3 CHARAKTERISTIKA BUNDESDEUTSCHER HAUSHALTE

	Dim.	1950	1957	1961	1962	1963	1964	1965	1966	1967	1968	1969	1970	1971
Zahl der Haushalte (in 1000)	N	16 682	.	19 430	.	.	.	.	.	.	.	.		.
Anstaltshaushalte (in 1 000)	N	32,3	.	31,1	.	.	.	.	.	.	.	.		.
(Quote der Anstaltswohnbevölkerung	v.H.	1,9	.	2,7	2,9	2,8	3,2	2,9	2,5	2,4	2,3	2,6	2,5	2,0
Privathaushalte (in 1 000)	N	16 650	18 318	19 460	20 179	20 773	20 714	21 211	21 542	21 670	21 976	22 234	21 990	22 852
davon: 1-P-Haushalte	v.H.	19,5	18,3	21,3	22,3	22,7	23,9	24,2	24,6	25,0	25,5	26,2	25,1	26,7
2-P-Haushalte	v.H.	25,2	26,7	27,4	28,7	28,4	28,6	28,3	28,3	28,5	28,1	27,9	27,1	27,3
3-P-Haushalte	v.H.	23,0	23,0	22,5	22,2	22,1	21,4	20,9	20,5	20,2	19,9	19,5	19,6	19,0
4-P-Haushalte	v.H.	16,1	16,7	15,5	15,0	15,1	14,6	14,8	14,8	14,9	14,7	14,7	15,2	15,1
5 und mehr P-Hh	v.H.	16,2	15,3	13,4	11,8	11,9	11,5	11,6	11,7	11,9	11,7	11,7	12.9	11,8
∅ Größe der Privathaushalte	N	2,99	2,94	2,88	2,73	2,73	2,70	2,70	2,69	2,69	2,67	2,66	2,74	2,66
in Gem. unter 2 000 Ew.	N		3,54	3,44								3,28	3,32	3,31
in Gem. über 100 000 Ew.	N		2,54	2,46								2,29	2,29	2,28

4 WOHNBEVÖLKERUNG IN ANSTALTSHAUSHALTUNGEN 1961 und 1970 (Volkszählungsergebnisse)

Haushaltstyp	1961 Anstaltshaushalte	1961 Verteilung der Anstaltsbevölkerung	1961 davon: Personal	1961 davon: Insassen	1961 Ø Personenzahl in Anstaltshaushalten	1970 Verteilung der Anstaltsbevölkerung	1970 darunter: Frauen	1970 darunter: Nichterwerbstätige
Dim.	%	%	%	%	N	%	%	%
Anstalten für Unterricht, Bildung, Erziehung	8,6	12,2	21,5	88,5	66	9,1	50,4	76,7
Beherbungsbetriebe, Erholungsheime	16,8	4,8	67,6	32,4	15	1,9	64,4	16,3
Anstalten für religiöse Zwecke	3,0	3,2	18,8	81,2	48	2,4	68,9	45,7
Wohnheime	12,6	11,0	9,9	90,1	46	14,4	28,1	36,6
Arbeiterlager, Firmenunterkünfte, Schiffe	23,8	13,9	1,9	98,1	28	18,4	11,3	0,8
Waisenhäuser	0,6	1,2	23,3	76,7	90	4,6	55,0	81,2
Alters- und Invalidenheime	11,5	15,2	15,8	84,2	63	17,5	78,0	89,9
Kranken-, Heil- und Pflegeanstalten	13,2	22,5	49,5	50,5	81	18,5	71,6	51,8
Karitative Unterkünfte, Obdachlosenasyle, Anstalten für Wohnungslose	1,7	0,5	3,0	97,0	135	0,6	10,4	49,5
Straf-, Besserungs- und Verwahranstalten	1,8	4,9	8,6	91,4	123	2,1	3,6	19,9
Sonstige	6,4	10,7	2,0	98,0	137	10,5	9,4	4,1
dar: Streitkräfte, öffentl. Sicherheit	.	.	.	.	.	7,5	0,0	0,0
Insgesamt absolut (in 1 000)	32,8	1 441,4	308,6	1 132,9	x	1 526,3	674,1	289,0
Insgesamt in v.H.	x	100,1	21,4	78,6	54	100,0	44,2	18,9

5 ALTERSVERTEILUNG DER HAUSHALTSVORSTÄNDE NACH GESCHLECHT

Haushaltsvorstand	Dim.	1957 Einpersonenhh. M	1957 Einpersonenhh. F	1957 Mehrpersonenhh. M+F	1969 Einpersonenhh. M	1969 Einpersonenhh. F	1969 Mehrpersonenhh. M+F
unter 25 Jahre	v.H.	16,8	3,7	1,7	10,5	3,4	1,8
25 bis 45 Jahre	v.H.	26,7	11,3	35,2	37,1	9,0	42,4
45 bis 65 Jahre	v.H.	29,1	41,2	48,2	22,3	34,7	38,3
über 65 Jahre	v.H.	27,4	43,9	14,9	30,0	52,9	17,5
Insgesamt (in 1000)	N	929	2 424	14 788	1 528	4 226	16 533

6 DEMOGRAPHISCHE UND NICHTDEMOGRAPHISCHE EINFLÜSSE AUF DIE VERÄNDERUNG DER ZAHL DER HAUSHALTE VON 1957 BIS 1969 (Angaben in Prozentpunkten der Basis 1957)

Geschlecht des Haushaltsvorstands	Veränderungsrate zwischen 1969 und 1957: aller Haushalte	der Einpersonenhaushalte	der Mehrpersonenhaushalte	Gesamtzahl 1957 (in 1 000)
TATSÄCHLICHE WERTE				
Männer	+20	+64	x	13 751
Frauen	+32	+74	x	4 390
Haushalte zus.	+23	+72	+12	18 141
ANTEIL DEMOGRAPHISCHER FAKTOREN				
Männer	+17	+17	x	
Frauen	+16	+32	x	
Haushalte zus.	+17	+28	+15	
ANTEIL NICHTDEMOGRAPHISCHER FAKTOREN				
Männer	+ 3	+47	x	
Frauen	+16	+42	x	
Haushalte zus.	+ 6	+44	- 3	

7 DIE HAUSHALTSSTRUKTUR NACH DER NATIONALITÄT DES HAUSHALTSVORSTANDES 1970 (Ergebnisse des Mikrozensus)

	Dim	Haushalte mit ausländischen Vorständen Zus.	M	F	Haushalte mit deutschen Vorständen Zus.	M	F	Ausländer und Deutsche Zus.
Privathaushalte Insgesamt (in 1 000)	N	780	x	x	22 081	x	x	22 861
davon Mehrpersonenhaushalte	%	59,7	x	x	73,9	x	x	73,4
Einpersonenhaushalte	%	40,3	28,8	11,4	26,1	6,3	19,8	26,6
Wohnbevölkerung Insgesamt (in 1 000)	N	2 131	1 303	828	59 323	27 716	31 607	61 453
davon in Privathaushalten	%	80,1	74,6	88,8	98,3	98,4	98,3	97,7
darunter in Einpersonenhaushalten	%	14,7	17,3	10,7	9,7	5,0	13,9	9,9
davon in Anstalten	%	19,9	25,4	11,2	1,7	1,6	1,7	2,3
darunter in Gemeinschaftsunterkünften	%	12,2	17,1	4,5	0	0	/	0,4
Arbeitslagern	%	2,5	2,9	1,9	0,2	0,3	0,2	0,3
firmeneigenen Unterkünften	%	2,8	4,4	/	0	0,1	/	0,1
Ø Haushaltsgröße der Privathaushalte	N	2,73	x	x	2,69	x	x	2,69

8 HAUSHALTE NACH DER VERWANDTSCHAFTSSTRUKTUR (Angaben in v.H.)

	Dim.	1957	1961	1970
Insgesamt (in 1 000)	N	14 185	15 450	
Eingenerationenhaushalte	v.H.	23,8	24,6	
Zweigenerationenhaushalte	v.H.	61,3	59,6	
(Drei- und Viergenerationenhaushalte	v.H.	7,2	7,8	
Erweiterte Hausgemeinschaft	v.H.	2,3	2,3	
Entfernter Verwandtenhaushalt	v.H.	1,2	1,4	
(Haushalte mit familienfremden Personen	v.H.	3,5	3,8	
Sonstige Haushalte	v.H.	0,7	1,1	

9 DIE VERTEILUNG DER LEDIGEN PERSONEN NACH IHRER HAUSHALTSZUGEHÖRIGKEIT ENDE 1968

		MÄNNER im Alter von ... bis ...							FRAUEN im Alter von ... bis ...						
Ledige Personen, lebend in:	Dim.	0-15	15-25	25-35	35-45	45-65	65 um	zus.	0-15	15-25	25-35	35-45	45-65	65 um	zus.
Eigenem oder nichtelterlichem Haushalt	v.H.	2,4	7,8	29,9	48,9	81,6	83,2	9,2	2,6	9,8	40,7	53,8	76,9	83,1	16,2
Elterlichem Hh. (ohne led. Mütter/Väter)	v.H.	95,4	88,0	64,9	42,5	8,2	0,4	87,4	95,9	82,9	46,7	33,8	10,7	0,2	78,8
Ledige Mütter/Väter in elterlichem Hh.	v.H.	0,2	0,1	0,1	0,1	0,0	0,2	0,2	0,2	0,8	2,7	2,1	0,4	0,0	0,5
Anstaltshaushaltungen	v.H.	2,0	4,1	5,1	8,5	10,2	16,3	3,2	1,3	6,5	9,8	10,3	11,9	16,6	4,5
Insgesamt (in 1 000)	N	71,3	32,1	9,4	2,3	2,2	1,1	118,5	67,3	23,5	4,8	3,4	7,4	5,5	112,0

10 VERTEILUNG DER MEHRPERSONENHAUSHALTE NACH DER GRÖSSE U. DER ZAHL DER EINKOMMENSBEZIEHER 1961

Haushalte nach der Zahl der Einkommensbezieher	Dim.	Zahl der Haushaltsmitglieder 2	3	4	5 u.m.	alle Haushalte zus.	Ø Haushaltsgröße	Einkommenslose je Einkommensbezieher
		v.H.	v.H.	v.H.	v.H.	v.H.	N	N
0	v.H.	0,2	0,1	0,0	0,0	0,1	2,49	x
1	v.H.	50,5	37,3	36,8	23,0	39,0	2,27	1,27
2	v.H.	49,2	42,6	28,4	22,0	38,3	2,99	0,50
3	v.H.	x	20,0	23,7	22,6	14,5	4,07	0,36
4 u.m.	v.H.	x	x	11,0	32,4	8,1	5,55	0,24
Haushalte insgesamt (in 1000)	N	5 156	4 392	3 121	2 782	15 450	3,07	0,49
Ø Zahl der Einkommensbezieher	N	1,49	1,83	2,09	2,85	1,95	x	x
Einkommenslose je Einkommensbezieher	N	0,34	0,64	0,91	1,03	0,49	x	x

ABKÜRZUNGEN

Gem Gemeinde

DEFINITIONEN

Anstaltsbevölkerung: siehe Wohnbevölkerung im Anstaltsbereich
Anstaltshaushalte:
Ein-Personen-Haushaltsquote: Anteil der Ein-Personen-Haushalte an allen Privathaushalten
Entfernter Verwandtenhaushalt: Dieser Haushaltstyp besteht aus in gerader Linie verwandten und noch anderen verwandten oder verschwägerten Personen und nur nicht in gerader Linie miteinander verwandten und/oder verschwägerten Personen.
Erweiterte Hausgemeinschaft: Dieser Haushaltstyp besteht aus verwandten und/oder verschwägerten Personen und familienfremden Personen
Haushaltsgröße: Zahl der in Privathaushalten lebenden Personen/Zahl der Privathaushalte
Privathaushalte: Zusammenwohnende und gemeinsam wirtschaftende Personengruppen, die sowohl verwandte als auch fremde Personen, Familien im engsten und im erweiterten Sinne, häusliches Dienstpersonal, gewerbliche oder landwirtschaftliche Arbeitskräfte usw. umfassen können. Auch Personen, die für sich allein wohnen und wirtschaften, wie z. B. Einzeluntermieter, zählen als Haushalt. Haushalte des Personals oder von Insassen in Anstalten werden ebenfalls zu den Privathaushalten gerechnet.
Quote der Anstaltswohnbevölkerung: Anteil der Wohnbevölkerung im Anstaltsbereich an der gesamten Wohnbevölkerung.
Wohnbevölkerung im Anstaltsbereich: (auch "Anstaltswohnbevölkerung") Zur Wohnbevölkerung im Anstaltsbereich gehören alle Personen, die entweder über eine Anstaltsliste oder eine Haushaltsliste erfaßt wurden. Die über Anstaltslisten erfaßten Personen bilden die sog. Anstaltsbevölkerung; die über Haushaltslisten erfaßten Personen bilden jeweils eigene Privathaushalte im Anstaltsbereich und werden der Wohnbevölkerung im Anstaltsbereich zugeordnet. Auch die Familienangehörigen von über Anstaltslisten erfaßten Personen werden der Anstaltsbevölkerung zugeordnet.

QUELLEN UND ANMERKUNGEN (A)

Tab 1 StBA, BuW 1872 - 1972, S. 98

A .1-.8 Reichgebiet; .1 1871; .2+.3d. geschätzte Werte; .6 1925; .7 1933; .8 1939; .10 1961; .9-.11 Bundesgebiet; .-1-.11 Volkszählungsergebnisse mit Ausnahme von .2+.3 d.

Tab 2 StBA JB 1972, S. 38; DDR JB 1973, S. 449; GBR, Social Trends 1973, S. 80 - 81; NIE, JB 1972, S. 23; DÄN, JB 1973, S. 26; ÖST, JB 1973, S. 28 ff.; SWI, JB 1973, S. 11; SWE, JB 1973, S. 68; USA, JB 1973, S., EG-eurostat 1972, S. 18

A DDR: die Anstaltswohnbevölkerung ist im DDR - Jahrbuch nicht ausgewiesen; sie wurde als Differenz der Gesamtbevölkerung und der in Privathaushalten lebenden Bevölkerung errechnet.
NIE: 1971, Anstaltsbevölkerung wie DDR
DÄN: 1965
ÖST: 1971
SWE: 1971
USA: Haushaltsgröße: Gesamtbevölkerung durch die Zahl der Haushalte; Folge- Überschätzung der Ziffer. Anstaltsbevölkerung: wie DDR

Tab 3 StBA, V + BZ 1961, H. 16, S. 37 ff.; StBA, JB 1971, S. 39; StBA, JB 1972, S. 38; StBA, FS A, RS 1969, S. 30; StBA, StBRD Bd. 35, H. 4, S. 2; WiSta 1954, S. 214; WiSta 1969, S. 264 ff.; WiSta 1971, S. 740

A .1+.3+.12 Volkszählungsergebnisse, sonst Mikrozensusdaten

Tab 4 StBA, V + BZ 1961, H. 8, S. 22 ff.; V+BZ 1970, H 11, S. 21-22, S. 29-35

Tab 5 StBA, FS A, R 5 1969, S. 36

A T. Daten des Mikrozensus

Tab 6 WiSta 1970, S. 347

A T. Daten des Mikrozensus. Die demographische Struktur von 1957 wurde konstant gehalten. Demographische Faktoren: Wachstum und Struktur der Bevölkerung.

Tab 7 WiSta 1972, S. 164 ff.

A T. Daten des Mikrozensus

Tab 8 StBA, JB 1960, S. 51; StBA, FS A, Volkszählung vom 6.6.1961, Vorbericht 19: Demographische und soziale Struktur der Haushalte und Familien, S. 18 ff.

A .1 Daten des Mikrozensus; .2 Volkszählungsergebnisse

Tab 9 Unveröffentlichte Daten, P. Hecheltjen, Sozialpolitische Forschergruppe an der Universität Frankfurt

A T. Daten des Mikrozensus

Tab 10 StBA, V + BZ, H. 16, S. 62 - 63

ARBEITSPOTENTIAL UND ERWERBSBEVÖLKERUNG

In jeder Gesellschaft werden von der Bevölkerung Arbeitsleistungen erbracht, deren Umfang und Verteilung historisch stark variiert. In industrialisierten Gesellschaften lassen sich die Einwohner im Alter von fünfzehn bis fünfundsechzig Jahren als Arbeitspotential definieren. Diese Abgrenzung, die einerseits vom Schulpflichtalter und andererseits von der - freilich nicht einheitlichen - Pensionsgrenze ausgeht, ist allerdings nur eine Annäherung an die erwerbsfähigen Personen, weil Erwerbsunfähigkeit, die vor allem bei älteren Personen auftritt, noch einbezogen ist. Aus dem Arbeitspotential einer Bevölkerung rekrutieren sich die Erwerbspersonen, bei denen es sich sozusagen um die erwerbswilligen Einwohner handelt; sie setzen sich aus den Erwerbstätigen und Erwerbslosen bzw. Arbeitslosen zusammen (Erwerbslose werden in amtlichen Stichproben ermittelt, Arbeitslose werden in der Geschäftsstatistik der Arbeitsämter erfaßt). Die Erwerbstätigen sind schließlich die Bevölkerungskategorie, die das Sozialprodukt erwirtschaftet und entsprechende Einkommen erzielt.
Durch die Erwerbstätigen ist keinesfalls die Bevölkerungskategorie abgegrenzt, die gesellschaftliche Arbeit leistet, denn mit deren marktmäßig verwerteten Arbeitsleistungen wird nur ein Teil der gesellschaftlichen Arbeit erfaßt. Das Sozialprodukt würde sich - konservativ geschätzt - um 35 % vergrößern, wenn die Arbeit der Hausfrauen bewertet und eingerechnet würde. Natürlich leisten auch andere Personengruppen Arbeit, die unmittelbar nicht marktmäßig verwertet wird, etwa Schulbesuch und Studium, die private Ausführung von Reparaturen oder die Ausübung ehrenamtlicher Tätigkeiten.

Statistische Informationen zur Erwerbsbevölkerung erscheinen unter zwei Aspekten interessant: Beteiligungsindikatoren können anzeigen, in welchem Maß verschiedene Bevölkerungskategorien an der Produktion beteiligt sind, Belastungsindikatoren informieren darüber, in welchem Ausmaß vom Einkommen der Erwerbstätigen andere nicht-erwerbstätige Personengruppen unterhalten werden müssen.

Das Ausmaß der Erwerbsbeteiligung einer Bevölkerung - meßbar durch Erwerbsquoten - ist einerseits abhängig von dem Anteil der Bevölkerung im erwerbsfähigen Alter, andererseits vom Grad der "Mobilisierung" dieses Arbeitspotentials. Veränderungen der Arbeitspotentialquote zeigen an, in welche Richtung die Altersstruktur die Erwerbsquote beeinflußt; inwiefern sich die Erwerbsbeteiligung (im engeren Sinn) ändert, läßt sich messen, wenn die Erwerbspersonen als Anteil des Arbeitspotentials ausgedrückt werden. Mit der herkömmlichen Erwerbsquote (Erwerbspersonenanteil an der Gesamtbevölkerung) werden beide Effekte gleichzeitig gemessen.

Erwerbsquoten sind ein unzureichendes Maß für den relativen Arbeitsaufwand einer Bevölkerung, da sie die Arbeitszeit außer Betracht lassen. Mit einer Arbeitszeitquote lassen sich die historischen Veränderungen im zeitlichen Arbeitsaufwand je Einwohner messen, ohne jedoch Aussagen über die personelle Verteilung der Arbeitsbelastung zu ermöglichen.

Neben der Altersstruktur wird die allgemeine Erwerbsquote vom Geschlechterverhältnis mitgeprägt, denn Frauen sind stets seltener am Erwerbsleben beteiligt als Männer. Daraus läßt sich allerdings nicht folgern, daß ihr Beitrag zum Sozialprodukt unbedeutender wäre, denn erst die zwischen Männern und Frauen typische Arbeitsteilung ermöglicht die Freisetzung der Männer für das Erwerbsleben. Ob hohe Frauenerwerbsquoten auf eine positiv zu bewertende Überwindung dieser Rollentrennung hinweisen und eine berufliche Emanzipation der Frau anzeigen, muß solange offenbleiben, wie nicht die Frage der Doppelbelastung der Frau durch Haushalt und Beruf zusätzlich untersucht wird.
Die allgemeine Erwerbsquote bündelt die Veränderungen der alters- und geschlechtsspezifischen Erwerbsquoten, die einer Vielzahl von Einflußfaktoren ausgesetzt sind: es wirken sich dort Verlängerungen von Bildungs- und Ausbildungszeiten, Vorverlegungen von Pensionsaltersgrenzen, Entwicklungen bei den Erwerbsunfähigen, Veränderungen in der Erwerbsbeteiligung bestimmter Gruppen (insbesondere Frauen) u.a. aus.

Hohe alters- und geschlechtsspezifische Erwerbsquoten können anzeigen, daß nur wenige Personen durch Erwerbsunfähigkeit aus dem Erwerbsleben ausscheiden, daß Behinderte und Alte in den Produktionsprozeß integriert bleiben und daß für Frauen adäquate Arbeitsplätze zur Verfügung stehen. Lediglich für die jüngeren Jahrgänge, die noch Bildungsinstitutionen durchlaufen, können solche Schlußfolgerungen nicht gezogen werden. Niedrige Erwerbsquoten deuten ansonsten auf eine geringe Mobilisierung der nicht erwerbstätigen Bevölkerung hin.
Änderungen der Erwerbsbeteiligung waren in der Bundesrepublik immer nur ein Teil der Determinanten der Erwerbspersonen. Neben den genannten endogenen Komponenten wirkten sich exogene Komponenten wie DDR-Flüchtlinge und ausländische Arbeitnehmer aus. Durch den Import ausländischer Arbeitskräfte vergrößerte sich zwar der Handlungsspielraum der Arbeitsmarktpolitik, wurden aber langfristig wirksame soziale Folgeprobleme erzeugt (vergl. Abschnitt "Ausländische Arbeitskräfte").

Geht man davon aus, daß längerfristig alle Erwerbspersonen an der Entstehung des Sozialprodukts beteiligt sind, dann ist deren zahlenmäßiges Verhältnis zu den Nichterwerbspersonen eine Determinante für das Sozialprodukt, das je Einwohner zur Verfügung steht. Vergrößert sich die Zahl der Nichterwerbspersonen in Relation zu den Erwerbspersonen, dann wird davon gesprochen, daß die "Belastung" der Erwerbspersonen steigt. Die Zunahme der Nichterwerbspersonen kann auf verschiedene Bevölkerungsgruppen zurückzuführen sein; am bekanntesten ist wohl die steigende "Alterslast", die zum "Rentenberg" führt; analog könnte man von einer "Kinderlast" sprechen oder von einer "Bildungslast", wenn man die Zahl der Personen, die dem Produktionsprozeß durch Bildung und Fortbildung entzogen sind, zu den Erwerbspersonen in Beziehung setzt. Eine parallele Betrachtung läßt sich auf der Ebene von Haushalten durchführen: da Erwerbstätigkeit die Haupteinnahmequelle der meisten Einwohner bildet, wäre zu fragen, ob die Zahl der Angehörigen, die von den Erwerbstätigen unterhalten werden, relativ steigt oder fällt.

1 ARBEITSPOTENTIALQUOTE, ERWERBSQUOTE UND ARBEITSZEITQUOTE IM LANGFRISTIGEN VERGLEICH

	Arbeitspo-tentialquote	Erwerbsquote		Arbeits-zeitquote
		Typ I	Typ II	
circa	%	%	%	%
1871	61,0			27,8
1880	59,7	41,9		
1885	59,6			26,7
1895	59,7	42,7		26,4
1905	60,3			25,4
1911	60,9	45,5		
1925	68,5	51,3	74,8	24,6
1934	68,8	49,5		23,2
1939	68,9	51,6	80,0	
1950	67,3	46,2	68,6	17,2
1961	67,2	47,7	71,1	16,9
1970	63,6	43,9	68,9	15,0

2 GESCHLECHTSSPEZIFISCHE ERWERBSQUOTE IM INTERNATIONALEN VERGLEICH FÜR 1969 BZW. 1970

Erwerbs-quote	BRD %	DDR %	GBR %	FRA %	ITA %	NIE %	BEL %	LUX %	DÄN %	ÖST %	SWI %	SWE %	USA %	USR %	JAP %	IND %
insg.	44	48	46	42	37	36	40	42	49	41	48	49	42	51	51	43
männl.	59	54	60	55	55	56	56	58	60	53	64	59	54	56	63	57
weibl.	30	43	32	29	19	16	26	21	37	30	32	38	30	46	39	28

3 QUELLEN DES ARBEITSKRÄFTEANGEBOTS

Jahr	Erwerbsquoten Insg. %	Erwerbsquoten männl. %	Erwerbsquoten weibl. %	Veränderung der Zahl der Erwerbstätigen 1 000	Veränderungen der Zahl der Erwerbstätigen auf Grund von: natürliche Bevölkerungsbewegung 1 000	Änderungen der Erwerbsbeteiligung 1 000	Wanderungsgewinn 1 000	Änderungen der Zahl ausländischer Arbeitn. 1 000	Änderungen der Arbeitslosenzahl 1 000
1951	46,3			+ 523	+ 255		+ 127		+ 148
1952	46,7			+ 390					
1953	47,1			+ 515					
1954	47,7			+ 530					
1955	48,3			+ 835	+ 375		+ 161	+ 8	+ 293
1956	48,6			+ 605				+ 19	
1957	48,8	64,9	34,2	+ 505				+ 9	
1958	48,6	62,9	34,1	+ 184				+ 19	
1959	48,1	64,1	33,8	+ 257				+ 40	
1960	47,8	63,6	33,4	+ 450	+ 4		+ 65	+ 112	+ 269
1961	47,7	63,7	33,1	+ 344	- 58		+ 116	+ 196	+ 90
1962	47,4	62,5	32,5	+ 192	- 33		+ 45	+ 154	+ 26
1963	47,2	62,6	32,4	+ 97	- 40		+ 25	+ 144	- 32
1964	46,8	61,6	32,0	+ 99	- 47		0	+ 129	+ 17
1965	46,6	61,2	31,9	+ 174	- 65		0	+ 217	+ 22
1966	46,1	60,6	31,4	- 71	- 36	- 146	0	+ 125	- 14
1967	45,1	59,6	30,4	- 790	- 24	- 238	0	- 230	- 298
1968	44,8	59,5	30,4	+ 50	- 30	- 61	0	+ 5	+ 136
1969	45,0	59,0	30,3	+ 480	- 32	+ 21	0	+ 347	+ 144
1970	45,1	58,3	30,2	+ 382	- 20	- 69	0	+ 441	+ 30
1971	44,6	58,0	30,2	+ 60	- 20	- 189	0	+ 309	- 40

5 ERWERBSQUOTEN NACH GESCHLECHT, ALTER UND FAMILIENSTAND IM APRIL 1971

Alters-gruppen	männ-lich %	(	weiblich		)
		zusam. %	ledig %	verheir. %	verw./gesch. %
15 - 20	54,0	52,4	52,2	56,7	
20 - 25	85,4	69,6	83,5	56,0	81,4
25 - 30	92,5	53,4	86,2	46,5	79,2
30 - 35	98,3	46,0	89,1	40,6	75,6
35 - 40	98,8	46,3	89,3	41,4	69,8
40 - 45	98,4	48,5	89,8	42,8	70,0
45 - 50	96,9	49,7	88,7	42,7	66,4
50 - 55	95,3	46,0	85,6	39,2	53,6
55 - 60	88,7	36,7	78,0	30,7	38,6
60 - 65	73,8	21,2	44,9	18,0	20,4
15 - 65	88,1	46,5	68,9	40,0	42,9
65 - 70	29,1	10,4	19,8	9,1	9,6
70 - 75	14,5	5,4	9,2	5,6	4,4
75 u.ä.	7,0	2,3	4,9	2,9	1,8
15 u.ä.	77,4	38,0	62,1	36,2	21,1
Insgesamt	58,7	30,2	26,4	36,2	21,1

6 AUSGEWÄHLTE ALTERS- UND GESCHLECHTSSPEZIFISCHE ERWERBSQUOTEN SEIT 1957

Männer	15 - 65 %	15 - 20 %	20 - 25 %	35 - 40 %	60 - 65 %	65 u.m. %
1957		80,7	92,3	97,6	74,7	(38,4)
1961		77,1	90,4	98,0	74,0	(35,3)
1965	89,9	67,7	84,0	98,5	78,1	24,0
1969	88,9	58,9	83,7	98,8	75,4	21,0
1971	87,8	53,3	82,3	98,8	73,8	18,5
Ledige Frauen						
1957		76,7	91,6	86,8	52,5	(25,3)
1961		74,4	90,3	89,6	48,5	(24,9)
1965	78,3	68,0	86,5	91,5	49,4	15,4
1969	72,4	57,2	85,3	90,7	49,8	15,2
1971	68,9	52,2	83,5	89,3	44,9	11,1
Verheiratete Frauen						
1957		54,9	49,9	35,6	19,6	(14,9)
1961		62,7	52,3	37,0	12,8	(8,2)
1965	36,5	53,7	51,7	38,3	19,3	8,8
1969	37,8	58,7	52,4	39,0	19,8	8,4
1971	40,0	56,7	56,0	41,4	18,0	6,9

7 BELASTUNGSZIFFERN FÜR DIE ERWERBSPERSONEN

	Nichterwerbspersoen je 100 Erwerbspersoenen	über 65-jährige je 100 Erwerbspersonen	unter 15-jährige je 100 Erwerbspersonen	weibliche Nichterwerbspersonen je 100 weibliche Erwerbspersonen	männliche Nichterwerbspersonen je 100 männliche Erwerbspersonen	Schüler und Studenten je 100 Erwerbspersonen
1950	117,9	20,0	51,5	230,7	56,7	
1951	116,6	20,2	50,2	226,9	56,3	
1952	114,6	22,0	51,7	221,5	55,6	
1953	113,0	22,2	50,5	218,3	54,6	
1954	110,4	22,2	48,7	212,5	53,3	
1955	107,7	22,2	46,8	205,8	52,2	
1956	106,5	22,0	44,9	202,3	52,0	
1957	105,7	22,4	45,0	197,0	52,6	
1958	106,5	22,8	45,2	197,0	53,7	
1959	108,5	23,3	45,8	199,2	55,3	
1960	109,0	22,7	44,7	199,4	55,7	33,5
1961	109,8	23,4	45,5	200,8	56,5	33,5
1962	111,7	23,9	46,5	204,2	58,0	34,1
1963	113,1	24,5	47,5	206,1	59,1	34,8
1964	115,3	25,3	48,5	210,5	60,5	35,6
1965	116,8	26,0	49,2	213,2	61,6	36,4
1966	119,4	26,9	50,3	219,0	63,0	37,5
1967	124,5	28,3	52,2	228,6	65,9	39,7
1968	126,3	29,2	53,1	230,2	67,5	41,1
1969	126,4	29,6	53,3	229,8	67,9	42,1
1970	126,2	29,8	52,4	229,8	68,0	43,2
1971	128,4	30,6	52,6	235,4	69,3	44,8
1972	130,9			239,9	71,0	

4 ERWERBSPERSONEN NACH ALTERSGRUPPEN UND GESCHLECHT

	Männer: 1950 %	Männer: 1961 %	Männer: 1970 %	Frauen: 1950 %	Frauen: 1961 %	Frauen: 1970 %
unter 15	0,8	0,9	0,0	1,1	1,4	0,1
15 - 20	10,6	9,1	6,9	16,6	14,2	10,9
20 - 30	21,9	24,6	18,7	28,8	26,5	23,1
30 - 40	17,9	20,9	27,0	16,5	18,7	20,3
40 - 50	24,1	15,9	21,4	18,1	17,1	21,3
50 - 60	16,1	19,3	14,8	12,7	15,7	15,6
60 - 65	4,8	5,9	7,3	3,2	3,8	5,2
65 u. m.	3,8	3,3	4,0	3,0	3,0	3,5
Insgesamt (in 1 000)	14125	16878	16828	7949	9923	9683

8 WOHNBEVÖLKERUNG 1961 UND 1971 NACH BETEILIGUNG AM ERWERBSLEBEN UND ÜBERWIEGENDEM LEBENSUNTERHALT

		Insgesamt in 1 000		Davon mit überwiegendem Lebensunterhalt durch: Erwerbstätigkeit		Arbeitslosengeld/hilfe		Rente u. dergl.		Angehörige	
		1961	1971	1961 %	1971 %	1961 %	1971 %	1961 %	1971 %	1961 %	1971 %
Erwerbstätige	m	16 251	17 049	94,5	94,6	-	-	1,8	1,7	3,7	3,7
	w	9 429	9 547	86,5	86,1	-	-	2,8	2,5	10,7	11,3
Erwerbslose	m	49	99	-	-	69,5	37,5	12,5	16,0	17,9	46,5
	w	33	107	-	-	54,1	20,4	9,3	11,1	36,6	68,5
Nichterwerbsp.	m	9 184	12 049	-	-	-	-	29,5	31,0	70,5	69,0
	w	19 031	22 330	-	-	-	-	22,9	24,6	77,1	75,4
Wohnbevölk.	m	25 484	29 197	60,2	55,3	0,1	0,1	11,8	13,8	27,8	30,8
	w	28 493	31 984	28,6	25,7	0,1	0,1	16,2	18,0	55,1	56,3

Quellenangaben und Anmerkungen:

1) BuW 1872 - 1972: S. 90, 95, 142;
Hoffmann, 1965: S. 19
Uhlmann, L.; Huber, G., 1971: S. 144

Arbeitspotentialquote: Personen im Alter von 15 bis 65 Jahren in v.H. der Wohnbevölkerung.
Erwerbsquote Typ I: Erwerbspersonen in v.H. der Wohnbevölkerung
Erwerbsquote Typ II: Erwerbspersonen in v.H. des Arbeitspotentials
Arbeitszeitquote: Jährliche Arbeitsstunden aller Erwerbstätigen in v.H. der wachen Zeit der Wohnbevölkerung (wache Zeit: 16 Stunden pro Tag).
Bis 1939 Reichsgebiet, danach Bundesgebiet.
Bis 1938 Arbeitsstunden nach Hoffmann, danach Uhlmann/Huber.

2) StBA, Jb 1972: S. 41*;
StBA, Jb 1971: S. 43*;

Geschlechtsspezifische Erwerbsquote: Männliche (weibliche) Erwerbspersonen in v.H. der männlichen (weiblichen) Wohnbevölkerung.

3) Sachverständigenrat, 1964/65: S. 51
Sachverständigenrat, 1966/67: S. 48
Sachverständigenrat, 1969: S. 14
Sachverständigenrat, 1971: S. 29
Sachverständigenrat, 1972: S. 204
Fachserie A, Reihe 6, I. April 1971, S. 59
StBA, Jb 1961: S. 144;
StBA, Jb 1960: S. 142;
StBA, Jb 1963: S. 140;

Der Sachverständigenrat hat seine Berechnungen der Komponenten, die zur Veränderung der Zahl der Erwerbstätigen beitragen, mehrfach revidiert. In die Tabelle wurde die jeweils letzte Version aufgenommen.
natürliche Bevölkerungsbewegung: Eintritte von Jugendlichen in das Erwerbsleben; Austritte wegen Überschreitens der Altersgrenze, Erwerbsunfähigkeit oder Tod.
Änderung der Erwerbsbeteiligung: stärkere oder schwächere Beteiligung der Nichterwerbspersonen am Erwerbsleben.
Wanderungsgewinne: Zuwanderer aus der DDR.

4) StBA, Jb 1957: S. 118
StBA, Jb 1966: S. 149
StBA, Jb 1971: S. 125

5) Fachserie A, Reihe 6, I, Entwicklung der Erwerbstätigkeit, April 1971: S. 14

6) Fachserie A, Reihe 6, I, April 1971: S. 14;
StBA, Jb 1961: S. 144;
StBA, Jb 1963: S. 140

7) StBa, Lange Reihen zur Wirtschaftsentwicklung, 1973: S. 24, 28
StBa, Jb 1969: S. 74
StBa, Jb 1973: S. 84

Schüler und Studenten: an Schulen der allgemeinen Ausbildung, der beruflichen Ausbildung, der allgemeinen Fortbildung, der beruflichen Fortbildung, an Fachhochschulen, wissenschaftlichen Hochschulen und Kunsthochschulen.
(Schüler und Studenten können zugleich Erwerbspersonen sein!)

8) StBa, Jb 1972: S. 119
StBa, Jb 1964: S. 150

AUSLÄNDISCHE ARBEITSKRÄFTE

Die "Ausländerfrage" in der BRD ist ein Beispiel dafür, daß eine ökonomisch motivierte Maßnahme eine unvorhergesehene Kette sozialer Folgeprobleme hervorruft. Viele frühe ökonomische Betrachtungen zur Ausländerbeschäftigung konnten in der Arbeitskräftewanderung - für das Aufnahme- wie für das Abwanderungsland - nur Vorteile entdecken. Mit der Hilfe ausländischer Arbeitskräfte läßt sich im Aufnahmeland mehr produzieren, kann also das Wirtschaftswachstum gesteigert werden. In den Boomphasen der Konjunktur wird die Arbeitskräfteknappheit gemildert, in den Rezessionsphasen bewirken die abwandernden Ausländer eine niedrige Arbeitslosenquote; sie tragen also zum Gleichgewicht auf dem Arbeitsmarkt bei. Ein hemmender Einfluß auf Preisniveausteigerungen wird damit begründet, daß die ausländischen Arbeitskräfte das gesamtwirtschaftliche Güterangebot stärker erhöhen als sie zu Nachfragesteigerungen beitragen. Auch hohe Geldüberweisungen an Familienmitglieder in den Herkunftsländern mindern lediglich die deutschen Devisenüberschüsse und wirken also in Richtung eines Zahlungsbilanzgleichgewichts. Alles in allem wurde erwartet, daß die Erreichung der wirtschaftspolitischen Grundziele durch die Ausländerbeschäftigung erleichtert würde.
Darüber hinaus ließen sich sozialpolitisch günstige Wirkungen absehen: beispielsweise zahlen die ausländischen Arbeitnehmer Beiträge zur Rentenversicherung ohne vorläufig Rentenleistungen in Anspruch zu nehmen und erleichtern auf diese Weise die Überwindung des Rentenberges.
Auch in den Herkunftsländern der "Gastarbeiter" sollen sich positiv zu bewertende Konsequenzen ergeben, nämlich eine Milderung der Arbeitslosigkeit und eine Erhöhung des Lebensstandards, da das Sozialprodukt wegen der Auswanderer auf weniger Einwohner zu verteilen ist. Rückwanderer können zudem den Aufbau eigener Industrien erleichtern, da sie wichtige Berufskenntnisse und Arbeitserfahrungen mitbringen.
Sowohl gegen die günstige Beurteilung aus der Perspektive der Aufnahmeländer wie der Abwanderungsländer wurden inzwischen Einwände erhoben: so sollen im Aufnahmeland durch die Ausländerbeschäftigung bestimmte Wachstumskomponenten geschwächt

werden (Rationalisierungsdruck, Strukturwandel) und wegen Nachfragesteigerungen ständig Produktionsausweitungen mit weiterem Arbeitskräftebedarf notwendig werden. Auch gingen von Ausländern induzierten Nachfrageausweitungen auf Konsum- und Investitionsgütermärkten preissteigernde Wirkungen aus.
An negativen Auswirkungen für die Abwanderungsregionen werden demografische Vergreisung, wirtschaftliche Stagnation und sozio-ökonomischer Rückschritt angeführt, weil in einem 'creaming-off'-Prozeß vor allem aktive, arbeitsfähige Personen mit relativ qualifizierten Berufen abwandern.
Neben der Problematisierung der ökonomischen Effekte wurde auch bewußt, daß es sich bei der Ausländerbeschäftigung um kein vorübergehendes deutsches Problem, sondern um ein strukturelles europäisches Problem handelt. Es beruht auf einem europäischen Nord-Süd-Gegensatz, auf einem Entwicklungsunterschied zwischen Volkswirtschaften Europas, der nur langfristig abgebaut werden kann.
Die Entwicklung der Ausländerbeschäftigung in der Bundesrepublik wird - dies zeigen die absoluten Beschäftigtenzahlen, wie die Ausländerquote - stark von der konjunkturellen Entwicklung geprägt. Die Beschäftigung ausländischer Arbeitnehmer beginnt 1961 eine bedeutsame Größenordnung anzunehmen, nachdem Vollbeschäftigung erreicht ist, wegen des Mauerbaus in Berlin aber DDR-Zuwanderer ausbleiben und der Aufbau der Bundeswehr inländische Arbeitskräfte kostet (vergl. Abschnitt Arbeitspotential und Erwerbsbevölkerung) und wird lediglich durch die Rezession von 1967 stark reduziert. Mit den wachsenden Ausländerzahlen vollziehen sich bedeutsame demografische Veränderungen. Während nämlich für den Beginn des letzten Jahrzehnts und davor die Vorstellung vom ausländischen Arbeitnehmer als einer männlichen Einzelperson, die zur kurz- oder mittelfristi-gen Arbeitsaufnahme in die Bundesrepublik kommt und entweder ledig ist oder die Familie im Heimatland zurückläßt, annähernd zugetroffen hat, verliert sie in den folgenden Jahren immer mehr ihre Gültigkeit. Aus den ausländischen Arbeitnehmern entwickelt sich eine ausländische Bevölkerungsgruppe, die zur Seßhaftigkeit tendiert und zum

großen Teil aus Familien mit Kindern besteht.
Die Entstehung dieser ausländischen Bevölkerungsgruppe hat zu Problemen geführt, die sich aus den Lebensbedingungen und Lebenschancen der "Gastarbeiter" ergeben, aber die gesamte Sozialstruktur betreffen. Die ausländischen Arbeitnehmer können sicher nicht ausnahmslos als homogene Sozialkategorie angesehen werden, doch erscheint es gerechtfertigt, die Ausländer aus Nachbarländern der BRD (meist sogenannte 'alteingesessene' ausländische Arbeitnehmer) auszunehmen und die große Mehrheit der Gastarbeiter aus Mittelmeerländern als "neue Unterschicht" und "Minorität" zu bezeichnen.
Im Rahmen von Schichtungskonzepten wird genauer untersucht, welche beruflichen Positionen und Stellungen die ausländischen Arbeitskräfte einnehmen, wie ihre Einkommensverhältnisse aussehen, wie sie mit Wohnungen versorgt sind und in welchem Verhältnis Selbst- und Fremdeinstufung stehen. Das Konzept der Minorität ist stärker daran orientiert, das Ausmaß sozialer Vorurteile und diskriminierenden Verhaltens gegenüber der ausländischen Minderheit festzustellen. Im Zusammenhang mit den längerfristigen Lebensperspektiven der "Gastarbeiter" finden die Bildungschancen der ausländischen Kinder besonderes Interesse (siehe Abschnitt Bildungschancen), da kumulative Bildungsbarrieren dafür sorgen, daß die ausländischen Kinder das Potential bilden, aus dem sich die "neue Unterschicht" vermutlich zukünftig rekrutieren wird.
Ein weites Spektrum von Problemen, mit denen die ausländischen Individuen konfrontiert werden, analysieren verschiedene Untersuchungen zum Anpassungsverhalten. Dabei geht es sowohl darum, die subjektive Einschätzung der wichtigsten Anpassungsprobleme (Sprachschwierigkeiten, Unterkunftsprobleme, Diskriminierungserfahrungen, Freizeitgestaltung, Betreuung, Klima, Ernährung) zu ermitteln, wie auch den Verlauf und die Konsequenzen von Anpassungsprozessen zu beschreiben und zu erklären (z.B. Tendenzen zur Seßhaftigkeit, aber auch "partielle Anpassung").
Die Anwesenheit einer ausländischen Bevölkerungsgruppe und die Beschäftigung ausländischer Arbeitnehmer hat eine Reihe gesellschaftlicher Veränderungen ausgelöst, deren Bedeutung

recht unterschiedlich ist und deren Ausmaß häufig ungeklärt bleibt: mit einiger Wahrscheinlichkeit haben sich die Mobilitätschancen der Inländer erhöht, weil Ausländer verstärkt untergeordnete Berufspositionen einnahmen. Die Bevölkerungsentwicklung wird inzwischen nachhaltig durch im Bundesgebiet geborene ausländische Kinder bestimmt. Auch lassen sich durch "Gastarbeiter" induzierte Umstellungen in den Ernährungsgewohnheiten der Einheimischen beobachten.
Das schwerwiegendste Problem, neben ungenannten weiteren, bildet wohl die Verschärfung der Bevölkerungskonzentration in den Ballungsgebieten, in denen die ausländischen Arbeitnehmer besonders häufig vertreten sind. In einzelnen Großstädten haben sie selbst die Größenordnung einer Großstadt erreicht. Ihre Anwesentheit erhöht die Inanspruchnahme öffentlicher Infrastruktureinrichtungen dort, wo sie ohnehin relativ knapp sind.

"Gastarbeiter" wäre sicher als Almanachabschnitt im Bereich "Soziale Problemgruppen" sinnvoller untergebracht. Weil die verfügbaren Daten allerdings überwiegend arbeitsmarkt- und bevölkerungspolitische Aspekte betreffen, schien eine Zuordnung zum Bereich "Personelle Infrastruktur" zutreffender. Über die sozialen Aspekte der "Ausländerfrage" haben wir relativ wenig verläßliche Kenntnisse und entsprechend unzureichend sind politische Konzepte, die Zielvorstellungen für die Bewältigung der Probleme aufzeigen, trotz größerer Bemühungen und Ergebnisse in den letzten Jahren.

1 DER ANTEIL DER AUSLÄNDER AN DER BEVÖLKERUNG UND AN DEN ERWERBSTÄTIGEN BZW. DEN ARBEITNEHMERN SOWIE DER ANTEIL DER FRAUEN BEI DEN AUSLÄNDERN

		1871	1880	1890/1895	1900	1907/1910	1925	1933	1939	1954	1961	1970
Ausländeranteil	(%)	0,5	0,6	0,9 .	1,4	. 1,9	1,5	1,2	1,3	0,9	1,2	4,8
Ausländerquote	(%)	.	0,8	. 1,4	2,1	3,4 .	.	1,1	0,8	0,4	2,5	9,0
Frauenquote	(%)	.	24,7	. 24,5	21,2	26,2 .	.	33,9	21,2	.	.	28,6

7 ALTERSGLIEDERUNG VON AUSLÄNDISCHEN UND DEUTSCHEN ARBEITNEHMERN

	Ausländer 1965	Ausländer 1972	Deutsche 1971
Männer	%	%	%
unter 25 Jahre	19	16	17
25 bis 34 Jahre	42	43	25
35 bis 44 Jahre	25	29	24
45 Jahre und mehr	10	11	34
Frauen	%	%	%
unter 25 Jahre	36	32	29
25 bis 34 Jahre	39	39	21
35 bis 44 Jahre	18	20	18
45 Jahre und mehr	7	8	32

8 DIE BESCHÄFTIGTEN AUSLÄNDISCHEN ARBEITNEHMER NACH WIRTSCHAFTSSTRUKTURGRUPPEN

	Ausländerquote Ende September 1966	1969	1972	Ausländische Arbeitnehmer 1972
	%	%	%	N
Ballunggebiete	8,0	9,0	14,4	1 153 517
stark verdichtete Bezirke	5,7	6,1	10,1	295 723
gewerblich durchsetzte Bezirke	5,6	6,1	8,6	713 186
gewerblich schwach strukturierte Bez.	2,5	2,7	3,9	107 879

2 AUSLÄNDERANTEIL UND AUSLÄNDERQUOTE IM INTERNATIONALEN VERGLEICH

Land	Jahr	Ausländeranteil %	Ausländerquote %
BRD	1971	5,6	9,8
DDR			
GBR	1970	2,8	
FRA	1970	5,9	
ITA			
NIE	1968	1.6	1,8
BEL	1970	4,7	6,6
LUX	1969	23,7	28,5
DÄN	1970	0,8	1,3
ÖST	1970		3,1
SWI	1970	17,2	21,8
SWE	1970	4.7	
USA	1960		0.1
USR			
JAP	1968	0.6	
IND			

3 BESCHÄFTIGTE AUSLÄNDISCHE ARBEITNEHMER UND AUSLÄNDER IM BUNDESGEBIET

Jahr	Beschäftige ausländische Arbeitnehmer	davon weiblich %	Ausländerquote %	Ausländeranteil %	Beschäftigtenquote %
1954	72 906	.	0,4	0,9	15,7
1955	79 607	.	0,4	0,9	17,1
1956	98 818	.	0,5	.	.
1957	108 190	.	0,6	.	.
1958	127 083	.	0,6	.	.
1959	166 829	18,9	0,8	.	.
1960	329 356	.	1,5	.	.
1961	548 916	.	2,5	1,2	80,0
1962	711 459	18,5	3,2	.	.
1963	828 743	21,2	3,7	.	.
1964	985 616	22,0	4,4	.	.
1965	1 216 804	23,3	5,7	.	.
1966	1 313 491	25,8	6,3	.	.
1967	991 255	28,9	4,7	3,0	54,9
1968	1 089 873	29,5	5,2	3,2	56,6
1969	1 501 409	29.3	7,0	3,9	63,0
1970	1 948 951	28,6	9,0	4,8	65,5
1971	2 240 793	28,3	10,3	5,6	65,2
1972	2 352 392	29,3	10,8		

4 BESCHÄFTIGTE AUSLÄNDISCHE ARBEITNEHMER IM BUNDESGEBIET NACH DER NATIONALITÄT IN DEN JAHREN 1954, 1963 UND 1973

Jahr		Türken	Jugoslawen	Italiener	Griechen	Spanier	Sonstige	Gesamtzahl
1954	(%)	.	2,5	8,9	1,2	0,6	86,8	72 906
1963	(%)	3,3	5,5	36,9	13,1	14,5	26,6	668 969
1973	(%)	22,5	19,8	17,5	11,4	7,6	21,2	2 346 800
1973	(N)	528 414	465 611	409 448	268 408	179 157	495 762	2 346 800

5 BESCHÄFTIGTE AUSLÄNDISCHE ARBEITNEHMER UND AUSLÄNDERQUOTEN IN AUSGEWÄHLTEN WIRTSCHAFTSBEREICHEN

	Beschäftigte ausländische Arbeitnehmer Ende Sept. 71		Ausländerquote Ende September	
	absolut	%	1967 %	1971 %
Bergbau und Energiewirtschaft	34 396	1,5	3,4	6,5
Eisen- u. Metallerzeugung u. -verarbeitung	818 177	36,5	6,4	14,8
Übrige verarbeitende Gewerbe (ohne Bau)	566 639	25,3	6,8	13,7
Kunststoff-, Gummi- u. Asbestverarbeitung	(60 994)		10,5	18,6
Gewinnung u. Verarbeitung von Steinen u. Erden, Grob- u. Feinkeramik, Glasgewerbe	(74 014)		8,8	19,0
Baugewerbe	398 581	17,8	8,3	22,4
Dienstleistungen, Handel und Verkehr	401 327	17,9	2,3	4,2
Handel	(111 075)		2,3	4,5
Gaststättengewerbe	(76 140)		8,6	19,1
Land- u. Forstwirt., Tierhalt. u. Fischerei	21 673	1,0	3,7	7,8
Alle Wirtschaftsbereiche	2 240 793	100,0	4,7	10,3

6 AUSLÄNDISCHE ARBEITNEHMER IM BUNDESGEBIET NACH NATIONALITÄT UND STELLUNG IM BETRIEB, HERBST 1968 UND FRÜHJAHR 1972

	Italiener		Griechen		Spanier		Portugiesen		Türken		Jugoslawen		Übrige Ausländer	
	1968 %	1972 %	1968 %	1972 %	1968 %	1972 %	1968 %	1972 %	1968 %	1972 %	1968 %	1972 %	1968 %	1972 %
Männer														
Ungelernte Arbeiter	48	37	37	31	38	34	43	36	43	35	14	19	12	10
Angelernte Arbeiter	37	46	53	58	44	49	43	50	38	47	27	35	22	18
Facharbeiter	13	12	7	8	15	13	12	12	16	16	55	41	25	28
Angestellte	/	4	/	/	/	/	/	/	/	/	/	5	35	38
Lehrlinge, Praktikanten, Volontäre	/	1	/	/	/	/	/	/	/	/	/	/	6	6
Frauen														
Ungelernte Arbeiter	63	43	60	45	59	48	60	49	62	50	58	37	18	/
Angelernte Arbeiter	34	49	37	52	34	44	35	43	33	44	29	45	15	/
Facharbeiter	/	/	/	/	/	/	/	/	/	/	/	/	/	/
Angestellte	/	/	/	/	/	/	/	/	/	/	/	14	50	73
Lehrlinge, Praktikanten, Volontäre	/	/	/	/	/	/	/	/	/	/	/	/	/	/

9 DIE ARBEITSAMTBEZIRKE MIT DER HÖCHSTEN AUSLÄNDERBESCHÄFTIGUNG JANUAR 1973

Arbeitsamtbezirk	Beschäftigte N	Arbeitsamtbezirk	Ausländerquote %
München	156 928	Stuttgart	26,5
Stuttgart	130 165	Frankfurt	22,6
Frankfurt	122 253	Villingen	22,1
Berlin(West)	82 541	Ludwigsburg	19,2
Hamburg	69 456	München	18,1
Köln	62 988	Köln	17,9
Düsseldorf	57 062	Göppingen	17,8
Nürnberg	54 710	Offenbach	17,6

10 ABSICHTEN DER AUSLÄNDISCHEN ARBEITNEHMER ZUM WEITEREN VERBLEIB IM BUNDESGEBIET NACH DEM JAHR DER ERSTMALIGEN BESCHÄFTIGUNGSAUFNAHME, MÄRZ 1972

Einreisejahr	Von den ausländischen Arbeitnehmern wollen voraussichtlich ... im Bundesgebiet tätig sein			
	dauernd %	länger als 1 Jahr %	höchstens noch 1 Jahr %	weiß noch nicht %
1972	/	45	/	35
1971	9	55	6	30
1970	11	54	5	30
1969	16	52	4	28
1968	17	51	4	28
1967	28	39	4	29
1966	23	45	3	29
1965	24	44	2	30
1964	25	45	2	28
1963	35	37	3	25
1962	40	38	2	20
1961	39	37	2	22
1960	46	33	/	/
1959-1957	74	/	/	/
1956 u.früher	83	/	/	/
Insgesamt	20	48	4	28

11 AUSLÄNDISCHE ARBEITNEHMER NACH DEM FAMILIENSTAND, 1968 UND 1972

Nationalität	ledig verwitwet geschieden 1972 %	1968 %	verheiratet 1972 %	1968 %	Verheiratete mit Ehefrau/Ehemann im Bundesgebiet 1972 %	1968 %
	Männliche Arbeitnehmer					
Italiener	35	36	65	64	71	54
Griechen	16	22	84	78	81	78
Spanier	29	26	71	74	63	60
Portugiesen	12	22	88	78	50	44
Türken	14	18	86	82	46	34
Jugoslawen	24	24	76	76	55	34
Übrige Ausländer	42	34	58	66	83	91
	Weibliche Arbeitnehmer					
Italiener	25	24	75	76	97	97
Griechen	20	21	80	79	96	94
Spanier	32	36	68	64	95	95
Portugiesen	26	/	74	77	99	98
Türken	22	29	78	71	85	73
Jugoslawen	35	49	65	51	88	78
Übrige Ausländer	56	63	44	37	92	90

12 DIE VERHÄLTNISSE IN DEN MIETWOHNUNGEN NORDRHEIN-WESTFALENS 1970

...in der Wohnung	Ausländer-wohnungen %	Alle Miet-wohnungen %
Kein Wasseranschluß	12	5
Keine Toilette	68	19
Keine Badegelegenheit	73	31
Personen je Raum	1,59	0,79
Betten je Person	0,7	

DEFINITIONEN:

Ausländeranteil: Personen ohne deutsche Staatsangehörigkeit in % der Wohnbevölkerung
Ausländerquote: Ausländische Arbeitnehmer in % aller abhängig Beschäftigten
Beschäftigtenquote: Ausländische Arbeitnehmer in % der ausländischen Wohnbevölkerung
Frauenquote: Weibliche ausländische Arbeitnehmer in % aller ausländischen Arbeitnehmer

QUELLENANGABEN UND ANMERKUNGEN:

1) StRa, Jb 1899: S. 1; Jb 1914: S. 10; Jb 1928: S. 19; Jb 1936: S. 16; Jb 1941/42: S. 28
StBa, Jb 1952: S. 31
Wirtschaft und Statistik 1965: S. 93
Bevölkerung und Wirtschaft 1872 - 1972: S. 90
Erfahrungsbericht Ausländische Arbeitnehmer 1971: S. 54, 55

Ausländerquote: bis 1939 teils nichtdeutsche, teils fremdgebürtige Arbeitskräfte in % aller Erwerbspersonen

2) BRD: Erfahrungsbericht Ausländische Arbeitnehmer 1971: S. 54, 55
Wirtschaft und Statistik 1972: S. 435
GBR: Central Statistical Office, Annual Abstract of Statistics, 1971: S. 23
Länderkurzbericht 1971: S. 10
(179 254 registrierte Ausländer + ca. 1 400 000 Commonwealth-Angehörige)
FRA: Länderkurzbericht 1970: S. 11, 13
NIE: Länderkurzbericht 1970: S. 9, 11 - 13
(Ansässige Ausländer mit ständigem Wohnsitz in den Niederlanden)
BEL: Ausländerarbeit, Nr. 14, 1970: S. 25
(Ausländische Wohnbevölkerung)
LUX: Länderkurzbericht 1971: S. 9, 10, 13, 14
(Ausländische Arbeitnehmer einschließlich Grenzgänger)
DÄN: Statistik Arbok, Danmark 1972: S. 47
(Ausländer mit Aufenthaltsgenehmigung bzw. Aufenthaltsgenehmigung und Arbeitserlaubnis)
ÖST: Länderkurzbericht 1972: S. 16
SWI: Statistisches Jahrbuch der Schweiz, 1972: S. 26, 32, 47
(Berufstätige Ausländer)
SWE: Statistik Arsbok for Sverige, 1972: S. 45
USA: Statistical Abstracts for the United States, 1971: S. 91
JAP: Länderkurzbericht 1970: S. 11
(Registrierte Ausländer)

3) Erfahrungsbericht Ausländische Arbeitnehmer 1971: S. 54, 55
StBa, Jb 1955: S. 51; Jb 1956: S. 48
Wirtschaft und Statistik 1971: S. 290; 1972: S. 435

4) BfA: Erfahrungsbericht Ausländische Arbeitnehmer 1972/73: S. 11, 70, 71

bis 1959: Juli; ab 1960: September

5) BfA: Erfahrungsbericht Ausländische Arbeitnehmer 1971: S. 11

6) BfA: Beschäftigung ausländischer Arbeitnehmer, Repräsentativuntersuchung 1972: S. 67

7) BfA: Beschäftigung ausländischer Arbeitnehmer, Repräsentativuntersuchung 1972: S. 15

8) BfA: Erfahrungsbericht Ausländische Arbeitnehmer 1969: S. 10; 1972/73: S. 25

"Ballungsgebiete (27 Arbeitsamtbezirke): Bevölkerungsdichte sehr hoch, Anteil der unselbständigen Erwerbspersonen, besonders in der Industrie, sehr hoch, Großstadt mit mehreren hunderttausend Einwohnern, Wirtschaftskraft auf das ganze Umland ausstrahlend, daher auch entsprechende Arbeitsamtbezirke einbezogen.

Stark verdichtete Bezirke (16 Arbeitsamtbezirke): Bevölkerungsdichte verhältnismäßig hoch, Anteil der unselbständigen Erwerbspersonen hoch, auch in der Industrie, Großstadt von meistens 200 000 Einwohnern, teilweise nur von 100 000 Einwohnern
Gewerblich durchsetzte Bezirke (67 Arbeitsamtbezirke): Bevölkerungsdichte mittel oder gering, Anteil der unselbständigen Erwerbspersonen von mittlerem Ausmaß, deutlich vor allem in der Industrie unter dem in Ballungsgebieten und stark verdichteten Bezirken liegend, einige Bezirke mit Großstadt, daneben aber gering industrialisierte Bezirksteile
Gewerblich schwach strukturierte Bezirke (31 Arbeitsamtbezirke): Bevölkerungsdichte gering, größere ländliche Gebiete, teilweise mit Mittel- oder Kleinstadt als wirtschaftlichem Mittelpunkt, Anteil der unselbständigen Erwerbspersonen verhältnismäßig gering, weil viele Selbständige und mithelfende Familienangehörige in Landwirtschaft, Handwerk und Handel."

9) BfA: Erfahrungsbericht Ausländische Arbeitnehmer 1972/73: S. 21

10) BfA: Beschäftigung ausländischer Arbeitnehmer, Repräsentativuntersuchung 1972: S. 36

11) BfA: Beschäftigung ausländischer Arbeitnehmer, Repräsentativuntersuchung 1972: S. 19, 20

12) Der Minister für Arbeit, Gesundheit und Soziales des Landes Nordrhein-Westfalen (Hrsg.) 1971: So wohnen unsere ausländischen Mitbürger. S. 10 - 12

BERUFS- UND QUALIFIKATIONSSTRUKTUR

Wirtschaftlich-technologische Entwicklungen prägen die Berufs- und Qualifikationsstruktur, wie sie umgekehrt von ihr abhängig sind. Was gesamtwirtschaftlich die "Qualität des Faktors" Arbeit darstellt, kommt auf der Ebene der Individuen in unterschiedlichen Beständen von "Humankapital" zum Ausdruck, die für Lebenschancen von zentraler Bedeutung sind.

Die Berufsstruktur wird häufig in Zusammenhang mit historischen Entwicklungsprozessen beachtet. Untersucht man die Verteilung der Erwerbspersonen nach Wirtschaftsbereichen, so zeigen sich im Verlauf der Industrialisierung typische Veränderungen: während der primäre Sektor (vor allem Landwirtschaft) im Hinblick auf seinen Erwerbspersonenanteil ständig zurückgeht, haben der sekundäre (Industrie und produzierendes Handwerk) und tertiäre Sektor (vor allem Handel und Dienstleistungen) ständig expandiert. Dabei vollzog sich die Vergrößerung des sekundären Sektors wesentlich rascher; sie scheint jedoch in den meisten hochindustrialisierten Ländern inzwischen abgeschlossen. Dort 'bindet' der tertiäre Sektor einen zunehmend größeren Anteil der Erwerbspersonen. Allerdings hat sich in der Bundesrepublik Deutschland die erwartete "post-industrielle Beschäftigungsstruktur" nicht sehr deutlich durchgesetzt, was auf die relativ umfangreiche Exportindustrie zurückgeführt wird. Nun ist jedoch die Verteilung der Erwerbspersonen nach Wirtschaftssektoren kein gutes Abbild der Berufsstruktur, die sich besser durch die Verteilung der Erwerbspersonen nach "primären, sekundären und tertiären" Berufen wiedergeben ließe. Eine solche Aufgliederung ermöglichen annäherungsweise die Ergebnisse der Volks- und Berufszählungen in der Bundesrepublik.

Weitere Tendenzen der Berufsstruktur werden sichtbar, wenn die Erwerbspersonen, entsprechend ihrer Rechtsbeziehung zum Arbeitsplatz, zu beruflichen Stellungen zusammengefaßt werden. Bei den Arbeitern, Angestellten und Beamten, mit-

helfenden Familienangehörigen und Selbständigen ergeben sich typische Entwicklungen, die im Rahmen von Klassen- und Schichtungstheorien interpretiert werden. Die genannten Kategorien repräsentieren zwar keine homogenen "Schichten", doch haben sie in rechtlichen Bestimmungen ihren Niederschlag gefunden, gesellschaftliches Bewußtsein beeinflußt und historische Auseinandersetzungen mitgeprägt.
Bei der zahlenmäßigen Entwicklung der Erwerbspersonen nach beruflichen Stellungen ist zu beachten, daß sich der Trend aus einer die Nettofluktuation beträchtlich übersteigenden Bruttofluktuation ergibt.
Für eine differenzierte Analyse der Berufsstruktur und ihrer Veränderungen sind stark gegliederte Berufssystematiken entwickelt worden. Nach der neuesten Fassung werden die ca. 20 000 Berufe in 1 672 Berufsklassen erfaßt. Diese werden weiter aggregiert zu 333 Berufsordnungen, zu 85 Berufsgruppen, zu 33 Berufsabschnitten und zu 6 Berufsbereichen. Auf dieser Grundlage lassen sich Expansions- und Schrumpfungsvorgänge für mehr oder minder stark aggregierte Berufskategorien beschreiben, erklären und prognostizieren. Für die Entwicklung einzelner Berufe und Berufsgruppen sind Altersstruktur (Sterbewahrscheinlichkeiten und Pensionsaltersgrenzen), Berufswechsel und Berufsnachwuchs wichtige Determinanten. Der Berufsnachwuchs wiederum ist abhängig vom Angebot an Berufsausbildungsstellen und den "Berufswünschen" der Berufsanfänger.

Im Mittelpunkt berufsstruktureller Untersuchungen steht häufig die mit beruflichen Tätigkeiten eng verbundene Beru-fsqualifikation. Dabei wird versucht, die Fragen zu beantworten, wie sich das Qualifikationsniveau entwickelt, in welchem Ausmaß es "upgrading" und "downgrading" gibt und welche intergenerationellen Unterschiede im Qualifikationsniveau auftreten.

Die Schwierigkeiten der Berufsstatistik bestehen darin, daß die Prinzipien der internationalen Vergleichbarkeit, der historischen Vergleichbarkeit und der aktuellen empirischen Relevanz unvereinbare Anforderungen darstellen. Bei historischen wie internationalen Vergleichen gibt es Unterschiede in den Erhebungsverfahren und Abgrenzungsschwierigkeiten, wie sie beispielsweise bei den Volkszählungen von 1950, 1961 und 1970 auftreten (siehe Anmerkungen zu Tab 3).

Informationen über den Berufsnachwuchs liegen nur insoweit vor, wie es sich um Berufsanfänger handelt, die die Arbeitsvermittlung aufsuchten bzw. um Berufsausbildungsstellen, die den Arbeitsämtern gemeldet wurden. Über die Gesamtheit der Berufsanfänger und Berufsausbildungsstellen können keine genauen Aussagen gemacht werden.

1 ERWERBSPERSONEN NACH WIRTSCHAFTSBEREICHEN UND STELLUNG IM BERUF SEIT 1882

		Wirtschaftsbereich				Stellung im Beruf			
	Erwerbspersonen Insgesamt	Land- u. Forstwirtschaft	Produzierendes Gewerbe	Handel und Verkehr	Dienstleistungen	Selbständige	Mithelfende Familienangehörige	Beamte und Angestellte	Arbeiter
	in 1 000	%	%	%	%	%	%	%	%
1882	18 957	43,4	33,7	8,3	14,5	28,0	10,2	6,1	55,8
1895	22 110	37,5	37,5	10,6	14,5	25,2	9,4	8,3	57,2
1907	28 092	35,2	40,1	12,4	12,4	19,6	15,3	10,3	54,9
1925	32 009	30,5	41,4	16,5	11,7	16,5	17,0	17,3	49,2
1933	32 296	28,9	40,4	18,4	12,3	16,4	16,4	17,1	50,1
1939	35 732	25,0	40,8	17,0	17,2	13,4	15,8	21,6	49,1
1950	23 489	22,1	44,7	15,9	17,2	14,5	13,8	20,6	51,0
1957	26 084	15,8	47,6	19,6	17,0	12,7	10,8	25,1	51,4
1960	26 653	13,3	48,4	19,9	18,4	12,4	9,8	28,1	49,7
1965	27 157	10,9	48,1	17,5	23,5	11,4	8,2	32,5	47,8
1970	26 617	8,9	48,6	17,2	25,3	10,4	6,7	36,2	46,6

2 ERWERBSPERSONEN NACH WIRTSCHAFTSSEKTOREN UND STELLUNG IM BERUF IM INTERNATIONALEN VERGLEICH

		Wirtschaftssektoren			Stellung im Beruf			
	Erwerbspersonen Insgesamt	Primärer Sektor	Sekundärer Sektor	Tertiärer Sektor	Selbständige	dar. in der Land- u. Forstwirtsch.	Mithelfende Familienangeh.	Lohn- u. Gehaltsempfänger
Land/Jahr	in 1 000	%	%	%	%	%	%	%
BRD 1971	26 802	8,2	48,0	43,4	9,9	2,8	6,1	83,9
DDR 1970	8 218	12,8	49,1	38,1	3,5			96,5
GBR 1966	24 857	3,1	44,8	51,4	6,4	1,1	0,7	92,9
FRA 1971	21 532	12,8	36,1	47,8	20,4	10,2		79,6
ITA 1971	19 506	18,9	42,1	37,3	22,0	7,9	7,6	70,5
NIE 1968	4 395	8,0	40,8	51,3	13,6		4,4	82,0
BEL 1971	3 966	4,2	41,5	52,3	14,8	3,0	4,3	80,9
LUX 1966	131	11,2	44,3	44,4	15,4		7,9	76,7
DÄN 1971	2 409	10,7	36,9	50,9	14,5	5,6	5,2	80,4
ÖST 1971	3 006	17,4	39,2	42,1	25,7	15,5		74,3
SWI 1967	2 705	7,8	52,2	40,0				
SWE 1971	3 583	8,1	39,2	52,6	8,3	3,5	2,7	89,0
USA 1971	86 929	4,2	31,1	60,8	8,2	2,1	1,2	90,6
USR 1964	109 000	35,0	46,0	19,0				
JAP 1970	52 759	19,1	33,5	46,1	19,0	8,0	16,0	65,0
IND 1961	188 676	72,9	11,4	14,5	15,8		1,9	12,8

3 Erwerbstätige (bzw.Erwerbspersonen) nach Berufsbereichen und Berufsgruppen

	Erwerbspersonen 1950 %	Erwerbstätige 1961 %	1970 %
Gewinner von Naturprodukten und Mineralien	24,3	15,2	8,9
Pflanzenbauer,Tierzüchter,Fischereiberufe	22,3	13,8	8,3
Bergleute,Mineralgewinner	2,1	1,4	0,6
Berufe der Güterproduktion	36,1	35,1	34,3
Schlosser,Mechaniker und dergl.	6,5	7,2	7,9
Bauberufe,Bau-,Raumausstatter,Polsterer	4,0	5,3	5,0
Metallerzeuger-,bearbeiter	2,9	4,5	3,7
Elektriker	1,7	2,4	2,9
Textil und Bekleidungsberufe	5,0	3,7	2,5
Hilfsarbeiter ohne nähere Tätigkeitsangabe	4,3	1,1	2,4
Ernährungsberufe	2,8	2,4	2,2
Holzverarbeiter und zugehörige Berufe	3,0	2,0	1,6
Maler,Lackierer und verwandte Berufe	1,1	1,4	1,4
Maschinisten und zugehörige Berufe	0,8	1,2	1,3
Chemiearbeiter,Kunststoffverarbeiter	0,7	1,2	1,1
Papierhersteller,-verarbeiter,Drucker	1,0	1,1	1,1
Lederhersteller,-verarbeiter	1,4	0,9	0,7
Steinbearbeiter,Baustoffhersteller, Keramiker,Glasmacher	0,9	0,7	0,5
Dienstleistungsberufe	37,2	46,8	54,5
Organisations-,Büro-,Verwaltungsberufe	8,4	12,9	16,7
Warenkaufleute	6,2	7,5	7,8
Verkehrsberufe	x	7,2	6,4
Allgemeine Dienstleistungsberufe	x	5,9	5,2
Ingenieure,Techniker und verwandte Berufe	1,9	3,2	4,9
Ordnungs-,Sicherheits-,Körperpflegeberufe	x	2,9	3,8
Sozial-und Erziehungsberufe	x	1,8	2,8
Dienstleistungskaufleute und zugehörige Berufe	1,2	1,5	2,5
Gesundheitsdienstberufe	1,6	1,7	2,3
Versandfertigmacher,Warenprüfer	x	1,7	1,5
Publizisten,Dolmetscher,Bibliothekare sowie verwandte künstlerische Berufe	0,6	0,5	0,6
Sonstige Arbeitskräfte	2,6	3,0	2,7
Insgesamt in 1000	23489,1	26253,1	24606,7

4 ERWERBSTÄTIGE NACH ALTERSGRUPPEN UND DEM STAND DER BERUFLICHEN AUSBILDUNG FÜR DIE AUSGEÜBTE TÄTIGKEIT IM APRIL 1964

	Männer: 15-30 Jahre	31-40 Jahre	41-50 Jahre	51-65 Jahre	Frauen: 15-30 Jahre	31-40 Jahre	41-50 Jahre	51-65 Jahre
	%	%	%	%	%	%	%	%
Universität, Hochschule	1,4	3,6	3,7	3,7	0,5	1,4	1,2	1,0
Pädagogische Hochschule	0,3	0,8	0,9	0,8	1,0	1,3	1,2	1,1
Ingenieurschule (ohne Lehre)	0,5	1,0	1,0	0,9	0	0	0	0
Technikerschule (ohne Lehre)	0,3	0,3	0,3	0,2	0,1	0	0	0
Berufsfach-, Verwaltungs-, Fachschule	2,4	3,8	4,7	3,9	8,4	6,8	6,9	6,3
ohne Angabe der berufsbildenden Schule	0,1	0,1	0,2	0,2	0,4	0,3	0,3	0,2
Lehre und berufsbildende Schule	6,2	8,3	7,3	7,1	5,2	3,9	3,9	3,2
Lehre und Berufsschule	49,1	35,1	31,1	30,2	34,7	14,9	14,5	10,7
Anlernzeit	0,8	1,1	1,0	0,9	2,1	1,2	1,1	1,0
ohne Angabe ob Lehre oder Anlernzeit	0,2	0,2	0,2	0,2	0,2	0,2	0,2	0,2
Betriebliche Einarbeitung von:								
2 Jahre und länger	0,4	0,7	0,9	0,7	0,2	0,3	0,3	0,3
1 Jahr bis unter 2 Jahren	1,3	2,4	2,8	2,4	0,9	1,2	1,3	1,4
0,5 Jahre bis unter 1 Jahr	2,5	4,2	5,0	3,9	2,5	3,1	3,1	2,5
weniger als 0,5 Jahre	9,5	12,9	12,3	10,0	13,8	16,6	15,0	11,1
ohne Angabe der Einarbeitungszeit	0,5	0,7	0,9	0,9	0,5	0,7	0,8	0,7
ohne Ausbildung	24,3	24,8	27,8	34,0	29,6	48,1	50,1	60,2
Insgesamt	5 093 800	3 446 200	2 523 300	4 159 500	3 742 200	1 588 900	1 613 500	1 873 500

5 STAND DER BERUFLICHEN AUSBILDUNG DER ERWERBSPERSONEN IM OKTOBER 1957 UND APRIL 1964

	Insgesamt		männlich		weiblich	
	1957 %	1964 %	1957 %	1964 %	1957 %	1964 %
Berufsbildende Schulen	18,2	15,5	20,0	15,5	14,1	15,7
(nur) Lehre oder Anlernzeit	35,4	35,0	39,7	38,9	26,0	26,6
Betriebliche Einarbeitung/ ohne Ausbildung	46,4	49,5	40,3	45,6	59,9	57,7
Insgesamt (in 1 000)	19 463	21 115	13 415	14 207	6 048	6 909

6 ERWERBSPERSONEN MIT HOCHSCHULAUSBILDUNG NACH FACHRICHTUNG UND TÄTIGKEITSBEREICH 1961

	Mittel- und Volksschullehramt	Allgemeine Medizin	Rechtswissenschaft	Geisteswissenschaften	Volkswirtschaft, Betriebswirtschaft, Soziologie u. Politologie	Evangelische u. katholische Theologie	Maschinen-, Schiff-, Schiffmaschinen-, Flugzeugbau	Zahnmedizin	Lehramt an berufsbildenden Schulen	Musik-, Theaterwissenschaft, Darstellende Kunst, Bildende Kunst	Bauingenieurwesen	Chemie	Pharmazie	Land- u. Forstwirtschaft, Brauwesen	Elektrotechnik	Architektur	Sonstige Naturwissenschaften	Mathematik	Physik	Tiermedizin	Übrige und ohne Angabe	Insgesamt
Anteil in %	20,7	11,1	10,8	9,7	7,5	5,2	4,2	3,2	3,2	3,1	3,0	2,9	2,8	2,4	2,3	1,8	1,5	1,2	1,2	1,1	1,3	757 958
Tätigkeitsbereich:																						
Wissenschaft, Bildung, Kunst, Publizistik (%)	94,8	2,8	2,9	80,5	16,5	12,7	10,3	0,7	85,4	74,0	6,8	21,7	1,5	18,1	9,7	6,1	69,7	75,5	44,8	4,5		39,6
Produzierendes Gewerbe (%)	0	1,5	5,4	4,0	30,5	0	63,7	0	2,4	5,5	41,9	62,6	4,5	15,2	67,6	7,4	8,3	7,5	41,4	8,5		13,7

7 BESCHÄFTIGTE ARBEITER UND ANGESTELLTE NACH LEISTUNGSGRUPPEN UND GESCHLECHT

	Männer:				Frauen:			
	1951 %	1957 %	1962 %	1966 %	1951 %	1957 %	1962 %	1966 %
ARBEITER								
Leistungsgruppe 1	58	56	56	57	12	5	5	6
Leistungsgruppe 2	25	29	32	32	46	47	50	49
Leistungsgruppe 3	17	15	12	11	42	48	45	45
ANGESTELLTE								
Leistungsgruppe Ib	4	4	4	5	0	0	0	1
Leistungsgruppe II	18	21	23	24	3	3	3	4
Leistungsgruppe III	42	49	50	52	19	22	24	30
Leistungsgruppe IV	31	23	20	17	61	60	59	55
Leistungsgruppe V	5	3	3	2	17	15	14	10

8 DIE ANGESTELLTEN-ARBEITER-RELATION NACH WIRTSCHAFTSABTEILUNGEN

Wirtschaftsabteilung	Angestellte pro Arbeiter 1964	1968	1971
Land- und Forstwirtschaft, Tierhaltung und Fischerei	0,08	0,10	0,10
Energiewirtschaft und Wasserversorgung, Bergbau	0,24	0,33	0,40
Verarbeitendes Gewerbe	0,30	0,34	0,37
Baugewerbe	0,11	0,12	0,17
Handel	2,64	2,53	2,65
Verkehr und Nachrichtenübermittlung	0,40	0,43	0,48
Kreditinstitute und Versicherungsgewerbe	13,58	12,92	16,80
Dienstleistungen	1,01	1,14	1,39
Organisationen ohne Erwerbscharakter	0,81	0,88	1,11
Gebietskörperschaften	1,59	1,58	1,73
Insgesamt	0,53	0,59	0,66

9 VERÄNDERUNGEN IN DER BERUFLICHEN STELLUNG VON APRIL 1968 BIS APRIL 1969 (INLÄNDER ÜBER 15 JAHRE)

	April 1968: Personen insgesamt in 1 000		davon hatten im April 1969 folgende berufliche Stellung: Selbst-ständige	Mithelfende Familien-angehörige	Beamte	Ange-stellte	Arbeiter	Nichter-werbstätige
Männer: (in 1 000)	21 068		2 221	298	1 169	3 701	8 717	4 962
Selbstständige	2 301	(%)	92,6	0,7	-	0,8	1,4	4,5
(Mithelfende Familienangehörige	322	(%)	3,7	80,7	-	-	6,8	8,7
Beamte	1 185	(%)	-	-	94,8	0,8	-	4,5
Angestellte	3 725	(%)	0,8	-	0,5	93,4	1,1	4,2
Arbeiter	8 900	(%)	0,4	0,1	0,2	1,0	94,0	4,2
Erwerbslose	213	(%)	-	-	-	9,4	43,2	47,4
Nichterwerbspersonen	4 422	(%)	0,3	0,3	0,3	1,9	3,6	93,6
Frauen: (in 1 000)	25 016		569	1 649	209	3 616	3 388	15 635
Selbstständige	590	(%)	89,5	1,7	-	1,0	-	7,8
(Mithelfende Familienangehörige	1 700	(%)	1,1	92,4	-	0,6	1,4	4,6
Beamte	207	(%)	-	-	94,2	-	-	5,8
Angestellte	3 581	(%)	0,2	0,2	0,2	92,0	1,1	6,3
Arbeiter	3 342	(%)	-	0,4	-	1,6	89,7	8,3
Erwerbslose	169	(%)	-	-	-	20,1	19,5	60,4
Nichterwerbspersonen	15 427	(%)	0,1	0,3	0,1	1,4	1,6	96,6

10 BERUFSWECHSEL NACH BERUFLICHER STELLUNG UND QUALIFIKATION 1968

Fragen: "Haben Sie immer in Ihrem heutigen Beruf gearbeitet, oder haben Sie Ihren Beruf auch einmal oder öfters gewechselt? Bitte denken Sie nur an wirklichen Berufswechsel, nicht an einen Arbeitsplatzwechsel! Wie oft haben Sie Ihren Beruf gewechselt? Ich meine auch hier nur Berufswechsel, nicht Arbeitsplatzwechsel!"

	Gesamtheit der Arbeitnehmer	Ungelernte Arbeiter	Angelernte Arbeiter	Facharbeiter mit durchschnittlicher Qualifikation	Facharbeiter mit überdurchschnittlicher Qualifikation	Ausführende Angestellte	Qualifizierte Angestellte	Leitende Angestellte	Beamte Insgesamt
	%	%	%	%	%	%	%	%	%
Immer im heutigen Beruf	59	41	32	60	74	70	67	73	57
Beruf gewechselt	40	54	66	37	25	30	32	26	42
dar. 1 mal	25	25	36	24	18	22	26	19	32
2 u. 3 mal	11	18	23	11	6	7	4	5	9
4 mal u. öfter	3	8	6	2	1	1	1	2	1
Keine Angabe	2	5	2	3	1	0	1	1	1
Befragte Insgesamt	2 290	182	330	514	187	361	288	180	240

11 DIE 12 WICHTIGSTEN LEHRBERUFE 1955, 1961, 1967

männliche Lehrlinge:	Rangfolge			1955 %	1961 %	1967 %
Maurer	1	7	8	8,4	4,1	3,2
Maschinenschlosser	2	2	2	5,7	6,7	5,7
Schlosser, Bauschlosser	3	8		4,9	3,6	
Tischler	4			4,4		
Kaufmannsgehilfe im Groß- und Außenhandel	5	3	6	4,2	5,5	4,4
Maler	6	9	7	3,9	3,0	3,4
Kraftfahrzeugmechaniker	7	1	1	3,9	7,1	9,5
Einzelhandelskaufmann	8	6	5	3,9	4,7	4,5
Elektroinstallateur	9	4	3	3,4	5,3	5,2
Bergmann	10			3,4		
Industriekaufmann	11	5	4	3,3	5,1	4,7
Bäcker	12			3,1		
Werkzeugmacher		10	10		2,8	2,7
Landwirt		11	12		2,2	2,7
Bankkaufmann		12	11		2,1	2,7
Starkstromelektriker			9			3,0
Insgesamt absolut)				991 000	766 000	879 000
weibliche Lehrlinge:				%	%	%
Einzelhandelskaufmann	1	1	1	41,4	35,2	26,7
Industriekaufmann	2	3	3	8,3	9,6	7,6
Friseur	3	2	2	6,9	11,1	11,2
Kaufmannsgehilfe im Groß- und Außenhandel	4	4	4	6,6	8,3	5,9
Damenschneiderin	5	6	7	6,1	4,3	3,5
Bürogehilfin	6	5	6	4,7	4,5	3,7
Ländliche Hauswirtschaftsgehilfin	7	8	10	2,9	2,2	2,6
Herrenschneiderin	8			1,7		
Verkäuferin im Fleischerhandwerk	9			1,4		
Gehilfe in wirtschafts- und steuerberatenden Berufen	10	10		1,2	1,7	
Drogistin	11	11		1,1	1,6	
Gewerbehilfin für das Fleischerhandwerk	12			1,0		
Rechtsanwalts- und Notargehilfin		7	12		2,6	2,3
Bankkaufmann		9	9		1,7	3,0
Verkäuferin im Bäckerhandwerk		12			1,6	
Bürokaufmann			5			4,9
Arzthelferin			8			3,1
Zahnarzthelferin			11			2,5
Insgesamt(absolut)				434 000	431 000	523 000

12 RATSUCHENDE BEI DEN ARBEITSÄMTERN NACH IHREN BERUFSWÜNSCHEN VOR DER BERATUNG

männliche Ratsuchende:	1951/52 %	1954/55 %	1957/58 %	1960/61 %	1963/64 %	1966/67 %	1968/69 %	1970/71 %
Kein bestimmter Beruf	6,1	7,7	12,0	13,7	15,6	20,0	22,9	24,1
Ingenieure, Techniker	2,4	2,6	5,5	6,4	7,2	7,6	8,2	8,6
Handelsberufe	4,9	4,8	5,9	6,1	6,8	7,1	7,9	6,5
Erziehungs- und Lehrberufe	0,4	0,6	1,2	2,0	2,1	2,7	2,8	3,0
Technische Sonderfachkräfte	0,8	1,2	1,8	2,3	2,4	2,5	2,7	3,0
Schmiede, Schlosser, Mechaniker	22,7	25,0	24,7	21,1	19,6	16,4	14,3	14,6
Elektriker	5,6	6,5	8,3	10,4	12,0	11,6	10,7	11,5
Organisations-, Verwaltungs-, Büroberufe	5,9	8,6	7,9	9,1	8,1	7,5	7,8	6,7
Verkehrsberufe	2,6	3,1	4,4	3,3	2,7	2,0	1,4	1,6
Metallerzeuger und -bearbeiter	2,4	3,2	2,4	1,8	1,0	0,6	0,6	0,7
Textilberufe, Handschuhmacher	3,1	1,8	0,8	0,4	0,2	0,2	0,3	0,2
Nahrungs- und Genußmittelhersteller	5,9	4,9	3,7	3,6	3,7	4,0	3,6	3,1
Bauberufe	12,1	11,5	6,7	5,9	5,8	4,3	3,4	3,0
Ackerbauer, Tierzüchter, Gartenbauer	6,1	3,8	2,5	2,5	2,2	2,4	1,9	1,6
Holzverarbeiter und zugehörige Berufe	7,5	3,8	2,1	1,5	1,4	1,3	1,3	1,0
Lederhersteller, Leder-, Fellverarbeiter	2,3	0,8	0,4	0,2	0,2	0,1	0,1	0,1
Bergleute, Mineralgewinner, -aufbereiter	2,0	2,3	1,7	0,4	0,3	0,1	0,1	0,1
Insgesamt (absolut)	694 978	638 166	456 656	392 850	416 807	541 441	456 065	486 762
weibliche Ratsuchende:	%	%	%	%	%	%	%	%
Kein bestimmter Beruf	8,7	9,0	12,9	14,6	16,3	19,9	22,0	24,4
Erziehungs- und Lehrberufe	2,0	3,1	4,8	5,9	7,1	10,2	11,0	13,1
Gesundheitsdienstberufe	3,1	4,3	5,9	6,8	8,6	11,3	12,1	10,7
Künstlerische Berufe	0,6	0,8	1,8	2,1	2,0	2,1	2,2	2,3
Technische Sonderfachkräfte	0,5	0,8	1,7	2,0	1,9	2,1	2,1	2,2
Organisations-, Verwaltungs-, Büroberufe	15,3	21,2	22,2	21,0	19,4	16,8	16,1	16,1
Körperpfleger	4,9	6,6	6,7	7,9	7,3	5,3	5,0	3,9
Handelsberufe	19,3	20,9	18,6	15,9	15,4	14,1	13,7	12,6
Hauswirtschaftliche Berufe	13,6	11,5	8,7	8,7	8,1	6,3	4,9	3,3
Textilberufe, Handschuhmacher	21,0	12,4	7,7	6,3	5,7	4,0	3,2	2,6
Ungelernte Hilfskräfte	2,7	2,9	2,2	2,2	2,0	1,4	1,1	1,0
Ackerbauer, Tierzüchter, Gartenbauer	3,7	2,0	1,3	1,1	0,9	0,8	0,7	0,7
Insgesamt (absolut)	648 572	606 803	428 736	356 317	369 359	471 948	381 077	437 973

13 BEI DEN ARBEITSÄMTERN GEMELDETE BERUFSAUSBILDUNGSSTELLEN UND DER ANTEIL DER UNBESETZT GEBLIEBENEN STELLEN

	Berufsausbildungsstellen:			Anteil der unbesetzten Stellen:		
	1950/51	1959/60	1970/71	1950/51	1959/60	1970/71
männliche Berufsausbildungsstellen:	%	%	%	%	%	%
Schmiede, Schlosser, Mechaniker	23,8	29,1	30,6	6,0	36,4	43,3
Handelsberufe	9,5	13,8	13,7	7,9	42,6	50,4
Elektriker	4,9	7,6	11,6	4,1	17,6	21,3
Bauberufe	15,0	12,8	9,0	7,9	59,0	62,5
Organisations-, Verwaltungs-, Büroberufe	4,6	5,3	8,5	5,2	18,9	37,4
Nahrungs- und Genußmittelhersteller	8,8	6,5	5,4	21,2	61,0	51,5
Holzverarbeiter und zugehörige Berufe	8,7	4,2	3,0	8,5	65,7	56,5
Metallerzeuger und -bearbeiter	3,3	3,3	2,8	7,2	50,9	64,7
Technische Sonderfachkräfte	0,8	1,6	2,8	4,3	16,7	23,1
Ackerbauer, Tierzüchter, Gartenbauer	3,0	1,4	1,5	20,2	52,1	36,4
Textilberufe, Handschuhmacher	4,2	2,0	1,0	8,7	73,8	66,5
Bergleute, Mineralgewinner, -aufbereiter	3,9	3,3	0,4	32,8	85,9	91,0
Insgesamt (absolut)	390 916	375 669	364 485	9,8	43,4	43,7
weibliche Berufsausbildungsstellen:	%	%	%	%	%	%
Handelsberufe	44,0	51,3	39,9	5,1	45,5	41,5
Organisations-, Verwaltungs-, Büroberufe	15,2	15,4	24,4	3,3	18,5	27,5
Körperpfleger	4,1	8,5	8,8	5,2	24,8	46,2
Textilberufe, Handschuhmacher	21,5	11,9	6,8	4,3	46,5	46,3
Gesundheitsdienstberufe	2,1	2,6	7,1	4,4	36,6	23,0
Hauswirtschaftliche Berufe	6,4	3,2	3,3	6,1	36,3	35,5
Technische Sonderfachkräfte	0,5	1,5	3,1	1,9	10,6	19,9
Insgesamt (absolut)	166 521	224 822	239 779	4,8	38,8	36,1

QUELLENANGABEN UND ANMERKUNGEN:

1) StBA, Bevölkerung und Wirtschaft 1872 - 1972: S. 142

Gebietsstand bis 1939 jeweiliges Reichsgebiet, danach Bundesgebiet.
Erwerbspersonen einschließlich Soldaten, die unter Dienstleistungen bzw. Beamte und Angestellte nachgewiesen werden.

2) StBA, JB 1973: S. 42*
StBA, JB 1972: S. 42*
Länderkurzberichte IND 1973: S. 23
LUX 1971: S. 13
NIE 1970: S. 12
Harms Statistik, Die Welt in Zahlen 1971/72: S. 214

Lohn- und Gehaltsempfänger: im allgemeinen Arbeiter, Angestellte, Beamte und Personen, deren Stellung im Beruf ungeklärt ist.
Selbständige in der Land- und Forstwirtschaft einschl. Jagd und Fischerei;
DDR: Neben den Kategorien "Selbständige und mithelfende Familienangehörige" und "Arbeiter und Angestellte" ergibt sich die Gesamtzahl der Erwerbstätigen aus den Mitgliedern der Produktionsgenossenschaften und Rechtsanwaltkollegien, sowie den Lehrlingen.
DDR, FRA, ÖST: Selbständige einschließlich mithelfende Familienangehörige;
IND: Die berufliche Stellung der Mehrheit der Erwerbspersonen wird nicht erfaßt.
Weil nicht alle Tätigkeiten ausreichend beschrieben wurden, ergänzen sich die Prozentanteile der Sektoren meist nicht zu 100.

3) IAB, Materialien aus der Arbeitsmarkt- und Berufsforschung, Nr. 2, 1970: S. 6
StBA, Wirtschaft und Statistik, 6/1974: S. 422

1950 wurde nach dem Hauptberufskonzept gezählt (nur vollberuflich Tätige erfaßt), 1961 und 1970 nach dem Erwerbskonzept (jede Art von Erwerbstätigkeit berücksichtigt). Mit dem neuen Konzept hätte sich 1950 eine größere Zahl von Erwerbspersonen ergeben.
Die Auswertungen nach Berufsgruppen erfolgt 1961 und 1970 auf der Grundlage von Erwerbstätigen, 1950 auf der Grundlage von Erwerbspersonen. (Erwerbspersonen = Erwerbstätige + Arbeitslose). Die relativen Zahlen werden von dieser Veränderung nur wenig beeinflußt.
Zwischen allen drei Erhebungen wurde in der Berufssystematik die Zuordnung einzelner Berufe zu Berufsgruppen verändert; dies verursacht ebenfalls nur kleinere Ungenauigkeiten.
Bedeutsamer ist, daß 1970 die Soldaten erstmals nicht nach ihrem vor der Einberufung ausgeübten Beruf eingestuft wurden, sondern eine eigene Kategorie "Soldaten, Grenzschutz, Polizeibedienstete" bilden. Am stärksten fällt ins Gewicht, daß 1970 die Ausländer nicht einbezogen wurden, die doch in bestimmten Berufsgruppen dominieren und in anderen überhaupt nicht vertreten sind.
Unter "Sonstige Arbeitskräfte" werden die Erwerbspersonen aufgeführt, die sich nicht zuordnen ließen und die mithelfenden Familienangehörigen außerhalb der Landwirtschaft. Mithelfende Familienangehörige in der Landwirtschaft wurden ihrer Berufsgruppe zugeorndet.

4) IAB, Beiträge zur Arbeitsmarkt- und Berufsforschung 1.2, 1969: S. 312;

Unter berufsbildenden Schulen werden alle Schulen bzw. Hochschulen zusammengefaßt, die für eine Berufstätigkeit qualifizieren (also nicht die Berufsschulen). Personen, die zusätzlich zu einer berufsqualifizierenden Schule eine Lehre absolviert haben, werden unter "Lehre und berufsbildende Schule" eingeordnet.
Gefragt wurde nach dem Ausbildungsstand der Erwerbstätigen für die ausgeübte Tätigkeit, nicht nach dem überhaupt erreichten Ausbildungsstand.

5) IAB, Beiträge zur Arbeitsmarkt- und Berufsforschung 1.2, 1969: S. 301;

Betrifft Erwerbstätige ohne Soldaten und mithelfende Familienangehörige, sowie ohne Erwerbstätige, für die keine Angaben zum Ausbildungsstand vorliegen.
Berufsbildende Schulen: Schulen und Hochschulen mit berufsqualifizierendem Abschluß; erfragt wurde der Ausbildungsstand für die gegenwärtig ausgeübte Tätigkeit.

6) IAB, Materialien aus der Arbeitsmarkt- und Berufsforschung Nr. 14, 1971: Übersichten 1 und 2;

Produzierendes Gewerbe: Energiewirtschaft und Bergbau, Verarbeitendes Gewerbe und Baugewerbe;
Erwerbspersonen mit Hochschulausbildung 1961: 2,0 %

7) WiSta 1969: S. 146, 311

Leistungsgruppen der Arbeiter:
1) Facharbeiter (Lehre, abgerundetes Berufskönnen)
2) Angelernte Arbeiter (Ausbildung für wenig umfassende Berufstätigkeit)
3) Hilfsarbeiter (fachliche Ausbildung, auch nur beschränkter Art, ist für die Tätigkeit nicht erforderlich

Leistungsgruppen der Angestellten:
Ib) Angestellte in leitender Stellung mit Aufsichts- und Dispositionsbefugnis mit einem monatlichen Gehalt unter DM 3 500;
II) Angestellte mit besonderen Erfahrungen und selbständigen Leistungen in verantwortlicher Tätigkeit mit eingeschränkter Dispositionsbefugnis, die Angestellte anderer Tätigkeitsgruppen einzusetzen und verantwortlich zu unterweisen haben. Ferner Angestellte mit umfassenden kaufmännischen oder technischen Kenntnissen.
III) Angestellte mit mehrjähriger Berufserfahrung oder besonderen Fachkenntnissen und Fähigkeiten bzw. mit Spezialtätigkeiten, die nach allgemeiner Anweisung selbständig arbeiten, jedoch keine Verantwortung für die Tätigkeit anderer tragen.
IV) Angestellte ohne eigene Entscheidungsbefugnis in einfacher Tätigkeit, deren Ausübung eine abgeschlossene Berufsausbildung oder durch mehrjährige Berufstätigkeit, den erfolgreichen Besuch einer Fachschule oder durch privates Studium erworbene Fachkenntnisse voraussetzt.
V) Angestellte in einfacher, schematischer oder mechanischer Tätigkeit, die keine Berufsausbildung erfordert.

8) Fachserie A, Reihe I, April 1964: S. 42; April 1968: S. 20; April 1971: S. 28

9) WiSta 1971: S. 100

Bei der Wiederholung der Befragung im April 1969 fehlten 19 % der ursprünglich Befragten aufgrund von Tod oder Wegzug. Für die ausgefallenen Personen wurde die gleiche Verteilung wie für die Verbliebenen unterstellt.

10) Infratest, Die Arbeitnehmer, Tabellenband I, Frage 17,18

11) IAB, Beiträge zur Arbeitsmarkt- und Berufsforschung, 1.2, 1969: S. 322;

Lehrlinge insgesamt einschließlich Anlernlinge;

12) IAB, Beiträge zur Arbeitsmarkt- und Berufsforschung, 3.1, 1972: S. 192 - 207;
ANBA 1972: Jahreszahlen S. 48 - 71

Berücksichtigt wurden Berufe, deren Anteil unter den Berufswünschen zu irgendeinem Zeitpunkt 2 % überstieg. Die Anordnung in der Tabelle orientiert sich daran, ob die einzelnen Berufswunschquoten steigende, wechselnde oder fallende Tendenz haben.

13) ANBA 1969: Jahreszahlen S. 60 - 79
ANBA 1972: Jahreszahlen S. 48 - 71

Berücksichtigt wurden Berufe, deren Anteil unter den angebotenen Berufsausbildungsstellen zu irgendeinem Zeitpunkt 3 % überstieg. Berichtsjahr jeweils 1.10. - 31.9.

GESUNDHEIT UND KRANKHEIT

Ein Recht auf Gesundheit wird im Grundgesetz nicht explizit erwähnt, läßt sich aber als Voraussetzung anderer Grundrechte (freie Entfaltung der Persönlichkeit) ableiten. Gesundheit wird zudem von den Menschen als eines der wertvollsten "Güter" geschätzt. Wenn Krankheitsphasen im Leben der Individuen seltener und kürzer werden, steigert dies den Lebenswert. Auch das Streben nach einer höheren Lebenserwartung erscheint erst sinnvoll, wenn damit eine Ausdehnung "gesunder Lebenszeit" erfolgt.

Eine Antwort auf die Frage, ob die Bevölkerung in der Bundesrepublik häufiger oder seltener erkrankt oder auf eine andere Art krank ist als die vorhergehender Zeiten, ist nur unzulänglich möglich. Schwierigkeiten bereitet es schon, Gesundheit zu definieren. Soll von Gesundheit bei Abwesenheit physiologischer oder organischer Funktionsstörungen gesprochen werden oder soll das mentale Gesundheitsbefinden im Vordergrund stehen? Sehr umfassend ist die Definition der Weltgesundheits-Organisation, die als Gesundheit "einen Zustand des uneingeschränkten körperlichen, seelischen und sozialen Wohlbefindens und nicht einfach die Abwesenheit von Krankheit und Gebrechen" bezeichnet. Es ist sinnvoll, davon auszugehen, daß es unterschiedliche Grade von Gesundheit und Krankheit gibt, und daß zwischen optimaler Gesundheit und todbringender Krankheit ein Spektrum mit vielen denkbaren Abstufungen liegt.

Die Problematik der Definition von Gesundheit setzt sich fort auf die Ebene der Operationalisierung des Gesundheitsbegriffs. Soll Krankheit über ärztliche Diagnosen ermittelt werden oder sollen subjektive Äußerungen zum physisch-psychischen Befinden herangezogen werden. Es kann auch nach krankheitsbedingter Einschränkung üblicher Aktivitäten gefragt werden (Arbeitsunfähigkeit, Bettruhe). Die verschiedenen Meßverfahren können nebeneinander gebraucht werden und dann die Erfassung spezieller Problemgruppen er-

möglichen: die Morbiditätsdunkelziffer beruht auf jenen Personen, die sich subjektiv gesund fühlen, aber nach medizinischen Gesichtspunkten als krank einzustufen sind; Personen, die sich subjektiv krank fühlen, aber dies nach medizinischen Kriterien nicht sind, weisen auf den Bedarf an psychiatrischer Behandlung hin.
Eine Gesundheitsstatistik, die es gestattet, den Gesundheitszustand einer Bevölkerung zu erfassen, ist bisher nur in Ansätzen entwickelt. Traditionelle Statistiken lassen zwar interessante, aber doch nur begrenzte Schlußfolgerungen zu.

Historisch weit zurück reicht die Mortalitätsstatistik. Sie zeigt, wie bestimmte Sterbeursachen an Bedeutung verlieren und andere an Gewicht zunehmen. Ihre Aussagekraft wird dadurch beeinträchtigt, daß sich die diagnostischen Instrumentarien verbessert haben und die Krankheitsklassifikationen verändert worden sind.

Besondere Beachtung im Hinblick auf medizinisch-hygienische Versorgung findet die Säuglingssterblichkeit. Im Mittelpunkt steht hier nicht mehr das traditionelle Maß der Säuglingssterblichkeit (Gestorbene im 1. Lebensjahr), sondern die perinatale Sterblichkeit (Totgeborene + in der ersten Lebenswoche Gestorbene), weil die Sterblichkeit um den Geburtstermin den größten Anteil bei der Sterblichkeit von Säuglingen bildet.

Mortalitätsstatistiken sind nur ein unzureichender Ersatz für Morbiditätsstatistiken. Eine ständige Messung der Verbreitung von Erkrankungen erfolgt jedoch nur bei meldepflichtigen Krankheiten. Dazu zählen, neben den Geschlechtskrankheiten (Ermittlung seit 1970), die relativ erfolgreich bekämpften Infektionskrankheiten (Diphterie, Scharlach, Ruhr, Typhus, Tuberkulose, Kinderlähmung) und eben nicht die "neuen Volkskrankheiten", nämlich "chronische Erkrankungen".

Mikrozensuszusatzerhebungen aus den Jahren 1966, 1970 und 1972 sollten die Häufigkeit von Erkrankungen auf der Grundlage subjektiver Einschätzung ermitteln, hatten allerdings unterschiedliche Frageprogramme und kamen zu teilweise divergierenden Ergebnissen. Dagegen ist die Untersuchung an 30.000 Sozialversicherten 1969 in Baden-Würtemberg, die allgemeinärztliche und Labordiagnose mit subjektiver Gesundheitsbeurteilung verbindet, eine bahnbrechende Angelegenheit.

Für die Feststellung der Häufigkeit geistiger und körperlicher Behinderungen wurden amtliche Erhebungen in den Jahren 1957 bis 1962 und 1966 vorgenommen, ohne anschließend wiederholt worden zu sein.
Indikatoren zum Gesundheitszustand der Erwerbspersonen, die die Häufigkeit des vorzeitigen Ausscheidens aus dem Erwerbsleben und den Krankenstand messen sollten, können nicht in adäquater Weise gebildet werden.

Die Möglichkeit, langfristige Vergleiche zum Gesundheitszustand der Bevölkerung zu machen, sind ebenfalls sehr beschränkt. Musteruntersuchungen lassen sich zwar heranziehen, erfassen aber nur eine begrenzte Bevölkerungsgruppe.

Ebenso ist die in den Vordergrund gerückte Frage schichtspezifischer Krankheitshäufigkeiten und Krankheitsbilder für die BRD bisher kaum verläßlich zu belegen.

Das Dunkelfeld, das wohl am schwierigsten abzubauen sein wird, ist die Verbreitung psychischer Krankheiten, deren Erfassung die psychiatrische Epidemiologie anstrebt.

Höhere Aufwendungen im Gesundheitssektor (siehe Problembereich Gesundheitssicherung) sind keine Garantie dafür, daß sich der Gesundheitszustand einer Bevölkerung verbessert. Zumal krankheitsfördernde Lebensbedingungen und Lebensweisen an Bedeutung gewinnen können. Es bleibt also eine vordringliche Aufgabe, Gesundheit zu definieren und zu messen, um daraus zweckmäßige gesundheitspolitische Schlußfolgerungen ableiten zu können.

1 HISTORISCHE INDIKATOREN FÜR " GESUNDHEIT " (jeweiliges Reichs- bzw. Bundesgebiet)

			1872	1882	1892	1902	1910	1920	1925	1933	1938	1950	1960	1970
Totgeborene auf 1000 Lebendgeborene			39,1	38,0	32,9	31,0	29,3	31,7	33,0	28,5	23,0	21,8	15,3	10,2
Säuglingssterblichkeit (Knaben)	im 1. Monat		.	79,4	73,7	.	65,4	.	49,7	44,4	35,7	37,7	25,5	20,4
	im 1. Jahr		.	241,7	233,9	.	202,3	.	115,4	85,4	68,2	61,8	35,4	26,1
Durchschnittliche Lebenserwartung in Jahren	Einjährige	M	46,5	47,9	.	55,1	.	.	62,2	64,4	.	67,8	68,3	68,0
		F	48,1	49,7	.	57,2	.	.	63,9	66,4	.	71,0	73,5	73,9
	Fünfundsechzigjährige	M	9,6	9,8	.	10,4	.	.	11,5	11,9	.	12,8	12,4	11,8
		F	10,0	10,3	.	11,1	.	.	12,2	12,6	.	13,7	14,6	14,9
Erkrankungen an Diphterie auf 100 000 Einwohner			.	.	.	.	(299,0)	138,6	58,9	117,1	217,5	85,8	3,5	0,1
Müttersterblichkeit			.	.	409,2	329,1	324,3	491,8	489,1	537,1	365,9	205,5	106,3	51,8
Gestorbene nach Todesursache auf 100 000 Einwohner	Tuberkulose		.	.	259,1	206,1	163,5	154,2	106,6	73,1	62,3	40,6	16,5	8,3
	Krankheiten des Kreislaufsystems		.	.	.	.	214,8	225,2	242,0	263,0	309,8	349,9	462,1	534,4
	Bösartige Neubildungen		.	.	.	.	79,0	87,2	101,9	136,9	146,7	174,0	201,0	221,4
Selbstmordziffer			.	.	20,5	21,2	21,7	21,8	24,5	28,4	28,3	20,3	19,4	21,5

2 INDIKATOREN FÜR " GESUNDHEIT " IM INTERNATIONALEN VERGLEICH 1970

	BRD	DDR	GBR	FRA	ITA	NIE	BEL	LUX	DÄN	ÖST	SWI	SWE	JAP	USA	USR	IND
Perinatale Sterblichkeit	26,7	21,8	23,8	23,7	31,7	18,8	(25,0)	24,9	18,0	27,0	18,3	16,5	21,7	(27,1)		
Säuglingssterblichkeit	23,4	18,5	18,2	18,2	29,6	12,7	20,5	24,9	14,2	25,9	15,1	11,0	13,1	19,8	24,4	
Lebenserwartung für																
Einjährige Männer	68,1		69,2	69,3	69,8	70,9		67,2	71,2	67,3		72,2	69,6			
Frauen	74,1		75,4	76,7	75,6	76,5		73,8	76,0	74,1		77,1	74,8			
Fünfundvierzigjährige																
Männer	27,2		27,3	28,4	28,4	29,1		26,6	29,5	26,7		30,6	28,5			
Frauen	31,9		32,8	34,5	33,2	34,0		31,9	33,6	31,9		34,6	32,6			
Fünfundsechzigjährige																
Männer	11,9		12,0	13,4	13,0	13,6		12,1	13,9	11,7		14,4	12,7			
Frauen	15,0		16,0	17,4	16,1	16,6		15,1	16,8	15,0		17,2	15,6			
Selbstmordziffer	21,5	30,5	7,9	15,4	5,8	8,1	15,2	14,2	21,5	24,2	18,6	22,3	15,2	11,0		

3 INDIKATOREN FÜR "GESUNDHEIT" SEIT 1950

	Säuglingssterblichkeit	Perinatale Sterblichkeit	Müttersterblichkeit	Tuberkuloseerkrankungen	Sterbefälle auf 100 000 Einwohner Kreislaufkrankheiten	Bösartige Neubildungen	Selbstmord
1950	55,3	.	205,5	279,8	349,9	174,0	20,3
1951	53,0	.	183,8	265,5	370,5	177,9	19,6
1952	48,4	47,8	188,1	247,5	392,2	178,8	18,2
1953	46,5	.	168,7	229,5	408,3	178,4	18,7
1954	43,5	.	151,6	203,0	418,1	180,4	19,7
1955	41,9	.	156,7	191,9	437,7	183,4	19,8
1956	38,9	40,0	139,2	176,7	453,1	190,9	19,2
1957	36,6	37,9	127,3	163,4	456,0	195,6	18,9
1958	36,2	37,3	118,4	156,1	439,3	193,3	19,6
1959	34,4	35,6	108,6	142,0	443,1	197,6	19,3
1960	33,8	35,8	106,3	126,5	462,1	201,0	19,4
1961	32,0	34,1	97,7	115,7	462,0	203,0	19,5
1962	29,3	32,6	87,1	103,6	469,3	205,3	18,5
1963	27,1	30,7	82,8	99,5	475,3	209,7	19,4
1964	25,3	29,4	69,4	94,4	462,5	211,8	20,0
1965	23,8	28,6	69,3	93,2	489,6	215,7	20,0
1966	23,6	27,6	65,1	101,1	492,6	217,6	20,5
1967	22,8	26,9	58,2	91,3	496,9	217,0	21,3
1968	22,6	26,4	51,6	85,8	526,8	221,4	20,5
1969	23,2	26,6	53,1	81,7	540,6	220,4	20,9
1970	23,4	26,4	51,8	79,3	534,4	221,4	21,5
1971	23,1	25,3	50,5	71,1	543,9	223,3	20,8
1972	22,4	23,9					19,7
1973	22,7	23,2					20,8

4 SÄUGLINGSSTERBLICHKEIT NACH SOZIALEN UND BIOLOGISCHEN MERKMALEN 1960

	Säuglingssterblichkeit Mädchen	Knaben
Legitimität		
Alle Geborenen	28,2	36,0
Ehelich Geborene	26,6	34,1
Unehelich Geborene	51,8	63,5
Berufliche Stellung des Vaters	(nur ehelich Geborene)	
Arbeiter in der Land- u. Forstwirtschaft	35,6	36,5
Übrige Arbeiter	29,5	37,5
Selbständige in der Land- u. Forstwirtschaft und Mithelfende	27,4	35,5
Übrige Selbständige und Mithelfende	25,6	31,2
Beamte	21,0	29,8
Angestellte	21,0	26,9
Alter der Mutter	(nur ehelich Geborene)	
16 - 19 Jahre	29,7	39,9
20 - 24 Jahre	24,5	32,6
25 - 29 Jahre	23,7	29,9
30 - 34 Jahre	27,9	34,9
35 - 39 Jahre	33,1	41,6
40 - 44 Jahre	37,5	50,6
45 und älter	57,7	69,0
Geborenenrangplatz	(nur ehelich Geborene)	
1.	25,2	
2.	28,5	
3.	34,6	
4.	40,4	
5.	47,0	
Insgesamt	30,5	

5 KRANKE NACH ALTER UND GESCHLECHT IM APRIL 1966, OKTOBER 1970 UND NOVEMBER 1972 (in % der jeweiligen Kategorie)

Altersgruppe in Jahren		1966 Männer	1966 Frauen	1970 Männer	1970 Frauen	1972 Männer	1972 Frauen
unter 15	(%)	6,3	5,8	8,2	8,0	13,4	13,1
15 - 40	(%)	5,5	7,0	10,6	12,7	10,9	13,8
40 - 65	(%)	13,5	14,1	26,6	30,5	22,6	24,5
65 und mehr	(%)	21,3	24,5	46,5	52,0	41,5	46,3
Insgesamt	(%)	9,7	11,7	18,7	23,7	20,4	23,3
	(1 000)	2 629	3 657	5 324	7 540	5 907	7 524

6 KRANKE BZW. UNFALLVERLETZTE PERSONEN UND CHRONISCH KRANKE NACH ALTERSGRUPPEN UND ÄRZTLICHER BEHANDLUNG

Altersgruppe in Jahren	Kranke bzw. Unfallverletzte auf 10 000 Einwohner	Kranke bzw. Unfallverletzte mit ärztlicher Behandlung (%)	Chronisch Kranke auf 10 000 Einwohner
unter 5	947	90,2	.
5 - 15	838	82,9	124
15 - 20	853	80,9	175
20 - 30	1 251	78,5	408
30 - 40	1 615	74,4	774
40 - 50	2 308	73,3	1 437
50 - 55	3 019	75,1	2 056
55 - 60	3 708	77,1	2 733
60 - 65	4 276	76,8	3 285
65 - 75	4 890	79,6	4 011
75 und mehr	5 668	83,4	4 796
Insgesamt	2 291	78,4	1 448

7 KÖRPERLICH UND GEISTG BEHINDERTE NACH ART DER BEHINDERUNG IM OKTOBER 1960, 1962 UND APRIL 1966

Art der Behinderung	1960 (1000)	1962 (1000)	1966 (1000)
Blindheit	61	52	65
Augenerkrankung und - Verletzung	130	149	189
Taubheit, Ohrenerkrankung und Verletzung	94	87	113
Verlust bzw. Verkrüppelung oder Behinderung der Gliedmaßen	1 217	1 307	1 343
Verletzung des Rückens und der Wirbelsäule	•	171	244
Nerven- und Geisteserkrankung	342	370	533
Erkrankungen der Atmungs- und Verdauungsorgane	305	362	411
Herz- und Kreislauferkrankung	225	247	506
Sonstige Erkrankung	1 132	801	465
Ohne Angabe der Art der Behinderung	70	175	184
Insgesamt Absolut	3 476	3 722	4 054
Insgesamt % der Einwohner	6,4	6,6	6,9

10 KRANKENSTAND DER PFLICHTMITGLIEDER NACH KASSENARTEN VON 1969 BIS 1972

Kassenarten	1969	1970	1971	1972
	Jahresdurchschnitt in %			
Ortskrankenkassen	5,2	5,6	5,1	5,3
Landkrankenkassen	3,0	3,1	2,9	3,1
Betriebskrankenkassen	6,1	7,2	6,9	7,1
Innungskrankenkassen	4,3	4,7	4,5	4,6
See - Krankenkasse	3,9	5,0	6,0	7,5
Knappschaftliche Krankenkassen (Bundesknappschaft)	7,7	9,5	9,4	10,0
Ersatzkassen für Arbeiter	4,9	5,2	5,3	5,6
Ersatzkassen für Angestellte	3,8	4,6	4,7	4,8
Sämtliche Kassen	5,1	5,6	5,3	5,5

8 KRANKHEITSBEFUNDE BEI 15 BIS 59-JÄHRIGEN SOZIALVERSICHERTEN IN BADEN-WÜRTTEMBERG ENDE 1969

	Männer				Frauen			
	15 - 19 %	35 - 39 %	55 - 59 %	15 - 59 %	15 - 19 %	35 - 39 %	55 - 59 %	15 - 59 %
Gesamter klinischer Befund								
kein pathologischer Befund	15,8	8,3	0,2	6,4	10,5	3,2	0,1	3,3
eine oder mehrere Abweichungen	84,2	91,7	99,8	93,6	89,5	96,8	99,9	96,7
Ärztliche Schlußfolgerung: Medizinische Maßnahmen sind								
nicht erforderlich	63,2	38,9	19,5	35,9	47,8	30,0	14,5	28,7
erforderlich durch Hausarzt	23,4	40,8	54,9	42,8	30,8	46,6	61,2	47,7
erforderlich durch Facharzt	12,5	18,6	23,1	19,5	20,3	21,5	22,4	22,1
erforderlich durch Krankenhaus	0,7	1,5	2,2	1,6	0,7	1,7	1,6	1,3
keine Angabe	0,3	.	0,2	0,1	0,3	0,2	0,3	0,2
Die Gesundheitsstörung war vor der Untersuchung								
unbekannt	11,2	15,7	12,3	14,2	16,8	14,5	12,5	13,3
bekannt	24,6	44,6	67,1	48,9	33,6	54,1	71,9	56,5
keine Gesundheitsstörung vorhanden	63,5	39,1	20,0	36,2	48,5	30,4	15,1	29,2
keine Angabe	0,7	0,7	0,7	0,7	1,1	1,0	0,5	1,0
Untersuchte (absolut)	1341	1845	2195	15912	1221	1861	2062	15564

9 KRANKENSTAND DER PFLICHTMITGLIEDER MIT SOFORTIGEM ANSPRUCH AUF BARLEISTUNGEN (ARBEITER) IN DER GESETZLICHEN KRANKENVERSICHERUNG

	1954	1955	1956	1957	1958	1959	1960	1961	1962	1963	1964	1965	1966	1967	1968	1969
Männer (%)	4,1	4,6	4,9	5,4	5,5	5,5	5,9	6,1	6,1	5,9	5,3	5,5	5,6	4,8	5,4	5,5
Frauen (%)	4,1	4,6	4,7	5,3	5,4	5,5	6,0	6,2	6,2	6,1	5,6	5,8	5,9	5,1	5,7	6,0

11 ERWERBS- UND BERUFSUNFÄHIGE UNTER DEN MITGLIEDERN DER ARBEITER- BZW. ANGESTELLTENRENTENVERSICHERUNG 1971

	Arbeiterrentenversicherung				Angestelltenrentenversicherung			
	Berufsunfähigkeitsrente		Erwerbsunfähigkeitsrente		Berufsunfähigkeitsrente		Erwerbsunfähigkeitsrente	
Altersgruppe	Männer %	Frauen %	Männer %	Frauen %	Männer %	Frauen %	Männer %	Frauen %
25 - 29	0,1	0,1	0,2	0,2	0,0	0,0	0,1	0,1
35 - 39	0,2	0,3	0,7	1,1	0,1	0,2	0,2	0,7
50 - 54	1,7	2,0	5,4	6,2	0,6	1,4	2,1	3,9
55 - 59	3,7	5,9	11,0	13,0	1,5	3,8	4,6	7,1
60 - 64	6,4	12,2	23,5	26,0	3,2	6,7	12,0	12,1

12 STERBEFÄLLE NACH AUSGEWÄHLTEN TODESURSACHEN AUF 100 000 EINWOHNER GLEICHEN ALTERS UND GESCHLECHTS 1971

	Bösartige Neubildungen	Krankheiten des Kreislaufsystems	Krankheiten der Atmungsorgane	Krankheiten der Verdauungsorgane	Kraftfahrzeugunfälle im Verkehr	Selbstmord oder Selbstbeschädigung
Männer						
unter 15	3,1	1,3	11,6	4,5	17,6	0,9
15 - 24	5,1	4,4	3,0	2,7	88,8	19,8
25 - 44	24,5	40,7	6,2	22,3	41,4	31,2
45 - 54	139,0	249,3	25,3	75,8	34,9	41,3
55 - 64	500,2	848,9	131,9	173,1	50,3	49,1
65 und mehr	1 469,6	3 831,3	704,3	383,6	68,4	56,4
insgesamt	232,1	538,1	97,2	74,7	45,4	27,6
Frauen						
unter 15	2,7	1,3	8,9	3,2	11,2	0,1
15 - 24	3,1	3,4	2,1	2,4	22,7	6,9
25 - 44	34,1	18,4	4,3	9,5	9,7	13,3
45 - 54	168,6	86,5	12,1	33,6	9,9	24,2
55 - 64	345,5	333,9	36,8	69,8	14,8	25,6
65 und mehr	894,6	3 111,0	303,7	256,6	32,2	27,8
insgesamt	215,4	549,5	57,4	56,9	15,8	14,9

13 AUSGEWÄHLTE GESUNDHEITSFEHLER BEI DEN GEBURTSJAHRGÄNGEN 1914/15 UND 1945 NACH MUSTERUNGSUNTERSUCHUNGEN (IN % ALLER UNTERSUCHTEN)

Bereich	Gradation II - III		Gradation IV		Grädation VI	
	1914/15	1945	1914/15	1945	1914/15	1945
	%	%	%	%	%	%
Füße	1o,4	15,1	1,1	0,6	0,1	0,1
Augen (Brechnungsfehler)	5,0	8,5	1,9	2,7	0,2	0,2
Wirbelsäule, Brustkorb, Schulter- und Beckengürtel	3,4	8,3	0,4	1,8	0,3	0,1
Herz, Kreislauf	3,2	5,5	0,7	2,3	0,1	0,1
Nervensysteme, Psyche, Intelligenz	0,3	4,6	0,6	4,9	0,7	1,0
Gliedmaße	3,7	3,6	0,8	1,3	0,8	0,1
Allgemeinzustand	2,2	2,6	0,7	0,5	0,1	0,0
Zähne	2,2	2,6	0,6	0,2	0,0	.
Körpergewicht (übermäßiges)	0,2	2,5	0,1	1,2	0,0	0,1
Verdauungsorgane	0,9	1,6	0,1	0,6	0,0	0,0

14 SOZIOGRAPHISCHE MERKMALE GESUNDHEITLICHER PROBLEMGRUPPEN

	Befragte Insgesamt (Erwartungwerte) %	Befragte nach Selbsteinstufung "Zu wenig Schlaf"	"Häufiger Streß"	"Starke Raucher"	"Tägliche Ernährungsfehler"	"Übergewicht"	"Keine Bewegung"	Gesundheitsbefindlichkeit Gut	Mittel	Schlecht
		Abweichung vom Erwartungswert in Prozentpunkten								
Geschlecht										
Männer	47	+ 8	+ 9	+29	+ 7	- 3	-10	+ 5	0	-10
Frauen	53	- 8	- 9	-29	- 7	+ 3	+10	- 5	0	+10
Alter (Jahre)										
14 bis 29	30	+ 2	0	+ 7	+ 5	-10	-13	+11	- 3	-17
30 bis 49	36	+ 1	+ 7	+10	- 3	- 1	- 4	+ 2	+ 6	- 7
50 und älter	33	- 4	- 7	-17	- 1	+12	+17	-12	- 2	+25
Soziale Schicht										
Oberschicht	20	+ 4	+ 7	+ 3	- 2	- 3	- 8	+ 3	+ 1	- 5
Mittelschicht	56	- 3	+ 1	+ 1	+ 1	- 3	- 2	+ 4	0	- 7
Unterschicht	23	0	- 7	- 3	+ 2	+ 8	+11	- 6	0	+13

DEFINITIONEN

Säuglingssterblichkeit: im ersten Lebensjahr Gestorbene auf 1.000 Lebendgeborene
Perinatale Sterblichkeit: Totgeborene und in der ersten Lebenswoche Gestorbene auf 1.000 Lebend- und Totgeborene
Müttersterblichkeit: Müttersterbefälle auf 100.000 Lebendgeborene
Selbstmordziffer: Selbstmorde auf 100.000 Einwohner

QUELLENANGABEN UND ANMERKUNGEN:

1) Bevölkerung und Wirtschaft, 1872 - 1972: S. 107, 108, 110, 112, 119, 121;
StBA, JB 1973: S. 61

2) WHO, 1970: World Health Statistics Annual, Bd. I: S. 11, 12, 816, 817, 351, 587, 339, 411, 39, 315, 507, 495, 231;
StBA, JB 1973: S. 61;
UN, Demographic Yearbook 1971: S. 664 - 666, 728 - 744;

GBR = England und Wales

3) Bevölkerung und Wirtschaft 1872 - 1972: S. 121, 119;
Fachserie A, Reihe 2, I, 2. Vj. 1973: S. 4;
Fachserie A, Reihe 2, 1970: S. 70;
Fachserie A, Reihe 7, IV, 1973: S. 11;
Das Gesundheitswesen der Bundesrepublik Deutschland, Bd. IV, 1970: S. 72;
WiSta 5/1973: S. 298;
WiSta 6/1974: S. 403;

Tuberkuloseerkrankungen: Zugänge im Berichtsjahr auf 100.000 Einwohner

4) Das Gesundheitswesen der Bundesrepublik Deutschland, Bd. III, 1968: S. 147, 148, 150, S. 152

5) Gesellschaftliche Daten, 1973: S. 31;
WiSta 6/1968: S. 309;
WiSta 1/1974: S. 24

1966: 125.000 befragte Haushalte;
1970: 21.400 befragte Haushalte + 1.5oo Personen in Anstalten;
1972: o,1 % Erhebung des Mikrozensus;
Die Einstufung als "krank" erfolgte durch das den Fragebogen beantwortende Haushaltsmitglied. Die Frageformulierung war 1966 eng gefaßt und führte vermutlich zu einer Untererfassung chronischer Krankheiten.

6) WiSta 10/1972: S. 572;
Chronisch krank: der Beginn einer Krankheit oder ein Unfall liegen mehr als ein Jahr zurück.

7) Fachserie A, Reihe 7, Sonderbeitrag Körperbehinderte 1957 - 1962: S. 24, 25, 48, 49;
StBA, JB 1960: S. 36;
WiSta 7/1968: S. 350

8) Modell einer allgemeinen Vorsorgeuntersuchung, Zwischenbericht 1969/70: S. 123,125,133;

Beim gesamten klinischen Befund wurden folgende Merkmalsausprägungen berücksichtigt: Oedeme (nein), Zyanose (nein), Hautausschläge (nein), Haut- und Schleimhautdurchblutung (gut), Sehfähigkeit (gut), Augenkrankheiten (nein), Hörvermögen (gut), Ohrenkrankheiten (nein), Gebiß (gut), Tonsillen (normal), Nase (normal), Schilddrüse (normal), Lymphknotenschwellungen (normal), Brustkorb (normal), Lungen (normal), Herzschlagfolge (normal), Herz - Grenzen, Töne, Leistungen (normal), systolischer Blutdruck (zwischen 89 und 195), diastolischer Blutdruck (unter 100), arterielles Gefäßsystem (normal), venöses Gefäßsystem (normal), Magen (normal), Dünn- und Dickdarm (normal), Leber (normal), Gallenblase (normal), Bauchspeicheldrüse (normal), sonstige Erkrankungen im Bauchraum (nein), Nieren und ableitende Harnwege (normal), Geschlechtsorgane (normal), Eingeweidebrüche (keine), Wirbelsäule (normal), Extremitäten (normal), Verlust an Gliedmaßen (nein), Nervenkrankheit (nein), Geisteskrankheiten (nein), vegetative Krankheiten (nein), Urin - Eiweiß (nein), Urin - Zucker (nein), Urobiligonen (nein), Blutsenkung 1. Stunde (weniger als 11 mm), Blutsenkung 2. Stunde (weniger als 15 mm). Ein pathologischer Befund liegt bei Nichterfüllung eines oder mehrerer Merkmale vor.

9) WiSta, 1959: S. 701*; 1962: S. 742*; 1966: S. 852*;
StBA, JB 1972: S. 55

Nur für Mitglieder mit sofortigem Anspruch auf Barleistungen (bis 1969; meist Arbeiter) läßt sich ein relativ exakter Krankenstand ermitteln, weil die übrigen Erkrankten bei kurzer Krankheitsdauer nicht immer der Krankenkasse gemeldet werden.

10) Sozialpolitische Informationen, Jg. VII/15: S. 60

Seit 1970 sind die Erfassungsmodalitäten so verändert, daß Arbeiter, die früher bei der Beantragung von Krankengeld registriert wurden, nun wie Angestellte über ärztliche Krankmeldungen erfaßt werden.

Ortskrankenkassen: Allgemeine Krankenkassen
Landkrankenkassen: für die Landwirtschaft
Betriebskrankenkassen: für größere Betriebe
Innungskrankenkassen: für das Handwerk
See - Krankenkassen: für auf Seeschiffen Beschäftigte
Bundesknappschaft: Träger der knappschaftlichen Versicherungen

11) Der Bundesminister für Arbeit und Sozialordnung, 1973: Die Rentenbestände in den Rentenversicherungen der Arbeiter und Angestellten in der Bundesrepublik Deutschland, S. 8 A, 9 A;
Fachserie A, Reihe 6, II, 1971: S. 30 - 33

Die versicherten Erwerbstätigen wurden dem Mikrozensus entnommen, die Versichertenrentner der Rentenstatistik. Die Quoten der Berufs- und Erwerbsunfähigen wurden als Anteile der Berufs- und Erwerbsunfähigkeitsrentner an den versicherten Erwerbstätigen und den Versichertenrentnern (= Mitglieder) errechnet. In dieser Statistik sind Erwerbs- und Berufsunfähige aufgrund von Arbeitsunfällen, die Unfallrente erhalten, nicht berücksichtigt.

12) Gesellschaftliche Daten, 1973: S. 37

13) Bundesrepublik Deutschland: Zweiter Bericht über die Lage der Jugend und die Bestrebungen auf dem Gebiet der Jugendhilfe. Deutscher Bundestag: Drucksache V 2453: S. 191

Die Gradationen I, II und III haben keinen bis geringen Krankheitswert. Krankheitswert hat die Gradation IV. Schwere Gesundheitsschäden fallen unter die Gradation VI.

14) Bundeszentrale für gesundheitliche Aufklärung, 1971: Einstellungen und Verhaltensweisen zum Thema Gesundheit: S. 4, 160

B

MATERIELLE INFRASTRUKTUR

UMWELT

Wirtschaftssysteme und ökologische Umweltsysteme sind offene Systeme, die sich gegenseitig beeinflussen und in einem reziproken Zusammenhang stehen. Stark wachsender materieller Wohlstand, rasch zunehmender Stoff- und Energieumsatz, steigender zivilisatorischer Flächenbedarf, Verstädterung, Industri alisierung, Massenkonsum - Strukturelemente hoch industri alisierter Gesellschaften wie der bundesdeutschen - sind verbunden mit einer ständig steigenden Belastung der natürlichen Umwelt, die ihre Selbstreinigungskraft zunehmend verliert. Die Übernutzung der natürlichen Hilfsquellen führt zur Gefährdung und Schädigung der Gesundheit des Menschen und stellt die Möglichkeit der qualitativ und quantitativ ausreichenden Versorgung mit lebensnotwendigen Gütern, wie beispielsweise Luft und Wasser, aber auch die industrielle Produktion im bisherigen Umfang in Frage; dies besonders, wenn die Annahme zutrifft, daß es in der Aufnahmekapazität der ökologischen Systeme für Belastungen aller Art "points of no return" gibt, bei deren Erreichen die Wiederherstellung eines ausgeglichenen Naturzustandes nicht mehr möglich ist. Kulturpessimistisch überspitzt formuliert: es besteht der begründete Verdacht, daß sich die industriell hochentwickelten Gesellschaften über die Zerstörung der Biosphäre ihrer eigenen Lebensgrundlage berauben und sich schließlich selbst zerstören.

Es wäre anzustreben, in einem Abschnitt Umwelt neben den vorhandenen natürlichen Ressourcen die gesellschaftlich bedingten Belastungen des Menschen und des ökologischen Systems in den Mittelpunkt zu stellen und sie einerseits maximalen Toleranzwerten unterhalb der Schädlichkeitsgrenze und sog. Nullwerten gegenüberzustellen, um den Grad der Gefährdung abschätzen zu können; andererseits die Zusammenhänge zwischen gesellschaftlichem System und ökologischen Bedingungen und deren Rückkoppelungen auf die menschliche Gesundheit und die Biosphäre quantitativ aufzuzeigen.

In der Bundesrepublik ist die Frage der Umweltbelastung und des Umweltschutzes, trotz früher preußischer Gesetze zum Schutze der Ruhr (die übrigens zur desto stärkeren Verschmutzung des - nicht gesetzlich geschützten - Nachbarflusses Lippe führten), aber erst seit 1970 allmählich aktuell geworden; quantitative und auch qualitative Kenntnisse der oben genannten Art liegen daher kaum vor, und wenn, dann wurden sie in sog. Modelluntersuchungen an wenigen und speziellen Untersuchungseinheiten gewonnen; sie können in Ermangelung der Kenntnis kausaler Zusammenhänge kaum verallgemeinert werden, geben aber immerhin einen Anhaltspunkt für Größenordnungen. In der Regel muß man sich damit bescheiden, die Belastung der Umwelt und die Gefährdung der menschlichen Gesundheit durch Ersatzindikatoren anzudeuten, beispielsweise durch den Umfang der Emissionen von schädlichen Stoffen wie Kohlenmonoxid, Blei, Kohlenwasserstoffen. Diese Emissionen lassen sich nach verschiedenen Gesichtspunkten gliedern: nach den sie emittierenden Gruppen (beispielsweise Verkehr, Haushalte, Industrie); nach ihrer Toxidität (Giftigkeit); nach ihrer physikalischen Beschaffenheit und den daraus resultierenden Konsequenzen für ihre Beseitigung; nach dem Medium, in das sie emittiert werden (beispielsweise se Boden, Luft, Wasser); nach dem Ausmaß ihrer Wiederverwendbarkeit im Wirtschaftskreislauf (Recycling) oder den Möglichkeiten ihrer gefahrlosen Absorbtion durch die Natur. Allerdings lassen sich die emittierten Mengen von Schadstoffen (bei derartigen Angaben wird es sich vorläufig immer um mehr oder weniger genaue Schätzungen handeln) so gut wie gar nicht den evtl. betroffenen Personen oder Regionen zuordnen, da über die Verteilung der fraglichen Stoffe in räumlicher und zeitlicher Dimension nach ihrer Emission bisher keine generalisierungsfähigen Kenntnisse vorliegen; lediglich die Größenordnungen der Gesamtbelastung lassen sich daraus abschätzen.

Etwas näher am Konzept der Belastung und Gefährdung liegen sog. Immissionswerte; sie geben an, in welcher Konzentration schädliche Stoffe in einem bestimmten Medium - also

beispielsweise Schwefeldioxid in der Luft oder Blei im Wasser - auftreten. Gegenüber Emissionswerten haben sie den Vorteil, daß sie sich für bestimmte Medien in räumlicher und zeitlicher Dimension genauer eingrenzen lassen und dadurch eher indirekte Rückschlüsse auf Umweltbelastungen und Gefährdungen erlauben. Die direkte Zuordnung von Schadstoffkonzentrationen und betroffenen Personen ist aber auch hier schwierig, da Immissionswerte, auch bei nur geringer räumlicher oder zeitlicher Distanz der Messungen, sehr unterschiedlich ausfallen können (beim Medium Luft sind beispielsweise meterologische und topographische Bedingungen wichtige Einflußfaktoren) und die Zuordnung außerdem durch die Intensität der Personen - Mobilität erschwert wird.
Dies gilt auch und insbesonders für den ganzen Problembereich Lärm.

Vielfach stehen für die Abschätzung der Umweltbelastung weder Emmissions- noch Immissionswerte zur Verfügung; in diesen Fällen muß man sich dann mit mehr schlechten als rechten Ersatzindikatoren zufriedengeben, wie Menge der nutzbaren Güter, deren Gebrauch mit der Emission von Schadstoffen verbunden ist - beispielsweise zugelassene Kraftfahrzeuge als Indikator für Kohlenmonoxid, Stickoxide etc. oder Menge der produzierten Güter, deren Fertigung mit der Emission von Schadstoffen verbunden ist wie Papier als Indikator für Quecksilber und organische Abwässer. In diesem Sinn wurden für die Belastung der Gewässer durch industrielle Abwässer sog. Einwohnergleichwerte bestimmt, die die mit der Fertigung einer bestimmten Menge eines Produktes anfallende Abwasserbelastung als n-faches der Abwassermenge ausdrücken, die pro Einwohner durchschnittlich an Haushaltsabwässern anfallen. Dies scheint aber der einzige Versuch einer derartigen Standardisierung zu sein.

Neben den schon erwähnten Problemen der Bestimmung der emittierten Schadstoffmengen und der Zuordnung von Schadstoffkonzentration und betroffenen Personen gibt es im Bereich Umwelt eine Vielzahl von Fragestellungen, deren Wichtigkeit für die Symbiose des Gesellschaftssystems und der ökologischen Umweltsysteme zwar mittlerweile wissenschaftlich erkannt ist und akzeptiert wird, deren Beantwortung aber teils offen, teils umstritten ist und in der Öffentlichkeit allem Anschein nach in ihrer Tragweite und Verhaltensrelevanz unterschätzt wird. Hierher gehören die Auswirkungen der Umweltbelastungen auf die Qualität und Quantität der natürlichen Ressourcen, auf die Energiekreisläufe Wärme (Zunahme oder Abnahme der Temperatur, Nutzung der Energie) und Wasser, schließlich die Beeinflussung biochemischer Kreisläufe, deren Nichtbeachtung die Verkarstung, Versteppung, Eutrophierung der Binnengewässer, Reduzierung des Sauerstoffgehaltes in der Luft u.a.m. zur Folge haben können. Bezogen auf den Menschen bedeutet die Abschätzung von Gefahren, die einerseits mit dem kombinierten Auftreten mehrerer Schadstoffe, andererseits mit der Aufnahme von Schadstoffen verbunden ist, die im menschlichen Körper gespeichert werden, eine besondere Schwierigkeit. Während die Kombination im Auftreten von Schadstoffen eigentlich ständig gegeben ist und beim Abbau von Giften beispielsweise sogar höhere Toxiditätsgrade erreicht werden können als bei den Ausgangsprodukten, werden maximale Grenzwerte für die Immissionskonzentration (sog. MIK - Werte) oder die Restbelastung bisher, wenn überhaupt, nur für einzelne Schadstoffe festgelegt. Typische Beispiele für nichtabbaubare Schadstoffe sind DDT, PCB und Radioaktivität. Die Nichtabbaubarkeit dieser Stoffe kann dabei auf zweifache Weise verhängnisvoll sein: einmal nimmt der Mensch diese Schadstoffe über sog. Nahrungsketten auf - mit der Nahrungskette wird das Gift von Lebewesen zu Lebewesen weitergegeben, wobei es zu einer Akkumulation des Giftes innerhalb der Kette bis zum Endverbraucher kommt - , zum anderen wird die Gift-Konzentration mit zunehmendem Alter des Menschen zwangsläufig immer größer. Dieser letzte Mechanismus trifft besonders für die Radioaktivität zu, was den Bau von Kernkraftwerken, insbesondere in der unmittelbaren Umgebung von Verdichtungszonen, als sehr problematisch erscheinen läßt.

Ein weiteres, bisher nahezu ungelöstes Problem ist in diesem Zusammenhang die Frage nach der Wirkung von Schadstoffen über die Zeit.

Als Ursachen für die bisherige Entwicklung der Umweltbelastung und der Überbenutzung der natürlichen Hilfsquellen werden in der Literatur drei Hauptfaktoren genannt: 1. das Wachstum der Bevölkerung und ihre Verdichtung in bestimmten geographischen Räumen; 2. die wirtschaftliche Wachstumsideologie, die in den entwickelten Industrienationen zur Konsumgüter - Massenproduktion geführt hat, vielfach mit Hilfe von Produktionsverfahren, die ohne Rücksicht auf ihre zerstörende Wirkungen eingesetzt werden; die Zerstörung des ökologischen Gleichgewichts wird 3. durch das erst seit wenigen Jahren in Frage gestellte Prinzip der betrieblichen Gewinnmaximierung gefördert, das die Abwälzung eines mehr oder weniger großen Teils der mit der Produktion oder Nutzung verbundenen Umweltkosten, die in der bisher üblichen Wirtschaftsrechnung nicht in Marktwerten oder Geldeinheiten ausgedrückt werden, auf Dritte oder auf die Gesellschaft insgesamt zuläßt, zum Teil mit einem erheblichen timelag zwischen Entstehung und Wahrnehmung der Schäden. Zudem entspricht die Abwälzung von Umweltkosten wahrscheinlich einer sekundären Verteilung des Realeinkommens zuungunsten der wirtschaftlich Schwächeren.

2 INTERNATIONALE ÜBERSICHT ÜBER GESETZE UND KOMPETENZEN IM UMWELTSCHUTZ. (Stand 1971, in Klammern: geplant)

	Dim.	BRD	DDR	GBR	FRA	ITA	NIE	BEL	LUX	DÄN	ÖST	SWI	SWE	USA	USR	JAP	IND
Zahl der geltenden Gesetze, die Bestimmungen betreffen																	
Umwelt allgemein	N	-	1	-	-	-	1	-	.	-	-	-	1	4	.	3	.
Luftreinhaltung	N	1	4	2	8	2	1	3	.	2	2	1	3	4	.	2	.
Lärmbekämpfung	N	1	4	5	4	-	1	2	.	7	3	1	1	3	.	3	.
Gewässerschutz	N	-	5	2	4	3	3	8	.	7	1	1	2	3	1	4	.
Abfallbeseitigung	N	-	2	1	-	1	1	1	.	2	-	1	3	2	.	1	.
Biozide u. Umweltchemikalien	N	-	-	-	-	-	1	3	.	3	1	4	3	4	.	2	.
Geltungsdauer des ältesten Gesetzes bis 1972	Jahr	7	9	16	11	39	22	84	.	16	13	17	16	7	.	14	.
Zahl der zuständigen Ministerien	N	1	1	5	2	6	7	6	.	7	5	1	1	5	.	6	.
Ministerien mit koordinierender (k) oder zentraler (z) Kompetenz	Name	MI_z		MU_z	MNU_z	.	-	MG_k	.	.	IK_k	MI_z	ML_k	.	.	(U_z)	.
Zahl der sonstigen zuständigen staatlichen Stellen	N	.	2	3	4	3	-	5	.	4	3	3	5	5	.	(1)	.

3 DIE FLÄCHENNUTZUNG IN DER BUNDESREPUBLIK 1950 BIS 1972

		Bundesgebiet				Hessen 1970		Frankfurt 1970	Dortmund 1970	München 1972
		1950	1960	1970	1972	Landkreise	Kreisfreie Städte			
	Dim							qm je Einwohner		
Gesamtfläche (in 1 000)	qkm	249	249	249	249	2,8	0,8	295	418	232
Wirtschaftsfläche (in 1 000)	qkm	247	248	247	248	2,0	0,9		449	.
davon: Landwirtschaftliche und gärtnerische Fläche	%	) 57,5	57,6	54,8	54,4	45,8	22,8	94	182	73
Sozialbrache	%			0,9	1,0	1,6	1,3			
Forsten	%	28,4	28,7	29,0	29,0	39,9	27,8	55	33	8
Gebäude-, Hof- und Industrieflächen	%	3,2	3,3	4,2	4,4	3,2	20,7	74	128	88
Wegeland und Eisenbahnen	%	3,5	4,0	4,5	4,6	5,4	13,2	38	53	29
Friedhöfe, öffentliche Parkanlagen, Ziergärten	%	) 0,7	0,3	0,6	0,6	1,2	5,4	20	14	24
Flugplätze, Militärübungsplätze	%		0,7	0,9	0,9	.	.	.	1	3
Binnengewässer	%	1,8	1,8	1,8	1,8	1,1	1,8	8	6	3
Sonstige	%	4,9	3,6	3,4	3,4			6	1	4
Naturparks	%	0,1	2,1	11,8	13,6			-	-	-
Naturschutzgebiete	%	0,8	0,9	1,0	1,2			-	-	-
Seen-Fläche	%	971	971	971	971			-	-	-
Talsperren-Fläche	%	88	104		117			-	-	-

4 INDIKATOREN DER UMWELTBELASTUNG IN DER BUNDESREPUBLIK 1950 BIS 1972

	Bem.	Dim.	Basiswert 1962	Index 1950	Index 1955	Index 1960	Index 1965	Index 1970	Index 1972
			N	Index - Wert					
Flächennutzung									
Bebaute Flächen		1 000 ha	855,4	92	.	96	108	123	127
Verkehrsflächen		1 000 ha	1 012,3	85	.	99	104	110	112
Energieverbrauch der Volkswirtschaft									
Wasser	Fördermenge	Mill. cbm/a	13 515	.	(75)	94	108	127	.
Kohle	Versorgung	1 000 t SKE/a	120 449	.	.	103	95	89	79
Gas	Aufkommen	Mill. cbm/a	26 945	49	80	103	114	187	.
Strom	Erzeugung	Mill. KWh/a	135 438	32	56	86	127	179	.
Heizöl	Versorgung	1 000 t/a	24 823	.	.	58	169	282	310
Kraftstoff	verfügbare Menge	1 000 t/a	14 275	.	.	79	140	191	205
Immissionen im Rhein bei Emmerich (Jahresdurchschnitte)									
BSB	Jahresdurchschnitt	kg/sec	14,2	.	.	95	158	144	.
Nitrat	Jahresdurchschnitt	kg/sec	(18,7)	.	.	98	170	201	.
Phosphat	Jahresdurchschnitt	kg/sec	(0,78)	.	.	88	195	204	.
Restbelastung durch öffentliche Kläranlagen (Schätzungen)									
dito		1 000 cbm/Tag	9 840	.	89	97	102	103	.

5 UMWELTBEEINTRÄCHTIGUNGEN (EMISSIONEN) MIT BESONDERER BEDEUTUNG NACH QUANTITÄT ODER ART DER GEFÄHRDUNG

	Dim.	Emittierender Bereich Energie	Chemie	Verkehr	Montan	GKSE
EMISSIONEN IN DIE LUFT						
Schwefeldioxid	1 000 t/a	3 000 - 3 600	60	80 - 100	200	50
Kohlenmonoxid	1 000 t/a	600	50	3 700 - 8 000	330	.
Stickoxide	1 000 t/a	600 - 900	25	900	(100)	(100)
Kohlenwasserstoffe	1 000 t/a	100 - 130	100	580 - 1 000	.	.
Fluorverbindungen	1 000 t/a	0,01	0,2	.	2	.
EMISSIONEN IN DAS WASSER						
Feststoffe	1 000 t/a	270	10	60	180	70
Anorganische Salze	1 000 t/a	.	3 000	1 000	4 100	.
Quecksilber	1 000 t/a	.	0,045	.	.	.
Organische Stoffe	1 000 t/a	.	560	.	.	.
Radioaktive Stoffe	1 000 t/a	10 040	.	.	.	.
Abwärmeeinleitung	10^6 Gcal	135	.	.	.	.
MÜLL UND FESTE ABFALLSTOFFE						
Schrottanfall	1 000 St.			(700 PKW, 77 LKW 70 Ahg., 2 Bus.		
Öle	1 000 t/a			420		
Altreifen	1 000 t/a			250		
Deponien	10^6 t/a	6,5			40,0	
UMWELTSCHUTZAUSGABEN						
Investitionen	Mio. DM/a	150	220	.	270	100
laufende Betriebskosten	Mio. DM/a	.	330	.	600	200

6 SCHÄDLICHE ABGASE NACH EMITTENDEN - SCHÄTZUNGEN FÜR DIE BUNDESREPUBLIK FÜR 1970 (Angaben in v.H.)

Emittenden	Schätzung von: ADAC	BfpB	"Umwelt"	zum Vergleich: Kataster Köln 1971
Industrie	35	18	) 17	46
Hausbrand	) 25	) 6		23
Kleingewerbe			.	1
Kfz.-Verkehr	40	60	60	30
Kraftwerke	.	13	14	.
Müllbeseitigung	.	3	3	.
Verschiedenes	.	.	6	.
Insgesamt	100	100	100	100

10 DIE WASSERVER- UND -ENTSORGUNG DER BEVÖLKERUNG 1957 BIS 1969

	Dim.	1957	1963	1969	in Gemeinden mit bis 2 000 Einwohner	100 000 und mehr Einwohner
Bevölkerung insgesamt (in 1 000)	N	50 763	57 606	60 842	11 392	19 813
darunter sind angeschlossen an eine öffentliche						
Wasserversorgung	%	89,5	91,0	93,7	80,3	99,8
Kanalisation	%	61,6	69,8	79,1	< 63	<100
Kläranlage	%	37,6	50,6	61,7	.	.

7 SCHÄDLICHE ABGASE NACH KOMPONENTEN UND EMITTENDENGRUPPEN IM GROSSRAUM KÖLN 1971

Emittenden	Dim.	Anorganische Gase Zus.	CO	SO_x	NO_x	Sonst.	Organische Gase + Dämpfe Zus.	KWS	Stäube Zus.	Blei t/a	Zusammen t/a	%
Industrie	%	39,2	4,4	87,3	81,0	100.	82,4	77,1	45,2	28	172915	45,8
Emissionsanteile aus diffusen Quellen	%	1	0,2	-	-	29,6	36,9	45,4	.	.	.	.
Chemische Industrie	%	5,4	1,3	11,6	8,5	18,6	26,6	5,9	16,0	.	33218	8,8
Petrochem. Industrie	%	16,6	0,2	41,8	28,8	62,0	34,7	55,6	4,5	.	71743	19,0
Metallverarb. Industrie	%	3,4	2,4	5,1	2,6	15,5	12,3	18,7	7,3	.	18343	4,9
Hausbrand	%	25,5	37,0	12,0	6,3	-	6,3	8,4	51,1	.	87700	23,2
Kleingewerbe	%	0,1	0,2	0,1	0,2	.	4,2	4,7	0,2	.	2865	0,8
Kfz.-Verkehr	%	35,2	58,4	0,6	12,5	-	7,1	9,8	3,5	155	114010	30,2
Insgesamt	t/a	311343	178328	89338	39572	4104	56709	41201	9438	.	377490	100.
	%	82,5	47,2	23,7	10,5	1,1	15,0	10,9	2,5	.	377490	100.
∅ Emissionen pro Tag und Einwohner	g	(742)	(425)	(213)	(94)	(10)	(135)	(98)	(22)	(0,4)	(899)	

8 MITTLERER TAGESGANG DER KOHLENMONOXID- UND SCHWEFELDIOXIDKONZENTRATION IN FRANKFURT ZWISCHEN 1966 UND 1973

Tageszeit		Dim.	Gaskonzentration in Halbstundenmittelwerten im Tagesgang 1 h	2 h	3 h	4 h	5 h	6 h	7 h	8 h	9 h	10 h	11 h	12 h	13 h	14 h	15 h	16 h	17 h	18 h	19 h
Verkehrsreiches Büro- und Ladengebiet																					
CO - Heizperiode	72/73	ppm	4,90	4,14	3,43	2,90	2,70	3,08	4,49	7,95	8,41	8,81	9,76	11,3	10,8	11,7	13,5	14,6	17,0	17,8	16,6
CO - heizfreie Periode	1973	ppm	5,09	4,18	3,27	2,59	2,29	2,40	3,63	5,28	5,90	6,87	7,94	8,31	7,97	7,71	8,52	9,88	11,5	11,8	10,8
Verkehrsärmeres Büro- und Wohngebiet																					
CO - Heizperiode	66/71	ppm	1,61	1,44	1,35	1,26	1,29	1,47	2,33	2,90	2,73	2,43	2,23	2,10	2,03	1,89	1,99	2,20	2,80	3,08	2,80
CO - heizfreie Periode	67/70	ppm	1,50	1,30	1,15	1,02	1,07	1,12	1,75	2,10	1,77	1,59	1,43	1,40	1,24	1,10	1,15	1,29	1,61	1,83	2,00
SO - Heizperiode	66/71	ppb	56,6	55,9	54,8	53,8	57,2	62,1	71,2	74,5	78,1	78,6	73,8	70,3	66,4	64,0	62,1	61,4	60,6	63,7	66,1
SO - heizfreie Periode	67/70	ppb	15,5	15,2	15,2	15,2	16,1	19,3	25,5	30,7	32,8	30,6	27,2	23,1	20,1	18,1	17,2	16,8	16,6	16,8	17,8

Tageszeit		Dim.	20 h	21 h	22 h	23 h	24 h	Anteil der Messungen < MIK-Wert (.)	Maximaler Halbstunden- Mittelwert	Maximaler Tages- Mittelwert	Monats- 1972/73
Verkehrsreiches Büro- und Ladengebiet								(<8)			
CO - Heizperiode	72/73	ppm	11,7	10,9	7,63	7,42	6,52	61,5	51,0	20,3	13,1
CO - heizfreie Periode	1973	ppm	9,38	10,8	8,76	8,15	7,12	66,2	37,6	18,6	8,6
Verkehrsärmeres Büro- und Wohngebiet								(<8)			
CO - Heizperiode	66/71	ppm	2,73	2,43	2,13	2,03	1,82	97,6	21,5	7,3	4,4
CO - heizfreie Periode	67/70	ppm	2,24	2,23	2,09	1,92	1,71	<100	12,0	5,7	3,5
								(<140)			
SO - Heizperiode	66/71	ppb	66,5	65,8	62,8	59,3	58,0	95	279	155	76
SO - heizfreie Periode	67/70	ppb	18,8	18,8	17,9	16,8	16,2	<100	194	53	33

9 WASSERVERSORGUNG UND ABWASSERBESEITIGUNG IM JAHR 1969 (Dim.: 1 000 m /Tag)

Dim.	N	%	%	%	%	%	%	%	%
	Wassermenge Insgesamt		Grund-wasser	Quell-wasser	oberirdische Gewässer		Haushalte u. Kleingewerbe	Indus-trie	öffentl. Zwecke
WASSERVERSORGUNG									
Öffentliche Versorgung	11 560 (11 545)	26,2	72,3 (75,2)	. (16.7)	27,7 (8,1)		66,5 (64,3)	21,1 (28,2)	12,4 (7,5)
Private Unternehmen	1 330	3,0	.	.	.		-	100.	-
Privatbrunnen	200	0,5	100.	-	-		100.	-	-
Werkseigene Versorgung	31 080	70,4	36,5	.	63,5		0,3	99,7	-
Zusammen	44 170	100.	46,4	.	53,6		18,1	78,7	3,2
In den Kreislauf fließen	2 090	-	-	-	-			100.	
Wassermenge im Kreislauf	52 800	-	-	-	-			100.	
WASSERENTSORGUNG									
Ableitung von Abwässern nach der Herkunft in:									
öffentliche Kanalisation	17 488	38,3	1,8		11,6		45,7	36,9	4,1
werkseigene Kanalisation	28 155	61,7	-		-		-	100.	-
Reinigung der Abwässer nach dem Umfang der Reinigung:									
			unge-klärt	vorbehandelt: Zusam-men	mecha-nisch	teil-	voll-biologisch	Kühl-wasser	Rest
öffentliche Kanalisation	17 488	38,3	24,4	75,8	28,4	9,6	37,9	3,9	-
dar. mittelbare Ablei-tung aus der Industrie	6 451	14,1	31,9	57,4	26,1	5,9	25,4	10,7	-
werkseigene Kanalisation	28 155	61,7	5,9	15,1				63,4	15,6
Zusammen	45 643	100	13,0	38,3				40,6	9,7

11 ABWASSERWESEN UND BELASTUNG DER UMWELT 1957 BIS 1969 (ohne Industrie)

	Bevölkerung			in Gemeinden mit		Abwassermengen			in Gemeinden mit		Belastungs-faktor	Restbelastungseinheit			in Gemeinden mit	
	1957	1963	1969	bis 2 000 Einwohner 1969	100 000 und mehr Einwohner 1969	1957	1963	1969	bis 2 000 Einwohner 1969	100 000 und mehr Einwohner 1969		1957	1963	1969	bis 2 000 Einwohner 1969	100 000 und mehr Einwohner 1969
Dim.	Einwohner, %					1 000 m³/Tag						1 000 m³/Tag				
Verteilung nach dem Reinigungsgrad der Abwässer																
gereinigt	37,6	48,3	61,9	20,7	81,1	7 119	9 539	12 895	418	6 538	.	4 099	5 143	5 873	165	3 334
davon nur mechanisch	.	23,3	20,5	6,4	31,3	4 709	5 291	4 957	109	3 094	0,70	3 296	3 704	3 470	76	2 166
teil-biologisch	.	7,9	9,1	1,4	19,7	2 410	(1506)	1 672	43	1 228	0,50	803	753	836	22	614
voll-biologisch	.	17,2	32,2	12,9	30,1		(2742)	6 266	266	2 216	0,25		686	1 567	67	554
ungeklärt	62,4	51,7	38,1	79,3	18,9	4 973	4 851	4 224	1 057	860	1,00	4 973	4 851	4 224	1 057	860
Menge insgesamt (in 1 000)	50 763	57 606	60 842	11 392	19 813	12 092	14 390	17 083	1 475	7 398	-	9 072	9 994	10 097	1 232	4 194
Index	100	113	120	-	-	100	119	141	-	-	-	100	110	111	-	-
Gesamt-Reinigungsgrad (%)	-	-	-	-	-	25,0	30,5	40,9	16,5	43,3	-	-	-	-	-	-

12 INDIKATOREN FÜR DIE WASSERBELASTUNG DES UNTERMAINS - JAHRESDURCHSCHNITTE 1972

Meßstation	Dim	Wertheim	Groß-Wallstadt	Seligenstadt	Mühlheim	Offenbach	Kelsterbach	Kostheim/Mainz	Steigerungsrate	deren Bewertung
Entfernung der Mündung	km		100.	69,6	50,6	41,5	20,8	1,3		
BELASTUNG DES FLUSSWASSERS										
Ø Wassertemperatur	°C	.	10,5	11,8	13,0	13,1	13,5	13,7	1,30	neg.
Wasserstoffionenkonzentration	pH	.	7,6	7,2	7,2	7,0	6,8	6,7	0,88	neg.
elektrische Leitfähigkeit	$\mu S \cdot cm^{-1}$	.	431	441	454	469	538	574	1,33	neg.
Trübung des Wassers	i.E.	.	25	31	32	44	78	55	2,20	neg.
Absetzbare Stoffe	ppm	.	0,40	0,16	0,32	0,33	0,76	0,87	2,18	neg.
Sauerstoffsättigungsgrad	%	.	83	54	43	33	24	29	0,35	neg.
Biochemischer Sauerstoffbedarf	mg/l	.	(7,1)	11,2	11,6	18,2	20,8	15,7	2,21	neg.
Gesamthärte	°d	.	16,4	15,4	15,4	15,1	16,2	16,1	0,98	-
Ortophosphat-Ionen	ppm	.	2,7	2,5	2,8	3,1	3,7	4,2	1,56	neg.
Nitrit-Ionen	ppm	.	0,29	0,32	0,37	0,41	1,43	1,35	4,66	neg.
Nitrat-Ionen	ppm		36,8	37,7	34,9	36,7	34,9	34,5	1,07	-
SCHWERMETALLGEHALTE IN DEN SEDIMENTEN										
Blei (Pb)	ppm	140	.	.	.	.	.	650	4,64	neg.
Zink (Zn)	ppm	700	.	.	.	.	.	2100	3,00	neg.
Kupfer (Cu)	ppm	175	.	.	.	.	.	475	2,71	neg.
Quecksilber (Hg)	ppm	4,5	.	.	.	.	.	13,6	3,02	neg.

13 PESTIZIDRÜCKSTÄNDE IN VERSCHIEDENEN GETREIDESORTEN AUS 3 PROBEN 1968 BIS 1970
(Dimension: Anteil an den Proben)

	TOLERANZWERT	Getreide	Mais	Reis	TOLERANZWERT	Mehl	Haferflocken
Dim.	ppm	%	%	%	ppm	%	%
Zahl der Proben (absolut)		4965	218	353		261	92
davon waren rückstandsfrei		23,9	4,6	10,5		5,8	11,8
enthielten Rückstände unterhalb des Toleranzwertes							
bei Lindan	0,1	57,9	56,9	48,1	0,03	53,2	51,5
Malathion	3,0	9,3	35,8	1,2	1,0	8,1	14,1
DDT	0,1	2,4	0,9	.	0,1	.	3,7
enthielten Rückstände oberhalb des Toleranzwertes							
bei Lindan	0,1	17,2	36,7	23,8	0,03	39,8	17,4
Malathion	3,0	1,3	2,3	0,1	1,0	2,3	20,6
DDT	0,1	1,8	0,5	0,9	0,1	.	.

ABKÜRZUNGEN

ADAC	Allgemeiner deutscher Automobilklub
Ahg	Anhänger
BfpB	Bundeszentrale für politische Bildung
Co	Kohlenmonoxid
Gcal	Giga-Kalorien
GKSE	Glas-, Keramik-, Steine- und Erden-Industrien
IK	Interministerielles Ko mitee
KWS	Kohlenwasserstoffe
MG	Gesundheitsministerium
MI	Innenministerium
MIK	Maximale Immissions Konzentration
ML	Landwirtschaftsministerium
MNU	Ministerium für Natur- und Umweltschutz
MU	Umweltministerium
NOx	Stickoxide
ppb	parts per billion
ppm	parts per million
SOx	Schwefeloxide, gewichtet als SO_2
t/a	Tonnen pro Jahr
U	Umweltschutz-Institution
UMWELT	Zeitschrift "Umwelt", herausgegeben vom Verein deutsche Ingenieure

DEFINITIONEN

Belastungsfaktor: Reziprokwert des Reinigungsgrades der jeweiligen Abwasserkläranlage
Diffuse Quellen: Betriebseinrichtungen und Vorrichtungen, aus denen betriebsbedingt Emissionen unkontrolliert entweichen. (Gegenteil: Definierte Quellen)
Gesamt-Reinigungsgrad: gibt an, welcher Teil des anfallenden Abwassers quasi total gereinigt ist, die Umwelt also nicht mehr belastet. Quotient aus (Abwassermenge minus Restbelastungseinheiten) / Abwassermenge
Heizperiode: Monate Oktober bis März. Für 1972/73 nur Oktober bis Februar, da für März keine Meßwerte vorliegen
Heizfreie Periode: Monate April bis September
Maximale Immissionskonzentration (MIK): Quantitative Grenze für die Nichtgiftigkeit von Schadstoffimmissionen. Die hier angegebenen Grenzen gelten für Halbstundenwerte.
Restbelastungseinheiten: dies sind die auch nach der Klärung quasi ungeklärt gebliebenen Abwassermengen. Beispiel: bei einer 50 %igen Klärung von 120 cbm Abwasser verbleiben 60 cbm Restbelastungseinheiten
Teilbiologische Klärung: eine Klärung gilt dann als teilbiologisch, wenn der Biologische Sauerstoffbedarf (BSB) bis auf 50 % abgebaut worden ist.
Vollbiologische Klärung: eine Klärung gilt dann als vollbiologisch, wenn der BSB bis auf 75 % abgebaut worden ist.

QUELLEN UND ANMERKUNGEN (A)

Tab 1 Mangels Daten konnte eine historische Übersicht nicht geleistet werden

Tab 2 BMI (Hrsg.), Umweltprogramm der Bundesregierung, Materialien zum Umweltprogramm der Bundesregierung, Bonn 1971: Bundestagsdrucksache III/2710, S. 635 - 658

Tab 3 StBA:JB 1952, S. 6 - 7; JB 1961, S. 8 - 9; JB 1972, S. 146; JB 1973, S. 171
StBA, BuW 1872 - 1972, S. 159. StBA, unveröffentlichte Daten BPA, GD 1973, S. 171.
Hessisches Statistisches Landesamt, Hessische Kreiszahlen - ausgewählte neue Daten für Landkreise und kreisfreie Städte, I/1972, S. 10 - 11. Statistisches Amt und Wahlamt der Stadt Frankfurt, Stat. Jahrbuch Frankfurt am Main 1973, S. 3.
BMI, Materialband zum Umweltprogramm der Bundesregierung, Bonn 1971: Bundestagsdrucksache VI/2710, S. 9, 11, 13

A Bundesgebiet, Landwirtschaftliche Fläche: bis 1969 einschließlich sog. Sozialbrache und Ziergärten
Bundesgebiet, Friedhöfe - Parkanlagen - Ziergärten: vor 1970 ohne Ziergärten
Bundesgebiet, Binnengewässer: ohne Bodensee

Tab 4 P. Anne, Etude prèliminaire sur la lutte contre la pollution dans le bassin Rhènau; Schriftenreihe envirement et qualité de la vie,der Commission des communantes europèenes No. 3; Luxemburg 1973, Tab 3 a, 6, 7, 8.
StBA, FS D, R 5, Wasserversorgung und Abwässerbeseitigung der Industrie, 1957,

1958, 1961, 1963, 1965, 1967, 1969: öffentliche Wasserversorgung und öffentliches Abwasserwesen 1957, 1963, 1969.

A Wasserverbrauch: Hier wurde, im Hinblick auf die Belastung der Umwelt, die Summe aus den Fördermengen von öffentlichen Wasserversorgungsunternehmen und der Industrie als Basis genommen. Die Werte für Jahre, für die keine Erhebungsdaten vorliegen, wurden durch Interpolation gewonnen, und zwar als geometrisches Mittel. Die Erhebungsjahre sind mit den in den Quellen angegebenen Veröffentlichungsjahren identisch. Restbelastung durch öffentl. Kläranlagen: vgl. Anmerkungen Tab 9

Tab 5 BMI (Hrsg.), Umweltprogramm der Bundesregierung, Materialien zum Umweltprogramm der Bundesregierung, Bonn 1971: Bundestagsdrucksache VI/2710, S. 335 - 356. BPA, GD 1973, S. 163

A Bei diesen Zahlen handelt es sich um Expertenschätzungen. Vom Schrott geht ein hoher, quantitativ nicht genau angegebener Anteil in den Recycling- Prozeß ein.

Tab 6 Minister für Arbeit, Gesundheit und Soziales des Landes Nordrhein - Westfalen (Hrsg.), Emissionskataster Köln, Köln 1972: Verlag TÜV Rheinland. S. 17, 22 - 69, S. 13. Joachim Stückrad und Ulrich Dorstewitz: Was kommt auf uns zu? In: Umwelt 5/1971, S. 41

A Der ADAC verteilt die Belastungen auf 3 Quellengruppen: Individualleistungen, Industrie und Straßenverkehr; die BfpB auf Wohnraumleistungen, Straßenverkehr, Industrie (18 %), Kraftwerke (13 %) und Abfallbeseitigung (3 %). In der Tabelle wurden die letzten 3 unter der Rubrik "Industrie" zusammengefaßt. Zum Emissionskataster Köln siehe Anmerkungen Tab 7

Tab 7 Minister für Arbeit, Gesundheit und Soziales des Landes Nordrhein - Westfalen (Hrsg.), Emissionskataster Köln, Köln 1972, Verlag TÜV Rheinland, S. 22 - 69

A Die in den beiden Summenspalten aufgeführten Schadstoffmengen umfassen natürlich nur die im Emissionskataster Köln berücksichtigten Emissionen, die aber den Hauptanteil ausmachen. Verzerrungen sind dabei besonders von Bedeutung bei der Verteilung der Emissionen nach den Quellengruppen. Die in dieser Tabelle wiedergegebenen Zahlen sollten eher im Hinblick auf ihre Größenordnungen als auf ihre absoluten Beträge interpretiert werden. Dies gilt insbesondere für die Emissionsbelastung pro Kopf: die hierbei unterstellte Gleichverteilung ist fiktiv und trifft natürlich in keiner Weise zu (vgl. Kommentar). Es handelt sich hier um die hochgerechneten Ergebnisse einer Stichprobenuntersuchung.

Tab 8 Institut für Meteorologie und Geophysik der Universität Frankfurt (Hrsg.), Wissenschaftliche Arbeiten zur Luftreinerhaltung, Dezember 1972: hektographiert, Abb. 4 - 1, 4 - 9, Abb. 8 - 1, 8 - 2. Ferner unveröffentlichte Daten.

A Die Meßstelle "Verkehrsreiches Büro - und Ladengebiet" liegt in der Großen Eschenheimer Straße, Rundschauhaus, 1. Stock (City). Die Meßstelle "Verkehrsärmeres Büro- und Wohngebiet" liegt in Feldbergstraße an der Rückfront der Häuser (Peripherie der City).

Tab 9 StBA, FS D, R 5 Öffentliche Wasserversorgung und öffentliches Abwasserwesen 1969, S. 56 - 57. BPA, GD 1973, S. 156 - 157

Tab 10 StBA, FS D, R 5 Öffentliche Wasserversorgung und öffentliches Abwasserwesen 1963, S. 8, 9, 11, 17 - 19, 40; 1969, S. 6, 10, 26. Bundesministerium für Gesundheitswesen (Hrsg.), Das Gesundheitswesen, Band 3, Stuttgart und Mainz 1968: Kohlhammer, S. 77 - 96. StBA, BuW 1872 - 1972, S. 91.

A 1957: ohne Saarland und Berlin - West

Tab 11 Bundesminsterium für Gesundheitswesen (Hrsg.), Das Gesundheitswesen, Band 3, Stuttgart und Mainz 1968: Kohlhammer, S. 77 - 96. StBA, FS D, R 5 Öffentliche Wasserversorgung und öffentliches Abwasserwesen 1963, S. 6 - 9, 18 - 19, 24 - 25,

32 - 33, 40; 1969, S. 6, 10, 26, 30 - 31, 34 - 35, 50 - 51, 56 - 57.StBA, BuW 1872 - 1972, S. 91.

A Der Umfang der ungeklärt abgeleiteten Abwassermengen wurde geschätzt. Für jeden Einwohner, der nicht an eine Kläranlage angeschlossen ist, wurde die Abwassermenge eingesetzt, die je Einwohner mit Kläranlagenanschluß aus "Haushalt und Kleingewerbe" anfällt. Unterschiedliche Schätzungen wirken sich insbesondere auf die Höhe der Abwassermenge insgesamt und die Berechnung des Gesamt-Reinigungsgrades aus, der mit der Zunahme der ungeklärten Abwässermenge natürlich sinkt.
Die Zahl der an eine Kläranlage angeschlossenen Einwohner in der BRD stimmt nicht genau überein mit der Zahl der Einwohner, deren Abwässer in der BRD geklärt werden, da es einen Abwässer - Transfer mit dem Ausland, insbesondere der DDR, gibt. Da die Wirkung per Saldo nicht sehr groß ist, wurden hier die in der BRD geklärten Abwässer einfach auf die Einwohner in der BRD bezogen.

Tab 12 Tobias, Wolfgang, Zur Verbreitung und Ökologie der wirbellosen Fauna im Untermain - Mitteilungen des Forschungsprojektes Senckenberg'sche Naturforschende Gesellschaft, Frankfurt'Main. Außerdem unveröffentlichte Daten. Untermain, Nr. 6, Frankfurt 1973: Courir Forschungsinstitut Senckenberg 4, S. 12 ff. K. Banat, U. Förstner, G. Müller, Schwermetall - Anreicherungen in den Sedimenten wichtiger Flüsse im Bereich der Bundesrepublik Deutschland - eine Bestandsaufnahme, Heidelberg 1972: Laboratorium für Sedimentforschung der Universität Heidelberg, Mimeo, S. 70 - 79

A Biochemischer Sauerstoffbedarf, Groß - Wallstadt: Durchschnitt des Jahres 1973. Der Kurvenverlauf für die einzelnen Wasserbelastungsindikatoren ist 1973 denen von 1972 sehr ähnlich, nur mit einer Niveauverschiebung nach oben. Die Proben für die Feststellung der Schwermetallgehalte wurden im Frühjahr 1972 entnommen.

Tab 13 Deutsche Gesellschaft für Ernährung e.V. (Hrsg.), Ernährungsbericht 1972, hrsg. im Auftrag des BMJF und des BMELF, Frankfurt 1973: Franz Josef Henrich, S. 135 ff.

NACHTRAG

Tab 3 BRD: BMI (Hg), Umweltgesetze (I) - Textsammlung der in Kraft getretenen Gesetze, Bonn 1974: BMI Referat Öffentlichkeitsarbeit

A Stand 1971

PRODUKTION UND PRODUKTIVITÄT

Die ökonomische Grundfrage "was, wieviel und wie ?" eine Volkswirtschaft produziert bzw. produzieren kann oder produzieren sollte, scheint sich für nachindustrielle Gesellschaften als Überlebensfrage zu stellen. Die negativen Begleiterscheinungen der säkularen Steigerung der Produktion im Verlauf der Industrialisierung (z.B. Umweltschäden, Rohstoffausbeutung) rückten in den letzten Jahren stärker in das Blickfeld von Wissenschaft, Politik und Öffentlichkeit. Hohe wirtschaftliche Wachstumsraten sind nicht länger als unproblematische Erfolgssymbole für Wirtschafts- und Gesellschaftssysteme zu verwenden: vielmehr werden an den Grenzen des Wachstums qualitative Kriterien zur Bewertung von 'outputs' (die Art der erzeugten Güter und Dienste) wie 'inputs' der Produktion (der Einsatz von Arbeit, Kapital, Energie und Rohstoffen) wichtiger.

Will man die obengestellte Frage kurz und auf wenige Aspekte beschränkt beantworten, kann man von den Begriffen Produktion (-sergebnis) und Produktivität ausgehen, die die volkswirtschaftliche Leistungsfähigkeit in doppelter Hinsicht kennzeichnen: die Menge der in einem bestimmten Zeitraum und Gebiet produzierten Güter und Dienstleistungen läßt Rückschlüsse auf das Versorgungsniveau der Bevölkerung zu; das Produktionsergebnis im Verhältnis zu den eingesetzten Produktionsfaktoren (Produktivität) zeigt an, welcher Faktoraufwand notwendig ist, um ein bestimmtes Angebot zu erzeugen, also, auf welchem technologischen Niveau produziert wird.

Zur Kennzeichnung der Menge der produzierten "Güter und Dienste" und, wie vielfach angenommen, des "Wohlstands" wird meist der Wert des Sozialprodukts herangezogen. Die Kritik am Indikator Sozialprodukt hat inzwischen seine Mängel aufgezeigt: die Beschränkung auf am Markt gehandelte Güter, die unzureichende Messung öffentlicher Güter, die Vernachlässigung sozialer Kosten und die Nicht-Berücksichtigung von Freizeit.

Allerdings kann auch auf einen unzureichenden Sozialproduktindikator solange nicht verzichtet werden, wie die Bemühungen um Verbesserungen oder Ersatzindikatoren nicht praktikable Ergebnisse zeitigen.

Die Kennzeichnung des technologischen Niveaus der Produktion kann durch die ökonomischen Kennziffern Arbeitsproduktivität (Produktionsergebnis zu Arbeitseinsatz), Kapitalkoeffizient (Kapitaleinsatz zu Produktionsergebnis) und Kapitalintensität (Kapitaleinsatz je Beschäftigten) erfolgen. Das Produkt aus Arbeitsproduktivität und Arbeitseinsatz ergibt, ebenso wie das Produkt aus Kapitaleinsatz und Kapitalproduktivität (Kehrwert des Kapitalkoeffizienten), das Bruttoinlandsprodukt, das im Inland erstellte Sozialprodukt. Die Beschreibung der ökonomischen Entwicklung mit Hilfe der genannten Kennziffern kann dazu herangezogen werden, vergangene Wachstumstrends zu erklären und zukünftige Wachstumschancen zu prognostizieren.

Die ökonomischen Kennziffern unterscheiden sich für die einzelnen Wirtschaftssektoren, -zweige und -branchen. Besondere Beachtung erhalten sie bei den Wirtschaftssektoren, weil sie zusammen mit der wirtschaftlichen Nachfrage deren Entwicklung bestimmen. So weisen die Beiträge der Wirtschaftssektoren zum Sozialprodukt typische Entwicklungstendenzen auf, die durch Clark und Fourastie bekannt wurden. Auf der Grundlage der sektoriellen Wirtschaftsstruktur versuchten sie den entwicklungsgeschichtlichen Standort von Wirtschaft und Gesellschaft zu bestimmen. Allerdings stützt gerade das Beispiel der Bundesrepublik Einwände gegen die universelle Gültigkeit der "Sektorentheorie", insbesondere weil ein unverhältnismäßig expandierender industrieller Sektor zu beobachten ist.

1 DIE ENTWICKLUNG DES SOZIALPRODUKTS IM BUNDESGEBIET SEIT 1925

Jahr	BSP nominal Mrd. RM	BSP real Mrd. RM	BSP je Einw. RM
1925	41,6	35,3	989
1930	48,8	41,0	1 113
1935	43,2	44,1	1 163
1939	64,6	63,3	1 610
	Mrd. DM	Mrd. DM	DM
1950	98,1	143,6	3 061
1955	181,4	224,9	4 571
1960	284,7	309,4	5 924
1965	460,4	419,5	7 156
1970	685,6	527,4	8 729
1972	828,8	559,9	9 079

4 BEITRÄGE DER WIRTSCHAFTSBEREICHE ZUM BRUTTOINLANDSPRODUKT

	1950 %	1955 %	1960 %	1965 %	1970 %
Primärer Sektor					
Land- und Forstwirtschaft	9,1	6,8	5,5	4,2	3,9
Sekundärer Sektor	44,5	51,4	53,5	56,0	57,6
Energiewirtschaft und Bergbau	6,0	5,2	4,8	4,3	4,2
Verarbeitendes Gewerbe	31,4	37,9	41,2	43,9	46,0
Baugewerbe	7,1	8,3	7,5	7,8	7,4
Tertiärer Sektor	46,6	41,8	40,9	39,7	38,7
Handel und Verkehr	20,7	19,4	19,8	19,2	18,8
Dienstleistungen	12,3	11,9	11,9	11,8	11,7
Staat	10,5	8,2	7,4	7,3	7,0
Private Haushalte	3,1	2,3	1,8	1,4	1,2
BIP in Preisen von 1962 (in Mrd. DM)	143,5	225,6	328,6	421,0	530,6

2 BRUTTOSOZIALPRODUKT UND BEITRÄGE DER WIRTSCHAFTSSEKTOREN ZUM BRUTTOINLANDSPRODUKT IM INTERNATIONALEN VERGLEICH

	BRD 1970	GBR 1970	FRA 1970	ITA 1970	NIE 1970	BEL 1970	LUX 1970	DÄN 1970	ÖST 1970	SWI 1970	SWE 1970	USA 1970	JAP 1970	IND 1966
BSP (Mrd. DM)	682,8	498,9	581,9	314,5	127,8	95,6		60,6	57,2	70,0	97,9	2497,6	474,4	
BSP je Einwohner (DM)														
Verbrauchsschema deutsch	11 140	8 970	11 347	5 730	9 689	9 824		12 111	7 672	11 182	12 070	12 070	4 588	
Verbrauchsschema ausländ.	11 140	10 140	12 626	7 010	10 718	11 224		12 499	8 590	12 010	12 755	16 853	6 985	
Beiträge zum BIP														
Primärer Sektor	3,8	3,2	6,0	10,3	6,2	4,5	5,3	7,4	6,8		4,9	3,1	7,8	49,4
Sekundärer Sektor	52,9	45,4	48,4	40,5	42,0	42,6	52,0	38,1	48,5		40,0	34,8	38,0	20,1
Tertiärer Sektor	44,4	53,9	45,5	49,2	51,8	53,0	42,7	54,5	44,6		54,3	62,5	54,2	30,5
Berichtigung	- 1,1	- 2,5	+ 0,1	-	-	- 0,1	-	-	+ 0,1		+ 0,8	- 0,4	-	-

3 BRUTTOINLANDSPRODUKT, PRODUKTIONSFAKTOREN UND WIRTSCHAFTLICHE KENNZIFFERN FÜR DIE BRD SEIT 1950

Jahr	BIP in Preisen von 1962 Mrd. DM	Erwerbs-tätige 1 000	Arbeits-volumen Mio.Std.	Bruttoanla-gevermögen Mrd. DM	Arbeitpro-duktivität DM	Kapitalko-effizient	Kapitalin-tensität 1 000 DM
1950	143,5	19 975	47 403	622	7 183	4,3	31,1
1951	158,6	20 495	48 363	642	7 737	4,1	31,3
1952	172,6	20 876	48 999	665	8 267	3,9	31,8
1953	186,9	21 387	50 046	691	8 737	3,7	31,8
1954	201,3	21 956	51 171	723	9 168	3,6	32,3
1955	225,6	22 790	52 706	762	9 898	3,4	33,4
1956	241,8	23 387	53 552	808	10 338	3,3	34,6
1957	255,4	23 881	52 805	857	10 694	3,4	35,9
1958	264,4	23 965	52 233	906	11 034	3,4	37,8
1959	283,9	24 184	51 926	959	11 740	3,4	39,7
1960	309,4	24 609	52 539	1 019	12 571	3,3	41,4
1960	328,6	26 518	55 657	1 081	12 391	3,3	41,4
1961	347,1	26 772	55 805	1 152	12 964	3,3	43,5
1962	360,9	26 845	55 579	1 228	13 444	3,4	46,3
1963	378,3	26 930	55 188	1 306	13 861	3,5	49,1
1964	398,5	26 922	55 385	1 391	14 802	3,5	52,2
1965	421,0	27 034	55 191	1 481	15 574	3,5	55,3
1966	433,0	26 962	54 540	1 573	16 060	3,6	58,9
1967	432,1	26 409	52 477	1 659	16 361	3,8	64,2
1968	462,9	26 291	52 909	1 741	17 606	3,8	67,4
1969	500,9	26 535		1 832	18 878	3,7	69,8
1970	530,6	26 817		1 935	19 786	3,6	72,8
1971	544,3	26 835		2 046	20 285	3,8	77,0
1972	560,4	26 709		2 160	20 982	3,9	81,8

5 ARBEITSPRODUKTIVITÄT, KAPITALINTENSITÄT UND KAPITALKOEFFIZIENT NACH WIRTSCHAFTSSEKTOREN

Arbeitsproduktivität	Gesamte Wirtschaft DM/Std.	Primärer Sektor	Sekundärer Sektor	Tertiärer Sektor
		(Gesamte Wirtschaft = 100)		
1950	2,40	42	117	129
1955	3,30	46	115	109
1960	5,90	46	112	103
1965	7,60	43	118	95
1970	9,80	50	121	85
Kapitalintensität	DM/Std.	(Gesamte Wirtschaft = 100)		
1950	9,70	34	43	221
1955	10,50	45	47	199
1960	13,70	58	53	170
1965	19,30	69	61	152
1970	27,50	87	67	137
Kapitalkoeffizient	DM/DM	(Gesamte Wirtschaft = 100)		
1950	4,00	88	38	175
1955	3,20	100	41	181
1960	2,30	130	48	165
1965	2,50	164	52	164
1970	2,80	175	54	161

6 ERKLÄRUNGSKOMPONENTEN DES WACHSTUMS DER PRODUKTION NACH WIRTSCHAFTSSEKTOREN

Sektoren	Bruttoinlandsprodukt	Arbeitsvolumen	Arbeitsproduktivität	Bruttoinlandsprodukt	Arbeitsvolumen	Arbeitsproduktivität
	1950 - 1960			1960 - 1970		
	durchschnittliche jährliche Veränderungsraten (in %)					
Primärer Sektor	3,1	-5,9	9,5	1,3	-4,7	6,3
Sekundärer Sektor	9,6	2,6	6,7	5,6	-0,5	6,1
Tertiärer Sektor	6,7	2,8	3,7	4,2	1,0	3,2
Gesamte Wirtschaft	7,8	1,1	6,7	4,9	-0,3	5,2

7 PRODUKTION AUSGEWÄHLTER ERZEUGNISSE SEIT 1950

	1950	1955	1960	1961	1962	1963	1964	1965	1966	1967	1968	1969	1970	1971	1972
Elektrizität (Mrd. kWh)	44,5	76,5	116,4	124,6	135,4	150,4	164,8	172,3	177,9	184,7	203,3	226,1	242,8	259,6	274,8
Steinkohle (Förderung) (Mio. t)	110,8	130,7	142,3	142,7	141,1	142,1	142,2	135,1	126,0	112,0	112,0	111,6	111,3	110,8	102,5
Roheisen und Rohstahl (Mio. t)	21,3	37,2	59,2	58,2	56,1	53,9	63,9	63,2	95,5	100,3	112,0	123,7	123,0	110,0	118,9
Benzine (1 000 t)	973		5 574	6 746	7 478	8 390	9 247	10 023	11 372	11 774	12 774	13 148	14 103	14 493	14 811
Kunststoffe (1 000 t)	110	429	982	1 071	1 248	1 434	1 754	1 972	2 318	2 654	3 286	3 971	4 360	4 824	5 514
Fahrräder, zweirädrig (1 000 St)	1 319	1 054	1 129	1 083	1 042	985	1 016	1 080	1 029	1 131	1 461	1 614	1 791	2 230	2 636
Krafträder (1 000 St)	249	1 096	588	381	213	213	237	239	214	169	179	143	170	207	233
Personenkraftwagen und Kleinomnibusse (1 000 St)	216	705	1 674	1 752	1 945	2 186	2 370	2 440	2 515	2 043	2 535	3 061	3 132	3 290	3 166
Rundfunkempfangsgeräte (1 000 St)	2 008	2 831	3 704	3 974	3 591	3 509	3 611	3 843	4 135	3 544	4 368	5 699	6 729	5 422	5 496
Fernsehempfangsgeräte (1 000 St)	-	316	2 164	1 728	1 694	1 920	2 304	2 776	2 276	1 917	2 587	2 894	2 927	2 537	3 072
Schreibmaschinen (ohne Rechenwerk) (1 000 St)	210	575	962	1 019	1 016	1 024	1 195	1 379	1 410	1 338	1 427	1 450	1 482	1 406	1 226
Herrenhosen (1 000 St)	5 572	13 826	18 341	18 475	19 672	19 413	20 669	22 852	23 025	20 395	23 684	28 261	30 181	35 790	38 517
Damenröcke und -hosen (1 000 St)	656	3 495	8 153	10 067	12 396	13 099	20 278	22 307	22 798	21 018	23 863	27 280	30 782	32 908	34 970
Bier (Mio. hl)	17,1	30,9	47,3	51,5	55,2	59,2	66,5	67,4	70,2	71,3	73,2	78,8	81,6	84,5	85,9
Zigaretten (Mrd. St)	23,6	44,9	52,2	55,8	58,5	61,2	94,3	102,1	108,5	107,1	116,7	123,1	129,7	136,0	135,9
Geschirrspül-, Feinwaschmittel (1 000 t)	2		49	58	65	77	81	87	127	153	183	217	237	282	280

DEFINITIONEN:

Abgrenzung der Sektoren:
Primärer Sektor: Land- und Forstwirtschaft, Fischerei
Sekundärer Sektor: Energiewirtschaft, Bergbau, verarbeitende Industrie, produzierendes Handwerk, Baugewerbe
Tertiärer Sektor: Handel, Verkehr, Kreditinstitute und Versicherungsunternehmen, Wohnungsvermietung, sonstige Dienstleistungen, Staat, private Haushalte und private Organisationen ohne Erwerbscharakter

QUELLENANGABEN UND ANMERKUNGEN:

1) Bevölkerung und Wirtschaft 1872 - 1972: S. 260 - 261
StBA, Lange Reihen zur Wirtschaftsentwicklung 1973: S. 150, 151

BSP real BSP (real) je Einwohner: 1925 - 1939 in Preisen von 1936
1950 - 1971 in Preisen von 1962
Bundesgebiet: 1925 - 1960 ohne Saarland und Berlin

2) StBA, JB 1972: S. 24* ff., 110* ff., 127* ff.;
BRD, GBR, FRA, ITA, NIE, BEL: StBA, JB 1972: S. 131* (BIP-Fk)
LUX: Länderkurzbericht 1971: S. 25 (BIP-Fk)
DÄN: StBA, JB 1973: S. 125* (BIP-Mp)
ÖST: Länderkurzbericht 1972: S. 30, 31 (BSP-Mp)
SWE: Länderkurzbericht 1972: S. 33, 34 (BIP-Mp für 1967)
JAP: StBA, JB 1973: S. 127* (BIP-Mp)
USA: Länderkurzbericht 1971: S. 37 (BIP-Mp)
IND: Länderkurzbericht 1970: S. 32 (NIP-Fk)

Die Umrechnung der Sozialprodukte je Einwohner aus der nationalen Währung in DM erfolgt über Kaufkraftparitäten. Es ergeben sich jeweils zwei Werte, weil die Kaufkraft der jeweiligen Währung nach dem in Deutschland üblichen Verbrauchsschema des Warenkorbes und nach dem länderspezifischen Verbrauchsschema ermittelt werden kann. Den Verbrauchsschemata liegt die Struktur der Lebenshaltungsausgaben von Arbeitnehmerfamilien einer mittleren Einkommensschicht zugrunde. Der Umrechnung des BSP (Mrd. DM) liegt das deutsche Verbrauchsschema zugrunde.
Bruttosozialprodukt zu Marktpreisen (BSP-Mp)
- Saldo der Erwerbs- und Vermögenseinkommen zwischen In- und Ausländern
= Bruttoinlandsprodukt zu Marktpreisen (BIP-Mp)
  - indirekte Steuern + Subventionen
= Bruttoinlandsprudukt zu Faktorkosten (BIP-Fk)
  - Abschreibungen
= Nettoinlandsprodukt zu Faktorkosten (NIP-Fk)

3) StBA, Lange Reihen zur Wirtschaftsentwicklung 1973: S. 28, 29, 150, 151, 154, 155
WiSta 1971: S. 604
Uhlmann, L.; Huber, G.; 1971: S. 144

Arbeitsproduktivität: BIP in Preisen von 1962 je Erwerbstätigen
Arbeitsvolumen: Zahl der von allen Erwerbstätigen jährlich geleisteten Arbeitsstunden
Kapitalintensität: Bruttoanlagevermögen in Preisen von 1962 je Erwerbstätigen
Kapitalkoeffizient: Reales Bruttoanlagevermögen zu realem BIP jeweils in Preisen von 1962
Bruttoanlagevermögen: Jahresdurchschnitt in Preisen von 1962
Erwerbstätige: Jahresdurchschnitt
Bundesgebiet: 1950 - 1960 ohne Berlin

4) StBA, Lange Reihen zur Wirtschaftsentwicklung 1973: S. 154, 155

Bundesgebiet: 1950 - 1955 ohne Saarland und Berlin-West

5) SOFI, 1973: Tabellen 18, 28, 32;

Arbeitsproduktivität: BIP zu konstanten Preisen je geleistete Arbeitsstunde
Kapitalintensität: Bruttoanlagevermögen zu Preisen von 1954 je geleistete Arbeitsstunde
Kapitalkoeffizient: Verhältnis des Bruttoanlagevermögens zu Preisen von 1954 zum BIP zu konstanten Preisen
BIP zu konstanten Preisen: bis 1955 in Preisen von 1954; ab 1960 in Preisen von 1962
1970: Schätzungen

6) SOFI, 1973: Tabelle 22 (teilweise Schätzungen)

1950 - 1960 ohne Saarland und Berlin-West

7) StBA, JB 1952: S. 2o4 ff.
StBA, JB 1956: S. 206 ff.
StBA, JB 1963: S. 239 ff.
StBA, JB 1966: S. 250 ff.
StBA, JB 1969: S. 220 ff.
StBA, JB 1972: S. 221 ff.
StBA, JB 1973: S. 244 ff.
Bevölkerung und Wirtschaft 1872 - 1972: S. 183

INDUSTRIELLER SEKTOR

Wenn die gegenwärtige Gesellschaft als "Industriegesellschaft" bezeichnet wird, dann wird damit zum Ausdruck gebracht, daß der ökonomische und technologische Wandel im Verlauf der Industrialisierung gesellschaftliche Veränderungen im sozialstrukturellen, politischen und kulturellen Bereich nach sich zog. Auch wenn im Rahmen konkurrierender Deutungsmuster von "spätkapitalis tischer" oder "postindustrieller" Gesellschaft gesprochen wird, erfolgt lediglich eine Relativierung des strukturellen Einflusses des "Industriesystems".
Bei der Kennzeichnung von Industrialisierungsprozessen lassen sich zwei Aspekte unterscheiden: die externe Expansion und der interne Strukturwandel.
Die Expansion des industriellen Sektors vollzog sich im Rahmen einer Zurückdrängung des Primärsektors (Agrarwirtschaft, Fischerei) und in Konkurrenz zum tertiären Sektor (Handel und Dienstleistungen). Die Entwicklung des industriellen Sektors läßt sich durch drei Maßzahlen charakterisieren: den Index der industriellen Produktion, der die Veränderungen des industriellen Produktionsvolumens mißt, den Sozialproduktanteil, der den Beitrag der Industrie zum gesamtwirtschaftlichen Produktionsergebnis zeigt und den Erwerbspersonenanteil der angibt, welcher Anteil der Erwerbspersonen im sekundären Sektor beschäftigt wird.

Ökonomisch gesehen ist industrielle Entwicklung ein Prozeß, in welchem sich ein ständiger Auf- und Abstieg von Industriezweigen und Branchen vollzieht. Die einzelnen Industrien durchlaufen Lebenskurven, deren Gestalt von Nachfrageverschiebungen und Produktivitätsfortschritten bestimmt wird. Der bisher in keinem Fall rückläufige Wachstumstrend der Industrie ist das Ergebnis einer ständigen Folge wachsender und schrumpfender Branchen. Die Indices der industriellen Nettoproduktion zeigen, welche Industriegruppen im historischen wie im internationalen Vergleich Wachstumsfortschritte bzw. -rückschritte verzeichnen, in welcher Richtung die Industrien das gesamtindustrielle und gesamtwirtschaftliche Wachstum beeinflussen. Die Branchenentwicklung ist insofern zu einer politischen Frage geworden, als in der Auseinandersetzung um den "Besitzstand" der Wirtschaftszweige staatliche Interventionen über Subventionen und Steuervergünstigungen ausschlaggebenden Einfluß nehmen.

Zur Kennzeichnung der spezifischen Produktionsbedingungen in den Industriezweigen können die ökonomischen Kennziffern der Arbeitsproduktivität und Kapitalintensität herangezogen werden. Dabei sind vor allem die Relationen zwischen den Industriegruppen relevant und die Verschiebungen in der Rangordnung im Hinblick auf Arbeitsproduktivität und kapitalintensive Produktion. Beide Größen sind (unter anderem) abhängig von der Investitionstätigkeit, für die branchenspezifische Angaben vorliegen.

Eine der zentralen Fragen der industriellen Entwicklung bezieht sich auf den Trend der Produktivitätsfortschritte. Dabei sind die unterschiedlichen Maße zu beachten, deren besondere Entwicklung auf spezifische Faktoren zurückzuführen ist. Daß die Produktivität mit der Bezugsgröße Arbeiter weniger steigt als jene mit der Bezugsgröße Beschäftigte, hängt damit zusammen, daß verstärkt verwaltende und planende Tätigkeiten entstehen. Daß die Produktivität mit der Bezugsgröße Arbeiter weniger wächst als mit der Bezugsgröße Arbeiterstunde, ist auf Arbeitszeitverkürzungen in Form von kürzeren Wochenarbeitszeiten und längeren Urlaubszeiten zurückzuführen.

Die Gliederung der Industrie nach Industriegruppen orientiert sich am Verwendungszweck der Produkte. Die fünf Industriegruppen Nahrungs- und Genußmittelindustrie, Verbrauchsgüterindustrie, Investitionsgüterindustrie, Grundstoff- und Produktionsgüterindustrie und Bergbau weisen Verschiebungen in ihren Anteilen am Nettoproduktionsvolumen auf. Aus dem zunehmenden Übergewicht der Herstellung von Produktions- und Investitionsgütern gegenüber der Her-

stellung von Nahrungsmitteln und Verbrauchsgütern läßt sich folgern, daß die Industrie überwiegend und verstärkt für den eigenen Bedarf produziert.
Im Hinblick auf Innen-wie Außenaspekt entstanden mit der Industrialisierung regionale Disparitäten. Mindestens zwei Kennziffern sind notwendig, um das Industrialisierungsniveau einer Region zu kennzeichnen: die "Industriedichte" mißt die Zahl der Industriebeschäftigten je qkm, der "Industriebesatz" relativiert die in der Industrie Beschäftigten an der Wohnbevölkerung. Je kapitalintensiver allerdings die Produktion erfolgt, desto weniger Aussagekraft behalten die an den Industriebeschäftigten orientierten Ziffern. Dennoch lassen sich auf der Ebene von Regierungs- und Verwaltungsbezirken Trends und Unterschiede im Industrialisierungsniveau noch adäquat ermitteln. Die Milderung der Konsequenzen der industriellen Disparitäten stellt die Herausforderung für nationale wie übernationale Struktur- und Entwicklungspolitiken dar.

1 INDEX DER INDUSTRIELLEN PRODUKTION DEUTSCHLANDS UND SOZIALPRODUKTSANTEIL UND ERWERBSPERSONENANTEIL DES SEKUNDÄREN SEKTORS SEIT 1860

	1860	1865	1870	1875	1880	1885	1890	1895	1900	1905	1910	1915	1920	1925	1929	1932	1939	1946	1950	1955	1960	1965	1970
Index	14	16	18	22	25	32	40	48	65	79	89	100	38	83	103	60	126	41	121	216	303	397	528
(Sozialprodukt-anteil in %	24	27	32	33	33	34	37	39	40	42	45			48		42			44	51	54	56	57
(Erwerbsperso-nenanteil in %		28			30	32	34	36	37	38	38			40			41		45	47	48	48	49

2 INDICES DER INDUSTRIELLEN PRODUKTION IM INTERNATIONALEN VERGLEICH 1972 (1962 = 100)

	BRD	DDR	GBR	FRA	ITA	NIE	BEL	LUX	DÄN	ÖST	SWI	SWE	USA	USR	JAP	IND
Bergbau	94		72	79	122	359	61			129		149	128		89	(133)
Eisenschaffende Industrie	140		105	140	213	266	186			142		164	135		349	(127)
Chemische Industrie	263		182	248	211		230			256	213	238	209		333	(208)
Maschinenbau	131		125	171	128		179			216		178	158		336	(249)
Elektrotechnische Industrie	204		185	260	96		168			253		179	153		456	(306)
Textilindustrie	142		134	144	101	124	125			169	119	116	141		197	(100)
Nahrungs- und Genußmittelindustrie	148		131	148	146	156	153			158	153	138	136		210	(146)
Energiewirtschaft	232		184	216	189	405	217			167	149		202		266	(274)
Gesamte Industrie	167		135	179	163	214	158	133		182	155	161	158		302	(155)

3 INDICES DER INDUSTRIELLEN NETTOPRODUKTION FÜR INDUSTRIEZWEIGE MIT EINEM "GEWICHT" VON 4 % UND DARÜBER

	Gewichtung	1950	1955	1956	1957	1958	1959	1960	1961	1962	1963	1964	1965	1966	1967	1968	1969	1970	1971	1972
Starkes Wachstum:																				
Chemische Industrie	8,13	30	53	58	64	67	76	86	91	100	110	121	136	149	162	189	217	230	247	263
Öffentl. Er rgiewirtsch.	4,18	36	62	68	73	74	80	88	93	100	109	120	126	132	138	154	176	194	206	232
Überdurchschnittliches Wachstum:																				
Elektrotechn. Industrie	7,87	20	50	56	60	68	74	88	98	100	102	112	125	123	120	141	167	190	189	205
Straßenfahrzeugbau	5,77	18	48	52	53	62	72	88	92	100	112	119	125	128	109	135	164	182	183	183
Durchschnittswachstum der gesamten Industrie:	100	37	64	70	73	75	81	90	96	100	103	113	119	121	118	131	148	157	161	167
Unterdurchschnittliches Wachstum:																				
Ernährungsindustrie	7,78	40	64	70	78	80	85	90	94	100	105	112	116	118	122	127	133	138	146	148
Bauindustrie	4,46	33	62	67	66	71	82	86	94	100	103	120	120	125	115	122	127	139	142	153
Textilindustrie	4,63	46	71	77	82	78	85	94	97	100	101	105	110	110	102	118	130	131	138	143
Maschinenbau	10,43	33	67	73	75	75	78	90	98	100	97	104	111	110	102	108	126	136	136	131
Eisenschaffende Industrie	4,54	43	77	85	88	81	89	104	103	100	95	113	113	109	113	129	145	145	131	140
Negatives Wachstum:																				
Kohlenbergbau	4,96	81	100	104	104	103	98	99	100	100	101	103	97	91	82	83	84	84	85	74

4 KAPITALINTENSITÄT, ARBEITSPRODUKTIVITÄT UND INVESTITIONSSUMME DER LETZTEN DEKADE FÜR DIE GRÖßTEN INDUSTRIEBRANCHEN DER BRD

	Kapitalintensität Gesamte Ind.=100			Arbeitsproduktivität Gesamte Ind.=100			Investition 1961-70
	1950	1960	1970	1950	1960	1970	Mio. DM
Chemische Industrie	202	228	199	153	144	187	31 691
Elektrotechn. Ind.	69	57	55	87	80	81	15 687
Straßenfahrzeugbau	84	113	114	92	123	104	20 528
Textilindustrie	71	75	87	99	68	72	9 461
Maschinenbau	63	69	64	83	94	71	19 057
Eisenschaffende Ind.	293	171	184	108	129	118	15 874
Kohlenbergbau	125	164	171	65	87	90	9 043
Gesamte Industrie (DM)	12772	23547	40446	9500	18702	30354	217 847

5 INDICES DER INDUSTRIELLEN ARBEITSPRODUKTIVITÄT (1962 = 100)

Produktionsergebnis je	1950	1955	1960	1965	1970
Beschäftigten	59,8	77,0	93,3	116,3	151,9
Beschäftigtenstunde	51,6	66,8	90,0	119,6	157,7
Arbeiter	56,3	73,3	91,5	118,7	160,3
Arbeiterstunde	48,6	63,7	88,4	122,1	166,2

6 NETTOPRODUKTIONSVOLUMEN DER INDUSTRIE NACH INDUSTRIEGRUPPEN

	1950 %	1955 %	1960 %	1965 %	1970 %
Bergbau	11,7	8,7	7,0	5,5	4,0
Grundstoff- u. Produktionsgüterind.	28,7	28,5	27,4	28,7	31,1
Investitionsgüterindustrie	26,5	33,0	35,8	36,1	36,9
Verbrauchsgüterindustrie	19,9	18,5	18,1	18,0	17,3
Nahrungs- und Genußmittelindustrie	13,2	12,4	11,7	11,7	10,6
Gesamte Industrie (in Mio. DM)	52 508	92 258	151 128	197 417	260 287

7 INDUSTRIEDICHTE UND INDUSTRIEBESATZ NACH VERWALTUNGSEINHEITEN

Land, Regierungsbezirk, Verwaltungsbezirk	Fläche in % der BRD	Industriedichte 1950	1960	1970	Industriebesatz 1970
Schleswig - Holstein	6,3	6,5	10,8	12,4	77,7
Hamburg	0,3	183,7	313,4	279,9	117,5
Niedersachsen	19,1	8,6	15,1	17,1	114,2
RB Hannover	2,6	16,1	29,8	33,0	141,0
Hildesheim	2,1	15,1	23,9	23,9	129,5
Lüneburg	4,4	4,0	8,0	11,1	114,8
Stade	2,7	2,0	3,4	4,3	46,8
Osnabrück	2,5	8,3	12,9	14,5	115,5
Aurich	1,3	2,6	4,7	8,7	67,6
VB Braunschweig	1,3	23,7	39,1	39,6	143,7
Oldenburg	2,2	5,8	12,3	13,7	88,0
Bremen	0,2	139,9	266,5	253,7	141,7
Nordrhein - Westfalen	13,7	57,4	83,6	79,8	160,7
RB Düsseldorf	2,2	130,4	196,2	183,7	179,8
Köln	1,6	47,0	77,3	81,4	135,2
Aachen	1,3	32,2	47,2	45,8	139,7
Münster	2,9	38,8	48,7	44,1	132,4
Detmold	2,6	25,1	38,9	42,2	157,6
Arnsberg	3,1	66,0	91,9	83,5	173,9
Hessen	8,5	17,1	31,2	36,1	141,6
RB Darmstadt	4,8			50,6	149,6
Kassel	3,7	8,2	14,6	17,3	117,8
Rheinland - Pfalz	8,0	10,5	18,1	20,8	113,1
RB Koblenz	3,3			16,3	97,3
Trier	2,0	1,8	3,5	5,4	55,5
Rheinhessen - Pfalz	2,8			37,2	140,4
Baden - Württemberg	14,4	21,9	39,5	45,4	182,7
RB Nordwürttemberg	4,3	32,6	60,2	68,7	207,9
Nordbaden	2,1	31,8	59,1	65,4	175,5
Südbaden	4,0	13,3	22,8	27,9	148,6
Südwürtt. - Hohenz.	4,1	14,0	24,4	28,3	176,0
Bayern	28,4	8,7	16,9	19,9	133,7
RB Oberbayern	6,6	8,5	18,9	24,0	120,8
Niederbayern	4,3	3,1	6,7	8,8	93,1
Oberpfalz	3,9	5,1	9,3	11,3	114,4
Oberfranken	3,0	15,9	24,7	25,0	167,7
Mittelfranken	3,1	15,3	30,6	33,1	169,9
Unterfranken	3,4	7,2	15,1	18,8	134,8
Schwaben	4,1	9,8	17,0	20,3	139,5
Saarland	1,0			67,2	154,2
Berlin (West)	0,2			552,3	124,9
Bundesgebiet Insges.	100,1	18,8	31,3	34,9	143,0

Anmerkungen und Quellenangaben:

1) StBA, Bevölkerung und Wirtschaft 1872 - 1972: S. 176, 142;
Gleitze, 1960: S. 235
Hoffmann, 1965: S. 35, 33;
Sachverständigenrat, Gutachten 1972: S. 207

Index: kennzeichnet reale Entwicklung; durch Verkettung mehrerer Indexreihen gewonnen; (vergl. Bevölkerung und Wirtschaft 1872 - 1972: S. 174)
Sozialproduktsanteil: 1860 - 1932 Beitrag von Industrie und Handwerk (einschließlich Energiewirtschaft und Bauwirtschaft) und Bergbau und Salinen zum Nettoinlandsprodukt in Preisen von 1913 (Mehrjahresdurchschnitte). 1950 - 1970 Beitrag des produzierenden Gewerbe (Energiewirtschaft und Bergbau, Verarbeitendes Gewerbe und Baugewerbe) zum Bruttoinlandsprodukt in Preisen von 1962.
Erwerbspersonenanteil: Anteil der Beschäftigten (Tätige Inhaber und abhängig beschäftigte Betriebsangehörige) des sekundären Sektors an allen Beschäftigten bis 1939; Anteil der Erwerbspersonen des sekundären Sektors an allen Erwerbspersonen ab 1939; Abgrenzung des sekundären Sektors wie oben

2) StBA, Jb 1973: S. 57*, 58*

Die Indices beruhen auf Mengenreihen, die mit den Nettoproduktionswerten (Nettoproduktionswert = Bruttoproduktionswert abzüglich Vorleistungen) von Basisjahren gewichtet wurden.
IND: Werte für 1971

3) StBA, Jb 1973: S. 234 ff
StBA, Jb 1969: S. 245 ff

Die Indices der industriellen Nettoproduktion werden auf repräsentativer Grundlage unter Ausschaltung von Preisveränderungen berechnet.

4) DIW, Vierteljahresheft 1/2, 1972: S. 70, 76, 77;
Mertens, D., Veränderungen der industriellen Branchenstruktur in der Bundesrepublik 1950 - 1960, 1962: S. 453, 462;

Kapitalintensität: 1950: Bruttoanlagevermögen je Beschäftigten in DM zu Preisen von 1950; 1960 - 1970: Bruttoanlagevermögen je Beschäftigten in DM zu Preisen von 1962.
Arbeitsproduktivität: 1950: Nettoproduktionswert je Beschäftigten in DM zu Preisen von 1950; 1960 - 1970: Nettoproduktionsvolumen je Beschäftigten in DM zu Preisen von 1962.
Investition 1961 - 1970: Summe des jährlichen Bruttoanlageinvestitionsvolumens in Mio. DM zu Preisen von 1962.

5) StBA, Bevölkerung und Wirtschaft 1872 - 1972: S. 180;

Produktionsergebnis der Industrie (ohne öffentliche Energiewirtschaft und Bauindustrie) auf der Grundlage der Indices der industriellen Nettoproduktion.

6) SOFI, 1973: Tabelle 4 (Ergebnisse des DIW)

1950 - 1955: zu Preisen von 1958; ohne Saarland und Berlin(West)
1960 - 1970: zu Preisen von 1962; Bundesgebiet

7) StBA, Fachserie D, Reihe 4, 1970
StBA, Jb 1972: S. 26 - 30
Kloten, N., Wandlungen der industriellen Raumstruktur in der Bundesrepublik Deutschland, in: König, H. (Hrsg.), Wandlungen der Wirtschaftsstruktur in der BRD, 1962: S. 370

Industriedichte: Zahl der in der Industrie Beschäftigten je qkm ;
Industriebesatz: Zahl der in der Industrie Beschäftigten je 1 000 der Wohnbevölkerung.
Die Berechnung der Kennziffern erfolgt auf der Grundlage der Industrieberichterstattung, die normalerweise nur Betriebe mit mehr als 10 Beschäftigten in die Erhebung einbezieht.

WOHNUNGSVERSORGUNG UND WOHNUNGSNUTZUNG

Die Nachfrage nach Wohnungen in den 50er und 60er Jahren war primär bedingt einerseits durch den notwendigen Wiederaufbau des im Kriege zerstörten Wohnraums, andererseits durch den Zustrom von Flüchtlingen. Die Erwartung der staatlichen Wohnungsbaupolitik jener Jahre, daß mit der Befriedigung dieses Nachholbedarfes eine Sättigungsgrenze erreicht würde, hat sich allerdings nicht bestätigt. Der jährliche Bedarf wird auch weiterhin auf 400 000 bis 500 000 Wohneinheiten veranschlagt. Dies hat verschiedene Ursachen. Für jährlich ca. 150 000 Wohneinheiten, die vor allem in den Ballungsgebieten zerstört oder für Nichtwohnzwecke verwendet werden, muß Ersatzwohnraum geschaffen werden. Als weitere Faktoren einer unvermittelt anhaltenden Nachfrage kommen bzw. kamen in Frage

Regionale Mobilität - erst Landflucht, heute Wanderung von den Kernstädten in die verstädterten Zonen;
- Zuzug ausländischer Arbeitnehmer.

Abnahme der durchschnittlichen Haushalts- und Familiengrösse, die mit einer Zunahme der Wohnungen nachfragenden Haushalte verbunden ist.

Veränderung des Anspruchsniveaus _ parallel mit der Steigerung des Lebensstandards ist auch die als Standard angesehene Versorgung mit Flächen und Räumen pro Kopf angestiegen;
- Daneben werden immer höhere Anforderungen an die Qualität der Wohnungsausstattung und der Funktionsfähigkeit der Wohnungen (Ausdehnung der Freizeit, Änderung der Haushaltsstruktur, Änderung der Bedürfnisse, auch im Lebensablauf) und der Wohnungsumwelt gestellt.

Besondere Probleme in der Wohnungsversorgung sind durch spezifische Bedürfnisse bestimmter Bevölkerungsgruppen gegeben; die Wohnwünsche von alten Menschen, jungen Familien, Gastarbeitern, Wohngemeinschaften etc. werden mit Sicherheit nicht ausreichend befriedigt, auch wenn über das Ausmaß der Diskrepanz zwischen Soll- und Ist - Zustand nicht viel ausgesagt werden kann. Wohnungsbauprogramme, die speziell auf solche Gruppen zugeschnitten werden, bergen die Gefahr der Gettobildung in sich.

Stadtsanierung und Ersatz für zerstörte Wohnungen haben oft den Effekt, das Angebot an billigem Wohnraum zu reduzieren und dadurch die Situation der Bevölkerungsgruppen mit niedrigem Einkommen weiter zu verschlechtern. Da Gastarbeitern das Anmieten qualitativ guten Wohnraums oft nicht möglich ist, entsteht hier ein doppelter Nachfragesog nach billigem Wohnraum: Wohnungszerstörung plus Ausdehnung der Nachfrage.

Der Bau von Trabantenwohnstädten und die Trennung der Stadtteile nach Funktionen hat einen erhöhten Infrastrukturbedarf, insbesondere im Verkehrswesen, nach sich gezogen, der sich auch in erhöhten individuellen Kosten (Pendelzeit, Pendelkosten) niedergeschlagen hat. Die Zielvorstellung der Individuen, irgendwann im Leben einmal im eigenen Häuschen zu wohnen, relativieren alle Gegenmaßnahmen und leisten der weiteren Funktionstrennung von Quartieren und insbesondere der Zersiedelung Vorschub.

Politisch kontrovers ist die Art der staatlichen Unterstützung im Wohnungswesen. Während bis in die zweite Hälfte der 60er Jahre die Wohnungsbauförderung (sozialer Wohnungsbau, günstige Darlehen) als Form der staatlichen Unterstützung schlecht verdienender Haushaltsvorstände dominierte, wurde diese Politik seitdem ergänzt durch das sog. Wohngeld, das als unmittelbar subjektbezogene Unterstützung Veränderungen in der Einkommens- und Mietausgabensituation der betroffenen Haushalte schneller angepaßt werden kann und dadurch Unzulänglichkeiten in der Verteilungswirkung kung des Sozialen Wohnungsbaus vermindert. Umstritten ist dagegen der Effekt dieser Maßnahmen auf den Umfang des Wohnungsneubaus, von dem manche Kritiker annehmen, er könne nur durch den Sozialen Wohnungsbau, also die Objektförderung, positiv beeinflußt werden. Problematisch erscheint weiterhin die Institution der Wohnbauprämie, die im Hinblick auf ihre Umverteilungswirkung vermutlich konterintuitiv ist.

Der Wohnung lassen sich im Sinne sozialer Indikatoren - orientiert an der Wohlfahrt des Einzelnen und der Befriedigung seines Grundbedürfnisses Wohnen - folgende Funktionen zuordnen:
- Entfaltungsmöglichkeit, Selbstbestimmung, Identifikation;
- Schutz, Geborgenheit;
- Soziale Kontakte, Intimität;
- Reproduktion (Schlafen, Ernähren etc.)

Daraus lassen sich folgende gesellschaftspolitische Zielbereiche ableiten:
- Ausreichende Wohnungsversorgung
  Komponenten: quantitative Versorgung, qualitative Versorgung, Wohnungskosten, Problem der Zugangsmöglichkeit
- Zweckmäßigkeit der Wohnung
  Komponenten: Größe, Grundriß, Einrichtung, Funktionen
- Flexibilität des Wohnungsangebotes
  Mikrokomponente: (Dynamisierung der Wohnungsfunktion) Anpassungsfähigkeit der einzelnen Wohnungseinheit an die Änderung der Haushalte (Umfang und Struktur) und der Bedürfnisse der Haushaltsmitglieder
  Makrokomponente: Anpassung des Marktes an neue Bedürfnisse (insbesondere gruppenspezifische - alte Menschen, junge Familien, Wohngemeinschaften, Gastarbeiter etc.)
- Qualität der Wohnungsumwelt
  Komponente natürliche Umwelt: Erholungsfunktion, Verhältnis primäre - sekundäre Umwelt, Belästigung durch Umweltverschmutzung, Lärm etc., Gesundheitsauswirkungen.
  Komponente Nachbarschaft: Soziale Beziehungen und deren Determinanten Wohnungs- und Quartiersstruktur
  Komponente Infrastruktur: ausreichende Versorgung mit Einrichtungen zum öffentlichen Gebrauch, wie Schulen, Kindergärten, Verkehrssystem, Geschäfte, sonstige Dienstleistungsbetriebe etc.

Informationen über Wohnungsbestand, Wohnungsversorgung und Ausstattungen der Wohnungen im Bundesgebiet werden von der amtlichen Statistik aufgrund der Wohnungsstichproben und der Gebäude- und Wohnungszählungen bereitgestellt. Eine stärkere Orientierung an den Bewohnern als an der Untersuchungseinheit Wohnung wäre bei der Auswertung dieser Untersuchungen wünschenswert. Über die Mietbelastung bei verschiedenen sozialen Gruppen geben auch die Einkommens- und Verbrauchsstichproben des Statistischen Bundesamtes Auskunft. Subjektive Wohnaspekte, die in den amtlichen Statistiken nur sehr am Rande behandelt werden, liegen in häufig nicht publizierten Untersuchungen von Wissenschaftlern und Markt- und Meinungsforschungsinstituten vor. Sie sind meist nicht repräsentativ und beziehen sich in aller Regel nur auf sehr begrenzte räumliche Einheiten, wie Stadtteile, oder bestimmte Neubau - Siedlungen; wegen ihrer spezifischen Rahmenbedingungen und Kontextabhängigkeit können diese Untersuchungsergebnisse nur bedingt verallgemeinert werden. Ihre Auftraggeber sind in erster Linie Wohnungsbau- und Siedlungsgesellschaften und öffentliche Verwaltungen. Das Gleiche gilt für den Zusammenhang zwischen Wohnung und Umwelt als Verhaltensdeterminanten der Bewohner.

1 WOHNUNGSVERSORGUNG IM HISTORISCHEN VERGLEICH

	Dim.	1870	1880	1890	1900	1910	1920	1930	1940	1950	1960	1970
Haushalte je Wohnung	N	x	x	x	x	x	1,11	1,12	1,11	1,65	1,20	1,06
Personen je Wohnung	N	4,7	4,7	4,6	4,6	4,5	4,5	4,1	3,8	4,7	3,4	3,0
Ø Wohnungszugang in % des Bestandes	%	•	•	•	•	•	0,76	2,00	1,63	4,10	3,55	2,22
Ø Anteil der Mieten am ausgabefähigen Familieneinkommen	%							10,9	13,4	9,8	9,5	13,4

2 WOHNUNGSVERSORGUNG IM INTERNATIONALEN VERGLEICH 1970

	Dim.	BRD	DDR	GBR	FRA	ITA	NIE	BEL	LUX	DÄN	ÖST	SWI	SWE	USA	USR	JAP	IND
Haushalte je Wohnung	N	1,06	1.07				1,06				1.02			0.99			
Einwohner je Wohnung	N	2,95	2,85	2,91	2,64	3,13	3.46	2.70	3.17	2,70	3,05			3,07			
Zimmer je Person	N	1,43	0.96	1,67	1,25	1,11	1.43			1.67				1.67			
Wohnfläche je Person	qm	23,8	20,7														
(Ø Wohnungsgröße neugebauter Wohnungen	qm	83,8	55,0							115,5	77,0		79,2		46,1		
(Anteil der Haushalte in eigener Wohnung/Haus	v.H.	34,3	23,0	51	43	53	36	66		47	45,3			62,9			
(Anteil der Wohnungen mit Badezimmer	v.H.	68		87	41		81			63							
(Anteil der nicht ständig benutzten Wohnungen	v.H.	10,9										(0,33)		(6.22)			

3 DIE VERSORGUNG MIT WOHNUNGEN IN DER BUNDESREPUBLIK

	Dim.	1950	1951	1952	1953	1954	1955	1956	1957	1958	1959	1960	1961	1962	1963	1964	1965	1966	1967	1968	1969	1970	1971
Zahl der Wohnungen (in 1 000 000)	N	10,1	10,6	11,1	11,6	12,2	12,8	13,5	14,2	14,7	15,6	16,1	16,8	17,4	17,9	18,5	19,0	19,6	19,7	19,9	20,4	20,8	21,3
Einwohner je Wohngebäude	N	8,77	8,55	8,38	8,22	8,07	7,89	7,75	7,60	7,50	7,63	7,50	7,46	7,35	7,24	7,12	7,02	6,91	6,78	6,78	6,72	6,67	6,53
Einwohner je Wohnung	N	4,67	4,45	4,30	4,14	3,99	3,86	3,69	3,55	3,47	3,52	3,44	3,34	3,28	3,22	3,15	3,10	3,05	3,03	3,03	2,99	2,96	2,88
Räume je Einwohner	N	0,82	0,85	0,87	0,90	0,93	0,96	0,96	1,00		1,07	1,10								1,39			1,44
Anteil der Wohngeldbezieher an den Privathaushalten	v.H.	.	.	.	.	.	.	.	.	.	.	.	.	.	.	0,79	1,86	2,81	3,19	3,69	3,83	4,13	
Wohnungsrohzugang (als Anteil des Vorjahresbestandes)	v.H.	.	.	.	4,84	4,86	4,58	4,55	4,04	3,52	3,86	3,55	3,38	3,23	3,08	3,26	2,94	2,94	2,68	2,52	2,37	2,22	2,50
Anteil der vollgeförderten Sozialwohnungen am Rohzugang	v.H.	.	.	.	.	.	.	.	.	.	.	.	41,2	40,9	38,9	38,6	37,4	32,6	29,4	27,9	25,9	21,3	21,6
Anteil der fertiggestellten Wohnungen ohne Bad	v.H.	.	.	.	.	.	.	.	.	.	.	.	3,4	2,8	2,3	1,9	1,7	1,4	1,2	0,6	0,7	0,6	0,5
Wohnungsvernichtung (als Anteil am Rohzugang)	v.H.	.	.	.	2,42		2,04	2,20	2,66	3,07	3,16	3,70	3,62	5,24	6,60	6,54	8,37	7,64	8,47	4,23	5,53	5,61	
Wohnungsvernichtung in Frankfurt/Main	v.H.		2,3	1,6	2,5	1,7	3,5	4,4	3,9	5,4	2,8	3,7	8,4	8,4	8,0	10,1	17,5	19,6	29,7	16,6	19,4	24,0	18,2
Rechnerisches Wohnungsdefizit	v.H.	57,1	.	.	.	.	.	.	22,9	.	.	.	9,2	9,8	6,9	5,4	4,8	3,3	3,0	3,3	2,1	-0,9	-0,3
Verteilung der fertiggestellten Wohnungen nach dem Bauherrn:																							
Behörden und Verwaltungen	v.H.	7,2	.	5,2	5,2	4,0	3,0	2,7	2,5	2,4	2,5	2,3	1,9	2,2	2,1	2,7	3,0	2,8	2,6	2,2	2,2	2,0	0,9
Gemeinnützige Wohnungsunternehmen	v.H.	34,8	.	42,8	41,5	34,6	31,3	29,3	29,5	28,9	28,2	26,6	25,8	24,3	24,8	28,7	28,0	27,2	25,5	24,2	23,7	19,8	9,3
Private Haushalte	v.H.	) 58,0	.	52,0	53,3	61,4	65,7	68,6	68,0	68,7	69,3	71,1	72,3	73,5	73,1	57,2	56,7	57,1	57,1	56,8	56,3	58,4	76,6
Sonstige Unternehmen	v.H.															11,4	12,3	12,9	14,8	16,8	17,8	19,8	13,2

4 WOHNUNGSVERSORGUNG UND WOHNVERHÄLTNISSE IN STADT- UND LANDREGIONEN 1968

	Dim.	Kernstädte	Ergänzungsgebiete	Kerngebiete	Verstädterte Zonen	Randzonen	Stadtregionen insgesamt	Gemeinden außerhalb von Stadtreg.	Bundesgebiet in 1000 N	Bundesgebiet v.H.	in Gemeinden unter 2 000 Einwoh.	in Gemeinden über 500 000 Einw.
Verteilung der Bevölkerung 1970	v.H.	40,9	7,3	48,2	5,8	2,7	56,7	43,3			18,7	17,3
Verteilung der Wohngebäude	v.H.	23,1	9,4	32,6	9,0	3,7	45,3	54,7	8 788		29,1	10,3
Verteilung der Wohnungen und Wohngelegenheiten	v.H.	37,0	9,7	46,7	7,0	2,6	56,2	43,8	19 640			
Anteil der jeweils öffentlich geförderten Wohnungen	v.H.									25,8	12,3	32,1
Verteilung der Wohnparteien in Wohnungen und Wohngelegenheiten	v.H.	37,8	9,7	47,5	6,9	2,5	56,9	43,1	20 664			
darunter Einpersonenwohnparteien	v.H.	26,1	18,9	24,6	15,7	14,5	23,1	19,7		21,6		
Personen je Wohnung	N	2,7	2,9	2,7	3,1	3,3	2,8	3,1		2,9	3,3	2,5
Räume je Person	N	1,4	1,4	1,4	1,4	1,4	1,4	1,4		1,4	1,4	1,4
Wohnfläche je Person	qm	23,9	23,3	23,8	23,7	23,3	23,7	23,8		23,8	23,2	25,1
jeweiliger Anteil der Wohnungen unter Minimalstandard	v.H.	26,8	26,7	26,7	32,4	38,7	28,1	37,9		32,4	47,5	24,8
Von den Wohnparteien waren:												
Mieter	v.H.	76,1	63,3	73,5	47,3	42,1	68,9	50,7		61,1	33,5	78,9
Eigentümer	v.H.	17,6	32,3	20,6	49,3	55,3	25,7	45,8		34,3	64,8	13,8
Untermieter	v.H.	6,3	4,4	5,9	3,4	2,6	5,4	3,5		4,6	1,7	7,2

5 WOHNUNGSVERSORGUNG UND WOHNVERHÄLTNISSE SOZIALER GRUPPEN 1968

	Verteilung der Wohnparteien insgesamt	davon: Mieter	Eigentümer	Untermieter	Anteil der Wohnparteien in öffentl. geförderten Wohnungen	Personen je Wohnung	Räume je Person	Wohnfläche je Person	Jeweiliger Anteil der Wohnungen unter Minimalstandard	Anteil der Wohnparteien mit Zweitwohnungen	Arbeitszeitaufwand zur Deckung der Mietkosten je qm	Anteil der Mietausgaben am ausgabefähigen Familieneink.
Dim.	v.H.	v.H.	v.H.	v.H.	v.H.	N	N	qm	v.H.	v.H.	min:sec	v.H.
Arbeiter	31,1	63,0	31,7	5,3	9,9						(19:36)	29,9
Angestellte/Beamte	25,0	68,5	26,8	4,7	29,9						(13:08)	29,8
Selbstständige	11,8	30,4	68,6	1,0	29,8							9,9
Rentner/Pensionäre	30,2	66,3	30,2	3,6	22,5						(39:14)	22,5
Junge Familien	6,8	71,5	17,5	2,2								
Kindereiche Familien	10,2	47,3	50,4	0,5								
Alte Haushaltsvorstände	22,7	60,6	31,7	3,8								
Ausländische Arbeitnehmer	2,0	63,4	4,5	32,0	15,2	(4,0)	(0,65)	(10,1)	(84)		(39:36)	(14,2)
1-Personen-Haushalte	21,6	65,5	16,4	18,1								
Bundes- (in 1 000)	20 664											
gebiet		61,1	34,3	4,6	25,0	2,9	1,40	23,8	32,4			

6 ANTEIL DER WOHNUNGSMIETEN AM AUSGABEFÄHIGEN EINKOMMEN AUSGEWÄHLTER PRIVATER HAUSHALTE 1971

	Dim.	2-Personen-Haushalte (Rentner und Sozialhilfeempfänger mit niedrigem Gehalt)	4-Personen-Haushalte (Arbeitnehmer mit mittlerem Einkommen)	4-Personen-Haushalte (Beamte und Angestellte mit höherem Einkommen)
Erfaßte Haushalte	N	158	354	388
Ø ausgabefähiges Einkommen	DM	622	1 427	2 630
Ø Ausgaben für Wohnungsmieten	DM	115	183	278
Ø Mietpreis je Quadratmeter	DM	2,26	2,59	3,20
Ø Wohnfläche pro Kopf	qm	25,6	17,6	21,8
(Ø Arbeitszeitaufwand zur Deckung der qm-Mietkosten	min:sec	39:14	19:36	13:08

7 HAUSHALTE NACH IHREM MIETRECHTLICHEN STATUS

	1950	1956	1960	1965	1968
Dim.	v.H.	v.H.	v.H.	v.H.	v.H.
Eigentümer	25	28	33,9	31	34,3
Mieter	40	51	50,0	60	61,1
Untermieter	35	21	16,1	9	4,6

8 HAUSHALTE NACH IHRER MONATLICHEN MIETBELASTUNG 1969 (Ergebnisse der Einkommens- und Verbrauchsstichprobe)

	Verteilung der Haushalte	∅ Monatliches Hh.nettoeinkommen	∅ Miete in % des ∅ monatlichen Nettoeinkommens: alle Einkommensklassen	bis 800	800 bis 1 200	1 200 bis 1 800	1 800 bis 2 500	2 500 bis 10 000
Dim.	%	DM	%	%	%	%	%	%
Zusammen	100	1 385	11,3	17,0	13,0	11,4	10,1	8,4
nach der sozialrechtlichen Stellung des Haushaltsvorstandes:								
Arbeiter	30,8	1 315	10,9	13,1	12,2	10,8	9,1	8,0
Angestellter	17,4	1 726	11,0	15,8	13,2	11,7	10,5	9,1
Beamter	6,0	1 864	10,6	/	12,3	11,3	10,3	9,6
Selbständiger	7,6	2 523	9,1	16,6	13,8	12,1	10,5	7,5
Landwirt	3,7	1 804	10,7	15,8	11,8	11,8	10,6	9,1
Nichterwerbstätiger	34,5	894	13,8	17,9	14,0	12,0	9,6	
nach dem Alter des Haushaltsvorstandes								
25 - 45 Jahre	34,3	1 597	11,1	(15,6)	12,8	11,7	10,7	8,7
45 - 65 Jahre	40,4	1 476	10,7	(16,8)	12,8	10,8	9,6	8,2
über 65 Jahre	24,2	950	13,1	17,5	13,5	11,9	9,9	8,1
nach dem Haushaltstyp								
alleinlebende Frauen	19,0	641	16,1	18,3	14,3	(12,0)	(10,0)	/
2-Personen-Haushalte	25,5	1 304	11,3	15,4	12,8	11,0	9,9	8,1
4-Personen-Haush. (mit 2 Kindern)	14,1	1 775	10,5	(16,3)	12,9	11,6	10,2	8,2
5 u.m.-Personen-Haushalte	11,9	2 042	10,4	(12,7)	12,6	11,8	10,6	8,8

10 HAUSHALTE NACH DER VON IHNEN ANGESTREBTEN WOHNUNGSVERÄNDERUNG UND DEREN GRÜNDE 1965

Gemeinden nach der Einwohnerzahl	Verteilung der befragten Haushalte (Ergebnis der Hochrechnung) in 1 000		davon: mit Veränderungsabsichten in 1 000		Davon strebten einen Wechsel an in: Mietwohnung	Eigentumswohnung	Eigenes Haus	Untermiete	Sonstiges	Gründe, weswegen die Veränderung in eine Mietwohnung angestrebt wurde: Insgesamt (in 1 000)	Eheschließung, eigener Haushalt, etc.	zu klein	(zu groß oder zu teuer	(ungenügend ausgestattet	(Wohnung ungünstig gelegen	Unzufrieden	Kündigung durch den Vermieter	Sonstige
Dim.	N	v.H.	N	v.H.	v.H.	v.H.	v.H.	v.H.	v.H.	N	v.H.	v.H.	v.H.	v.H.	v.H.	v.H.	v.H.	v.H.
unter 5 000	5 848	28,9	892	9,7	56,8	1,8	36,9	1,9	2,6	244	12,3	33,6	/	10,2	6,6	8,2	26,6	12,7
5 000 - 20 000	3 372	16,6								263	13,7	38,8	(3,0)	11,8	4,2	5,7	22,8	10,3
20 000 - 100 000	3 382	16,7	477	14,1	77,8	1,7	16,1	1,9	2,5	371	13,2	42,6	3,8	11,6	(2,7)	5,4	20,8	9,4
100 000 - 500 000	3 287	16,2	1 369	17,9	85,9	1,5	8,2	2,3	2,1	436	13,3	40,8	5,7	13,1	3,0	5,0	19,3	7,1
500 000 und mehr	4 370	21,6								740	18,9	36,9	6,2	2,4	4,2	4,2	16,9	4,3
Insgesamt	20 258	100	2 738	13,5	75,0	1,6	18,9	2,1	2,3	2 054	15,2	38,6	4,8	12,8	3,3	5,3	20,0	7,6

9 PREIS- UND KOSTENENTWICKLUNG IM WOHNUNGSWESEN (Einnahmen und Ausgaben für einen Vier-Personen-Arbeitnehmerhaushalt mit alleinverdienendem Haushaltsvorstand mit mittlerem Einkommen)

		Basiswert 1962	1950	1955	1960	1965	1970
Dim.		N	v.H.	v.H.	v.H.	v.H.	v.H.
Ausgabefähiges Einkommen	(Basis in DM)	824	37	59	82	120	152
Lebenshaltungskosten		x	79	87	95	109	124
Miete incl. Nebenkosten	(Basis in DM)	82	39	54	83	122	206
(Ø Anteil der Mietausgaben am ausgabefähigen Einkom.	(Basis in DM)	10,0	104	91	101	99	134
(Ø Preis für baureifes Land je qm	(Basis in DM)	14,8	.	.	95	148	207
Preisindex für Wohngebäude		x	55	69	86	115	147

11 RAUM- UND WOHNUNGSNUTZUNG EINZELNER FAMILIENMITGLIEDER ZWISCHEN 5 UHR 30 UND 24 UHR (Durchschnitt Januar bis März 1966. Keine repräsentative Stichprobe)

	Mütter	Väter	Kinder
Dim.	%	%	%
Verteilung der Räume nach der Nutzungsdauer:			
Wohnzimmer	24,6	18,5	8,0
Eßdiele, Eßzimmer	16,5	8,9	12,3
Küche	24,1	1,4	2,9
Kinderzimmer	7,7	1,1	46,2
Elternschlafzimmer	19,4	14,2	0,5
Arbeitszimmer	6,8	9,9	1,3
Dauer der Wohnungsnutzung:			(0-6 Jahre)
Aufenthalt in der Wohnung	84,5	43,1	85,5
Aufenthalt außerhalb der Wohnung	15,5	56,9	14,5

12 WOHNUNGEN UND IHRE BELEGUNG 1970 (nicht repräsentativ)

geplant für eine Belegung mit:		Verteilung der Wohnungen		Effektive Haushaltsgröße 1 P.	2 P.	3 P.	4 P.	5 P.	6 P.	7 u.m.P.
	Dim.	N	v.H.	v.H.	v.H.	v.H.	v.H.	v.H.	v.H.	v.H.
1 Person		346	26,9	67,9	30,0	1,7	-	-	-	-
2 Personen		230	17,9	5,7	72,6	19,6	1,7	0,0	-	-
3 Personen		171	13,3	1,8	14,6	47,4	20,5	13,5	1,7	0,6
4 Personen		348	27,1	-	11,8	27,9	35,9	12,9	5,5	6,0
5 Personen		113	8,8	-	-	0,9	14,2	38,1	24,8	22,1
6 Personen		78	6,1	-	-	-	11,5	21,8	20,5	46,2
Insgesamt	N	1286	100,1	251	338	230	189	129	66	83
Die Wohnungen sind im Vergleich der tatsächlichen zur geplanten Belegung										
zu klein	v.H.	397	30,7	x	31,1	22,2	20,6	53,5	75,8	100
richtig	v.H.	667	51,9	93,6	49,4	35,2	66,1	33,3	24,2	-
zu groß	v.H.	222	17,3	6,4	19,5	42,6	13,2	13,2	-	-

13 VERHÄLTNIS DER WOHNPARTEIEN ZU IHREN NACHBARN 1972 (Umfrageergebnisse. Frage: "Wie würden Sie Ihr Verhältnis zu Ihren Nachbarn im Haus im allgemeinen beurteilen?")

	Sehr gut	Gut	Neutral	Unterschiedlich, Nicht besonders gut, Schlecht	Insgesamt	
Dim.	%	%	%	%	%	N
Zusammen	18	42	29	10	100	279
Nach der Zahl der Mietparteien im Haus:						
1 - 7	20	60	7	7	5	15
8 - 16	19	46	25	9	63	175
17 - 40	15	34	39	7	22	61
40 u.m.	4	25	46	14	10	28
Nach dem sozialökonomischen Niveau:						
Untere Mittel- und Unterschicht	14	46	26	13	25	69
Mittlere Mittelschicht	17	42	28	11	54	152
Obere Mittelschicht	25	37	35	3	21	60

14 EINSTELLUNGEN ZUM LEBEN IN EINER WOHNGEMEINSCHAFT 1972 - Umfrageergebnisse (Frage: Sie haben sicher schon gehört, daß junge Leute immer häufiger in sog. Wohngemeinschaften leben. Was halten Sie persönlich davon?)

Dim.	Möchte nicht in Wohngem. leben %	Wäre nicht abgeneigt %	Würde gern %	Keine Antwort %	Befragte insgesamt %	N
Befragte insgesamt	62	27	10	1	100	1008
Nach dem Geschlecht						
Männer	66	18	15	1	.	.
Frauen	60	33	6	1	.	.
Nach dem Alter						
bis 35	46	36	18	-	36	338
36 - 45	71	24	4	1	35	330
46 u.m.	76	19	3	1	30	282
Nach der Zahl der Kinder unter 16 Jahre						
kein Kind	69	15	14	1	30	.
1 Kind	56	35	8	1	28	.
2 Kinder	62	30	8	0	29	.
3 und m. Kinder	60	28	12	0	13	.
Nach der Wohnfläche je Kopf						
bis 17 qm	64	24	13	.	18	174
18 - 22 qm	58	31	10	.	32	305
23 - 28 qm	67	29	4	.	27	295
29 u.m. qm	61	25	14	.	23	165

15 EINKAUFSMÖGLICHKEITEN FÜR EINZELNE WAREN IN 1 000 METER UMKREIS VON DER WOHNUNG 1972 (Mikrozensus-Zusatzerhebung)

	Dim.	Gemeindegrößenklassen unter 5 000	5 000 - 20 000	20 000 - 100 000	100 000 - 500 000	500 000 und mehr	Zusammen
Befragte Haushalte Insges. (in 1 000)	N	5 244	4 846	4 706	3 791	4 566	23 153
Davon mit Geschäften mit ... in 1 000 m Umkreis von der Wohnung							
Lebensmitteln	%	93,8	98,1	99,3	98,0	98,2	97,4
Elektrogeräten	%	49,2	77,4	76,2	82,9	86,3	73,4
Schuhen	%	44,0	76,7	73,3	76,8	79,8	69,2
Oberbekleidung	%	35,7	70,1	70,4	66,7	78,1	63,4
Möbeln	%	28,4	66,1	62,5	65,0	70,0	57,4

DEFINITIONEN

Alte Haushaltsvorstände: Haushaltsvorstand 65 Jahre und älter

Arbeitszeitaufwand zur Deckung der qm - Mietkosten: Ausgangsbasis ist der qm - Mietpreis und das jeweilige Monatsnettoeinkommen des Haushaltsvorstandes. Jedem Haushaltsvorstand wurde zur Berechnung des Arbeitszeitaufwandes eine monatliche Arbeitszeit von 180 Stunden unterstellt, auch dem Rentner.

Junge Familien: Ehepaare mit Kindern, die ihre Ehe zwischen 1963 und Ende 1967 geschlossen haben.

Kinderreiche Familien: Haushalte mit 3 und mehr ledigen Kindern bis 21 Jahre

Mietausgaben - Miete: Mit dem Vermieter für die Überlassung der ganzen Wohneinheit vereinbarter Betrag incl. Nebenkosten

Minimalstandard: Wohnungen und Wohngelegenheiten ohne Bad

Nicht ständig benutzte Wohnungen: leerstehende Wohnungen, Wohnungen in Ferien- und Wochenendhäusern, Zweitwohnungen

Raum: Als Räume gelten alle Wohn- und Schlafräume mit 6 und mehr qm Fläche sowie sämtliche Küchen unabhängig von ihrer Größe

Rechnerisches Wohnungsdefizit: Anteil der nicht mit einer eigenen Wohnung versorgten Haushalte am Wohnungsbestand. Unter der Annahme, daß ein Teil der 1-Personenhaushalte keine eigene Wohnung anstrebt, wurden 25 % der 1-P-Hh. nicht berücksichtigt. 75 % der 1-P-Hh. und allen Mehrpersonenhaushalten wird also unterstellt, daß sie eine eigene Wohnung anstreben.

Wohnung: sind nach außen abgeschlossene, zu Wohnzwecken bestimmte, in der Regel zusammenhängende Räume in Wohngebäuden und sonstigen Gebäuden, die die Führung eines eigenen Haushaltes ermöglichen. Sie müssen eine eigene, nicht nur behelfsmäßige Küche oder Kochnische aufweisen.

Wohnungsrohzugang: alle im Berichtsjahr fertiggestellten Wohnungen, unabhängig von dem Gebäudetyp, in dem sie liegen.
Wohnungsreinzugang: Wohnungsrohzugang minus Wohnungsvernichtung
Wohnungsvernichtung: Zahl der Wohnungen, die im Laufe eines Berichtsjahres abgerissen oder für andere als Wohnzwecke benutzt werden.
Wohnungszugang: Wohnungsreinzugang in v.H. des Wohnungsendbestandes des Vorjahres

QUELLEN UND ANMERKUNGEN (A)

Tab 1 StRA, JB 1931, JB 1941/1942; StBA, BuW 1872 - 1972, S. 98, 186; StBA, 1 % Wohnungserhebung 1960; StBA, G+WZ 1968; BMWo, Das Wohnen in der Bundesrepublik, Bonn, ohne Jahr, S. 31, 47 ff.

A .11 1968 mit Ausnahme von e.; e. .8 1937-1938, .9 1951-1952, .11 1969-1970

Tab 2 StBA, JB 1972, S. 258 ff., 68*; DDR JB 1972, S. 173 - 181; jeweilige Nationale Jahrbücher

A .1 d. 1968, f. 1968; .2 1971; g. Anteil der Mietausgaben an den verbrauchswirksamen Geldeinnahmen der Arbeiter und Angestelltenhaushalte; .13+.11 h. nur leerstehende Wohnungen

Tab 3 StBA, JB 1952 - 1973, Abschnitt Wohnungen; StBA, JB 1972, S. 251, 258; StBA, FS E, R 6 1971; StBA, BuW 1872 - 1972, S. 186; StJB der Stadt Frankfurt, Jahrgänge 1950 - 1972

A f.+i. in Wohn- und Nichtwohngebäuden; m.-p. nur Wohnungen in Wohngebäuden; m. incl. Organisationen ohne Erwerbscharakter, ohne gemeinnützige Wohnungsunternehmen; p. incl. freie Wohnungsunternehmen

Tab 4 StBA, G+WZ 1968, SH Ausgewählte Strukturdaten nach Stadtregionen, S. 4 ff.; StBA, G+WZ 1968, H 3, S. 1o - 11; WiSta 1970, S. 381 ff.; StBA, JB 1972, S. 34

A I. ohne Wochenend- und Ferienhäuser bzw. Wohnungen darin; Ausnahme: b. .10+.11 einschließlich Wochenend- und Ferienhäusern mit 50 qm und mehr Wohnfläche

Tab 5 StBA, G+WZ 1968, H 8; Minister für Arbeit, Gesundheit und Soziales des Landes NRW, Wohnverhältnisse von Familien ausländischer Arbeitnehmer in NRW

A I. sofern nicht anders vermerkt, Wohnungen ohne Wohngelegenheiten, Zweitwohnungen und privat gemietete Wohnungen ausländischer Streitkräfte. e. 1,9 % sind in Wohngelegenheiten untergebracht; f. 1,8 % sind in Wohngelegenheiten untergebracht; g. .4 Untermieter in Wohnungen und Wohngelegenheiten; h. .6-.12 Stichprobe von 2 830 Ausländerhaushalten in NRW. Keine repräsentative Zufallsstichprobe

Tab 6 WiSta 1972, S. 357

A a.-e. Ergebnisse der laufenden Erhebungen von Wirtschaftsrechnungen; c. einschließlich Mietwert für Eigentümerwohnungen, Untermieten, Pachten und ähnlichem

Tab 7 BMWo, Das Wohnen in der Bundesrepublik 1968, Bonn, ohne Jahr, S. 49; StBA, FS E, 1 % Wohnungserhebung 1960, H 3, S. 58

A .3 1 % Stichprobe ohne Hochrechnung

Tab 8 StBA, FS M, EVS 1969, H 4, S. 18, S. 33 - 191, H 5, S. 15, S. 25 - 183

Tab 9 StBA, JB 1966, S. 524; StBA, JB 1972, S. 490 - 491; StBA, BuW 1872 - 1972, S. 248, S. 250; StBA, FS M, R 5 II, 3. Vj. 1961 - 2. Vj. 1962, S. 6, 3. Vj. 1972, S. 16; StBA, FS M, R 13 I, 1964, S. 14 - 15; StBA, FS M, R 13 Einnahmen und Ausgaben ausgewählter privater Haushalte, mehrere Jahrgänge, jeweils S. 4 - 5

Tab 10 StBA, FS E, 1 % Wohnungsstichprobe 1965, H 3, S. 67 - 70

Tab 11 Grete Meyer-Ehlers, Wohnung und Familie, Stuttgart 1968: Deutsche Verlagsanstalt, S. 103

A h. Aufenthalt in der Wohnung mit Elternschlafzimmer, Kinderzimmer, Küche ohne Eßplatz, Eßdiele, Wohnzimmer ohne Eßplatz; i. Aufenthalt in den sonstigen Räumen der Wohnung und außerhalb der Wohnung; T. untersucht wurden 235 Haushalte mit 932 Personen in Berlin

Tab 12 Grete Meyer-Ehlers, Raumprogramm und Raumerfahrungen, Stuttgart und Bern 1971: Karl Krämer Verlag, S. 113

A T. untersucht wurden 1 286 Haushalte in Berlin, Märkisches Viertel und Buchow-Rudow

Tab 13 Battelle Institut e.V., Untersuchung zur Definition und Analyse der Wohnwünsche von Mietern öffentlich geförderter Wohnungen (im Auftrag der Nassauischen Heimstätte GmbH., Frankfurt), Band 1, S. 36 f., Band 2, S. 239 f.

A Def. Sozioökonomisches Niveau: als Kriterien für die drei Niveaus wurden gewählt - Beruf; Besitz oder Nichtbesitz eines oder mehrerer Autos, eines Telefons; Art und Anzahl der gelesenen Zeitungen und Zeitschriften; T. mündliche Befragung von 282 Haushalten aus der in Tab 14 beschriebenen Stichprobe

Tab 14 Battelle Institut e.V., Untersuchung zur Definition und Analyse der Wohnwünsche von Mietern öffentlich geförderter Wohnungen (im Auftrag der Nassauischen Heimstätte GmbH., Frankfurt), Band 2, S. 29 ff., S. 235 ff.

A Alter Bei Ehepaaren wurde das arithmetische Mittel des Alters von Ehemann und Ehefrau genommen. T. Nichtrepräsentative Klumpenstichprobe von 1 008 Haushalten aus einer Grundgesamtheit von ca. 7 000 Haushalten, die in Wohnsiedlungen in der Umgebung von Frankfurt wohnen: Limesstadt, Nordweststadt, Siedlung Gravenbruch, Langen - Oberlinden, und Butzbach-Degerfeld. Die schriftliche Befragung fand statt im Oktober 1972. Wohngemeinschaften wurden den Befragten folgendermaßen erläutert: "... gemeint ist, in getrennten Wohnungen, aber sehr enger Verbindung untereinander, gemeinsame Kindererziehung, Gemeinschaftskasse, viele gemeinsame Einrichtungen, gemeinsame Geselligkeit, intensive gegenseitige Hilfe etc. "
Dieses Material wurde uns freundlicherweise von der Nassauischen Heimstätte Frankfurt zur Verfügung gestellt.

Tab 15 WiSta 4/1974, S. 277

A Ergebnisse der Mikrozensuszusatzerhebung; hochgerechnete Ergebnisse

C

INSTITUTIONELLE INFRASTRUKTUR

BILDUNGSSYSTEM

Wenn man "Lernen" in einem sehr weiten Sinne versteht, als den Erwerb von Denk- und Handlungsfähigkeiten, dann stellt eigentlich der gesamte soziale Kontext einer Person auch ihren Lern- bzw. Bildungskontext dar. Das Bildungssystem kann man demgegenüber als den funktional ausdifferenzierten Teil des gesamten Bildungskontextes definieren; es handelt sich um die Einrichtungen, die den ausgesprochenen und einzigen Auftrag haben, Personen bestimmte Bildungsqualifikationen zu vermitteln. Ein solch institutionelles, gesamtgesellschaftliches Bildungssystem ist weder historisch noch international universell. In den europäischen Industrienationen ist es erst etwa 200 Jahre alt.

Die Daten dieses Abschnitts sollen das Bildungssystem der Bundesrepublik beschreiben und durch Vergleiche eine Bewertung ermöglichen. Die Tabellen eignen sich zur Beantwortung folgender Fragestellungen:

- Wie groß ist das System (Zahl der Schüler) ?
- Mit welchen Ressourcen ist es ausgestattet (Geld, Lehrer) ?
- Wie ist es strukturiert (Schulformen, Selektivität) ?
- Wie gleichmäßig sind die Ressourcen verteilt (nach Bundesländern, Schulformen) ?
- Wie sieht der Output des Systems aus (Anzahl und Qualifikation der Abgänger) ?

Diese Fragen legen die Vorstellung vom Bildungssystem als einer Art "Bildungsfabrik" (factory model) nahe: Kinder treffen beim Eintritt ins Bildungssystem auf ein strukturiertes Lehrangebot, das ihnen während der Schulzeit sozusagen einen "Bildungsmehrwert" zufügt, dessen Erwerb ihnen beim Verlassen der Schule in Form von Zeugnissen dokumentiert wird. Diese Analogie zur Produktionsstätte entspricht einer landläufigen Vorstellung von Bildungseinrichtungen: danach sind gute Schulen solche, die reichlich mit Lehrmaterial und Lehrern ausgestattet sind, in denen kein Unterricht ausfällt und es geordnet zugeht. Der erwartete Lernerfolg der Schüler hängt von der so definierten Qualität der besuchten Schulen ab.

Ein alternatives Modell von Bildungseinrichtungen, das provokativ klingt, aber ebenfalls nicht inadäquat ist, wäre das einer "Verpackungseinrichtung" (labeling institution): Die Schulen trennen während der Schulzeit die leistungsbesseren von den schlechteren Schülern und etikettieren sie entsprechend. Der Bildungszuwachs ist weniger Effekt des formenden Einflusses der Schule, als vielmehr Effekt des außerschulischen Lernmileus. Die Schulen selektieren und klassifizieren nur. Auch dieses Modell hat seine Parallele in einer landläufigen Auffassung, die allerdings, da sie leicht zynisch ist, nicht so offen ausgesprochen wird. Hiernach sind gute Schulen solche, die die "richtigen" Schüler selektieren. 'Richtige' Schüler sind solche, die vom Elternhaus her über gute Bildungseinflüsse verfügen.

Das Verpackungsmodell scheint brauchbar, wenn man Bildungsunterschiede, die im vorhandenen Bildungssystem entstehen, analysieren will (vergl. Abschnitt "Bildungschancen"). Für internationale und zeitliche Vergleiche ist das Produktionsmodell sicherlich angemessener.

Die oben aufgeführten Fragen sind in den letzten Jahren in verschiedenen bildungssoziologischen und -politischen Zusammenhängen relevant geworden. Zur Größe, den Ressourcen und dem Output des Bildungssystems gab es zwei grundsätzlich verschiedene Problemstellungen:

a) in den 60iger Jahren die Fragen des 'Bildungsnotstandes': produziert unser Bildungssystem zu wenig qualifizierte Schulabgänger? Werden die Begabungsreserven nicht genutzt? Sind "Zwergschulen" noch tragbar? Verschärft sich der Lehrermangel? Lassen wir uns "Bildung" zu wenig kosten?
b) mit dem Beginn der 70iger Jahre ein Problem, das man die Frage nach den "Grenzen der Verschulung" nennen könnte: haben wir zu viele Schüler und Studenten? Besteht die Gefahr eines Akademikerproletariats? Bilden wir zu viele Lehrer aus? Zahlen sich weitere Investitionen ins Bildungssystem überhaupt noch aus?

Den Zusammenhang beider Problemstellungen kann man an der Kurve vom abnehmenden Grenzertrag veranschaulichen. Die erste

Fragestellung bezieht sich dann auf den steil ansteigenden Ast der Kurve. Zusätzliche Ausgaben für das Bildungswesen erbringen eine überproportionale Steigerung des Sozialprodukts. Die zweite Fragestellung bezöge sich auf den abflachenden Ast der Kurve. Ausgaben für weitere Schüler und Schuljahre erbringen nur noch eine unterproportionale Steigerung des Sozialprodukts. Wo wir uns auf einer solchen Bildungsertragskurve tatsächlich befinden, ist ungewiß.

Es fehlen überhaupt anerkannte Maßstäbe für die anzustrebende Zahl von Absolventen bestimmter Bildungsabschlüsse. Rigidere Positionen gehen von wirtschaftlichen Bedarfsgesichtspunkten aus, können aber einen solchen Bedarf nur unzureichend definieren und stehen vor dem Problem, den Ausschluß von Bildungswilligen auf höheren Bildungsstufen rechtfertigen zu müssen. Großzügigere Positionen gehen von der gesellschaftlichen Leistungsfähigkeit aus, ohne allerdings genau sagen zu können, welche "Bildungslast" eine Volkswirtschaft zu tragen imstande ist. Sie müssen auch in Kauf nehmen, daß bei einer weiteren Bildungsexpansion der Anspruch auf einen "bildungsgemäßen" Arbeitsplatz immer schwieriger zu realisieren sein wird. Dieses Argument verliert allerdings an Bedeutung, wenn die nicht-instrumentellen Werte von Bildung hoch eingeschätzt werden.

1a SCHUL-UND UNIVERSITÄTSBESUCH IN DEUTSCHLAND SEIT 1870

... je 1000 Einw.	1870	1880	1890	1900	1911	1921	1931	1937	1950	1960	1970
Primärschüler	157	157	162	159	160	142	116	114	134	94	104
Sekundärschüler			9,6	9,8	11,4	17,3	15,5	13,9	21,5	27,9	41,6
Hochschüler	0,5	0,6	0,7	0,8	1,2	1,9	2,0		2,7	5,2	8,2

1b SCHÜLER JE SCHULE UND SCHÜLER JE LEHRER SEIT 1901

	1901	1911	1921/22	1931/32	1936	1951	1960	1970
Schüler je Schule an :								
Volksschulen	149	166	167	142	150	203	170	296
Mittel- u. Realschulen	.	172	188	156	184	367	327	402
Höheren Schulen	.	264	331	314	289	369	468	597
Schüler je Lehrer an :								
Volksschulen	61	55	45	40	43	46	37	34
Mittel- u. Realschulen	.	29	26	20	23	33	24	25
Höheren Schulen	.	19	19	17	16	22	19	20

2a KENNZIFFERN ZUM BILDUNGSSYSTEM IM INTERNATIONALEN VERGLEICH

	Dim.	BRD 1970	DDR 1970	GBR 1969	FRA 1970	ITA 1970	NIE 1969	BEL 1967	LUX 1968	DÄN 1969	ÖST 1970	SWI	SWE 1970	JAP 1970	USA 1969	USR 1971	IND 1968
Anteil der öffentlichen Bildungsausgaben am BIP bzw. NP	%	4,1	8,3	5,6	4,8	4,3	.	4,7	4,8	6,1	4,7		5,1	4,0	5,8	7,3	(2,5)
Schüler je Lehrer:																	
Grund- oder Vollksschulen	N	34	19	30	23	22	31	21	23	17	22		24	27	25	18	56
Mittel- und höhere Schulen	N	21		19	18	12	.	8	13		15			19	20		29
Berufsbildende Schulen	N	25	29	.	11	12	.	7	14	.	16			.	.	(27)	13
Hochschulen	N	.	.	7	21	15	.	11	x	9	7		24	11	(13)	(19)	15
Schüler in allgemeinbildenden Schulen, als Anteil ihrer Altergruppe zwischen 1965 und 1969:																	
15- Jährige	%	47,0		67,3	47,4	16,6	42,7	31,9	27,1	79,1	56,5		91,9				20,9
18- Jährige		10,2		5,6	10,0	4,9	9,2	8,8	11,5	12,7	10,5		29,1				4,8
Teilnehmerziffer Erwachsenenbildung		.	.	0,7	0,1	1,3	.	.	.	.	.		.	.	.	2,3	.

2b GESETZLICHE SCHULBESUCHSREGELUNGEN IM INTERNATIONALEN VERGLEICH

	Dim.	BRD	DDR	GBR	FRA	ITA	NIE	BEL	LUX	DÄN	ÖST	SWI	SWE	JAP	USA	USR	IND
Einschulungsalter	Jahre	6	7	5	6	6	6	6	6	7	6	6,7	7	6	6-7	7	6
Schulpflichtdauer (Vollzeit)	Jahre	9	10	10	10	8	9	8	9	7	9	7-9	9	9	9-12	10	5-8
Eingangsalter für:																	
allgemeinbildende Sekundärschulen	Jahre	10,12	17	11	11	11	12	12	12	14	10-12	10-12	13	12	12	14	10-12
berufsbildende Sekundärschulen	Jahre	15	15	16	15	14	12	.	.	14	14	16	16	12	12	14	10-12

3 SCHÜLER NACH KLASSIGKEIT DER SCHULEN 1956 BIS 1969

	1956	1961	1969
	Schüler-Anteil in %		
unvollständig gegliedert:			
1 - Klassig	5,9	5,3	0,0
2 - Klassig	10,1	10,2	0,2
3 - Klassig	8,6	8,4	0,1
4 - Klassig	7,7	7,2	0,2
5 - Klassig	4,8	5,0	0,2
6 - Klassig	6,6	7,8	1,9
7 - Klassig	9,0	14,1	1,6
8 - Klassig	x	x	7,8
vollständig gegliedert:			
8 u. 9- Klassig	47,3	42,0	x
9 u. 10- Klassig	x	x	88,1
Insgesamt (in 1 000)	4 567	5 004	5 737

4 KLASSENFREQUENZ UND LEHRER PRO KLASSE VERSCHIEDENER SCHULARTEN 1950 BIS 1970

	1950	1955	1960	1960	1970
Schüler pro Klasse in:					
Volksschulen	44	36	37	35	34
Realschulen	38	37	33	33	32
Gymnasien	31	32	28	28	28
Sonderschulen	27	21	21	18	17
Lehrer pro Klasse in:					
Volksschulen	0,91	0,99	0,97	0,98	1,00
Realschulen	1,16	1,28	1,36	1,29	1,27
Gymnasien	1,44	1,44	1,51	1,44	1,42
Sonderschulen	0,99	1,01	0,96	0,97	1,01

5 ENTWICKLUNG DER SCHÜLER- UND STUDENTENZAHL SEIT 1963

Schüler/Studenten an:	1963 in 1 000	1964 (	1965	1966	1967	1968 Index 1963 = 100	1969	1970	1971)	1971 in 1 000
Schulen der allgemeinen Ausbildung	6 965	102	105	108	113	118	124	128	133	9 278
Schul- und Sonderschulkindergärten	9	108	118	131	147	138	239	357	537	50
Volksschulen	5 469	101	103	104	105	108	112	116	119	6 494
Sonderschulen	160	106	114	124	143	160	182	199	215	344
Realschulen	467	106	115	126	149	163	177	182	192	897
Gymnasien	859	104	112	121	139	148	157	161	167	1 431
Gesamtschulen (einschl. Freie Waldorfschulen)	-	-	-	-	-	-	-	-	x	61
Schulen der beruflichen Ausbildung	1 891	103	106	105	108	107	101	101	102	1 932
Berufs- und Berufssonderschulen	1 699	103	105	103	105	103	96	94	93	1 577
Berufsaufbauschulen	50	99	106	112	115	120	103	81	75	38
Berufsfach- und Pflegevorschulen	142	108	118	124	140	143	146	147	155	220
Fachoberschulen/Fachgymnasien	-	-	-	-	-	-	x	x	x	98
Schulen der allgemeinen Fortbildung	11	118	140	156	179	200	221	236	269	29
Abendrealschulen	2	167	215	272	338	401	437	458	468	9
Abendgymnasien	7	98	105	109	119	127	135	144	161	11
Kollegs-, Technische Berufs- und Oberschulen	2	146	193	216	241	270	321	358	477	8
Schulen der beruflichen Fortbildung (Fachschulen, Fachschulen für Technik)	144	100	101	105	110	116	124	114	125	180
Fachhochschulen (Ing.- und Höhere Fachschulen)	54	108	112	114	114	117	128	195	221	119
Wissenschaftliche Hochschulen	289	103	105	113	116	124	130	142	161	466
Kunsthochschulen	9	99	100	102	104	108	115	131	141	12
Insgesamt	9 363	102	105	108	112	116	119	124	128	12 017
Schüler je 1 000 Einwohner	157	159	161	164	170	175	178	182	186	
Studenten je 1 000 Einwohner	6,1	6,3	6,4	6,7	6,9	7,2	7,6	8,7	9,7	

6 VERTEILUNG DER ÖFFENTLICHEN BILDUNGSAUSGABEN NACH SCHULTYPEN VON 1961 BIS 1969

	1961	1965	1966	1967	1968	1969	Zuwachs 1961-69
	(Ausgaben je Schüler in DM					)	%
Insgesamt (ohne Studenten)	.	1 134	1 206	1 208	1 270	1 413	x
Volksschulen-u. Sonderschulen	669	1 036	1 067	1 070	1 095	1 197	80
Realschulen	1 141	1 390	1 552	1 470	1 460	1 544	35
Gymnasien	1 477	1 965	2 037	1 922	1 983	2 212	50
Zweiter Bildungsweg	-	.	.	.	.	.	.
Berufs- u. Berufssonderschulen	438	565	617	611	642	739	69
Berufsfach- u. Fachoberschulen	755	824	811	923	923	1 126	49
Fachschulen	1 415	1 921	1 981	1 823	1 817	1 875	33
Ingenieurschule	3 073	5 318	5 518	5 680	5 962	6 069	97

10 VERTEILUNG 13- JÄHRLIGER NACH AUSBILDUNGSARTEN 1961 BIS 1969

	Insgesamt			weiblich		
	1961 %	1965 %	1969 %	1961 %	1965 %	1969 %
Vollksschule	69,6	66,3	55,5	.	67,2	55,8
Sonderschule	3,2	4,1	4,9	.	3,4	4,0
Mittelschule	11,5	13,6	18,2	12,5	14,6	20,1
Gymnasium	14,6	15,9	20,0	12,4	13,8	18,5

7 VERTEILUNG DER ÖFFENTLICHEN BILDUNGSAUSGABEN NACH BUNDESLÄNDERN UND SCHULTYPEN 1969

	Insg.	SchH	Hamb	Brem	NieS	NRW	Hess	Rhpf	Bawü	Bayn	Saar	Berl	Bund	Kosten der gesamten Schulzeit eines Schülers	
	(Ausgaben je Schüler in DM)													absolut	Index
Volks- und Sonderschulen	1197	1214	1684	1712	1161	1267	1294	1175	862	1179	1114	1544	8	10773	100
Realschulen	1544	1635	1524	.	1561	1692	1495	2128	941	1748	1387	2343	-	14052	130
Gymnasien	2211	2324	2815	3194	2237	2267	2287	2166	1636	2502	1612	2654	-	24687	229
Schulen Insges.	1390	1434	1872	2019	1351	1474	1488	1397	1008	1399	1213	1783	5,7		
Index	100	103	135	145	97	106	107	101	73	101	87	128	0,0		

8 SCHÜLER-LEHRER-RELATION NACH BUNDESLÄNDERN UND SCHULTYPEN1970

	Bund	SchH	Hamb	Brem	NieS	NRW	Hess	Rhpf	Bawü	Bayn	Saar	Berl
	(Schüler je Lehrer)											
Volksschulen	34	32	31	25	31	40	31	31	34	33	32	28
Sonderschulen	16	17	13	11	17	19	14	13	14	19	18	13
Realschulen	25	23	22	21	25	28	23	24	27	23	26	18
Gymnasien	20	19	18	19	18	22	17	22	22	18	21	14

11 GYMNASIALSCHÜLER DER GEBURTENJAHRGÄNGE 1937 BIS 1956

Geburtsjahr	Anteil der Gymnasialschüler im Alter von ... Jahren in v.H. ihres Jahrgangs							
	13	14	15	16	17	18	19	20
1937	.	.	10,5	8,9	6,9	5,6	.	1,7
1938	.	11,7	10,5	9,1	7,4	.	4,0	1,6
1939	11,9	11,5	10,5	9,5	.	5,9	4,3	1,8
1940	12,6	12,2	11,5	.	8,0	6,6	4,7	2,0
1941	13,9	13,6	.	10,9	8,1	7,6	5,2	2,2
1942	15,2	.	13,5	12,0	10,1	8,3	5,8	2,4
1943	.	15,8	14,8	13,4	11,1	9,3	6,3	2,7
1944	16,3	15,7	14,7	13,0	11,0	9,2	6,3	2,7
1945	15,8	15,1	13,9	12,4	10,5	9,0	6,2	2,6
1946	14,6	14,0	12,8	11,5	9,8	8,2	6,2	2,7
1947	15,0	14,4	13,2	12,0	10,4	9,0	6,7	1,5
1948	14,6	14,1	13,3	12,2	10,9	9,8	4,4	1,6
1949	14,6	14,2	13,5	12,6	11,7	9,3	4,6	1,6
1950	14,6	14,2	13,7	13,0	12,0	9,5	4,7	
1951	14,8	14,6	14,2	13,6	12,4	9,8		
1952	15,8	15,7	15,3	14,5	13,0			
1953	17,2	17,0	16,2	15,2				
1954	18,5	17,9	16,9					
1955	19,5	18,8						
1956	20,0							

12 ABITURIENTENQUOTEN DER GEBURTSJAHRGÄNGE 1933 BIS 1948

Geburtsjahrgang	Abiturienten des Jahrgangs	Anteil der Abiturienten an den 18jährigen ihres Jahrgangs	Durchschnittsalter
Dim.	N	v.H.	Jahre
1933	27 396	4,1	20,2
1934	30 681	3,8	20,2
1935	34 518	4,0	20,2
1936	39 088	4,4	20,2
1937	43 573	4,9	20,2
1938	47 322	5,0	20,2
1939	51 643	5,1	20,2
1940	56 208	5,5	20,2
1941	60 407	6,4	20,2
1942	56 832	7,3	20,2
1943	63 547	8,0	20,2
1944	62 202	8,0	20,2
1945	45 062	7,8	20,2
1946	49 633	7,3	20,3
1947	59 986	8,2	20,0
1948	71 573	9,2	19,7

9 VERSCHULUNGSAUFBAU 1969 (Schüler nach Ausbildungsarten in % ihrer Altergruppe)

Alter in Jahren	Schulkindergarten	Volksschule	Sonderschule	Realschule	Gymnasium	Abendrealschule, -gymnasium, Kolleg	Berufschule, Berufsonderschule	Berufsaufbauschulen Vollzeit	Berufsaufbauschulen Teilzeit
5	(1,1)	(0,05)	0,00						
6		61,80	0,23						
7		97,26	0,90						
8		97,14	2,08						
9		92,10	3,79	1,29	(2,42)				
10		69,16	4,89	9,30	16,26				
11		60,95	5,06	12,91	20,58				
12		58,11	5,00	16,05	20,47				
13		55,48	4,88	18,15	20,05		(0,03)	(0,00)	(0,00)
14		47,93	4,24	17,97	18,78		6,38	0,00	0,01
15		13,64	1,71	14,78	16,91		41,85	0,01	0,24
16		1,44	0,33	6,94	15,20		61,51	0,17	0,75
17		(0,16)	(0,14)	1,58	13,07		54,35	0,23	1,05
18				0,19	9,82	(0,21)	25,78	0,24	0,98
19				0,02	4,72	0,27	9,13	0,31	0,75
20				(0,00)	1,59	0,36	3,34	0,18	0,46
21					(0,52)	0,40	1,19	0,10	0,25
22						0,37	(1,43)	0,08	0,15
23						0,31		0,05	0,10
24						0,25		0,03	0,06
25						0,19		(0,04)	(0,16)
26						0,15			
27						0,11			
28						0,11			
29						0,07			
30						(0,09)			
31									

Fortsetzung

Berufsfachschulen	Fachoberschulen	Fachschulen, Höhere Fachschulen	Schulen des Gesundheitswesens	Technikerschulen, -lehrgänge Vollzeit	Technikerschulen, -lehrgänge Teilzeit	Ingenieurschulen, Akademien	Hochschulen	Schulbesuch insgesamt	Alter in Jahren
								0,1	5
								62,0	6
								98,2	7
								99,2	8
								99,6	9
								99,6	10
								99,5	11
								99,6	12
(0,66)								99,2	13
3,35								98,7	14
8,1	(0,23)							97,5	15
6,94	0,46							93,7	16
3,57	0,63	(1,18)	(0,76)					76,7	17
1,31	0,52	1,72	1,39			(0,15)	(0,83)	43,1	18
0,61	0,34	1,69	1,42	(0,19)	(0,09)	0,43	3,08	23,1	19
0,31	0,16	1,14	0,95	0,11	0,10	0,89	5,01	14,6	20
0,16	0,09	0,78	0,39	0,13	0,11	1,17	5,76	11,1	21
(0,42)	(0,14)	0,76	0,20	0,20	0,14	1,30	5,45	10,6	22
		0,69	0,14	0,22	0,16	1,19	4,67	7,5	23
		0,63	0,11	0,18	0,16	1,00	4,41	6,8	24
		0,50	0,08	0,14	0,13	0,79	3,87	5,9	25
		0,37	0,07	0,11	0,11	0,50	2,89	4,2	26
		0,31	0,06	0,08	0,09	(0,89)	1,73	3,3	27
		0,17	0,05	(0,29)	(0,33)		1,08	2,0	28
		0,13	0,04				0,66	0,9	29
		0,11	0,04				(1,77)	(2,0)	30
		(0,41)	(0,30)						31

13 SCHULERFOLG 1958 BIS 1969

		Anteil der Schüler, die das Klassenziel nicht erreichten am Anfangsbestand des Schuljahrgangs: Volksschule				Real-/Mittelschule				Gymnasium				
	Dim.	1958	1961	1966	1969	1958	1961	1966	1969	1958	1961	1966	1969	'69 privat
1. Schuljahrgang	v.H.			4,3	4,2									
2. Schuljahrgang	v.H.			4,3	4,3									
3. Schuljahrgang	v.H.			3,5	4,0									
4. Schuljahrgang	v.H.			3,2	3,6									
5. Schuljahrgang	v.H.			2,9	3,2	2,7	3,2	3,0	3,6	4,7	5,0	3,4	2,3	2,3
6. Schuljahrgang	v.H.			1,8	2,9	5,2	5,2	5,0	5,4	6,1	6,2	5,3	5,8	4,5
7. Schuljahrgang	v.H.			1,3	2,3	5,8	5,5	5,9	7,2	9,4	10,1	9,9	11,4	9,2
8. Schuljahrgang	v.H.			0,5	1,5	4,8	4,9	7,6	9,5	8,7	9,2	9,7	11,2	8,4
9. Schuljahrgang	v.H.			0,6	0,5	4,3	4,4	7,4	9,6	7,9	8,6	9,9	12,3	10,4
10. Schuljahrgang	v.H.					0,5	0,7	1,9	2,9	5,8	6,7	8,3	10,8	8,3
11. Schuljahrgang	v.H.									7,1	8,5	9,5	11,3	9,2
12. Schuljahrgang	v.H.									7,1	8,4	7,6	9,0	7,8
13. Schuljahrgang	v.H.									3,0	3,9	2,7	3,9	4,5
Ø Sitzenbleiberanteil	v.H.			2,5	2,9	3,9	4,0	5,1	6,4	6,6	7,4	7,4	8,6	7,2
(Schulentlassungen ohne Abschlußzeugnis	v.H.			19,3	19,6			15,6	15,0					
(Ø Alter der Absolventen mit Abschlußzeugnis bzw. Abitur	Jahre							17,1	16,5		20,2	20,3	19,5	19,6

14 VERTEILUNG DER GYMNASIALSCHÜLER DER 9. BIS 13. SCHULJAHRGÄNGE NACH ZWEIGEN

	1965 %	1969 %
Altsprachlich	11,1	8,6
Neusprachlich	39,1	40,3
Math.-Naturwissenschaftli.	27,0	28,0
Sonstige	22,8	23,1
Schüler Insgesamt (in 1 000)	409,3	549,4

16 VERBLEIB DER ABGEGANGENEN GYMNASIALSCHÜLER DES 13. UND DER REALSCHÜLER DES 10. SCHULJAHRS 1965, 1969,

Gymnasialschüler	1965 %	1969 %
Beruf	9,4	10,0
Universität/Sonstige Hochschulen	86,2	84,6
berufsbildende Vollzeitschulen	1,6	1,5
Sonstiges	2,8	3,9
Insgesamt	49 069	78 154
Realschüler	%	%
Beruf	80,0	74,5
berufsbildende Vollzeitschulen	9,6	11,7
Gmnasien	8,6	10,4
Sonstiges	3,6	3,4
Insgesamt	70 757	102 720

15 MATHEMATIKLEISTUNG VON OBERSCHULABSCHLUßKLASSEN DES MATHEMATISCHEN ZWEIGS IM INTERNATIONALEN VERGLEICH NACH SELEKTIVITÄT DES SCHULSYSTEMS

	Dim.	USA	SWE	AUS	JAP	FIN	ISR	SCH	FRA	NIE	GBR	BRD	BEL
Schüler in mathematischen Oberschulabschlußklassen	v.H.	18	16	14	8	7	7	5,4	5	5	5	4,7	4
(als Anteil an ihrer gesamten Altersgruppe	Rangplatz	1	2	3	4	5,5	5,5	7	9	9	9	11	12
∅ Testleistung der gesamten nationalen Stichprobe	Rangplatz	12	8	11	6	10	1	9	4	5	2	7	3
∅ Testleistung der besten 4 % der Altersgruppe	Rangplatz	9	2	8	1	10	3	12	5	6	4	11	7

ERLÄUTERUNGEN:

Die Abgrenzung der Schüler nach Ausbildungsarten erfolgt in Anlehnung an das UNESCO Schema der drei "educatinal levels".

Primärschüler: Schüler der ausbildungsniveaumäßig niedrigsten Schulform. Ohne Sonderschüler
Für BRD: Volksschüler und ihre Äquivalente in Gesamtschulen, ohne Sonderschüler
Sekundärschüler: Schüler an allgemein- und berufsbildenden Schulen unterhalb der Hochschulen, die mindestens 4 Jahre Primärschule voraussetzen.
Für BRD: Real-, Gymnasial- und Vollzeitberufsschüler
Hochschüler: Studenten nach erfolgreichem Abschluß der Sekundärbildung
Für BRD: Studenten an Universitäten und sonstigen Hochschulen

Diese Klassifikation ist zwar im Prinzip eindeutig, was die Zuordnung von Schülern und Studenten zu den Ausbildungsarten betrifft, jedoch überlappen sich die Kategorien stark in den Klassenstufen und damit im Alter der Schüler.

Schularten, -typen und Ausbildungsarten: Schulen sind organisatorisch definiert durch eine gemeinsame Leitung. Eine Schule kann Klassen unterschiedlicher Ausbildungsarten umfassen, die definiert sind durch den Abschluß, auf den sie zielen. Z.B. gibt es an Volksschulen Real- und Sonderschulklassen. Quantitativ spielt diese Unterscheidung allerdings kaum eine Rolle. 1969 waren von allen Schülern an Volksschulen 0,2 % in Realschulklassen (= 1,3 % aller Realschüler) und 0,05 % in Sonderschulklassen (= 1,2 % aller Sonderschüler). Die Schüler an Gesamtschulen sind vom StBA nicht getrennt ausgewiesen, sondern in den Zahlen für die herkömmlichen Schulformen mit enthalten.

Schulträger: alle Angaben beziehen sich immer auf öffentliche und private Schulen zusammen. Der Anteil der Privatschüler betrug 1969 an allen Volksschülern 0,5 %, an allen Realschülern 6,7 % und an allen Gymnasiasten 11,3 %.
Lehrer: nur hauptamtliche Lehrer

Gebietsabgrenzung: das Saarland erscheint erst 1957 in der Bundesstatistik. Berlin wird vor 1962 immer getrennt von den Bundesgebietszahlen ausgewiesen, ab 1962 ist es in allen BRD-Angaben enthalten.
In diesem Abschnitt wurde versucht, Saarland und Berlin, wenn möglich, einzubeziehen.

QUELLENANGABEN UND ANMERKUNGEN:

1a Flora Peter, 1971: Indicators of Social Mobilisation. Hektographiertes Manuskript: Seminar für Gesellschaftslehre, J.W. Goethe-Universität Frankfurt, S. 183, 198
StBA, JB 1972: S. 72

Jeweiliger Gebietsstand

1b Bevölkerung und Wirtschaft, 1872 - 1972: S. 127

1951 ohne Hamburg, Bremen, Berlin und Saarland

2a BRD: Bevölkerung und Wirtschaft, 1872 - 1972: S. 127
DDR: StBa, JB 1972: S. 398, 514, 38*
GBR: Länderkurzbericht 1971: S. 13 - 15; 1973: S. 15, 20 (nur England und Wales)
FRA: Länderkurzbericht 1973: S. 13, 15 - 16
ITA: Länderkurzbericht 1972: S. 13, 15 - 16
NIE: Länderkurzbericht 1970: S. 12
BEL: Länderkurzbericht 1971: S. 13 - 14
LUX: Länderkurzbericht 1971: S. 12
DÄN: Länderkurzbericht 1971: S. 13
ÖST: Länderkurzbericht 1972: S. 14
SWE: Länderkurzbericht 1972: S. 17 - 18
JAP: Länderkurzbericht 1970: S. 12 - 13

USA: Länderkurzbericht 1972: S. 19 - 20
USR: Länderkurzbericht 1973: S. 17, 20 - 22
IND: Länderkurzbericht 1973: S. 21 - 22
Unesco: Statistical Yearbook 1971: S. 156 ff (altersspezifischer Schulbesuch)

Bildungsausgaben für Schulen und Hochschulen: laufende Aufwendungen + Investitionen relativiert als Anteil am Bruttoinlansprodukt (BIP) bzw. Nettoprodukt (NP) im Fall der USR
Teilnehmerziffer Erwachsenenbildung: Prozentsatz der über 15-jährigen, die von Einrichtungen der Erwachsenenbildung als Teilnehmer registriert sind.
Lehrer: hauptamtliche und nebenamtliche
(...) Angaben für abweichende Jahre: hier 1965 bzw. 1966

2b Unesco, Statistical Yearbook 1971: S. 156

Korrekturen nach den Länderkurzberichten (vgl. Tab. 2a)

3 StBa, Fachserie A, Reihe 10, I, 1956 - 1961: S. 37
1969: S. 10

Gebietsstand: BRD ohne Hamburg, Bremen und Berlin

4 StBa, Fachserie A, Reihe 10, I, 1956 - 1961: S. 10
1965: S. 31
1970: S. 7

BRD einschließlich Berlin

5 StBa, Jb 1973: S. 84
Schüler: in allgemeiner und beruflicher Aus- und Fortbildung
Studenten: an Fachhochschulen, wisschenschaftlichen Hochschulen und Kunsthochschulen

6 Bevölkerung und Wirtschaft, 1872 - 1972: S. 127
StBa, Fachserie L, Reihe 5: "Staatliche und kommunale Ausgaben für Schulen"
1962 - 1965: S. 36 - 39
1966 - 1969: S. 36 - 43
StBa, Jb 1963: S. 87
StBa, Jb 1972: S. 71 - 75

Ausgaben: Verwaltungs- und Zweckausgaben (Personalausgaben, Unterhaltung und Instandsetzung, Sonstige) + Ausgaben der Vermögensbewegung (Bauten, große Instandsetzungen, Neuanschaffung von beweglichem Vermögen, Erwerb von Grundvermögen, Sonstige) von Bund, Ländern, Stadtstaaten und Gemeinden.

7 StBa, Fachserie L, Reihe 5 "Staatliche und kommunale Ausgaben für Schulen 1966 bis 1969": S. 36 - 67
StBa, Jb 1971: S. 73

Ausgaben wie unter 6; Direkte Ausgaben des Bundes gesondert ausgewiesen!
Bei den Schulzeitkosten wurde die minimale Schulbesuchsdauer von 9 Jahren zugrunde gelegt und die "Insgesamtausgaben" von 1969

8 StBa, Jb 1972: S. 71
StBa, Jb 1971: S. 35 (Altersaufbau am Jahresende 1969)

9 StBa, Fachserie A, Reihe 10, I, II und III,1969: V, WS 1969/70

In den Originaltabellen "Schüler nach Geburtsjahren" ist die oberste und unterste Jahrgangsklasse meist offen. Die Schülerzahlen wurden in unserer Tabelle trotzdem auf den jeweils genannten Jahrgang bezogen und, weil sie natürlich überhöht sind, eingeklammert. In den Zeilensummen sind die eingeklammerten Prozentsätze enthalten.
Die Kinder in Schulkindergärten sind in der Originalquelle nicht nach dem Alter aufgegliedert. Es wurde angenommen, daß sie fünf oder sechs Jahre alt sind. Die Angaben dafür beziehen sich auf die BRD ohne Niedersachsen und Hessen.

10 StBa, Fachserie A, Reihe 10, 1956 -1961; 1965 - 1969: jeweils die Tabellen "Schüler nach Geburtsjahren"

11 StBa, Fachserie A, Reihe 10, I, 1956 - 1961; 1962... 1969; jeweils die Tabelle : "Gymnasialschüler nach Geburtsjahren"

Interpretationshilfe: In den Zeilen der Tabelle (Querrichtung) wird jeweils eine Jahrgangskohorte von ihrem 13. bis 20. Lebensjahr unter dem Aspekt ihrer Zugehörigkeit zu einem Gymnasium betrachtet.
In den verschiedenen Spalten (Längsrichtung) läßt sich die altersspezifische Gymnasialbesuchshäufigkeit im Zeitablauf verfolgen.
Kalenderjahre (1952 bis 1969) sind den fallenden Diagonalen (links oben nach rechts unten) zuzuordnen.

12 StBa, Fachserie A, Reihe 10, I 1956 - 1961;
1962...1969; jeweils die Tabelle "Abiturienten nach Geburtsjahren"

StBa, Jb 1972: S. 76; 1973: S. 90

Altersaufbau gemäß den Statistischen Jahrbüchern 1953 bis 1958, Statistisches Jahrbuch Berlin 1952 bis 1963, Statistisches Handbuch für das Saarland 1951 - 1956 geschätzt;
Das Statistische Bundesamt gliedert die Abiturienten in jedem Kalenderjahr nach 7 Altersjahrgängen auf: 18-jährig und jünger, 19-jährig... 24-jährig und älter; wir haben die Abiturienten in den offenen Altersklassen (meist weniger als 1 % der Abiturienten eines Jahrgangs) den jeweils 18- bis 24-jährigen zugeordnet.
Für 1951 bis 1959 sind nur die Gesamtzahlen der Abiturienten bekannt. Ihre Altersverteilung wurde nach der von 1960 geschätzt; für 1970 und 1971 war die Altersverteilung noch nicht bekannt; sie wurde nach der von 1969 geschätzt.
Diejenigen eines Geburtsjahrganges, die bis zum Alter von 24 das Abitur erreichen, wurden auf die Einwohner ihres Jahrganges im Alter von 18 bezogen, dem frühesten möglichen Abituralter.

13 StBa, Fachserie A, Reihe 10, 1956 - 1961: S. 83 - 86, 123 - 127
1965: S. 36, 58, 100
1966: S. 20, 21, 38, 39, 65
1968: S. 12, 33
1969: S. 17, 18, 40 - 44

Die Sitzenbleiberprozentsätze für 1958 und 1961 sind etwas zu niedrig, da vom Statistischen Bundesamt nur die Sitzenbleiber ausgewiesen wurden, die auf der Schule verblieben sind.
Die Realschulentlassungen ohne Abschlußzeugnis beziehen sich auf alle Realschulentlassungen, die nicht Übergänge auf allgemeinbildende Schulen sind. Diese Angaben betreffen die BRD ohne Nordrhein-Westfalen und Berlin.
Das Paradox des Anstiegs des durchschnittlichen Sitzenbleiberprozentsatzes auf Gymnasien bei gleichzeitigem Rückgang des Durchschnittsalters der Abiturienten erklärt sich vermutlich durch die Kurzschuljahre 1966/67.

14 StBa, Fachserie A, Reihe 10, I, 1965: S. 104
1969: S. 55

15 Husén, Torsten, 1968: Leistungsmessung in der Schule. Diesterweg Verlag: S. 67, 68

SCH = Schottland

16 StBa, Fachserie A, Reihe 10, I, 1965: S. 63, 117
1969: S. 43, 70

Die Zahlen beziehen sich auf Schulabgänger, die mit und ohne Abschlußzeugnis die Schule verlassen. 1969 betrugen die Abgänger bzw. Übergänger ohne Abitur 1,2% der Schulabgänger an Gymnasien, ohne "Mittlere Reife" 2,9% der Realschulabgänger.

GESUNDHEITSSICHERUNG

Krankheit ist insofern kein individuelles Schicksal, als die dominierenden Krankheiten und deren Verbreitung auf gesellschaftlichen Bedingungen beruhen und als die Mittel und Maßnahmen zur Bekämpfung von Krankheiten und zur Verbesserung von Gesundheit auf gesundheits- und gesellschaftspolitischen Entscheidungen beruhen. Das gesundheitspolitische Ziel eines möglichst hohen Gesundheitsniveaus der Individuen (vergleiche Problembereich "Gesundheit und Krankheit") erscheint nur erreichbar, wenn sowohl gesundheitsfördernde Lebensbedingungen wie eine optimale Krankenversorgung geschaffen werden.

Die Aufgabenbereiche der Gesundheitssicherung abzugrenzen ist deshalb schwierig, weil fast alle Lebensbedingungen gesundheitliche Relevanz besitzen. Es lassen sich allerdings Schwerpunkte der Gesundheitssicherung nennen:
Gesundheitsvorsorge: Verhütung von Gesundheitsstörungen durch Förderung gesunder Lebensweisen, Aufdeckung und Ausschaltung von Risikofaktoren, vorsorglich gezielte Behandlungsmaßnahmen wie Impfungen oder Kuren.
Krankheitsfrüherkennung: systematische Erfassung von Krankheiten in einem Stadium, in dem sie vom Betroffenen noch nicht wahrgenommen werden.
Krankenbehandlung: Wiederherstellung der Gesundheit bei stationärer oder ambulanter Behandlung durch kurative Medizin oder psychiatrische Hilfe.
Rehabilitation: medizinische, soziale und berufliche Maßnahmen zur Förderung körperlich, geistig und seelisch behinderter Menschen.
Einkommenssicherung: Minderung der ökonomischen Belastungen, die durch krankheitsbedingte Einkommensausfälle oder Behandlungskosten entstehen.
Ausbildung und Forschung: Weitergabe, Überprüfung, Erweiterung medizinisch relevanter Fertigkeiten und Kenntnisse.

Die ökonomischen Ressourcen, die im Gesundheitssektor eingesetzt werden, spiegeln gesellschaftspolitische Prioritäten wieder. Der Umfang des Gesundheitsbudgets steigt stärker als Sozialprodukt und Sozialbudget. Allerdings läßt sich nicht feststellen, welcher Teil des Anstiegs auf Preiserhöhungen und welcher auf Leistungsverbesserungen zurückgeht. Die steigenden Aufwendungen für Gesundheit werden einerseits mit dem gestiegenen Anspruchsniveau der Bevölkerung, andererseits mit den volkswirtschaftlichen Verlusten, die bei einem niedrigen Krankenstand vermieden werden können, begründet.

Die Frage der Prioritäten stellt sich nicht nur für die Höhe des Gesundheitsbudgets, sondern auch für dessen Aufteilung nach Funktionen. In der gesundheitspolitischen Diskussion wird verstärkt die Forderung nach erhöhten Aufwendungen in den Bereichen Vorbeugung und Rehabilitation erhoben.

Das Dilemma der Gesundheitspolitik ist, daß sie ihren Erfolg oder Mißerfolg auf der Ebene des Gesundheitsniveaus der Bevölkerung kaum überprüfen kann. Zum einen gibt es hierfür in der BRD nur unzureichende Statistiken, zum anderen können verbesserte Gesundheitsleistungen durch Gegenfaktoren kompensiert werden. Verschmutzung der Atemluft, ungesunde Ernährung, beruflicher Stress und andere Faktoren können verstärkt Krankheiten hervorrufen.

Es handelt sich also nur um eine indirekte Erfolgskontrolle der Gesundheitspolitik, wenn untersucht wird, ob die Versorgung mit Gesundheitsdiensten sich verbessert oder verschlechtert. Für diese Versorgung gibt es Problemkataloge von verschiedenen Interessengruppen (Standesorganisationen der Ärzte, Gewerkschaften, Bundesministerien), die, neben anderen, folgende Probleme der Gesundheitssicherung ansprechen:

- das geringe Ausmaß präventiver Gesundheitspolitik
- die Unübersichtlichkeit des Systems von Rehabilitationsmaßnahmen
- die Unterversorgung ländlicher Regionen mit Ärzten
- die Wartezeiten in Arztpraxen

- die schichtspezifische Inanspruchnahme von Gesundheitsleistungen
- die Isolierung und Versorgungslage psychisch Kranker
- die unterentwickelte arbeitsmedizinische Betreuung
- die geringe Kapazität des öffentlichen Gesundheitsdienstes
- der Mangel an paramedizinischem Personal, insbesondere an Pflegepersonal
- der Mangel an Ausbildungsplätzen von Medizinern und paramedizinischen Berufen
- die Vorbereitung des modernen Standes der Diagnostik
- die interne Organisation der Krankenhäuser (Chefarztsystem, Privatliquidation, Pflegekassen)
- das Fehlen von Nachsorgeeinrichtungen
- die Entlastung der medizinischen Forschung (Routine, Lehre)
- die Verbesserung der Arzneimittelversorgung (Preise, Markttransparenz, Wirksamkeits- und Unschädlichkeitsnachweise)
- die Ausdehnung des Krankenversicherungsschutzes

Die Statistiken, mit deren Hilfe sich einige Probleme der Gesundheitssicherung beurteilen lassen, gehen zum großen Teil auf das Statistische Bundesamt zurück. Detaillierte Informationen enthalten vor allem die Bände zum "Gesundheitswesen der Bundesrepublik Deutschland". Über finanzielle Fragen der Gesundheitssicherung geben die Sozialberichte des Bundesministeriums für Arbeit und Soziales und der Gesundheitsbericht des Bundesministeriums für Jugend, Familie und Gesundheit Auskunft, die natürlich auch zahlreiche andere Probleme ansprechen und dazu Daten vorlegen. Eine Bestandsaufnahme der ärztlichen Versorgung wurde in einzelnen Bundesländern im Auftrag der kassenärztlichen Vereinigungen vorgenommen. Über manche Problembereiche des Gesundheitswesens gibt es besondere Berichte wie die "Enquete über die Lage der Psychiatrie in der BRD" (Bundestagsdrucksache 7/1124) oder die "Denkschrift Epilepsie" (Deutsche Forschungsgemeinschaft, 1973). Zu Fragen der schichtspezifischen Versorgung müssen Daten aus nichtamtlichen Untersuchungen herangezogen werden. Eine Erweiterung dieser Statistiken ist eine Vorbedingung für erfolgversprechende Planung im Gesundheitswesen.

1 HISTORISCHE INDIKATOREN ZUR GESUNDHEITSVERSORGUNG

... je 10 000 Einwohner	1876/77	1886/87	1896/98	1905	1909	1924	1927	1931	1938	1952	1956	1960	1964	1968	1970
Ärzte	3,2	3,4	4,5	5,1	4,8	6,4	6,9	7,4	7,3	13,6	13,8	14,2	14,4	15,0	16,1
Zahnärzte und Dentisten	0,1	0,1	0,2	0,4	1,8	1,2	3,7	4,3	5,2	5,6	5,9	5,8	5,5	5,2	5,1
Krankenschwestern und Pfleger	•	3,1	5,5	•	10,8	•	14,1	17,8	19,4	20,0	19,5	18,9	18,7	19,2	19,9
Hebammen	7,7	7,6	6,8	•	6,9	•	4,6	4,2	3,6	2,3	2,0	1,7	1,5	1,2	1,1
Krankenhausbetten	24,6	32,3	42,5	57,0	61,3	75,2	82,2	91,0	92,9	106,6	107,9	104,6	105,7	110,1	112,0
Apotheken	1,0	1,0	1,0	0,9	1,0	•	1,0	1,1	1,1	1,3	1,3	1,6	1,7	1,8	1,9
Stationär behandelte Kranke	108	152	215	307	358	459	552	656	847	•	1269	1326	1365	1475	1540
Durchschnittliche Bettenzahl je Krankenhaus	46	•	66	77	•	107	116	120	137	156	162	162	172	184	190
Bettenausnutzung (%)	•	•	•	•	•	69,5	77,6	76,2	83,1	•	90,5	93,2	92,0	89,8	88,5
Durchschnittliche Krankenhausverweildauer (Tage)	51,6	•	48,0	48,5	46,8	41,6	39,1	38,6	33,3	•	28,3	27,0	26,1	24,6	23,6

2 INDIKATOREN ZUR GESUNDHEITSVERSORGUNG IM INTERNATIONALEN VERGLEICH 1970

... je 10 000 Einwohner	BRD	DDR	GBR	FRA	ITA	NIE	BEL	LUX	DÄN	ÖST	SWI	SWE	JAP	USA	USR	IND
Ärzte	16,1	16,0	12,2	13,4	18,1	12,5	15,4	10,6	14,4	18,5	14,2	13,6	11,3	15,8	23,8	2,1
Zahnärzte	5,1	4,3	2,7	4,1		2,6		3,1	7,3	2,5	4,0	8,4	3,6	5,0	3,8	0,2
Krankenpflegepersonal	29,0		32,7	27,1	21,4	24,6			48,7	27,9	23,1	50,8	41,5	53,4	42,6	2,0
Hospitalbetten																
Alle Krankenhäuser	112,0	111,5	91,8	72,2	105,9	106,5	83,0	115,8	97,0	109,0	111,9	149,5	126,9	78,9	109,7	6,2
Allgemeine Krankenh.	65,1			45,2	47,6	55,0	47,3	59,2	60,3		61,3	68,0	30,8	46,8		
Psychiatrische Krankenh.	18,8			18,7	21,2	35,4	27,4	39,5	21,9		29,6	42,6	17,9	27,7		
Krankenhauseinweisungen																
Alle Krankenhäuser	1439				1492		1072	1264	1520	1601	1312	1714		1551		
Allgemeine Krankenh.	1125			720	960	967	994	1100	1410		1090	1495		1480		
Psychiatrische Krankenh.	29			23	25		48	20	62		71	85		32		
Aufnahmen je Bett (Kranke Personen)																
Allgemeine Krankenh.	17,3			15,9	20,2	17,6	21,0	18,6	23,4		17,8	22,0		31,6		
Psychiatrische Krankenh.	1,6			1,2	1,2		1,7	0,5	2,8		2,4	2,0		1,1		
Durchschnittliche Krankenhausverweildauer (Tage)																
Allgemeine Krankenh.	18,3			17,8	13,8	18,5	14,2	14,7	13,1		16,2	12,7		9,0		
Psychiatrische Krankenh.	232,4			286,6	283,7		206,1	722,5	125,7		139,8	170,1		270,4		

3 SOZIALLEISTUNGEN FÜR DIE FUNKTIONSGRUPPE GESUNDHEIT (umfassendere Definition) NACH FUNKTIONEN 1967 UND 1972

Funktion	1967 %	1972 %
Vorbeugung	6,8	6,9
Krankheit	63,9	67,8
Arbeitsunfall	12,8	12,7
Invalidität	16,5	12,6
Insgesamt in Mio. DM	36 609	70 600
Anteil am Sozialbudget in %	28,1	32,4
Anteil am Bruttosozialprodukt in %	7,4	8,5
Pro Kopf der Bevölkerung in DM	618	1 145

4 SOZIALLEISTUNGEN FÜR DIE FUNKTIONSGRUPPE GESUNDHEIT (engere Definition) NACH LEISTUNGSARTEN 1960, 1965 UND 1970

Leistungsart	1960 %	1965 %	1970 %
Gesundheitsmaßnahmen	59,1	62,0	61,9
darunter für Krankheit	50,3	52,5	54,1
Invalidität	7,4	8,2	6,4
Familie	1,3	1,6	1,4
Einkommenssicherung	40,9	38,0	38,1
in Mrd. DM	14,9	25,5	43,6
in % des BSP	4,9	5,5	6,4
in % des Sozialbudgets	22,8	24,7	27,5

5 SOZIALLEISTUNGEN FÜR DIE FUNKTION KRANKHEIT NACH INSTITUTIONEN

Institutionen	1960 %	1965 %	1970 %
Krankenversicherung	61,8	60,4	53,2
Entgeltfortzahlung der Arbeitgeber	22,1	21,7	32,3
Zusätzliche betriebliche Leistungen	5,9	6,5	6,0
Unfallversicherung	2,5	3,8	2,4
Übrige 5 Institutionen	7,7	7,6	6,1
in Mrd. DM	13,6	23,1	40,3
in % des Sozialbudgets	20,8	22,3	25,4

6 LEISTUNGEN UND FINANZIERUNG DER INSTITUTIONEN GESETZLICHE KRANKENVERSICHERUNG UND MUTTERSCHUTZ

Leistungen	1950 %	1955 %	1960 %	1965 %	1970 %
Sachleistungen	66,2	64,5	58,9	64,2	76,7
Geldleistungen	24,9	26,9	32,9	27,8	14,2
Verwaltungskosten	6,8	6,8	6,6	5,7	4,3
Sonstiges	2,1	1,8	1,6	2,3	4,8
Insgesamt in Mio. DM	2 538	4 734	9 789	16 215	25 222
% des BSP	2,6	2,6	3,2	3,5	3,7
% des Sozialbudgets	15,1	16,0	18,5	19,0	18,7
Einnahmen	%	%	%	%	%
Beiträge der Mitglieder	45,7	46,8	44,8	46,2	45,6
Beiträge der Arbeitgeber	35,5	35,3	35,2	31,8	29,7
Verrechnungen	16,5	14,1	14,4	14,5	19,5
Öffentliche Mittel	1,1	2,0	2,2	2,2	1,0
Sonstige Einnahmen	1,2	1,8	3,4	5,3	4,2
Insgesamt in Mio. DM	2 682	4 724	9 801	16 391	26 751

7 BEITRAGSEINNAHMEN UND LEISTUNGSAUSGABEN DER GESETZLICHEN KRANKENVERSICHERUNGEN JE MITGLIED FÜR MITGLIEDER (ohne Rentner) UND IHRE FAMILIENANGEHÖRIGEN

	1960 DM	1961	1962	1963	1964	1965	1966	1967	1968	1969	1970	1971	1971 DM
		Steigerungsrate zum Vorjahr in %											
Beitragseinnahmen	369	12,1	12,6	3,3	6,2	11,3	17,3	6,0	7,3	10,5	5,2	14,7	1 011
Leistungsausgaben	354	10,1	10,3	5,9	5,3	11,9	15,9	4,2	11,3	8,2	- 2,2	20,0	916
Behandlung durch Ärzte	71	9,0	7,3	5,3	11,3	13,7	18,0	7,1	6,8	7,5	9,5	21,0	213
Behandlung durch Zahnärzte	20	8,8	26,1	7,8	8,1	20,4	37,3	5,6	9,1	3,5	8,1	15,3	80
Arzneien und Heilmittel aus Apotheken	35	11,3	10,4	10,8	8,6	14,3	19,4	12,9	12,5	13,1	3,7	13,3	119
Zahnersatz	10	1,6	9,6	10,2	- 7,1	14,3	23,3	13,5	7,3	7,9	16,2	39,6	36
Krankenbehandlung in Anstalten	54	10,2	10,9	11,0	10,6	12,2	15,1	14,1	9,9	12,4	15,1	24,0	212
Krankengeld	119	11,0	9,4	0,3	- 3,5	9,4	8,1	-11,2	16,8	6,5	-40,4	16,8	127
Mutterschaftshilfe	18	14,3	8,8	11,7	9,7	7,5	16,4	9,3	21,2	4,1	2,0	13,8	55
Sterbegeld	3	4,5	8,0	11,1	5,0	8,2	19,6	7,2	-14,9	0,2	19,7	14,8	6
BSP je Einwohner		8,6	7,0	5,6	8,5	8,2	5,6	0,7	8,6	11,0	12,2	9,5	

8 BEITRAGSSÄTZE ZUR KRANKENVERSICHERUNG IN % DES BRUTTOARBEITSENTGELTS BEI ARBEITERN UND ANGESTELLTEN UND VERSICHERUNGSPFLICHTGRENZE FÜR ANGESTELLTE

	Beitragssatz für Arbeiter %	Beitragssatz für Angestellte %	Versicherungspflichtgrenze DM/Monat
1950	3	2,6	375
1951	3	2,7	"
1952	3	2,8	500
1953	3	2,9	"
1954	3,1	2,9	"
1955	3,1	2,9	"
1956	3,1	2,9	"
1957	3,9	3,0	660
1958	4,2	3,1	"
1959	4,2	3,1	"
1960	4,2	3,2	"
1961	4,7	3,3	"
1962	4,8	3,4	"
1963	4,8	3,4	"
1964	4,85	3,4	"
1965	4,95	3,6	900
1966	5,0	3,7	"
1967	5,05	3,9	"
1968	5,1	4,1	"
1969	5,25	4,25	990
1970	4,1		1 200
1971	4,1		1 425
1972	4,2		1 575
1973	4,6		1 725

9 KRANKENVERSICHERUNGSSCHUTZ DER BEVÖLKERUNG

	Versicherte Gesetzlich 1966 %	1971 %	Privat 1966 %	1971 %	Sonstige 1966 %	1971 %	Nicht versichert 1966 %	1971 %
Wohnbevölkerung	86,4	89,1	10,3	8,6	1,6	1,4	1,7	0,9
Nichterwerbspersonen	85,6	88,2	10,4	8,7	2,5	2,2	1,5	0,9
Erwerbspersonen			10,2	8,5	0,5	0,5	2,0	0,9
Erwerbstätige	87,4	90,1						
Selbständige	54,1	63,1	38,7	32,6			6,9	3,8
Mithelfende Familienangehörige	60,4	70,7	30,6	23,9			8,7	4,6
Beamte	55,9	54,1	36,6	40,1			1,3	0,9
Angestellte	93,0	94,8	5,4	4,5			1,5	0,6
Arbeiter	99,7	99,8	0,1	0,1			0,0	0,0

10 ALLGEMEINE UND SPEZIFISCHE EINWÖHNER/ÄRZTE RELATIONEN 1961, 1966 UND 1971

		Potentielle Patienten je Arzt 1961	1966	1971
Berufstätige Ärzte		700	690	592
Berufstätige Zahnärzte		1 716	1 907	1 958
Allgemeinärzte	in privater Praxis	1 884	2 018	2 208
Zahnärzte	in privater Praxis	1 792	1 974	2 060
Fachärzte	in privater Praxis	2 865	2 819	2 639
Internisten	in privater Praxis	12 991	11 710	10 124
Frauenärzte	in privater Praxis	10 617	10 145	9 317
Kinderärzte	in privater Praxis	3 386	3 535	2 921
HNO-Ärzte	in privater Praxis	28 508	29 659	29 740
Nervenärzte	in privater Praxis	57 921	56 837	51 770
Orthopäden	in privater Praxis	66 341	57 273	50 043
Krankenhausärzte und Medizinalass.		2 095	1 691	1 292

11 DIE VERTEILUNG DER ÄRZTE NACH ORTSGRÖSSENKLASSEN

Ortsgrößen-klasse	Hessen 1970 Einwohner je Kassenarzt	Hessen 1970 % aller Einwohner	Saarland 1970 Einwohner je Kassenarzt	Saarland 1970 % aller Einwohner
bis 500	7 670	5,5	19 757	1,8
501 - 1 000	4 310	8,5	6 186	5,0
1 001 - 2 000	2 390	11,0	5 219	10,3
2 001 - 5 000	1 640	15,7	3 260	20,1
5 001 - 10 000	1 220	11,9	2 559	21,3
10 001 - 20 000	1 080	9,9	1 068	7,4
20 001 - 100 000	900	11,4	1 170	22,8
über 100 000	850	25,7	848	11,4
alle Ortsgrößen	1 270	100	1 747	100

12 ALTERSSTRUKTUR DER ÄRZTESCHAFT IN HESSEN 1970 UND NIEDERSACHSEN 1972

Geburtsjahr-gänge	Hessen 1970 Allgemein-ärzte %	Hessen 1970 Fach-ärzte %	Niedersachsen 1972 Allgemein-ärzte %	Niedersachsen 1972 Fach-ärzte %	BRD 1971 Erwerbs-personen %
vor 1906	7,1	7,1	16,3	12,5	3,6
1906 - 1915	45,3	28,8	41,3	28,3	13,4
1916 - 1925	35,3	41,2	30,0	37,4	17,7
1926 - 1935	9,4	21,3	9,1	18,8	22,5
1936 und später	2,9	1,6	3,4	3,0	42,8
absolut	2 270	2 005	2 981	2 006	26 790

13 DER ARBEITSPLATZ DES ARZTES 1956 - 1971

	alle Humanärzte				Fachärzte				Zahnärzte			
	1956 %	1961 %	1966 %	1971 %	1956 %	1961 %	1966 %	1971 %	1956 %	1961 %	1966 %	1971 %
eigene private Praxis	60,9	61,3	57,1	48,8	61,4	57,8	56,0	53,3	91,5	92,6	93,0	90,1
darunter: mit Krankenhaustätigkeit	9,8	9,0	8,5	6,5	19,7	16,2	15,3	15,3	0,3	0,4	0,3	0,3
angestellt in privater Praxis	1,4	0,6	0,6	0,4	0,5	0,3	0,3	0,1	6,1	4,6	3,6	5,0
hauptamtlich im Krankenhaus	29,5	28,4	31,9	40,7	32,0	33,8	35,5	38,7	1,2	1,0	1,4	2,5
Sonstiges (Behörden, Industrie, Forschung)	8,2	10,0	10,5	10,1	6,1	8,1	8,5	8,0	1,2	1,8	2,0	2,4
Insgesamt abs. (in 1 000)	73,8	80,8	86,7	103,9	26,5	34,0	27,7	43,7	31,6	33,0	31,4	31,4
Index (1956 = 100)	100	109	117	141	100	128	142	164	100	104	99	99
Auf 100 Humanärzte	100	100	100	100	36,0	42,1	43,5	42,0	42,8	40,8	36,2	30,2

14 WERKSÄRZTLICHE VERSORGUNG SEIT 1966

	Hauptberufliche Werksärzte in Betrieben mit ... Beschäftigten		Nebenberufliche Werksärzte in Betrieben mit ... Beschäftigten		Betreuungskapazität in % der Beschäftigten
	1 - 199	200 und mehr	1 - 199	200 und mehr	
1966	18	451	142	831	6,5
1968	20	452	186	876	7,0
1969	21	466	176	914	7,0
1970	17	439	146	914	6,5
1971	16	450	155	928	6,6

15 DIE SITUATION IN DEN PSYCHIATRISCHEN LANDESKRANKENHÄUSERN DES LANDSCHAFTSVERBANDES RHEINLAND 1970

Baualter	% der Betten	Betten je Schlafsaal	% der Patienten	Patienten je Waschbecken	% der Patienten
bis 1899	22,3	21 u.m.	11	15 u.m.	3
1900 - 1925	19,9	11 - 20	28	10 - 14	17
1926 - 1953	5,3	6 - 10	28	5 - 9	49
1954 - 1969	22,5	1 - 5	33	1 - 4	31
Betten	13 698	Patienten	11 789	Patienten	11 789

16 SCHICHTSPEZIFISCHE SCHWANGEREN- UND KLEINKINDERVORSORGE (in drei hessischen Bezirken)

Erfragtes Verhalten		Unterschicht	Mittelschicht	Oberschicht
Teilnahme an Informationsabenden zu Problemen der Schwangerschaft	(%)	3	8	26
Frauenärztliche Betreuung zu Beginn der Schwangerschaft	(%)	18	30	83
Teilnahme an Schwangerengymnastik	(%)	8	26	81
Durchschnittliche Zahl der Impfungen des Kleinkindes	(Ø)	3,3	4,3	4,4
Befragte (absolut)		116	212	74

17 EXPERTENMEINUNGEN ZU REFORMSCHWERPUNKTEN IM GESUNDHEITSWESEN

Frage: In welchen Bereichen des Gesundheitswesens sind Ihrer Meinung nach Reformen am notwendigsten?

Bereich	in % der Nennungen
Klinische Versorgung	15
Außerklinische Versorgung	20
Gesundheitsvorsorge (incl. Maßnahmen der Prävention und des Gesundheitsschutzes)	36
Rehabilitation	29
Befragte (absolut)	106

DEFINITIONEN:

Funktion: sozialer Tatbestand, der zu Sozialleistungen führt. Bei der Aufteilung der Sozialleistungen nach Funktionen bleibt unberücksichtigt, welche Institution die Leistung vermittelt. Die Sozialleistungen werden neuerdings nach 16 Funktionen aufgeteilt, von denen einige zu Funktionsgruppen zusammengefaßt werden.
Institution: Berichtseinheit der institutionellen Aufgliederung der Sozialleistungen, die einzelne Leistungen verwaltet bzw. der einzelne Leistungen zugerechnet werden können. Meist sind es durch ein bestimmtes Gesetz zusammengefaßte Leistungen.
Sozialbudget: Gesamtsumme aller Sozialleistungen in einem Berichtsjahr

ANMERKUNGEN UND QUELLENANGABEN:

1) Bevölkerung und Wirtschaft, 1872 - 1972: S. 124, 125;

jeweiliger Gebietsstand des Reichs- bzw. Bundesgebietes;

Krankenhausverweildauer: bis 1910 ohne Entbindungskrankenhäuser;
Bettenausnutzung: Pflegetage x 100 : planmäßige Betten x 365

2) WHO, 1970: World Health Statistics Annual, Volume III: S. 41 - 44, 45 - 48, 53 - 56, 219 - 226, 227 - 232, 245 - 248

3) Sozialbericht 1973: S. 64, 72

"Die Funktionsgruppe Gesundheit umfaßt die Leistungen der Funktionen Vorbeugung, Krankheit, Arbeitsunfall und allgemeine Invalidität. Soweit in den Einkommensleistungen erkennbar Familienzuschläge enthalten sind, wurden diese den Funktionen Kinder und Ehegatten zugeschrieben, sind also in den Gesundheitsfunktionen nicht enthalten.

Die Funktion Vorbeugung enthält Maßnahmen zur Früherkennung von Krankheiten und zur Verhütung von Krankheiten und Arbeitsunfällen.

Die Funktion Krankheit enthält kurative und nachgehende Maßnahmen einschließlich der medizinischen Rehabilitation sowie Einkommensersatz bei Arbeitsunfähigkeit, insbesondere Entgeltfortzahlung bei Krankheit und Krankengeld.

Die Funktion Arbeitsunfall enthält die Leistungen, die durch Arbeitsunfälle (Dienstunfälle) und Berufskrankheiten ausgelöst werden. Die Unfallverhütungsmaßnahmen sind in der Funktion Vorbeugung enthalten.

Die Funktion Invalidität (allgemein) enthält die Leistungen bei Berufs- und Erwerbsunfähigkeit (Dienstunfähigkeit), die nicht Folgen von Arbeitsunfällen oder politischen Ereignissen sind."

Sonstige Leistungen: Verrechnungen an andere Sozialversicherungsträger und Leistungen, die nicht unmittelbar einem Mitglied zugerechnet werden können, ohne Verwaltungskosten.

4) Bevölkerung und Wirtschaft, 1872 - 1972: S. 260

Sozialbericht 1971: S. 200, 210

Sozialleistungen für die Funktionsgruppe Gesundheit erfolgen aufgrund von Gesundheitsmaßnahmen für die Einzelfunktionen Krankheit, Invalidität und Familie sowie Ausgaben für die Einkommenssicherung bei der Funktion Krankheit.

5) Sozialbericht 1971: S. 209

Die Sozialleistungen für die Funktion Krankheit, die nur ein Bestandteil der Funktionsgruppe Gesundheit ist, werden von neun Institutionen vorgenommen. Zu den vier angegebenen Institutionen kommen hinzu: Beamtenversorgung, Versorgung der Kriegs- und Wehrdienstopfer, Sozialhilfe, Öffentlicher Gesundheitsdienst und Steuerermäßigung.

6) Sozialbericht 1971: S. 70, 72, 124, 123, 262

Verrechnungen: Ausgleichszahlungen anderer Sozialversicherungsträger für Leistungen der GKV.
Rückgang der Geldleistungen durch institutionelle Änderungen (Lohnfortzahlung für Arbeiter 1970).

7) Hauptergebnisse der Arbeits- und Sozialstatistik 1967: S. 102;
Hauptergebnisse der Arbeits- und Sozialstatistik 1972: S. 156;
StBA, Lange Reihen zur Wirtschaftsentwicklung 1973: S. 23, 151;

Rückgang beim Krankengeld im Jahr 1970 ist durch Lohnfortzahlung für Arbeiter im Krankheitsfall bedingt.

8) Sozialbericht 1973: S. 135, 136, 140

Die Beitragssätze gelten für Arbeiter und Angestellte, deren versicherungspflichtiges Entgelt die Beitragsbemessungsgrenze in der Krankenversicherung nicht übersteigt. Es handelt sich um den gewogenen Durchschnittssatz der gesetzlichen Krankenversicherungen, der sich auf den Arbeitnehmeranteil beschränkt.
Bis 1969 galt der Beitragssatz der Arbeiter für Pflichtmitglieder mit sofortigem Anspruch auf Barleistungen. Mit der Einführung der Lohnfortzahlung wurden die Beitragssätze von Arbeitern und Angestellten angeglichen.

Die dynamisierte Versicherungspflichtgrenze für Angestellte ist gleichzeitig Beitragsbemessungsgrenze, gibt also den Höchstbetrag an, der mit dem Beitragssatz der Krankenversicherung belastet wird.

9) Arbeits- und sozialstatistische Mitteilungen, 5/1973: S. 150 - 152;
Bundesarbeitsblatt 5/1973: S. 231;
Fachserie A, Reihe 6, I, April 1966, S. 48, 50;
Fachserie A, Reihe 6, I, April 1971, S. 56, 57

Sonstige: Heilfürsorge der Polizei, Studentische Krankenversicherung, Sozialhilfe und ähnliches.

10) Fachserie A, Reihe 7: 1961 S. 149, 155; 1966 S. 190, 196; 1971 S. 208, 214;
Fachserie A, Reihe 1: 1961 und 1962 S. 51;
StBA, JB 1968: S. 34; 1973: S. 45

Bundesgebiet einschließlich West-Berlin

Potentielle Patienten: im Regelfall Einwohner
bei Frauenärzten: Frauen, 12 Jahre und älter
bei Kinderärzten: Kinder bis einschließlich 6 Jahre

11) Paulus, Alfons, 1972: Die ärztliche Versorgung im Saarland, S. 64
Löwenstein, Gerhard, 1972: Die Analyse der kassenärztlichen Versorgung in Hessen
Sonderdruck "Deutsches Ärzteblatt - Ärztliche Mitteilungen", 69. Jg., Heft 25, S. 2

Kassenärzte: an der kassenärztlichen Versorgung beteiligt

12) Löwenstein, Gerhard, 1972: Die Analyse der kassenärztlichen Versorgung in Hessen: S. 3
praxis '72, Praxisanalyse der kassenärztlichen Vereinigung Niedersachsens; S. 26
StBA, JB 1973: S. 134

Ärzteschaft: Kassenärzte in freier Praxis

13) Fachserie A, Reihe 7: 1961: S. 149, 155; 1966: S. 190, 196; 1971: S. 208, 214

Bundesgebiet einschließlich West - Berlin

14) Unfallverhütungsbericht 1973: S. 93
Unfallverhütungsbericht 1968/69, Bundestagsdrucksache VI/1970: S. 98
Sachverständigenrat, Jahresgutachten 1973, Bundestagsdrucksache 7/1273: S. 193

Die Betreuungskapazitäten wurden unter der Annahme errechnet, daß ein hauptberuflicher Werksarzt 2000 und ein nebenberuflicher Werksarzt 500 Beschäftigte betreuen kann.

15) Enquete über die Lage der Psychiatrie in der Bundesrepublik Deutschland. Zwischenbericht der Sachverständigenkommission, Bundestagsdrucksache 7/1124: S. 24,25,26

Nach Auffassung der Sachverständigenkommission können die Ergebnisse verallgemeinert werden.

16) Prinz, Tücke, Wokeck, Raiser 1973: Zur Bedeutung der sozialen Schicht für die Schwangeren- und Kleinkindervorsorge, Marburg: Deutsches Grünes Kreuz, S. 43, 59, 75, 93

Die Schichtzugehörigkeit wurde in Anlehnung an den Index von Scheuch und Daheim ermittelt.

17) Arbeitsgruppe Gesundheitswesen, Heidelberg, 1971: Entwicklung von Kriterien für die Vergabe öffentlicher Mittel im Gesundheitswesen, 2. Zwischenbericht, S. 1

Kriterien für die Auswahl der befragten Experten: fachliche Kompetenz und Repräsentativität im Hinblick auf alle beteiligten bzw. betroffenen Interessengruppen.

JUSTIZ UND JUSTIZNAHE BEREICHE

Die Charakterisierung der Bundesrepublik Deutschland als "demokratischer und sozialer Rechtsstaat" weist auf die zentrale Bedeutung der Rechtsordnung hin. Das Recht, das die Rechtssoziologie als Regelungsmechanismus für soziale Beziehungen versteht, setzt Normen für zulässige Verhaltensweisen und bedroht Verstöße gegen diese Normen mit negativen Sanktionen. Der Institution der Justiz, die auf die "Wahrung"der Rechtsordnung spezialisiert ist, sind die Aufgaben der Rechtskontrolle und der Rechtsprechung übertragen. Zumal für den Justizapparat erhebliche finanzielle und personelle Ressourcen der Gesellschaft eingesetzt werden, läßt sich die Frage stellen, welche Funktionen er für die Gesellschaft erfüllt und welche Leistungen er für die "Bürger" bringt. Vor allem dem Entscheidungsverhalten der Justiz und dessen gesellschaftlichen Konsequenzen wird neuerdings Beachtung zugewendet.

Die "dritte Gewalt" ist bekanntlich horizontal und vertikal gegliedert; sie besteht aus der Verfassungsgerichtsbarkeit (deren Aufgaben sind Schutz der Grundrechte, die durch Verfassungsbeschwerde einklagbar sind, Prüfung von Gesetzen auf ihre Vereinbarkeit mit dem Grundgesetz, Entscheidung verfassungsrechtlicher Streitigkeiten); der ordentlichen Gerichtsbarkeit (diese gliedert sich wiederum in Zivil- und Strafgerichtsbarkeit und entscheidet in sogenannten bürgerlichen Rechtsstreitigkeiten und bei Verstöß en gegen das Strafrecht; einen Sonderzweig der ordentlichen Gerichtsbarkeit bildet die Patentgerichtgerichtsbarkeit); der Arbeitsgerichtsbarkeit (diese ist zuständig für das Gebiet des Arbeitsrechts, vor allem für Streitigkeiten zwischen Arbeitgebern und Arbeitnehmern, die sich aus dem Arbeitsverhältnis ergeben); der Sozialgerichtsbarkeit (diese ist ein ausdifferenzierter Zweig der Verwaltungsgerichtsbarkeit, die sich mit Angelegenheiten der Sozialversicherung, der Kriegsopferversorgung und des Kassenarztrechts befaßt); der Verwaltungsgerichtsbarkeit (sie befaßt sich mit öffentlich-rechtlichen Streitigkeiten und soll dem Bürger Rechtsschutz im Verhältnis zu den Verwaltungsbehörden geben); der Finanzgerichtsbarkeit (sie prüft die Rechtmäßigkeit von Steuerbescheiden und von Bescheiden der Zollbehörden nach); und außerdem der Dienst- und Ehrengerichtsbarkeit für besondere Berufsgruppen (Richter, Beamte und Soldaten, die in einem besonderen Dienst- und Treueverhältnis zum Staat stehen.)

Die vertikale Gliederung der Gerichtsbarkeit ist in der Regel dreistufig, manchmal vier- oder zweistufig; es gibt für alle Zweige der Rechtssprechung ein oberstes Gericht, dem jeweils untere Gerichtsinstanzen vorgeordnet sind.

Daß Rechtsprechung mit politischen Implikationen erfolgt, ist kaum mehr umstritten. Im Mittelpunkt dieser Diskussion steht die Frage, wie stark der Konservatismus der Justiz ausgeprägt ist, bzw. ob sie als Klassenjustiz charakterisiert werden kann.
Dazu untersuchte man einerseits die soziale Rekrutierung der Richterschaft, wobei sich zeigen ließ, daß überwiegend Mittelschichtangehörige über die unteren Schichten zu Gericht sitzen, über Individuen also, deren Lebensverhältnisse die Richter nicht aus eigener Erfahrung kennen. In welchem Ausmaß die herkunftsabhängigen Faktoren (vor allem schichtspezifische Wertvorstellungen) allerdings das Entscheidungsverhalten determinieren, ist eine nicht zureichend geklärte Frage. Zumindest die sozialisierende Funktion der juristischen Ausbildungsgänge für richterliches Handeln muß zusätzlich in Betracht gezogen werden. Dieser Punkt wird in der Diskussion um die personelle Kontinuität der Richterschaft durch mehrere politische Systeme hervorgehoben. Die Relevanz der politischen Verhältnisse (für Selbstverständnis und Wertorientierungen), unter denen Richter ihre beruflichen Qualifikationen erwerben, wird zwar anerkannt, doch auch davor gewarnt, den Wandel der Justiz als reines Generationenproblem zu sehen und "Traditionen" zu unterschätzen. Auch im Austausch

von Personen in Richtergremien (z.B. Bundesverfassungsgericht) kann nicht mehr als ein Indikator für die Chance zu, Veränderungen in der Rechtsprechung gesehen werden.

Im Vergleich zu Analysen der Zusammensetzung der Richterschaft lassen sich bessere Ergebnisse zur Beurteilung der Justiz aus einer direkten Messung des Entscheidungsverhaltens erwarten. Dafür liegen zwar Untersuchungen, aber kaum quantifizierbare Ergebnisse vor. Interessante Hinweise lassen sich aus der Entwicklung der Freispruchquote bei obsolet gewordenen Delikten (Abtreibung, Unzucht zwischen Männern) entnehmen. Diese Daten belegen, daß Entwicklungen in der "öffentlichen Meinung" sich auch in den Entscheidungen der Richter wi derspiegeln.

Die Kenntnis des Entscheidungsverhaltens der Richter ist auch im Hinblick auf das Postulat der Einheitlichkeit der Rechtsprechung wichtig. Daten, die den Unterschied zwischen den Bundesländern erfassen, zeigen an, daß nicht nur richterliche Entscheidungen, sondern der gesamte staatliche Sanktionsapparat bei direkten und indirekten Verhaltensvariablen mehr und weniger starke Streuungen aufweist. Während richterliches Handeln neuerdings relativ häufig untersucht wird, scheinen Staatsanwälte und Rechtsanwälte und deren Möglichkeiten auf Aburteilungen und Verurteilungen Einfluß zu nehmen, wenig Beachtung zu finden.

Als generelle Aufgabe der Justiz wird hervorgehoben, daß sie den Bürgern Rechtsschutz zu leisten habe gegenüber Mitbürgern und staatlichen Instanzen. Dafür ist wesentlich, daß alle Bürger, die sich in ihren Rechten verletzt fühlen, den Rechtsweg beschreiten können. Diese Chance darf nicht nur formal vorhanden sein, sondern sie sollte auch "materiell" realisiert werden können. Demzufolge ist zu überprüfen, inwieweit die Durchsetzung von Rechtsansprüchen schichtspezifisch erfolgt, ob beispielsweise Unterschichtangehörige aus Unkenntnis, wegen sozialer Distanz oder finanzieller Risiken die Wahrung ihrer Rechte seltener anstreben oder seltener durchsetzen als besser gestellte Personen. Rechtsschutz impliziert insbesondere auch, daß die Bürger gegenüber der Justiz geschützt werden, daß gerichtliche Entscheidungen in angemessenen Zeithorizonten getroffen werden und daß der Rechtsweg zur Revisions- oder Berufungsinstanz offensteht.

Recht und Justiz als Regelinstanz für soziales Verhalten kann an mehreren Zielfunktionen gemessen werden. Wenn als Funktion der Justiz hervorgehoben wird, daß sie durch exemplarische Rechtssprechungsakte die Rechtsnormen in das Bewußtsein der Öffentlichkeit rückt, um so ihre Geltung zu verstärken, so müßte das Bewußtsein von Recht und Unrecht in der Bevölkerung und dessen Verhältnis zur Rechtsordnung erfragt werden.
Wenn primär Verstöße gegen die Rechtsordnung minimiert werden sollen, dann sind Indikatoren für kriminelles Verhalten der erforderliche Maßstab.

Tritt der Schutz der Bürger und der Allgemeinheit in den Mittelpunkt, dann müßten Meßziffern für Opfer und Schäden aufgrund von Rechtsverstößen entwickelt werden (vergleiche Problembereich Kriminalität). Wird als Zielsetzung der Justiz die Resozialisierung krimineller Täter betont, dann müßte vor allem überprüft werden, wie sich die "Asozialisierungstendenzen" in Strafvollzug und Bewährungshilfe entwickeln.

1 SOZIALE HERKUNFT DER BEWERBER FÜR DIE RICHTERLAUFBAHN 1898 UND 1956/57

Beruf des Vaters	Assessorenprüfung 1898 %	Gerichtsassessoren 1956/57 %
Selbständige	50,7	42,7
Fabrikanten	6,1	-
Kaufleute	12,9	12,1
Handwerker	6,9	5,2
Freie Berufe	12,2	19,1
Privatiers	6,1	0,0
Landwirte	6,5	-
Beamte	43,9	41,2
höhere Beamte	19,1	9,4
sonstige Beamte	24,8	31,8
Unselbständige	5,3	16,1
Angestellte	5,3	12,6
Arbeiter	0,0	3,5

7 RICHTER IN HESSEN NACH ALTER UND DIENSTJAHREN 1953 UND 1972

Geburtsjahr	1953	1972
vor 1900	140	-
1900 - 1909	254	36
1910 - 1919	128	198
1920 - 1929	10	195
1930 - 1939	-	329
nach 1939	-	14
Insgesamt	532	772
Jahr des Diensteintritts	**1953**	**1972**
vor 1935	88	-
1935 - 1944	253	34
1945 - 1954	191	122
1955 - 1964	-	115
1965 - 1969	-	268
nach 1969	-	233
Insgesamt	532	772

3 GERICHTE UND RICHTER 1961 UND 1971

	Gerichte 1961	Gerichte 1971	Richter 1961	Richter 1971
Verfassungs- bzw. Staatsgerichtshöfe (einschl. Bundesverfassungsgericht)	10	10	81	83
Gerichte in der ordentlichen Gerichtsbarkeit	967	891	9 231	10 356
Amtsgerichte	854	776		
Landgerichte	92	93		
Oberlandesgerichte	19	20		
Bundesgerichtshof	1	1		
Bundespatentgericht	0	1		
Gerichte in der Arbeitsgerichtsbarkeit	126	117	327	371
Arbeitsgerichte	113	104		
Landesarbeitsgerichte	12	12		
Bundesarbeitsgericht	1	1		
Gerichte in der Sozialgerichtsbarkeit	60	61	1 007	971
Sozialgerichte	48	49		
Landessozialgerichte	11	11		
Bundessozialgericht	1	1		
Gerichte in der Verwaltungsgerichtsbarkeit	42	42	794	910
Verwaltungsgerichte	31	31		
Oberverwaltungsgerichte	10	10		
Bundesverwaltungsgericht	1	1		
Gerichte in der Finanzgerichtsbarkeit	15	14	199	310
Finanzgerichte	14	13		
Bundesfinanzhof	1	1		
Dienst- und Disziplinargerichtsbarkeit		17	481	586
Truppendienstgerichte	-	16		
Bundesdisziplinargericht	1	1		
Insgesamt (ohne Dienst- und Disziplinargerichte)	1 220	1 135	11 609	12 954

4 RICHTER, STAATSANWÄLTE, RECHTSANWÄLTE UND NOTARE

	Richter Insgesamt N	Richter Frauenanteil %	Einwohner je Richter N	Staatsanwälte Insgesamt N	Staatsanwälte Frauenanteil %	Rechtsanwälte N	Rechtsanwälte je Staatsanwalt N	Anwaltsnotare N	Notare N
1961	11 609	3,0	4 839	2 174	2,0	13 787	6,3	4 933	714
1963	12 145	3,5	4 725	2 173	2,8	14 111	6,5	5 119	736
1965	12 247	4,1	4 786	2 392	3,1	14 818	6,2	4 966	744
1967	12 620	5,1	4 698	2 590	3,9	15 308	5,9	5 235	758
1969	12 798	6,0	4 693	2 715	4,3	16 874	6,2	5 234	774
1971	12 954	7,4	4 732	2 709	5,4	18 240	6,7	5 358	802
1973	13 226	9,1		2 814	7,6	19 266	6,8	5 740	862

8 PERSONELLE STABILITÄT DES BUNDESVERFASSUNGSGERICHTS

	Mitgliederzahl	1953/56	1956/60	1960/64	1964/68	1968/72
		Zahl der wechselnden bzw. ausscheidenden Mitglieder im jeweiligen Zeitraum				
Präsidium	2	1	1	1	1	1
1. Senat	11 bis 7	1	1	2	3	2
2. Senat	11 bis 7	0	1	1	2	5
Ab/Zugänge		+ 1	- 4	- 4	0	0
Gesamtzahl der Mitglieder		24	20	16	16	16
davon seit 1953 Mitglied		21	15	8	6	3

5 SOZIALE HERKUNFT DER RICHTER 1959 UND SPÄTER

Soziale Schicht	Richter an Oberlandesgerichten 1959 %	eingestellte Richter 1961 - 1965 %	Bundesrichter 1962 %	Bevölkerung 1956 %
Obere Mittelschicht	60,1	62,7	70,5	4,6
Untere Mittelschicht	35,0	28,2	26,6	38,6
Obere Unterschicht	2,7	4,8	) 2,8	13,3
Untere Unterschicht	0,1	0,9		38,6
unbestimmbar	2,1	3,4	-	4,9
Fälle	856	2 062	214	3 385

6 SOZIALE HERKUNFT DER RICHTER 1972

Berufsgruppe der Väter	Gerichtsassessoren	Richter auf Lebenszeit bei(m)						Rechtsanwälte	Verwaltungsjuristen
		Amtsgerichten	Landgerichten	Oberlandesgerichten	Bundesgerichtshof	anderen Bundesgerichten	Bundesverfassungsgericht		
	%	%	%	%	%	%	%	%	%
Juristen	27,6	13,1	18,9	20,6	26,2	21,3	29,6	24,2	14,4
Leitende Angestellte/ Unternehmer	6,7	4,8	7,0	5,5	3,9	7,4	11,1	13,6	6,3
Lehrer/ Sonstige Akademiker	15,2	19,4	18,1	25,1	14,5	20,4	25,9	15,9	20,7
Kleine Selbständige	9,6	23,2	21,8	19,4	15,8	7,5	14,8	16,6	18,9
Angestellte/Beamte	25,7	32,1	26,7	23,4	28,9	36,1	14,8	22,0	32,1
Arbeiter	5,7	4,8	4,9	2,7	5,3	2,8	0,0	3,0	3,1
Restliche Berufe	9,5	2,9	2,5	3,4	5,3	4,6	3,7	4,5	4,4

9 EINSTELLUNGEN ZU POLITISCHEN PROBLEMEN BEI RICHTERN 1972

		Gerichts-assessoren	Richter auf Lebenszeit bei(m) Amtsge-richten	Landge-richten	Oberlandes-gerichten	Bundesge-richtshof	anderen Bun-desgerichten	Bundesver-fassungsgericht	Rechts-anwälte	Verwaltungs-juristen
		%	%	%	%	%	%	%	%	%
Frage: Glauben Sie, daß im Falle einer schweren Wirtschaftskrise die politische Ordnung der Bundesrepublik eher durch linksradikale oder eher durch rechtsradikale Bewegungen gefährdet würde?										
Durch keine		1,0	6,3	1,6	4,8	1,3	4,6	0,0	3,0	1,9
Durch links		29,5	51,1	56,0	57,9	73,7	53,7	44,4	54,5	44,7
Durch rechts		38,1	16,5	14,4	12,5	7,9	10,2	18,5	23,5	34,0
Durch beide		29,5	22,9	26,3	23,2	10,5	22,2	25,9	17,4	17,6
Durch andere		0,0	0,6	0,0	0,0	1,3	0,0	0,0	0,8	0,6
Keine Angabe		1,9	2,5	1,6	1,6	5,3	9,3	11,1	0,8	1,3
Frage: Wir haben hier eine Reihe von möglichen Zielen der deutschen Innen- und Außenpolitik zusammengestellt, die zur Zeit in der Öffentlichkeit diskutiert werden. Sagen Sie bitte zu jedem möglichen Ziel, inwieweit Sie ihm zustimmen oder es ablehnen: Erweiterung der Mitbestimmung										
Volle Zustimmung	+3	27,6	16,2	18,1	14,1	7,9	9,3	18,5	22,0	22,6
	+2	32,4	21,0	20,6	21,5	17,1	18,5	7,4	14,4	17,6
	+1	20,0	24,8	20,6	23,6	22,4	24,1	18,5	18,2	20,1
Skalenwert	-1	10,5	14,6	14,0	17,4	13,2	17,6	22,2	15,9	15,1
	-2	2,9	10,5	7,4	10,4	15,8	9,3	25,9	11,4	12,6
Volle Ablehnung	-3	2,9	9,5	13,2	7,5	10,5	12,0	7,4	14,4	11,3
Keine Angabe		3,8	3,5	6,2	5,5	13,2	9,3	0,0	3,8	0,6
Absolute Zahlen		105	315	243	730	76	108	27	132	159

10 ABURTEILUNGEN UND VERURTEILUNGEN FÜR AUSGEWÄHLTE DELIKTE IM ZEITRAUM 1959 BIS 1971

			1959	1960	1961	1962	1963	1964	1965	1966	1967	1968	1969	1970	1971
Widerstand gegen Vollstrechungsbeamte (§113)	Abgeurteilte	N	4 426	4 541	4 193	4 692	4 233	3 813	3 711	3 541	3 483	3 601	3 752	3 756	3 707
	Freisprüche	%	8,6	9,3	8,9	9,8	9,7	9,4	10,5	10,8	10,8	12,2	12,1	15,9	16,3
	Verurteilte	N	4 044	4 117	3 819	4 233	3 822	3 456	3 321	3 158	3 106	3 161	3 297	3 160	3 103
Unzucht zwischen Männern (§175)	Abgeurteilte	N	2 810	2 589	2 362	2 630	2 491	2 440	2 201	1 884	1 759	1 571	865	67	93
	Freisprüche	%	14,8	15,1	14,5	15,9	19,2	17,6	18,3	17,3	22,2	20,8	36,6	43,3	37,6
	Verurteilte	N	2 395	2 199	2 019	2 211	2 013	2 010	1 799	1 558	1 368	1 244	548	38	58
Kuppelei (§180)	Abgeurteilte	N	790	612	479	475	443	413	355	273	252	230	189	223	129
	Freisprüche	%	36,5	40,2	37,6	38,9	33,2	38,0	42,3	38,8	38,5	39,6	49,2	57,0	38,0
	Verurteilte	N	502	366	299	290	296	256	205	167	155	139	96	96	80
Schwere Kuppelei (§181)	Abgeurteilte	N	1 448	1 288	1 185	1 138	1 089	919	747	562	516	458	364	278	148
	Freisprüche	%	32,4	29,7	29,1	30,9	28,1	29,5	34,8	51,8	37,0	37,3	34,6	48,2	29,7
	Verurteilte	N	979	905	840	786	783	648	487	271	325	287	238	144	104
Selbstabtreibung (§218/1)	Abgeurteilte	N	1 119	885	903	700	687	556	435	321	443	344	317	153	89
	Freisprüche	%	6,6	9,4	8,7	10,1	9,0	13,1	12,2	11,2	15,1	13,1	12,9	22,2	23,6
	Verurteilte	N	1 045	802	824	629	625	483	382	285	376	299	276	119	68
Fremdabtreibung (§218/2)	Abgeurteilte	N	1 653	1 238	1 214	1 107	1 030	837	695	501	397	378	409	271	155
	Freisprüche	%	14,3	18,7	15,2	17,3	14,2	17,7	19,7	22,4	18,4	21,4	21,8	28,4	27,1
	Veruteilte	N	1 417	1 007	1 030	915	884	689	558	389	324	297	320	194	113
Verstöße gegen das Ausländergesetz	Abgeurteilte	N									8 229	6 765	7 006	8 119	10 240
	Freisprüche	%									3,9	5,1	4,8	4,6	5,7
	Verurteilte	N									7 912	6 421	6 672	7 745	9 653
Verstöße gegen Lebensmittelgesetze (ohne Milchges.)	Abgeurteilte	N	15 156	10 923	10 761	13 627	11 068	12 785	12 247	11 140	12 483	12 267	11 265	10 237	10 456
	Freisprüche	%	12,3	14,3	13,7	13,0	13,4	11,9	13,0	11,7	12,3	13,5	13,5	12,8	13,5
	Verurteilte	N	13 298	9 365	9 286	11 862	9 585	11 267	10 650	9 839	10 950	10 607	9 743	8 923	9 045

11 TATERMITTLUNG, STRAFVERFOLGUNG UND STRAFVOLLZUG NACH BUNDESLÄNDERN 1971

	Polizeibeamtenziffer	Straftatenziffer	Täterziffer	Verurteiltenziffer	Gefangenenziffer	Aufklärungsquote	Anklagequote	Verurteilungsquote	Einweisungsquote
BRD	198	3 983	1 948	1 401	69	46,8	44,4	86,9	9,0
					Indices (BRD = 100)				
Schleswig-Holstein	118,2	120,2	98,7	86,6	72,5	88,0	93,7	99,5	88,9
Hamburg	225,3	187,0	165,6	95,2	171,4	99,6	80,2	84,3	130,0
Niedersachsen	90,9	93,2	73,5	97,8	92,3	83,3	120,9	102,2	81,1
Bremen	226,3	200,0	209,2	127,8	167,9	90,6	69,6	95,6	168,9
Nordrhein-Westfalen	98,0	94,9	88,4	101,0	112,0	98,9	107,2	98,6	108,9
Hessen	64,6	105,3	99,4	90,6	73,4	88,0	92,8	100,6	63,3
Rheinland-Pfalz	97,0	79,4	87,8	94,3	93,9	106,2	109,9	101,8	90,0
Baden-Württemberg	71,2	83,8	100,0	103,1	80,3	107,9	100,5	103,5	103,3
Bayern	77,8	85,2	100,1	107,5	94,8	125,4	110,8	102,0	86,7
Saarland	132,3	77,2	77,8	68,2	75,4	94,7	88,1	100,1	126,7
Berlin	291,4	210,1	209,4	108,4	166,3	87,6	61,9	95,2	178,9
Relative Spannweite	226,8	132,9	135,9	59,6	98,8	42,1	59,0	19,1	115,6

12 DAUER VON STRAFVERFAHREN 1971

Dauer der Gerichtsverfahren	Amts- gerichte (%	Landes- gerichte Erste Instanz %	Oberlandes- gerichte) %	Landes- gerichte Berufungen %	Oberlandes- gerichte Revisionen %
bis einschl. 3 Monate	66,1	52,8	61,8	66,5	93,5
mehr als 3 bis einschl. 6 Monate	22,2	24,9	16,4	21,7	5,2
mehr als 6 bis einschl. 12 Monate	8,7	14,2	18,2	8,5	1,0
mehr als 12 bis einschl. 24 Monate	2,5	6,0	3,6	2,7	0,2
mehr als 24 bis einschl. 36 Monate	0,4	1,3	-	0,5	0
mehr als 36 Monate	0,1	0,8	-	0,2	-
erledigte Verfahren insgesamt	734 656	9 998	55	50 811	10 248

13 BEWÄHRUNGSHILFE

	Bewährungshelfer	Probanden	Probanden je Bewährungshelfer	Bewährungsquote Männer	Bewährungsquote Frauen
	N	N	N	%	%
1963	496	27 401	55,2	54,1	68,0
1964	511	26 739	52,3	55,7	69,5
1965	518	26 149	50,5	55,2	73,1
1966	516	25 095	48,6	53,3	75,3
1967	519	26 203	50,5	52,4	73,0
1968	524	28 654	54,7	48,3	68,8
1969	538	32 812	61,0	48,7	71,0
1970	616	39 503	64,1	49,4	69,8
1971	717	44 537	62,1	47,5	69,7

14 STRAFVOLLZUG - ANSTALTEN UND VERWAHRTE

		1962	1964	1966	1968	1970	1972
Straf- und Verwahranstalten	N	355	355	350	283	211	187
Einwohner je belegfähigen Platz	N	925	930	943	945	995	1 075
Verwahrte	N	47 158	48 012	45 840	48 501	35 927	33 318
Frauenanteil	%	6,1	5,3	4,7	4,4	3,2	2,7
Verwahrte auf 100 000 Einwohner	N	83	83	78	82	59	54
Gefangene je Beschäftigten im Strafvollzug in Schleswig-Holstein	N	4,5	4,5	3,8	4,2	3,1	

QUELLENANGABEN UND ANMERKUNGEN

1) Feest, Johannes, 1965: Die Bundesrichter. In: Wolfgang Zapf (Hrsg.) 1965: Beiträge zur Analyse der deutschen Oberschicht. München: Piper, S. 109

3) StBa, JB 1961: S. 123
StBa, JB 1971: S. 99
Handbuch der Justiz, 1972: S. 1 ff
Handbuch der Justiz, 1960: S. 1 ff
Bericht der Bundesregierung und Materialien zur Lage der Nation 1972: S. 297

4) StBa, JB 1961: S. 123
StBa, JB 1963: S. 118
StBa, JB 1965: S. 128
StBa, JB 1967: S. 115
StBa, JB 1969: S. 100
StBa, JB 1971: S. 99
StBa, JB 1973: S. 112
StBa, Fachserie A, Reihe 9, Rechtspflege 1971: S. 6
StBa, Lange Reihen zur Wirtschaftsentwicklung 1973: S. 23

Bei den Richterzahlen in den einzelnen Gerichtszweigen treten Doppelzählungen auf für Richter, deren formelle Zuordnung nicht mit dem tatsächlichen Tätigkeitsbereich übereinstimmt.

5) Richter, Walther, 1968: Zur soziologischen Struktur der deutschen Richterschaft. Stuttgart: Enke. S. 12

6) Riegel, Manfred; Werle, Raymund; Wildemann, Rudolf; 1974: Selbstverständnis und politisches Bewußtsein der Juristen. Mannheim: Institut für Sozialwissenschaften (Hrsg.) Tabelle A 20

7) Handbuch der Justiz, 1953: S. 78 - 87
Handbuch der Justiz, 1972: S. 98 - 111

8) Handbuch der Justiz, 1953: S. 2
Handbuch der Justiz, 1954: S. 160
Handbuch der Justiz, 1956: S. 166
Handbuch der Justiz, 1958: S. 2
Handbuch der Justiz, 1960: S. 1
Handbuch der Justiz, 1962: S. 1
Handbuch der Justiz, 1964: S. 2
Handbuch der Justiz, 1966: S. 1
Handbuch der Justiz, 1968: S. 1
Handbuch der Justiz, 1970: S. 1
Handbuch der Justiz, 1972: S. 1

Vorübergehende Vergrößerung des 2. Senats in der Periode 1968/72 bei anschließender Reduzierung um jeweils ein Mitglied wurde als Wechsel gezählt.

9) Riegel, Manfred; Werle Raymund; Wildemann, Rudolf; 1974: Selbstverständnis und politisches Bewußtsein der Juristen. Mannheim: Institut für Sozialwissenschaften (Hrsg.) Tabelle M4, P1

10) StBa, Fachserie A, Reihe 9, Rechtspflege 1971: S. 30 ff
StBa, Fachserie A, Reihe 9, Rechtspflege 1970: S. 30 ff
StBa, Fachserie A, Reihe 9, Rechtspflege 1969: S. 30 ff
StBa, Fachserie A, Reihe 9, Rechtspflege 1968: S. 30 ff
StBa, Fachserie A, Reihe 9, Rechtspflege 1967: S. 30 ff
StBa, Fachserie A, Reihe 9, Rechtspflege 1966: S. 28 ff
StBa, Fachserie A, Reihe 9, Rechtspflege 1965: S. 28 ff
StBa, Fachserie A, Reihe 9, Rechtspflege 1964: S. 28 ff
StBa, Fachserie A, Reihe 9, Rechtspflege 1963: S. 30 ff
StBa, Fachserie A, Reihe 9, Rechtspflege 1962: S. 26 ff

StBa, Fachserie A, Reihe 9, Rechtspflege 1961: S. 32 ff
StBa, Fachserie A, Reihe 9, Rechtspflege 1960: S. 26 ff
StBa, Fachserie A, Reihe 9, Rechtspflege 1959: S. 24 ff

Freigesprochene in % der Abgeurteilten
Unzucht zwischen Männern: bis 1969 einfache Unzucht zwischen Männern § 175
ab 1970 gleichgeschlechtliche Unzucht zwischen erwachsenen Männern § 175 Abs. 1 Nr. 2 und 3

11) StBa, Fachserie A, Reihe 9, Rechtspflege 1971: S. 11, 12, 24
StBa, Fachserie L, Reihe 4, Personal von Bund, Ländern und Gemeinden 2.Oktober 1971: S. 22 - 34

Polizeibeamtenziffer: Polizeibeamte je 100 000 Einwohner
Straftatenziffer: Bekanntgewordene Straftaten auf 100 000 Einwohner
Täterziffer: Ermittelte (strafmündige) Täter auf 100 000 strafmündige Einwohner
Verurteiltenziffer: Verurteilte auf 100 000 strafmündige Einwohner
Gefangenenziffer: Strafgefangene und Verwahrte am 31.3. auf 100 000 Einwohner
Aufklärungsquote: Aufgeklärte Straftaten in % der bekanntgewordenen Straftaten
Anklagequote: Abgeurteilte in % der Täter
Verurteilungsquote: Verurteilte in % der Abgeurteilten
Einweisungsquote: in Straf- und Verwahranstalten Eingewiesene in % der Verurteilten
Relative Spannweite: Differenz zwischen höchstem und niedrigstem Wert in % des Mittelwertes

12) StBa, JB 1973: S. 113

Dauer: ab Eingang bei dem jeweiligen Gericht. Ohne die Verfahrensdauer bei der Staatsanwaltschaft

13) StBa, JB 1965: S. 143, 144
StBa, JB 1967: S. 130
StBa, JB 1969: S. 109
StBa, JB 1973: S. 124

Bewährungsquote: Anteil der als bewährt entlassenen Probanden aus allen entlassenen Probanden (Entlassene wegen Bewährung + Entlassene wegen Widerruf der Bewährung).
Nur hauptamtliche Bewährungshelfer

14) StBa, JB 1972: S. 110
StBa, JB 1970: S. 108
StBa, JB 1968: S. 115
StBa, JB 1966: S. 137
StBa, JB 1964: S. 139
StBa, Fachserie A, Reihe 9, III. Strafvollzug 1972: S. 5, 20
Justiz in Zahlen, Schriftenreihe der Landesregierung Schleswig Holstein, S. 14, 20
StBa, Lange Reihen zur Wirtschaftsentwicklung 1973: S. 23 (revidierte Bevölkerungszahlen)

Nur justizeigene Anstalten
Beschäftigte im Strafvollzug: Beamte, Angestellte und Arbeiter

MEDIEN DER MASSENKOMMUNIKATION

Massenkommunikation ist im sozialen, politischen, wirtschaftlichen und kulturellen System fortgeschrittener Industriegesellschaften ein "functional prerequisite", das im Zusammenhang sich ändernder sozialer Strukturverhältnisse immer bedeutender wird, da das soziale Bedürfnis nach Informationen und Informiertheit - auch über die nicht direkt zum Erfahrungsbereich gehörenden Ereignisse, Entwicklungen und Zusammenhänge - zunimmt in Verbindung mit der wachsenden Komplexität und Interdependenz der sozialen Beziehungen in der Gesellschaft und zwischen deren Subsystemen. Umgekehrt heißt dies, daß die produzierenden Institutionen des Massenkommunikationsprozesses als entscheidende Vermittler zwischen der gesellschaftlichen "Realität" auf der einen und den individuellen Rezipienten auf der anderen Seite quasi eine quartäre Sozialisationsinstanz darstellen und damit Funktionen ausfüllen, denen eine erhebliche Bedeutung zukommt. Zu den Medien der Massenkommunikation gehören die "klassischen" Formen Zeitung, Zeitschrift, Buch und Film und die "modernen" Formen, Funk, Fernsehen und Tonträger, die besonders durch die Notwendigkeit einer technischen Empfangsapparatur auf der Seite des Empfängers gekennzeichnet sind.

Die Funktionen dieser Medien sind in verschiedenen Gesellschaftssystemen unterschiedlich und hängen jeweils ab von wirtschaftlichen, technischen und rechtlichen Faktoren, nicht zuletzt auch von der Struktur des Kommunikationssystems selbst. Ihre Organisationsziele können u.a. sein: Information und öffentliche Kontrolle ("vierte Gewalt"); Bildung und Fortbildung; Vermittlung und Internalisierung von bestehenden und neuen Verhaltensdispositionen, Attitüden, Werten und Normen; Agitation und Propaganda; Offenlegung sozialer Konflikte; Unterhaltung, Entspannung und Ablenkung. Ihre faktischen Funktionen hängen dagegen im wesentlichen ab von den Wirkungen, die sie auf die Rezipienten haben und die zum Teil als umstritten gelten (vergl. Abschnitt "Rezipienten der Massenkommunikation").

Im Produktionsbereich der Massenmedien ist in den letzten Jahren ein Prozeß der Kapital- und Eigentumskonzentration festzustellen, der in Verbindung mit der zunehmenden Abhängigkeit der Medien vom Werbemarkt in der Öffentlichkeit und Politik zu einer Problematisierung des Verhältnisses und der Umsetzung von ökonomischer zu politisch-öffentlicher Macht geführt hat. (Aktuelles Beispiel: der während der Bundestagswahl 1972 unternommene Versuch, über den Entzug von Inseraten Einfluß auf die politische Ausrichtung von Zeitungen und Zeitschriften zu nehmen.)
Dieser Konzentrationsprozeß findet auf allen privatwirtschaftlich organisierten Märkten statt, also auf dem Zeitungs-, Zeitschriften- und Buchmarkt, aber auch auf dem noch jungen Tonträgermarkt. Die ökonomische Konzentration der Zeitungsverlage wird begleitet von der Zusammenlegung publizistischer Einheiten, eine Entwicklung, die die Zunahme lokaler und regionaler Zeitungsmonopole zur Folge hat und eine Funktionsminderung der Presse als wichtiger Institution der verfassungsmäßig garantierten Meinungsfreiheit durch die Entstehung von Meinungsmonopolen befürchten läßt. Auch bei den öffentlich-rechtlichen Funk- und Fernsehanstalten wird in Verbindung mit ihrer gegebenen Struktur und staatlich abgesicherten Monopolstellung die Frage nach einer wirksamen öffentlichen oder staatlichen Kontrolle dieser Medien und der Interessen, die sie vertreten, immer wieder gestellt. Die vielfach geforderte Gründung privatwirtschaftlicher, regional oder lokal orientierter Fernsehgesellschaften würde sicherlich die Diskussion um die - von den Zeitungsverlagen als für sie nachteilig verzerrt dargestellte - Konkurrenz zwischen den Medien, insbesondere auf dem Werbemarkt, neu beleben. Gegenwärtig scheint sich im Kommunikationssystem eine Art Funktionsteilung durchgesetzt zu haben.

Wohl als Reaktion auf die zunehmende Konzentration und Monopolisierung zu verstehen sind die Versuche von Zeitungsredaktionen und Gewerkschaften, den Journalisten eine grössere wirtschaftliche Sicherheit und publizistische Unabhängigkeit vom Herausgeber zu verschaffen. In einzelnen Modellversuchen sind Funktionen des Herausgebers in mehr oder weniger großem Umfang der Redaktion als ganzer übertragen worden.

Im Mittelpunkt politischer Diskussionen und der wissenschaftlichen Medienforschung standen in den letzten Jahren die Konzentrationsprozesse und Monopolisierungstendenzen innerhalb des Kommunikationssystems. Empirisches Material zu diesen Themen stammt hauptsächlich von den Dachverbänden der betroffenen Medien selbst und ist entsprechend den divergierenden Interessen ihrer Lieferanten teilweise widersprüchlich. In der Regierungsberichtserstattung und auch wissenschaftlichen Forschung wird zum Teil auf dieses Material zurückgegriffen zum Zweck der weiteren Aufbereitung. Zum Problem des Umschlags von ökonomischer zu politisch-öffentlicher Macht, des Verhältnisses zwischen wirtschaftlicher Konzentration und Meinungsmonopolen liegen keine quantifizierbaren Ergebnisse vor. Das gleiche gilt auch für die publizistischen Mitbestimmungsmodelle im Medienbereich.

1 HISTORISCHE ÜBERSICHT ÜBER DIE PRODUKTIONSENTWICKLUNG DER MASSENMEDIEN

	Dim.	1870	1880	1890	1900	1910	1920	1930	1940	1950	1960	1970
Tageszeitungen	N		1 963	2 586	2 970	3 554	3 243	4 275	1 246	624	529	448
Produzierte Buchtitel (in 1000)	N	9,6		18,9	24,5	23,2	21,6	23,2	.	14,1	22,5	43,0
Produzierte Filme	N						253	144	111	79	94	113
Ortsfeste Filmtheater	N				2	456	2 299	4 968	7 018	3 962	6 950	3 446
Hörfunkproduktion (in 1000)	Std.	x	x	x	x	x				.	114,7	176,9
Fernsehproduktion (in 1000)	Std.	x	x	x	x	x	x	x	x		1,9	5,7

2 KENNZIFFERN DER MASSENMEDIENPRODUKTION IM INTERNATIONALEN VERGLEICH 1970

	Dim.	BRD	DDR	GBR	FRA	ITA	NIE	BEL	LUX	DÄN	ÖST	SWI	SWE	JAP	USA	USR	IND
Tageszeitungen	N	1 093	40	106	106	70	94	33	7	58	33	117	114	168	1 773	639	650
Prod. Buchtitel (in 1000)	N	45,4	5,2	33,4	22,9	8,6	11,2	4,4	0,2	5,1	4,8	8,3	7,7	31,3	79,5	78,9	14,1
(daran Anteil der Übersetzungen	v.H.	9,9	10,3	2,5	9,0	29,3	14,3	23,7	.	25,2	4,7	11,3	22,5	7,0	2,6	5,2	6,0
Produzierte Filme	N	129	15	85	138	240	3	4	.	20	7	5	20	423	215	218	396
Kinodichte	N	5,7	5,1	2,8	8,5	24,4	2,9	7,6	10,9	7,6	11,4	9,6	16,9	3,1	7,0	66,7	0,8
Hörfunkproduktion (in 1000)	Std.	176,9									32,4		18,4				
Fernsehproduktion (in 1000)	Std.	5,7									5,1		4,4				

3 DIE ENTWICKLUNG DER MEDIENPRODUKTION IN DER BUNDESREPUBLIK 1950-1972

	Dim	1950	1951	1952	1953	1954	1955	1956	1957	1958	1959	1960	1961	1962	1963	1964	1965	1966	1967	1968	1969	1970	1971	1972
Tageszeitungen	N	.	.	.	.	.	486	490	498	521	527	529	535	540	534	537	543	532	524	516	506	491	469	459
(Überregionale Wochenzeitungen	N	.	.	.	.	.	21	20	16	15	12	13	14	14	16	14	14	15	17	17	19	18	16	17
Publikumszeitschriften	N	.	.	.	257	265	248	261	267	267	250	247	245	246	247	242	252	249	245	235	238	237	226	229
Fachzeitschriften	N	.	.	.	307	306	265	311	361	373	360	394	400	400	425	444	473	531	583	598	643	666	657	668
Prod. Buchtitel (in 1000)	N	.	14,1	13,9	15,7	16,2	16,6	17,2	16,7	20,5	16,5	22,5	23,1	22,6	25,7	26,2	27,2	23,8	30,7	32,4	35,6	(47,1)	42,9	-
Erstauflagenanteil	%	.	72	76	77	76	76	77	78	79	77	78	77	79	80	80	84	85	82	84	84	(82)	84	-
Übersetzungsanteil	%	.	.	.	.	.	.	.	.	.	.	.	.	10,7	11,7	11,7	11,3	12,5	12,0	9,2	9,9	(11,7)	10,7	-
Taschenbuchanteil	%	.	.	.	.	.	.	.	.	.	.	.	4,6	5,2	6,7	5,9	4,9	5,4	6,5	4,8	5,8	(8,4)	.	-
Filmproduktion	N	79	59	80	98	99	128	122	107	115	106	94	80	61	66	77	69	60	96	107	121	113	93	
Kinodichte	N	7,8	8,9	9,5	9,9	10,9	11,9	12,0	12,2	12,3	12,8	12,3	11,9	11,1	10,3	9,4	8,8	8,0	7,5	6,7	6,1	5,7	5,4	5,1
Kinositzplatzdichte	N					.	.	50,8	51,9	52,2	52,9	51,4	48,8	45,8	42,3	39,0	36,1	33,4	31,5	27,7	25,2	23,0	21,9	
Sendezeiten (in 1 000) Hörfunk	Std					.	.	.	.	.	114	115	115	119	122	130	141	143	147	150	.	177	.	229
Sendezeiten (in 1 000) (Fernsehen ARD und ZDF	Std					.	.	.	.	.	1,8	1,9	2,7	3,1	4,0	4,7	4,9	5,2	5,3	5,5	5,6	5,7	5,8	6,1
Sendezeiten (in 1 000) (Fernsehen Regional + 3. Programm	Std					.	.	.	.	.	0,9	0,9	1,2	1,5	2,4	4,1	6,2	8,5	9,4	9,9	11,1	12,5	12,5	14,9

5 DIE ENTWICKLUNG IM ZEITUNGSVERLAGSWESEN ZWISCHEN 1954 UND 1973

	1954	1954	1964	1967	1969	1971	1972	1973
Dim.	N	%	%	%	%	%	%	%
Verlage als wirtschaftliche Einheiten	501	100	83	76	69	-	-	-
Publizistische Einheiten	225	100	81	70	66	60	59	58
Verlage als Herausgeber	624	100	92	86	83	74	71	70
Zeitungsausgaben	1 500	100	100	94	92	85	83	82
Verkaufsauflage (in 1 000)	13 365	100	130	135	135	134	135	136

6 DIE ENTWICKLUNG DER ZEITUNGSDICHTE UND DER LOKALMONOPOLE ZWISCHEN 1954 UND 1972

	Dim.	1954	1964	1967	1969	1973
Zeitungsdichte	N	2,7	2,3	2,2	-	-
Lokalmonopole	N	85	121	145	164	(153)
Anteil der betroffenen Landkreise	%	15,2	21,4	25,7	29,8	(38,3)
Anteil der betroffenen Bevölkerung	%	8,5	12,5	16,1	20,0	27,6

4 PRESSEKONZENTRATION BEI TAGESZEITUNGS-, ZEITSCHRIFTEN- UND BUCHVERLAGEN

Dim.	TAGESZEITUNGEN Auflage je Zeit.nummer (in 1 000)	1954 Verlage als Herausgeber	1954 mit Auflagenanteil	1964 Verlage als Herausgeber	1964 mit Auflagenanteil	1967 Verlage als Herausgeber	1967 mit Auflagenanteil
v.H.	bis 5	44,4	5,4	37,5	3,2	32,4	2,5
v.H.	5 - 10	18,6	6,2	19,7	4,5	20,9	4,4
v.H.	10 - 20	13,5	8,7	14,8	7,1	16,3	7,1
v.H.	20 - 40	9,5	12,7	10,0	9,2	9,2	7,7
v.H.	40 - 60	3,5	7,7	3,8	5,9	4,1	5,9
v.H.	60 - 100	3,7	13,6	5,1	13,6	4,1	9,6
v.H.	100 - 150	2,6	13,9	3,1	13,0	3,6	13,1
v.H.	150 - 200	1,4	11,2	0,7	4,1	1,3	6,9
v.H.	200 u. m.	0,9	20,6	2,1	39,5	2,6	42,8
N	Insgesamt	624		573		535	
N	(In 1000)		13 365		17 318		18 043
v.H.	(Standardvergleich	21,6	80,0	18,8	80,0	16,6	80,0

PUBLIKUMS-ZEITSCHRIFTEN Auflage je Zeit.nummer (in 1 000)	1954 Zahl der Titel	1954 mit Auflagenanteil	1963 Zahl der Titel	1963 mit Auflagenanteil	1972 Zahl der Titel	1972 mit Auflagenanteil
bis 5	21,9	0,7	26,7	0,5	23,8	0,3
5 - 10	6,8	0,6	9,6	0,6	6,7	0,3
10 - 20	16,7	3,0	11,3	1,3	8,5	0,7
20 - 40	15,1	5,7	12,5	2,9	14,3	2,3
40 - 60	8,0	5,0	9,6	4,0	8,5	2,1
60 - 100	7,6	7,4	6,3	3,9	12,1	5,1
100 - 200	13,2	22,7	10,9	14,0	8,1	6,3
200 - 500	8,4	30,4	7,9	20,9	5,8	9,0
500 u. m.	2,4	24,6	5,4	51,8	12,1	74,0
Insgesamt (in 1000)	251	19 900	240	29 099	224	41 500
(Standardvergleich	25,9	80,0	18,2	80,0	15,4	80,0

BÜCHER Produzierte Titel je Verlag	1953 Verteilung der Verlage	1953 mit Titelanteil	1963 Verteilung der Verlage	1963 mit Titelanteil	1971 Verteilung der Verlage	1971 mit Titelanteil
1 - 2	50,8	7,2	41,1	4,0	44,5	3,4
3 - 5	16,8	7,2	18,6	5,2	17,1	3,9
6 - 10	11,8	10,0	12,8	7,2	11,7	5,4
11 - 20	10,4	16,9	12,4	13,7	10,3	8,9
21 - 30	4,3	12,1	4,9	9,0	5,2	7,8
31 - 40	1,9	7,5	3,1	8,0	3,0	6,1
41 - 50	1,0	5,0	1,9	6,4	1,5	3,9
51 - 100	2,1	16,5	2,9	15,1	3,8	15,7
100 u.m.	0,9	17,6	2,3	31,4	2,9	44,9
Insgesamt (in 1000)	1 785	15 738	1 668	22 622	1 958	33 042
(Standardvergleich	25,2	80,0	23,7	80,0	17,9	80,0

7 DIE ENTWICKLUNG DER BRUTTOWERBEUMSÄTZE AUSGEWÄHLTER WERBEMITTEL UND DIE BEDEUTUNG DER WERBEEINNAHMEN FÜR AUSGEWÄHLTE MEDIEN

Medium	Dim.	1952	1955	1960	1965	1970
		Anteile der Medien am Bruttowerbeumsatz:				
Zeitungen	v.H.	63,2	62,2	56,2	48,3	52,2
Zeitschriften	v.H.	32,9	34,3	35,2	37,7	33,6
Fernsehen	v.H.	x	x	6,3	11,8	10,8
Hörfunk	v.H.	4,0	3,5	2,3	2,3	3,4
Insgesamt (in Mill.)	DM	527,6	910,2	2112,8	4002,0	5973,8
(Sonstige Werbemedien (in Mill.)	DM	.	.	.	2141,8	3580,1
		Anteil der Werbeeinnahmen an den Gesamteinnahmen bei:				
Zeitungen	v.H.		46,6	58,9	66,0	69,5
Zeitschriften	v.H.					
Fernsehen-Funk ARD	v.H.					
Fernsehen ZDF	v.H.			17,8	24,5	40,3

8 DIE MARKTANTEILE DER VIER GRÖSSTEN ZEITSCHRIFTENGRUPPEN (Publikumszeitschriften) 1968 BIS 1972 (Auflage gewichtet nach Erscheinungsintervallen)

	Marktanteil 1968	1969	1970	1971	1972	1973
Dim.	%	%	%	%	%	%
Heinrich Bauer Verlag, Hamburg	26,1	27,2	29,9	29,8	28,6	29,8
Axel Springer Verlag, Hamburg	13,3	13,1	13,3	13,4	14,1	13,7
Burda Gruppe, Offenburg	8,9	9,5	10,3	11,5	12,7	13,0
Gruner + Jahr, Hamburg	8,4	10,5	10,5	9,9	10,0	9,3
Zusammen	56,7	60,3	64,0	64,6	65,4	65,8

ABKÜRZUNGEN

IVW Informationsgemeinschaft zur Festlegung der Verbreitung von Werbeträgern
prod. produziert
ZAW Zentralausschuß der Werbewirtschaft

DEFINITIONEN

Ausgaben: Als Ausgabe gilt jede Zeitung, die sich durch inhaltliche Abweichung, z.T. auch nur durch den Titel, von anderen Zeitungen unterscheidet
Fernsehproduktion: Summe der jährlichen Fernsehsendezeit bestimmter Programme
Hörfunkproduktion: Summe der jährlichen Hörfunksendezeit und Sender
Kinodichte: Anzahl der Kinos auf 100 000 Einwohner
Kinositzplatzdichte: Kinositzplätze auf 1 000 Ew.
Lokalmonopole: bestehen in den Stadt- oder Landkreisen, in denen es nur eine lokale Zeitungsausgabe gibt.
Tageszeitung: Blätter, die primär der aktuellen und universellen, thematisch nicht begrenzten kontinuierlichen Nachrichtenübermittlung dienen und mindestens zweimal wöchentlich erscheinen (Ausnahme: Tab 2, a.) Zeitungen weisen also vier Merkmale auf: Periodizität, Aktualität, Universalität, Publizität
Überregionale Wochenzeitung: wöchentlich einmal erscheinende Zeitungen mit überregionaler Verbreitung. Die lokalen und regionalen Wochenzeitungen werden in dieser Statistik nicht berücksichtigt.
Verkaufsauflage: verkaufte - nicht gedruckte - Auflage einer Zeitungs- bzw. Zeitschriftennummer
Verlage als Herausgeber: unter wirtschaftlich - verlegerischem Gesichtspunkt sind hier entscheidend die im Impressum einzeln genannten Herausgeber.Mit der Einführung der Kategorie
Verlage als wirtschaftliche Einheiten: werden Kooperationen mehrerer Verlage als Herausgeber erfaßt
Verlage als publizistische Einheit: als - gelten alle Ausgaben, die, unabhängig von ihrer verlegerischen oder wirtschaftlichen Struktur - mit einem gemeinsamen "Mantel" erscheinen (im Regelfall identisch mit den Seiten 1 und 2 des aktuellen politischen Teils)
Zeitschrift: in der Publizistik gibt es bis jetzt noch keine allgemein akzeptierte Definition für Zeitschrift. Prinzipiell läßt sich sagen, daß die vier Merkmale der Tageszeitung nur mit Einschränkung gelten.
Zeitungsdichte: Ø Zahl von lokalen Zeitungsausgaben je Stadt- bzw. Landkreis

QUELLEN UND ANMERKUNGEN (A)

Tab 1 StBA, JB 1961, S. 115; StBA, JB 1971, S. 89 ff.; Walther J. Schütz, Zeitungsstatistik. In: Handbuch der Publizistik, Band 3, 2. Teil, hrsg.von Emil Dovifat, Berlin 1969: Walter de Gruyter & Co., S. 360 ff.; Der deutsche Buchhandel in Zahlen, Leipzig 1937, S. 6; Ernest Umlauff, Beiträge zur Statistik des deutschen Buchhandels, Leipzig 1934; Börsenverein des deutschen Buchhandels, Leipzig 1934; Börsenverein des deutschen Buchhandels (Hrsg.), Buch und Buchhandel in Zahlen, 1972, Frankfurt 1972: Buchhändlervereinigung, S. 11

A a. Diese Zahlen dürften ungenau sein, da sie teils auf Verbandsstatistiken, teils auf Schätzungen beruhen; .1 - .8 Deutsches Reich; hier wurden vermutlich Zeitungs-"ausgaben" erfaßt; .9-.11 Bundesgebiet; hier wurden Zeitungen im Sinn von Verlagen als Herausgeber erfaßt; b. .11 1971; weiter siehe Tab 3, e. .21; e. .10+.11 hier wurden die Sendezeiten aller Hörfunkanstalten und aller Programme aufaddiert. Die Sendezeiten der Deutschen Welle, des Senders Freies Europa und des fremdsprachigen Programms des Deutschlandfunks wurden, da sie für das Ausland bestimmt sind, nicht berücksichtigt. f. .10+.11 hier wurden nur die Sendezeiten des 1. (ohne Werbefernsehen) und 2. Programms erfaßt.

Tab 2 UN, SY 1971, S. 785 ff., S. 796 ff., 800 ff., 802 ff., ; ÖST, JB 1972; SWE, JB 1972; StBA, JB 1972, S. 88 - 92

A a. Im UN, SY werden nur Tageszeitungen erfaßt, die mindestens vier mal in der Woche erscheinen. Im übrigen scheint es sich definitorisch um Zeitungs"ausgaben" zu handeln; b.+c. Im UN, SY werden periodische Publikationen und Bücher, in denen der "Text nicht die wichtigste Rolle spielt", also beispielsweise Bildbände und Atlanten, nicht erfaßt; d. Im UN, SY werden nur Filme ab einer, je nach Land unterschiedlichen Mindestlänge (zwischen 900 - GBR - und 3 400 - IND - Metern)erfaßt. Internationale Kooperationen werden teils nur in dem als erstes aufgeführten Land, teils in allen aufgeführten Ländern, gezählt. Eine thematische Beschränkung, beispielsweise auf Spielfilme, scheint nicht vorzuliegen.

Tab 3 StBA, JB 1951 bis 1973. Abschnitt Bildung und Kultur - Kulturelle Einrichtungen; Schütz, Zeitungsstatistik, a.a.O., S. 364; ZAW (Hrsg.), Jahresbericht Werbung 1970, S. 218; Börsenverein des deutschen Buchhandels, a.a.O., S. 11, 18; Reinhard Knierim, Filmstatistisches Taschenbuch 1965 bis 1972; Wiesbaden; Filmstatistisches Jahrbuch 1955/56, Wiesbaden 1956; Media Perspektiven, hrsg. im Auftrag der Arbeitsgemeinschaft Werbefernsehen; Daten der Mediensituation in der Bundesrepublik, August 1973: Frankfurt, ohne Seitenzahl.

A a. Bei den Tageszeitungen werden nur solche erfaßt, die dem IVW angehören und den entsprechenden Fragebogen (sehr hohe Rücklaufquote) beantworten. Schätzungen des von der IVW erfaßten Zeitungsanteils an allen Tageszeitungen schwanken zwischen 60 und 90 %; b.-d. Entsprechendes gilt für diese Zeilen; e. Die Zahl der jährlich "produzierten" Buchtitel wird von der Deutschen Bibliothek, Frankfurt, bestimmt und richtet sich nach der von ihr jährlich katalogisierten Zahl von Buchtiteln. Entsprechend dürfte die Zahl der tatsächlich produzierten Titel etwas höher liegen. Die "Produktion" des Jahres 1970 fällt völlig aus dem Rahmen, da durch die Umstellung auf EDV die Aufarbeitung aller bis dahin liegengebliebenen Titel möglich war; diese Zahl ist also, im Gegensatz zu den anderen, zu hoch. h. hier wurden nur Spielfilme mit einer Mindestlänge von 1 600 m erfaßt, einschließlich der in deutsch - ausländischer Co-Produktion hergestellten. i. siehe Tab 1, e.; m. hier wurden nur die Sendezeiten des 1. (ohne Werbefernsehen) und 2. Programms erfaßt. n. Diese Zahlen weisen die Ø Sendezeit des Regional- und 3. Programms der einzelnen ARD - Sender aus. Die insgesamt ausgestrahlte Sendezeit ergibt sich durch Multiplikation mit 8 (8 ARD - Sendeanstalten).

Tab 4 TAGESZEITUNGEN: Stichtagsammlungen aller deutschen Tageszeitungen vom 4. und 7.12. 1954, vom 7., 9., und 10.11.1964, vom 1., 2. und 4.9.1967; IVW Meldungen vom 4. Quartal 1954, 4. Quartal 1967; aus: Schütz, a.a.O., S. 367. PUBLIKUMSZEITSCHRIFTEN: Basis: Zahlenmaterial von Helmut H. Diederichs, Konzentration in den Massenmedien, München 1973: Reihe Hanser 120. Das Zahlenmaterial ist IVW - Meldungen entnommen. Bearbeitet wurde mit "bereinigten" Auflageziffern: zum Zwecke der Vergleichbarkeit wurde für die Berechnungen bei den nicht-wöchentlich erscheinenden Zeitschriften eine wöchentliche Auflage bestimmt und zugrundegelegt. BÜCHER: Börsenverein des deutschen Buchhandels (Hrsg.), Buch und Buchhandel in Zahlen, a.a.O., mehrere Jahrgänge

Tab 5 Diederichs, Helmut H., a.a.O., S. 78 ff.,; Schütz, a.a.O., S. 369; Bundestagsdrucksache 7/2104 vom 15.4.1974, Sachgebiet 225, S. 6

Tab 6 wie bei Tab 5

Tab 7 ZAW (Hrsg.), Jahresbericht Werbung 1970, S. 31; Rudolf Hofsähs, Zur Entwicklung der Gewinne bei Tageszeitungen, in: Publizistik, Heft 1, 1969, S. 83 ff., ARD - und ZDF - Jahrbücher

Tab 8 Diederichs, Helmut H., Ökonomische und publizistische Konzentration der Publikumszeitschriften, in: Media - Perspektiven 5/ 1974, S. 213

A Berechnungen wurden vorgenommen nach den IVW - Auflagenlisten des jeweils 4. Quartals

GEWERKSCHAFTEN

Eines der zentralen Probleme der Gewerkschaften als Organisation ist die Wahrung des Handlungsspielraums zwischen den Polen "Legitimation durch die Mitglieder" und "Autonomie gegenüber dem Gesellschaftssystem", da sie - ebenso wie die Gegenseite, die Arbeitgeberverbände - als kämpferische Interessenvertretung einerseits und gesellschaftliches Regulierungsinstrument andererseits eine Doppelfunktion zu erfüllen haben. Dabei leisten die Gewerkschaften drei spezifische Beiträge: sie fassen die Interessenvielfalt im vorpolitischen Raum zusammen und kanalisieren die Willensbildungsprozesse, gegebenenfalls auch die Konflikte (Aggregationsleistung); sie organisieren die von ihnen Vertretenen und orientieren u.U. diejenigen um, die sich andere Verbandsziele gewünscht haben (Motivationsleistung); und sie garantieren schließlich die Verbindlichkeit der Verhandlungsergebnisse durch deren Vermittlung zu den Mitgliedern (Verpflichtungsleistung).

In diesem Bezugsrahmen staatlicher Verantwortung und gesellschaftlicher Legitimation verfügen die Sozialpartner nur über eine "bedingte" Autonomie, die auch in der immer wieder geforderten politischen Abstinenz und Beschränkung gewerkschaftlicher Aktivitäten auf tarifliche Konflikte zum Ausdruck kommt. Das Legitimationsproblem stellt sich um so stärker, je mehr die Gewerkschaften durch die tendenziell zunehmende instrumentelle Orientierung ihrer Mitglieder den Charakter einer "Bewegung" verlieren und gezwungen werden, materiell sich auswirkende Erfolge vorzuweisen, was ihnen im geforderten Ausmaß nicht immer möglich sein dürfte.

Für den sinkenden gewerkschaftlichen Organisationsgrad der Arbeitnehmer dürfte als Ursache neben der Vollbeschäftigung in erster Linie der "free-rider-effect" in Frage kommen, d.h. der Umstand, daß jeder Arbeitnehmer ohne individuelle Kosten, also ohne der Organisation anzugehören, deren Erfolge nutzen kann. Außerdem hat in den letzten Jahren die

Zahl der bedingt organisationsfähigen Arbeitnehmer zugenommen: hierzu gehören vor allem ausländische Arbeitnehmer, Teilzeitbeschäftigte und Arbeitsstellenwechsler. Diese Umstände lassen den Schluß von einem sinkenden Organisationsgrad auf eine Abnahme der gewerkschaftlichen Legitimation und auf daraus abgeleitete Nichtlegitimität des gewerkschaftlichen Vertretungsanspruches auch der nichtorganisierten Arbeitnehmer als fragwürdig erscheinen. Dagegen wirft die Oligarchisierung der Entscheidungen innerhalb der Organisation bei gleichzeitiger Apathie der Mehrzahl ihrer Mitglieder sicherlich Legitimitätsprobleme für die Führung und die von ihr vertretenen Ziele auf - ein Umstand, der auch für andere Verbände zutrifft.

Die von den Gewerkschaften verfolgten Ziele bewegen sich zwischen den Polen Verbesserung der Massen - und damit Individualeinkommen und Verbesserung der Lebensqualität (soziale Sicherung, Arbeitsbedingungen, Mitbestimmung, Freizeit, Umwelt) einerseits und wirtschaftliches Wachstum und Umverteilung andererseits. Bisher haben die kurzfristig eher erreichbaren Ziele der Einkommensverbesserung und des wirtschaftlichen Wachstums die dominierende Rolle in der Gewerkschaftspolitik gespielt, mit Ausnahme der sozialen Sicherung und der Mitbestimmung. In den letzten Jahren traten Forderungen nach Verbesserung der Lebensqualität in einem weiten Sinn und nach einer weiterreichenden Umverteilung der Einkommens- und Vermögenszuwächse (die Bestände standen wohl nie ernsthaft zur Diskussion) stärker in den Vordergrund.

Als Quellenmaterial liegen fast ausschließlich Verbandsstatistiken und Untersuchungen von Meinungsforschungsinstituten vor. Während die Verbandsstatistiken hauptsächlich Auskunft geben über die Struktur und Bewegung der Mitglieder, über Delegierte, über Ergebnisse der Betriebs- und Personalratswahlen, befassen sich die - oft im Auftrag der Gewerkschaften durchgeführten - Umfragen stärker mit der Einschätzung der Gewerkschaften durch die Arbeitnehmer, mit deren arbeitsbezogenen Einstellungen und gewerkschaftsbezogenen Erwartungen, mit dem Ausmaß ihrer Identifikation und

Beteiligung. Informationen über Entscheidungsprozesse und -strukturen in den Gewerkschaften und über Ausmaß und Formen der Tarifauseinandersetzungen sind nicht vorhanden.

Anm.: In diesem Abschnitt sollten ursprünglich auch die Arbeitgeberverbände behandelt werden. Außer der Organisationsstruktur der Verbände waren aber keinerlei Informationen zu bekommen, nicht einmal über die Zahl der Mitglieder.
Aus diesem Grunde schrumpfte das Kapital zu einem Gewerkschaftsabschnitt.

1 HISTORISCHE ÜBERSICHT ÜBER DIE GEWERKSCHAFTSBEWEGUNG

	Dim.	1870	1880	1890	1900	1910	1920	1930	1940	1950	1960	1970
Mitglieder in:												
Freie Gewerkschaften / DGB (in 1000)	N	.	.	278	680	2 017	8 567	5 282	x	5 279	6 379	6 713
Christliche Gewerkschaften (in 1000)	N	.	.	.	79	295	1 532	1 371	x	-		
(Hirsch-Dunckersche Gewerkvereine (in 1000)	N	.	.	.	92	123	226	498	x	x	x	x
Angestelltenverbände (in 1000)	N	x	x	x	x	x	x	x	x	344	506	521
Beamtenverbände (in 1000)	N	.	.	.					x	234	802	720
Insgesamt (in 1000)	N	.	49	278	851	2 435	10 325	8 460	x	5 857	7 687	7 954
Organisationsgrad	v.H.		(0,4)	2,1	5,3	13,4	51,0	39,3	x	34,8	36,7	36,1
Zahl der Gewerkschaften	N		31						x	21	21	20
Organisationskonzentration	v.H.									90,1	83,0	84,4

2 INTERNATIONALE ÜBERSICHT ÜBER DIE GEWERKSCHAFTSBEWEGUNG

	Dim	BRD 1970	DDR .	GBR 1969	FRA .	ITA .	NIE 1967	BEL 1969	LUX	DÄN	ÖST 67/68	SWI	SWE 1969	JAP 1969	USA 1970	USR	IND 1965
Organisationsgrad	%	36,1	-	44,6	.	.	43,2	65,8			(68,1)		71,1	34,0	24,6		-
Zahl der Gewerkschaften	N	20	-	508	.	.	305	32			(16)		90	56 535	200		6 765

3 ENTWICKLUNG DER MITGLIEDERSTRUKTUR UND -VERTEILUNG IN DEN ARBEITNEHMERVERBÄNDEN 1950 BIS 1970

		Deutscher Gewerkschaftsbund			Angestelltenverbände			Beamtenverbände			Organisierte Zusammen		
	Dim	1950	1960	1973	1950	1960	1973	1950	1960	1973	1950	1960	1973
DIE MITGLIEDERSTRUKTUR DER GEWERKSCHAFTEN													
Mitglieder Insg. (in 1 000)	N	5 279	6 379	7 168	344	506	492	234	802	928	.	.	8 712
davon Arbeiter	%	83,1	80,7	73,8	x	x	x	.	.	1,7	.	.	61,8
Angestellte	%	10,4	11,3	16,8	100	100	100	.	.	5,4	.	.	21,1
Beamte	%	6,5	8,0	9,4	x	x	x	.	.	92,9	.	.	17,2
Frauenquote der Mitglieder	%	15,9	17,1	16,5	31,4	34,5	(32,0)	.	.	.	.	.	.
Arbeiter	%	15,7	15,8	13,6	x	x	x	.	.	.	.	.	.
Angestellte	%	26,7	32,5	30,8	31,4	34,5	(32,0)	.	.	.	.	.	.
Beamte	%	8,4	9,0	13,1	x	x	x	.	.	.	.	.	.
DIE VERTEILUNG DER ORGANISIERTEN ARBEITNEHMER auf die Organisationen											ORGANISATIONSGRAD nach sozialrechtl. Stellung		
Mitglieder Zusammen	%	90,1	80,7	82,7	.	6,4	5,2	.	11,2	9,8	41,7	36,1	38,8
Arbeiter	%	.	.	98,2	x	x	x	.	.	0,3	.	37,9	44,5
Angestellte	%	64,2	58,6	65,8	.	.	.	.	.	2,5	26,0	19,8	21,7
Beamte	%	48,2	36,6	45,0	x	x	x	51,8	63,4	53,0	84,5	91,7	76,4

4 ENTWICKLUNG DER MITGLIEDERSTRUKTUR DES DEUTSCHEN GEWERKSCHAFTSBUNDES 1950 BIS 1970

	Dim.	1950	1956	1960	1965	1970	Organisationsgrad 1952	Organisationsgrad 1963	Organisationsgrad 1970
IG Bau, Steine, Erden	v.H.	7,4	7,3	6,7	7,7	7,5	22,0	17,0	19,0
IG Bergbau (und Energie)	v.H.	10,6	9,7	8,4	6,8	5,8	99,6	84,7	73,7
IG Chemie, Papier, Cheramik	v.H.	7,5	7,7	8,2	8,2	8,9	65,8	44,8	41,0
IG Druck und Papier	v.H.	2,4	2,2	2,2	2,3	2,2	58,2	36,9	49,1
Gew. d. Eisenbahner Deutschlands	v.H.	7,8	7,0	6,9	6,6	6,2	76,2	82,1	103,1
Gew. Erziehung und Wissenschaft	v.H.	1,2	1,2	1,3	1,5	1,8	23,0	23,1	24,0
Gew. Gartenbau-, Land- und Forstwirt.	v.H.	1,9	1,5	1,4	1,2	0,7	10,8	14,7	.
Gew. Handel, Banken u. Versicherungen	v.H.	1,2	1,9	2,1	2,0	2,3	5,7	3,9	3,7
Gew. Holz (und Kunststoff)	v.H.	3,5	3,1	2,5	2,1	1,9	37,0	26,5	20,7
Gew. Kunst	v.H.	0,8	0,6	0,5	0,5	0,5	48,5	36,5	.
Gew. Leder	v.H.	1,9	1,5	1,4	1,2	0,9	45,2	37,1	32,4
IG Metall	v.H.	24,8	27,1	28,9	30,6	33,1	55,9	37,7	40,5
IG Nahrung, Genuß, Gaststätten	v.H.	4,7	4,9	4,5	4,3	3,7	31,9	21,1	14,5
Gew. Öfftl. Dienste, Transp. u. Verkehr	v.H.	13,3	13,9	15,0	14,9	14,6	25,2	24,6	27,5
Deutsche Postgewerkschaft	v.H.	3,5	4,0	4,4	5,0	5,4	66,5	73,8	80,0
Gew. Textil u. Bekleidung	v.H.	7,5	6,4	5,6	5,1	4,5	34,0	26,3	28,5
Insgesamt (in 1000)	N	5 450	6 125	6 379	6 574	6 713	37,0	28,5	.
Jährliche Mitgliederzirkulation	v.H.	14,1	18,4	16,3	11,5	14,0	x	x	x

5 ALTERSAUFBAU UND MITGLIEDSDAUER DER MITGLIEDER DER IG-METALL 1961 UND 1970

Alter	Dim.	Mitgliedsdauer 1970 in Jahren 0-5	5-10	10-20	20 um	1970 zus.	1961 zus.	1970 M. Erwerbspers.
14 - 20 Jahre	v.H.	19,6	0,8	x	x	7,4	8,6	6,9
20 - 30 Jahre	v.H.	35,2	30,5	8,3	x	21,2	26,6	18,7
30 - 40 Jahre	v.H.	23,9	32,1	35,7	5,8	24,6	21,5	27,0
40 - 50 Jahre	v.H.	14,0	20,8	26,9	22,9	20,1	14,8	21,4
50 - 60 Jahre	v.H.	5,9	11,1	17,1	20,0	12,3	16,6	14,8
60 u.m. Jahre	v.H.	1,3	4,7	12,0	51,3	14,4	11,8	11,3
Insgesamt (1000)	N	819,5	463,8	492,9	447,3	2233,4		
Verteilung 1970	v.H.	36,7	20,9	22,2	20,1	100,0		
Verteilung 1961	v.H.	39,9	21,3	28,8	10,0		100,0	

6 ERGEBNISSE DER BETRIEBS- UND PERSONALRÄTEWAHLEN

	Dim	Betriebsrätewahlen 1961	1972	Personalrätewahlen 1960	1972
Betriebe/Dienststellen (in 1 000)	N	24,9	29,3	6,8	
Anzahl der Mandate (in 1 000)	N	144,3	173,7	32,0	
Wahlbeteiligung	%	ü. 80			
Mandatsträger waren organisiert	%	86,4	81,1		
davon im DGB	%	95,1	95,7		
in der DAG	%	3,9	3,7		
in sonst. Gewerkschaften	%	1,0	0,6		
Mandatsträger waren nichtorgan.	%	13,6	18,9		
Von den Mandatsträgern waren					
Frauen	%		13,4		
Angestellte	%		29,6		
Ausländer	%		1,8		

7 DGB - KONGRESSE: ZUSAMMENSETZUNG UND ZIRKULATION DER DELEGIERTEN

	Dim	1949	1952	1954	1956	1959	1962	1966	1969	1972
Delegierte Insgesamt	N	(411)	356	391	403	418	425	439	429	453
davon Arbeiter	%			24,0		29,9	28,9	28,7	24,3	23,6
Angestellte	%			15,9	57,3	13,4	10,8	64,9	71,8	69,3
Beamte	%			7,4		7,2	7,5	6,4	6,4	6,8
hauptberufliche Gewerkschaftsfunktionäre	%			52,7	42,7	49,5	52,7	54,7	56,3	54,1
darunter Frauen	%	3,4	7,0		6,0			4,6	4,5	6,4
Es waren zum 1. Mal Delegierte	%	100,0	52,7	58,8	59,6	65,3	63,5	(59)	(68)	(58)
2. Mal Delegierte	%	x	(50)	(14)	(29)	(23)	(19)	(24)	(15)	(21)
3. Mal Delegierte	%	x	x	(19)	(19)	(15)	(19)	(18)	(18)	(21)

10 DIE EINSTELLUNG WESTDEUTSCHER FÜHRUNGSGRUPPEN ZU GEWERKSCHAFTEN UND ARBEITGEBERVERBÄNDEN 1972 - Frage nach dem gewünschten Einfluß (Kaltefleiter - Wildenmann - Studie)

gewünscht wird:	Insg.	mehr Einfluß Gewerk	mehr Einfluß AGVerb	Einfluß wie bisher Gewerk	Einfluß wie bisher AGVerb	weniger Einfluß Gewerk	weniger Einfluß AGVerb
Dim.	N	%	%	%	%	%	%
Bundesminister/Exekutive	84	9,5	1,2	50,0	40,5	33,3	52,4
Parlamentarische Führungsgruppe	149	9,4	4,5	46,3	46,3	39,6	43,[illegible]
Parteifunktionäre	120	7,5	6,7	37,5	48,3	49,2	38,[illegible]
Staatssekretäre/Verwaltung	549	4,4	2,2	50,3	55,6	41,5	38,[illegible]
Militärische Führungsgruppe	41	2,4	17,1	39,0	63,4	58,5	19,[illegible]
Führer der Wirtschaftsverbände	126	0,8	31,7	31,0	58,7	65,1	6,[illegible]
Manager	266	1,5	34,2	30,1	52,3	65,0	9,[illegible]
Spitzenfunktionäre der Gewerkschaften	62	69,4	3,2	24,2	33,9	4,8	61,[illegible]
Spitzenfunktionäre der Berufsverbände	71	1,4	23,9	36,6	56,3	60,6	18,[illegible]
Wissenschaft und Forschung	48	8,3	2,1	41,7	37,5	45,8	58,[illegible]
Chefredakteure/Intendanten	264	11,4	4,5	53,0	47,7	34,1	46,[illegible]
Zusammen	1 825	7,8	11,0	43,2	51,0	45,4	34,[illegible]

8 POLITISCHE BETEILIGUNG DER GEWERKSCHAFTSMITGLIEDER 1964 (Angaben in abweichenden Prozentpunkten von der Stichprobenstandardverteilung)

	Sehr aktive	Über-zeugte	Aktive	Mitma-chende	Gleich-gültige	Distan-zierte	Insgesamt	
	Mitglieder						N	v.H.
Zahl der Fälle (absolut)	211	245	270	438	380	205	1 749	
STANDARDVERTEILUNG (in v.H.)	12,1	14,0	15,4	25,0	21,7	11,7		100,0
nach Geschlecht:								
Männer	1,9	1,5	1,6	0,1	- 2,8	- 2,0	1 469	84,0
Frauen	- 10,0	- 7,9	- 7,9	0	15,1	10,8	280	16,0
Nach Alter:								
bis 35 Jahre	- 3,8	- 2,0	- 0,4	1,6	3,7	1,1	508	29,0
35 - 50 Jahre	4,1	- 1,2	1,1	- 2,0	- 1,9	- 0,4	647	37,0
50 u.m. Jahre	- 1,7	3,0	- 0,8	0,9	- 1,0	- 0,4	594	34,0
nach berflicher Stellung:								
An- und ungelernte Arbeiter	- 6,3	- 1,1	- 3,6	1,7	5,0	4,4	591	33,8
Facharbeiter	5,8	2,0	2,3	- 2,5	- 3,5	- 4,1	719	41,1
Angestellte	- 2,0	1,4	- 0,4	2,7	- 1,1	- 0,5	267	15,3
Beamte	0,1	- 6,4	3,8	0,6	- 0,8	- 2,8	172	9,8
nach Schulausbildung:								
Volksschule ohne Lehrabschluß	- 4,2	- 1,7	- 0,9	0,9	2,3	2,6	559	32,0
Volksschule mit Lehrabschluß	2,9	1,1	- 0,5	- 0,1	- 0,8	- 2,4	928	53,1
Höhere Schulausbildung	- 0,7	- 0,1	3,4	- 1,3	- 4,6	3,4	245	14,0
Keine Antwort	- 12,1	- 2,2	14,0	- 1,5	1,8	0,1	17	1,0
nach Betriebsgröße:								
1 - 9 Beschäftigte	- 6,4	6,0	7,5	0,7	- 1,7	- 6,0	35	2,0
10 - 99 Beschäftigte	0	- 0,8	2,7	- 3,3	1,4	0	281	16,1
100 - 499 Beschäftigte	- 2,3	1,6	- 2,2	2,8	- 1,5	1,7	410	23,4
500 u.m. Beschäftigte	2,5	- 0,9	0,1	0,2	0,2	- 0,9	993	56,8
Keine Antwort	- 12,1	9,7	- 5,4	- 11,7	5,0	15,0	30	1,7

9 EINSTELLUNGEN VON ARBEITNEHMERN ZU PROGRAMMEN UND AKTIVITÄTEN DER GEWERKSCHAFTEN 1969 (Umfrageergebnisse; Angaben in % der Befragten)

	Dim.	Arbeitnehmer Zusammen	Arbeiter Zusammen	Ungelernte Arbeiter	hochqualifizierte Facharbeiter	Angestellte Zusammen	Leitende Angestellte	Beamte Zusammen
Insgesamt	N	2 290	1 213	182	187	829	180	244
Die folgenden Auffassungen hielten für richtig:								
Gewerkschaften sollen alle Arbeitnehmer vertreten	%	69	69	70	63	71	66	60
Gewerkschaften sollen ihren Einfluß in allen politischen Fragen gebrauchen	%	32	38	36	33	25	19	33
Gewerkschaften sollen sich nur um Tarifangelegenheiten und sozialpolitische Fragen kümmern	%	54	51	59	46	60	64	48
Gewerkschaften sollen zum tarifpolitischen Streik aufrufen	%	52	56	45	60	44	38	57
Bei Gefährdung der Demokratie sollten Gewerkschaften zum Generalstreik aufrufen	%	53	52	45	58	54	53	57
Regierungen sollen Gewerkschaften zu Rate ziehen	%	53	57	53	56	46	47	53
Gewerkschaften sind überflüssig	%	7	7	7	7	8	7	3

ABKÜRZUNGEN

DGB Deutscher Gewerkschaftsbund
Gew. Gewerkschaft
IG Industrie - Gewerkschaft

DEFINITIONEN

Frauenquote: Anteil der Frauen in v.H. der danach genannten Grundgesamtheit
Mitgliederzirkulation: Diese Ziffer gibt an, welcher Anteil des Mitgliederbestandes (Stand Ende des Jahres) im Laufe des Jahres neu in die Gewerkschaft eingetreten ist. Diese Ziffer gilt nur für IG Metall.
Organisationsgrad: Anteil der in Gewerkschaften Organisierten in allen abhängig Beschäftigten; bzw. Anteil der in einer Gewerkschaft Organisierten an den abhängig Beschäftigten des betreffenden Wirtschaftszweiges.
Organisationskonzentration: Anteil der Gewerkschaftsmitglieder, die im stärksten Dachverband organisiert sind, an allen Gewerkschaftsmitgliedern.

QUELLEN UND ANMERKUNGEN (A)

Tab 1 STRA, StBA, verschiedene Jahrbücher; Mitteilungen des DGB - Bundesvorstandes, Düsseldorf, an den Verfasser; Hartmut Schellhoss, Apathie und Legitimität - Das Problem der neuen Gewerkschaften, München 1967: Piper, S. 105; Dieter Schuster, Die deutsche Gewerkschaftsbewegung, hrsg. vom DGB - Bundesvorstand, Düsseldorf 1971, S. 19; BuW 1872 - 1972, S. 142

A .1-.7 Deutsches Reich; .2 f.-h. 1877; g. abhängig Erwerbstätige am 5.6.1882; .8 die Gewerkschaften waren von 1933 bis 1945 verboten; .9-.11 Bundesgebiet; g. der Organisationsgrad ist hier unterschätzt, da die Mitgliederzahlen von einigen - zahlenmäßig allerdings unbedeutenden - Gewerkschaften nicht erfaßt werden konnten. Aus dem gleichen Grunde ist i. geringfügig überschätzt.

Tab 2 StBA, JB 1972; SWI JB 1972; USA JB 1972; StBA, Länderkurzberichte

Tab 3 StBA, JB 1951, 1961, 1972, Abschnitt Wirtschaftsorganisation und Berufsverbände; Mitteilungen des DGB - Bundesvorstandes, Düsseldorf, an den Verfasser; Geschäftsberichte des DGB - Bundesvorstandes, Düsseldorf, 1951, 1962; Hartmut Schellhoss, a.a.O., S. 57, S. 83 ff., S. 125; Informationen einzelner Gewerkschaften an die Verfasser

A Berücksichtigt wurden die Gewerkschaften DGB, DAG, ULA, DBB, GDP. 1973 wurde in den "Zusammen" - spalten bzw. -zeilen auch der CGB erfaßt; a.-d. .1+.4+.7+.10 1952; .2+.5+.8+.11 1963; .4 1951, nur Deutsche Angestelltengewerkschaft; .5 e. nur DAG, da für den DHV entsprechende Zahlen nicht vorliegen.

Tab 4 Geschäftsberichte des DGB - Bundesvorstandes, Düsseldorf; StBA, Jahrbücher, Abschnitt Wirtschaftsorganisation und Berufsverbände; Hartmut Schellhoss, a.a.O., S. 61 - 62; StBA, JB 1971, S. 140; JB 1972, S. 320 und 348 und 411; StBA, Lange Reihen zur Wirtschaftsentwicklung 1973, S. 37

A .6-.8 Die Festlegung des Organisationsgrades der Einzelgewerkschaften ist ein methodisch zweifelhaftes Unternehmen, da sich abhängig Erwerbstätige nicht eindeutig den einzelnen Industriegewerkschaften zuordnen lassen und Überschneidungen vorkommen können.

Tab 5 Industriegewerkschaft Metall, Geschäftsbericht 1960 - 1961, hrsg. vom Bundesvorstand der IGM, Frankfurt, S. 377; IGM - Geschäftsbericht 1968 - 1970, a.a.O., S. 414 - 415 (?); StBA, JB 1971, S. 126

A a. .7 15 bis 20 Jahre

Tab 6 DGB Nachrichtendienst, hrsg. von der Bundespressestelle des DGB, ND 65/73 vom

22.2.1973; DGB Geschäftsbericht, a.a.O., 1962

Tab 7 Hartmut Schellhoss, a.a.O., S. 16; DGB Geschäftsberichte, a.a.O., 1951, 1954, 1956, 1959, 1962, 1966, 1969, 1972

A Die Zahlen in Klammern gelten nur für die Delegierten der IG Bau-Steine-Erden

Tab 8 Gewerkschaft und Mitglieder, hrsg. von infas (Institut für angewandte Sozialwissenschaft), Abt. für Kommunikationsforschung, Bad Godesberg, August 1965

A Untersuchungsbasis: Rep räsentativbefragung von 1749 DGB - Mitgliedern im Herbst 1964. Die Klassifizierung der Mitglieder nach unterschiedlichen Graden der politischen Beteiligung wurde von den Forschern, nicht von den Befragten selbst, vorgenommen.

Tab 9 Infratest, Die Arbeitnehmer, Tabellenband I, München, hektographiert

A Grundgesamtheit der Untersuchung waren alle Personen ab 16 Jahren in der Bundesrepublik und in West - Berlin.
Die Auswahl der Befragungspersonen erfolgte durch eine dreistufige, geschichtete Zufallsstichprobe. In der ersten Stufe wurden dazu alle Gemeinden der Bundesrepublik und West - Berlins nach Bundesländern, dann nach Regierungsbezirken und innerhalb dieser nach acht Gemeindegrößenklassen geschichtet. In systematischer Zufallsauswahl wurden daraus proportional zum Bevölkerungsanteil der einzelnen Schichten 1 100 Primäreinheiten gezogen. In der zweiten Auswahlstufe wurden mit Hilfe der Stimmbezirkseinteilung der letzten Bundestagswahl Flächen annähernd gleichen Gewichts (d.h. etwa gleich großer Wahlbevölkerung) gebildet und über Zufallszahlen ein Stimmbezirk je Primäreinheit in die Auswahl einbezogen. Nach den Flächenstichprobenverfahren sind dann in jeder der ausgewählten Flächen alle Haushalte erhoben worden. In der dritten Stufe wurden aus den erhobenen Adressen in systematischer Zufallsauswahl 9 bzw. 10 Haushaltsadressen je Primäreinheit ausgewählt und den Interviewern zur Befragung vorgegeben. Innerhalb der Haushalte war die Zielperson anhand eines systematischen Auswahlschlüssels (Schweden - Schlüssel) zu bestimmen und zu befragen.

Tab 10 Kaltefleiter, Werner und Wildenmann, Rudolf (Hrsg.), Westdeutsche Führungsschicht - Eine sozialwissenschaftliche Untersuchung von 1 825 Inhabern von Führungspositionen (Tabellenband). Kiel - Mannheim, August 1973: Eigenverlag, S. 103 - 104

A Siehe Abschnitt Elite, Anmerkungen zu Tab. 7

D

LEBENSBEREICHE UND WERTVORSTELLUNGEN

FAMILIE

Die Institution der Familie hat für Individuen wie Gesellschaft zentrale Bedeutung: für die Individuen ist die Familie der Lebensbereich, in dem sich die primäre Sozialisation vollzieht, in dem also die Grundlagen der "soziokulturellen Persönlichkeit" geschaffen werden, die dann innerhalb und außerhalb der Familie weitere Sozialisationsprozesse durchlaufen. Im Kontext der Familie werden schließlich fast alle Individuen mit Lebensbedingungen und Lebenschancen konfrontiert.
Indem die Individuen sozialisiert und entkulturiert werden, leistet die Familie einen Beitrag zur Tradierung schichtspezifischer und subkultureller Normen, Werte und Verhaltensmuster und perpetuiert damit die Sozialstruktur der Gesellschaft. Umgekehrt beeinflussen gesellschaftliche Prozesse wie Industrialisierung, Urbanisierung und Demokratisierung die familiären Strukturen und Funktionen, so daß von komplizierten Wechselbeziehungen zwischen Familie und makrosozialem Bereich ausgegangen werden muß.

Die Frage nach dem historischen Wandel der "Familie" kann zwar für das letzte Jahrhundert mit der Hervorhebung einer "Kontraktionstendenz" (Tendenz von der Großfamilie zur Kernfamilie) beantwortet werden, doch ist diese Tendenz weder universalhistorisch, noch berücksichtigt sie das Nebeneinander verschiedener Familientypen in den einzelnen Epochen zureichend. Auch die Konstatierung eines Funktionsverlustes der Familie ist in seiner Absolutheit unangemessen. Zwar verliert die Familie ihren Charakter als Produktions- und Sicherungsgemeinschaft tendenziell, doch bleiben bei genauerer Analyse bedeutsame Produktions- und Sicherungsfunktionen erhalten. Schließlich vollzieht sich insofern ein Funktionswandel, als andere Funktionen der Familie - "Refugium", Intimgruppe - stärker hervortreten.

Im Zusammenhang mit sozialstrukturellen und familialem Wandel schien sich eine "Krise" der Familie abzuzeichnen und es wurde die Erwartung geäußert, daß die Institutionen von

Ehe und Familie sich auflösen würden. Demgegenüber wurden allerdings auch Verfestigungstendenzen diagnostiziert. Zwar stieg die Scheidungshäufigkeit historisch gesehen an, doch sind hohe Wiederverheiratungsquoten eher ein Anlaß, Scheidungen als "Sicherheitsventil" zu interpretieren, denn als Infragestellung des Instituts der Ehe. Zudem verheiratet sich ein größerer Prozentsatz der Bevölkerung als früher und auch der Rückgang der unehelichen Geburten läßt auf eine Festigung des "Reproduktions- und Aufzuchtmonopols" der Familie schließen.

Es läßt sich auch eine deutliche Tendenz beobachten, das Eheschließungsalter zu senken. Daraus ergibt sich in Verbindung mit steigender und stagnierender Lebenserwartung eine Verlängerung der durchschnittlichen Ehedauer. Dabei wird die Lebenszeit im Rahmen der Familie - die Zeit, in der ein Ehepaar mit Kindern zusammenlebt - kürzer, während die Lebensphase als "kinderlose" Eltern sich ausdehnt und nahezu ebenso lang wird. Die Phase der "nachelterlichen Gefährtenschaft" wird im Regelfall durch den Tod des männlichen Ehepartners beendet, während die Witwe diesen Zeitpunkt noch um etliche Jahre überlebt.

An den Familienzyklus und dessen typische Stationen knüpfen sowohl sozial-psychologische wie sozialpolitische Überlegungen an. Familiale und eheliche Krisensituationen werden vor allem für Phasen mit hohem Anpassungsdruck vorhergesagt, beispielsweise für die Zeit nach der Eheschließung, nach der Geburt des ersten Kindes und nach dem Ausscheiden der Kinder aus dem Familienverband. Sozialpolitische Diskussionen beziehen sich vor allem auf die Abhängigkeit des Einkommens vom Familienzyklus; der Bedarf nach Einkommen und die Versorgung mit Einkommen entwickeln sich im Regelfall gegenläufig: wenn junge Ehefrauen wegen eines Kindes aus dem Erwerbsleben ausscheiden, dann verliert die Familie einen Einkommensbezieher, während sich die Zahl der zu versorgenden Personen vergrößert. Außerdem haben junge Familien gewöhnlich einen hohen Anschaffungsbedarf um eine erste Haushaltsausstattung zu erwerben, aber - relativ gesehen - geringe Pro-Kopf-Einkommen.

Wenn dagegen in mittleren Lebensaltern die Einkommen relativ hoch liegen, sind die kritischen Bedarfsphasen meist überwunden.

Familien können als "Interaktionssysteme" aufgefaßt werden, die typische Rollenbeziehungen aufweisen, denen eine Autoritätsstruktur zugrunde liegt. Die familialen Autoritätsbeziehungen - mit der Dominanz des Familienvaters - scheinen sich auf dem Hintergrund ökonomisch-politischer Entwicklungen abzuschwächen und zu stärker kooperativem Verhalten in den Familien zu führen. Für diese Autoritätsbeziehungen ist nicht unwesentlich in welchem Ausmaß die Familienmitglieder zum Familieneinkommen beitragen bzw. ob der Familienvater der alleinige "Ernährer" von Frau und Kindern ist.

Im engen Zusammenhang mit der Autoritätsstruktur sind die "Leitbilder der Kindererziehung" und die "Erziehungspraktiken" zu sehen. Dieses Erziehungsverhalten ist deswegen so wichtig, weil, trotz der unbestrittenen Auslagerungen von Sozialisationsfunktionen, in der Familie immer noch die grundlegende Phase der "Soziabilisierung" (erste Phase der Sozialisierung, in der emotionale Stabilität und "Urvertrauen" erzeugt werden) abläuft. Der Erziehungsstil des Elternhauses kann schließlich für Fehlsozialisationen verantwortlich gemacht werden, die teils auf unbeabsichtigte Ergebnisse des Erziehungsverhaltens, teils aber auch auf bewußte psychisch-physische Mißhandlung von Kindern zurückzuführen sind.

Von der Familie abstrakt und in der Einzahl zu sprechen, ist sicher insofern falsch, als es eine differenzierte Palette von Familientypen gibt: Unterscheidungen können von der Größe der Familie ausgehen oder der Anzahl der Generationen, die in einem Familienverband zusammenleben, oder auch von den Geschwisterkonstellationen in der Familie. Soziologisch relevanter ist die Differenzierung nach Großstadt- und Landfamilien und vor allem nach schichtspezifischen Familienstrukturen. Unterschicht- und Mittelschichtfamilien differieren nicht nur im Hinblick auf Lebenslagen und Lebenschancen, sondern auch im Hinblick auf typische Werthaltungen, Verhaltensmuster und Sozialisationsprozesse.

Statt von einer Krise der Familie im allgemeinen, wird gegenwärtig mehr von "Problemfamilien" gesprochen. Diese Familien lassen sich soziologisch als "desorganisierte" und "überorganisierte" Familien fassen. Während die desorganisierte Familie meist auf einem unvollständigen personalen Inventar der Familie beruht und mit emotionalen Belastungen der Rollenbeziehungen verbunden ist, werden in der "überorganisierten Familie" so stabile Bindungen aufgebaut, daß notwendige Lösungsprozesse nicht mehr ohne Krise ablaufen können. Andere Problemfamilien ergeben sich aus der Berufstätigkeit von Müttern und durch "Trennung" von Familienmitgliedern, sei es aus Gründen beruflicher Tätigkeit, Strafverbüßung, "Desertion" (vorübergehendes oder dauerhaftes "Imstichlassen" der Familie) oder durch Verwitwung.

1 INDIKATOREN ZUM STURKTUR- UND FUNKTIONSWANDEL DER FAMILIE

	Dim.	1875	1880	1882	1890	1895	1900	1907	1910	1925	1933	1939	1950	1957	1961	1970
Durchschnittliche Privathaushaltsgröße	N	4,57	4,60		4,55		4,49		4,40	3,98	3,61	3,27	2,99	2,94	2,82	2,69
Anteil der Selbständigen und mithelfenden Familienangehörigen an den Erwerbspersonen	%	.		38,2		34,6	.	34,9		33,5	32,8	29,2	28,3	23,5	22,0	17,1
Landwirtschaftliche Arbeitsstätten auf 100 Privathaushalte	N	.	.	(23,0)		20,7	.	(17,8)		13,5	12,0	10,5	(8,0)	.	(6,0)	(3,9)
Beschäftigte in Kleinbetrieben	%	63,6		59,8		41,8	.	31,2		25,4	35,7	.	16,2	.	.	(5,4)
Ø Heiratsalter lediger Männer	Jahre	.	.		.		.		27,4	27,5	27,5	.	28,1	26,6	25,9	25,6
Konfessionell einheitliche Eheschließungen	%	.		.	.		91,2		90,1	86,2	84,2	81,1	74,5	74,4	73,9	68,8
Ehescheidungsziffer	N	.		.	7,4		8,1		.	27,9	29,7	.	67,5	32,7	35,9	50,9
Unehelichenquote	%	8,6		9,2		9,0	8,6		9,0	11,8	10,7	.	9,7	7,2	5,9	5,5

2 HEIRATSALTER UND EHESCHEIDUNGSZIFFER IM INTERNATIONALEN VERGLEICH

			BRD 1968	DDR 1969	GBR 1970	FRA 1969	ITA 1969	NIE 1970	BEL 1969	LUX 1970	DÄN 1969	ÖST 1970	SWI 1969	SWE 1970	USA 1969	USR 1970	JAP 1969	IND
Anteil der unter 25-jährigen an den Eheschließenden	Männer	%	45,1	51,5	61,5	62,0	32,7	60,3	65,6	50,6	57,1	46,6	41,3	44,7	60,1	57,5	23,7	
	Frauen	%	67,4	71,0	75,8	77,3	68,2	79,6	79,8	74,3	75,3	68,4	64,4	65,5	72,7	71,8	63,7	
Ehescheidungsziffer		N	10,8	16,9	11,7	7,6	-	7,9	6,7	6,4	18,3	14,0	9,6	16,1	31,7	26,2	9,0	

3 HEIRATSALTER, GEMISCHTE EHESCHLIEBUNGEN, SCHEIDUNGSQUOTE UND UNEHELICHENQUOTE IM BUNDESGEBIET

Jahr	Heiratsalter der ledigen		Gemischte Eheschließungen		Ehescheidungen auf 10 000		Uneheliche auf 1 000 Lebendgeburten
	Männer	Frauen	konfessionell	national	Einwohner	Ehen	
	Jahre	Abweichung in Jahren	%	%			
1950	28,1	- 2,7	.	3,6	16,9	67,5	97,3
1951	27,8	- 2,6	25,5	3,1	12,7	.	96,4
1952	27,6	- 2,5	25,2	3,4	11,4	.	90,3
1953	27,4	- 2,4	25,1	3,2	10,5	.	86,7
1954	27,2	- 2,4	25,4	3,6	9,8	.	84,2
1955	27,0	- 2,6	25,6	4,1	9,2	.	78,6
1956	26,8	- 2,4	25,5	3,6	8,7	.	74,7
1957	26,6	- 2,5	25,6	3,7	8,6	32,7	71,9
1958	26,3	- 2,3	25,5	3,6	8,9	33,6	68,5
1959	26,0	- 2,3	25,7	3,9	8,9	33,7	66,9
1960	25,9	- 2,2	25,9	3,7	8,8	35,7	63,3
1961	25,9	- 2,2	26,1	4,1	8,8	35,9	59,5
1962	25,8	- 2,1	26,4	4,5	8,7	35,1	55,6
1963	25,9	- 2,2	27,1	5,0	8,8	34,6	52,3
1964	25,9	- 2,2	27,7	5,4	9,5	37,5	49,9
1965	26,0	- 2,3	28,4	5,5	10,0	39,2	46,9
1966	26,0	- 2,4	28,9	5,6	9,8	38,7	45,6
1967	26,0	- 2,5	29,3	5,5	10,5	41,0	46,1
1968	25,8	- 2,5	30,1	5,5	10,8	42,3	47,0
1969	25,7	- 2,6	30,4	5,7	11,9	46,9	50,4
1970	25,6	- 2,6	31,2	5,6	12,6	50,9	54,6
1971	25,5	- 2,6		6,0	13,1	51,7	58,1

4 EHESCHLIESSUNGEN NACH DER STAATSANGEHÖRIGKEIT DER EHEPARTNER 1950 BIS 1970

	Dim.	1950	1955	1960	1965	1970
Eheschließungen absolut	N	506 101	453 895	521 445	492 128	444 510
davon: Beide Ehepartner Deutsche	%	95,4	95,5	96,0	93,5	92,6
Beide Ehepartner Ausländer	%	0,9	0,4	0,3	1,1	1,8
darunter: mit gleicher Staatsangehörigk.	%			61,4	79,7	82,3
Frau Deutsche, Mann Ausländer	%	2,9	3,5	3,0	3,8	3,3
darunter: Mann Mitglied fremder Streitk.	%			38,5	24,6	16,3
Frau Ausländerin, Mann Deutscher	%	0,7	0,6	0,7	1,7	2,3

5 ZEITANGABEN ZUM FAMILIENZYKLUS

Eheschliessungsjahr	Ø Heiratsalter der ledigen Männer Jahre	Frauen Jahre	Gemeinsame Lebenserwartung als Ehepaar oder Familie Jahre	darunter Lebenszeit als "Kinderloses Elternpaar" Jahre	Zusätzliche Lebenserwartung der Frau Jahre
1911	27,4	24,8	36,2	8	4,8
1930	27,5	25,4	41,3	13	3,7
1950	28,1	25,4	42,7	16	5,5
1961	25,9	23,7	44,9	19	6,7
1961 (A)	25,9	23,7	46,0	20	6,3
1970	25,6	23,0	44,8	19	7,9

6 INNERFAMILIALE VORHERRSCHAFT IN DER ELTERNGENERATION UND GEGENWÄRTIGEN GENERATION 1959/60

Innerfamiliale Vorherrschaft	Italien Generation		Bundesrepublik Generation		England Generation		USA Generation	
	Eltern %	Jetzt %	Eltern %	Jetzt %	Eltern %	Jetzt %	Eltern %	Jetzt %
Vater/Ehemann	38	38	30	17	23	12	22	8
Mutter/Ehefrau	17	10	13	8	18	7	14	7
Gemeinsam	35	46	39	63	45	76	46	81
Anderes	10	6	18	12	14	5	18	4
	100	100	100	100	100	100	100	100

7 DOMINIERENDE LEITBILDER DER KINDERERZIEHUNG IN DER BRD 1951 BIS 1972

Erziehungsleitbilder	1951 %	1957 %	1965 %	1969 %	1972 %
Gehorsam und Unterordnung	25	25	19	19	14
Ordnungsliebe und Fleiß	41	48	53	45	37
Selbstständigkeitund freier Wille	28	32	31	45	45
Sonstige Antworten	5	3	2	2	1
keine Stellungnahme	1	5	3	5	3
	100	113	108	116	100

8 ERWERBSTÄTIGKEIT VON MÜTTERN NACH DER ZAHL DER KINDER

Zahl der Kinder unter 18 Jahren	jeweiliger Anteil erwerbstätiger Mütter 1957 %	1961 %	1969 %
		verheiratete:	
1	31,6	34,6	37,9
2	29,1	31,7	30,8
3	28,5	32,0	30,1
4 und mehr	27,8	31,5	29,2
		verwitwete oder geschiedene:	
1	41,3	50,1	59,0
2 und mehr	35,6	44,3	46,9
		ledige:	
1	79,2	87,4	88,4
2 und mehr	54,5	65,0	64,3

13 EHESCHEIDUNGSZIFFERN 1970 NACH BUNDESLÄNDERN

Bundesländer	Ehescheidungen auf 10 000 Ehen
Berlin	126,7
Hamburg	113,0
Bremen	89,2
Schleswig-Holstein	56,7
Hessen	49,2
Baden-Württemberg	46,4
Nordrhein-Westfalen	46,3
Bayern	45,3
Rheinland-Pfalz	44,2
Niedersachsen	41,0
Saarland	20,0

9 MITVERDIENENDE EHEFRAUEN NACH SOZIALER STELLUNG UND MONATLICHEM NETTOEINKOMMEN DES HAUSHALTSVORSTANDES 1969

	Landwirt	Selbständiger	Beamter	Angestellter	Arbeiter	Nichterwerbstätiger
	relative Häufigkeit in %					
unter 800	14,9	39,9	/	51,4	53,3	38,4
800 bis unter 1 200	11,0	31,5	46,7	49,6	46,3	22,8
1 200 bis unter 1 600	5,0	25,4	36,4	40,8	35,9	17,3
1 600 bis unter 2 000	3,8	20,9	28,2	29,0	30,4	16,8
2 000 bis unter 3 000	2,3	23,2	19,5	21,9	19,4	16,5
3 000 und mehr	11,6	16,0	15,5	12,1	-	20,6
Insgesamt	8,0	24,9	36,5	40,2	46,2	31,2

10 BEITRAG DER HAUSHALTSMITGLIEDER ZUM HAUSHALTSNETTOEINKOMMEN 1969

	Landwirte %	Selbständige %	Beamte %	Angestellte %	Arbeiter %	Nichterwerbs-tätige %	Insgesamt %
Haushaltsvorstand	76,4	80,7	78,6	76,9	70,6	65,3	73,6
Ehefrau	1,1	4,3	7,4	8,9	11,5	7,4	8,2
Kinder	5,8	2,6	2,7	3,6	7,7	10,8	6,1
Sonstige Personen	4,4	0,8	0,8	1,1	1,4	2,8	1,6
Restgröße	12,3	11,6	10,6	9,5	8,7	13,7	10,5

11 PRO-KOPF-NETTOEINKOMMEN NACH SOZIALRECHTLICHER STELLUNG DES HAUSHALTSVORSTANDES 1969

Alter	Landwirt DM	Selbständiger DM	Beamter DM	Angestellter DM	Arbeiter DM	Nichterwerbs - tätiger DM
unter 25	6 156	6 697	5 906	5 004	4 647	4 694
25 b.u. 35	5 357	7 924	5 701	6 071	4 342	4 829
35 b.u. 45	4 521	8 432	5 786	6 236	4 183	4 270
45 b.u. 55	4 888	9 292	7 358	7 210	5 154	5 306
55 b.u. 65	5 711	10 546	8 856	8 511	5 763	5 813

12 GRÜNDE FÜR DAS AUFSUCHEN VON EHE- UND FAMILIENBERATUNGSSTELLEN NACH ANGABEN DER RATSUCHENDEN 1970

Eheberatungsstellen	%
Psychische Störungen	13,1
Ehebruch	13,0
Störungen der sexuellen Gemeinschaft	9,0
Informationen über Möglichkeiten der Trennung	9,0
Sonstige Störungen der seelisch-geistigen Gemeinschaft	8,1
Ehestörungen aus dem Verhältnis zu dem Kindern	5,9
Ehestörungen aus dem Verhältnis zu anderen	5,8
Ehestörungen aus dem Verhältnis zu Eltern	5,7
Süchte	5,5
Finanzielle Schwierigkeiten	5,0
Tätlichkeiten	5,0
Unsicherheit im sexuellen Verhältnis	3,4
Schwierigkeiten in Arbeit und Beruf	2,9
Frigidität	2,6
Probleme der Partnerwahl und -findung lediger gebliebener Erwachsener	2,1
Lebensberatung Jugendlicher	2,0
Probleme der Partnerwahl und -findung Jugendlicher	1,9
Nennungen Zusammen (N)	8 857
Pro Familia - Beratungsstellen	**%**
Voreheliche Beratung über Empfängnisregelung	84,3
Wunsch nach Begrenzung der Kinderzahl	15,7
Nennungen Zusammen (N)	1 705
Fälle von Ratsuchenden Insgesamt (Hochrechnung)	50 000

14 GESCHIEDENE EHEN 1969 NACH EHEDAUER UND KLÄGER

Ehedauer in Jahren	Ehescheidungsziffer	weibliche Kläger auf 100 männliche
0	11	212
1	80	207
2	125	226
3	138	251
4	129	263
5	118	254
6	104	273
7	98	241
8	86	246
9	75	253
10	70	252
11	61	243
12	56	242
13	51	226
14	48	237
15	40	231
16 bis 20	33	222
21 bis 25	24	218
26 und mehr	6	130
Zusammen	47	234

ANMERKUNGEN UND QELLENANGABEN

1) Bevölkerung und Wirtschaft 1872 - 1972: S. 90, 96, 98, 105 - 108, 114, 143, 152
Hoffmann, 1965: S. 212
StBa, JB 1973: S. 188

jeweiliger Gebietsstand des Reichs- bzw. Bundesgebietes
(...) diese Beziehungszahlen wurden errechnet, indem Zahlen abweichender Zeitpunkte aufeinander bezogen wurden
Kleinbetriebe: in Industrie und Handwerk (Ausnahme 1970: verarbeitendes Gewerbe) mit 1 - 5 Beschäftigten (Ausnahmen 1950, 1970: 1 - 4 Beschäftigte)
Ehescheidungsziffer: Ehescheidungen auf 10 000 Ehen
Unehelichenquote: nichtehelich Lebendgeborene auf 100 Lebendgeborene

2) UN, Demographic Yearbook 1971: S. 772 - 782

Ehescheidungsziffer: Geschiedene Ehen auf 10 000 Einwohner

3) Bevölkerung und Wirtschaft 1872 - 1972: S. 105, 106, 108, 114
StBa, JB 1973: S. 55, 56, 63
WiSta 1972: S. 93

Gemischte Eheschließungen: konfessionell: Anteil der Eheschließungen mit Ehepartnern verschiedener Konfessionen an allen Eheschließungen; national: Anteil der Eheschließungen mit Ehepartnern, von denen der eine deutsche und der andere eine ausländische Staatsangehörigkeit hatte, an allen Eheschließungen

4) WiSta 1972: S. 93

1950 ohne Saarland und Berlin
1951 bis 1956 ohne Saarland

5) Bevölkerung und Wirtschaft 1872 - 1972: S. 105, 110
Fachserie A, Reihe 2, Sonderbeitrag, Natürliche Bevölkerungsbewegung: S. 46ff.

Gemeinsame Lebenserwartung als Ehepaar oder Familie: Lebenserwartung verheirateter Männer im Heiratsalter (mit Ausnahme von "1961 (A)" näherungsweise berechnet über die Lebenserwartung 25-jähriger, abzüglich der über das 25. Lebensjahr hinaus durchlebten Jahre
Lebenszeit als kinderloses Ehepaar: Annahme, daß innerhalb des ersten Jahres ein Sohn geboren wird, der im Heiratsalter ausscheidet; geschätztes Heiratsalter des Sohnes bei gegebenem Eheschließungsjahr der Eltern: 1911: 27,5; 1930: 27,5; 1950: 25,5; 1961: 25,0; 1970: 24,5
Zusätzliche Lebenserwartung der Frau: Lebenserwartung der Frau im Heiratsalter abzüglich der Lebenserwartung des Mannes im Heiratsalter (mit Ausnahme von "1961 (A)" näherungsweise Berechnung über die Lebenserwartung der 25-jährigen)

6) Lupri, E.: 1965 Industrialisierung und Strukturwandlungen in der Familie. In: Sociologica Ruralis, Bd. V, Nr. 1: S. 64

7) Neidhart, F., 1970: Die Familie in Deutschland. In: Bolte, K. M.; Neidhart, F.; Holzer, H.; 1970: Deutsche Gesellschaft im Wandel 2. Opladen: C. W. Leske Verlag; S. 59 (Emnid - Ergebnisse)
Unveröffentlichte Daten des Emnid - Instituts, Bielefeld

8) StBa, JB 1970: S. 124

9) Sozialpolitische Forschergruppe Frankfurt/Mannheim. Berechnungen auf der Grundlage der Originaldaten der Einkommens- und Verbrauchsstichprobe von 1969

Mehrpersonenhaushalte (also ohne Einpersonenhaushalte) ohne Haushalte von Ausländern und in Anstalten

Nettoeinkommen: Bruttoeinkommen aus unselbständiger Arbeit, Unternehmertätigkeit, Vermögen, Renten und Pensionen, sonstige laufende Einnahmen aus Übertragungen und Untermiete und einmalige Übertragungen unter 1 000 DM nach Abzug von Steuern und Beiträgen zur Sozialversicherung
Mitverdienende Ehefrau: Bezieht Einkommen von mehr als 0 DM

10) Sozialpolitische Forschergruppe Frankfurt/Mannheim. Berechnungen auf der Grundlage der Originaldaten der Einkommens- und Verbrauchsstichprobe von 1969

Mehrpersonenhaushalte und Nettoeinkommen: wie in Tabelle 9
Restgröße: enthält Einkommen, die nicht individuell zurechenbar sind, aus Vermögen und einmaligen Übertragungen

11) Sozialpolitische Forschergruppe Frankfurt/Mannheim. Berechnungen auf der Grundlage der Originaldaten der Einkommens- und Verbrauchsstichprobe von 1969

Mehrpersonenhaushalte und Nettoeinkommen: wie in Tabelle 9

12) Wahl, Klaus, 1973: Familienbildung und -beratung in der BRD. Stuttgart, Berlin, Köln, Mainz: Kohlhammer. S. 55

13) Fachserie A, Reihe 2, II. Gerichtliche Ehelösungen 1970: S. 6

14) StBa, 1970: Die Frau in Familie und Beruf. Stuttgart - Mainz: Kohlhammer. S. 42

ARBEIT UND BERUF

Die technischen und sozialen Bedingungen der Arbeitswelt sind nicht zuletzt deshalb ein zentraler Aspekt von Lebensqualität, weil die Zeit, die für Arbeit aufgewendet wird, immer noch einen wesentlichen Teil der wachen Lebenszeit beansprucht. Arbeit ist als Bereich sozialer Beziehungen und unmittelbarer Erfahrung ebenso relevant für Selbsteinschätzung wie die Berufstätigkeit für Fremdeinschätzung und Lebenschancen im weitesten Sinn. Bei der Arbeit und Berufstätigkeit vollziehen sich zudem Lernprozesse, die auf die Verhaltensmuster in Bereichen wie Familie, Freizeit und politische Teilnahme Einfluß haben.

Die Bedeutung von Arbeit für das Individuum kann zwischen den Polen Selbstverwirklichung und Entfremdung liegen, oder sie kann - mehr psychologisch ausgedrückt - zum Lebensbedürfnis werden und Befriedigung verschaffen oder zum Belastungsfaktor werden und Unzufriedenheit erzeugen.

Das Maß, in dem Arbeit subjektive Befriedigung hervorruft, muß als Resultante aus objektiven Arbeitsbedingungen, deren subjektiver Wahrnehmung und zusätzlichen Einflußfaktoren (individuelles Anspruchsniveau , sozialpräformierte Wertmuster u.a.) gesehen werden. Es besteht durchaus kein eindeutiger Zusammenhang zwischen Arbeitsbedingungen, die ein Beobachter als mehr oder weniger günstig einstuft und der Zufriedenheit oder der Unzufriedenheit mit diesen Bedingungen. Soziale Indikatoren zur Arbeitswelt sollten durch die Berücksichtigung von subjektiven und objektiven Faktoren Zusammenhänge zwischen diesen Variablen aufzeigen.

Zentrale Aufgabe von Indikatoren der Arbeitswelt wäre allerdings, es anzuzeigen, in welchem Ausmaß sich Arbeitsbedingungen verbessern bzw. verschlechtern und welche Gruppen davon betroffen sind.

Folgende "objektive" Aspekte der Arbeitsbedingungen erscheinen wichtig:

- die Arbeitszeit; sie kann nach Dauer und Lage im Tageszyklus variieren (Schicht-, Nacht-, Feiertagarbeit;

Teilzeitbeschäftigung; gleitende Arbeitszeit);
- die Arbeitsplatzgestaltung, d.h., das Maß an Bequemlichkeit bzw. Unbequemlichkeit, das mit der Anordnung der Arbeitsgeräte und -objekte verbunden ist und die Beeinträchtigungen durch die Arbeitsplatzumwelt wie Lärm, Staub, Geruch, Nässe usw.;
- der Arbeitsinhalt; darunter sind folgende Dimensionen der Tätigkeit zu verstehen: stereotyp, repetitiv oder variabel, vielfältig; qualifiziert oder unqualifiziert; vorwiegend manuell oder geistig; personenbezogen oder sachbezogen; Isolation oder Arbeit im Team;
- die Autonomie am Arbeitsplatz, d.h., das Maß an Fremdbestimmung durch Maschinenrythmus, Arbeitsanweisungen durch Vorschriften oder Vorgesetzte, im Vergleich zur Mit- und Selbstbestimmung im Hinblick auf Zeiteinteilung und Arbeitsverrichtungen. Zu berücksichtigen sind dabei sowohl faktisch ausgeübte Fremdkontrollen wie Kontrollierbarkeit der Arbeitstätigkeit;
- die Arbeitsbelastung; sie kann vorwiegend physischer, körperlicher Art oder psychischer, nervlicher Art sein. (Neben der Schwere der Arbeit sind Arbeitstempo und Zeitdruck relevant.);
- das Unfallrisiko; es ist je nach Art der Tätigkeit und dem Umfang unfallverhütender Einrichtungen unterschiedlich hoch;
- das Krankheitsrisiko; vor allem Bedingungen der Arbeitsplatzumwelt können Belastungsgrenzen des Organismus überschreiten und zu typischen Berufskrankheiten führen;
- die Höhe und Art der Entlohnung; diese erstreckt sich auf tarifliche und freiwillige Leistungen, sowie auf verschiedene Entlohnungsformen (Gehalt, Zeitlohn, Leistungslohn);
- der Arbeitsweg; dabei interessieren vor allem aufzuwendende Zeit und verfügbare Verkehrsmittel.

Diesen objektiven Indikatoren der Qualität der Arbeit sollten Zufriedenheitsmaße gegenübergestellt werden, die anzeigen, wie zufrieden die Arbeitenden mit den einzelnen Aspekten sind - Zufriedenheit mit dem Arbeitsinhalt, der Arbeitsplatzgestaltung, dem Vorgesetzten, den Unfallschutzmaßnahmen, der Arbeitszeit, Lohnzufriedenheit, usw.

Diese direkte Messung von Zufriedenheit kann durch indirekte Messungen ergänzt und kontrolliert werden. Es läßt sich annehmen, daß unterschiedliche Zufriedenheitsniveaus Auswirkungen auf das Verhalten haben und den Grad an Absentismus, Arbeitsplatzfluktuation und Berufswechsel beeinflussen.

Allerdings sind nicht alle subjektiven Aspekte von Arbeit durch Zufriedenheitsmaße zureichend erfaßt; ihre Bedeutung für Selbstachtung und -einstufung, der wahrgenommene Sinngehalt, sowie die Identifikation mit der Arbeitstätigkeit sind relevante in-trinsische Aspekte, für die geeignete subjektive Indikatoren nicht einfach zu entwickeln sind.

Neben den erwähnten äußeren Arbeitsbedingungen sind weitere extrinsische Aspekte zu berücksichtigen: unterschiedliche Arbeit und Berufstätigkeit vermittelt unterschiedliches Berufsprestige und unterschiedliche Aufstiegschancen.

Für die meisten der hier als "wichtig" genannten Aspekte der Qualität der Arbeit liegen keine adäquaten Daten vor. Einigermaßen detaillierte und systematische quantitative Informationen gibt es über Arbeitszeiten (z.B. Industrieberichterstattung) und Arbeitsunfälle (Bundesanstalt für Unfallforschung, Berufsgenossenschaften). Sporadische Informationen aus Mikrozensen liegen zum Problem der Nacht- und Feiertagsarbeit, zum Zeitaufwand für den Weg zur Arbeit und zu Berufspendlern vor. Erstmalig wurde 1970 versucht, die Erwerbstätigen nach Tätigkeitsmerkmalen aufzugliedern. Subjektive Aspekte der Arbeitsqualität bleiben die Domäne privater Umfrageforschung (Infas, Infratest). Hier zeichnen sich Bestrebungen zu systematischer Datenerhebung ab.

Die naheliegendste Fragestellung ist bisher nicht beantwortbar: wir sollten wissen, wie sich die Erwerbstätigen auf verschiedene typische Arbeitsbedingungen verteilen und welche sozialen Gruppen von besonders ungünstigen Arbeitsbedingungen betroffen sind.

1 WOCHENARBEITSZEIT UND ANGEZEIGTE ARBEITSUNFÄLLE IM LANGFRISTIGEN VERGLEICH

	1870	1880	1890	1900	1910	1920	1930	1940	1950	1955	1961	1966	1971
Wochenarbeitszeit (Stunden)	78	72	64	60	57	48	44	50	48	49	43,8	42,2	41,4
angezeigte Arbeitsunfälle je 1 000 Versicherte			30,3	44,8	51,6	45,4	71,6	78,6	80,7	110,0	131,9	106,9	95,1
tödliche Arbeitsunfälle je 1 000 Versicherte			0,73	0,74	0,56	0,63	0,40	0,31	0,32	0,24	0,17	0,16	0,15

2 DURCHSCHNITTLICHE WOCHENARBEITSSTUNDEN UND ARBEITSUNFALLZIFFER IM INTERNATIONALEN VERGLEICH 1970

	BRD	DDR	GBR	FRA	ITA	NIE	BEL	LUX	DÄN	ÖST	SWI	SWE	JAP	USA	USR	IND
Wöchentliche Arbeitsstunden	(43,8)		44,9	44,8		44,2	37,9	44,0	36,4	37,4	44,7		43,3	(39,8)	40,5	
Arbeitsunfallziffer Typ I	94			62	91	38	72	94								
Arbeitsunfallziffer Typ II	18		4		10	3	14	14		29	18	5	4	3		14

5 ARBEITSZEIT, ARBEITSUNFÄLLE UND ERWERBSTÄTIGE MIT ZWEITER TÄTIGKEIT

	Geleistete Arbeitszeit je Erwerbstätigen (Veränderung in %)	Geleistete Arbeitszeit je Industriearbeiter (Veränderung in %)	Tarifliche Wochenarbeitszeit Arbeiter (Veränderung in %)	Tarifliche Wochenarbeitszeit Angestellte (Veränderung in %)	Angezeigte Arbeitsunfälle je 1 000 Vollarbeiter	Tödliche Arbeitsunfälle je 1 000 Vollarbeiter	Angezeigte Wegeunfälle je 1 000 Versicherte	Erwerbstätige mit 2. Tätigkeit in %
1950					65,6	(0,34)	3,4	
1951	- 0,5	- 0,6			72,7	0,31	3,9	
1952	0	0			81,8	0,29	4,8	
1953	- 0,2	- 0,2			87,0	0,30	6,0	
1954	- 0,7	+ 0,4			91,5	0,28	6,4	
1955	- 0,2	- 0,1			96,6	0,27	7,7	
1956	+ 0,8	- 2,0			99,7	0,25	7,9	
1957	- 2,5	- 5,2	- 3,8	- 2,6	101,2	0,23	7,4	3,3
1958	- 1,1	- 1,9	- 1,2	- 2,0	105,9	0,22	8,2	3,4
1959	- 0,8	- 0,7	- 1,4	- 1,9	105,9	0,21	8,3	3,7
1960	+ 0,4	- 0,5	- 0,9	- 0,5	109,0	0,20	8,6	3,9
1961	- 1,2	- 1,9	- 0,4	- 0,1	113,2	0,19	8,5	3,9
1962	- 1,8	- 2,3	- 1,4	- 0,8	111,4	0,22	8,6	3,7
1963	- 1,5	- 1,4	- 0,8	- 0,4	107,6	0,20	8,7	3,7
1964	+ 0,1	+ 0,4	- 1,6	- 1,1	108,4	0,20	8,2	2,9
1965	- 0,4	- 1,0	- 0,7	- 0,7	106,4	0,19	7,8	2,9
1966	- 0,4	- 1,6	- 0,6	- 1,2	101,6	0,19	7,4	2,8
1967	- 1,6	- 2,1	- 1,3	- 1,0	90,4	0,19	6,6	2,9
1968	+ 0,1	+ 2,3	- 0,3	- 0,2	93,1	0,18	7,0	2,9
1969	- 0,8	+ 0,2	- 0,3	- 0,6	92,5	0,17	7,6	2,8
1970	- 0,2	- 0,4	- 0,7	- 0,4	93,8	0,17	7,9	2,7
1971	- 0,9	- 2,3	- 0,5	- 1,0	93,8	0,18	7,2	
1972	- 0,3	- 1,1	- 0,1	- 0,9				

4 ERWERBSTÄTIGE NACH DER ARBEITSZEIT

Männer:	1961 %	1967 %	1971 %
unter 15 Stunden	0,5	2,7	2,5
15 bis 24 Stunden	0,9	1,1	1,0
25 bis 40 Stunden	7,2	18,5	25,7
über 40 Stunden	91,3	77,7	70,9
Zusammen (in 1 000)	16 533	16 443	16 556
Frauen:	%	%	%
unter 15 Stunden	2,6	5,6	5,1
15 bis 24 Stunden	7,7	9,3	10,6
25 bis 40 Stunden	15,1	24,4	34,4
über 40 Stunden	74,4	60,8	49,9
Zusammen (in 1 000)	9 887	9 465	9 547

5 WÖCHENTLICHE ARBEITSZEITEN NACH WIRTSCHAFTSBEREICHEN UND STELLUNG IM BERUF 1971

Männer:	Selbstständige	Mithelfende Familienang.	Beamte, Richter	Angestellte	Arbeiter
			- Wochenstunden-		
Land- und Forstwirtschaft, Tierhaltung und Fischerei	63,8	50,3	47,1	48,5	48,0
Produzierendes Gewerbe	53,4	37,6	45,2	43,2	42,1
Handel und Verkehr	55,7	44,9	41,5	44,8	44,7
Dienstleistungsbereiche	55,0	47,6	43,5	43,2	42,9
Alle Wirtschaftsbereiche	57,3	49,1	42,8	43,5	42,5
Frauen:			- Wochenstunden -		
Land- und Forstwirtschaft, Tierhaltung und Fischerei	48,1	47,9	-	38,9	42,2
Produzierendes Gewerbe	39,6	39,2	40,5	37,7	36,0
Handel und Verkehr	48,5	42,5	39,9	37,4	31,9
Dienstleistungsbereiche	47,8	46,5	39,7	39,0	34,2
Alle Wirtschaftsbereiche	47,3	46,3	39,8	38,2	35,2

6 ARBEITSUNFÄLLE NACH WIRTSCHAFTSBEREICHEN UND -ZWEIGEN

	Arbeitsunf. je 1000 Vollarb. 1960	1965	1970
Gewerbliche Wirtschaft	132,7	118,5	93,8
Bergbau	256,0	250,3	225,1
Steine und Erden	226,3	169,3	156,9
Gas und Wasser	88,8	73,6	72,6
Eisen und Metall	212,8	177,7	163,1
Chemie	109,4	104,8	98,4
Papier und Druck	85,5	84,9	67,6
Textil und Leder	60,7	67,8	49,6
Bau	224,2	214,0	169,5
Handel, Geld, Versicherungen und private Dienstleistungen	69,3	57,5	52,9
Land- und Forstwirtschaft	59,7	77,8	86,3
Gemeinden u. ä.	34,5	45,2	44,9
Staatliche und städtische Verwaltungen	71,9	75,1	66,9
Insgesamt	109,0	106,4	93,8

8 ERWERBSTÄTIGE MIT NACHT- UND FEIERTAGSARBEIT (in v.H. aller Erwerbstätigen)

		nachts und/ oder an Sonn-/ Feiertagen %	(davon: nur nachts %	nachts und an Sonn-/Feiertagen %	nur an Sonn-/ Feiertagen %)
Männer	1965	17,4	5,6	9,2	2,8
	1972	22,1	6,7	11,7	3,6
Frauen	1965	7,2	1,5	2,9	2,7
	1972	9,2	1,5	3,8	4,0
Insgesamt	1965	13,9	4,2	7,0	2,8
	1972	17,5	4,8	8,9	3,8

7 ERWERBSTÄTIGE NACH HAUPTSÄCHLICHER TÄTIGKEIT UND ÜBERWIEGENDER TÄTIGKEIT AN MASCHINEN 1969

	Herstellen %	Maschinen überwachen %	Transportieren %	Verteilen %	Reparieren %	Reinigen %	Leiten %	Planen %	Kontrollieren %	Verwalten %	Dienstleistungen %	Sonstiges %	Insgesamt %
Nicht an Maschinen tätig	44,6	23,4	47,1	84,3	63,7	72,6	87,3	77,0	73,7	39,9	86,2	75,8	59,1
An Maschinen tätig	55,4	76,6	52,9	15,7	36,3	27,4	12,7	23,0	26,3	60,1	13,8	24,2	40,9
darunter: Fertigungsmaschine/anlage halb/vollautomatisch	15,4	44,3	3,0	/	/	/	/	/	/	/	/	/	7,5
Fertigungsmaschine/anlage handgesteuert	12,5	6,9	/	/	8,0	/	/	/	/	/	/	/	5,1
Transportmaschine/anlage	6,7	6,9	41,9	3,6	6,5	/	/	/	/	-	/	/	6,5
EDV-maschine/anlage	/	/	-	-	/	-	/	/	/	1,6	/	/	0,3
Übrige Datenverarbeitungs- und Büromaschinen	/	/	/	6,8	/	/	7,2	10,3	8,7	55,3	3,3	/	9,0
Sonstige Maschinen und Geräte	20,7	17,4	6,0	4,1	17,4	19,3	/	9,3	11,1	2,8	8,7	18,1	12,3
Erwerbstätige insgesamt (in 1 000)	8 728	919	1 952	2 711	1 019	460	1 351	708	596	3 194	3 181	1 180	25 999
(in %)	33,7	3,5	7,5	10,4	3,9	1,8	5,2	2,7	2,3	12,3	12,2	4,5	100,0

9 ABHÄNGIGE ERWERBSTÄTIGE, DIE NACHTARBEIT BZW. SONN- UND FEIERTAGSARBEIT LEISTEN NACH DER STELLUNG IM BERUF 1965

	weder Nacht- noch Feiertagsarbeit	Nacht- und Feiertagsarbeit	nur Nachtarbeit	nur Feiertagsarbeit	Total
	% der jeweiligen Kategorie				1 000
Beamte	71,1	22,1	1,8	5,0	1 344
Angestellte	90,7	7,9	1,4	2,8	6 391
Arbeiter	83,9	7,1	6,4	2,6	12 141
Kaufmännische Lehrlinge	98,0	1,0	0,0	1,0	617
Gewerbliche Lehrlinge	97,3	0,6	0,3	1,8	810
Zusammen	86,0	7,0	4,2	2,8	21 303

12 BERUFSPENDLER UNTER DEN ERWERBSTÄTIGEN

	Männer	Frauen	Insgesamt	darunter Benutzer öffentlicher Verkehrsmittel
	%	%	%	%
1961	28,4	17,0	24,2	51,9
1969	34,5	22,5	30,2	43,2
1971	32,6	20,9	28,3	

11 ZEITAUFWENDUNGEN FÜR DEN WEG ZUR ARBEITSSTÄTTE

Wochenarbeitszeit	.. % der Erwerbstätigen benötigten von .. bis .. Minuten für den Weg zur Arbeitsstätte										Erwerbstätige in 1 000	
	kein Weg		unter 15		15 bis 30		30 bis 60		über 60			
von ... bis ... Stunden	M	W	M	W	M	W	M	W	M	W	M	W
unter 15	47,6	45,0	22,1	29,8	20,0	17,8	8,2	6,0	2,5	1,3	105,3	350,8
15 bis 24	37,5	17,5	26,2	41,0	23,8	30,4	9,7	9,7	2,9	1,5	104,6	878,6
25 bis 36	25,4	17,0	29,5	36,4	29,1	32,6	12,5	12,1	3,5	1,9	275,5	1 009,9
über 36	16,5	25,7	31,4	26,6	32,3	30,5	15,1	14,3	4,7	3,0	16 518,7	7 249,9
Zusammen	17,0	24,7	31,3	29,1	32,1	30,2	15,0	13,3	4,6	2,6	17 004,2	9 489,3

10 HEIMARBEITER

	Anzahl in 1 000	darunter Männer %	Heimarbeiterquote Frauen %
1960	202,9	11,6	1,8
1961	221,2	11,1	2,0
1962	220,7	10,1	2,0
1963	229,7	9,9	2,1
1964	218,5	11,1	2,0
1965	230,4	10,6	2,1
1966	226,2	10,2	2,1
1967	191,3	10,8	1,8
1968	197,4	10,1	1,8
1969	221,6	8,8	2,1
1970	221,8	8,4	2,1
1971	205,4	8,2	2,0
1972	195,5	8,1	

13 ZUFRIEDENHEIT UND UNZUFRIEDENHEIT AM ARBEITSPLATZ

	... % sind damit besonders zufrieden		... % sind damit besonders unzufrieden	
Arbeitsbedingungen	M	W	M	W
Arbeitsplatzbedingungen	36	36	8	8
Ansehen der Arbeit, Arbeitsinhalt	26	23	8	9
Unfallverhütung, Arbeitsschutz	11	7	10	4
Verhältnis zu Kollegen, Zusammenarbeit	43	44	3	4
Sicherheit vor Entlassung und Versetzung	23	17	9	5
Verhältnis zu Vorgesetzten	28	31	8	8
Mitbestimmungsmöglichkeit am Arbeitsplatz	8	10	20	14
Informationen, Bereitstellung von Material	5	4	10	6
Regelung der Arbeitszeit	24	31	17	13
Arbeitstempo, Belastung, Streß	7	7	31	32
Aufstieg und berufliche Fortbildung	9	8	21	18
Verdienstmöglichkeiten	26	24	19	22

14 MEINUNGEN ZUR ARBEIT

Frage: "Ich habe hier eine Liste mit einigen Meinungen über Arbeit und Freizeit. Bitte sagen Sie mir, welchen Meinungen Sie persönlich zustimmen und welchen Sie nicht zustimmen."

Folgender Meinung wird zugestimmt:	Ungelernte Arbeiter %	Angelernte Arbeiter %	Facharbeiter mit durchschnittlicher Qualifikation %	Facharbeiter mit überdurchschnittlicher Qualifikation %	Ausführende Angestellte %	Qualifizierte Angestellte %	Leitende Angestellte %	Beamte Insgesamt %	Gesamtheit der Arbeitnehmer %
Ohne Arbeit wäre mir das Leben langweilig	75	78	79	79	80	75	81	71	78
Ohne Arbeit wäre das Leben sinnlos für mich	74	73	72	68	73	65	73	68	71
Ohne Arbeit würde ich die Achtung vor mir selbst verlieren	65	71	64	66	67	58	69	61	65
Mein Beruf ist für mich auch gleichzeitig eine Art Hobby	28	33	43	50	50	51	64	50	45
Wenn ich genug Geld hätte, würde ich nicht mehr zur Arbeit gehen	45	36	31	35	36	34	24	22	33
Für mich fängt das Leben nach Feierabend erst richtig an	50	42	36	32	29	24	11	18	31
Befragte	182	330	514	187	361	288	180	244	2 290

QUELLENANGABEN UND ANMERKUNGEN

1) Bundesanstalt für Arbeitsschutz und Unfallforschung, Dortmund
(schriftliche Mitteilung)
Hoffmann, 1965: S. 213, 214
Fachserie A, 6, I, April 1971: S. 57

bis 1965: wöchentliche Arbeitszeit in Bergbau, Industrie und Handwerk (Mehrjahresdurchschnitte)
ab 1961: Arbeitszeit je Erwerbstätigen im produzierenden Gewerbe

2) Bundesanstalt für Arbeitschutz und Unfallforschung, Dortmund
(schriftliche Mitteilung)
ILO, Yearbook of Labour Statistics 1972: S. 477 - 479; S. 732 - 734;
UN, Statistical Yearbook 1971: S. 89

Wöchentliche Arbeitsstunden: geleistete Arbeitsstunden mit Ausnahme von BRD und USA, für die bezahlte Arbeitsstunden angegeben sind;
Arbeitsunfallziffer Typ I: Arbeitsunfälle je Million geleistete Arbeitsstunden in der Eisen- und Stahlindustrie (Unfälle ohne tödlichen Ausgang; Arbeitsunfähigkeit von mehr als drei Tagen);
Arbeitsunfallziffer Typ II: Tödliche Arbeitsunfälle in der verarbeitenden Industrie;
BRD, BEL (1968), ITA (1969), SWI: Abgegoltene Arbeitsunfälle auf 100 000 Mann-Jahre von je 300 Tagen
LUX, SWE (1969): Abgegoltene Arbeitsunfälle auf 100 000 000 Arbeitsstunden
GBR, ÖST, IND: Gemeldete Arbeitsunfälle auf 100 000 durchschnittlich Beschäftigte
USA, JAP: Gemeldete Arbeitsunfälle auf 100 000 000 Arbeitsstunden
NIE: Gemeldete Arbeitsunfälle auf 100 000 Mann-Jahre von je 300 Tagen

Die bezahlten Arbeitsstunden übersteigen die geleisteten Arbeitsstunden wegen bezahlter Urlaubs-, Krankheits-, Feiertage und ähnlichem

3) Bundesministerium für Arbeit und Sozialordnung, Unfallverhütungsbericht '73;
S. 279, 281, 282
HevsD, G 12, G 13, G 21, G 32
WiSta 1971: S. 125

4) StBA, JB 1972: S. 123

Ergebnisse des Mikrozensus

5) Fachserie A, 6, I, April 1971: S. 58

Ergebnisse des Mikrozensus

6) Statistisches Amt der europäischen Gemeinschaften, Jahrbuch der Sozialstatistik, 1970: S. 307; 1972: S. 338
Gemeldete Arbeitsunfälle (im engeren Sinn und Wegeunfälle), die den Tod oder eine völlige oder teilweise Arbeitsunfähigkeit von mehr als drei Tagen zur Folge hatten.

7) WiSta 1971: S. 491*

Erläuterungen der Kategorien:
Herstellen: Gewinnen, Bauen, Be- und Verarbeiten, Montieren, Installieren;
Maschinen überwachen: Einrichten, Regeln, Steuern, Kontrollieren, Warten;
Transportieren: Sortieren, Packen, Versenden, Befördern, Fahrzeugführen;
Verteilen: Warenhandel betreiben, Verkaufen, Vermitteln, Verleihen;
Reparieren: Instandsetzen;
Reinigen: Waschen, Färben, Appretieren;
Leiten: Disponieren, Anweisen, Beaufsichtigen, Verhandeln;
Planen: Entwerfen, Konstruieren, Berechnen, Zeichnen, Kalkulieren;

Kontrollieren: Waren, Dokumente, Daten, Leistungen prüfen;
Verwalten: Korrespondieren, Stenographieren, Buchhalten, Datenverarbeiten;
Dienstleistungen erbringen: Lehren, Forschen, Erziehen, Heilen, Pflegen, Betreuen, Beraten, Sichern, Künstlerisch Arbeiten.

8) Wista 1966: S. 693
Wista 1972: S. 25

9) Wista 1966: S. 693

10) Der Bundesminister für Arbeit und Sozialordnung:
Hauptergebnisse der Arbeits- und Sozialstatistik 1972: S. 34, S. 18

11) Fachserie A, Volkszählung am 27. Mai 1970, Heft 17: S. 118, S. 119

Kein Weg: Arbeitsstätte und Wohnung auf dem gleichen Grundstück

12) WiSta 1964: S. 216
WiSta 1971: S. 419
StBA, JB 1972: S. 123

Berufspendler: Arbeitsstelle und Wohnung liegen in verschiedenen Gemeinden; tägliches Pendeln.

13) Gesellschaftliche Daten 1973: S. 234 - 239

14) Infratest - Befragung 1969, Frage 134

TAGESABLÄUFE UND FREIZEIT

Zeit kann als ein knappes Gut aufgefaßt werden, das sich nicht beliebig vermehren läßt und das Entscheidungen zwischen alternativen Verwendungsmöglichkeiten erfordert. So wie nach der effizienten Verwendung knapper Ressourcen gefragt wird, läßt sich die Frage stellen, wie Individuen und Gesellschaften ihr Zeitpotential nutzen.
Die Aufteilung des gesellschaftlichen Zeitpotentials auf verschiedene Verwendungsbereiche hat sich als deskriptiver Indikator zur Kennzeichnung der sozio-ökonomischen Entwicklungsstufe einer Gesellschaft als brauchbar erwiesen.
Die Verwendung von Zeit, insbesondere die Verfügung über Freizeit, wird in modernen Gesellschaften nicht selten als ein Aspekt von "Lebensstandard" angesehen. Materieller Wohlstand läßt sich nämlich nur dann nutzen, wenn dafür Zeit zur Verfügung steht. Auch in das Konzept von "Lebensqualität" wird die Zeitverwendung einbezogen. Denn die Lebensbedingungen der Individuen finden nicht zuletzt ihren Ausdruck in der Aufteilung ihrer Zeit auf qualitativ unterschiedliche Tätigkeiten.

Grobe Einteilungen des Tagesablaufs berücksichtigen mindestens drei Zeit- und Tätigkeitsbereiche: "produktive Zeit", zur Erzielung von Einkommen aus Arbeit; "reproduktive Zeit", zur physiologischen Regeneration durch Schlafen, Essen und Körperpflege, und "verhaltensbeliebige Zeit", die mit einer Vielfalt von Freizeittätigkeiten ausgefüllt werden kann.
Vielfältig ist vor allem die Abgrenzung des Begriffs "Freizeit", wobei sich allerdings verhaltenstheoretische Definitionen, die auf spezifische Verhaltensmuster abstellen, durchzusetzen scheinen. Diesen zufolge herrschen in der Freizeit diffuse und expressive Orientierungen vor, während Arbeitszeit durch spezifische und instrumentelle Orientierungen gekennzeichnet ist. Betont wird, daß auch Freizeit ein Bereich ist, in welchem soziale Beziehungen normativ geregelt sind, so daß von "freier" oder "verhaltens-

beliebiger" Zeit nur in einem eingeschränkten Sinn gesprochen werden darf. Freizeit ist letztlich ein subjektiver Begriff, d.h. Individuen entscheiden, welche Zeitbereiche sie als "Freizeit" verstehen wollen und welchen Tätigkeiten sie Freizeitcharakter zusprechen. Da die Übereinstimmung dabei sehr unterschiedlich ist, lassen sich Tätigkeiten abgrenzen, die eindeutig zur Freizeit gerechnet werden oder eindeutig nicht, und andere Tätigkeiten, deren Freizeitcharakter von Individuum zu Individuum stark variiert. Daraus ergibt sich, daß sich arbeitsfreie Zeit in arbeitsähnliche Zeiträume, in "Halbfreizeit" und in anerkannte "Freizeit" zerlegen läßt.

In der Freizeitdiskussion finden die Fragen Beachtung, welche historische Entwicklung die Quantität von Freizeit genommen hat und welche gruppenspezifische Verteilung sie heute aufweist. Während im Zusammenhang mit der ersten Frage vor allem auf die neu entstandenen Freizeitblöcke (zweitägiges Wochenende, Urlaub) hingewiesen wird, betont man bei der zweiten Frage den Freizeitgewinn bei Arbeitern und die Freizeitverringerung bei hochqualifizierten Professionen.
Die Expansion freier Zeit wird in engem Zusammenhang mit der Konsumexpansion gesehen. Die Haushalte verwenden einen Teil ihres Einkommens sowohl für Freizeitkonsum wie - aus der Perspektive des Haushalts - für "Freizeitinvestitionen". Dem unterschiedlichen Einkommen entsprechend,ergeben sich bei den Haushalten und Familien im Hinblick auf die Ausstattung mit freizeitrelevanten Gütern und die Ausgaben,die für Freizeitzwecke getätigt werden,typische Unterschiede.
Neben den Freizeitwerten der Haushalte bestimmen privatwirtschaftliche wie öffentliche Freizeiteinrichtungen das Freizeitangebot.

Die Wirkungen und Funktionen der Freizeit sind umstritten. Während einige Gesellschaftskritiker die Kommerzialisierung der Freizeit konstatieren und Fremdbestimmung auch im Freizeitbereich vorherrschen sehen, glauben andere Wissenschaftler doch Ansätze zu mehr Autonomie und Bedürfnisbefriedigung in der Freizeit zu erkennen.

Statistische Unterlagen zur Zeitverwendung liefert vor allem die international vergleichende Zeitbudget-Forschung. Dieser Forschungsansatz hat die international vergleichende Forschung einen wesentlichen Schritt vorwärts gebracht. Ebenso gibt es für die Zeitverwendung nationale differenzierte Statistiken, die einerseits dem Bemühen der Fernseh- und Rundfunkanstalten zu verdanken sind, ihr Programm auf Lebensgewohnheiten der Benutzer abzustellen, andererseits öffentlichen Interessenten, die Kriterien für Freizeitinvestition benötigen. Auch die amtliche Statistik liefert zu einigen Spezialfragen Material.

1 AUFTEILUNG DES GESELLSCHAFTLICHEN ZEITPOTENTIALS NACH TÄTIGKEITSBEREICHEN IM INTERNATIONALEN VERGLEICH 1966

		BRD	DDR	FRA	BEL	USA	USR
Berufsarbeit	%	17	22	20	20	19	27
Haushaltspflichten	%	19	21	19	16	18	17
Persönliche Bedürfnisse	%	45	42	45	44	42	38
Freie Zeit	%	19	15	16	20	21	18
Mehrbelastung der Frauen (-)	%-Punkte	+ 1	- 2	- 1	+ 1	+ 2	- 7
Dauer der Berufsarbeit pro Kopf und Tag	Stunden	4,3	5,2	4,9	5,0	4,7	6,5
Länge der freien Zeit während einer Woche in Stunden							
Berufstätige Männer	Stunden	34,0		26,5	32,8	34,1	33,4
Berufstätige Frauen	Stunden	27,9		19,8	25,7	28,5	21,1
Nichtberufstätige Frauen	Stunden	36,8		31,1	35,8	42,2	37,5

N = je Land mindestens 2 000

4 ZURECHNUNG VON TÄTIGKEITEN ZUR FREIZEIT 1962 (INDEX DER "EINDEUTIGKEIT"; MAXIMUM = 100)

Tätigkeiten	Indexwert
1. Eindeutig zur Freizeit gehörend:	
Theater, Konzert oder andere kulturelle Veranstaltungen	+ 81
Sich ausruhen, etwas schlafen	+ 65
Besuche machen	+ 64
Fernsehen	+ 62
Sich mit der Familie beschäftigen	+ 59
Einen Einkaufsbummel machen	+ 49
2. Überwiegend noch der Freizeit zugerechnet	
Mit Nachbarn unterhalten	+ 34
Sich am Vereinsleben beteiligen	+ 32
Am kirchlichen Gemeindeleben teilnehmen	+ 29
Seine Allgemeinbildung verbessern	+ 21
3. Nicht der Freizeit zugehörig	
Gartenarbeit	+ 11
Um die Schulaufgaben der Kinder kümmern	+ 9
Sich mit politischen Fragen beschäftigen	+ 3
Sich beruflich weiterbilden	- 6
Sich in Berufsverbänden oder anderen Organisationen betätigen	- 6
4. Das Gegenteil von Freizeit sind	
Einkaufen	- 28
Hausarbeit	- 57

2 HÄUFIGKEITEN VON FREIZEITAKTIVITÄTEN IM INTERNATIONALEN VERGLEICH

Aktivität	BRD %	GBR %	FRA %	ITA %	NIE %	BEL %
Mindestens 3 mal wöchentlich						
Bücher lesen	34	45	42	21	45	20
Zeitung lesen	83	93	76	48	89	71
Fernsehen	45	85	33	49	51	44
Vor der Tür sitzen und Menschen beobachten	26	4	13	21	9	11
Mindestens 1 mal wöchentlich						
Gartenarbeit	34	45	42	11	34	33
In die Wirtschaft gehen	13	26	14	27	7	18
In einen "Club" gehen	10	21	3	2	11	3
Kreuzworträtsel lösen	17	24	9	8	18	7
Karten spielen	17	22	18	23	29	23
Brettspiele (z.B. Schach)	5	11	5	4	7	2
Nadelarbeit (Frauen)	68	82	84	42	85	71
Arbeiten im Haus und Do-it-yourself (Männer)	20	41	21	29	37	34
Musik zu Hause hören	54	76	59	34	69	47
Musik spielen	6	5	3	2	9	3
Sport treiben	8	13	7	3	13	5
Mit Freunden unterhalten	33	67	49	40	37	23
Eine Zeitschrift/Illustrierte lesen	47	63	47	25	72	36
Mindestens 1 mal monatlich						
Filme anschauen	23	20	30	44	15	27
Sportveranstaltungen besuchen	16	20	16	14	23	19
Tanzen gehen	9	14	7	8	9	7
An einer Party teilnehmen	28	20	55	5	20	7
Lange Spaziergänge und Wanderungen	45	35	38	12	42	26
Mindestens jeden zweiten Monat						
Ins Theater gehen	22	27	14	13	18	15
Museen, Ausstellungen oder historische Stätten besuchen	9	22	15	7	11	10
Politische Versammlungen besuchen	6	5	3	4	5	3
Von 26 erfragten Freizeitaktivitäten werden erwähnt						
12 oder mehr	7	18	9	4	10	4
7 - 11	39	51	40	21	45	24

3 VERTEILUNG VON TÄTIGKEITEN AN WERKTAGEN, SAMSTAGEN UND SONNTAGEN WINTER 1970

Tätigkeiten	6.00			8.00			10.00			12.00			14.00		
	Werkt. %	Samst. %	Sonnt. %	Werkt. %	Samst. %	Sonnt. %	Werkt. %	Samst. %	Sonnt. %	Werkt. %	Samst. %	Sonnt. %	Werkt. %	Samst. %	Sonnt. %
Schlafen	64,3	80,9	95,1	10,8	26,1	50,9	1,6	2,0	5,4	1,4	1,0	1,4	11,0	12,3	17,6
Essen	11,3	5,3	0,2	10,7	19,6	18,0	1,5	3,6	8,7	23,7	23,4	34,9	3,2	6,2	2,1
Hausarbeit	7,6	4,2	1,3	23,7	21,9	16,4	23,4	26,1	41,8	20,4	21,3	22,4	17,6	21,3	12,1
Berufsarbeit im Haus	1,1	1,3	1,1	3,6	4,3	1,7	5,1	6,2	3,8	2,5	4,2	4,0	4,9	4,2	3,0
Berufsarbeit außer Haus	8,3	4,7	1,3	40,4	15,8	1,1	42,2	17,5	1,0	36,1	13,7	0,9	37,5	9,6	0,5
Einkaufen/Besorgungen machen	0,0	0,0	0,0	1,4	2,7	0,1	11,9	23,8	0,1	4,3	18,7	0,2	3,9	10,7	0,6
Mediennutzung	4,7	1,7	0,0	9,7	8,5	3,4	8,5	9,1	13,6	6,2	7,2	18,2	7,9	12,8	27,9
Sonstiges im Haus	6,3	2,8	0,1	3,9	5,8	8,4	4,5	8,9	12,3	3,0	4,4	7,1	8,1	11,5	12,8
Sonstiges außer Haus	0,6	0,6	1,1	4,2	3,1	3,3	6,7	8,4	19,9	7,6	12,0	18,6	9,5	17,1	28,2
Tätigkeiten gesamt	104,2	101,5	100,2	108,4	107,8	103,3	105,4	105,6	106,6	105,2	105,9	107,7	103,6	105,7	104,8
Tätigkeiten		16.00			18.00			20.00			22.00			24.00	
Schlafen	1,6	2,3	3,6	1,0	0,7	0,6	1,8	1,3	1,2	46,6	26,4	51,6	94,1	75,1	95,1
Essen	5,1	5,7	14,1	18,1	14,6	11,9	5,4	5,3	8,8	0,4	0,9	1,0	0,1	0,3	0,4
Hausarbeit	13,4	12,7	6,5	21,3	17,3	12,5	7,1	6,4	8,5	1,3	2,4	3,7	0,1	0,6	0,2
Berufsarbeit im Haus	5,8	4,9	2,5	3,8	3,0	3,8	3,0	3,5	2,1	1,5	1,6	0,8	0,3	0,3	1,3
Berufsarbeit außer Haus	33,3	6,8	0,5	10,1	3,9	0,7	2,3	1,3	0,4	1,6	1,6	0,5	1,0	0,9	0,3
Einkaufen/Besorgungen machen	8,5	9,6	0,6	5,1	1,5	0,0	0,2	0,0	0,2	0,0	0,0	0,0	0,0	0,0	0,0
Mediennutzung	6,7	16,8	31,4	21,8	32,4	37,0	62,9	60,1	57,2	30,1	39,2	17,2	1,6	10,1	0,9
Sonstiges im Haus	12,3	19,0	16,4	14,7	17,2	16,0	12,7	8,5	11,8	12,5	12,7	14,9	0,8	2,4	0,5
Sonstiges außer Haus	16,6	26,7	34,5	11,1	19,9	25,8	11,6	18,3	18,5	7,9	16,8	11,5	2,2	10,3	1,5
Tätigkeiten gesamt	103,3	104,5	110,1	107,0	110,5	108,3	107,0	104,7	108,7	101,9	101,6	101,2	100,2	100,0	100,2

5 WERTSCHÄTZUNG VON FREIZEITAKTIVITÄTEN 1963 UND 1969 (RANGPLÄTZE)

Aktivität	Welche Tätigkeiten schätzt wohl die Bevölkerung besonders ? 1963	Wie wertvoll sind sie nach Ansicht des Befragten ? 1963	Welche Tätigkeiten sind dem Befragten selbst am liebsten ? 1963	Aktivität	Beliebteste Freizeit-aktivitäten 1969
Spazieren, Wandern	1	9	2	Spazierengehen, Schaufensterbummel	1
Radiohören	2	10	7	Sport treiben, bei Sport zuschauen	2
Fernsehen	3	11	5	Bücher und Zeitungen lesen	3
Zeitschriften lesen	4	7	7	Fernsehen	4
Bücher lesen	5	3	3	Ausruhen, Schlafen, Sitzen	5
Geselligkeit, Tanz	6	5	7	Handarbeiten	6
Basteln, Handarbeit	7	2	1	Ein Hobby pflegen	7
Theater-, Konzertbesuch	8	1	8	Haus, Garten, Blumen und Tiere pflegen, Einkaufen	8
Kinobesuch	9	4	8	Mit einem Fahrzeug ins Grüne fahren	9
Sport	10	8	4	Zu Veranstaltungen gehen	10
Musik hören	11	6	6		

11 JÄHRLICHE FERIENREISEN DER BEVÖLKERUNG SEIT 1954

Angabe	1954	1955	1956	1957	1958	1959	1960	1961	1962	1963	1964	1965	1966	1967	1968
	% der Bevölkerung														
Urlaubsreise durchgeführt	24	24	26	27	28	30	28	31	36	47	43	50	52	49	50
Davon Auslandsreise							11		16	16	21	20	23	20	22
Keine Urlaubsreise	76	76	74	73	72	70	72	69	64	53	57	50	48	51	50

HÄUFIGKEIT VON FREIZEITAKTIVITÄTEN IN EINEM INDUSTRIELLEN BALLUNGSGEBIET NACH DEMOGRAPHISCHEN MERKMALEN 1970

	ktivität	ins-gesamt	Geschlecht Männer	Frauen	Altersgruppe 14-17	18-34	35-64	65 Jahre und älter	Schulbildung Volks-schule	Mittlere Reife	Abitur Hoch-schule
	ohnung und Garten										
	Fernsehen	3,44	3,5	3,4	3,5	3,3	3,5	3,5	3,5	3,2	2,8
	Sich mit der Familie beschäftigen	3,36	3,3	3,4	2,8	3,5	3,5	2,9	3,4	3,3	3,2
	Mit Freunden zusammen sein	2,31	2,4	2,2	3,4	2,7	2,1	1,7	2,2	2,7	2,8
	Sportberichte sehen, hören, lesen	2,30	3,1	1,6	2,4	2,6	2,3	1,7	2,3	2,3	2,0
	Spannende Lektüre	2,26	2,2	2,4	2,6	2,4	2,2	2,0	2,2	2,5	2,0
	Schlager- und Tanzmusik hören	2,20	2,2	2,2	3,7	2,9	2,0	1,0	2,2	2,4	1,8
	Sich über Politik und Kulturleben informieren	2,12	2,5	1,8	1,8	2,3	2,1	1,7	1,9	2,7	3,4
	Sich mit einem Hobby beschäftigen	1,73	2,1	1,4	2,5	2,0	1,7	0,8	1,6	2,2	2,1
	Reparieren	1,54	2,0	1,1	1,3	1,6	1,7	1,1	1,6	1,4	1,3
0	Gar nichts tun	1,48	1,5	1,4	1,6	1,4	1,4	1,9	1,5	1,4	1,2
1	Schach, Karten oder Gesellschaftsspiele	1,44	1,7	1,2	1,6	1,7	1,4	0,9	1,4	1,6	1,4
2	Anspruchsvolle Lektüre	1,08	1,0	1,1	1,4	1,3	1,0	0,8	0,8	1,9	2,9
3	Sich mit beruflichen Dingen beschäftigen	1,04	1,3	0,8	1,7	1,5	0,9	0,2	0,9	1,6	2,5
4	Sich weiterbilden	1,00	1,2	0,8	2,7	1,4	0,8	0,3	0,7	1,9	2,8
5	An privaten Tanzparties teilnehmen	0,65	0,7	0,6	1,8	1,2	0,4	0,1	0,6	1,0	1,0
	ähere Umgebung										
6	Spazierengehen zum Vergnügen	2,58	2,5	2,6	2,2	2,7	2,6	2,4	2,6	2,6	2,6
7	Ausflug ins Grüne	2,28	2,3	2,3	2,0	2,5	2,4	1,6	2,3	2,4	2,3
8	Verwandte oder Bekannte besuchen	2,15	2,1	2,2	2,0	2,2	2,2	1,9	2,3	2,2	2,1
	Wandern in der Natur	1,79	1,8	1,8	1,3	1,8	2,0	1,3	1,8	1,9	2,0
0	Spazierfahrt mit dem Auto	1,75	1,8	1,8	1,8	2,3	1,7	0,9	1,7	2,0	2,0
	Besichtigung von Sehenswürdigkeiten	1,30	1,3	1,3	1,3	1,3	1,4	0,9	1,2	1,6	1,8
	Sport und Spiel	1,26	1,5	1,0	2,6	1,9	1,0	0,2	1,1	1,8	1,8
	Zuschauen bei Sportveranstaltungen	1,16	1,7	0,6	1,6	1,5	1,1	0,5	1,2	1,2	0,9
	Sich bilden und fortbilden	0,96	1,1	0,8	2,3	1,3	0,8	0,3	0,7	1,8	2,8
	Besuch von Vereinsveranstaltungen	0,80	1,1	0,6	1,3	1,0	0,7	0,5	0,7	1,0	0,9
	Freizeitaktivität insgesamt (Index-Mittelwert)	1,76	1,9	1,6	2,1	2,0	1,7	1,2	1,7	2,0	2,1

6 FORTSETZUNG

Aktivität	Insgesamt	Haushaltsgröße 1	2	3 und mehr Personen	Arbeiter	Angestellte und Beamte	Beruf Selbst./ Freie Berufe	Landwirte/ Landarbeiter	Hausfrauen
Wohnung und Garten									
1 Fernsehen	3,44	3,2	3,5	3,4	3,6	3,3	3,0	3,3	3,5
2 Sich mit der Familie beschäftigen	3,36	2,0	3,3	3,6	3,4	3,4	3,3	3,3	3,7
3 Mit Freunden zusammen sein	2,31	1,9	2,1	2,4	2,4	2,6	2,4	2,3	2,1
4 Sportberichte sehen, hören, lesen	2,30	1,3	2,1	2,5	3,1	2,4	2,3	2,8	1,6
5 Spannende Lektüre	2,26	2,1	2,2	2,3	2,2	2,4	1,9	1,6	2,3
6 Schlager- und Tanzmusik hören	2,20	1,2	1,7	2,5	2,5	2,4	1,9	1,5	2,1
7 Sich über Politik und Kulturleben informieren	2,12	1,7	2,0	2,2	2,2	2,6	2,6	2,8	1,8
8 Sich mit einem Hobby beschäftigen	1,73	1,2	1,5	1,9	1,9	2,0	1,6	1,8	1,4
9 Reparieren	1,54	0,8	1,3	1,7	2,1	1,6	1,4	2,6	1,1
10 Gar nichts tun	1,48	1,8	1,7	1,4	1,5	1,4	1,2	0,7	1,4
11 Schach, Karten oder Gesellschaftsspiele	1,44	0,9	1,3	1,6	1,7	1,6	1,4	1,3	1,3
12 Anspruchsvolle Lektüre	1,08	1,1	0,9	1,1	0,8	1,7	1,5	1,0	1,0
13 Sich mit beruflichen Dingen beschäftigen	1,04	0,5	0,7	1,2	1,1	1,7	2,7	3,2	0,5
14 Sich weiterbilden	1,00	0,6	0,6	1,2	0,9	1,7	1,6	1,8	0,6
15 An privaten Tanzparties teilnehmen	0,65	0,2	0,3	0,9	0,7	1,0	0,7	0,8	0,5
		(2,1)	(2,5)	(3,0)					
Nähere Umgebung									
16 Spazierengehen zum Vergnügen	2,58	2,3	2,7	2,5	2,5	2,7	2,2	1,8	2,7
17 Ausflug ins Grüne	2,28	2,1	2,4	1,8	2,5	2,5	2,2	1,8	2,4
18 Verwandte oder Bekannte besuchen	2,15	1,9	2,2	2,1	2,1	2,2	1,9	2,2	2,3
19 Wandern in der Natur	1,79	1,5	1,9	1,4	1,9	1,9	1,8	1,7	1,9
20 Spazierfahrt mit dem Auto	1,75	2,0	1,8	1,1	1,9	2,2	1,9	2,3	1,7
21 Besichtigung von Sehenswürdigkeiten	1,30	1,4	1,3	1,0	1,3	1,6	1,4	1,2	1,3
22 Sport und Spiel	1,26	2,2	1,2	0,4	1,5	1,7	1,4	1,0	1,0
23 Zuschauen bei Sportveranstaltungen	1,16	1,6	1,2	0,4	1,8	1,3	1,0	1,3	0,6
24 Sich bilden und fortbilden	0,96	2,0	0,8	0,4	0,8	1,6	1,5	1,7	0,6
25 Besuch von Vereinsveranstaltungen	0,80	1,2	0,8	0,4	1,0	0,9	0,9	1,7	0,6
Freizeitaktivität Insgesamt (Index-Mittelwert)	1,76	(1,8)	(1,6)	(1,2)	1,9	2,0	1,8	1,9	1,6

7 TÄTIGKEITEN WÄHREND EINER WOCHE NACH BERUFLICHER TÄTIGKEIT 1966

Tätigkeit	Berufstätige Männer	Berufstätige Frauen	Nur-Hausfrauen
	% der jeweiligen Bevölkerungskategorie		
Reguläre Arbeit	79,3	68,2	3,3
Nebentätigkeit	4,4	1,7	0,8
Zubereitung von Essen	22,7	82,8	95,4
Hausarbeit	22,8	84,4	95,3
Waschen und Nähen	2,2	40,4	60,9
Andere Hausarbeit	25,2	32,9	42,1
Gartenarbeit	8,3	11,7	18,4
Körperliche Hygiene	98,6	98,1	97,6
Essen	98,8	95,8	97,9
Kinderpflege	13,7	28,2	65,4
Einkaufen	44,6	55,9	56,1
Verkehrsmittel	74,4	75,4	81,0
Freizeit			
Sich ausruhen	26,0	29,2	36,1
Weiterbildung	4,9	4,1	4,6
Teilnahme an Organisationen und Vereinen	13,4	10,9	22,4
Radio hören	10,2	9,4	15,1
Fernsehen	74,4	58,8	74,1
Lesen	61,0	49,8	59,7
Gespräche	32,2	42,9	57,5
Geselligkeit	48,1	49,6	66,9
Spazieren gehen	2,7	3,0	3,8
Sport	9,3	4,1	4,3
Unterhaltungsveranstaltungen/ Kino	6,6	6,7	4,3
Andere Freizeitbeschäftigungen	16,2	26,4	37,5
Überhaupt keine Freizeit am betreffenden Tag	0,7	3,0	0,0

8 LÄNGE DER FREIZEIT NACH TÄTIGKEITSKATEGORIEN FÜR VERHEIRATETE 1966

	Berufstätige Männer	Berufstätige Frauen	Nichtberufstätige Frauen
	in Stunden und in Dezimalen von Stunden		
Werktags	3,8	3,0	4,8
Samstags	6,4	5,6	5,6
Sonntags	8,6	7,3	7,2
Freizeit während einer Woche	34,0	27,9	36,8

9 DAUER DES ZUSTEHENDEN JAHRESURLAUBS (IN ARBEITSTAGEN) BEI ABHÄNGIG ERWERBSTÄTIGEN 1960 UND 1969

	Okt. 1960		Okt. 1969	
	Männer	Frauen	Männer	Frauen
Stellung im Beruf				
Beamte	22	20	25	22
Angestellte	18	14	22	20
Arbeiter	14	13	20	19
Alter von...bis unter...Jahren				
unter 18	17	17	21	22
18 - 25	12	12	18	18
25 - 30	12	13	19	18
30 - 40	15	14	20	19
40 - 55	16	15	22	21
55 und älter	16	15	23	21
Insgesamt	14	14	21	20
Wirtschaftsbereich				
Land- und Forstwirtschaft, Tierhaltung und Fischerei	14	11	19	18
Produzierendes Gewerbe	15	13	20	19
Handel und Verkehr	16	15	21	20
Sonstige Wirtschaftsbereiche (Dienstleistungen)	19	15	23	20

10 MONATLICHE AUSGABEN FÜR BILDUNG UND UNTERHALTUNG

Jahr	Haushaltstyp RSG	ANM	BAH	Haushaltstyp RSG	ANM	BAH
	DM pro Kopf			% des priv. Verbrauchs		
1958	5,38	9,31		4,2	6,8	
1960	4,66	9,94		3,5	6,6	
1962	4,95	11,10		3,2	6,1	
1964	6,41	13,71	30,60	3,6	6,7	8,2
1966	9,04	16,07	33,75	4,3	6,9	8,4
1968	8,44	15,31	34,40	3,8	6,6	8,5
1970	11,37	19,86	39,28	4,4	7,3	8,4
1972	13,02	26,32	48,03	4,2	8,0	8,9

12 REISEINTENSITÄT NACH ALTERSGRUPPEN UND GEMEINDEGRÖSSENKLASSEN 1962 UND 1971

	Anteil der gereisten Einwohner 1962 %	1971 %
Altersgruppen von ... bis ... Jahre		
unter 6	13,9	31,3
6 bis unter 14	23,0	41,6
14 bis unter 18	29,2	40,1
18 bis unter 25	32,3	44,7
25 bis unter 45	31,1	47,3
45 bis unter 65	29,2	46,4
65 und mehr	16,6	31,8
Gemeindegrössenklassen von ... bis ... Einwohner		
unter 2 000	9,1	20,0
2 000 bis unter 3 000	14,6	24,1
3 000 bis unter 5 000	17,1	35,4
5 000 bis unter 10 000	20,6	39,0
10 000 bis unter 25 000	26,5	44,2
25 000 bis unter 50 000	30,4	44,4
50 000 bis unter 100 000	36,5	52,4
100 000 und mehr	42,0	54,1
Insgesamt	26,3	42,2

13 REISEINTENSITÄT NACH DER STELLUNG IM BERUF 1962 UND 1971

	Anteil der gereisten Erwerbspersonen 1962 %	1971 %
Selbständige (ohne Landwirte)	33,9	39,0
Landwirte	1,9	
Mithelfende Familienangehörige	11,2	20,9
Beamte	50,6	67,5
Angestellte	49,7	63,4
Arbeiter	23,8	39,1
Insgesamt	30,0	47,3

14 AUSFLÜGLER NACH GEMEINDEGRÖSSENKLASSEN UND AUSFLUGSHÄUFIGKEITEN

Gemeinde-größenklassen	Ausflügler insgesamt %	mit...Ausflügen im Monatsdurchschnitt weniger als 1 %	1 %	2 - 4 %	5 und mehr %
unter 2 000	36,7	17,9	10,7	6,4	1,7
2 000- 5 000	37,2	13,6	11,5	9,2	2,9
5 000- 10 000	41,3	14,4	13,1	11,1	2,7
10 000- 20 000	42,8	15,0	12,9	13,1	1,9
20 000- 50 000	42,5	13,6	13,6	12,3	3,0
50 000-100 000	47,9	12,7	14,6	15,5	5,1
100 000-200 000	48,6	16,6	15,0	13,4	3,6
200 000-500 000	47,9	12,7	15,2	15,2	4,9
500 000 und mehr	45,7	9,0	14,0	18,8	3,9
Insgesamt	42,6	13,8	13,1	12,5	3,1

QUELLENANGABEN UND ANMERKUNGEN

1) von Rosenbladt, Bernhard, 1969: Tagesabläufe und Tätigkeitssysteme. in: Soziale Welt, 20 Jg., Heft 1: S. 72
Scheuch, Erwin K., 1969: Soziologie der Freizeit. In: König, Rene'(Hrsg.) 1969: Handbuch der Empirischen Sozialforschung II. Babd: S. 764
Lüdtke, Hartmut, 1972: Freizeit in der Industriegesellschaft. Opladen: Leske, S. 90

Auswertungen der Beschreibung von Tagesabläufen durch Befragte.
Ergebnisse der internationalen Zeitbudget-Untersuchung.

2) Scheuch, Erwin K., 1969: Soziologie der Freizeit. a.a.O.: S. 781

Im Auftrag des Readers Digest durchgeführt 1963 von Instituten der INRA-Kette

3) Frank, Bernward, (?): Tagesablauf und Mediennutzung der jugendlichen und erwachsenen Fernsehzuschauer. Sonderdruck aus: Stolte, Dieter, (?): Das Fernsehen und sein Publikum. Studien zum Tagesablauf 1970/71. Mainz: Hase und Koehler. S. 159 ff

Befragte: Fernsehzuschauer über 16 Jahre

4) Scheuch, Erwin K., 1969: Soziologie der Freizeit. a.a.O.: S. 780 (Ergebnisse von Divo).

Der Index ist ein "Kontrapositionsindex", der dadurch gebildet wird, daß die negativen Nennungen (gehört nicht zur Freizeit) von den positiven Nennungen (gehört zur Freizeit) abgezogen werden.

5) Lüdtke, Hartmut, 1972: Freizeit in der Industriegesellschaft. Opladen: Leske. S. 32, 78;

1963: DIVO - Erhebung
1969 -: EMNID - Erhebung

6) Lüdtke, Hartmut, 1972: Freizeit in der Industriegesellschaft. Opladen: Leske. S. 80
Ergebnisse einer Emnid - Untersuchung im Auftrag des Siedlungsverbandes Ruhrkohlenbezirk 1971;

Der Index der Häufigkeit wurde als gewogener Mittelwert von Rängen errechnet, die den Originalantworten der Befragten in folgender Weise zugeordnet wurden:

Originalantwort:	nie	selten	manchmal	öfter	oft	sehr oft
Rangwert:	0	1	2	3	4	5

Je höher ein Indexwert ist, desto öfter wird die Aktivität im Durchschnitt der Gruppe ausgeübt. Ein Wert von 2,0 besagt beispielsweise, daß eine Gruppe im Durchschnitt angab eine Tätigkeit "manchmal" auszuüben.

7) Scheuch, Erwin K., 1969: Soziologie der Freizeit. a.a.O.: S. 783

Ergebnisse der internationalen Zeitbudget-Untersuchung.

8) Scheuch, Erwin K., 1969: Soziologie der Freizeit. a.a.O.: S. 764

Ergebnisse der internationalen Zeitbudget-Untersuchung.

9) WiSta, 1971: S. 24

Ergebnisse der Mikrozensen Oktober 1969 und Oktober 1960;
Der Urlaubsanspruch wurde 1960 in "Werktagen" erfaßt und mußte zum Vergleich mit 1969 in "Arbeitstage" umgerechnet werden.

10) StBA, Jb 1967: S. 500, 501
StBA, Jb 1971: S. 478
StBA, Jb 1973: S. 496, 497

Haushaltstypen:
RSG: 2-Personenhaushalte von [illegible]ten- und Sozialhilfeempfängern mit geringem Einkommen
ANM: 4-Personen-Arbeitnehmerh[illegible]halte mit mittlerem Einkommen
BAH: 4-Personenhaushalte von [illegible]ten und Angestellten mit höherem Einkommen

11) Scheuch, Erwin K., 1969: Ferien und Tourismus als neue Formen der Freizeit. In:Scheuch, Erwin K. und Meyersohn, Rolf (Hrsg.) 1972: Soziologie der Freizeit. Köln: Kiepenheuer & Witsch: S. 307

Der Anteil der Urlaubsreisenden von 1954 bis 1962 beruht auf DIVO-Ergebnissen, von 1963 bis 1968 auf Emnid-Ergebnissen. Alle Angaben über den Anteil an Auslandsreisen sind Emnid-Ergebnisse. Die Umfrageinstitute ermitteln zwar analoge Trends, doch Ergebnisse, die um 3 - 4 % voneinander abweichen.

12) StBA, Fachserie F, Reihe 8, Fremdenverkehr, Sonderbeitrag: Urlaubs- und Erholungsreisen 1962: S. 4, 12;
StBA, Fachserie F, Reihe 8, Fremdenverkehr, Sonderbeitrag: Urlaubs- und Erholungsreisen 1971: S. 4, 5;

Ergebnisse des Mikrozensus (Auswahlsatz 1962: 1 %;1971: 0,1 %);
Als Urlaubs- und Erholungsreisende gelten alle Personen, die im Oktober eine Urlaubsreise von 5 Tagen und mehr angetreten haben, wobei der größte Teil der Reise im Oktober liegen muß

13) StBA, Fachserie F, Reihe 8, Fremdenverkehr, Sonderbeitrag: Urlaubs- und Erholungsreisen 1962: S. 4, 12;
StBA, Fachserie F, Reihe 8, Fremdenverkehr, Sonderbeitrag: Urlaubs- und Erholungsreisen 1971: S. 4, 5;

Definitionen wie Tabelle 12

14) WiSta 11/1973: S. 665

Ausflug: Tagesausflug über die Grenzen der Wohngemeinde hinaus mit einer Dauer von 6 Stunden und mehr.

E

SOZIALE (PROBLEM)GRUPPEN

ALTE MENSCHEN

Die Personen über 65 Jahre - im Folgenden kurz "Alte" genannt - stellen in unserer Gesellschaft eine Gruppe dar, die in zunehmendem Maße durch ihr spezifische und oft strukturell bedingte Probleme gekennzeichnet werden kann. Die hier gewählte "kalendarische" Definition des Alters - daneben gibt es biologische, medizinische, soziologische und psychologische Definitionen - hat, obwohl sie in wissenschaftlicher Hinsicht unbefriedigend ist, den Vorzug, daß sie eindeutig abgegrenzt ist und statistisch erfaßten und teilweise rechtlich und gesellschaftlich relevanten Altersgruppen entspricht.

Der Anteil der Alten an der Gesamtbevölkerung ist seit 1870 ständig von knapp 5 auf über 13 Prozent gestiegen. Innerhalb der Altersgruppe haben gleichzeitig Strukturverschiebungen stattgefunden: immer stärker geworden ist der Anteil der Frauen, insbesondere der verwitweten und geschiedenen, aus denen sich vor allem die Alleinlebenden in unserer Gesellschaft rekrutieren. Durch die Verbesserung der sozialen Sicherungssysteme, die Verschiebung der Erwerbstätigenstruktur (immer weniger Selbständige und mithelfende Familienangehörige) und veränderte Produktionsbedingungen werden die Alten in immer stärkerem Maße und - trotz höherer Lebenserwartung - immer früher aus der sozialen Verantwortung der Familien entlassen. Dieser Prozeß ist verbunden mit wachsenden Ansprüchen an die Sozialbudgets der öffentlichen Hand und mit der Notwendigkeit steigender Einkommensübertragungen der privaten Erwerbstätigenhaushalte.

Für die Einzelnen ist der Übergang von der "aktiven" Altersgruppe zur "postproduktiven" früher oder später, wenn auch in unterschiedlichem Ausmaß, mit dem Verlust von Personen und Funktionen und der Einschränkung der eigenen Autonomie verbunden. Dies gilt nicht nur für Berufstätige, sondern auch für Hausfrauen, beispielsweise in Form des Verlustes der Erzieherrolle. Änderungen der Haushaltsstruktur, das

Sterben von Mitgliedern der Familie, der sich in der Regel verschlechternde Gesundheitszustand, die mit dem Ausscheiden aus dem Erwerbsleben oft einhergehende Verkleinerung des sozialen Bezugsfeldes und die Reduzierung des Haushaltseinkommens sind quasi objektive Ursachen für eine Einschränkung von Aktivitäten; sie können zu größerer Abhängigkeit von anderen führen und - in Verbindung mit dem zunehmenden Verantwortungsverlust der Familien gegenüber "ihren Alten" - schließlich zur Notwendigkeit zur Betreuung durch Institutionen, wenn nicht sogar zur Institutionalisierung. In den meisten Fällen erfordern diese Veränderungen neue Konsum- und Freizeitgewohnheiten, oft den Aufbau neuer Partnerbeziehungen und das Finden eines neuen Selbstbildes, denn mit der Aufgabe bisheriger, gesellschaftlich positiv bewerteter Rollen, wie sie beispielsweise Berufstätigkeit, Bezug von Arbeitseinkommen und Erziehung von Kindern darstellen, ist oft ein erheblicher Autoritätsverlust verbunden. Entsprechend erscheint vielen Alten die totale Integration in die Familie der Kinder, zumindest solange sie nicht pflege- oder hilfsbedürftig sind, nicht als die ideale Lösung ihrer Probleme; sie ziehen die "Intimität auf Distanz", den eigenen Haushalt in relativer Nähe zu den Kindern, als Lösung vor.

Ob das mit dem Altern vielfach verbundene Verhaltensmuster des "Disengagement", des Rückzugs aus der wirtschaftlichen, politischen und sozialen Teilhabe, des passiven Verhaltens, der zum Teil selbst gewollten Isolierung, das Akzeptieren einer Altenrolle, die im Grunde als Rollenlosigkeit zu charakterisieren ist, von den Betroffenen selbst gewünscht wird oder ob dieses Verhalten durch die soziale Umwelt aufgezwungen wird und eventuell zu Spannungen führt, ist eine wichtige Frage der Gerontologie und Gereatrie. Es ist die Frage nach der Verhaltensrelevanz von Vorurteilen, die im Fall der Alten eine erstaunliche Stabilität und eine grosse Homogenität über die verschiedensten sozialen und Altersgruppen hinweg aufweisen. Es ist durchaus denkbar, daß diese Vorurteile, die von den Alten selbst geteilt werden, über ihre frühe Internalisierung bei den Betroffenen und durch die negative Sanktionierung abweichenden Verhaltens der Alten durch die soziale Umwelt erst das Verhaltensmuster des Disengagement herbeiführen. In diesem Fall wären dann viele soziale und psychische - als Resultate sicher ein Teil der gesundheitlichen - Probleme des Alterns über eine Veränderung der gesellschaftlichen Normen und Vorurteile zu lösen.

In diesem Sinn charakterisiert die Frage nach dem "erfolgreichen Altern" eine wichtige Zieldimension der Gereatrie. Dabei führt es sicher nicht sehr weit, von den Alten als einer Subkultur auszugehen; ihnen fehlt das Bewußtsein einer - auch objektiv nicht gegebenen - kulturellen und normativen Identität. Eine von der Subkulturthese ausgehende Sozialpolitik würde die Alten in verstärktem Maße zu dem machen, was sie vermutlich schon sind: eine Quasi-Minorität, die zum großen Teil durch Deprivation, Afunktionalität und Autoritätsverlust, kurz durch ihre gesellschaftliche Irrelevanz gekennzeichnet sind. (Zynisch sei angemerkt: vielleicht mit der Ausnahme von zwei Rollen: der des Konsumenten und der des Wählers.)

Zu den hier angesprochenen Problemen alter Menschen sind in erster Linie Quellen aus Forschungsinstituten von Universitäten und privaten Institutionen zu finden. Die meisten Untersuchungen beziehen sich nur auf alte Menschen, die in einer bestimmten Stadt oder einem bestimmten Kreis leben - was wohl im Interesse des jeweiligen Auftraggebers liegt. Die Fragestellungen dieser Untersuchungen sind aber im wesentlichen genereller Art und nicht räumlich gebunden; da die Stichproben meist nach den Kriterien der Repräsentativität und Zufallsauswahl angelegt sind, kann man diesen Untersuchungen wohl eine über ihren unmittelbaren Bezugsrahmem hinausgehende Aussagekraft attestieren. Die amtliche Statistik liefert vorwiegend Basisinformationen, in diesem Fall über die Bevölkerungsstruktur und die Wohnungsversorgung; in Sondererhebungen wurden in jüngerer Zeit aber auch

Krankheiten und körperliche und geistige Behinderung erfaßt. Wie meistens bieten diese Daten aber kaum die Möglichkeit der Analyse in einem strukturellen oder kausalen Zusammenhang.

1 KENNZIFFERN ZUR SITUATION DER ALTEN IM HISTORISCHEN VERGLEICH (Die Angaben gelten jeweils für Personen über 65 Jahre)

		Dim.	1870	1880	1890	1900	1910	1920	1930	1940	1950	1960	1970
Bevölkerungsanteil		v.H.	4,6	4,7	5,1	4,9	5,0	5,8	7,1	7,8	9,4	11,1	13,2
Frauen auf 100 Männer		N	112	116	121	124	128	126	120	117	124	151	159
Lebenserwartung	M	Jahre	.	9,6	9,8	.	10,4	.	11,5	11,9	12,8	12,4	12,1
der 65-jährigen	F	Jahre	.	10,0	10,3	.	11,1	.	12,2	12,6	13,7	14,6	15,2
Anteil der	M	v.H.	.	.	.	58,2	60,6	62,8	.	66,7	67,9	71,7	77,4
verheirateten	F	v.H.	.	.	.	27,4	29,0	31,4	.	35,5	34,1	33,7	32,7
Erwerbsquote	M	v.H.	.	69,2	67,9	.	60,2	47,4	28,6	29,5	26,4	22,3	18,5
	F	v.H.	.	21,0	21,9	.	25,7	17,6	12,7	14,0	9,4	8,0	6,1
Selbstmorde auf	M	N	.	.	.	.	.	124	95,4	(95,3)	70,1	49,1	59,4
100 000 Einwohner	F	N	.	.	.	.	.	37,6	29,8	(35,4)	19,6	20,0	26,3

2 KENNZIFFERN ZUR SITUATION DER ALTEN IM INTERNATIONALEN VERGLEICH 1970 (Die Angaben gelten jeweils für Personen über 65 Jahre)

		Dim.	BRD	DDR	GBR	FRA	ITA	NIE	BEL	LUX	DÄN	ÖST	SWI	SWE	JAP	USA	USR	IND
Bevölkerungsanteil		v.H.	13,2	15,6	12,8	12,8	10,5	10,1		12,7	12,2	14,3	11,4	13,7	7,1	9,9		
Frauen auf 100 Männer		N	159	162	162	163	142	127		138	128	165	146	124	127	138		
Lebenserwartung	M	Jahr	12,1	(11,9)	12,0	13,4	13,0	13,6	(12,4)	12,1	13,9	11,7	(12,9)	14,4	12,7	(13,0)		(9,8)
der 65-jährigen	F	Jahr	15,2	(14,4)	16,0	17,4	16,1	16,6	(14,8)	15,1	16,8	15,0	(15,2)	17,2	15,6	(16,6)		(11,1)
Anteil der	M	v.H.	77,4	76,8	70,7	71,7		72,2		64,4	67,6	72,2		63,9	75,6	71,4	(86,9)	
verheirateten	F	v.H.	32,7	32,6	34,3	33,1		42,2		32,7	36,1	28,3		36,8	29,5	34,6	(30,2)	
Erwerbsquote	M	v.H.	18,5		23,5	14,7	11,7	14,1	10,6	15,6	24,3	9,2	32,2	21,3		25,3		
	F	v.H.	6,1		7,2	6,4	2,3	3,1	2,3	6,9	5,6	3,4	9,9	4,4		8,8		
Selbstmorde auf	M	N	59,4					30,6		(34,9)	48,4	(68,8)				•		
100 000 Einwohner	F	N	26,3					18,0		(10,9)	23,6	(27,6)				•		
Pensionierungsalter	M	Jahr	65	65	65		60	65	65	65	67			67	60	62-65	60	
	F	Jahr	60-65	60	60		55	.	.	65	67			67	55	62-65	55	

3 WOHNBEVÖLKERUNG ÜBER 65 JAHRE NACH ALTER, FAMILIENSTAND UND HAUSHALTSTYP IM APRIL 1971
(Ergebnisse des Mikrozensus)

	Insgesamt		Frauen auf 100 Männer	davon in: Privathaushalten				Anstaltshaushalten	
	in 1 000	in v.H.		Einpersonenhaushalte		Mehrpersonenhaushalte			
				M	F	M	F	M	F
Dim.	N	%	N	%	%	%	%	%	%
Zusammen	8 789	100	159	14	45	84	51	2	4
nach dem Alter:									
65 - 70 Jahre	3 355	38,2	137	10	39	89	60	1	1
70 - 75 Jahre	2 563	29,2	157	14	46	85	51	1	2
75 u.m. Jahre	2 871	32,7	195	21	51	75	42	3	7
nach dem Familienstand:									
ledig	705	8,0	469	45	56	36	31	17	12
verheiratet	4 375	49,8	67	1	1	98	98	0	1
verwitwet	3 508	39,9	531	60	68	37	28		
geschieden	200	2,3		75	75	21	18	4	4

4 DIE UNTERBRINGUNG DER PRIVATEN ALTENHAUSHALTE 1968

	Din.	Ein-Personen-Haushalte		Zwei-Personen-Haushalte	Drei- und Mehr-Personen-Hh.	Insgesamt			zum Vergleich: Haushaltsvorstände bis 65 Jahre		
		Männer	Frauen			Zusammen	Mieter	Eigentümer	Zusammen	Mieter	Eigentümer
Verteilung der Haushalte (in 1 000)	N	323	1 672	1 936	756	4 687	2 842	1 485	15 976	9 327	5 495
	%	6,9	35,7	41,3	16,1	100	60,6	31,7	100	58,4	34,4
darunter wohnen in Untermiete	%	13,7	6,5	1,1	0,3	3,8	-	-	4,9	-	-
in Unterkünften	%	1,5	1,0	0,8	0,7	0,9	-	-	0,6	-	-
im Wohngelegenheiten	%	6,8	5,3	1,6	0,8	3,1	-	-	1,7	-	-
Anteil der Haushalte, deren Wohnungen (Wohngelegenheiten) folgende Ausstattung aufweisen											
mit Bad und WC – mit Sammelheizung	%	16,9	18,8	22,3	25,1	21,2	20,0	25,1	31,6	29,0	36,9
mit Bad und WC – ohne Sammelheizung	%	26,9	26,5	35,3	36,9	32,0	34,3	29,8	39,3	41,4	36,9
ohne Bad aber mit WC – in der Wohnung	%	20,1	20,9	16,7	12,1	17,6	19,9	13,1	10,0	11,9	6,4
ohne Bad aber mit WC – im Gebäude	%	18,6	20,3	11,5	5,8	14,0	16,4	6,3	7,8	10,1	2,4
ohne WC im Gebäude	%	17,5	13,5	14,2	20,1	15,2	9,4	25,7	11,3	7,6	17,4
zum Vergleich: Haushaltsvorstände bis 65 Jahre											
Verteilung der Haushalte	%	5,0	10,4	23,9	60,7	.	.	.	100	58,4	34,4

5 DIE "INSTITUTIONALISIERUNG" DER ALTEN IM APRIL 1971
(Ergebnisse des Mikrozensus)

			Personen über 65 Jahren in Anstaltshaushalten				
				davon in:			
		Insgesamt (in 1 000)	als Anteil der jeweiligen Wohnbevölkerung	Kranken-, Heil- und Pflegeanstalten	Alters- und Invalidenheimen	Anstalten zur Unterbringung wohnungslos Eingewiesener	Sonstigen Anstalten
Dim.		N	v.H.	v.H.	v.H.	v.H.	v.H.
ledige	Männer	21	16,9	31,8	34,1	4,2	29,9
	Frauen	67	11,6	24,1	59,5	/	16,0
verheiratete	Männer	9	0,3	12,1	68,1	2,2	17,6
	Frauen	8	0,5	10,4	81,8	/	7,8
verwitwete u. geschiedene	Männer	25	3,8	14,0	82,4	1,2	2,4
	Frauen	114	3,8	16,7	78,5	0,2	4,7
Insgesamt	Männer	56	1,6	20,5	61,4	2,5	15,5
	Frauen	188	3,5	19,0	72,0	0,1	8,8

6 DIE ERWERBSTÄTIGKEIT UND RENTENBEZUG DER ALTEN NACH GESCHLECHT, FAMILIENSTAND UND SOZIALRECHTLICHER STELLUNG IM APRIL 1971 (Ergebnisse des Mikrozensus, Angaben in v.H.)

		Erwerbsquote 1961	Erwerbsquote 1971	von den Erwerbstätigen waren 1971: Selbständige und mithelfende Familienangehörige	Beamte, Richter	Angestellte	Arbeiter	Anteil der Personen mit überwiegendem Lebensunterhalt durch Rente 1971	Erwerbsquote dieser Personengruppe 1961	Erwerbsquote dieser Personengruppe 1971	Erwerbsquote nach der Wohnortgröße 1968 bis 2 000 Einwohner	Erwerbsquote nach der Wohnortgröße 1968 über 100 000 Einwohner
ledige	Männer	24,7	25,4	,42,4	9,1	27,3	21,2	79,5	7,7	7,7	.	.
	Frauen	14,1	11,1	34,9	1,6	39,7	23,8	89,8	3,4	4,0	.	.
verheiratete	Männer	24,8	19,9	59,2	2,1	13,7	25,0	86,2	7,4	8,9	.	.
	Frauen	9,7	6,9	84,2	/	5,0	10,8	22,1	5,3	4,9	22,6	3,8
verwitwete u.	Männer	14,7	11,2	63,5	2,7	12,2	21,6	93,2	5,4	6,3	.	.
geschiedene	Frauen	5,9	4,7	64,5	/	12,1	23,4	96,4	2,3	2,7	.	.
	Männer	22,3	18,5	59,2	2,2	14,1	24,4	87,3	7,0	8,1	33,9	16,9
Insgesamt	Frauen	8,0	6,1	66,0	0,0	14,7	19,0	71,5	2,8	3,1	16,8	4,4
	Zusammen	13,7	10,9	61,5	1,5	14,3	22,7	77,7	4,6	5,3	24,1	9,0

7 DIE EINKOMMENSSTRUKTUR DER HAUSHALTE MIT ALTEN HAUSHALTSVORSTÄNDEN NACH DEREN SOZIALRECHTLICHER STELLUNG 1969
(Monatliches Haushaltseinkommen pro Kopf)

	Dim.	Basiseinkommen	Verfügbares Einkommen	Einkommen aus nichtselbständiger Arbeit	Einkommen aus Unternehmertätigkeit	Kapitaleinkommen	Transfereinkommen	Verfügbares Einkommen pro Kopf der 65-jährigen als n-faches der unter 65-Jährigen	Verteilung der Haushalte in 1000		Personen je Haushalt	Einkommensbezieher je Haushalt
		n - fach						n-fach	N	v.H.	P	P
Nichterwerbstätige	DM	568	537	59	12	61	437	1,15	4 536	91,4	1,7	1,2
Einkommensvielfaches der noch Erwerbstätigen im Verhältnis zu den Nichterwerbstätigen												
Arbeiter		1,16	1,05	7,54	0,50	0,74	0,36	1,41	106,8	2,2	2,0	1,3
Angestellte		1,92	1,76	12,15	1,08	1,61	0,61	1,61	74,9	1,5	2,0	1,2
Beamte		1,83	1,68	12,07	1,92	1,21	0,53	1,09	9,3	0,2	2,1	1,2
Selbständige		1,88	1,72	0,95	59,58	2,25	0,36	1,19	148,5	3,0	2,2	1,3
Landwirte		0,87	8,77	1,24	22,83	1,07	0,19	1,11	86,5	1,7	2,9	1,5

8 MONATLICHE AUFWENDUNGEN DER HAUSHALTE MIT ALTEN HAUSHALTSVORSTÄNDEN NACH DEREN SOZIALRECHTLICHER STELLUNG 1969 (Ergebnisse der Einkommens- und Verbrauchsstichprobe 1969)

	Gesamteinnahmen		Struktur der Ausgaben: Steuer	Pflichtbeiträge zur Sozialversicherung	Sonstige geleistete Übertragungen	Ausgaben für Vermögensbildung und Kreditrückzahlung	Aufwendungen für den privaten Verbrauch	Aufwendungen für den privaten Verbrauch zusammen (= 100 %)		Struktur der Aufwendungen für den privaten Verbrauch: Verbrauchsgüter und Reparaturen	Gebrauchsgüter von begrenztem Wert	Langlebige, hochwertige Gebrauchsgüter	Dienstleistungen	Nahrungs- und Genußmittel	Wohnungsmieten
Dim.	DM	n-fach	%	%	%	%	%	DM	n-fach	%	%	%	%	%	%
Haushalte der über 65-jährigen:															
Nichterwerbstätige Zusammen	1 109	1,00	3,0	1,5	4,6	21,0	69,9	775	1,00	48,7	13,8	7,5	30,0	34,4	15,6
dar. mit Nettoeinkommen unter 600 DM	485	0,44	0,2	1,2	3,2	11,3	84,1	408	0,53	54,1	12,1	4,4	29,5	38,8	19,4
Arbeiter	1 447	1,30	6,4	6,4	2,9	19,1	65,1	942	1,22	51,6	15,4	(9,9)	23,1	38,0	(12,5)
Angestellte	(2 765)	1,97	8,2	2,7	4,3	32,6	52,2	1 444	1,86	42,5	16,1	13,4	28,0	29,4	12,3
Beamte	(2 802)	(2,52)	(9,9)	/	(5,6)	(32,0)	(52,0)	(1 457)	(1,88)	(41,8)	(17,1)	/	(31,6)	(28,4)	/
Selbständige	2 693	2,43	10,5	0,6	4,7	37,7	46,6	1 254	1,62	46,6	12,8	8,8	31,8	32,2	15,3
Landwirte	1 555	1,40	2,7	1,7	5,6	24,5	65,5	1 018	1,31	57,2	12,4	(9,9)	20,5	44,2	14,2
Haushalte der über 65-jähr. Zusammen	1 200	1,08	3,8	1,6	4,6	22,6	67,4	809	1,04	48,7	13,8	7,8	29,7	34,4	15,4
zum Vergleich:															
alle Haushalte	1 930	1,74	7,5	4,4	4,7	23,1	60,4	1 165	1,50	47,2	16,0	11,7	25,2	33,2	13,4
auf 100 DM Ausgaben aller Haushalte kommen ... DM der Nichterwerbstätigen-Haushalte mit Hh.-Vorstand über 65	57	x	23	20	57	52	67	67	x	69	57	42	79	69	77

9 DIE HAUSHALTSAUSSTATTUNG VON RENTEN- UND SOZIALHILFEEMPFÄNGERN MIT NIEDRIGEM EINKOMMEN 1965 UND 1972
(Ergebnis der laufenden Wirtschaftsrechnungen. Haushaltstyp HT R: 2-Personen-Haushalt von Renten- und Sozialhilfeempfängern mit niedrigem Einkommen; zum Vergleich Haushaltstyp HT A: 4-Personen-Arbeitnehmer-Haushalt mit mittlerem Einkommen)

Gegenstand	Von 100 Haushalten verfügten über			
	HT R		HT A	
	1965	1972	1965	1972
Fernseher (schwarz-weiß)	37,5	83,7	69,0	86,8
Radio	83,1	91,5	92,2	94,1
Kühlschrank	33,1	88,2	85,6	98,1
Waschmaschine	19,8	64,1	68,1	94,2
Auto	1,5	3,9	30,2	65,6
Telefon	2,9	17,6	8,3	33,6
wohnten in Eigentum		12		18
Ø Größe der Wohnung (qm)	42	51	62	71

10 KRANKE UND UNFALLVERLETZTE PERSONEN IM OKTOBER 1970 (Ergebnisse des Mikrozensus)

	Die Krankendichte der Alten			Die Krankendichte der Alten im Verhältnis zu der der 15 bis 40 Jährigen		
	Insgesamt	Krankheit ist		Insgesamt	Krankheit ist	
		chronisch	akut		chronisch	akut
	Kranke je 10 000 Personen			--------- n - faches ---------		
INSGESAMT	5 146	(3 285)	(739)	3,87	(4,24)	(1,09)
Männer	4 891	(3 071)	(739)	3,75	(4,44)	(1,16)
Frauen	5 310	(3 441)	(740)	3,92	(4,00)	(1,03)
KRANKE, davon mit	4 938	4 244	942	4,23	7,93	1,39
Infektionskrankheiten	/	/	/	/	/	/
Stoffwechselkrankheiten	445	412	/	9,47	11,44	
dar. Diabetes mellitus	•	393	•	•	/	•
Krankheiten des:						
Nervensystems	157	136	/	2,28	2,83	/
Kreislaufsystems	2 029	1 807	252	10,85	13,00	4,94
Atmungsorgane	466	281	284	1,49	10,40	0,92
dar. Bronchitis	•	241	/	•	/	/
Verdauungsorgane	391	313	107	2,30	3,91	1,11
Bewegungsorgane	906	824	93	5,73	7,29	1,82
Übrige Krankheiten	526	431	80	1,22	6,53	0,70
UNFALLVERLETZTE	163	132	131	1,00	2,32	0,80

11 KÖRPERLICH UND GEISTIG BEHINDERTE ALTE NACH ART UND URSACHE DER BEHINDERUNG 1966 (Ergebnisse des Mikrozensus)

	Die Behinderungsdichte der Alten			Die Behinderungsdichte der Alten im Verhältnis zu der der 15 - 30 Jährigen		
	Insgesamt	Männer	Frauen	Insgesamt	Männer	Frauen
Dim.	Behinderte je 10 000 Personen			n - faches		
Zusammen	1 413	2 100	978	8,6	10,3	7,8
nach der Art der Behinderung						
Blindheit	41	43	38	/	/	/
Augenerkrankung und -verletzung	77	99	63	7,7	6,6	/
Ohrenerkrankung und -verletzung	63	85	51	(9,0)	/	(6,4)
Verlust bzw. Verkrüppelung der Gliedmaßen	441	670	277	10,3	10,6	12,0
Verletzung des Rückens und der Wirbelsäule	70	99	52	7,8	(9,0)	/
Nerven- und Geisteserkrankung	143	178	124	2,3	2,7	2,1
Erkrankung der Atmungs- und Verdauungsorgane	138	277	50	(23,0)	(25,2)	/
Herz- und Kreislauferkrankungen	248	348	185	(62,0)	/	/
Sonstige Erkrankungen, ohne Angabe	194	274	(144)	9,7	(11,4)	(18,0)
nach der Ursache der Behinderung (Dim.: Behinderte je 10 000 Personen der jeweiligen Altersgruppe: Alte und 15 - 30 Jährige)						
Angeboren	26	(21)	29	42	48	37
Berufskrankheit und Arbeitsunfall	229	473	77	20	35	/
Straßenverkehrsunfall	29	36	25	9	(14)	/
Kriegsbeschädigung	250	608	25	(6)	(9)	/

12 HILFS- UND PFLEGEBEREITSCHAFT FÜR ALTE MENSCHEN IN DER FAMILIE, ZU BEGINN DER 60er JAHRE (Umfrageergebnisse)

Untersuchungsort und -jahr	Befragte Gruppe	Wohnform der Befragten	Befragte Insgesamt	Wer half bzw. würde helfen im Fall der Hilfs- und Pflegebedürftigkeit? Gatte allein	Kinder und Verwandte	Bekannte und Nachbarn	Institutionen	Niemand
Dim.			N	%	%	%	%	%
Köln 1962	alle Betagte	alle	1 600	.	.	.	.	.
		Alleinlebende	.	x	40	15	40	5
		Ehepaar allein	.	88	10	2	-	-
		Ehepaar mit Kindern u.a.	.	70	30	-	-	-
		Alleinstehende mit Kindern u.a.	.	x	40	15	40	5
Fünf deutsche Großstädte 1960-64	alle Betagte	alle	10 328	40	35	8	13	4
Landkreis Düsseldorf Mettmann 1964	Betagte mit noch lebenden Kindern	alle	615	43	38	4	3	12

13 POSITIVE UND NEGATIVE EINSTELLUNGEN ZU BESTIMMTEN LEBENSALTERN NACH GESCHLECHT UND ALTER 1963 (Doppelnennungen möglich, Angaben in v.H.)

Beurteiltes Lebensalter	Altersjahrzehnt der Befragten 3.	4.	5.	6.	7.	Insgesamt	Männer	Frauen
Befragte Insgesamt	100	100	100	100	100	500	250	250
			Positive Bewertung					
bis 19 Jahre	37	29	28	12	22	25,6	18,0	33,2
20 - 39 Jahre	72	71	63	76	88	74,0	77,2	70,8
40 - 59 Jahre	8	11	13	21	13	13,2	19,2	7,2
60 - 69 Jahre	2	1	2	4	4	2,6	4,8	0,4
			Negative Bewertung					
bis 19 Jahre	25	14	6	5	4	10,8	11,2	10,4
20 - 39 Jahre	5	5	1	2	6	3,8	5,2	2,4
40 - 59 Jahre	35	41	51	54	34	43,0	36,0	50,0
60 - 79 Jahre	52	56	48	59	64	55,8	56,4	54.8

14 FAMILIENBEZOGENE WOHNWÜNSCHE ALTER MENSCHEN MIT NOCH LEBENDEN KINDERN ZU BEGINN DER 60er JAHRE (Umfrageergebnisse)

Personengruppe		Insgesamt		davon wollen wohnen: allein oder mit dem Ehepartner	Zusammen mit den Kindern	im Heim, mit sonstige Verwandten, etc.
Dim.		N	%	%	%	%
Befragte Personen, die noch lebende Kinder haben		8 032	100	68	26	(6)
Anteil der Personen, deren Kinder nicht am gleichen Ort wohnen		(1 240)	15,4	.	.	.
Verheiratete mit Kindern in einem Haushalt	M	(3 865)	48,1	45	55	-
	F			40	60	-
Alleinstehende mit Kindern in einem Haushalt	M			8	87	5
	F			25	74	1
Verheiratete, die nur mit dem Ehepartner leben	M	(4 167)	51,9	97	3	-
	F			97	3	-
Verwitwete, alleinlebende Personen	M			75	7	18
	F			84	4	12

DEFINITIONEN

Alte Personen, die 65 Jahre alt oder älter sind

QUELLEN UND ANMERKUNGEN (A)

Tab 1 StBA, JB 1904, S. 6; StBA, JB 1919, S. 4; StBA, JB 1933, S. 16 - 17; S. 44 - 45; StBA, JB 1935, S. 12 - 13, S. 48 - 49; StBA, JB 1941/1942, S. 24, S. 88 - 89; StBA JB 1952, S. 26 - 27, S. 56 - 59; StBA, JB 1962, S. 44, S. 47, S. 84 - 85; StBA, JB 1972, S. 60 - 61; StBA, JB 1973, S. 48; StBA, FS A, R 1 II 1970, S. 4 - 7, StBA, BuW 1872 - 1972, S. 95, S. 110, S. 144; WHO, World Health Statistical Annual 1970, Genf 1974, Band I, S. 816 - 817

A Altenanteil: 1870 = 1871; 1910 = 1911; 1930 = 1934; 1940 = 1939;
Geschlechtsverhältnis: 1870 = 1871; 1910 = 1911; 1930 = 1934; 1940 = 1939
Anteil der Verheirateten: 1920 = 1925; 1940 = Deutsches Reich Mitte 1939, 1939 ohne Memelland; 1950 und 1960 = ohne Berlin
Erwerbsquote: 1880 = 1882; 1890 = 1895; 1910 = 1907; 1920 = 1925; 1930 = 1933; 1940 = 1939; 1970 = 1971
Selbstmordquote: 1920 = 1925; 1930 = 1933; 1940 = Deutsches Reich Mitte 1939 ohne Memelland; Bevölkerung ab 60 Jahre

Tab 2 Nationale Jahrbücher; UN, DJ 1971; Statistisches Amt der EG, Sozialstatistik 3 - 1972: Stichprobenerhebung über Arbeitskräfte 1971. Frankfurter Rundschau; WHO, World Health Statistical Annual 1970, Genf 1974, Band I, S. 816 - 817

A Lebenserwartung: wenn nicht beides angegeben, auf der Basis 1970
GBR: Lebenserwartung, nur England und Wales; Verheirateten- und Erwerbstätigenquote = 1966
FRA: Erwerbstätigenquote = 1971
ITA: Altenanteil = 1969; Erwerbstätig enquote = 1971
NIE: Erwerbstätigenquote = 1971
BEL: Lebenserwartung = 1959 - 1963; Erwerbstätigenquote = 1971
LUX: Verheiratetenquote und Erwerbstätigenquote = 1966; Selbstmordziffer = 1969, ab 50 Jahre
ÖST: Selbstmordziffer = ab 60 Jahre
SWI: Lebenserwartung = 1958 - 1963
SWE: Erwerbstätigenquote = 1971
USA: Lebenserwartung = 1969
USR: Verheiratetenquote = ab 60 Jahre
IND: Lebenserwartung = 1951 - 1960

Tab 3 StBA, Die älteren Mitbürger und ihre Lebensverhältnisse, 1971, S. 40, 31,71

Tab 4 StBA, FS E, G + WZ 1968, Heft 8, S. 108 - 109

A Haushaltungen mit einem Haushaltsvorstand über 65 Jahren in Wohnungen und Wohngelegenheiten

Tab 5 StBA, Die älteren Mitbürger und ihre Lebensverhältnisse, 1971, S. 31, S. 71

Tab 6 WiSta 1969, S. 428; WiSta 1972, S. 703 - 704; StBA, Die älteren Mitbürger und ihre Lebensverhältnisse, 1971, S. 41 - 44

Tab 7 Unveröffentlichte Daten der EVS 1969; Berechnung von Bach, Seminar für Sozialpolitik, Universität Frankfurt

Tab 8 StBA, FS M, R 18 EVS 1969: Heft 5, S. 131 - 183; Heft 4, S. 139 - 191

A nur Privathaushalte, ohne Haushalte von Ausländern und Privathaushalten im Anstaltsbereich. Hochgerechnete Ergebnisse.
/ = relativer Standardfehler von 20 und mehr Prozent;

() = relativer Standardfehler von 10 bis 20 Prozent
Sonst liegt der relative Standardfehler unter 10 Prozent

Tab 9 WiSta 1973, S. 398 ff., S. 425* ff.

A Größe der Mietwohnungen: 1965 = 1964

Tab 10 WiSta 1972, S. 570 - 576

A Kranke ohne unfallverletzte Kranke; in Klammern: Altersgruppe 65 - 75 statt 65 und älter, und 30 - 40 statt 15 - 40

Tab 11 StBA, FS A, R 7, Körperbehinderte, April 1966, S. 20 - 21, S. 28 - 29

Tab 12 Elsholz, Günter, Altenhilfe als Gegenstand rationaler Infrastrukturplanung, Hamburg 1970: Weltarchiv, S. 72 - 73

Originalquellen: Köln = Otto Blume, Alte Menschen in einer Großstadt - Ergebnisse einer empirischen Untersuchung in Köln, Göttingen 1962; Otto Schwartz, S. 58 ff.: Deutsche Großstädte = Otto Blume, Möglichkeiten und Grenzen der Altenhilfe, S. 47; Landkreis = Kurt Lange, Forschung und Planung in der Altenhilfe, dargestellt an einer Untersuchung im Landkreis Düsseldorf - Mettmann, Ratingen 1964: Schriften des deutschen Vereins für öffentliche und private Fürsorge, S. 158

Tab 13 Lehr, Ursula, Positive und negative Einstellungen zu einzelnen Lebensaltern. In: Hans Thomae, Ursula Lehr (Hrsg.), Altern- Probleme und Tatsachen, Frankfurt 1968: Akademische Verlagsgesellschaft, (Akademische Reihe), S. 72 - 97

A Zufallauswahl von 500 Personen. Die Befragten gehörten fast ausschließlich der Mittelschicht an!

Tab 14 Blume, Otto, Möglichkeiten und Grenzen der Altenhilfe, Tübingen, 1968: Siebeck und Mohr, S. 52 ff.

A Es handelt sich hier um Ergebnisse von 7 Umfragen, die zwischen dem Frühjahr 1960 und dem Herbst 1964 in 5 Großstädten (Köln, Oberhausen, Bremen, Düsseldorf, Stuttgart; 6996 ausgewertete Interviews), einer Mittelstadt (Neuß am Rhein; 1418 ausgewertete Interviews) und einem Landkreis (Rheinisch - Bergischer Kreis: 1914 ausgewertete Interviews) mit Hilfe eines standardiesierten Fragebogens durchgeführt wurden. Als Auswahlverfahren scheint eine einfache Zufallsauswahl der über 65-jährigen Personen gewählt worden zu sein. Von den insgesamt 10 328 interviewten Eltern hatten 77,8 % noch lebende Kinder. Für die in Klammern stehenden Zahlen standen zur Berechnung nur Prozentsätze zur Verfügung mit 2 Stellen Genauigkeit; diese absoluten Zahlen in Klammern können dementsprechend um ± 40 (abs.) von der Originalverteilung abweichen.

FRAUEN

Frauen machen die Mehrheit der Bevölkerung in der Bundesrepublik aus. Aber sie sind eine Mehrheit, "die wie eine Minderheit behandelt wird" (Baroth) und "die sich wie eine Minderheit verhält" (Jochimsen). Die Entwicklung der Gleichberechtigung der Frau vollzog sich in drei Stadien, von denen die beiden ersten, die juristische und die politische, im Verhältnis zum Ausgangspunkt als formal mehr oder weniger abgeschlossen gelten dürfen. Die soziale Gleichberechtigung dagegen weist in vielen Dimensionen erhebliche Deprivation für die Frauen aus.

Frauen sehen sich mit einer Vielzahl von Vorurteilen und Normen konfrontiert, die ihren Handlungsspielraum nicht nur im Bildungssektor und Berufsleben, sondern auch in politischen und sozialen Bereichen unserer Gesellschaft im Vergleich zu Männern erheblich einengen. Dieser Werte- und Normenstruktur liegt die Attitüde der Unterlegenheit der Frau und ihrer Abhängigkeit vom Manne zugrunde, die auf verschiedene Weisen begründet werden: einmal durch die Annahme "wesensmäßiger" biologischer und seelischer Geschlechtsunterschiede, zum anderen durch geschlechtsspezifisch unterschiedliche soziokulturelle Entwicklung und Sozialisation, schließlich als Resultat einer ökonomisch-gesellschaftlichen Entwicklung. Die Verhaltensrelevanz dieser Inferioritätsattitüde ergibt sich aus ihrer enormen zeitlichen und personellen Stabilität und dem Umstand, daß sie von den Frauen selbst in großem Umfang geteilt wird. Hinzu kommt, daß diese Einstellungen in Übereinstimmung stehen mit frauenfeindlichen Strukturen in nahezu allen gesellschaftlichen Bereichen, die sich den Einzelnen als objektiv und nicht änderbar darstellen und insofern zur Verfestigung des Verhaltenssyndroms neben dem Sozialisationsprozeß beitragen.

Die Diskussion um die Aufhebung der Deprivation der Frau bewegt sich zwischen den Polen Gleichberechtigung und Emanzipation. Während die Forderung nach Gleichberechtigung die ökonomische und soziale Gleichstellung von Mann und Frau bei gegebener Produktions-, Sozial- und Wertestruktur zum Ziel hat, geht die Diskussion um die Emanzipation von der Notwendigkeit der Änderung eben dieser Strukturen aus, um über die Aufhebung der Entfremdung - der auch die Männer unterliegen - gleichzeitig die Deprivationen der Frauen aufzuheben.

Diese Deprivation der Frauen gegenüber den Männern zeigt sich beispielsweise in schlechteren schulischen und beruflichen Ausbildungschancen, in der Unterrepräsentation der Frauen in gehobenen Berufspositionen, in ihrer Überrepräsentation in bestimmten, eben "typisch weiblichen" Berufen; in niedrigerer Bezahlung bei äquivalenter Leistung auf der einen und Überqualifikation auf der anderen Seite (besonderes Problem: Leichtlohngruppen); im normativen Ausschluß von der gesellschaftlich legitimierten Produktion mit der gleichzeitigen Oktroyierung des Primats der Familie; in geringeren Aufstiegschancen. Diese Deprivation zeigt sich aber auch in einem unterschiedlichen, für Frauen restriktiveren Verhaltenscodex im sozialen Bereich, in der männlichen Attitüde der Ritterlichkeit, in der Zuweisung des sozialen Status der Hausfrau oder auch "jobbenden" Ehefrau nicht durch die eigene Leistung, sondern durch die Position des Ehemannes. Frauen sind häufig den spezifischen Belastungen doppelter Funktionen in Haushalt und Beruf ausgesetzt, dem Funktions- und auch Legitimationsverlust beim Ausscheiden der Kinder aus der Familie; als verwitwete oder geschiedene Frauen verfügen sie nur über eine eingeschränkte soziale und ökonomische Sicherung, ein Problem, das beispielsweise durch die Liberalisierung des Scheidungsrechtes noch verstärkt worden ist.

Die Deprivation der Frauen in den Bereichen Beruf und Ausbildung läßt sich durch Daten einigermaßen zufriedenstellend abbilden, auch wenn Informationen zu spezifischen Problemen, wie beispielsweise dem Übergang vom Beruf in die Familie und zurück im Lebenslauf, den damit verbundenen Karrieremustern, der Überqualifikation der Frauen im Beruf, kaum vorliegen. Immerhin hat sich die amtliche Statistik (Mikrozensuszusatzerhebungen) und auch Regierungsberichterstattung (Frauen- und Familienberichte) dieser Themen seit einiger Zeit angenommen.

Zu den Problemen der nicht erwerbstätigen Frauen, zu Fragen nach "neuen Formen der gesellschaftlichen Organisation häuslicher Tätigkeit" (Pross), zum Gefüge der sozialen Beziehungen im familiären, beruflichen und gesellschaftlichen Kontext der Frauen, besonders der Alleinlebenden, liegen Daten dagegen, wenn überhaupt, nur in sehr geringem Umfang vor.

1 BERUFSVERTEILUNG, BILDUNGSCHANCEN UND POLITISCHE BETEILIGUNG VON FRAUEN

	1870	1880	1890	1900	1910	1920	1930	1940	1950	1960	1970
Dim.	%	%	%	%	%	%	%	%	%	%	%
Frauen-Erwerbsquote (ab 15 Jahre)		36,8	37,2	-	46,6	47,3	44,4	46,6	39,9	41,7	38,4
davon Anteil der: Arbeiterinnen		63,1	63,2	-	51,1	41,9	40,9	38,0	40,4	36,3	35,7
Angestellten Beamtinnen		1,5	2,4	-	3,9	12,6	14,8	17,0	21,3	34,3	44,2
Selbständigen		18,7	16,8	-	11,5	9,4	8,2	6,9	7,6	7,3	5,7
mithelf. Familienangehörigen		16,7	17,6	-	33,5	36,0	36,1	38,2	30,7	22,0	14,5
Erwerbsquote verheirateter Frauen		9,3	11,6	-	26,3	28,7	29,2	32,5	24,8	32,8	36,4
Studentinnen auf 100 Studenten an											
Universitäten					4,1	10,4	21,3	16,3	26,3	37,8	39,5
Technischen Hochschulen					0,2	1,3	3,7	2,0	5,3	4,4	10,5
Sonstigen Hochschulen					1,2	2,9	7,7	9,5	10,4	9,0	24,3
Anteil der weiblichen Parlamentsabgeordneten					9,6	8,0	4,9	7,1	9,2	8,3	6,3

2 ERWERBSTÄTIGKEIT, BILDUNGSCHANCEN UND POLITISCHE BETEILIGUNG VON FRAUEN

	Dim.	BRD	DDR	GBR	FRA	ITA	NIE	BEL	LUX	DÄN	ÖST	SWI	SWE	JAP	USA	USR	IND
Frauen-Erwerbsquote (1970-72)	%	30,2	43,6	32,0	29,7	19,2	.	26,1	.	37,8	29,9	32,5	32,4	39,1	30,4	44,0	13,2
erwerbstätige Frauen auf 100 erwerbstätige Männer (1970-72)		56,3	94,1	56,3	56,3	37,2	.	48,6	.	64,3	64,0	52,3	58,2	64,0	58,6	99,2	23,4
Differenz zwischen weiblichen (+) und männlichen (-) Schülerquoten (16jährige) auf der Sekundarstufe (in Prozentpunkten) (1965-69)		-5,3		-1,7	+7,5	-4,0	+2,5	-4,4	-7,2	+10,3			+3,8	-3,2			-13,2
Studentinnen auf 100 Stud. (1965-69)		35,0	67,5	60,9		62,5	37,4	36,7	62,9	49,2	40,7	26,8	59,9	39,4	68,6	92,3	27,0
Kommunales Wahlrecht seit	Jahr	- 1895 -		1869	.	1925	.	1921	.	1908	.	1969	1917	.	1869-1918	.	1919-35
Allgemeines Wahlrecht seit	Jahr	- 1918 -		1918	1944	1945	1917	1948	1918	1915	1919	1971	1919	1946	1918	1917	1935
Anteil weibl. Parlamentsmitgl. (1972)	%	6,3											14,3		2,2		

3 BESONDERE FRAUENERWERBSQUOTEN

	Dim	1957	1958	1959	1960	1961	1962	1963	1964	1965	1966	1967	1968	1969	1970	1971
Erwerbstätige Frauen insgesamt (in 1 000)	N	9 529	9 663	9 749	9 854	9 891	9 778	9 780	9 760	9 834	9 779	9 465	9 426	9 534	9 510	9 547
weibliche Erwerbspersonen insgesamt (in 1 000)	N	9 772	9 885	9 858	9 937	9 932	9 831	9 822	9 806	9 859	9 798	9 555	9 609	9 631	9 591	9 654
Erwerbsquote der Frauen Zusammen (15 - 65 J.)	%					47,4	46,9	46,9	46,8	46,9	46,7	45,6	45,9	46,0	46,2	
lediger Frauen	%					81,7	80,0	78,8	79,1	78,3	76,9	74,7	74,3	72,4	69,9	
verheirateter Frauen	%					34,9	36,0	35,9	35,9	36,5	36,9	36,3	37,1	37,8	39,1	
verwitw. und geschied. Frauen	%					39,7	41,8	42,3	41,8	42,5	43,2	42,7	43,0	43,1	43,3	
Verteilung der erwerbstätigen Frauen nach der Stellung im Beruf:																
Arbeiterinnen	%	41,0	39,1	39,0	39,7	38,1	38,4	38,1	37,1	37,2	37,0	35,8	35,5	35,9	36,3	35,2
Angestellte	%	26,4	28,2	29,2	29,7	31,4	33,0	33,6	35,1	35,4	36,5	37,5	38,0	38,6	39,4	41,9
Beamtinnen/Richter	%	1,4	1,4	1,5	1,5	1,6	1,7	1,7	1,8	1,9	1,9	2,0	2,2	2,3	2,4	2,6
Selbständige	%	7,5	8,0	8,1	7,7	7,4	7,1	7,1	6,5	6,5	6,4	6,3	6,3	6,1	6,0	5,7
mithelfende Familienangehörige	%	23,7	23,3	22,3	21,3	21,5	19,8	19,5	19,5	19,0	18,2	18,4	18,1	17,1	16,0	14,6

4 FRAUENANTEIL IN AUSGEWÄHLTEN BERUFS- UND AUSBILDUNGSVERHÄLTNISSEN 1961 UND 1969

	Erwerbspersonen Zusammen (in 1 000) 1969	Anteil der Frauen an den Erwerbspersonen 1961	1969	Lehrlingen 1969	Anlernlingen 1969
Dim.	N	%	%	%	%
Hauswirtschaftliche Berufe	326	99,4	98,8	100	
Reinigungsberufe	963	79,9	82,7		
Gesundheitsdienste	794	68,2	74,2	100	
Textilhersteller und -verarbeiter, Handschuhmacher	738	73,1	71,1	84,3	100
Körperpfleger	252	62,4	70,2	91,2	
Erziehungs- und Lehrberufe	518	49,5	58,3		
Organisations-, Verwaltungs- und Büroberufe	3 982	51,3	53,8	61,3	100
Handelsberufe	2 798	48,9	49,5	61,0	100
Acker- und Gartenbauer, Tierzüchter	1 535	21,8	33,2	10,5	
Nahrungs- und Genußmittelhersteller	593	34,6	29,0	5,9	
Foto-, Graphik-, Druckerei- und verwandte Berufe	235	26,9	25,1	11,8	66,7
Technische Sonderfachkräfte	211	31,3	24,2	30,8	100
Schmiede, Schlosser, Mechaniker und verwandte Berufe	1 971	4,3	4,5	1,2	
Künstlerische Berufe				44,4	
mithelfende Familienangehörige in der Land- und Forstwirtsch.	860	81,0	82,1		
mithelf. Familienangeh. außerhalb der Land- u. Forstwirtsch.	284	86,1	91,9		
ungelernte Hilfskräfte	627	22,4	23,7		

5 EHEFRAUEN NACH ALTER, EHEDAUER, ERWERBSTÄTIGKEIT UND HÄUSLICHEN VERHÄLTNISSEN (Kinderzahl) IM APRIL 1970
(Ergebnisse des Mikrozensus)

	Insgesamt (in 1 000)	Etquote	Davon mit ledigen Kindern unter 18 Jahren Zusammen	Etquote	dav. mit 1 Kind	Etquote	davon mit 2 u.m. K.	Etquote	Ohne Kinder Zusammen	Etquote
Dim.	N	%	%	%	%	%	%	%	%	%
Zusammen	15 128	35,3	51,1	35,1	43,2	39,7	56,8	31,6	48,9	35,4
NACH DEM ALTER										
unter 25	959	54,6	59,3	35,1	71,5	40,0	28,5	22,8	40,7	83,1
25 - 35	3 630	40,1	82,6	32,9	37,1	40,5	62,9	28,5	17,4	78,3
35 - 45	3 373	41,4	80,5	37,1	33,7	42,8	66,3	34,2	19,5	59,5
45 - 55	2 986	39,4	42,6	36,2	59,7	36,2	40,3	36,3	57,2	41,2
55 - 65	2 551	24,7	6,3	28,8	88,8	32,4	11,3	-	93,6	24,3
über 65	1 632	7,7	0,6	-	100,0	-	-	-	99,4	7,7
NACH DER EHEDAUER										
unter 5 Jahren	1 843	53,8	54,9	35,2	71,2	39,1	28,8	25,4	45,1	76,4
5 - 10 Jahre	2 363	37,8	81,0	31,3	37,4	39,7	62,6	26,4	19,0	65,3
10 - 20 Jahre	4 221	39,3	80,8	36,7	29,7	42,5	70,3	34,2	19,2	50,1
20 u.m. Jahre	6 701	26,7	20,8	36,4	64,1	37,0	35,9	35,5	79,2	24,2

6 ARBEIT SUCHENDE FRAUEN NACH FAMILIENSTAND UND DAUER DER UNTERBRECHUNG IHRER ERWERBSTÄTIGKEIT

Frauen, die wieder ins Erwerbsleben zurückkehren wollen	Dim.	Insgesamt	Art der gesuchten Arbeit: Vollzeitarbeit	Teilzeitarbeit	Heimarbeit
Insgesamt (in 1 000)	N	2 242	834	1 118	182
	%	100	37,2	49,9	8,1
NACH DEM FAMILIENSTAND					
ledig	%	13,2	73,7	21,0	0,3
verheiratet, Ehegatte nicht erwerbstätig	%	6,8	36,8	50,0	3,9
verheiratet, Ehegatte ist erwerbstätig in Vollzeitarb.	%	60,9	26,8	58,3	11,1
verwitwet	%	6,1	39,4	48,2	2,2
geschieden	%	8,8	54,0	37,9	3,5
NACH DER DAUER DER UNTERBRECHUNG DER ERWERBSTÄTIGKEIT					
1 bis unter 2 Jahre	%	31,9	45,9	43,9	6,0
2 bis unter 8 Jahre	%	44,7	34,4	49,3	11,0
8 bis unter 12 Jahre	%	11,5	31,1	59,5	6,2
12 bis unter 17 Jahre	%	4,8	26,9	60,2	7,4
17 Jahre und mehr	%	7,1	32,5	57,5	3,1

7 DIE BERUFSTÄTIGKEIT VERHEIRATETER FRAUEN IN ABHÄNGIGKEIT DER BERUFSTÄTIGKEIT IHRER EHEMÄNNER IM APRIL 1970
Ehepaare nach Erwerbsbeteiligung und Berufsstellung der Ehepartner (Ergebnisse des Mikrozensus. 15 089 000 Ehepaare)

	Dim.	Insgesamt	erwerbstätige Ehemänner	Gliederung nach der beruflichen Stellung der Ehemänner: Arbeiter	Angestellter	Beamter, Richter	mithelfender Familienangeh.	Selbständiger in der Landwirtschaft	Selbständiger außerhalb der Landwirtschaft	nicht erwerbstätige Ehemänner
EHEFRAUEN										
Erwerbsquote	%	35,8	41,3	39,6	33,7	29,6	80,7	90,5	53,0	11,3
Die Verteilung der erwerbstätigen Frauen nach ihrer sozialrechtlichen Stellung in Abhängigkeit der Tätigkeit des Ehemannes										
Arbeiterin	%	36,6	35,8	61,4	22,8	22,0	/	1,9	6,8	46,9
Angestellte	%	33,2	33,1	24,5	65,9	57,1	/	/	27,4	35,4
Beamte, Richterin	%	2,0	1,9	0,3	3,3	14,2	/	/	0,7	3,5
mithelfende Famil.	%	22,6	24,0	9,8	2,4	2,4	77,7	95,1	56,2	3,5
Selbständige	%	5,3	5,1	4,0	5,6	4,1	19,7	2,0	8,9	10,6
EHEMÄNNER										
Zusammen	%	100	81,7	48,2	26,1	9,3	1,0	4,5	10,9	18,3

8 DURCHSCHNITTLICHE BRUTTOSTUNDENVERDIENSTE DER ARBEITERINNEN IN DER INDUSTRIE NACH AUSGEWÄHLTEN INDUSTRIEZWEIGEN UND LEISTUNGSGRUPPEN 1970

	Bruttostundenverdienste der Frauen in DM				Bruttostundenverdienste der Frauen als n-faches der Männer			
	Insgesamt	Leistungsgruppe 1	2	3	Insgesamt	Leistungsgruppe 1	2	3
Dim.	DM	DM	DM	DM	n - fach			
Industrie 1966	3,33	3,69	3,42	3,21	0,69	0,72	0,74	0,78
Industrie 1970	4,49	4,90	4,56	4,37	0,69	0,71	0,73	0,78
davon:								
Chemische Industrie	4,83	5,71	5,08	4,59	0,69	0,77	0,75	0,81
Maschinenbau	4,68	5,22	4,77	4,58	0,72	0,76	0,78	0,84
Straßenfahrzeugbau	5,54	6,15	5,65	5,32	0,79	0,83	0,85	0,89
Elektrotechnische Industrie	4,50	4,95	4,54	4,47	0,74	0,76	0,79	0,82
Feinmechanische und optische Industrie sowie Uhrenindustrie	4,54	4,96	4,51	4,55	0,75	0,77	0,79	0,86
Stahlverformung, Eisen-, Blech- und Metallwarenindustrie	4,43	4,94	4,47	4,39	0,71	0,74	0,73	0,80
Papier- und pappeverarbeitende Industrie	4,14	4,74	4,25	3,99	0,70	0,71	0,74	0,76
Druckerei- und Vervielfältigungsindustrie	4,71	6,09	4,69	4,35	0,62	0,76	0,69	0,73
Schuhindustrie	4,32	4,89	4,44	3,74	0,79	0,82	0,83	0,95
Textilindustrie	4,51	4,98	4,57	4,18	0,80	0,82	0,84	0,84
Bekleidungsindustrie	4,31	4,67	4,34	3,88	0,76	0,77	0,79	0,80
Nahrungs- und Genußmittelindustrie	4,05	3,99	4,17	4,01	0,69	0,64	0,74	0,76

9 LEBENSSITUATION ALLEINSTEHENDER FRAUEN: AUSBILDUNG, VERSORGUNG, FREIZEITVERHALTEN UND AUFSTIEGSERWARTUNG

	Männer (30 - 59 J.) berufstätig	Frauen (30 - 59 J.) nicht alleinstehend nicht berufst.	berufstätig	alleinstehend berufstätig
Dim.	%	%	%	%
BERUFSGRUPPEN				
Arbeiterinnen			37	40
Angestellte			18	37
Beamtinnen			3	10
Landwirtinnen			18	2
Selbständige und Mithelfende in Handwerk und Gewerbe (Geschäftsfrau)			19	9
Freie Berufe			5	2
AUSBILDUNG				
abgeschlossene Lehre	65		31	35
mindestens einjährige Anlernzeit	8		12	14
weder - noch	21		51	45
VERSORGUNG				
wenigstens eine warme Mahlzeit pro Tag	90	95		72
ständige Hilfe im Krankheitsfall	90	50		42
FREIZEITBESCHÄFTIGUNG				
Lesen	41	53		65
Musik(hören)	39	48		57
Radiovorträge, Hörspiele	12	16		21
Bildungsvorträge, Fortbildungskurse	9	7		17
Theater, Konzert	14	15		33
BERUFLICHE AUFSTIEGSERWARTUNG				
- ja	31		11	15
- nein	63		85	77

10 BETEILIGUNG AM ERWERBSLEBEN, AN SCHULISCHER UND BERUFLICHER AUSBILDUNG VON PERSONEN IM ALTER VON 15 BIS UNTER 30 JAHREN 1970 (Ergebnisse des Mikrozensus)

	Dim	Männer und Frauen				Frauen			
Alter	Jahr	15-18	18-21	21-25	25-30	15-18	18-21	21-25	25-30
Insgesamt (in 1 000)	N	2 484	2 308	2 698	3 870	1 203	1 140	1 436	1 909
In schulischer Ausbildung:									
Zusammen	%	60,8	18,7	11,2	4,3	60,9	16,9	6,4	1,3
Grund-, Haupt-, Realschule	%	41,2	3,3	0,3	/	41,2	2,8	/	/
Gymnasium	%	15,0	9,7	1,0	/	13,8	7,9	0,6	/
Berufsfach-, Fach-, Technikerschule	%	4,6	2,7	1,2	0,4	5,9	3,2	0,7	/
Ingenieur-, Höhere Fachschule, Akademie	%	x	1,1	1,8	0,6	x	1,0	0,6	/
Hochschule, Universität	%	x	1,9	6,9	3,2	x	2,0	4,3	1,0
Erwerbstätig									
Zusammen	%	37,9	77,2	74,5	71,7	37,1	76,6	67,1	50,8
dar. in Ausbildung	%	26,3	21,3	1,3	/	22,3	14,5	0,6	/
Nicht erwerbstätig, nicht in der Ausbildung									
dito	%	1,3	4,1	14,3	24,0	2,0	6,5	26,5	47,9

11 GESCHLECHTSSPEZIFISCHE ÜBERGANGSQUOTEN IM SCHULSYSTEM IN BADEN-WÜRTTEMBERG 1966 BIS 1970 (Stichprobenerhebungen)

Schuljahre	66/67 67/68	67/68 68/69	68/69 69/70	66/67 67/68	67/68 68/69	68/69 69/70	66/67 67/68	67/68 68/69	68/69 69/70
Übergangsquoten aus der 4. Klasse Grundschule in die 5. Klasse	Hauptschule			Realschule			Gymnasium		
männlich	68,0	63,2	55,8	8,9	11,4	12,9	21,4	21,3	23,2
weiblich	70,4	62,4	56,3	12,4	15,4	18,0	15,7	18,4	19,0
Übergangsquoten aus der 5. Klasse Hauptschule in die	6. Klasse Hauptschule			5. Klasse Realschule			5. Klasse Gymnasium		
männlich	85,4	85,2	76,6	6,1	6,1	9,9	5,1	5,2	6,4
weiblich	87,8	86,8	82,2	5,4	6,3	9,7	4,3	3,9	3,4
Übergangsquoten aus der 9. Klasse Hauptschule in die	kaufm. Berufsschule			gewerbl. Berufsschule			Berufsfachschule		
männlich	11,6	8,4	8,7	66,3	63,2	64,0	10,1	17,9	19,2
weiblich	32,0	32,9	33,8	18,0	14,3	15,4	23,0	33,0	35,7
Übergangsquoten aus der 10. Klasse Gymnasium in die	11. Klasse Gymnasium			Repitenden			restliche Übergänge		
männlich	84,0	81,6	80,7	7,8	10,4	10,4	8,2	8,0	9,0
weiblich	78,0	76,7	76,1	5,7	6,1	5,0	16,2	17,2	18,9
Übergangsquoten aus der 13. Klasse Gymnasium in die	Repitenden			Wissen. Hochschule			Pädagog. Hochschule		
männlich	8,2	5,7	6,0	33,5	41,0	38,2	3,2	6,9	7,4
weiblich	3,2	3,0	3,5	40,8	40,4	35,0	34,1	33,7	33,4
	Beruf			Bundeswehr			Sonstige		
männlich	9,0	11,6	13,0	42,8	33,3	31,2	3,3	1,6	4,3
weiblich	15,3	14,8	21,9	x	x	x	6,7	7,4	6,2

12 MEINUNGEN BERUFSTÄTIGER FRAUEN ZUM ROLLENVERHALTEN VON JUNGEN UND MÄDCHEN 1968 (Umfrageergebnisse)

		Dim	Angestellte	Beamte	Facharbeiterin	an- und ungelernte Arbeiterin	bis 24 Jahre	50 Jahre und mehr	Volksschule ohne Lehre	Abitur und mehr
			Merkmale der berufstätigen Frauen:							
Befragte Insgesamt		N	501	46	91	342	227	206	341	47
Es sollten eher mit Puppen spielen	Jungen	%	1	4	1	3	2	3	3	0
	Mädchen	%	69	61	69	70	70	67	69	72
	Beide	%	27	33	23	25	25	26	26	26
Im Haushalt sollten eher mitarbeiten	Jungen	%	1	2	0	1	0	0	1	2
	Mädchen	%	30	18	33	34	34	33	39	17
	Beide	%	66	78	60	64	64	63	58	81
Eine gute Berufsausbildung sollten eher haben	Jungen	%	12	7	18	28	19	15	29	4
	Mädchen	%	0	4	0	1	1	1	2	2
	Beide	%	85	89	73	69	78	79	67	94
Hochschulreife und Studium sollte man eher ermöglichen	Jungen	%	18	9	32	36	26	22	38	11
	Mädchen	%	0	2	0	0	0	0	0	2
	Beiden	%	80	87	58	58	70	71	57	87
Abteilungsleiter, Betriebsleiter, Direktor sollten bei entsprechenden Fähigkeiten eher werden	Jungen	%	54	31	61	66	58	56	66	36
	Mädchen	%	0	0	0	0	0	1	0	0
	Beide	%	42	65	29	28	38	38	29	60

ABKÜRZUNGEN

Etquote   Erwerbstätigenquote

DEFINITIONEN

Erwerbspersonen: alle Personen mit Wohnsitz im Bundesgebiet (Inländerkonzept), die eine unmittelbar oder mittelbar auf Erwerb gerichtete Tätigkeit auszuüben pflegen, unabhängig von der Bedeutung des Ertrages dieser Tätigkeit für ihren Lebensunterhalt und ohne Rücksicht auf die von ihnen tatsächlich geleistete oder vertragsmäßig zu leistende Arbeitszeit. Sie setzen sich zusammen aus den Erwerbstätigen und den Erwerbslosen.

Erwerbsquote: bezieht sich auf die Erwerbspersonen

Erwerbstätige: Erwerbspersonen, die zum Zeitpunkt der Befragung tatsächlich einem Erwerb nachgehen

Erwerbstätigenquote: bezieht sich auf die Erwerbstätigen

QUELLEN UND ANMERKUNGEN (A)

Tab 1 StJB 1973; StBA, BuW 1872-1972, S. 95, 129, 144, 145; Chronik des Frauenstimmrechts, aus: Gabriele Stecker, Der Weg der Frau in die Politik, Bonn 1965, S. 40-44

A Bis 1940: Deutsches Reich, ab 1950: Bundesrepublik.
Erwerbsquoten: Die Zahl der Erwerbspersonen stammt aus den Zählungen 1882 (in der Tabelle angegebenes Jahr 1880), 1895 (1890), 1907 (1910), 1925 (1920), 1933 (1930), 1939 (1940), 1950, 1961 (1960) und Mikrozensus 1971 (1970). Die Zahl der Frauen stammt aus den Zählungen 1880, Mittelwert aus 1890 + 1900, Mittelwert aus 1900 und 1911, 1925, 1934, 1939, 1950, 1961 und Jahresende 1970. Die Zahl der verheirateten Frauen stammt aus den Jahren 1880, Mittelwert aus 1890 und 1900, Mittelwert aus 1900 und 1910, 1925, 1933, 1939, 1950, 1961 und Mikrozensus 1971

Tab 2 Unesco YB 1971, S. 157-187; USA, JB 1972, S. 366; SWE, JB 1972, S. 401. Fünfzig Jahre Frauenwahlrecht, hrsg. von der Wissenschaftlichen Abteilung des Deutschen Bundestages, Materialien Nr. 12, Bonn 1969, S. 4-5

Tab 3 StBA, BuW 1872-1972, S. 145, 147; StBA, Die Frau in Familie und Beruf, Stuttgart und Mainz 1970, S. 53

A Ergebnisse des Mikrozensus, Wohnbevölkerung ohne Anstaltsbevölkerung, einschließlich Soldaten (nachgewiesen unter "Beamte und Richter")

Tab 4 StBA, Die Frau in Familie und Beruf, Stuttgart und Mainz 1970, S. 61

A Ergebnisse des Mikrozensus, Wohnbevölkerung ohne Anstaltsbevölkerung

Tab 5 StBA, Die Frau in Familie und Beruf, Stuttgart und Mainz 1970, S. 52

A Ergebnisse des Mikrozensus, Wohnbevölkerung ohne Anstaltsbevölkerung

Tab 6 Mitteilungen des Instituts- für Arbeitsmarkt- und Berufsforschung, Erlangen 1969, S. 723-724, in: Hofbauer, Bintig, Dadzio, Die Rückkehr von Frauen in das Erwerbsleben

Tab 7 FS A, R 5, 1971, S. 46

A Ergebnisse des Mikrozensus

Tab 8 Bundestagsdrucksache 6/3689 vom 1.8.1972, S. 80 - 81

A Laufende Verdiensterhebungen in Industrie und Handel

Tab 9 Zur Lebenssituation alleinstehender Frauen, Untersuchung des Instituts für Demoskopie, Allensbach, im Auftrag des BMA, S. 15, 24, 25.

Tab 10 Bundestagsdrucksache 6/3689 vom 1.8.1972, S. 92

Tab 11 D. Grieger u.a., Quantitative Trends im Schulwesen - eine Verlaufsanalyse (Bildung in Zahlen: Modelle, Prognosen, Alternativen Band 2; Schriftenreihe der Arbeitsgruppe für empirische Bildungsforschung, Heidelberg), Weinheim und Basel 1972: Beltz-Verlag, S. 52, 55, 63, 73, 98

A Die Strömungsquoten sind berechnet aufgrund von Daten, die in drei aufeinander folgenden Stichprobenerhebungen gesammelt wurden. Die Erhebungen fanden in allen Schulen Baden-Württembergs von der vierten Grundschulklasse an statt. Die Auswahlsätze für Schultypen und Klassen waren unterschiedlich bei vorgegebenem gleich großem absoluten Fehler.

Übergangsquoten aus der 13. Klasse Gymnasium auf sonstige Institutionen: hierunter fallen Übergänge in den Haushalt, in das Ausland und in allgemeinbildende Schulen außerhalb Baden-Württembergs.

Tab 12 Institut für angewandte Sozialwissenschaften (infas), "Frau, Gesellschaft, Gewerkschaft", Bad Godesberg, Juli 1968, S. 112-117

A Bei dieser Untersuchung wurden 1 011 Personen über 18 Jahren befragt. Sie repräsentieren die Gesamtheit der erwerbstätigen Arbeitnehmerinnen. Die Auswahl der Befragten wurde nach dem Zufallsverfahren vorgenommen aus einer Adressenliste, die aus früheren Querschnittserhebungen des Instituts gewonnen worden war. Die Befragungen fanden vom 7. März bis 13. April 1968 statt.

RANDGRUPPEN

Der Begriff Randgruppen ist eine Sammelbezeichnung für solche Personen, die außerhalb des offiziellen Sprachgebrauchs mit diskriminierenden Namen wie Streuner, Penner, Nutten, Rocker, Asoziale, Ausgeflippte und ähnlichen belegt werden. Sie werden als gesellschaftlicher "Bodensatz" wahrgenommen, als "Asoziale" im eigentlichen Sinn, die außerhalb der Gesellschaft stehen. Ihre soziale Situation und Stellung ist gekennzeichnet durch eine relativ umfassende Isolierung und durch eine unterschiedlich starke wirtschaftliche Diskriminierung durch die Umwelt. In diesem Sinne sind als Problemgruppen zu bewerten Obdachlose; Gastarbeiter; Arbeitslose; Nicht-Seßhafte wie Zigeuner, Gammler, Stadtstreicher; Alkoholiker und Drogenabhängige; Homosexuelle und Prostituierte; geistig und körperlich Behinderte; Vorbestrafte und Insassen von Strafanstalten; in eingeschränktem Maße auch Jugendliche in Erziehungsanstalten, alte Menschen, ledige Mütter, politische und religiöse Minoritäten.

Eine der Ursachen für die soziale und ökonomische Diskriminierung dieser Gruppen ist ihre Stellung im Produktionsprozeß. In der Regel unzureichend ausgebildet und mit nur geringen finanziellen Ressourcen ausgestattet, sind sie nicht in der Lage, im ökonomischen oder sozialen Kontext eine für das gesellschaftliche System ernstzunehmende Leistungsverweigerung anzudrohen oder gar durchzusetzen. Dabei ist die Afunktionalität der Randgruppen nur zum geringeren Teil auf individuelle Faktoren zurückzuführen; für die meisten Gruppen dürfte sie sich aus strukturellen Zusammenhängen und Bedingungen ergeben. Während sie selbst also kaum imstande sind, ihre ökonomische Deprivation zu verändern, werden sie zudem von ihrer sozialen Umwelt als gesellschaftlich "Aussätzige"behandelt, insofern sie Aspekte des Normen- und Wertesystems und des Verhaltenscodex repräsentieren, die ein großer Teil der Gesellschaft als Bedrohung empfindet. Der Angst- und Sanktionsmechanismus, der zur Isolierung und Diskriminierung der Betroffenen führt, setzt besonders bei Personengruppen mit abweichendem Verhalten ein, richtet sich also gegen Alkoholiker und Drogenabhängige, gegen Homosexuelle und Prostituierte, gegen Strafgefangene und Fürsorgezöglinge, gegen Hippies und Gammler.

Die soziale Aussätzigkeit der Randgruppen - ein gesellschaftlich zugeschriebenes Merkmal - , ihre oft ghetto-ähnliche Konzentration in bestimmten Wohnquartieren und ein Sozialisationsprozeß in einem spezifischen Milieu führen zu einem hohen Grad der Perpetuierung des Randseiterdaseins von Generation zu Generation. Oft werden wohl auch die sozialen Vorurteile der dominanten Kultur gegenüber den Randgruppen von den Betroffenen selbst übernommen und führen zu einem vorurteilskonformen Verhalten, ein Teufelskreis, der in der Fachsprache als "self-fullfilling prophecy" bezeichnet wird. Nur wenige Randgruppen setzen der sie umgebenden dominanten Kultur eine eigene Subkultur entgegen und entwickeln ein eigenes, die Gruppe stabilisierendes "In-group"-Bewußtsein, wie zum Beispiel die Zigeuner. Bei den Hippies, zum Teil auch bei den Drogenabhängigen, wurde die Subkultur sogar ausdrücklich als Gegenkultur konzipiert. Bei den meisten Randgruppen handelt es sich dagegen gar nicht um Gruppen in einem soziologischen Sinn.

Sozialpolitik, die auf eine Wiedereingliederung von Randgruppen ausgerichtet ist, setzt ein Gesellschaftsmodell voraus, nach dem einzelne soziale Gruppen stärker oder schwächer in die Gesellschaft integriert sein können. Ausgehend von der Hypothese der individuellen Verursachung und nicht von der strukturellen Bedingtheit und gesellschaftlichen Zuschreibung des Randseiterdaseins, versuchten die Sozialpolitiken lange, einen als zeitweiliges Mißgeschick angesehenen Zeitabschnitt des Individiums überbrücken zu helfen, und berücksichtigten dabei nicht, daß gerade durch die behördlichen Maßnahmen, indem bis dahin "bürgerliche" Individuen nun einer Randgruppe zugeordnet werden und die damit verbundene gesellschaftliche Stigmatisierung, der oben beschriebene Prozeß der "Sich selbst erfüllenden Prophezeiungen" in Gang gesetzt wurde.

Daten über soziale Randgruppen liegen nur vereinzelt und unsystematisch vor. Die amtliche Statistik hat in einigen Mikrozensuszusatzerhebungen Informationen über geistig und körperlich Behinderte gesammelt; Die Zahl der Strafgefangenen und Jugendlichen in Erziehungs- und Fürsorgeheimen wird jährlich erfaßt. Fragen nach ihrer sozialen Herkunft, ihrer Karriere, dem sozialen Kontext ihrer jetzigen Situation und anderes mehr lassen sich aus diesem Material nicht beantworten. Obdachlose fallen unter die Regelung des Sozialhilfegesetzes und unterliegen damit kommunaler Verwaltungshoheit. Die Definitionen von Obdachlosigkeit unterscheiden sich von Gemeinde zu Gemeinde sehr stark und sind sicher auch eine Funktion der im einzelnen für die Hilfe zur Verfügung stehenden Geldmittel. Dementsprechend ist selbst der Vergleich der wenigen kommunalen Statistiken ein schwieriges Unterfangen. Ähnliches gilt für die Prostituierten, Stadt- und Landstreicher, und Drogenabhängigen. Inhaltlich führen am weitesten wissenschaftliche Untersuchungen, deren Ergebnisse aber wegen unzureichenden Auswahlverfahren und der regionalen Begrenzung meist nicht verallgemeinerungsfähig sind.

3 SOZIALE RANDGRUPPEN IN DER HEUTIGEN GESELLSCHAFT

Gruppe	Bemerkungen zur Bezugsgruppe	Quelle	Jahr	Zahl der betroffenen Personen insgesamt von bis	Betroffene Personen auf 100 000 der gleichen Gruppe: Zus.	M	F	der Gesamtbevölkerung
VON DER GESELLSCHAFT MEHR ODER WENIGER TOTAL ABGESCHNITTENE								
Insassen von Strafanstalten	strafmündige Bevölkerung	StBA	31.3.70	35 927	75	156	5	59
Insassen von psychiatrischen Krankenhäusern	Gesamtbevölkerung	StBA	31.12.71	112 437	183	192	175	183
Insassen von Pflegeheimen	Gesamtbevölkerung	StBA	April 71	74 600	122	75	165	122
Insassen von Fürsorge-Erziehungsheimen	Bevölkerung von 0 - 20 Jahren	StBA	31.12.71	23 256	128	157	97	38
STIGMATISIERTE AM RANDE DER GESELLSCHAFT								
Kriminelle (nur Männer)	strafmündige Männer	eigene S.	1971	26 000	x	116	x	89
Nichtseßhafte	Bevölkerung ab 15 Jahren	BMArbeit	1971 ?	60 000 - 100 000	127 - 212	277	114	98 - 163
Prostituierte (nur Frauen)	Frauen ab 15 Jahren							
Zigeuner	Gesamtbevölkerung	BMArbeit	1971 ?	10 000 - 30 000	16 - 49	.	.	16 - 49
Obdachlose	Gesamtbevölkerung	BMArbeit	1971 ?	500 000 - 800 000	824 - 1 319	.	.	824 -1319
	Gesamtbevökerung	eigene S.	1971	540 000	890	.	.	890
Alkoholiker (Kranke)	Bevölkerung ab 15 Jahre	BMArbeit	1971 ?	600 000	1 055	2 033	594	976
Verwahrloste und schwererziehbare Jugendliche	Bevölkerung von 0 - 20 Jahren	StBA	31.12.71	39 283	216	254	175	64
Drogenabhängige	Bevölkerung von 12 - 25 Jahren	BMArbeit	1971 ?	10 000	91	.	.	16
	Bevölkerung von 12 - 25 Jahren	eigene S.	1971	(50 000)	(455)	(546)	(364)	(80)
PERSONENGRUPPEN MIT INDIVIDUELL UNTERSCHIEDLICH STARKEN INTEGRATIONSPROBLEMEN								
Vorbestrafte (nur Männer)	strafmündige Männer	eigene S.	1971	4 965 000	x	23 000	x	17 700
Behinderte	Gesamtbevölkerung	StBA	1966	4 054 000	6 780	9 908	4 058	6 780
Bewohner von Alters- und Invalidenheimen	Bevölkerung ab 65 Jahren	StBA	April 71	187 740	2 141	1 005	2 868	307
Homophile								

4 OBDACHLOSE PARTEIEN UND PERSONEN IN NORDRHEIN-WESTFALEN 1971

	Parteien	Personen	Ø Personen-zahl	Obdachlose auf 1 000 Ew.
Köln	2 195	10 480	4,8	12,0
Düsseldorf	1 783	8 165	4,6	12,0
Duisburg	2 125	11 678	5,5	25,7
Essen	1 253	6 306	5,0	9,0
Dortmund	1 243	6 611	5,3	10,1
Nordrhein-Westfalen	33 893	155 059	4,6	8,9

5 SOZIALSTRUKTURELLE MERKMALE WOHNUNGSLOSER FAMILIEN IN NOTUNTERKÜNFTEN (Angaben in v.H.)

	Köln 1960	Hamburg 1963	Köln 1966	Köln 1967	Bonn 1967	Hannover 1967	Mühlheim 1967	Hamburg 1970	Ø Wohnun-terkünfte	Ø BRD 1967
Wohnparteien	571	3 301	151		80	714	75	232		21 976 000
Personen		12 854		17 441	373	2 699				59 872 000
ANTEIL DER KINDER	.	53	.	60	63	54	.	.	57	29
HAUSHALTE NACH DER KINDERZAHL						N = 498				
keine Kinder	31	15	11	.	.	12	11	5	14	67
1 - 3 Kinder	49	68	42	.	.	52	31	51	49	30
4u.m. Kinder	20	17	47	.	58	36	58	35	37	3
Ø MONATSEINKOMMEN DER FAMILIEN										
unter 600 DM	.	.	.	.	30	48	43	.	46	4
über 600 DM	.	.	.	.	70	52	57	.	54	96

6 EINWEISUNGSGRÜNDE OBDACHLOSER FAMILIEN IN WOHNUNTERKÜNFTE DER ARBEITS- UND SOZIALBEHÖRDE HAMBURG 1957 BIS 1972

Gründe der Obdachlosigkeit		prozentuale Anteile an den Gründen der Obdachlosigkeit 1957	1960	1963	1966	1969	1972
AUFGRUND GERICHTLICHER ENTSCHEIDUNGEN							
Streit, Belästigung, fristlose Kündigung	(§ 553 BGB) (§ 554a BGB)	14,9	12,0	15,2	13,4	5,8	3,3
Mieteschulden	(§ 554 BGB)	13,8	14,3	18,9	23,0	36,1	19,0
Räumung nach fristgerechter Kündigung	(§ 565 BGB)	4,7	3,8	0,9	3,7	4,0	6,5
Räumung aus Werkswohnungen	(§ 565c BGB)	1,8	4,0	5,7	9,9	6,6	4,3
Räumung des Untermieters, Hauptmieter verzogen	(§ 556 BGB)	2,5	5,4	4,3	4,4	1,7	2,9
unzumutbare Unterkunft	(§ 544 BGB)	5,0	5,4	2,5	1,3	1,2	4,2
ZUZÜGE VON AUßERHALB							
Zuzug aus anderen Bundesländern		3,3	3,8	3,7	5,8	7,2	7,7
aus dem Ausland zurück		0	0	3,3	2,8	5,2	2,9
FÜRSORGERISCHE GRÜNDE							
zusätzlich gewohnt		17,4	17,5	18,7	15,5	8,6	14,0
Familienzusammenführung		9,9	13,5	16,7	10,3	7,8	11,2
sonstige Gründe (überwiegend Scheidungen)		26,7	21,2	10,1	9,9	15,8	24,0

7 DIE PERPETUIERUNG DER OBDACHLOSIGKEIT IN KÖLN 1970

	Dim.	Vater	befragter Haushaltsvorstand	berufstätige Kinder
BERUF				
ungelernter Arbeiter	%	20,0	21,6	53,4
angelernter Arbeiter	%	8,4	26,6	33,0
gelernter Arbeiter	%	31,6	13,5	13,6
Angestellter	%	8,4	3,3	-
Beamter	%	5,0	-	-
kleiner Selbständiger	%	16,6	5,0	-
Andere, weiß nicht, K.A.	%	8,3	3,3	-
Nicht berufstätig	%	1,7	26,6	-
Zusammen	N	106	106	116
SCHULABSCHLUß BZW. SCHULBESUCH				SCHÜLER
Sonderschule	%		2,8	54,6
Volksschule ohne Abschluß	%		17,9	44,5
Volksschule mit Abschluß	%		51,9	-
Volksschule und Lehre	%		19,8	x
weiterführende Schule	%		5,7	6,9
Keine Antwort	%		1,9	-
Zusammen	N		106	205

8 BEREITSCHAFT VON NICHT OBDACHLOSEN PERSONEN ZUR INTEGRATION VON OBDACHLOSEN NACH SCHULBILDUNG IN KÖLN 1970 (Umfrageergebnis)

Schulbildung der Befragten	Bereitschaft zur Integration hoch	mittel	gering	Befragte Insgesamt
Dim.	%	%	%	n
Volksschule ohne Lehre	32,5	32,5	34,9	83
Volksschule mit Lehre	40,8	35,2	24,0	125
weiterführende Schulen	48,3	29,0	22,8	145
Abitur	55,0	35,0	10,0	40

9 ALKOHOL- UND NIKOTINKONSUM IN BADEN-WÜRTTEMBERG 1969/70

	Dim.	MÄNNER Zusammen	MÄNNER im Alter von .. bis .. Jahren 20 - 24	40 - 44	55 - 59	FRAUEN Zusammen	FRAUEN im Alter von .. bis .. Jahren 20 - 24	40 - 44	55 - 59
ALKOHOLKONSUM (A.) - Wein, Bier, Most, Spirituosen									
Personen Insgesamt	N	15 912	1 065	1 980	2 195	15 564	1 253	1 943	2 062
davon Abstinenzler	%	8,1	9,6	6,8	7,0	31,9	28,6	33,8	34,4
gelegentlich A.	%	55,4	67,1	51,1	50,2	63,2	68,2	61,7	59,0
regelmäßig A.	%	34,7	22,2	39,9	40,6	4,7	3,3	4,2	6,4
reichlich A.	%	1,7	1,1	2,2	2,0	0,1	-	0,2	0,1
NIKOTINKONSUM - Zigaretten, Zigarren, Pfeife									
Personen Insgesamt	N	15 911	1 065	1 980	2 194	15 564	1 254	1 942	2 060
davon Nichtraucher	%	39,2	36,6	34,5	42,5	75,4	60,4	75,7	88,5
mäßige Raucher	%	26,9	28,0	24,8	31,5	18,9	30,3	18,7	9,3
starke Raucher	%	33,7	35,4	40,5	25,9	5,5	9,3	5,6	2,1

10 DER EINFLUß SOZIALER STÖRFAKTOREN AUF DAS RAUSCHMITTELVERHALTEN BEI OBERSCHÜLERN (Faktor 1: Verhältnis zur Schule schlecht; 2: Familienleben unerfreulich; 3: broken home; 4: zwei frühkindliche Störungen. Angaben in v.H. der jeweiligen Gruppe)

		Frühkindliche Störungen			
	Insgesamt	Faktor 1	Faktor 2	Faktor 3	Faktor 4
Dim.	N	%	%	%	%
Zusammen	4 647				
Gruppe der non-user	3 638				
Konsum ablehnend		4	6	8	18
noch unentschieden		6	10	10	20
Konsumabsicht		14	14	13	28
Gruppe der user	1 009				
Haschischprobierer		14	18	10	30
starke Hascher		36	34	16	36
Umsteiger von Haschisch auf harte Drogen		31	35	23	41

11 RAUSCHGIFT- UND BETÄUBUNGSMITTEL-BESCHAFFUNGS-KRIMINALITÄT 1955 BIS 1972

	Dim.	1972	Tatverdächtige je 100 000 der jew. Bev.-gruppe 1972	Straftaten bzw. Straftäter: Rauschgiftkriminalität 1955	1960	1965	1970	1971	1972	Betäubungsmittel-Beschaffungs-Kriminalität 1972
Straftaten Zusammen	N		-	1 295	916	1 003	16 104	25 287	25 679	3 812
Straftaten pro 100 000 Ew.	N	41,6	-				26,2	41,3	41,6	6,2
Tatverdächtige Insgesamt	N	22 607	36,7	1 256	797	797	16 188	23 200	22 607	2 513
davon: weiblich	%	14,8	10,4	27,3	26,9	19,8	13,6	13,9	14,8	17,2
Tatverdächtige nach dem Alter:										
über 21 Jahre	%	35,8	19,0	98,6	97,2	94,7	32,7	31,0	35,8	46,4
18 - 21 Jahre	%	39,9	365,4	1,0	2,3	3,6	39,4	39,6	39,9	41,7
14 - 18 Jahre	%	24,0	159,1	0,4	0,5	1,6	27,5	28,9	24,0	11,5
bis 14 Jahre	%	0,3	0,5	-	-	-	0,4	0,5	0,3	0,3

12 SOZIALISATIONSVARIABLE VON PROSTITUIERTEN (Angaben in v.H., Mehrfachnennungen)

Untersuchung:	Borelli/Starck		Reng	Röhr
Ort:	München		Hamburg	Frankfurt
untersuchte Personen:	35 Prost.	35 HwG	50	98
Jahr:	1955		1968	1969
in Fürsorgeerziehung	23		42	26
unvollständige Familien	74	43	82	65
dar.: unehelich geboren	34	14	18	16
ein Elternteil früh gestorben	29	23	.	24
Eltern getrennt oder geschieden	17	6	.	22

13 EINSTELLUNGEN JUNGER LEUTE IN HAMBURG ZU VORBESTRAFTEN 1965 (Angaben in %)

Bestrafung wegen	Beibehaltung des persönlichen Kontakts			
	Ja		Nein	
	M	F	M	F
Trunkenheitsfahrt mit Körperverletzung	96	96	4	4
Trunkenheitsfahrt mit fahrlässiger Tötung	87	82	13	18
Ehebruch	79	76	21	23
Meineid	39	62	59	37
Diebstahl	44	49	56	51
Betrug	43	47	57	53
Sittlichkeitsdelikt	13	8	87	92

14 SONDERSCHULBEDÜRFTIGE UND IN SONDERSCHULEN BETREUTE KINDER IN DER BUNDESREPUBLIK IM JUNI 1970

Behinderungsart	Anteil der behinderten Kinder an den Schulpflichtigen	Gesamtzahl der behandlungsbedürftigen Kinder	In Sonderschuleinrichtungen erfaßte Kinder	Anteil der erfaßten an den sonderschulbedürftigen Kindern
Dim	%	N	N	%
Blinde	0,02	1 250	1 236	98
Gehörlose	0,08	5 000	3 171	63
Geistig Behinderte	0,6	31 200	ca 10 000	ca 32
Gemeinschaftsschwierige	1,0	62 500	ca 700	ca 1
Körperbehinderte	0,25	15 600	ca 6 000	ca 38
Kranke (Langlieger)	0,07	4 375	ca 3 000	ca 69
Lernbehinderte	4,0	250 000	215 795	86
Schwerhörige	0,15	9 350	ca 2 000	ca 21
Sehbehinderte	0,1	6 250	ca 1 200	ca 19
Sprachbehinderte	1,5	93 700	ca 4 500	ca 5
Taubblinde	0,001	60	ca 60	ca 100
Zusammen	7,771	479 285	247 662	ca 52

QUELLEN UND ANMERKUNGEN (A)

Tab 1 und 2 Mangels Daten fallen die historische und internationale Übersicht weg

Tab 3 Strafanstalten: FS A, 29, III 1971, S. 24
Psychiatrische Krankenhäuser: WiSta 9/1973, S. 543
Pflegeheime: Stat. Bundesamt, Die älteren Mitbürger und ihre Lebensverhältnisse, 1971 (Ergebnisse des Mikrozensus)
Fürsorge -Erziehungsheime: FS K, R 2, 1971, S. 38 und 48 (eigene Schätzung nach BKA)
Kriminelle: Bundeskriminalstatistik 1972, S. 38
Nichtseßhafte: BPA, GD 1973, S. 226
Zigeuner: dito
Obdachlose: a) dito; b) eigene Schätzung nach Ursula Lehr, Obdachlos weil arm, Gießen 1973, edition 2000, S. 31
Alkoholiker: BPA, GD 1973, S. 226
Verwahrloste und schwer erziehbare Jugendliche: FS K, R 2, 1971, S. 38, 48
Drogenabhängige: a) BPA, GD 1973, S. 226; b) eigene Schätzung nach Jürgen Schwarz, Feststellungen zum Rauschmittelmißbrauch Jugendlicher in Schleswig - Holstein; in: Herbert Schäfer (Hrsg.), Grundlage der Kriminalstatistik, Band 9 _ Rauschgiftmißbrauch, Rauschgiftkriminalität, Hamburg 1972: Steintor - Verlag, S. 195 - 208
Vorbestrafte: eigene Schätzung nach Erna Eva Brauneck, Zur sozialpsychologischen Bedeutung des Kriminalitätsumfangs; in: Erinnerungsgabe für Grünhut, Marburg 1965, S. 24 ff.
Behinderte: StBA, FS A, R 7, Sonderbeitrag Körperbehinderte, April 1966, Ergebnisse des Mikrozensus, S. 9
Alters- und Invalidenheime: StBA, Die älteren Mitbürger und ihre Lebensverhältnisse, 1971, S. 71 (Ergebnisse des Mikrozensus April 1971)

A Fürsorge - Erziehungsheime: "Untergebrachte Minderjährige" in freiwilliger Erziehungshilfe (N = 15 647) und in Fürsorgeerziehung (N = 7 609).
Kriminelle: Das Bundeskriminalamt gibt an, daß 1971 13 078 Tatverdächtige bereits kriminalpolizeilich in Erscheinung getreten und als Berufs- und Gewohnheitsverbrecher erfaßt waren. Als Bestandsgröße wurde die doppelte Zahl angenommen; dies erscheint uns als eher konservative Schätzung.
Obdachlose: b) in Nordrhein - Westfalen kamen 1971 auf 100 000 Einwohner 890 Obdachlose. Dieser Quotient wurde von mir einfach auf die Bevölkerung der BRD bezogen.
Alkoholiker: Diese Zahl betrifft nur die Kranken. Es kommt noch einmal dieselbe Zahl von gefährdeten Alkoholikern hinzu.
Verwahrloste und schwererziehbare Jugendliche: Bestand an Jugendlichen in freiwilliger Erziehungshilfe und in Fürsorgeerziehung, unabhängig von der Art ihrer Unterbringung (Die "Insassen von Fürsorge- Erziehungsheimen" - s.o. - sind eine Untermenge dieser Gruppe).
Drogenabhängige: In der Untersuchung von Schwarz sind ca. 50 % der über 14-jährigen Oberschüler Schleswig - Holsteins einbezogen. Schwarz bezeichnet 3 % als Drogenabhängige. Ausgehend von der Hypothese, daß der Drogenkonsum bei Oberschülern und Studenten höher ist als bei anderen Jugendlichen und ausgehend von anderen Schätzungen, die weit unter den Schwarz'schen empirischen Befunden liegen, habe ich eine Quote von 1 % angenommen. Das Verhältnis von drogenkonsumierenden Schülern zu Schülerinnen gibt Schwarz mit ca. 4 : 3 an (bei gleicher Grundgesamtheit. Drogenerfahrung haben 26,2 % der Schüler, aber nur 15,8 % der Schülerinnen). Da Drogenkonsum und Drogenabhängigkeit nicht gleichzusetzen sind, habe ich für die Schülerinnen eine niedrigere Quote angenommen und das Verhältnis männliche zu weiblichen Drogengefährdeten mit 2 : 1 angenommen.
Vorbestrafte: Anna Eva Brauneck schätzt die Vorbestraftenquote der strafmündigen männlichen Bevölkerung auf 23 %
Behinderte: Geistig und körperlich Behinderte, unabhängig von der Schwere der Behinderung und der amtlichen Anerkennung.

Tab 4 Christiansen, Ursula, Obdachlos, weil arm - Gesellschaftliche Reaktionen auf die Armut, Gießen 1973: edition 2000 (Reihe Theorie und praktische Kritik 9), S. 31

A Obdachlose Parteien am 30.6.1971; Wohnbevölkerung am 30.4.1971

Tab 5 Haag, Fritz, Wohnungslose Familien in Notunterkünften, Soziales Bezugsfeld und Verhaltensstrategien, München 1973: Juventa, S. 29, 31, 32, 35

Tab 6 Arbeits- und Sozialbehörde der Freien Hansestadt Hamburg, unveröffentlichte Daten

Tab 7 Höhmann, Peter, Zuweisungsprozesse bei Obdachlosen, zur Produktion sozialer Probleme durch Instanzen sozialer Kontrolle. Dissertation Universität Regensburg, unveröffentlichtes Manuskript 1973, S. 130, 133

A Gelernte Arbeiter unter den berufstätigen Kindern: einschließlich Lehrlinge; Schulabschluß: bei Schülern - Schulbesuch schulpflichtiger Schüler. Untersucht wurden 107 Haushalte in 2 Obdachlosensiedlungen in Köln von Januar bis März 1970

Tab 8 Höhmann, Peter, a.a.O., S. 61

A Befragt wurden 393 nicht obdachlose Personen, deren Adressen durch Zufallsauswahl aus der Kartei des Einwohnermeldeamtes gewonnen wurden. Da diese Untersuchungsgruppe nicht repräsentativ ist, wurde die Summenzeile für alle Befragten nicht ausgewiesen.

Tab 9 Gesundheitsministerium des Landes Baden - Württemberg (Hrsg.), Modell einer allgemeinen Vorsorgeuntersuchung, Zwischenbericht, Stuttgart 1970: ohne Verlag, S. 84

A Untersuchungen von Sozialversicherten beiderlei Geschlechts im Alter von 15 - 60 Jahren aus dem Mitgliederkreis der AOK Stuttgart, Nörtlingen, Öhringen, Mannheim, Karlsruhe und Pforzheim. Die Untersuchungen fanden zwischen dem 8.9.1969 und dem 15.1.1970 statt.

Starke Raucher: über 10 Zigaretten oder 5 Zigarren täglich bzw. über 50 g. Pfeifentabak wöchentlich. Überschneidungen wurden nicht ausgewiesen.

Tab 10 Schwarz, Jürgen, Feststellungen zum Rauschmittelmißbrauch Jugendlicher in Schleswig-Holstein; in Herbert Schäfer (Hrsg.), Grundlagen der Kriminalstatistik, Band 9 - Rauschmittelmißbrauch, Rauschgiftkriminalität, Hamburg 1972: Steintor - Verlag, S. 204

A Über die Anlage der Untersuchungen waren keine Informationen zu bekommen.

Tab 11 Bundeskriminalamt (Hrsg.), Polizeiliche Kriminalstatistik 1972, Bundesrepublik Deutschland, Wiesbaden 1972: Kriminalistisches Institut, S. 9, 112, 114, 117, 118
Olvedi, Ulli, LSD - Report, Frankfurt 1972, suhrkamp, S. 211
Schäfer, Herbert (Hrsg.), Grundlagen der Kriminalstatistik, Band 9 - Rauschgiftmißbrauch - Rauschgiftkriminalität, Hamburg 1972: Steintor - Verlag, S. 238 - 239

Tab 12 Borelli, Siegfried und Starck, Willy, Die Prostitution als psychologisches Problem. Berlin, Göttingen, Heidelberg 1957: Springer;
Röhr, Dorothea, Prostitution - eine empirische Untersuchung über abweichendes Sexualverhalten und soziale Diskriminierung, Frankfurt 1972: suhrkamp, S. 73, 109, 113, 131;
Reng, Brigitte, Das sexuelle Verhalten junger weiblicher Prostituierter, in: Beiträge zur Sexualforschung, hrsg. von Bürger - Prinz und Giese, 45. Heft 1968, S. 10, 12, 13

A Borelle - Starck:untersucht wurden über 2 Jahre 35 Prostituierte und 35 HwG, die der Klientel der Dermatologischen Universitätsklinik München und der dermatolotischen Abteilung des Städtischen Krankenhauses am Biederstein angehörten. Die 70 Patientinnen, die wegen Geschlechtskrankheiten in stationärer Behandlung waren oder sich ihrer vorgeschriebenen Kontrolluntersuchung unterzogen, wurden nach Zufall ausgewählt. Röhr: Befragt wurden im Juli - September 1969 98 Prostituierte aus Frankfurt, die in diesem Zeitraum von der Polizei in einen Sperrbezirk festgenommen wurden.
Reng: Befragt wurden 50 Frauen im Alter von 22 - 24 Jahren, die sich im Verlauf von 18 Monaten auf der geschlossenen Abteilung der Hautklinik im allgemeinen Krankenhaus Heidberg in Hamburg aufhielten. Diese Gruppe besteht aus Prostituierten und HwG.

Tab 13 Engler, Günther, Zum Bild des Strafrechts in der öffentlichen Meinung - die weiblichen Befragten. Göttingen 1973; Otto Schwartz, S. 161;
Oppeln - Bronikowski, Hans - Christoph von, Zum Bild des Strafrechts in der öffentlichen Meinung - die männlichen Befragten. Göttingen 1970: Otto Schwartz, S. 130

A Befragt wurden zwischen Dezember 1964 und August 1965 100 männliche und 100 weibliche Personen im Alter von 18 - 25 Jahren aus dem Land Hamburg. Das Auswahlverfahren wird nicht näher geschrieben.

Tab 14 Haaser, A., Überlegungen zur Größe des Behindertenpotentials in der Bundesrepublik Deutschland. In: A. Bellebaum und H. Braun (Hg), Reader Soziale Probleme I: Empirische Befunde, Frankfurt/New York 1974: Herder und Herder, S. 117. Originalquelle: W. Bläsig und I. Schwieger, Gegenwärtige Organisationsformen der Sonderschulen in der Bundesrepublik Deutschland und Berlin (West) im Zusammenhang mit Änderungsvorschlägen. In: Die Rehabilitation 10 (1971), S. 52 ff.

A Die Zusammenstellung wurde erarbeitet vom Ausschuß Schule und Erziehung in der Deutschen Vereinigung für die Rehabilitation Behinderter e.V. Stand Juni 1970

NACHTRAG

Tab 3 Nichtseßhafte: Heinz A. Harmel, Soziale Randschichten: Nichtseßhafte. In: A. Bellebaum und H. Braun (Hg), a.a.O., S. 101
Alkoholiker: Paul Lüth, Suchtverhalten - Sozialmedizinische Bedeutung. In: A. Bellebaum und H. Braun (Hg), a.a.O., S. 56

A Nichtseßhafte: Bei der Ziffer "nichtseßhafte Männer (bzw. Frauen) über 15 auf 100 000 der gleichen Bevölkerungsgruppe wurde von insgesamt 90 000 Nichtseßhaften ausgegangen.

E L I T E N

Eliten bzw. gesellschaftliche Führungsgruppen werden hier als die Inhaber von Spitzenpositionen verstanden, die Entscheidungen von gesamtgesellschaftlicher Tragweite treffen oder beeinflussen können. Dies sind zunächst die Inhaber von Positionen, die "Gesetze machen", also die Spitzen der Legislative, Exekutive und Judikative. Sodann sind es Positionsinhaber, deren Entscheidungen gesetzesähnliche Wirkung haben, etwa die Spitzenfunktionäre von Arbeitgebern und Gewerkschaften im System der Tarifautonomie. Drittens gehören dazu die Gruppen, die spezifische gesellschaftliche Funktionsbereiche steuern: die Großunternehmer, die Spitzen von Interessenverbänden, die Präsidenten von Großorganisationen. Viertens schließlich die Inhaber von Spitzenpositionen in den Kirchen, in Kultur und Massenkommunikation, die "meinungsbildend" und einflußreich sind. In modernen Gesellschaften kann man zu den so bestimmten Führungsgruppen ca. zweitausend bis viertausend Personen zählen.

Das hier verwendete theoretische Konzept versteht Führungsgruppen als Funktionseliten und bewegt sich im Vorverständnis eines rational-bürokratischen Herrschaftsbegriffs, der etwa in der Definition von Max Weber ("Herrschaft soll heissen die Chance, für einen Befehl bestimmten Inhalts bei angebbaren Personen Gehorsam zu finden") Herrschaft als legitimes und deshalb sanktionierbares Recht versteht, das aber an bestimmte Positionen geknüpft, auf bestimmte Inhalte beschränkt und auf angebbare Personengruppen ausgerichtet ist. In traditionalen Gesellschaften gibt es eine so ausdifferenzierte Positionsstruktur noch nicht; hier fällt Herrschaft zusammen mit diffuser persönlicher Macht und/oder mit Gruppenprestige. In revolutionären Regimes spiegeln sich die permanenten Machtkämpfe in permanenten Umstrukturierungen von Spitzenpositionen, die weitgehend von ihren Inhabern nicht ablösbar sind. Die Stabilisierung revolutionärer Situationen kann man u.a. daran ablesen, daß sich ihre (Spitzen)-Positionsstruktur stabilisiert, daß Karrieren berechenbar und daß "normale", d.h. nichtgewaltsame Regelungen des Nachfolgeproblems etabliert werden.

Das Elitekonzept wird in der Literatur auch anders verwendet, im Sinn von Werteliten. Eliten sind dann alle diejenigen, die in irgendeinem gesellschaftlichen Bereich, der hoch bewertet wird, Spitzenleistungen vollbringen. Bei Pareto gehören folgerichtig also auch die berühmtesten Kurtisanen, Diebe oder Schachspieler zur Elite; aber Pareto trennt anschließend die sog. herrschende Elite von allen anderen. Dieser weite Elitebegriff spielt in moderner Terminologie dort eine Rolle, wo die Oberschicht einer Gesellschaft als die Gruppe der Mächtigsten, der Reichsten und der Prominentesten samt ihren Familien definiert wird. Das sind in modernen Gesellschaften einige hunderttausend Personen, doch davon ist hier nicht die Rede.

Eliten bzw. Führungsgruppen hat man auf wenigstens drei Arten zu bestimmen versucht. Wir haben den Positionsansatz verwendet, d.h., wir gehen von den kodifizierten Spitzenpositionen aus und schließen, daß ihre Inhaber die zentralen Entscheidungen treffen. Dagegen ist eingewendet worden, so seien die "grauen Eminenzen" nicht zu erfassen, die vielleicht mächtiger sind als die offiziellen Positionsinhaber. Diesen Einwand kann man ausräumen, wenn man auch typische "Einflußpositionen" berücksichtigt und wenn man zeigt, daß auch die "grauen Eminenzen" über offizielle Positionsinhaber wirksam werden müssen. - Ein zweiter Ansatz ist der Reputationsansatz. Hier werden gut informierte oder präsumtiv einflußreiche Personen gefragt, wen sie selbst als mächtig und einflußreich erachten, und die Führungsgruppen werden dann durch Aggregation solcher Bewertungen ermittelt. Den Reputationsansatz kann man verwenden, um in unbekannten Bereichen - z.B. beim Studium lokaler Eliten - voranzukommen oder um die Reputationsverteilung innerhalb von Spitzengremien festzustellen. - Ein dritter

Ansatz ist der Entscheidungsansatz. Es wird festzustellen versucht, wer (welche Gruppen) in einer bestimmten Serie von Schlüsselentscheidungen tatsächlich das größte Gewicht gehabt haben. So ist C.W. Mills zu seiner Theorie der Power Elite (der Koalition von Exekutive, Großunternehmern und Militärs) gekommen. Gegen diesen Ansatz wird eingewendet, daß Herrschaft nicht nur aus Schlüsselentscheidungen, etwa über Krieg und Frieden, besteht, sondern aus einer Vielzahl von täglichen Entscheidungen und ebensovielen Nicht-Entscheidungen (d.h. Optionen für den Status quo).
- Ein Positionsansatz, der über die Einflußkomponente Elemente des Reputations- und des Entscheidungsansatzes inkorporiert, scheint deshalb das sinnvollste Verfahren zur Ermittlung von Führungsgruppen zu sein.

Eliten bzw. Führungsgruppen sind im Rahmen einer wohlfahrtsorientierten Gesellschaftsanalyse in vieler Hinsicht ein zentrales Forschungsobjekt. Generell liegt der Eliteforschung die Auffassung zugrunde, daß gesellschaftliche Bedürfnisse und Kapazitäten in der politischen Sphäre in Forderungen, Programme und Maßnahmen umgesetzt werden. Nicht "allgemeine Bewegungsgesetze" bestimmten die Entwicklungsrichtung der Gesellschaft, sondern politisches Handeln entscheidet über Innovation oder Stagnation.

Im einzelnen lassen sich die wichtigsten Indikatoren der Eliteforschung folgendermaßen charakterisieren:
Daten über Elitezirkulation und Amtszeit kann man als Indikatoren des sozialen und politischen Wandels (der Stabilität, der Stagnation) interpretieren; dabei müssen allerdings die Kontexte solcher Werte genau kontrolliert werden, insbesondere die Umstände des Aufstiegs und Abgangs; diese können durch Wahl, durch bürokratische Regelung, durch "politische Kurswechsel" usw. beeinflußt sein. Zirkulationsdaten bieten jedenfalls einen Einblick in die Legitimität und Flexibilität von Herrschaftsstrukturen.

Daten über das Sozialprofil von Führungsgruppen (Alter, geographische, ethnische, konfessionelle, soziale Herkunft, Ausbildung usw.) sind Indikatoren der Offenheit,

der Mobilitätschancen, der Qualifikationsinstanzen, des Establishmentcharakters einer Gesellschaft. In langfristiger Betrachtung geben sie Einblick in grundlegende Selektionsprozesse; in vergleichender Betrachtung lassen sich Anhaltspunkte über Ähnlichkeiten bzw. "soziale Distanzen" zwischen Führungsgruppen gewinnen; bei Regimewechseln über den Tiefgang der sozialen Umschichtungen.
Karrieredaten liefern Indikatoren für die oberen Aufstiegskanäle, für die Gruppen des "Führungsnachwuchses", für die typischen Vor- und Sprungbrettpositionen. Aus Daten über Abgangsmuster kann man erschließen, inwieweit Macht und Einfluß konserviert und/oder transferiert werden können.

Daten über Ämterkumulation und Austauschprozesse (innerhalb von Spitzenpositionen) sind Indikatoren der Konzentration bzw. Differenzierung von Einflußzentren.
Die Kenntnis von Einstellungen und Werten von Eliten, wie man sie durch Befragung, aber auch durch Dokumentenanalyse gewinnen kann, werden zur Abschätzung des "demokratischen Potentials", der Distanz bzw. Konvergenz von Eliten- und Massenmeinung und insbesondere zur Abschätzung des Koalitionspotentials einzelner Gruppen verwendet. Die Forschung warnt jedoch vor allzu direkten Schlüssen von Einstellungen auf tatsächliches Verhalten.
Von besonderem Interesse sind schließlich "cross reputational data", d.h. die wechselseitigen Einschätzungen des Einflusses von Führungsgruppen untereinander und gegenüber außenstehenden Konkurrenten. Solche Daten kann man durchaus als Indikatoren der gesellschaftlichen Machtstruktur interpretieren, wenn man wiederum berücksichtigt, daß sich in ihnen neben faktischen Erfahrungen auch Vorurteile, Ängste und Hoffnungen wiederspiegeln.

Es dürfte unstreitig sein, daß jede nur denkbare Information über gesellschaftliche Führungsgruppen von großem Interesse ist. In aller Regel beziehen sich ja die verfügbaren Informationen - ob in der Sozialstatistik oder in der Umfrageforschung - auf die "breite Mitte" der Bevölkerung. Randgruppen sind viel weniger bekannt, ob an der

Spitze, am Boden der Statushierarchie oder quer zu ihr. Die vorliegenden deutschen Elitestudien haben sich zunächst der Dokumentenanalyse bedient (biographische Nachschlagewerke, Zeitungsarchive usw.). In den letzten Jahren konnten R. Wildenmann, W. Kaltefleiter und Mitarbeiter 800 und 1 825 Inhaber von Spitzenpositionen in ausführlichen Interviews befragen; das waren 56 und 60 Prozent des vorher bestimmten Personenkreises. Dies ist auch ein Indikator unseres Informationspotentials sowie der Informationsbereitschaft der Schlüsselgruppen der Gesellschaft.

1/2 DIE ZIRKULATION DER MINISTER DER ZENTRALREGIERUNGEN ZWISCHEN 1870 UND 1970 (Ø Anteil neuer Minister pro Jahr in v.H.)

	DR	BRD	DDR	GBR	FRA	ÖST	USA	USR	IND
1870 - 1879	16	x	x	19	127	47	26	8	
1880 - 1889	16	x	x	44	106	12	47	20	
1890 - 1899	16	x	x	25	115	42	31	13	
1900 - 1909	18	x	x	32	43	43	34	41	
1910 - 1919	48	x	x	51	114	77	15	96	
1920 - 1929	76	x	x	46	107		33	18	
1930 - 1939	33	x	x	49	158		16	32	
1940 - 1949	x	x	x	51	130		28	17	
1950 - 1959	x	12	18	44	102		26	47	17
1960 - 1969	x	(29)	20	45	(47)		36		28

3 ZIRKULATION WESTDEUTSCHER FÜHRUNGSGRUPPEN 1949 BIS 1970

Elite/ Funktionsbereich	Zahl der Positionen	Zahl neuer Positionsinhaber gegenüber dem Vorjahr 1949	50	51	52	53	54	55	56	57	58	59	60	61	62	63	64	65	66	67	68	69	70	Wechsel pro Position 1949-1970
Bundesminister	18	0	1	0	1	1	5	1	2	3	6	0	1	5	0	13	0	6	12	0	1	14	0	4,0
Ministerpräsidenten der Länder	13	0	2	2	0	0	3	3	1	1	4	3	2	1	1	2	0	0	5	0	2	2	0	2,6
Parlamentarische Führungsgruppe	20	0	1	3	0	2	6	1	1	3	5	1	2	1	5	1	2	8	0	3	4	11	0	3,0
Parteiführer	16	0	2	0	0	3	1	1	5	3	3	3	2	5	0	2	3	2	0	2	8	3	1	3,1
Oberste Bundesrichter	10	.	.	0	0	0	1	1	2	1	0	2	2	0	3	1	1	0	0	0	2	1	1	1,8
Staatssekretäre (Bund)	22	0	5	1	1	1	2	1	1	3	5	1	3	2	1	2	4	0	7	7	7	20	0	3,4
deutsche Botschafter	20	.	0	0	0	0	2	5	1	4	2	6	7	0	6	3	9	5	5	7	7	5	6	4,0
Generäle	22	x	x	x	x	x	x	x	x	0	0	0	4	9	8	6	8	3	8	7	8	2	15	3,5
Führer der Wirtschaftsverbände	23	.	0	0	1	3	5	6	1	4	1	4	5	1	4	3	3	3	2	4	5	7	5	2,9
Manager	29	4	1	0	4	6	5	0	10	0	5	4	0	6	4	1	1	0	2	7	2	7	7	2,6
Gewerkschaftsführer	18	.	.	1	4	2	3	1	1	4	1	4	3	1	0	6	2	3	1	3	2	2	2	2,6
Protestantische Kirchenführer	12	4	1	0	0	2	0	1	2	0	1	1	0	2	2	0	1	1	3	2	1	2	3	2,4
Katholische Kirchenführer	9	0	1	1	0	2	0	1	1	1	0	1	0	0	2	1	0	0	0	0	1	2	0	1,6
Kultusminister der Länder	21	2	1	2	4	0	7	3	2	3	5	6	1	2	0	4	2	3	5	2	3	2	4	3,0
Chefredakteure/Intendanten	27	6	2	1	5	5	3	3	4	3	2	0	0	9	2	3	2	0	1	1	1	5	2	2,2
Politische Elite	67	1	6	5	1	6	15	6	9	10	18	7	7	12	6	18	5	16	17	5	15	30	1	3,2
Verwaltungselite	52	0	5	1	1	1	5	7	4	8	7	9	12	2	18	12	22	8	20	21	24	28	22	4,6
Wirtschaftselite	52	4	1	0	5	9	10	6	11	4	6	8	5	7	8	4	4	3	4	11	7	14	12	2,8
Zusammen	275	17	17	11	20	26	43	28	34	33	40	36	28	35	38	48	38	34	51	45	56	86	46	2,9

4 DIE DURCHSCHNITTLICHE AMTSZEIT DEUTSCHER FÜHRUNGSGRUPPEN VON 1919 BIS 1970

Elite/ Funktionsbereich	Zahl der Positionen	Ø Besetzungsdauer der Positionen 1919-1933	1933-1945	1949-1970	Ø Zahl der Wechsel pro Positionsjahr 1949-1961	1962-1970
Dim.	N	Jahr	Jahr	Jahr	N	N
Reichs- und Bundesminister	18	1,4	10,6	4,3	0,10	0,30
Ministerpräsidenten der Länder	13	2,7	8,3	5,0	0,18	0,12
Parlamentarische Führungsgruppe	20	5,1	10,1	5,0	0,12	0,19
Parteiführer	16			4,6	0,16	0,17
Oberste **Reichs- und Bundesrichter**	10	4,5	4,6	6,0	0,11	0,11
Staatssekretäre (Reich, Bund)	22	3,7	6,4	4,4	0,12	0,24
deutsche Botschafter	20	4,7	4,1	3,5	0,15	0,31
Generäle	22	2,5	2,5			0,31
Führer der Wirtschaftsverbände	23	6,4	4,2	5,3	0,12	0,17
Manager	29	7,2	6,8	5,6	0,14	0,12
Gewerkschaftsführer	18	6,6	4,4	5,9	0,11	0,13
Protestantische Kirchenführer	12	6,1	7,2	6,5	0,09	0,14
Katholische Kirchenführer	9	8,8	7,5	8,6	0,07	0,07
Kultusminister und zentr. Forschungsorg.	21	2,8	5,0	4,7	0,16	0,16
Chefredakteure/Intendanten	27		5,0	6,5	0,13	0,07
Politische Elite	67	2,6	9,2	4,7	0,13	0,20
Verwaltungselite	52	3,7	3,8	(4,2)	0,13	0,26
Wirtschaftselite	52	6,9	5,4	5,4	0,13	0,14

5 SOZIALPROFIL DEUTSCHER FÜHRUNGSGRUPPEN 1925, 1940 UND 1955

	Basiszahlen			Durchschnittsalter			Regionale Herkunft Süddeutschl.			Konfession evangelisch			Bildungsqualifikation unter Abitur			Bildungsqualifikation abgeschlos. Hochschulst.			Soziale Schicht des Vaters Adel			Soziale Schicht des Vaters Obere Mittelschicht			Soziale Schicht des Vaters Unterschicht		
	25	40	55	1925	1940	1955	25	40	55	25	40	55	25	40	55	25	40	55	25	40	55	25	40	55	25	40	55
Dim.	N	N	N	Jahr	Jahr	Jahr	%	%	%	%	%	%	%	%	%	%	%	%	%	%	%	%	%	%	%	%	%
Reichs- und Bundesminister	12	17	18	53,8	59,0	56,5	25	29	39	33	53	44	8	24	11	75	41	72	17	12	11	67	47	44	-	-	17
Ministerpräsidenten der Länder	17	27	10	59,3	49,0	57,8	18	41	50	18	56	20	18	63	30	53	19	50	12	-	10	24	11	40	12	7	10
Parlamentarische Führungsgruppe	19	6	18	56,4	52,5	53,3	16	67	39	32	83	17	32	50	33	53	33	67	-	17	6	42	50	33	11	-	11
Parteiführer	16	21	14	46,0	48,3	58,4	19	57	21	31	52	36	50	48	29	50	29	50	6	10	-	31	33	29	25	5	21
Oberste Reichs- und Bundesrichter	17	13	9	61,9	61,7	63,0	24	15	33	29	54	22	-	-	-	100	100	100	6	8	-	59	62	33	-	-	-
Staatssekretäre (Reich, Bund)	17	21	19	49,4	50,5	57,4	18	5	32	41	48	26	-	5	-	76	71	84	6	5	11	53	38	63	-	-	-
deutsche Botschafter	20	12	18	54,3	60,0	58,4	25	-	17	10	33	50	-	-	-	75	67	100	50	58	22	65	67	67	-	-	-
Generäle	17	14	14	55,6	58,8	56,1	12	36	29	18	14	29	24	50	-	-	-	14	41	38	16	59	86	71	-	-	-
Führer der Wirtschaftsverbände	18	19	22	58,2	50,7	59,3	11	21	14	22	32	36	11	11	9	61	42	45	17	-	5	72	37	59	-	-	-
Manager	28	24	30	56,9	62,7	58,9	11	8	13	11	13	30	4	13	7	57	46	46	11	13	13	61	33	33	-	-	-
Gewerkschaftsführer	15	18	18	51,8	41,9	60,3	13	11	6	27	17	6	67	44	67	7	11	11	-	-	-	7	6	6	33	11	56
Kirchenführer	21	24	21	61,9	64,1	66,9	33	29	43	57	58	52	-	4	-	90	79	100	24	13	14	38	17	43	-	-	10
Kultusminister u. zentr. Forschungsorg.	15	20	18	58,7	52,3	59,4	27	5	33	47	20	78	7	5	17	87	50	78	20	-	-	47	10	44	-	-	11
Chefredakteure/Intendanten	12	23	22	52,0	43,0	42,5	-	13	14	8	17	32	-	4	5	17	17	36	-	9	-	17	13	36	-	-	5
Politische Elite	64	71	60	53,9	50,3	56,2	21	46	37	(46)	70	39	32	49	25	56	28	62	10	8	8	39	30	37	13	4	15
Verwaltungselite	71	60	60	59,9	56,5	58,5	27	16	28	(100)	(92)	(61)	7	15	-	63	58	75	41	38	19	59	60	62	-	-	-
Wirtschaftselite	46	43	52	57,5	57,6	59,1	13	19	12	(88)	(90)	(85)	8	17	11	59	44	46	18	14	16	65	35	44	-	-	-
Zusammen	244	259	251	55,3	53,6	58,3	18	23	25	27	37	35	15	22	14	59	40	60	16	12	8	47	32	43	5	2	10

6 SOZIALPROFIL WESTDEUTSCHER FÜHRUNGSGRUPPEN 1968 (n=800) UND 1972 (n=1 825) ("Wildenmann-Studie")

Kennziffern	Elite/ Funktionsbereich	Befragte Personen	Verteilung der Befragten 1968 nach: Alter			Schulbildung			Religionszugehörigkeit		Häufigkeit des Kirchgangs	
			bis 40	40 - 60	60 u.m.	Kein Abitur	Hochschulabschluß	Juristen auf 100 andere Akademiker	evangelisch	katholisch	regelmäßig	Nie
	Dim.	N	%	%	%	%	%	N	%	%	%	%
1.	Länder-Minister	26	11	58	31	31	65	89	50	38	35	19
2.	Oberbürgermeister	31	3	87	10	12	81	733	68	19	16	13
3.	Parlamentarische Führungsgruppe	93	12	68	20	34	48	67	53	27	30	28
4.	Parteifunktionäre	41	32	61	7	17	37	67	54	34	27	20
5.	Staatssekretäre (beamtete)	89	1	70	29	3	74	245	58	29	27	25
6.	Führer der Wirtschaftsverbände	88	1	45	54	18	61	86	68	18	15	19
7.	Manager	129	2	58	39	14	69	59	60	21	13	26
8.	Spitzenfunktionäre der Gewerkschaften	71	6	71	24	72	10	40	37	21	11	45
9.	Protestantische Kirchenführer	14	(-)	(57)	(43)	(-)	(100)	56	100	-	50	-
10.	Spitzenfuktionäre pol. Verbände	11	(-)	(64)	(36)	(18)	(46)	400	(91)	(-)	9	-
11.	Spitzenfunktionäre von Berufsverbänden	18	(11)	(50)	(39)	(17)	(50)	500	39	50	28	28
12.	Bildung und Forschung	39	10	57	33	-	100	26	62	33	23	18
13.	Chefredakteure/Intendanten	150	22	63	15	11	45	34	52	33	15	33
14.	Politische Elite	191	15	69	16	27	53	113	55	29	28	22
15.	Wirtschaftselite	217	1	55	44	17	66	68	64	20	14	24
16.	Zusammen 1968	800	10	62	28	19	58	81	57	26	20	25
17.	**Zum Vergleich: zusammen 1972**	1 825	9	67	24	16	70	107	57	30	13	44

FORTSETZUNG VON TABELLE 6

	Verteilung der Befragten 1968 nach: regionaler Herkunft (aufgewachsen in; Mehrfachnennungen)			lokaler Herkunft (aufgewachsen in; Merfachnennungen)				sozialer Schichtzugehörigkeit des Vaters				NSDAP - Mitgliedschaft			
												Mögliche NSDAP-Mitglieder	davon Mitgliedschaft		
Kennziffern	Nord-deutschland	Süd-deutschland	heutige DDR und Polen	Land	Klein-stadt	Mittel-stadt	Groß-stadt	Unter-schicht	Mittel-schicht	Ober-schicht	Beamter		aktive	passive	keine
	%	%	%	%	%	%	%	%	%	%	%	N	%	%	%
1.	50	50	8	12	35	15	46	46	50	-	23	22	-	23	73
2.	45	32	23	6	16	23	55	16	65	16	39	29	-	38	62
3.	46	40	18	15	22	14	51	19	72	8	29	80	9	13	78
4.	34	32	29	34	24	15	32	29	61	10	22	27	11	3	86
5.	49	48	15	22	10	22	49	10	74	15	40	88	9	41	50
6.	49	33	16	18	14	17	57	7	67	25	22	84	6	38	56
7.	55	42	16	16	16	20	56	13	54	26	30	121	6	28	66
8.	54	34	13	7	14	16	63	58	34	7	16	66	2	3	95
9.	93	7	-	21	14	7	79	7	71	21	64	14	-	7	93
10.	36	-	64	18	27	36	27	-	10	1	73	11	9	45	46
11.	39	44	17	-	22	17	61	22	50	22	23	16	6	6	88
12.	26	59	13	18	13	38	36	5	56	33	39	35	3	20	77
13.	45	38	19	13	17	21	59	11	64	23	28	112	3	16	81
14.	45	38	20	17	23	16	42	24	67	8	29	158	6	18	76
15.	53	38	16	17	15	14	56	11	59	26	27	205	6	32	62
16.	45	39	17	16	17	20	53	18	61	18	21	705	5	23	72
17.											31				

7 EINSCHÄTZUNGEN DER MACHTSTRUKTUR IN DER BUNDESREPUBLIK DURCH WESTDEUTSCHE FÜHRUNGSGRUPPEN 1972
(Kaltefleiter - Wildenmann - Studie)

Elite/Funktionsbereich	Befragte Personen	Funktionale Machtstruktur	Konzepte der Machtstruktur Herrschende Klasse	Pluralistische Konkurrenz	"atomistische" Herrschaftsstruktur
Dim.	N	%	%	%	%
Bundesminister/Exekutive	84	20	-	60	13
Parlamentarische Führungsgruppe	149	13	1	63	17
Parteifunktionäre	120	20	4	58	15
Staatssekretäre/Verwaltung	549	22	1	62	10
Militärische Führungsgruppe	41	12	5	66	15
Führer der Wirtschaftsverbände	126	14	2	75	9
Manager	266	16	2	60	18
Spitzenfunktionäre der Gewerkschaften	62	19	5	74	2
Spitzenfunktionäre der Berufsverbände	71	24	3	63	10
Wissenschaft und Forschung	48	19	4	60	10
Chefredakteure/Intendanten	264	30	4	55	6
Zusammen	1 825	20	2	62	12
Oberste Bundesrichter	197	16	2	78	9

8 EINSCHÄTZUNG DER AKTUELLEN EINFLÜSSE WESTDEUTSCHER FÜHRUNGSGRUPPEN 1972 (**"Kaltefleiter-Wildenmann-Studie"**)

Elite oder Funktionsbereich	Als Gruppen/Institutionen mit der größten Macht (Rangplätze 1 - 10) wurden genannt: Bundes-regierung	Bundes-tag	SPD	Parteien Allgemein	Fern-sehen	Presse	Ver-waltung	CDU	Gewerk-schaften	CSU
Bundesminister/Exekutive	1	2	3	4	5	6	7	8	9	10
Parlamentarische Führungsgruppe	1	2	3	4	6	7	5	8	10	11
Parteifunktionäre	1	2	3	4	5	6	7	8	10	9
Staatssekretäre/Verwaltung	1	2	3	4	5	7	10	6	8	9
Militärische Führungsgruppe	1	2	4	3	5	5	14	8	5	9
Führer der Wirtschaftsverbände	1	3	2	4	6	8	7	9	5	10
Manager	1	4	2	3	5	7	9	8	6	10
Spitzenfunktionäre der Gewerkschaften	1	2	4	3	8	9	6	5	11	12
Spitzenfunktionäre der Berufsverbände	1	2	4	3	6	7	8	9	5	10
Wissenschaft und Forschung	1	4	2	3	8	8	6	6	5	11
Chefredakteure/Intendanten	1	2	3	4	9	17	8	5	7	6
Skalenwerte (1-6) zusammen	5,55	5,25	5,15	5,07	4,63	4,45	4,37	4,54	4,55	4,37
Rangplätze zusammen	1	2	3	4	5	6	7	8	9	10

9 DIE NORMATIVE MACHTVERTEILUNG WESTDEUTSCHER FÜHRUNGSGRUPPEN 1972
(Frage: "Wer sollte in Zukunft mehr – wer sollte weniger Macht haben?")

Elite/ Funktionsbereich		Der Häufigkeit der Nennungen nach wurden die folgenden Gruppen/Institutionen genannt: Mehr Macht sollte haben:					Weniger Macht sollte haben:					Befragte Personen
	Rangplatz:	1	2	3	4	5	1	2	3	4	5	
Bundesminister/Exekutive		Wähler	Jugend	Wissen	SPD	LänReg BunRat	GroßUn	Verwal	AGVerb	Banken	Bauern Fsehen	84
Parlamentarische Führungsgruppe		Wähler	Wissen Jugend	CDU	Buntag	Bubank Partei	Verwal	GroßUn	Fsehen	Banken	Bauern AGVerb	149
Parteifunktionäre		Wähler	Wissen	Jugend	Buntag	CDU	Verwal	Fsehen	GroßUn	Banken	Gewerk	120
Staatssekretäre/Verwaltung		Wähler	Wissen	Jugend	CDU	Bubank	GroßUn	Fsehen	Banken	Bauern	Gewerk	549
Militärische Führungsgruppe		Wähler Wissen	Buwehr	CDU,AGVerb,EvKir Bubank,BuPräs		Bunrat Jugend	Studen	Gewerk	Fsehen	LänReg	Verwal	41
Führer der Wirtschaftsverbände		Bubank	Wähler	Wissen	AGVerb	CDU	Fsehen	Gewerk	Verwal	Studen	SPD Bauern	126
Manager		Wissen	Wähler	Bubank	CDU	AGVerb	Fsehen	Gewerk	Studen	Verwal	SPD	266
Spitzenfunktionäre der Gewerkschaften		Gewerk	Wähler	Wissen	SPD	Jugend	GroßUn	Banken Verwal	CDU KathKi	Banken	AGVerb	62
Spitzenfunktionäre der Berufsverbände		Wähler	Wissen	Bubank	Jugend	Bauern	Fsehen	Verwal Gewerk	GroßUn	SPD	Rundfu	71
Wissenschaft und Forschung		Wissen	Wähler	Jugend	SPD Buntag	FDP	Bauern GroßUn	KathKi	CSU	AGVerb Banken	Verwal Gewerk	48
Chefredakteure/Intendanten		Wissen	Wähler	Jugend	FDP	Presse	Verwal	GroßUn	CSU	Banken	KathKi	264
Eliten Zusammen	Rangplatz:	1	2	3	4	5	6	7	8	9	10	1 825
Mehr Macht	Institutionen	Wähler	Wissen	Jugend	CDU	Bubank	Buntag	FDP	Bunrat	BuPräs	LänReg	
	Nennungsquote	54,0	50,1	33,9	27,2	27,1	22,6	19,8	16,8	16,5	14,7	
Weniger Macht	Institutionen	Fsehen	GroßUn	Verwal	Gewerk	Bauern	Banken	KathKi	CSU	Studen	AGVerb	
	Nennungsquote	56,8	51,2	47,2	45,4	45,4	44,9	40,8	39,0	37,2	34,4	

10 ÄMTERKOMBINATION WESTDEUTSCHER FÜHRUNGSGRUPPEN 1972 ("Kaltefleiter-Wildenmann-Studie". Angaben in % der jeweiligen Personengruppe.)

Elite/ Funktionsbereich	Zahl der Befragten	Es hatten neben der angegebenen Position zusätzliche Ämter in folgenden Sektoren										Zahl der zusätzlichen Ämter		
		Wirtschaftsunternehmen	Organisation der Wirtschaft	Arbeitnehmerorganisationen	Parteien	Politik allgemein	Kommunale, regionale Verwaltung	Verwaltung Behörden	Massenmedien	Wissenschaft Bildung	Kirche	Kein Amt	1 und mehr	Davon Ø (n)
Bundesminister/Exekutive	84	31,0	9,5	-	56,0	35,7	10,7	14,3	16,7	22,6	14,3	7,1	90,5	3,6
Parlamentarische Führungsgruppe	149	22,1	14,8	4,0	55,0	57,7	24,2	5,4	16,8	17,4	8,1	6,7	89,9	3,8
Parteifunktionäre	120	20,0	8,3	-	54,2	20,0	20,0	4,2	10,8	13,3	6,7	17,5	82,5	3,3
Staatssekretäre/Verwaltung	549	22,8	11,5	0,9	10,0	9,7	10,2	8,6	6,0	26,6	3,6	37,7	60,5	3,3
Militärische Führungsgruppe	41	2,4	-	-	-	2,4	-	2,4	2,4	-	2,4	80,5	14,6	1,0
Führer der Wirtschaftsverbände	126	34,9	61,9	0,8	5,6	11,1	1,6	10,3	4,0	14,3	4,8	14,3	84,1	4,2
Manager	266	74,8	45,1	0,4	2,6	1,9	2,3	6,0	3,4	24,4	2,6	8,3	90,2	6,0
Spitzenfunktionäre der Gewerkschaften	62	56,5	37,1	41,9	21,0	17,7	4,8	24,2	8,1	33,8	4,8	8,1	90,3	4,3
Spitzenfunktionäre der Berufsverbände	71	43,7	71,9	-	8,5	12,7	14,1	11,3	12,7	21,2	4,2	11,3	87,3	5,1
Wissenschaft und Forschung	48	4,2	12,5	-	6,3	8,3	6,3	2,1	10,4	85,5	2,1	6,3	91,7	2,6
Chefredakteure/Intendanten	264	6,8	14,4	1,5	1,1	0,4	0,8	0,4	18,6	9,8	2,3	60,2	39,4	2,7
Zusammen	1 825	29,9	23,5	2,4	16,0	13,1	6,4	7,0	9,3	14,1	4,7	27,5	71,0	4,0

11 POLITISCHE EINSTELLUNG WESTDEUTSCHER FÜHRUNGSGRUPPEN 1968 UND 1972 (Indexwerte von -3 = Ablehnung bis +3 = Zustimmung)

Elite/ Funktionsbereich	Handlungsfähige Regierung statt öffentlicher Kontrolle 1968	1972	Gemeinwohl bedroht durch Interessengruppen 1968	1972	Gerechte Lösungen/Fortschritt nur durch soziale Konflikte 1968	1972	Bedrohung der politischen Ordnung durch Kräfte von links 1968	links 1972	rechts 1968	rechts 1972	beide 1968	beide 1972
Dim.							%	%	%	%	%	%
Minister/Exekutive	-0,85	-1,20	-0,09	-0,33	+0,97	-0,27	15	41	23	24	54	26
Oberbürgermeister	-0,05	-	+0,73	-	+1,00	-	39	-	23	-	35	-
Parlamentarische Führungsgruppe	-1,25	-1,05	-0,17	-0,39	+1,00	-0,44	30	44	32	26	35	24
Parteifunktionäre	-0,73	-1,32	-0,49	-0,23	+0,82	-0,42	34	47	37	24	27	29
Staatssekretäre/Verwaltung	-0,17	-0,83	+0,41	-0,21	+0,71	-0,37	28	57	19	15	46	23
Militärische Führungsgruppe	-	-1,77	-	+0,08	-	-0,28	-	93	-	2	-	2
Führer der Wirtschaftsverbände	-0,22	-0,29	-0,05	-0,32	+0,20	+0,48	49	77	11	6	35	9
Manager	-0,41	-0,33	+0,05	+0,17	+0,66	+0,44	39	79	23	6	34	14
Spitzenfunktionäre der Gewerkschaften	-0,96	-1,32	-2,37	-1,87	+2,03	-1,05	10	16	37	48	49	31
Protestantische Kirchenführer	(-0,48)	-	(+0,34)	-	(+0,15)	-	(57)	-	(14)	-	(29)	-
Spitzenfunktionäre polit. Verbände	(+0,81)	-	(-0,90)	-	(+0,63)	-	(45)	-	(-)	-	(45)	-
Spitzenfunktionäre der Berufsverbände	(-1,48)	-0,17	(+0,24)	-0,22	(+0,53)	+0,64	(61)	80	(22)	6	(17)	10
Bildung, Wissenschaft, Forschung	-1,30	-1,24	-0,22	-1,04	+0,81	-0,70	21	31	26	25	49	40
Chefredakteure/Intendanten	-1,37	-1,20	-0,20	-0,61	+1,01	-0,76	26	41	37	24	37	29
Zusammen	-0,71	-0,85	-0,30	-0,29	+0,86	-0,24	32	56	27	17	39	22

DEFINITIONEN

siehe Anmerkungen zu den einzelnen Tabellen

QUELLEN UND ANMERKUNGEN (A)

Tab 1/2 Zapf, Wolfgang, Indicators of Modernization, Unveröffentlichtes Arbeitspapier, vorgelegt auf dem ISSC/ECPR Workshop on Indicators of National Development, Lausanne, 9 - 14, August 1971, S. 18. Berechnet nach Regenten und Regierungen der Welt ("Minister - Ploetz"), bearbeitet von B. Spuler, Ploetz. 5 Bände, Würzburg 1962 - 1972: A.G. Ploetz Verlag

A BERECHNUNG

$$x = \frac{\text{Zahl der umbesetzten + Zahl der neugeschaffenen Ministerien}}{\text{Aggregierte Zahl der in der Periode vorhandenen Ministerien}}$$

Tab 3 Zapf, Wolfgang, Wandlungen der deutschen Elite - Ein Zirkulationsmodell deutscher Führungsgruppen. 1919 - 1961. München 1965: Piper, S. 217 ff. Zapf, Wolfgang, unveröffentlichte Zahlen für die Jahre 1963 - 1970

A ABGRENZUNG DER ELITEN siehe Tab 4

Tab 4 Zapf, Wolfgang, Wandlungen ...., a.a.O., S. 123; Zapf, Wolfgang, unveröffentlichte Zahlen für die Jahre 1949 - 1970

A Mitglieder der Elite werden von Zapf operationalisiert als Träger formal höchster Positionen (high position approach der Eliteforschung). Die Informationen über diese Positionsinhaber stammen aus veröffentlichten Quellen.

ABGRENZUNG DER ELITEN

Bundesminister, Reichsminister: die Reichsregierungen, die Bundesregierung
Ministerpräsidenten der Länder: die Ministerpräsidenten der deutschen Länder; für das Dritte Reich zusätzlich die Reichsstatthalter.
Parlamentarische Führungsgruppe: Präsidenten des Reichs- bzw. Bundestages; für 1919 - 1961 die Fraktionsvorsitzenden der großen Parteien und Vorsitzende wichtiger Parlamentsausschüsse; dasselbe für den Reichstag nur beispielhaft 1923.
Parteiführer: Vorsitzende der größten Parteien, für 1933 - 1945 die Reichsleitung der NSDAP.
Oberste Reichs- und Bundesrichter: Präsidenten der oberen Reichs- bzw. Bundesgerichte, für 1919 bis 1935 zusätzlich die Senatspräsidenten des Reichsgerichtes.
Staatssekretäre: die Staatssekretäre der Reichs- und Bundesministerien.
Deutsche Botschafter: Botschafter in wichtigen Ländern.
Generäle: die Inhaber der höchsten Kommandostellen in Reichswehr, Wehrmacht und Bundeswehr.
Führer der Wirtschaftsverbände: Präsidenten der großen Wirtschaftsverbände bzw. der Reichswirtschaftskammer und der Reichsgruppen; zusätzlich die Präsidenten der wichtigsten Fachgruppen der Industrie.
Manager: Vorstandsvorsitzende und Aufsichtsratsvorsitzende der größten deutschen Unternehmen
Gewerkschaftsführer: Vorsitzende der größten Gewerkschaften zusätzlich wichtiger Berufsverbände; für das Dritte Reich die Fachleiter der Deutschen Arbeitsfront.
Kirchenführer: Spitzen der Evangelischen Kirche, Landesbischöfe der größten Kirchenprovinzen; katholische Erzbischöfe und Bischöfe großer Diözesen.
Kultusminister der Länder: Kultusminister der Länder; für 1933 - 1945 die Abteilungsleiter des Reichsministeriums für Erziehung und Volksbildung sowie die Präsidenten der Kammern der Reichskulturkammer; zusätzlich jeweils die Präsidenten der Kaiser-

Wilhelm-Gesellschaft und der Deutschen Forschungsgemeinschaft.
Chefredakteure und Intendanten: Chefredakteure der größten Zeitungen und die Intendanten der Rundfunksender.
Politische Elite: Zentralminister, Ministerpräsidenten der Länder, Parlamentarische Führungsgruppe, Parteiführer.
Verwaltungselite: Oberste Juristen, Staatssekretäre, Botschafter
Wirtschaftselite: Führer der Wirtschaftsverbände, Manager
(Für eine ausführliche Bestimmung der Elitenpositionen siehe Zapf, Wolfgang, Wandlungen ..., a.a.O., S. 218 ff.)

BERECHNUNG DER KENNZIFFERN

$$\text{Besetzungsdauer} = \frac{\text{Zahl der Positionen x Jahre - Korrektur}}{\text{Zahl der Positionen + Wechsel}}$$

$$\text{Ø Zahl der Wechsel} = \frac{\text{Wechsel}}{\text{Zahl der Positionen x Jahre - Korrektur}}$$

Tab 5 Zapf, Wolfgang, Wandlungen ..., a.a.O., S. 168 - 184

A

Die Einteilung nach Sozialen Schichten erfolgte nach dem Vierschichten-Schema von Janowitz, in KZfSS x/1, 1958

ABGRENZUNG DER ELITEN siehe Anmerkungen Tab 4
Verwaltungselite: In dieser Tabelle wurden der Verwaltungselite zusätzlich die Generäle zugeordnet.

Tab 6 Wildenmann, Rudolf, Eliten in der Bundesrepublik - Eine sozialwissenschaftliche Untersuchung über Einstellungen führender Positionsträger zur Politik und Demokratie. Mannheim 1968: Eigenverlag, S. 1 - 13
Kaltefleiter, Werner und Wildenmann, Rudolf (Hrsg.), Westdeutsche Führungsschicht - Eine sozialwissenschaftliche Untersuchung von 1 825 Inhabern von Führungspositionen (Tabellenband). Kiel - Mannheim, August 1973: Eigenverlag, S. 38 - 52

A zu Wildenmann, 1968:
Soziale Herkunft: Als Beamte wurden hier Lehrer, Akademische Lehrer und sonstige Beamte eingestuft. NSDAP - Mitgliedschaft: Die Prozentangaben beziehen sich nur auf Personen, die überhaupt als potentielle Mitglieder in Frage kommen, also vor 1928 geboren sind und eine Antwort gegeben haben bzw. die Antwort verweigert haben. Zu den "aktiven" Mitgliedern wurden auch die gezählt, die die Antwort auf diese Frage verweigerten. (n = 8). Personen, die keine Antwort gegeben haben, wurden nicht berücksichtigt. Als "Elite" wurden in dieser Untersuchung alle jene Personen oder Personengruppen bezeichnet, die innerhalb angebbarer Sozialgebilde ihre Vorstellungen, Weisungen und Befehle durchzusetzen vermögen. Unter der Annahme einer hohen Korrelation zwischen den zu erforschenden "eigentlichen Mächtigen" (issue-approach der Elitenforschung) und den Inhabern hoher Positionen (high position approach) wurden insgesamt 1450 Personen angeschrieben, die im wesentlichen Träger höchster Positionen sind. Realisiert wurden 808 Interviews, ausgewertet wurden 800 Fragebögen. Die Interviews fanden zwischen Januar und Mai 1968 statt.

ABGRENZUNG DER ELITEN bei Wildenmann 1968
Länder - Minister: Minister der Landesregierungen
Oberbürgermeister: Oberbürgermeister bzw. Stadtdirektoren der 40 größten Städte. OB, die gleichzeitig Länderchefs sind, wurden ausgeschlossen.
Parlamentarische Führungsgruppe: Vorsitzende und stellvertretende Vorsitzende der

Bundestagsausschüsse und Landtagsfraktionen
Parteifunktionäre: Hohe Parteiangestellte - Bundes- und Landesgeschäftsführer, Referats- und Abteilungsleiter in den Bundesparteigeschäftsstellen, Bundesvorsitzende der Jugendorganisationen der Parteien
Staatssekretäre (beamtete): Hauptabteilungsleiter der Bundesministerien, der Bundesbank, der Bundespost und des Bundesrechnungshofes; Staatssekretäre der Landesministerien
Führer der Wirtschaftsverbände: Präsidiums- und Vorstandsmitglieder, Hauptgeschäftsführer und Geschäftsführer von Unternehmerverbänden
Manager: Vorstands- und Aufsichtsratsvorsitzende, Auswahl von Vorstandsmitgliedern der 6 größten Banken und 7 größten Versicherungsunternehmen; Vorstands- und Aufsichtsratsvorsitzende, Auswahl von Vorstands- und Aufsichtsratmitgliedern, Generalbevollmächtigte und Geschäftsführer der 58 größten (Kriterium:?) Industrieunternehmen nach einer Aufstellung in der FAZ vom Herbst 1967, der 8 größten Handelsunternehmen und der Lufthansa
Spitzenfunktionäre der Gewerkschaften: Geschäftsführender Bundesvorstand und Abteilungsleiter des DGB, Hauptgeschäftsführer oder Geschäftsführer der größten Einzelgewerkschaften im DGB, der DAG und des CGB.
Protestantische Kirchenführer: Bischöfe und andere hohe Repräsentanten der evangelischen Kirche
Spitzenfunktionäre politischer Verbände: 6 Vorstandsmitglieder und 5 Geschäftsführer von Flüchtlings-, Vertriebenen- und Kriegsgeschädigtenverbänden.
Spitzenfunktionäre von Berufsverbänden: Vorstandsmitglieder und Geschäftsführer von Berufsverbänden.
Bildung und Forschung: Rektoren, Prorektoren und Professoren aus Forschungs- oder Bildungsgremien
Chefredakteure/Intendanten: Chefredakteure und politische Redakteure der überregionalen Tages- und Wochenzeitungen und der größten Tageszeitungen; Herausgeber und Verlagsleiter bzw. Verlagsdirektoren von Presseorganen; Intendanten, Programmdirektoren, Chefredakteure und Leiter politischer Abteilungen der beiden Fernsehanstalten und des Hörfunks
Politische Elite: Länder-Minister, Oberbürgermeister, Parlamentarische Führungsgruppe, Parteifunktionäre
Wirtschaftselite: Führer der Wirtschaftsverbände, Manager

Zu Kaltefleiter/Wildenmann 1973 siehe Anmerkungen Tab 7

Tab 7 Kaltefleiter, Werner und Wildenmann, Rudolf (Hrsg.), Westdeutsche Führungsschicht.., a.a.O., S. 91. Sonstige Quellen und Anm. siehe Nachtrag, am Ende

A Den Befragten wurde die folgende Frage mit den vorgegebenen Antworten vorgelegt: "Welche dieser Charakterisierungen kennzeichnet Ihrer Ansicht nach am treffendsten die derzeitigen Einflußstrukturen bzw. die Machtverteilung in der Bundesrepublik?" Antworten: "Es gibt lediglich einige zentrale Knotenpunkte, bei denen die Fäden zusammenlaufen. Nur, wer Zugang hat, kann Einfluß ausüben." (= Funktionale Machtstruktur); "Eine ganz bestimmte Gesellschaftsschicht ist tonangebend. Dieser muß man angehören, um Einfluß ausüben zu können." (= Herrschende Klasse); "Es gibt eine große Zahl von Organisationen und Gruppen, die um gesellschaftlichen Einfluß konkurrieren und sich gegenseitig kontrollieren. Man muß diesen Gruppen angehören, wenn man Einfluß ausüben will."(= Pluralistische Konkurrenz); "Jeder hat im Grunde die Möglichkeit, Einfluß auszuüben, ohne daß es darauf ankommt, welche Position er hat." (= atomistische Herrschaftsstruktur)

ABGRENZUNG DER ELITEN

Zentralminister/Exekutive: Mitglieder des Bundeskabinetts, Sprecher der Bundesregierung, Parlamentarische Staatssekretäre; Ministerpräsidenten und Minister der

Länder, Bürgermeister und Senatoren in den Stadtstaaten.
Parlamentarische Führungsgruppe: Bundestag - Mitglieder des Präsidiums, Ausschußvorsitzende und ihre Vertreter, Mitglieder des Fraktionsvorstandes, Arbeitskreisvorsitzende und ihre Stellvertreter, parlamentarische Geschäftsführer und Obleute; Landtage - Fraktionsvorsitzende und ihre Stellvertreter
Parteifunktionäre: Bundesparteien SPD, CDU, FDP - Mitglieder der Parteivorstände, Vorsitzende und Geschäftsführer der Fachausschüsse und Jugendorganisationen der Parteien, Generalsekretäre, Bundesgeschäftsführer und Abteilungsleiter der Bundesgeschäftsstellen; ferner die Vorsitzenden und Geschäftsführer der verschiedenen Vereinigungen der CDU; Landesparteien - Landes- bzw. Bezirksvorsitzende und -geschäftsführer
Staatssekretäre/Verwaltung: Bundesverwaltung - beamtete Staatssekretäre und Abteilungsleiter in den Bundesministerien, im Bundeskanzleramt, im Bundespräsidialamt, in den Verwaltungen von Bundestag und Bundesrat; ferner die Unterabteilungsleiter in der Ministerialbürokratie und die Präsidenten bzw. Leiter der obersten Bundesbehörden, nachgeordneter Bundesbehörden und Bundesämter
Landesverwaltung (incl. Regional- und Kommunalverwaltung) - administrative Leiter der Länderministerien und Staatskanzleien und Abteilungsleiter, die Regierungspräsidenten und Präsidenten der Oberfinanzdirektionen, die Oberbürgermeister von Großstädten mit einer Einwohnerzahl von mehr als 200 000
Militärische Führungsgruppe: Führungspositionen in den Spitzengliederungen der Bundeswehr im Bundesministerium der Verteidigung, Positionsinhaber mit Befehls- und Kommandogewalt vom Divisionskommandeur an aufwärts, Befehlshaber der Wehrbereiche, Kommandeur der Führungsakademie der Bundeswehr
Führer der Wirtschaftsverbände: Bundesverband und Fachspitzenverbände der Industrie und der Arbeitgeber, Verbände des Handels, des Geld- und Kreditwesens, der Versicherungen, des Verkehrs- sowie des Verlagsgewerbes
Manager: Vorstandsvorsitzende und Stellvertreter, Vorstandsmitglieder und Aufsichtsratsvorsitzende oder entsprechende Positionen (fünf je Betrieb) der nach Umsatz und Beschäftigtenzahl größten Unternehmen aus neun Branchen; die Vorstandsvorsitzenden und Stellvertreter, Vorstandsmitglieder und Aufsichtsratsvorsitzende (fünf je Firma) der nach Bilanzsumme und Geschäftsvolumen größten Banken und der nach dem Bestand an abgeschlossenen Versicherungen größten Versicherungen
Spitzenfunktionäre der Gewerkschaften: ohne genaue Angaben
Spitzenfunktionäre der Berufsverbände (und der Handwerks- und Landwirtschaftsverbände): ohne genaue Angaben
Wissenschaft und Forschung: Inhaber der Spitzenfunktionen in der akademischen Selbstverwaltung der Universitäten und Technischen Hochschulen, die Vorsitzenden und Generalsekretäre der wissenschaftspolitischen Organisationen
Chefredakteure/Intendanten: Herausgeber, Chefredakteure, verantwortliche politische Redakteure und Wirtschaftsredakteure bei Zeitungen und Zeitschriften mit einer Mindestauflage von 100 000 Exemplaren und überwiegender Ausrichtung auf politische Meinungsbildung; Intendanten, Verwaltungsdirektoren, Programmdirektoren, Chefredakteure und Stellvertreter, Leiter politisch relevanter Hauptabteilungen und Abteilungen, Leiter der ZDF - Inlandstudios, Programmdirektor und Koordinator für Politik und Fernsehberichte der ARD, der Rundfunk- und Fernsehanstalten.

Auf eine Zusammenfassung verschiedener Teileliten zu Elitegruppen wurde verzichtet, da sie wegen anderer Zusammensetzung mit der Untersuchung von Zapf nicht vergleichbar wären.

Die Rubrik "Sonstige Führungsgruppen" (n=45) wurde hier wegen ihrer Heterogenität nicht ausgewiesen, ist aber in der Summenzeile enthalten.

Tab 8 Kaltefleiter, Werner und Wildenmann, Rudolf (Hrsg.), Westdeutsche Führungsschicht.., a.a.O.,: Textband S. 14 - 27

Kaltefleiter, Werner und Wildenmann, Rudolf (Hrsg.), Westdeutsche Führungsschicht.., a.a.O.: Tabellenband, S. 92 - 93

A Den Befragten wurde ein Kartenspiel mit 28 möglichen Akteuren des politischen Systems vorgelegt, deren aktuellem Einfluß die Befragten schätzen sollten. Dabei gehen die Skalenwerte von 1 = kein Einfluß bis 6 = sehr viel Einfluß. Außer den in der Tabelle aufgeführten 10 Gruppen sollen hier die restlichen 18 in der Reihenfolge der ihnen zugeordneten Macht genannt werden (in Klammern: der Skalenwert für alle Befragten): Länderregierungen (4,13), Bundesrat (4,11), FDP (3,97), Industrieverbände (3,88), Bundesbank (3,84), Bundesverfassungsgericht (3,83), Rundfunk (3,70), Großunternehmen (3,70), Banken, (3,65), Bauernverband (3,60), Wähler (3,55), Katholische Kirche (3,52), Evangelische Kirche (2,98), Studenten (2,83), Wissenschaftler (2,83), Jugend allgemein (2,76), Bundespräsident (2,64), Bundeswehr (2,28). Für die Auswahl der Befragten wurde in dieser Untersuchung der "high position approach" gewählt. Die Auswahl der Befragten erfolgte nach dem Kriterium proportionaler Repräsentanz verschiedener Funktionsbereiche der deutschen Gesellschaft: Wirtschaft, Politik, Verwaltung, Massenmedien, Wissenschaft, Militär. Die Relationen zwischen den Sektoren wurden an den Ergebnissen der Eliteuntersuchungen 1968 (Wildenmann 1968, vgl. Tab 6) ausgerichtet, wobei die Einschätzung des Einflusses verschiedener Gruppen im politischen System der Bundesrepublik zugrunde gelegt wurde. Vom Anfang (?) des Jahres 1972 bis zum August 72 wurden 1 825 Personen interviewt.

Im übrigen siehe Anmerkungen Tab 7

Tab 9 Wildenmann, Rudolf, Eliten in der Bundesrepublik ..., a.a.O., S. 73 - 75; Kaltefleiter, Werner und Wildenmann, Rudolf (Hrsg.), Westdeutsche Führungsschicht..., a.a.O.: Tabellenband S. 94 - 107

A Vergl. Anmerkungen Tab 7 und Tab 8. Das Verfahren und die Frageformulierung sind hier identisch mit der in Tab 8 wiedergegebenen, nur wurde hinzugefügt: "Und welcher dieser Akteure sollten Ihrer Meinung nach mehr, welche weniger Einfluß haben?" Die Intensität des Mehr oder Weniger an Macht muß hier allerdings aus der Häufigkeit der Nennungen geschlossen werden, da eine Skalenzuordnung wie in Tab 8 nicht vorgenommen wurde.

Tab 10 Kaltefleiter, Werner und Wildenmann, Rudolf (Hrsg.), Westdeutsche Führungsschicht.., a.a.O.: Tabellenband S. 5 - 6

A In der Spalte "1 u.m. Ämter" sind neben denjenigen Personen, die auch in den folgenden Spalten aufgeführt sind, die enthalten, die angaben, zusätzliche Ämter zu haben, bei denen die Zahl der Ämter aber nicht bekannt ist. Personen ohne jede Angabe über zusätzliche Ämter wurden nicht ausgewiesen; die Zeilensumme ist daher oft kleiner 100.

Im übrigen vergl. Anmerkungen Tab 7

Tab 11 Wildenmann, Rudolf, Eliten in der Bundesrepublik, ... a.a.O.: Tabellenband S. 51 - 58
Kaltefleiter, Werner und Wildenmann, Rudolf (Hrsg.), Westdeutsche Führungsschicht.., a.a.O.: Tabellenband S. 109 - 112

A Den Befragten wurden u.a. die folgenden Fragen vorgelegt; den Grad der Zustimmung oder Ablehnung konnten sie mithilfe einer Skala (+3 = völlige Zustimmung, - 3 = völlige Ablehnung) ausdrücken. Die Fragen: "In der Bundesrepublikkommt es weniger auf eine wirksame öffentliche Kontrolle der Regierung an, als vielmehr darauf, daß es überhaupt eine starke, zielbewußte und handlungsfähige Regierung gibt." "Das Gemeinwohl in der Bundesrepublik und die Interessen des ganzen Volkes werden grundsätzlich durch die ständigen Forderungen und Auseinandersetzung der Interessengruppen gefährdet." 1968: "Im Grunde sind es die sozialen Konflikte, die den Fortschritt in der modernen Gesellschaft bewirken" 1972: "Um sozial gerechte Lösungen zu finden, ist es notwendig, Konflikte offen auszutragen." "Glauben Sie, daß im Falle einer schweren Wirtschaftskrise die politische Ordnung der Bundesrepublik eher durch linksradikale oder eher durch rechtsradikale Bewegungen gefährdet würde?" (Angaben in v.H. aller Befragten, wobei die Meinungslosen nicht als Kategorie ausgewiesen werden.)

Im übrigen vergleiche Anmerkungen Tab 7

NACHTRAG

Tab 7 Manfred Riegel, Raymund Werle, Rudolf Wildenmann, Selbstverständnis und Politisches Bewußtsein der Juristen - insbesondere der Richterschaft in der Bundesrepublik, Mannheim, Januar 1974: Institut für Sozialwissenschaften. Tab L 3

A In der Untersuchung wurden neben anderen alle Richter der hier interessierenden oberen Bundesgerichte einbezogen. Bei 67,7 % von ihnen (=197) konnten Interviews realisiert werden. Da teilweise zwei Konzepte der Machtstruktur von den Befragten genannt wurden, ist die Summe größer als 100 %.

F

SOZIALE UNGLEICHHEIT

SOZIALE SCHICHTUNG

Der Begriff 'soziale Schichtung' bezieht sich auf den Sachverhalt strukturierter oder institutionalisierter sozialer Ungleichheit. Dies bedeutet einerseits, daß es nicht nur Ungleichwertigkeit zwischen Personen gibt, sondern eine relativ stabile Ungleichheit zwischen institutionell verfestigten sozialen Positionen. Andererseits ist damit gemeint, daß sich diese Ungleichheiten in erheblichem Maß über Generationen hinweg erhalten (vgl. Abschnitt 'soziale Mobilität').

Soziale Schichtung hat mehrere, analytisch und empirisch verschiedenartige, Aspekte. Neben dem distributiven Aspekt der ungleichen Verteilung materieller Ressourcen (Einkommen, Besitz, Vermögen) gibt es die soziologisch bedeutsamere Ungleichheit in sozialen Beziehungen (Herrschaftsverhältnisse und Prestigehierarchien sozialer Exklusivität) und schließlich Ungleichheiten subkultureller und normativer Natur (Unterschiede in Wertvorstellungen, Orientierungsmustern und Informationsniveaus).

Aussagen über das Schichtungssystem einer Gesellschaft sind Ergebnis sowohl theoretischer Deutung und Konstruktion als auch empirischer Analyse. Theoretisch bestimmt sind vor allem die entscheidenden Annahmen über die Determinanten und institutionellen Grundlagen sozialer Schichtung (Berufsstruktur, Herrschaftsordnung, Kapitalverwertungsprozess, Verwandschaftssystem, oder Wertsystem) und der daraus abgeleiteten Kriterien sozialer Ungleichheit (Berufsqualifikation Stellung im Produktionsprozess, Nähe zum Zentrum gesellschaftlicher Macht, Lebensstil oder Wertorientierung/Mentalität). Empirisch zu bestimmen bleibt dann die quantitative Verteilung der Bevölkerung in die vorab konstruierten Schichtungskategorien oder -dimensionen. Daraus folgt, daß Schichtungs- und Klassenmodelle, ein- oder mehrdimensionale Skalen sozialer Ungleichheit, unterschiedliche Aspekte der Sozialstruktur beschreiben und unterschiedlichen Erkenntnisabsichten dienen. Ihre Angemessen-heit kann überprüft werden, indem entweder die ihnen zugrundeliegenden Annahmen (z.B. Wertschisma, soziale Exklusivität, Gemeinsamkeit der Lebenschancen) oder ihre Erklärungskraft für kausal abhängige Variablen (z.B. politisches Verhalten, Sexualverhalten, Lebensformen) untersucht werden.

Die historischen Schichtungsmodelle von Sombart, Geiger und Zahn (Tab. 1) sind als der Versuch zu werten, die Ricardo-Marxsche Trichotomie von Grundeigentümern, Bourgeoisie und Proletariat zu differenzieren, wobei die Aufteilung der Bourgeoisie in Großkapital und alten Mittelstand und die besondere Hervorhebung eines 'neuen' Mittelstandes neben theoretisch-politischen Einwänden gegen Marx vor allem historischen Veränderungen Rechnung tragen sollte.

Die Tabellen 2 bis 8 zeigen typische konkurrierende Ansätze der Beschreibung sozialer Schichtung. Die amtliche Statistik (Tab. 2) stützt sich weitgehend auf die soziologisch wenig ergiebige Klassifikation nach der sozial- bzw. arbeitsrechtlich bestimmten 'Stellung im Beruf' und hat in den letzten Jahren mehrere Anläufe zu einer Erweiterung in Richtung auf eine sozio-ökonomische Gliederung der Bevölkerung unternommen. Soziologen verwenden als zentrales Merkmal in Umfragen hierarchische Kombinationen differenzierter Berufskategorien, die subjektive Selbstzuordnung von Befragten zu vorgegebenen Kategorien, die Skalierung mehrerer Statusmerkmale (Beruf, Einkommen, Bildung u.a.) oder eindimensionale Skalen nach dem beruflichen Prestige, die auf der in repräsentativen Stichproben ermittelten Rangordnung von Berufen basieren.

Neben diesen informativen aber relativ theorielosen Verfahren stehen Versuche, explizit theoretische Kriterien in Anwendung zu bringen. Dies gilt für Pappis Analyse, in der soziale Exklusivität - operationalisiert durch Freundschaftswahlen - Berufsgruppen zu sozialen Schichten im engeren Sinne ordnet; dies gilt ebenso für das Dahrendorf'sche Modell sozio-ökonomisch und sozio-kulturell homogener Schichten und für das neo-marxistische Klassenmodell.

Dimensionen und Struktur sozialer Schichtung sind nicht nur Gegenstand deutender Konstruktion durch Soziologen, sondern aller Gesellschaftsmitglieder. Die Tabellen 7 bis 9 scheinen darauf hinzudeuten, daß soziale Ungleichheiten mehrdimensional und zum Teil nicht-hierarchisch wahrgenommen werden und weder ein gemeinsames Schichtungsbild noch deutlich gegensätzliche Gesellschaftsbilder existieren. Dennoch zeigen sich charakteristische, wenn auch meist schwach ausgebildete Unterschiede in der Wahrnehmung und Bewertung sozialer Ungleichheiten zwischen Kollektiven unterschiedlicher sozialer Stellung.

Die verfügbaren und allesamt problematischen Schichtungsmodelle lassen einige historische Trends der deutschen Sozialstruktur deutlich erkennen: das Verschwinden der Reste einer vorindustriellen Schicht aristokratischer Großgrundbesitzer, die Schrumpfung des alten gewerblichen Mittelstandes, die Expansion der stätischen abhängigen Mittelschichten und die relative Konstanz der Größe der Arbeiterschicht. Andere Veränderungen verschleiern sie eher: die Differenzierungen zwischen Industriearbeitern und anderen Arbeitern, das Entstehen einer "neuen Unterschicht" von Gastarbeiterfamilien, die Ausbildung von Unterschieden in der Mentalität und den Sozialbeziehungen bei Erwerbstätigen im öffentlichen Dienst und der Privatwirtschaft, die Entwicklung einer 'educational class' in den Bildungsinstitutionen und die spezifische Stellung der mittleren technisch-wissenschaftlichen Berufe.

Die geringe Aussagekraft von Schichtungsmodellen dokumentiert nicht nur den Mangel an empirischem Material und vielleicht auch an soziologischer Phantasie, sondern manifestiert in noch stärkerem Maß den Zerfall eindeutiger, in disjunktiven Kategorien abbildbarer Schichtungsstrukturen nach dem Paradigma der Ständegesellschaft. Dies bedeutet freilich keineswegs, daß nicht große Ungleichheiten in Einkommens- und Vermögensverhältnissen, Arbeitsbedingungen und Wohnverhältnissen, in der Versorgung mit öffentlichen Gütern, in Bildungs- und beruflichen Aufstiegschancen und in der Durchsetzung gruppenspezifischer Interessen fortbestehen.

HISTORISCHE SCHICHTUNGSMODELLE VON SOMBART, GEIGER UND ZAHN

Sombart 1895	Geiger 1925 Anteile in % der Bevölkerung	Zahn 1925
Feudalaristokratie Junker, Grundadel, Großgrundbesitzer) ? %		
Kern der Bourgeoisie roßunternehmer, Großlandwirte) 0,5 %	Kapitalisten (Großunternehmer, Großgrundbesitzer, Großrentner) 0,9 %	Wirtschaftliche Oberschicht 1,5 %
		Gebildeter Mittelstand 4,2 %
bourgeoiside Elemente leinkapitalistische Unternehmer, Unternehmer-Stellvertreter) 4 %	Alter Mittelstand (kleine Selbständige des Handels, des Gewerbes, der Landwirtschaft 17,8 %	Landwirtschaftlicher Mittelstand 17,3 %
Kleinbürgertum andwerker, Krämer, Bauern) 24 %	Neuer Mittelstand (Angestellte und Beamte) 18,0 %	Gewerblicher und kaufmännischer Mittelstand 11,4 % Angestellte 14,7 %
		Sondergruppen 3,8 %
Proletarische Existenzen nterbeamte, Dienstboten, Alleinmeister im Gewerbe, Einzelselbständige, kleine Landwirte) 33 %	Proletaroide (abgeglittener alter Mittelstand 12,7 %	Qualifizierte nichtagrarische Arbeiter 24,7 %
Echtes Proletariat ohnarbeiter in kapitalistischen nternehmen und landwirtschaftliche Arbeiter 34 %	Proletariat (Arbeiter in Industrie und Landwirtschaft) 50,7 %	Landwirtschaftliche Arbeiter 6,1 % Ungelernte nichtagrarische Arbeiter, Lohnarbeiter wechselnder Art 16,3 %

2 ERWERBSPERSONEN IN SOZIO-ÖKONOMISCHER GLIEDERUNG 1961

Sozio-ökonomische Gruppen	Insgesamt %	männlich %	weiblich %
Selbständige in landwirtschaftlichen Berufen	4,3	5,5	2,3
Landarbeiter (Mithelfende Familienangehörige, Arbeiter, Lehrlinge und dgl.)	9,2	4,3	17,4
Selbständige in nichtlandwirtschaftlichen Berufen	6,9	8,3	4,6
Freie Berufe und dgl. (Selbständige, Beamte und Angestellte)	1,2	1,6	0,5
Angestellte und Beamte mit Hochschulabschluß	2,0	2,4	1,4
Übrige Angestellte und Beamte	24,5	21,9	28,9
Fach- und Spezialarbeiter	35,1	43,6	21,0
Ungelernte Hilfskräfte, soweit nicht anders eingeordnet	3,9	4,8	2,3
Arbeiter in Dienstleistungsberufen	4,9	1,7	10,2
Sonstige (Mithelfende Familienangehörige, Arbeiter, Lehrlinge und dgl.)	8,0	5,9	11,4
Insgesamt (in 1 000)	26 527,3	16 595,8	9 931,5

10 BEWERTUNG SOZIALER UNGLEICHHEIT

Frage: "Glauben Sie, daß die Chancen und Möglichkeiten, im Leben zu etwas zu kommen, hier in der Bundesrepublik gerecht oder nicht gerecht verteilt sind?"

	Arbeitnehmer %	Ungelernte Arbeiter %	Angelernte Arbeiter %	Facharbeiter mit durchschnittlicher Qualifikation %	Facharbeiter mit überdurchschnittlicher Qualifikation %	Ausführende Angestellte %	Qualifizierte Angestellte %	Leitende Angestellte %	Beamte %
Gerecht verteilt	56	47	48	48	53	61	70	68	60
Nicht gerecht verteilt	41	48	48	50	43	36	29	30	37
Keine Angabe	3	4	4	2	3	3	1	2	3
Befragte	2290	182	330	514	187	361	288	180	244

3 SCHICHTMODELLE VON JANOWITZ, SCHEUCH UND DAHRENDORF

Janowitz Einstufung durch Forscher 1955	Janowitz Selbsteinschätzung 1955	Scheuch Mehrdimensionaler Index 1961	Dahrendorf Informierte Schätzung 1965
	Oberschicht 1,9 %	Oberschicht (71 - 100 Punkte) 1,0 %	Eliten (Gesellschaftliche Führungsgruppen) 1 %
Obere Mittelschicht (Freie Berufe, leitende Angestellte, höhere Beamte, wohlhabende Geschäftsleute) 4,8 %		Obere Mittelschicht (55 - 70 Punkte) 7,5 %	Dienstklasse (nicht-technische Beamte und Verwaltungsangestellte) 12 %
Untere Mittelschicht (Mittlere und untere Beamte und Angestellte, selbständige Gewerbetreibende und Handwerker) 29,4 %	Mittelschicht 43,7 %	Mittlere Mittelschicht (42 - 54 Punkte) 12 %	Alter Mittelstand (Freie Berufe, Kleinbauern, Einzelhändler, industrielle Unternehmer) 20 %
		Untere Mittelschicht (33 - 41 Punkte) 25,7 %	Falscher Mittelstand (Angestellte im Dienstleistungsgewerbe) 12 %
Bauern 10,6 %			
Obere Unterschicht (Gelernte Arbeiter, unselbständige Handwerker) 14,0 %	Arbeiterschicht 49,0 %	Obere Unterschicht (22 - 32 Punkte) 34,8 %	Arbeiterelite (unselbständige Handwerker, gelernte Arbeiter) 5 %
		Mittlere Unterschicht (14 - 21 Punkte) 11 %	Arbeiterschicht (Arbeiter) 45 %
Untere Unterschicht (An- und ungelernte Arbeiter und Landarbeiter) 40,6 %			
	Unterschicht 5,4 %	Untere Unterschicht (0 - 9 Punkte) 0,5 %	Unterschicht (Dauererwerbslose, Rückfallkriminelle, Unstete, Halbalphabeten, Sozial Verachtete) 5 %

4 SCHICHTMODELL VON MOORE/KLEINING NACH DEM VERFAHREN DER SELBSTEINSTUFUNG

Jahr	1962 %	1964 %	1966 %	1967/68 %
Oberschicht (Generalkonsul, Oberlandesgerichtspräsident, Generaldirektor, Ministerialdirigent)	1	0	0	0
Obere Mittelschicht (Technischer Direktor, Rechtsanwalt, Personalchef, Oberschuldirektor)	6	6	6	6
Mittlere Mittelschicht (Bürovorsteher, Mittlerer Verwaltungsleiter, Polizeiinspektor, Elektro-Ingenieur)	10	10	10	11
Untere Mittelschicht/nicht industriell (Sparkassenangestellter, Malermeister, Buchhalter, Friseurmeister)	25	27	26	25
Untere Mittelschicht/industriell (Maschinenmeister, Werkstückprüfer, Montageführer, Werkstattleiter)	10	9	10	13
Obere Unterschicht/nicht industriell (Elektrikergeselle, Kellner, Schneidergeselle, Polsterer)	12	11	11	10
Obere Unterschicht/industriell (Elektroschweißer, Eisengießer, Stanzer, Industrieschlosser)	17	19	21	20
Untere Unterschicht (Straßenbauarbeiter, Lagerarbeiter, Bauarbeiter, Gärtnergehilfe)	15	14	13	13
Sozial Verachtete (Zeitungsausträger, Müllabfuhrarbeiter, Parkwächter, Steinbruchhilfsarbeiter)	4	4	3	2
Befragte	6 414	6 698	11 012	14 375

5 KLASSENMODELLE VOM SED-INSTITUT UND VON TJADEN

SED-Institut 1950	SED-Institut 1968/69	Tjaden 1970
	Angaben in % der Erwerbstätigen	
Arbeiterklasse (Arbeiter und die Mehrheit der Angestellten und Beamten)		Arbeiterklasse (Arbeiter und die Mehrheit der Angestellten und Beamten)
70 %	80,6 %	83,3 %
Mittelschichten (Landwirtschaft, Handwerk, Handel, sonstige Selbständige, mithelfende Familienangehörige)		nicht- oder halbkapitalistische Sondergruppen/-schichten
26 %	17,0 %	14,9 %
Bourgeoisie (Finanzoligarchie, sonstige Monopol- und Großunternehmer, Manager und Agenten im Herrschaftsapparat der Finanzoligarchie, bourgeoise Schicht der Angestellten und Beamten, nichtmonopolistische Bourgeoisie)		Kapitalistenklasse (Eigentümer, Manager, anderes politisches, soziales und kulturelles Leitungspersonal)
4 %	2,4 %	1,8 %

7 DIMENSIONEN SOZIALER DIFFERENZIERUNG

Dimensionen der Strukturperzeption	**UU**	**OU**	**UM**	**MM**	**OM**	**Alle**
			in % der Antworten			
wirtschaftliche Lage	26	35	28	24	17	26
Sozialprestige	20	21	37	26	19	27
Charakter/Moral	31	15	12	16	13	16
Bildung/Intelligenz	6	10	17	17	17	15
arbeitsrechtliche Stellung	6	8	13	16	17	13
soziale Klasse	9	3	13	12	12	10
Alter	3	2	5	18	17	9
Arbeit vs. Nicht-Arbeit	11	6	4	3	4	5
horizontale Berufsgruppen	-	-	6	7	17	6
Macht/Einfluß	3	4	7	6	4	5
politische Richtung	-	2	4	8	8	5
Region	-	5	8	6	10	6
sonstige Nennungen	6	6	8	17	27	13
Befragte	35	86	115	105	52	398

(1969, alle 33-jährigen Männer der Stadt Konstanz)

6 DISSIMILARITÄTSINDICES DER FREUNDSCHAFTSWAHLEN FÜR DIE BERUFSGRUPPEN

Berufsgruppen	1	2	3	4	5	6	7	8	9	10	11	12	13	14	15	16	17	18	19
1. Freie Berufe und Unternehmer	00																		
2. Naturwissenschaftler	55	00																	
3. Lehrer und sonstige akademische Berufe	31	57	00																
4. Graduierte Ingenieure	36	41	41	00															
5. Leitende Angestellte	40	55	36	32	00														
6. Mittlere und kleinere Selbständige	55	68	49	48	31	00													
7. Beamte des gehobenen Dienstes	56	70	45	45	34	40	00												
8. Beamte des mittleren Dienstes	66	81	60	62	37	40	37	00											
9. Beamte des einfachen Dienstes	75	88	64	71	59	59	44	35	00										
10. Qualifizierte Büroangestellte	59	78	52	58	35	28	45	32	49	00									
11. Ausführende Büroangestellte	54	69	48	48	29	31	37	27	43	28	00								
12. Qualifizierte technische Angestellte	52	63	51	40	29	39	40	33	53	34	27	00							
13. Technische Hilfskräfte	56	68	53	48	32	50	42	44	51	51	40	42	00						
14. Angestellte in Dienstleistungsberufen	64	76	58	55	38	38	37	39	45	38	29	40	49	00					
15. Höchstqualifizierte Facharbeiter	57	70	53	46	36	50	40	39	46	43	34	36	27	34	00				
16. Facharbeiter	66	81	64	65	47	48	51	37	46	41	33	36	44	41	39	00			
17. Angelernte Arbeiter	70	87	72	68	55	60	55	46	44	48	40	43	44	46	38	26	00		
18. Ungelernte Arbeiter	81	93	86	80	70	72	73	64	54	62	56	60	62	62	58	41	30	00	
19. Arbeiter in Dienstleistungsberufen	80	84	76	69	57	53	63	52	50	45	48	47	56	41	44	44	44	58	00

N = 820 (Systematische Zufallsauswahl, 1971, Wahlberechtigte in Jülich)

8 BERUFE NACH IHREM PRESTIGE (RANGPLÄTZE 1 - 6)

Beruf	durchschnittlicher Rangplatz	Modalwert (Rangplatz)	% der Zuordnungen zum Modalwert	Beruf	durchschnittlicher Rangplatz	Modalwert (Rangplatz)	% der Zuordnungen zum Modalwert
1 Universitätsprofessor	5,71	6	76	36 Gutsinspektor	3,44	4	34
2 Präsident der Bundesbahn	5,55	6	70	37 Technischer Zeichner	3,33	3	44
3 Oberlandesgerichtspräsident	5,53	6	66	38 Malermeister	3,24	3	39
4 Chefarzt	5,49	6	62	39 Feinmechaniker	3,17	3	37
5 Generaldirektor	5,46	6	62	40 Schneidermeister	3,17	3	40
6 Gesandter	5,43	6	64	41 Laborant	3,06	3	40
7 Oberbürgermeister	5,13	6	45	42 Verkehrspolizist	3,01	3	39
8 Bischof	5,12	6	56	43 Orchestermusiker	2,99	3	33
9 Ministerialrat	5,10	6	40	44 Gastwirt	2,95	3	34
10 Staatsanwalt	5,07	5	43	45 Bergmann	2,95	2	27
11 Kaufmännischer Direktor	4,96	5	41	46 Versicherungsvertreter	2,73	3	33
12 Rechtsanwalt	4,89	5	49	47 Krankenpfleger	2,67	2	34
13 Landrat	4,83	5	38	48 Kranführer	2,65	2	38
14 Studienrat	4,78	5	41	49 Kellner	2,35	2	41
15 Rittergutsbesitzer	4,69	6	33	50 Schlossergeselle	2,32	2	39
16 Architekt	4,63	4	36	51 Eisengießer	2,31	2	48
17 Generalleutnant	4,61	6	37	52 Tankstellenwart	2,19	2	51
18 Flugzeugführer	4,56	5	31	53 Postbote	2,10	2	49
19 Apotheker	4,47	5	36	54 Glasbläser	2,06	2	40
20 Zahnarzt	4,43	5	43	55 Schrankenwärter	2,05	2	47
21 Großhandelskaufmann	4,39	5	39	56 Straßenbahnschaffner	2,03	2	49
22 Kriminalinspektor	4,25	5	36	57 Gärtnergehilfe	1,64	1	49
23 Journalist	4,20	4	41	58 Fensterputzer	1,53	1	62
24 Straßenbauingenieur	4,20	4	38	59 Hafenarbeiter	1,51	1	61
25 Hotelbesitzer	4,17	4	38	60 Holzfäller	1,47	1	68
26 Prokurist	4,04	4	45	61 Kanalarbeiter	1,46	1	67
27 Rundfunkreporter	3,82	4	43	62 Landarbeiter	1,45	1	64
28 Hauptbuchhalter	3,81	4	39	63 Bauhilfsarbeiter	1,43	1	70
29 Volksschullehrer	3,79	4	40	64 Möbelpacker	1,41	1	69
30 Buchverleger	3,70	4	31	65 Gepäckträger	1,38	1	70
31 Förster	3,67	3	33	66 Schafhirte	1,38	1	73
32 Lokomotivführer	3,62	3	30	67 Parkwächter	1,32	1	74
33 Steuerberater	3,58	3	35	68 Müllabfuhrarbeiter	1,27	1	78
34 Werkmeister	3,55	3	35	69 Straßenreiniger	1,26	1	83
35 Standesbeamter	3,51	3	37	70 Zeitungsausträger	1,25	1	79

9 KRITERIEN FÜR DIE ZUSCHREIBUNG VON SOZIALEM ANSEHEN

Frage: "Von welchen Eigenschaften hängt es im einzelnen ab, welches Ansehen jemand genießt? Wie wichtig sind folgende Eigenschaften, wenn man von anderen beurteilt wird?"

Sehr wichtige Eigenschaften	Arbeitnehmer	Ungelernte Arbeiter	Angelernte Arbeiter	Facharbeiter mit durchschnittlicher Qualifikation	Facharbeiter mit überdurchschnittlicher Qualifikation	Ausführende Angestellte	Qualifizierte Angestellte	Leitende Angestellte	Beamte
				Häufigkeit der Nennung in % (Mehrfachnennungen)					
die Verantwortung, die man im Beruf trägt	41	34	34	36	45	43	40	54	50
die äußere Erscheinung	17	18	15	17	18	25	17	14	12
das anständige Verhalten zu seinen Mitmenschen	56	45	55	55	57	59	54	64	60
die Höhe des Einkommens	14	15	15	17	12	15	11	14	10
die fachlichen Kenntnisse im Beruf	52	41	39	50	52	56	55	61	62
die Bildung	39	28	30	36	33	43	46	50	46
mit welchen Leuten man befreundet ist	15	15	14	14	13	17	16	20	9
wie viele Untergebene man im Beruf hat	4	5	6	4	3	6	3	4	4
Fleiß und Zuverlässigkeit	55	49	52	56	58	60	55	59	53
was man vorzeigen kann (Wohnung, Auto, großer Urlaub usw.)	6	8	8	6	5	7	5	5	6
die Vielseitigkeit der Interessen	14	10	9	10	18	16	17	19	16
Befragte	2290	182	330	514	187	361	288	180	244

(Zufallsstichprobe, Bundesgebiet, über 16-jährige)

Quellenangaben und Anmerkungen

Schlüssel für Anmerkungen: Bezugspopulation = a); Analyseeinheit = b); Kriterien der Schichtbildung = c)

1) Geiger, Theodor, 1932: Die soziale Schichtung des deutschen Volkes. Stuttgart: Enke, S. 73
a) Gesamtbevölkerung; b) Berufszugehöriger (Ausübender eines Berufes oder dessen Angehörige); c) sozio-ökonomische und sozio-politische Aspekte

Sombart, Werner, 1919: Die deutsche Volkswirtschaft im neunzehnten Jahrhundert und im Anfang des 20. Jahrhunderts. Berlin: Bondi, S. 448, 456, 460
a) Gesamtbevölkerung; b) Berufstätige oder Angehörige; c) Affinität zu Wirtschaftssystemen

Zahn, Friedrich, 1929: Wirtschaftsaufbau Deutschlands. In: Handwörterbuch der Staatswissenschaften, 4. Auflage, Ergänzungsband, S. 988
a) Gesamtbevölkerung; b) Erwerbstätige oder Angehörige; c) Berufstätigkeit
Sondergruppen: 1 389 285 Hausangestellte, 445 854 Hausgewerbetreibende, 127 487 Hausierer, 132 179 Mannschaften in Heer und Marine, 27 424 Mönche und Nonnen

2) WiSta 1966: S. 769

Die Tabelle ist ein Versuch des statistischen Bundesamtes, ein international empfohlenes sozio-ökonomisches Schema auf die BRD zu übertragen.
a) Erwerbspersonen; c) Berufliche Stellung; Wirtschaftsbereich, Bildungsniveau

3) Janowitz, Morris, 1958: Soziale Schichtung und Mobilität in Westdeutschland. In: KZfSS, 10. Jg.: S. 10, 28
a) (?); b) Haushalte; c) Beruf des Familienoberhauptes

Scheuch, Erwin K., 1965: Sozialprestige und Soziale Schichtung. In: KZfSS, S. 59
a) (?); b) (?); c) Wirtschaftliche Lage, Berufszugehörigkeit, kulturelles Niveau (lange Fassung des Index)

Dahrendorf, Ralf, 1965: Gesellschaft und Demokratie in Deutschland. München: Piper Verlag, S. 105
a) Gesamtbevölkerung; b) (?); c) sozio-ökonomische und sozio-kulturelle Aspekte

4) Kleining, Gerhard; Moore, Harriett, 1968: Soziale Selbsteinstufung (SSE). In: KZfSS, 12. Jg.: S. 546, 547
a) 16 - 65-jährige Bevölkerung; b) Befragte; c) Berufstätige: eigener Beruf; Rentner, Pensionär, Arbeitslose: früherer Beruf; Schüler, Student, Lehrling: Beruf des Vaters; verheiratete oder verwitwete Frauen: Beruf des Mannes; ledige oder geschiedene Frauen: Beruf des Vaters. Typische Berufe als Beispiel für Schichten

5) Autorenkollektiv des Instituts für Gesellschaftswissenschaften beim ZK der SED, 1971: Der Imperialismus in der BRD. Berlin: Dietz Verlag, S. 337, 338
a) Erwerbstätige; b) Erwerbstätige; c) berufliche Stellung des Erwerbstätigen in Verbindung mit Herrschaftsfunktionen

Tjaden - Steinhauer, Margarete; Tjaden, Karl - Hermann, 1973: Klassenverhältnisse im Spätkapitalismus. Stuttgart: Enke, S. 200
a) Erwerbstätige; b) Erwerbstätiger; c) Stellung im Produktionsprozeß und Herrschaftssystem in Verbindung mit Herrschaftsfunktionen

6) Pappi, Franz Urban, 1973: Sozialstruktur und soziale Schichtung in einer Kleinstadt mit heterogener Bevölkerung. In: KZfSS, Jg.25, S. 54

Der Dissimilaritätsindex gibt an, wie ähnlich sich die aufgeführten Berufsgruppen im Hinblick auf Freundschaftswahlen verhalten. Zwei Berufsgruppen, deren Freundschaften sich in gleicher Weise auf alle Berufsgruppen verteilen, erzielen einen Index von 0. Je höhere Werte der Index annimmt, desto unterschiedlicher sind zwei Berufsgruppen in ihrem Verhalten. Der Index drückt aus, wieviel Prozent der "Freunde" umverteilt werden müssen, damit zwei verglichene Berufsgruppen ihre Freunde in gleicher Weise auf die Berufsgruppen verteilen.

7) Mayer, Karl - Ulrich, 1972: Soziale Mobilität und die Wahrnehmung gesellschaftlicher Ungleichheit. In: ZfS, Jg. 1, S. 172, 173

Die Statusgruppen wurden in Anlehnung an das Instrument zur sozialen Selbsteinstufung von Kleining/Moore gebildet. Die Zuordnung erfolgte aufgrund der Berufsposition und in Zweifelsfällen aufgrund der Ausbildung und des Einkommens.

UU - Untere Unterschicht; OU - Obere Unterschicht; UM - Untere Mittelschicht; MM - Mittlere Mittelschicht; OM - Obere Mittelschicht

8) Kleining, Gerhard; Moore, Harriett: 1968: Soziale Selbsteinstufung (SSE). In: KZfSS, 12. Jg. S. 520
N - 150 (Quotenauswahl, Bundesgebiet, 16 - 65-jährige)
Die Befragten wurden aufgefordert , die Berufe auf den Rangplätzen 1 - 6 einzuordnen.

9) Infratest; Die Arbeitnehmer. Tabellenband I: Frage 133

10) Infratest; Die Arbeitnehmer. Tabellenband I: Frage 122

EINKOMMENSVERTEILUNG

Das Problem der Einkommensverteilung behält aus zwei Gründen ständige Aktualität: erstens gibt es eine lange Tradition von Diskussionen um eine "gerechte Einkommensverteilung" mit unterschiedlicher politisch-programmatischer Relevanz, und zweitens existiert ein permanenter "Verteilungskampf", in dem entschieden wird, auf welche sozialen Gruppen und Institutionen das Volkseinkommen verteilt wird.

Fragen der Einkommensverteilung erhalten ihre Bedeutung einerseits im Hinblick auf gesamtwirtschaftliche Zielgrössen, die von Verteilungsmaßnahmen betroffen werden, andererseits im Hinblick auf individuelle Lebenschancen: Versorgungslage, Konsumchancen, soziale Sicherheit und individuelle Zufriedenheit sind mehr oder weniger von tatsächlichen Einkommen und Einkommenserwartungen abhängig. Es stellt sich allerdings die Frage, ob der Versorgungsgrad von Haushalten inzwischen nicht in höherem Maß von der Bereitstellung kollektiver Güter abhängt als von der Verfügung über private Einkommen und ob nicht von einem bestimmten Versorgungsniveau an nicht-materielle Gratifikationen höheres Gewicht erhalten.

Es werden vor allem drei Aspekte der Einkommensentwicklung und Einkommensverteilung untersucht: erstens wird versucht, aus dem Wachstum des Volkseinkommens und anderer Einkommensaggregate Aussagen über eine Zunahme von Wohlstand abzuleiten. Dabei kann auf durchschnittliche Einkommenssteigerungen auf der personellen Ebene nur geschlossen werden, wenn Pro-Kopf-Ziffern statt totaler Angaben und preisbereinigte Ziffern statt nominaler Angaben herangezogen werden. Ob Brutto-Größen oder Netto-Einkommen als sinnvoller anzusehen sind, hängt davon ab, ob das Interesse der privaten Verfügbarkeit von Einkommen oder der möglichen Versorgung mit privaten und öffentlichen Gütern gilt.

Ein zweiter Schwerpunkt ist die Untersuchung von Nivellierungs- und Konzentrationstendenzen. Dabei handelt es sich nicht nur darum, den Konzentrationsgrad der Einkommensverteilung für alle Haushalte und Einkommensarten insgesamt zu ermitteln, sondern auch die einzelnen Komponenten zu analysieren, d.h., aufzuzeigen, inwieweit der Gesamttrend das Resultat spezifischer Entwicklungen bei unterschiedlichen Gruppen von Einkommensbeziehern und deren typischen Einkommensarten ist. Dazu ist es notwendig, ein Gesamtbild der Einkommensschichtung zu geben, die Einkommensunterschiede zwischen sozio-ökonoischen Gruppen aufzuzeigen und die Einkommensungleichheit innerhalb der sozio-ökonomischen Gruppen darzustellen.

Der dritte wichtige Aspekt der Einkommensverteilung bezieht sich auf die "sozial Schwachen", die Haushalte, deren Einkommen unter einem plausibel definierten Existenzminimum liegt. Ein solches Existenzminimum kann immer nur konventionell definiert werden, indem entweder von den Kosten einer zur Existenzsicherung notwendigen Gütermenge ausgegangen wird oder ein bestimmter Prozentsatz des Durchschnittseinkommens als notwendig postuliert wird. Neben der Zahl der Personen oder Haushalte, die in "Armut" leben, erscheinen deren soziale Merkmale wichtig.

Neben diesen Problemen, die vor allem das Einkommensniveau unterschiedlicher Haushaltstypen betreffen, treten Fragen nach den Determinanten von Individualeinkommen auf. Die Einkommenserzielung steht sowohl bei den Erwerbstätigen wie bei den Nicht-Erwerbstätigen in Zusammenhang mit bestimmten sozialen Merkmalen, wie etwa Alter, Geschlecht und Bildung oder der Zugehörigkeit zu sozialen Gruppen (Berufsgruppe, Schüler, Student, Rentner). Weitere Fragen betreffen die Entwicklung der Einkommen im Lebenszyklus, die innerfamiliale Einkommensumverteilung, den Schutz vor Einkommensausfall und die Einkommenserwartungen.

In der BRD liegen inzwischen eine ganze Reihe von Statistiken zur Einkommensverteilung vor, die allerdings alle mit spezifischen Mängeln behaftet sind: Einkommens- und Verbrauchsstichproben aus den Jahren 1962/63 und 1969, Lohn- und Einkommensteuerstatistik, Wohnungserhebungen und volkswirtschaftliche Gesamtrechnungen. Die Ergebnisse dieser Erhebungen sind dort, wo sie vergleichbare Größen erfassen nicht konsistent. Es ergeben sich demzufolge Spielräume, bei der Kombination und Verarbeitung dieser Ergebnisse zu Aussagen über die Tendenz der Gesamtverteilung. Darauf beruhen die unterschiedlichen Aussagen, die vom Deutschen Institut für Wirtschaftsforschung, Berlin, und dem Seminar für Sozialpolitik, Frankfurt, zur Einkommensverteilung gemacht werden. Für die Frankfurter Zahlen scheint zu sprechen, daß sie eher als Ergebnisse einer Stichprobe und weniger als Resultante eines Generierungsmodells anzusehen sind als die Berliner Zahlen.

2 PERSONELLE EINKOMMENSVERTEILUNG IM INTERNATIONALEN VERGLEICH

Haushalte	BRD 1969	DDR	GBR	FRA	ITA	NIE	BEL	LUX	DÄN	ÖST	SWI	SWE	JAP	USA 1966	USR	IND
	Anteil am gesamten Bruttoeinkommen in %															
unterstes Quintil	5,5													3,7		
2. - 4. Quintil	51,6													52,5		
oberstes Quintil	42,8													43,8		
oberste 5 %	19,3													16,8		

5 ANTEIL DER HAUSHALTE, DIE WENIGER ALS EIN BESTIMMTES VIELFACHES DES DURCHSCHNITTLICHEN VERFÜGBAREN HAUSHALTSEINKOMMENS (nach Abzug von Steuern und Sozialversicherungsbeiträgen) ERHIELTEN

Vielfaches des durchschnittlich verfügbaren Haushaltseinkommens		0,3	0,5	0,7	1,0	2,0	3,0
Das entsprach einem verfügbaren Monatseinkommen (in DM)	1962	285	475	666	951	1902	2853
	1969	462	770	1078	1540	3079	4619
Anteil der Haushalte, die weniger als das angegebene Einkommen erhielten (in %)	1962	10,9	26,9	44,5	64,1	93,3	97,0
	1969	12,2	21,6	38,1	64,5	94,3	98,3

	Volkseinkommen zu jeweiligen Preisen %	Nettosozialprodukt zu Marktpreisen real %	Volkseinkommen je Einwohner %	Volkseinkommen je Erwerbstätigen %	Bruttolohn- und -gehaltssumme je beschäftigten Arbeitnehmer nominal %	Bruttolohn- und -gehaltssumme je beschäftigten Arbeitnehmer real %	Nettolohn- und -gehaltssumme je besch. Arbeitnehmer real %
1951	21,2	11,0	19,9	18,1	16,3	8,0	6,2
1952	13,4	9,2	12,6	11,2	7,9	5,7	5,0
1953	7,8	8,4	6,8	5,2	5,9	7,8	8,3
1954	7,6	7,5	6,3	4,8	5,2	5,0	5,3
1955	15,1	12,3	13,9	10,8	7,9	6,2	6,0
1956	11,0	7,1	9,7	8,2	8,0	5,4	4,9
1957	9,4	5,4	8,0	7,1	5,2	3,1	3,7
1958	7,0	3,3	5,7	6,2	6,7	4,4	3,2
1959	8,3	7,2	7,1	7,2	5,5	4,5	4,8
1960	12,0	9,0	10,8	10,1	9,4	7,9	6,5
1961	9,5	5,1	8,0	8,0	10,2	7,7	6,8
1962	7,5	3,5	6,1	6,8	9,0	5,8	5,3
1963	6,6	2,9	5,4	6,2	6,1	3,0	2,5
1964	9,6	6,5	8,4	9,2	8,9	6,5	5,9
1965	9,6	5,3	8,2	8,9	9,0	5,4	6,3
1966	6,1	2,3	5,0	6,4	7,2	3,6	2,2
1967	- 0,3	- 1,0	- 0,7	2,7	3,2	1,8	1,4
1968	10,9	7,4	10,3	10,7	6,1	4,5	3,2
1969	10,1	8,1	8,9	8,2	9,2	6,2	4,5
1970	14,7	5,2	13,4	13,1	14,7	10,6	8,1
1971	10,1	2,1	8,9	10,1	11,9	6,2	4,2
1972	8,8	2,5	8,1	9,8	9,4	3,4	3,4

4 QUINTILENDARSTELLUNG DER EINKOMMENSSCHICHTUNG ALLER PRIVATEN HAUSHALTE SEIT 1950 (Anteil des jeweiligen Quintils am gesamten verfügbaren Einkommen in v.H.)

Jahr	1.	2.	3. Quintil	4.	5.	Konzentrationsmaß
Deutsches Institut für Wirtschaftsforschung, Berlin						
1950	5,4	10,7	15,9	22,8	45,2	0,396
1955	5,8	10,7	16,2	23,2	44,1	0,384
1960	6,0	10,8	16,2	23,1	43,9	0,380
1964	6,1	10,8	16,1	22,9	44,1	0,380
1968	6,2	10,5	15,7	22,5	45,1	0,387
1970	5,9	10,4	15,6	22,5	45,6	0,392
Institut für angewandte Wirtschaftsforschung, Tübingen						
1955	5,8	12,1	16,3	21,8	44,0	0,374
1960	7,2	12,2	17,0	22,4	41,2	0,341
Sozialpolitische Forschergruppe, Frankfurt						
1962/63	6,1	11,3	16,2	23,3	43,1	0,368
1969	6,4	12,3	17,3	22,6	41,4	0,348

6 VERTEILUNGSKENNWERTE FÜR VERSCHIEDENE EINKOMMENSARTEN UND HAUSHALTSGRUPPEN 1962 UND 1969

	Konzentrationsverhältnis		Anteil der Haushalte, die weniger als das Durchschnitt einkommen erzielen (in v.H.)	
	1962	1969	1962	1969
Bruttohaushaltseinkommen aller Haushalte	0,418	0,372	66,4	66,9
Verfügbares Einkommen aller Haushalte	0,368	0,348	64,1	64,5
Verfügbares Einkommen der Unselbständigenhaush.	0,304	0,227	62,5	61,0
Verfügbares Einkommen der Selbständigenhaushalte	0,334	0,374	63,5	69,7
Verfügbares Einkommen der Nichterwerbstätigenhh.	0,368	0,338	62,1	62,6
(Einkommen aus unselbständiger Arbeit der Unselbständigenhaushalte	0,325	0,226	61,9	61,0
(Einkommen aus Unternehmertätigkeit und Vermögen der Selbständigenhaushalte	0,428	0,463	75,4	75,8
(Transfereinkommen (Sozialversicherungszahlungen, Pensionen usw.) der Nichterwerbstätigenhaushalte	0,293	0,247	56,4	54,5

7 DIE UMVERTEILUNG DER EINKOMMEN DURCH STAAT UND SOZIALES SICHERUNGSSYSTEM IN DER BUNDESREPUBLIK 1962 UND 1969

		Verteilung der Faktoreinkommen	Verteilung der verfügbaren Einkommen
Konzentrationsverhältnis	1962	0,517	0,368
	1969	0,485	0,348
Anteil der Haushalte, die weniger als die Hälfte des Durchschnittseinkommens erzielen (%)	1962	34,7	26,9
	1969	33,8	21,6
Einkommensanteil der 20 % der Haushalte mit dem niedrigsten Einkommen (%)	1962	0,9	6,1
	1969	1,0	6,4
Einkommensanteil der 20 % der Haushalte mit dem höchsten Einkommen (%)	1962	53,3	43,1
	1969	48,8	41,4
Einkommensanteil der 5 % der Haushalte mit dem höchsten Einkommen (%)	1962	24,4	16,4
	1969	22,4	17,5

8 DIE ENTWICKLUNG DER DURCHSCHNITTLICHEN NETTOJAHRESEINKOMMEN VON ARBEITNEHMERN UND SELBSTSTÄNDIGEN IN DER GEWERBLICHEN WIRTSCHAFT AB 1950 (ohne Landwirtschaft)

Jahr	Nettoeinkommen aus unselbstständiger Arbeit und aus Vermögen je Arbeitnehmer DM	Nettoeinkommen aus Unternehmertätigkeit und Vermögen je Selbständigen und mithelfenden Familienangehörigen DM	Vielfaches
1950	3 256	7 405	2,26
1952	3 972	9 824	2,47
1955	4 739	12 771	2,69
1960	6 799	18 758	2,76
1965	10 042	26 679	2,66
1970	14 657	39 163	2,67
1971	16 282	40 308	2,48

9 DURCHSCHNITTLICHES VERFÜGBARES MONATSEINKOMMEN DER HAUSHALTE NACH SOZIALRECHTLICHER STELLUNG DES HAUSHALTSVORSTANDES 1962 UND 1969

	Durchschnittliches verfügbares Einkommen pro Monat (in DM)		Vielfaches des durchschnittlichen verfügbaren Einkommens aller Haushalte	
	1962	1969	1962	1969
Nichterwerbstätige	570	873	0,60	0,59
Arbeiter	908	1 355	0,96	0,91
Angestellte	1 093	1 840	1,15	1,23
Beamte	1 209	1 954	1,27	1,31
Landwirte	1 301	2 029	1,37	1,36
Selbständige	1 740	3 388	1,83	2,27

10 HAUSHALTE NACH EINKOMMENSGRÖSSENKLASSEN UND SOZIALER STELLUNG DES HAUSHALTSVORSTANDES 1969

	Arbeiter	Angestellter	Beamter	Landwirt	Selbständiger	Nichterwerbstätiger	Alle sozialen Stellungen
	in % aller Haushalte						
unter 200	0,0	0,0	0,0	0,0	0,0	0,3	0,3
200 - 400	0,1	0,0	0,0	0,0	0,1	4,5	4,7
400 - 600	0,2	0,0	0,0	0,1	0,1	7,4	7,8
600 - 900	1,2	0,3	0,0	0,1	0,3	8,4	10,3
900 - 1 200	3,2	1,0	0,2	0,3	0,4	4,9	10,0
1 200 - 1 500	5,7	1,9	0,7	0,4	0,6	2,9	12,2
1 500 - 2 000	10,0	4,0	1,4	0,8	1,1	2,9	20,2
2 000 - 3 000	8,4	6,3	2,2	1,3	2,0	2,3	22,5
3 000 - 10 000	2,0	3,9	1,4	0,6	3,0	0,9	11,8
über 10 000	0,0	0,0	0,0	0,0	0,6	0,0	0,6
Alle Einkommensgrößenklassen	30,7	17,3	6,0	3,7	8,0	34,3	100

11 MONATLICHES DURCHSCHNITTLICHES NETTOEINKOMMEN DER PRIVATEN HAUSHALTE NACH GRÖßE DES HAUSHALTS UND SOZIALER STELLUNG DES HAUSHALTSVORSTANDES ALS VIELFACHES DES DURCHSCHNITTSEINKOMMENS DER EINPERSONENHAUSHALTE (707 DM) 1969

	Insgesamt	Selbständiger	Beamter	Angestellter	Arbeiter	Nichterw.
	Vielfaches des Einpersonenhaushaltes					
1-Personenhaushalt	1,00	2,10	2,01	1,50	1,07	0,84
2-Personenhaushalt	1,91	3,24	2,61	2,52	1,74	1,53
3-Personenhaushalt	2,44	3,88	2,66	2,68	1,99	2,34
4-Personenhaushalt	2,65	4,23	2,80	2,83	2,07	2,64
5 und mehr-Personenhaushalt	3,02	4,68	3,34	3,27	2,43	2,96

12 DURCHSCHNITTLICHE ANZAHL DER EINKOMMENSBEZIEHER NACH SOZIALER STELLUNG DES HAUSHALTSVORSTANDES UND HAUSHALTSGRÖSSE

	Landwirt	Selbständiger	Beamter	Angestellter	Arbeiter	Nichterwerb.
	Durchschnittliche Anzahl der Einkommensbezieher					
1-Personenhaushalt	1,1	1,0	1,0	1,0	1,0	1,0
2-Personenhaushalt	1,2	1,3	1,5	1,6	1,5	1,4
3-Personenhaushalt	1,6	1,6	1,5	1,7	1,8	2,1
4-Personenhaushalt	1,7	1,6	1,5	1,6	1,8	2,5
5 und mehr-Personenhaushalt	2,1	1,7	1,6	1,8	2,1	3,0
Alle Haushalte	1,7	1,5	1,5	1,5	1,7	1,3

13 DIE ZUSAMMENSETZUNG DES HAUSHALTSBRUTTOEINKOMMENS NACH EINKOMMENSARTEN BEI UNTERSCHIEDLICHER SOZIALER STELLUNG DES HAUSHALTSVORSTANDES 1962 UND 1969

	Anteil des Einkommens aus:							
	unselbständiger Arbeit		Unternehmertätigkeit		Vermögen		Renten, Pensionen, Übertragungen	
	1962 %	1969 %	1962 %	1969 %	1962 %	1969 %	1962 %	1969 %
Selbständiger	5,9	4,9	86,5	86,5	4,6	6,5	3,0	2,5
Landwirt	8,0	10,1	78,1	71,0	8,4	11,1	5,5	7,7
Beamter	89,6	87,4	2,3	2,0	4,0	5,4	4,2	5,2
Angestellter	88,7	87,3	2,3	1,9	3,3	5,3	5,7	5,5
Arbeiter	84,2	85,7	4,0	2,0	3,7	5,1	8,1	7,1
Nichterwerbstätiger	21,3	15,8	2,1	2,7	7,3	11,8	69,2	69,7

14 VERMÖGENSEINKÜNFTE DER PRIVATEN HAUSHALTE NACH DER SOZIALEN STELLUNG DES HAUSHALTSVORSTANDES SEIT 1950

	Alle Haushalte Mrd. DM	Selbständigenhaushalte %	Angestellten-/Beamtenhaushalte %	Arbeiterhaushalte %	Rentnerhaushalte %
1950	0,6	50,0	16,7	16,7	16,6
1955	1,9	52,5	21,1	15,8	10,6
1960	5,5	55,1	20,4	16,3	8,2
1964	10,3	52,2	20,2	17,0	10,6
1968	19,8	50,6	19,8	17,0	12,6
1970	29,3	49,6	20,2	17,3	12,9
Durchschnittliche jährliche Vermögenseinkünfte je Einkommensbezieher in DM					
1950		105	30	10	10
1955		325	85	25	20
1960		920	185	75	60
1964		1 745	290	130	110
1968		3 550	515	265	215
1970		5 285	745	385	310

15 DAS NETTOEINKOMMEN DES HAUSHALTSVORSTANDES NACH SOZIALRECHTLICHER STELLUNG UND ALTER 1969

	Landwirt	Selbständiger	Beamter	Angestellter	Arbeiter	Nichterwerbstätiger
	Netto-Jahreseinkommen eines unter 25-Jährigen = 100					
unter 25	100	100	100	100	100	100
25 bis unter 35	112,3	138,2	142,6	161,0	117,6	101,5
35 bis unter 45	111,6	166,1	185,2	199,9	122,2	157,3
45 bis unter 55	100,3	157,1	201,7	185,3	110,5	144,3
55 bis unter 65	81,9	124,2	195,8	173,3	96,3	129,2
65 und älter	66,7	105,6	184,7	199,3	102,1	147,5
unter 25 (in DM)	17 357	17 332	10 037	9 027	10 072	5 444

16 DAS DURCHSCHNITTLICHE NETTOEINKOMMEN MÄNNLICHER HAUSHALTSVORSTÄNDE IN ABHÄNGIGKEIT VON DER HÖCHSTEN ERREICHTEN SCHULBILDUNG 1969

Höchste erreichte Schulbildung	Durchschnittliches Nettoeinkommen im Monat (in DM)	Vielfaches des Durchschnittseinkommens der männlichen Haushaltsvorstände mit Volksschulabschluß
Universität	1 850	1,94
Abitur	1 580	1,66
Mittlere Reife	1 337	1,41
Volksschule	953	1,0

Erläuterungen:

Faktoreinkommen: Einkommen aus unselbständiger Erwerbstätigkeit, Unternehmertätigkeit und Vermögen

Bruttoeinkommen: Einkommen aus unselbständiger Erwerbstätigkeit einschließlich Arbeitgeberbeiträge zur Sozialversicherung und freiwillige Sozialleistungen der Arbeitgeber, Einkommen aus Unternehmertätigkeit und Vermögen, Transfereinkommen

Verfügbares Einkommen: Bruttoeinkommen abzüglich der Steuern und Sozialversicherungsbeiträge von Arbeitgebern und Arbeitnehmern

Konzentrationsverhältnis: errechnet auf der Grundlage der Lorenzkurve; = Anteil der Fläche zwischen der Gleichverteilungsgeraden und der Lorenzkurve an der Fläche, die von der Gleichverteilungsgeraden und den Dreiecksschenkeln begrenzt wird und deren Größe gleich 1 gesetzt wird. Vollkommene Gleichverteilung bestände bei dem Wert 0; je größer der Wert des Konzentrationsverhältnisses, desto ungleicher die Verteilung.

(Abweichende Definitionen werden unter den Anmerkungen aufgeführt)

Quellenangaben und Anmerkungen:

2) **Sozialpolitische Forschergruppe Frankfurt/Mannheim; Berechnungen auf der Grundlage der bereinigten und ergänzten Einkommens- und Verbrauchsstichprobe 1969**
Moore, Wilbert E.; Sheldon, Eleanor B.; (Ed.) 1968: Indicators of Social Change. New York Russel Sage Foundation. S. 790

USA: Money Income before tax of families und unrelated individuals

3) Fachserie N, Reihe 3, Sonderbeiträge: Revidierte Reihen seit 1950. S.19,33,45
HevsD, E 11
Sachverständigenrat, Gutachten 1973: S. 206, 213, 214, 215

Nettosozialprodukt zu Marktpreisen real: Preise von 1962
Deflator für Lohn- und Gehaltssumme: Preisindex für die Lebenshaltung von 4-Personen-Arbeitnehmerhaushalten mit mittlerem Einkommen

4) DIW: Wochenbericht Nr. 25/1973: S. 224, 225
IfaW: Berechnungen des Seminars für Sozialpolitik, Frankfurt, auf der Grundlage des Datensatzes aus Schmidt, K.D.; Schwarz, U.; Thiebach, G.; 1965: Die Umverteilung des Volkseinkommens in der Bundesrepublik Deutschland 1955 und 1960. Tübingen: J.C.B. Mohr. S. 153 ff
Sozialpolitische Forschergruppe Frankfurt/Mannheim: Berechnungen auf der Grundlage der ergänzten und bereinigten Einkommens- und Verbrauchsstichproben von 1962/63 und 1969

5) Berechnungen der Sozialpolitischen Forschergruppe Frankfurt/Mannheim auf der Grundlage der bereinigten und ergänzten Einkommens- und Verbrauchsstichproben von 1962/63 und 1969

Haushalte: private Haushalte (1962 ohne, 1969 mit Ausländer-Haushalten) ohne Haushalte in Anstalten.
Aufgrund von Mängeln im Datenmaterial handelt es sich bei den Angaben in der letzten Spalte um Schätzungen.

6) Sozialpolitische Forschergruppe Frankfurt/Mannheim: Berechnungen auf der Grundlage der bereinigten und ergänzten Einkommens- und Verbrauchsstichproben.

Haushalte: Private Haushalte (1962 ohne, 1969 mit Ausländerhaushalten) ohne Haushalte in Anstalten.

7) Sozialpolitische Forschergruppe Frankfurt/Mannheim: Berechnungen auf der Grundlage der bereinigten und ergänzten Einkommens- und Verbrauchsstichproben von 1962/63 und 1969

Haushalte: Private Haushalte (1962 ohne Ausländerhaushalte, 1969 mit Ausländerhaushalten) ohne Haushalte in Anstalten.

8) HevsD, E 31

Einkommen aus unselbständiger Arbeit einschließlich Arbeitgeber- und Arbeitnehmerbeiträge zur Sozialversicherung, ausschließlich Lohnsteuer.
Einkommen aus Unternehmertätigkeit und Vermögen ohne Vermögenseinkünfte des Staates, der Arbeitnehmer und Rentner, jedoch mit den nichtentnommenen Gewinnen der Kapitalgesellschaften, die eigentlich dem Staat oder den Arbeitnehmern zuzurechnen wären.

9) Sozialpolitische Forschergruppe Frankfurt/Mannheim: Berechnungen auf der Grundlage der bereinigten und ergänzten Einkommens- und Verbrauchsstichproben

Haushalte: Private Haushalte (1962 ohne, 1969 mit Ausländerhaushalten) ohne Haushalte in Anstalten.

10) Sozialpolitische Forschergruppe Frankfurt/Mannheim: Berechnungen auf der Grundlage der bereinigten und ergänzten Einkommens- und Verbrauchsstichprobe von 1969

Haushalte: Private Haushalte ohne Ausländerhaushalte und Haushalte in Anstalten.

11) Sozialpolitische Forschergruppe Frankfurt/Mannheim: Berechnungen auf der Grundlage der bereinigten und ergänzten Einkommens- und Verbrauchsstichprobe von 1969

Haushalte: Private Haushalte ohne Ausländerhaushalte und Haushalte in Anstalten.

12) Sozialpolitische Forschergruppe Frankfurt/Mannheim: Berechnungen auf der Grundlage der Originaldaten der Einkommens- und Verbrauchsstichprobe 1969

Haushalte: Private Haushalte ohne Ausländerhaushalte und Haushalte in Anstalten
Als Einkommensbezieher gilt, wer mindestens ein Einkommen von 300 DM jährlich angegeben hat

13) Sozialpolitische Forschergruppe Frankfurt/Mannheim: Berechnungen auf der Grundlage der ergänzten und bereinigten Einkommens- und Verbrauchsstichproben

Haushalte: Private Haushalte ohne Ausländerhaushalte und Haushalte in Anstalten
Einkommen aus unselbständiger Arbeit: ohne Arbeitgeberbeiträge zur Sozialversicherung
Einkommen aus Vermögen: Einkommen aus Vermietung (ohne Untermiete), Verpachtung, Zinsen für Guthaben, Dividenden auf Wertpapiere, sonstige Einnahmen aus Beteiligungen
Renten, Pensionen, Übertragungen: Öffentliche Renten und Pensionen, sonstige laufende Einnahmen aus Übertragungen, Untermiete, einmalige Übertragungen unter 1 000 DM.

14) DIW, Wochenbericht Nr. 6/1971, S. 38, 39

Vermögenseinkünfte: Nettoeinkünfte aus allen Vermögensanlagen

15) Sozialpolitische Forschergruppe Frankfurt/Mannheim: Berechnungen auf der Grundlage der Originaldaten der Einkommens- und Verbrauchsstichprobe von 1969

16) Seminar für Sozialpolitik Frankfurt: Berechnungen auf der Grundlage einer Erhebung des Sparkassen- und Giroverbandes für das Jahr 1969

VERMÖGENSVERTEILUNG UND VERMÖGENSBILDUNG

Der Verfügung über "Vermögen" werden Funktionen zugeschrieben, die breiten Bevölkerungsschichten zugute kommen könnten, wenn sie ausreichende Vermögensbestände besäßen. Zu diesen Funktionen gehört, daß "Vermögen" individuelle Unabhängigkeit und soziale Sicherheit gewährleisten kann, daß Einkommen aus Vermögensbeständen die Chancen der Einkommenserzielung verbessern und daß durch Beteiligung am Produktivvermögen die Verfügungsgewalt darüber demokratisiert werden kann. Darüber hinaus wird erwartet, daß eine breite Streuung des Vermögens zur gesellschaftlichen Integration und Stabilität beiträgt.

Aufgrund dieser Erwartungen erfolgten vermögenspolitische Maßnahmen (Vermögensbildungsgesetze, Privatisierung öffentlicher Unternehmen) und entstanden Pläne zur Vermögensbildung (Sparförderungspläne, Gewinnbeteiligungspläne, Investivlohnpläne) mit "großen Lösungen". Allerdings wird von Kritikern eingewandt, daß die erwünschten Funktionen durch alternative Instrumente besser zu erreichen seien: so könne die Sicherungsfunktion von einer aktiven Sozialpolitik und die Einkommensfunktion von der Lohn- und Einkommenspolitik erfüllt werden. Die Kontrolle wirtschaftlicher Macht sei schließlich besser durch Mitbestimmungsmodelle zu erreichen.

Die Forderung nach einer gerechteren, gleichmäßigeren Vermögensverteilung setzt voraus, daß die Ungleichmäßigkeit der Vermögensverteilung annähernd gemessen werden kann und daß Entwicklungstrends aufgezeigt werden können. Bisher gilt allerdings für alle Daten über Vermögensverteilungen in der Bundesrepublik, daß sie zu einem hohen Maß auf Schätzungen und Annahmen beruhen und demzufolge nicht für verläßliche und gültige Aussagen geeignet sind. Problematisch ist insbesondere der Vergleich vermögensstatistischer Ergebnisse aus verschiedenen Untersuchungen, weil Vermögensbegriffe, methodische Ansätze und Bewertungsgrundsätze voneinander abweichen können. Allerdings können Vergleiche deutlich machen, sofern sie ähnliche Zeitpunkte betreffen, in welchem Ausmaß die Ergebnisse voneinander abweichen.

Weil eine systematische Darstellung von Vermögensbegriffen zu weit ausholen müßte, werden im folgenden die den Tabellen zugrunde liegenden Vermögensdefinitionen angegeben und ihr Zusammenhang aufgezeigt. Das Volksvermögen kann in reproduzierbares Sachvermögen (Anlagen, Vorräte) und nichtreproduzierbares Sachvermögen (Grund und Boden) unterteilt werden (Tab. 3). Das Sachvermögen ergibt zusammen mit dem Saldo aus den Forderungen und Verpflichtungen gegenüber dem Ausland das Volksvermögen. Die Unterscheidung in reproduzierbares und nicht reproduzierbares ruhendes Vermögen trennt die Vermögensbestände, die volumenmäßig vergrößert werden können, von denen, die sich lediglich durch Wertsteigerungen vergrößern, weil ihre Menge unveränderbar vorgegeben ist.

Während die Frage nach den Vermögensarten, aus denen sich das Volksvermögen zusammensetzt, vor allem in produktionstheoretischen Zusammenhängen relevant ist, interessiert die Verteilung des Reinvermögens (Sachvermögen und Forderungen abzüglich Verpflichtungen) nach Eigentümergruppen (private Haushalte, Staat, Organisationen ohne Erwerbscharakter und ausländische Wirtschaftssubjekte), weil sich auf diese Weise zum Ausdruck bringen läßt, welche Wirtschaftssektoren und -subjekte Verfügungsgewalt über das "Volksvermögen" haben.

Den wesentlichen Teil des reproduzierbaren Sachvermögens bildet das Anlagevermögen (Bauten und Ausrüstungen). Dessen Verteilung auf Bereiche liegt nach amtlichen Berechnungen vor (Tab. 4). Das reproduzierbare Anlagevermögen, das seinem Volumen nach ermittelt wurde, ist das Ergebnis der jährlichen Anlageinvestitionen und zeigt, wie sich der Kapitalstock (= Bruttoanlagevermögen) der Volkswirtschaft zusammensetzt; der Staatsanteil am Kapitalstock ist ein Maß für die Infrastruktur, die auf staatliche Investitionen zurückgeht.

Die privaten Haushalte, die bei der Frage nach der "Ungleichheit" der Vermögensverteilung im Mittelpunkt stehen, sind nur eine neben anderen Eigentümergruppen, verfügen aber über mehr als die Hälfte des Volksvermögens. Die Zusammensetzung dieses Vermögens verändert sich im Zeitablauf, was nicht ohne Konsequenzen für die Verteilung des Gesamtvermögens nach Haushalten bleibt. Die Abgrenzung des Vermögens der privaten Haushalte ist entscheidend für seine Größenordnung. Es verdoppelt sich fast, wenn neben den Vermögensarten Landwirtschaftliches Vermögen, Haus- und Grundbesitz, Betriebsvermögen, Kapitalanteile und Geldvermögen noch Gebrauchsvermögen und Ansprüche auf Renten und Pensionen einbezogen werden (Tab. 5). Die stärkste Beachtung unter den Vermögensformen findet das Produktivvermögen (Betriebsvermögen und Kapitalanteile), weil dessen Besitz mit Einfluß auf die volkswirtschaftlich zentralen Parameter der Investition und der Preise verbunden ist. Die Verteilung dieses Vermögens kann nach Eigentümergruppen (Tab. 6) und auch innerhalb der Eigentümergruppe private Haushalte geschätzt werden (Tab. 10).

Die verschiedenen Vermögensformen, die sich im Eigentum von Haushalten befinden können, weisen unterschiedliche Grade der Ungleichverteilung auf (Tab. 7). Sie sind außerdem in Abhängigkeit von der sozialrechtlichen Stellung des Haushaltsvorstandes unterschiedlich verbreitet (Tab. 8). Diese Angaben stammen aus den Einkommens- und Verbrauchsstichproben von 1962/63 und 1969, die erstmals solche differenzierten Vergleiche erlauben. Allerdings ist zu beachten, daß die großen Vermögen und wahrscheinlich auch die Vermögenslosen dabei unzureichend erfaßt werden. Ebenso wie eine Erhebung des Sparkassen- und Giroverbandes ermöglichen die Einkommens- und Verbrauchsstichproben Angaben über die Bestände bestimmter Vermögensformen bei sozio-ökonomischen Gruppen (Tab. 9). Die wohl bekanntesten

Verteilungsaussagen für Vermögensbestände gehen von den 1,7 % reichsten Haushalte aus. Die Vermögensbestände dieser Haushaltsgruppen lassen sich aus der Vermögenssteuerstatistik entnehmen, in die aufgrund von Freigrenzen lediglich ca. 2 % aller Haushalte als vermögenssteuerpflichtig einbezogen sind. Das Gesamtvermögen, das zur Anteilsberechnung benötigt wird, wird auf der Grundlage von Ergebnissen der Einheitswertstatistik und der Bankenstatistik ermittelt. (Tab. 10)

Gegen Vermögensverteilungsstatistiken wird häufig eingewandt, daß sie die Altersstruktur von Haushaltsgruppen, die verglichen werden, außer Betracht lassen. Die EVS ermöglicht, den Einfluß des Alters auf die Ansammlung einiger Vermögensformen aufzuzeigen (Tab. 11).

Bereits in älteren Untersuchungen wurde die jährliche Vermögensbildung nach sozio-ökonomischen Gruppen aufgeschlüsselt (Tab. 12). Deren Ermittlung seit 1950 erfaßt nur einen Teil des Vermögens, weil Vermögensbestände aus früheren Jahren (vor 1950) außer Betracht bleiben und Wertsteigerungen vorhandenen Vermögens nicht immer berücksichtigt werden.

Vermögensbildung ist abhängig von der Sparquote. Weil sich die Sparquote mit steigendem Einkommen erhöht, ist das "Vermögen" ungleicher verteilt als das Einkommen; dies gilt insbesondere für das Sachvermögen (Tab. 13). Mit steigendem Einkommensniveau haben sich für die sozio-ökonomischen Gruppen höhere Sparquoten ergeben, wie sich aus den Unterlagen der Kreditinstitute und der Bundesbank errechnen läßt (Tab. 14).

Gegenüber all diesen Zahlen ist Skepsis angebracht. Sowohl die Frage, was zum Vermögen gezählt werden soll, wie das Problem der Ermittlung des jeweiligen Vermögens, wie die Notwendigkeit, die Vermögensbestände zu bewerten, bedingen in allen Fällen Ungenauigkeiten und Unsicherheiten. Der Informationswert dieser Tabellen liegt vor allem darin, daß Größenordnungen und grobe Relationen für die Bereiche der Vermögensbestände und Vermögensbildung aufgezeigt werden.

3 VOLKSVERMÖGEN NACH VERMÖGENSFORMEN UND EIGENTÜMERGRUPPEN

	1950 Mrd.DM	1960 Mrd.DM	1970 Mrd.DM
Reproduzierbares Volksvermögen	277,0	785,6	2.139,3
Nichtreproduzierbares Volksvermögen	146,3	297,8	789,1
Nettoforderungsposition gegenüber dem Ausland	-17,0	28,0	67,0
Volksvermögen (Mrd. DM)	406,3	1.111,4	2.995,4
Eigentümergruppe	%	%	%
Privathaushalte	56,5	61,9	63,2
Staat	34,5	33,6	31,4
Organisationen ohne Erwerbscharakter	1,5	2,0	2,3
ausländische Wirtschaftseinheiten	7,5	2,5	3,1
Inlandsvermögen (Mrd. DM)	404,4	1 068,1	2 834,7

5 ZUSAMMENSETZUNG DES REINVERMÖGENS DER PRIVATEN HAUSHALTE SEIT 1950

	Engels 1950 %	Engels 1960 %	Engels 1970 %	Krelle 1960 %	Siebke 1963 %	Siebke 1966 %	Ansmann 1970 %
Landwirtschaftliches Vermögen	45	28	19	8	6	4	4
Haus- und Grundbesitz	28	25	30	36	42	41	56
Betriebsvermögen }	20	31	29	20	19	19	} 20
Kapitalanteile }				15	10	8	
Geldvermögen	7	16	22	21	23	28	19
Reinvermögen zusammen (Mrd.DM)	228	661	1792	304	444	608	1798
weiteres Vermögen (MRD.DM):							
Gebrauchsvermögen							270
Ansprüche auf Renten, Pensionen, Anwartschaften							1300
Gesamtes Reinvermögen							3368

4 STRUKTUR UND ENTWICKLUNG DES ANLAGEVERMÖGENS IN PREISEN VON 1962

	Bruttoanlagevermögen			Nettoanlagevermögen		
	1950 %	1960 %	1970 %	1950 %	1960 %	1970 %
Land- und Forstwirtschaft	8,8	6,8	5,6	9,1	6,5	5,3
Gewerbliche Wirtschaft	38,6	41,9	46,0	40,7	45,5	49,1
Wohnungsvermietung	32,5	33,2	29,5	39,5	38,7	35,5
Staat						
Ausrüstungen und Hochbau	7,4	6,9	6,8	9,4	7,7	7,9
Öffentlicher Tiefbau	11,4	9,7	10,5			
Private Organisationen ohne Erwerbscharakter	1,3	1,5	1,7	1,3	1,7	2,2
Insgesamt (Mrd.DM)	612	1048	1881	282	606	1125

6 PRODUKTIVVERMÖGEN NACH EIGENTÜMERGRUPPEN 1960 UND 1970

	Engels 1960 %	Engels 1970 %	Ansmann 1970 %
Private Inländer	58	58	54
Staat, Private Organisationen ohne Erwerbscharakter	27	25	27
Ausländische Wirtschaftssubjekte	15	17	17
Sonstige	-	-	2
Zusammen (MRD.DM)	355	895	682

7 VERTEILUNGSKENNWERTE FÜR AUSGEWÄHLTE VERMÖGENSFORMEN 1969 (Grobe Schätzungen)

Vermögensart	Anteil der Haushalte, die über diese Vermögensart verfügen %	Konzentrationsverhältnis	Anteil der Haushalte, die weniger als das durchschnittliche Vermögen dieser Vermögensart besitzen %
Sparguthaben	88,1	0,287	61,5
Lebensversicherungen (Versicherungssummen)	76,5	0,510	75,7
Haus- und Grundbesitz (alte Einheitswerte)	38,8	0,415	75,0
Bausparverträge (Bausparguthaben)	22,8	0,471	64,9
Wertpapiere (Tageswerte)	19,6	0,571	74,3

8 FORMEN DER VERMÖGENSBILDUNG IN PRIVATEN HAUSHALTEN 1962/63 UND 1969

Soziale Stellung des Haushaltsvorstandes:	Sparbücher		Lebensversicherungen		Bausparverträge		Wertpapiere		Sterbegeldversicherungen	Haus- und Grundbesitz
	1962/63 %	1969 %	1962/63 %	1969 %	1962/63 %	1969 %	1962/63 %	1969 %	1969 %	1969 %
Landwirt	63	90	37	53	11	30	5	16	32	94
Selbständiger	65	90	64	76	29	43	20	31	44	65
Beamter	72	96	53	61	23	40	15	25	44	37
Angestellter	73	93	49	64	17	30	17	27	42	34
Arbeiter	57	88	47	63	9	18	3	10	49	35
Nichterwerbstätiger	54	79	22	23	5	11	10	17	57	30
Insgesamt	60	87	41	51	12	21	10	18		

9 DURCHSCHNITTLICHE VERMÖGENSBESTÄNDE EINZELNER HAUSHALTSGRUPPEN ALS VIELFACHES DER JEWEILIGEN DURCHSCHNITTLICHEN VERMÖGENSBESTÄNDE ALLER HAUSHALTE 1969

Soziale Stellung des Haushaltsvorstandes	Sparguthaben EVS-69	Sparguthaben Giroerh.	Wertpapierbesitz EVS-69	Wertpapierbesitz Giroerh.	Immobilienbesitz EVS-69	Immobilienbesitz Giroerh.	Bausparguthaben EVS-69
	Vielfaches des jeweiligen Vermögensbestandes aller Haushalte						
Arbeiter	0,72	0,67	0,23	0,18	0,63	0,68	0,67
Angestellter	1,17	1,24	1,34	1,51	0,81	0,81	1,54
Beamter	1,18	1,27	1,10	1,26	0,94	0,94	1,87
Gewerbetreibender	1,61	1,59	2,55	2,26	2,68	2,63	2,58
Freier Beruf	2,37	1,90	6,48	6,73	3,08	3,13	3,51
Landwirt	1,39	1,57	0,62	0,66	3,66	3,54	1,34
Mithelfender	1,28	.	3,11	.	1,20	.	1,48
Nichterwerbstätiger	0,91	0,92	1,00	1,00	0,73	0,74	0,41
Haushalte Insgesamt (absolut in DM)	4 531	3 020	1 764	727	15 836	37 994	1 384

10 VERMÖGENSANTEILE DER REICHSTEN 1,7 % ALLER HAUSHALTE (in % des jeweiligen Reinvermögens)

	1960	1966
Landwirtschaftliches Vermögen	10,7	9,4
Grundvermögen	16,0	14,4
Geldvermögen	20,3	20,2
Eigentum an gewerblichen Unternehmungen im Besitz inländischer privater Haushalte	70,2	73,9
gesamtes Eigentum an gewerblichen Unternehmen	40,7	42,9
Gesamtvermögen der privaten Haushalte	35,1	31,0
Volksvermögen	21,7	19,6

11 DURCHSCHNITTLICHE VERMÖGENSBESTÄNDE PRIVATER HAUSHALTE AN SPARGUTHABEN, WERTPAPIEREN UND BAUSPARGUTHABEN IN DM NACH SOZIALER STELLUNG UND ALTER DES HAUSHALTSVORSTANDES 1969

	unter 25	25 - 34	35 - 44	45 - 54	55 - 64	65 u.ä.
Gewerbetreibender	3 674	9 685	15 194	17 963	14 549	17 411
Freiberuflicher	-	12 630	22 376	32 134	29 418	33 147
Beamter	5 090	7 110	8 988	11 946	12 311	14 645
Angestellter	3 071	7 456	9 687	10 512	10 941	15 848
Arbeiter	2 189	4 168	4 158	4 875	5 240	5 249
Landwirt	5 800	9 618	7 753	10 425	9 024	9 865
Nichterwerbstätiger	3 323	5 808	8 529	5 265	5 108	7 000

14 SPARQUOTEN IM PRIVATEN SEKTOR NACH DER SOZIALEN STELLUNG DER SPARER VON 1950 BIS 1970 (Anteil der Ersparnis am verfügbaren Einkommen der jeweiligen Gruppe in %)

Jahr	Rentner und Pensionäre %	Arbeitnehmer %	Selbstständige %	Privater Sektor Insgesamt %
1950	1,7	2,6	19,0	9,1
1954	6,1	5,7	26,6	13,5
1958	6,0	7,4	35,5	16,6
1960	4,9	6,3	36,4	16,4
1961	4,8	7,1	34,3	16,2
1962	3,9	7,5	32,1	14,8
1963	5,4	9,1	28,4	14,9
1964	7,5	9,3	33,2	16,7
1965	8,8	10,7	32,0	17,4
1966	5,4	10,2	31,4	16,1
1967	6,0	11,3	27,9	15,6
1968	6,1	12,7	31,0	18,2
1969	6,9	12,0	24,4	15,8
1970	7,3	12,5	28,3	17,2

12 VERMÖGENSBILDUNG SEIT 1950 NACH SOZIO-ÖKONOMISCHEN GRUPPEN

	Arbeiter	Angestellte	Beamte	Rentner	Landwirte	Sonstige Selbständige	Insgesamt
Nominalvermögensbildung je Haushalt (ohne nichtentnommene Gewinne)							
Föhl 1950/59 (DM)	1 600	6 000		1 950	13 000		
Relationen	1,0 :	3,8 :		1,2 :	8,1		
Krelle 1950/63 (DM)	4 100	8 180		4 500	24 200		
Relationen	1,0 :	2,0 :		1,1 :	5,9		
Nominalvermögensbildung je Einkommensbezieher (einschließlich nichtentnommener Gewinne)							
Krelle 1950/63 (DM)	2 100	4 800	6 800	2 900	3 400	63 200	8 100
Relationen	1,0 :	2,3 :	3,2 :	1,4 :	1,6 :	30,1 :	3,9
Siebke 1950/69 (DM)	6 000	13 000	19 100	6 000	9 900	121 500	16 700
Relationen	1,0 :	2,2 :	3,2 :	1,0 :	1,6 :	20,2 :	2,8

13 VERGLEICH VON VERMÖGENSBILDUNG UND EINKOMMENSVERTEILUNG 1969

	Anteil des jeweiligen Quintils am Gesamtwert in %					Anteil in % der obersten 5 Prozent	Konzentrationsmaß
	1.	2.	3.	4.	5.		
Nettosachvermögensbildung	-1,6	1,9	5,8	18,5	75,4	42,4	0,753
Nettogeldvermögensbildung	2,2	7,4	12,6	21,2	56,6	28,5	0,539
Nettovermögensbildung	1,6	5,9	11,1	20,1	61,3	31,8	0,589
verfügbares Einkommen	6,4	12,3	17,3	22,6	41,4	17,5	0,348

QUELLENANGABEN UND ANMERKUNGEN:

3) Engels, Sablotny, Zickler, Seminar für Bankbetriebslehre der Universität Frankfurt: Unveröffentlichte Daten (Veröffentlichung in der Reihe Edition Gesellschaft und Unternehmen für 1974 angekündigt).

Reproduzierbares Volksvermögen: Bauten, Ausrüstungen, Vorräte
Nicht-reproduzierbares Volksvermögen: Grund und Boden
Inlandsvermögen: "Die Differenz zum gesamten Volksvermögen nach Vermögensformen erklärt sich daraus, daß das Aktienvermögen der Privathaushalte in der personalen Rechnung zu Kurswert angesetzt wurde und nicht wie in der sektoralen Rechnung mit einem der Vermögenssubstanz entsprechenden Wert."

4) WiSta 10/1971: S. 601

Das reproduzierbare Anlagevermögen wird hier wie die Anlageinvestition in der volkswirtschaftlichen Gesamtrechnung abgegrenzt und umfaßt alle dauerhaften reproduzierbaren Produktionsmittel mit Ausnahme militärischer Güter und Güter der privaten Haushalte. Wohngebäude zählen auch dann zum Anlagevermögen, wenn sie sich im Besitz privater Haushalte befinden. Als dauerhaft gelten Produktionsmittel, wenn deren Nutzungsdauer mehr als ein Jahr beträgt (ausschließlich geringwertiger Güter).

Bruttoanlagevermögen - kumulierte Abschreibungen = Nettoanlagevermögen

5) Engels, Sablotny, Zickler, Seminar für Bankbetriebslehre der Universität Frankfurt: unveröffentlichte Daten

Siebke, Jürgen, 1971: Die Vermögensbildung der privaten Haushalte in der Bundesrepublik Deutschland, Forschungsbericht für das Bundesministerium für Arbeit und Sozialordnung, Bonn: S. 30

Ansmann, Heinz, 1972: Umverteilung des Produktivvermögens macht keinen reich, Sonderdruck aus Handelsblatt Nr. 142

Abgrenzung der Vermögensformen nach Siebke:
Landwirtschaftliches Vermögen: Boden, Gebäude (einschließlich Wohngebäude) und Inventar der land- und forstwirtschaftlichen Betriebe

Grundvermögen: Wohn- und Geschäftsgebäude und unbebaute Grundstücke, soweit diese nicht im landwirtschaftlichen Besitz oder im Betriebsvermögen enthalten sind

Betriebsvermögen: Vermögenswert der Personalunternehmen

Kapitalvermögen: Kapitalanteile wie Aktien, Investmentzertifikate, GmbH-Anteile; Geldvermögen wie Spareinlagen, Ansprüche aus Lebensversicherungen und festverzinstliche Wertpapiere

Reinvermögen: jeweiliges Bruttovermögen nach Abzug der Schulden auf landwirtschaftlichem Vermögen, Grundvermögen, Geldvermögen

Produktivvermögen: Betriebsvermögen + Kapitalanteile

6) Engels, Sablotny, Zickler, Seminar für Bankbetriebslehre der Universität Frankfurt: unveröffentlichte Daten

Ansmann, Heinz, 1972: Umverteilung des Produktivvermögens macht keinen reich, Sonderdruck aus Handelsblatt Nr. 142

7) Berechnungen der Sozialpolitischen Forschergruppe Frankfurt/Mannheim
Grobe Schätzungen auf der Grundlage der Originaldaten der Einkommens- und Verbrauchsstichprobe von 1969
Haushalte: Private Haushalte ohne Ausländerhaushalte und ohne Anstaltshaushalte

8) WiSta 1970: S. 317, 318

9) Krupp, Hans-Jürgen; Hecheltjen, Peter; Schmaus, Günter, Weigend, Arno; 1973: Ergänzung der volkswirtschaftlichen Gesamtrechnung durch Vermögensrechnungen; Anforderungen an die Einkommens- und Verbrauchsstichprobe im Hinblick auf die Bereitstellung von Ausgangsdaten für gesamtwirtschaftliche Vermögensrechnungen. Forschungsbericht im Auftrag des Bundesministers für Arbeit und Sozialordnung. Bd. II: S. 118

10) Krelle, Wilhelm, 1972: Vermögensverteilung - Zahlen, Empfehlungen, Absichtserklärungen. In: Wirtschaftswoche Nr. 39: S. 75

Darüber hinaus gehende Zahlen wurden errechnet auf der Grundlage der Schätzungen von Engels, Sablotny, Zickler, Seminar für Bankbetriebslehre der Universität Frankfurt: unveröffentlichte Daten

11) Berechnungen der Sozialpolitischen Forschergruppe Frankfurt auf der Grundlage der Originaldaten der Einkommens- und Verbrauchsstichprobe von 1969

Haushalte: Private Haushalte ohne Ausländerhaushalte und ohne Anstaltshaushalte

12) Lampert, Heinz, 1972: Vermögenspolitische Maßnahmen - erfolgreiche Instrumente der Einkommensverteilung? In: 25 Jahre Marktwirtschaft in der Bundesrepublik Deutschland; hrsg. von D. Cassel, G. Gutmann, H.J. Thieme, Stuttgart: Gustav-Fischer-Verlag, S. 354 (Föhl-Krelle-Vergleich)

Siebke, Jürgen, 1971: Die Vermögensbildung der privaten Haushalte in der BRD, Forschungsbericht für das Bundesministerium für Arbeit und Sozialordnung, Bonn, S. 10

Krelle, Wilhelm; Schunk, Johann; Siebke, Jürgen, 1968: Überbetriebliche Ertragsbeteiligung der Arbeitnehmer, Band II, Tübingen: S. 326, J.C.B. Mohr. (Die Zahlen dieser Tabelle wurden aufgrund der Angaben bei "Siebke 1971" teilweise umgerechnet)

Nominalvermögensbildung = Geld- und Sachvermögensbildung

13) Berechnungen der Sozialpolitischen Forschergruppe Frankfurt/Mannheim auf der Grundlage der Originaldaten der Einkommens- und Verbrauchsstichprobe von 1969 (ohne Berücksichtigung von Kreditvorgängen)

Nettosachvermögensbildung: Käufe von Grundstücken, Gebäuden, Eigentumswohnungen, Ausgaben für Hausbau, Instandsetzungskosten eigener Gebäude bzw. Wohnungen, nichtentnommene Gewinne, Vergrößerung des betrieblichen Anlagevermögens abzüglich Verkauf von privaten Grundstücken und Gebäuden, Veräußerung des Gesamtbetriebes, Verminderung des betrieblichen Anlagevermögens.

Nettogeldvermögensbildung: Positiver Saldo laufender Konten und von Barbeständen, Einzahlungen auf Sparbücher, Spargeldeinzahlungen für noch nicht ausgezahlten Bausparvertrag, Käufe von Wertpapieren, Käufe von Geschäfts- und Genossenschaftsanteilen, Prämien für Lebens-, Aussteuer- und Sterbegeldversicherung, freiwillige Beiträge für Pensions- und Sterbekassen, freiwillige Weiterversicherung in der gesetzlichen Krankenversicherung abzüglich negativer Saldo "laufende Konten", negativer Saldo "Barbestände", Abhebungen von Sparbüchern, Auszahlungen von Einlagen bei Bausparkassen (Sparguthaben einschl. Prämien und Zinsen), Verkauf von Wertpapieren, Verkauf von Geschäfts- und Genossenschaftsanteilen, Renten u.ä. der Lebensversicherungen, einmalige Einnahmen aus Lebensversicherungen, Rückzahlung ausgeliehener Gelder.

Haushalte: Private Haushalte ohne Ausländerhaushalte und ohne Anstaltshaushalte

Quintilsdarstellung: die Haushalte werden nach der Variablengröße geordnet und zu Gruppen von jeweils 20 % zusammengefaßt. Für diese Gruppen wird der prozentuale Anteil am jeweiligen Gesamtbestand (Sach-, Geldvermögen, Einkommen) angegeben.

Konzentrationsmaß: berechnet auf der Grundlage der Lorenzkurve. Kann Werte zwischen 0 und 1 annehmen und zeigt mit zunehmender Größe eine zunehmende Konzentration an.

14) Kaiser, Walter; Soziale Struktur des Sparens und der Steuerzahlungen in der BRD von 1967 bis 1970, Forschungsbericht Nr. 5, S. 31

Kaiser, Walter; Zerwas, Arnold, 1970: Die Struktur des Sparens in der Bundesrepublik Deutschland von 1950 bis 1967, Berlin, Duncker und Humblot, S. 101

"Diese Untersuchung ist ausgegangen von der gesamtwirtschaftlichen Ersparnisrechnung (nach Vermögensübertragung) der Deutschen Bundesbank und hat diese funktional gegliederte Statistik unter Zuhilfenahme von Einzelstatistiken (z.B. der Sparkassen, der Bausparkassen usw.) und zum Teil mittels Schätzungen auf die Gruppe der Unselbständigen (Arbeitnehmer und Rentner) und - unter Herausnahme der unverteilten Gewinne der Unternehmen mit eigener Rechtspersönlichkeit - auf die Gruppe der Selbständigen (einschließlich der nicht-entnommenen Gewinne der Einzelunternehmen und der Personengesellschaften) umgerechnet. So sind zum Beispiel die Eigenmittel der Unselbständigen zum Bau von Eigenheimen, die in der Statistik der Bundesbank im Sektor Unternehmen verbucht werden, hier den Unselbständigen zugeschlagen worden. Die nicht-entnommenen Gewinne der Unternehmen der öffentlichen Hand sind gänzlich ausgeklammert und der Ersparnisbildung der öffentlichen Hand zugeschlagen worden." (HevsD, S. 31)

BILDUNGSCHANCEN

Bildung im Sinne sozial anerkannter Bildungsqualifikationen wird mit hoher Übereinstimmung ein positiver Wert zugesprochen, weil sie einerseits die Chancen von Individuen verbessert, gute Berufspositionen zu erreichen, hohe Einkommen zu erzielen und soziale Wertschätzung zu erhalten, und andererseits, weil Bildung als Grundlage für individuelles Streben nach Aufklärung, Emanzipation und Interaktionsfähigkeit erscheint. Wenn Bildung offensichtlich einen zentralen Stellenwert für individuelle Lebenskarrieren hat, dann stellt sich die Frage nach den Verteilungsprozessen für 'Bildung', vor allem die Frage nach den Bildungschancen für Individuen und Gruppen.

In der bildungspolitischen Diskussion werden zwei Problemstellungen nicht immer klar getrennt: die Frage, ob alle Personen das gleiche Ausbildungsniveau erhalten sollen, von der Frage, ob alle Personen die gleiche Chance erhalten sollen, unterschiedliche Bildungsniveaus zu erreichen. Die zweite Fragestellung ist die der Chancengleichheit, die von einem englischen Soziologen treffend so formuliert wurde: "equality of opportunity - to become unequal".

Die präzise Bedeutung von Chancengleichheit in einem selektiven Schulwesen kann man folgendermaßen erläutern: Noch vor wenigen Jahren verließen von 100 Schülern eines Einschulungsjahrgangs grob geschätzt 75 das allgemeinbildende Schulwesen mit oder sogar ohne Volksschulabschluß, 15 mit mittlerer Reife und 10 erreichten das Abitur. Diese 100 Schüler unterscheiden sich nun, außer in ihrem erreichten Abschluß, auch noch in vielfältiger anderer Weise, nämlich hinsichtlich der beruflichen Stellung ihrer Väter, der Größe ihres Wohnorts, ihrer Zugehörigkeit zu einer Geschlechtskategorie und zu einer Religion. Chancengleichheit würde sich nun darin äußern, daß man auf seiten der Schüler kein Merkmal finden kann, daß in einem Zusammenhang zur Höhe des erreichten Schulabschlusses steht. Unter den Abiturienten müßte der Anteil der Arbeiterkinder, der Landkinder, der Mädchen und der Katholiken genauso groß sein wie unter den Schulentlassenen mit Volksschulabschluß und denen mit mittlerer Reife. Dies ist in der Realität nicht der Fall. In der Bundesrepublik gibt es für typische Schülergruppen - Kinder aus Arbeiter- und Landfamilien, Mädchen, und neuerdings Gastarbeiterkinder - sehr verschiedene Bildungschancen, die in unterschiedlichen relativen Häufigkeiten, mit denen bestimmte Schulabschlüsse erreicht werden, ihren Ausdruck finden. Auch zwischen den Bundesländern bestehen deutliche Unterschiede in der relativen Häufigkeit höherer Bildungsabschlüsse; d.h., daß die Bildungschancen eines Kindes davon abhängen, in welchem Bundesland es aufwächst.

Eine Egalisierung der Bildungschancen ließe sich auf zwei Wegen anstreben: erstens über eine Umverteilung der Chancen zwischen den einzelnen Gruppen, ohne die Gesamthäufigkeit der einzelnen Bildungsabschlüsse zu ändern. Eine solche Strategie würde implizieren, daß die Bildungschancen bisher privilegierter Gruppen reduziert, die von unterprivilegierten Gruppen hingegen erhöht würden, ohne daß sich an der Gesamtselektivität des Bildungssystems etwas ändert.

Zweitens - und diesen Weg hat die Bildungspolitik beschritten - kann die Häufigkeit höherer Schulabschlüsse insgesamt vermehrt werden und der Versuch unternommen werden, ohne den Bevorzugten etwas zu nehmen, den Zugang zu höheren Abschlüssen für Benachteiligte zu erleichtern. Allerdings kann man bei einer Bildungsexpansion nicht sicher sein, daß die Sozialkategorien, die bisher benachteiligt waren nun tatsächlich höhere Bildungschancen erhalten, weil sich möglicherweise an der Chancenungleichheit überhaupt nichts ändert.

In der bildungssoziologischen Forschung wurden eine Reihe von "Bildungsbarrieren" identifiziert, die für verschiedene Sozialkategorien unterschiedliche Wirksamkeit zu haben scheinen:

Bildungsangebote (örtliche Präsenz von Schulen, Schulwege, Verkehrsverbindungen)

Selektionswirkung des Schulwesens (Gliederung, Durchlässigkeit, Auslese)

Bildungsinhalte (Soziale Relevanz ver vermittelten Kenntnisse und Fähigkeiten)

Lehrerurteil und Lehrerverhalten (Vorstellungen vom 'guten' Schüler, Zuwendung von Aufmerksamkeit und Förderung)

Finanzielle Belastungen (Aufwand für Schüler und Schulbesuch, Verzicht auf zusätzliches Einkommen)

Soziale Distanz der Eltern zum Schulwesen (Uninformiertheit, affektive Distanz)

Elterliche Bildungsaspirationen (Vorstellungen von der erwünschten und sozial angemessenen Schulbildung)

Elterliche Erziehungsstile und Wertvorstellungen (Erzeugung von Bildungsmotivation)

Familiäres Bildungsmilieu (Entwicklung von Lern-, Sprach- und Interaktionsfähigkeiten)

Freundesgruppen (Soziale Vorbilder, sozialer Druck)

Bildungsreformen, die mehr Chancengleichheit anstreben, haben also eine Vielzahl von Ansatzpunkten, die nicht alle gleichermaßen von der Bildungspolitik beeinflußbar sind: sie kann Schulen an geeigneten Orten erstellen, die schulische Organisation verändern (Gesamtschulen, Förderstufen) und sie kann die Bildungsinhalte umgestalten. Weniger leicht beeinflußbar dürften problematische Verhaltensmuster von Lehrern sein. Der familiäre Bereich ist der Bildungspolitik entzogen; dessen Einfluß kann sie allerdings zu mildern versuchen (Tagesschulen, Vorschulen). Da es den Anschein hat, daß die Bildungsexpansion nun an Grenzen gestoßen ist, dürfte die Frage der Chancengleichheit neue Aktualität erhalten.

1 UNIVERSITÄTSBESUCH NACH SCHICHTZUGEHÖRIGKEIT UND GESCHLECHT SEIT 1928 (Verteilung der Studenten bzw. Studienanfänger nach der beruflichen Stellung ihrer Väter - im Vergleich zur Verteilung der Erwerbstätigen der Vätergeneration und Anteil der Frauen)

berufliche Stellung der Väter bzw. Erwerbstätigen	Erwerbstätige (männlich, älter als 40 Jahre 1925 %	Studenten im Wintersemester 1928/29 %	1951/52 %	1959/60 %	1967/68 %	Erwerbstätige (männl., verh., älter als 45 J.) 1967 %	Studienanfänger im Wintersemester 1967/68 %	1971/72 %	Erwerbstätige (männl., verh., älter als 45 J.) 1970 %
Arbeiter	43,5	2,1	4,1	5,2	6,9	43,3	9,2	12,8	42,8
Angestellte	} 20,0	12,2	23,0	28,4	31,9	22,2	32,8	35,2	23,8
Beamte		47,1	38,0	34,8	30,4	9,0	27,5	24,3	9,1
Selbständige	36,5	38,6	34,9	31,6	30,8	25,6	30,5	26,7	24,3
Insgesamt (in 1 000)	11 758	98,1	109,7	172,3	215,9	5 614	44,5	75,6	5 461
Frauenanteil (%)		11,6	16,2	21,7	23,5		42,8	42,0	

2 FRAUEN UND ARBEITERKINDER AN HOCHSCHULEN IM INTERNATIONALEN VERGLEICH

	Anteil weiblicher Studierender		Anteil von Arbeiterkindern		
	Jahr	%	Jahr	%	Bezugsgruppe
BRD	1971	34,3	1958/59	5,2	Studierende
DDR	1971	44,3			
GBR	1969	38,3	1955/56	24,9	Studienanfänger
FRA			1961	5,5	Studierende
ITA	1968	38,6			
NIE	1969	27,4			
BEL					
LUX					
DÄN	1969	32,9			
ÖST	1969	28,6			
SWI			1959	5,5	Studierende
SWE	1969	37,4	1956	20	männl. Studienanf.
JAP	1969	28,3			
USA	1969	40,7	1953	31	College-Graduates
USR					
IND					

5 MÄDCHEN- BZW. FRAUENANTEIL NACH SCHULFORMEN UND -ABSCHLÜSSEN

	1950 %	1960 %	1970 %
Volksschüler	49,3	49,3	49,0
Realschüler	54,1	61,9	52,9
Gymnasiasten	40,5	44,2	43,9
Abiturienten	32,4	35,9	40,3
Studienanfänger	18,0	27,4	40,6
Studenten	16,9	22,5	31,1
Staats-/Diplomprüflinge	15,8	20,5	30,5
Doktoranden	16,8	15,9	16,5

3 GYMNASIALSCHÜLER (1965) UND STUDIENANFÄNGER (Wintersemester 1969/70) NACH SOZIALER HERKUNFT UND ALS ANTEIL IHRES SCHICHTSPEZIFISCHEN JAHRGANGS (geschätzt)

berufliche Stellung des Vaters / Schicht	Gymnasialschüler des 10. Schuljahrganges nach sozialer Herkunft absolut (in 1 000)	in v.H.	als Anteil am schichtspezifischen Jahrgang in v.H.	schichtspezifischer Jahrgang (geschätzt) absolut (in 1 000)
Arbeiter	10,2	10,2	2,8	365,3
Angestellte	34,4	34,2	20,1	170,9
Beamte	25,7	25,6	36,0	71,4
Selbstständige	30,1	30,0	16,7	180,4
Insgesamt	100,4	100	12,8	788,0
	Gymnasialschüler des 13. Schuljahrganges			
Arbeiter	3,5	6,7	1,1	320,4
Angestellte	17,5	33,1	11,7	149,9
Beamte	15,0	28,5	24,0	62,6
Selbstständige	16,8	31,7	10,6	158,2
Insgesamt	52,8	100	7,6	691,1
	Studienanfänger			
Arbeiter	6,2	10,9	1,8	348,7
Angestellte	19,6	34,3	10,2	192,4
Beamte	15,2	26,6	18,8	80,6
Selbstständige	16,1	28,2	7,8	206,4
Insgesamt	57	100	6,9	828,1

4a SCHULISCHE AUSBILDUNG DER KINDER NACH MERKMALEN DES ELTERNHAUSES 1972

	Angestrebte schulische Ausbildung für die Kinder:					Gegenwärtiger Schulbesuch der 10 bis 14jährigen Kinder:			
	Insgesamt	Hauptschul-abschluß	Realschul-abschluß	Fachhoch- oder Hochschulreife	Weiß noch nicht, ohne Angabe	Insgesamt	Grund/ Hauptschule	Realschule	Gymnasium
Dim.	1 000	%	%	%	%	1 000	%	%	%
Insgesamt	15 745	22,0	23,9	23,7	30,4	4 672	67,1	15,2	17,7
nach dem Schulabschluß des Familienvorstandes:									
Hauptschule	12 114	27,5	25,4	14,5	32,5	3 770	74,9	15,0	10,1
Realschule	2 091	5,3	26,2	42,5	26,1	522	41,6	22,0	36,4
Fachhoch- o. Hochschulreife	1 540	1,6	9,2	70,3	19,0	380	25,0	/	67,4
nach der Stellung im Beruf des Familienvorstandes:									
Beamte, Richter	1 451	5,7	22,8	45,6	25,9	367	44,4	18,3	37,3
Angestellte	3 788	7,5	25,1	39,9	27,5	945	48,9	17,5	33,7
Selbständige (ohne Landwirte)	1 615	12,5	25,3	36,8	25,3	495	46,1	20,2	33,7
Nichterwerbstätige	719	31,6	20,2	19,6	28,7	253	80,6	/	/
Gelernte und Facharbeiter	4 126	26,5	27,8	12,1	33,7	1 218	76,4	14,7	8,9
Landwirte	829	33,2	22,2	11,3	33,3	285	75,4	/	/
Übrige Arbeiter	3 217	40,6	18,9	7,0	33,5	1 109	84,2	11,7	/
nach dem monatlichen Nettoeinkommen des Familienvorstandes:									
unter 600 DM	402	33,6	20,4	15,7	30,3	123	84,6	/	/
600 - 1000 DM	3 262	32,0	23,5	10,9	33,5	1 015	79,3	13,4	7,3
1000 - 1400 DM	5 939	23,9	27,0	15,8	33,3	1 751	72,6	16,3	11,1
1400 - 1800 DM	2 619	14,8	27,2	30,0	27,9	722	59,6	18,3	22,2
1800 u. mehr DM	2 530	6,7	15,6	57,4	20,3	726	37,2	12,9	49,9

4b SCHULISCHE AUSBILDUNG DER KINDER NACH RELEVANTEN MERKMALEN 1972

	Angestrebte schulische Ausbildung für die Kinder:					Gegenwärtiger Schulbesuch der 10 bis 14jährigen Kinder:			
	Insgesamt	Hauptschulabschluß	Realschulabschluß	Fachhoch- oder Hochschulreife	Weiß noch nicht, ohne Angabe	Insgesamt	Grund/ Hauptschule	Realschule	Gymnasium
Dim.	1 000	%	%	%	%	1 000	%	%	%
Insgesamt	15 745	22,0	23,9	23,7	30,4	4 749	66,1	14,9	17,5
nach dem Alter des Kindes:									
unter 6 Jahren männl.	2 709	11,1	17,2	19,9	51,7				
weibl.	2 563	12,7	19,3	16,1	52,0				
6 - 9 Jahre männl.	2 199	21,0	23,1	24,1	31,8				
weibl.	2 061	20,7	29,3	20,9	29,1				
10 - 14 Jahre männl.	2 393	37,3	24,0	25,1	13,6	2 423	66,2	13,7	18,4
weibl.	2 294	37,2	28,9	21,1	12,7	2 326	65,9	16,2	16,4
15 u.m. Jahre männl.	820	12,9	24,4	54,3	8,4				
weibl.	706	14,2	36,5	40,5	8,8				
nach der Wohnortgröße:									
unter 2 000 Einwohner	2 850	27,3	24,2	12,8	35,6	929	73,1	14,0	11,1
100 000 und mehr Einwohner	3 975	19,3	21,7	32,8	26,1	1 116	62,4	15,4	21,3
nach der Entfernung zum nächsten Gymnasium:									
in gleicher Gemeinde	7 865	19,7	24,5	29,2	26,6				
20 km und mehr entfernt	663	27,0	24,1	10,6	38,3				

6 DER ANTEIL AUSLÄNDISCHER SCHÜLER AN ALLEN SCHÜLERN (Schuljahr 1970/71) UND DER ANTEIL AUSLÄNDISCHER SCHÜLER AUS MITTELMEERLÄNDERN AN DEN AUSLÄNDISCHEN SCHÜLERN (Schuljahr 1969/70) NACH SCHULFORMEN

	Bundesgebiet	Baden-Württemberg	Bayern
	von 10 000 Schülern waren Ausländer		
Grund-/Hauptschulen	212	390	155
Sonderschulen	122	251	140
Realschulen	55	67	67
Gymnasien	88	107	123
	Anteil der ausländischen Schüler aus Mittelmeerländern an allen ausländ. Schülern		
		%	%
Grund-/Hauptschulen		87,8	60,9
Sonderschulen		82,0	
Realschulen/Realschulzüge		37,8	19,9
Gymnasien und berufl. Gymnasien		24,1	10,1

8 DER ANTEIL DER JUGENDLICHEN DES JAHRGANGS 1949, DIE BIS ZUM JAHR 1970 DAS ABITUR ABGELEGT HABEN, AN IHREM ALTERSJAHRGANG IM JAHR 1970 NACH BUNDESLÄNDERN

Land	%	Land	%
SchH	8,2	RhPf	10,2
Hamb	8,4	BaWü	10,4
Brem	13,4	Bayn	7,0
NieS	8,5	Saar	9,3
NRW	9,2	Berl	10,0
Hess	10,9	Bund	9,1

7 SOZIALE HERKUNFT UND STUDIENWAHL IM WINTERSEMESTER 1971/72

Studienanfänger mit Hauptstudienfach	(Akademiker		)	(Nichtakademiker				)			
	Beamte, Richter %	Angestellte %	Selbständige (einschl. Landwirte) %	Beamte %	Angestellte %	Selbständige %	Landwirte %	Arbeiter %	Sonstige %	Zusammen %	Frauenanteil %
Theologie	0,15	0,05	0,05	0,15	0,35	0,16	0,09	0,21	0,03	1,24	11,27
Human-, Zahn-, Tiermedizin, Pharmazie	0,82	0,33	0,77	0,57	1,13	0,66	0,20	0,34	0,14	4,96	34,01
Rechtswissenschaften	0,74	0,37	0,57	0,89	1,53	0,97	0,13	0,40	0,12	5,72	23,07
Wirtschafts- und Sozialwissenschaften	0,63	0,41	0,53	1,27	3,06	2,26	0,01	1,22	0,29	9,68	23,69
Geistes- und Sprachwiss. (ohne Lehramt)	2,25	0,96	1,23	2,97	5,81	3,02	0,56	2,11	0,45	19,36	59,00
Geistes- und Sprachwiss. für Lehramt	2,73	0,85	0,94	4,58	8,59	4,08	1,46	4,27	0,69	28,19	66,47
Naturwissenschaften	1,81	0,94	1,27	2,35	5,31	2,34	0,60	2,25	0,40	17,27	27,16
Land- und Forstwirtschaft	0,14	0,06	0,10	0,11	0,24	0,16	0,27	0,09	0,03	1,20	17,85
Ingenieurwissenschaften	0,69	0,53	0,52	1,25	2,97	1,73	0,32	1,32	0,24	9,57	4,60
Sonstiges und Ohne Angabe	0,24	0,12	0,14	0,35	0,73	0,45	0,10	0,31	0,09	2,52	39,21
Insgesamt	10,20	4,62	6,12	14,49	29,72	15,83	3,74	12,52	2,47	100	42,00
Frauenanteil	48,29	47,25	46,32	41,18	41,09	43,85	45,81	33,42	36,78	42,00	

ANMERKUNGEN UND QUELLENANGABEN

1) Studenten- bzw. Studienanfängerdaten:
Bevölkerung und Wirtschaft 1872 - 1972: S. 129
Kath, Gerhard, 1969: Das soziale Bild der Studentenschaft in der BRD. Hrg: Deutsches Studentenwerk, Bonn: S. 46
StBa, Fachserie A, Reihe 10, V, WS 1959/60: S. 14
WS 1967/68: S. 54
WS 1971/72: S. 72
Erwerbstätigendaten:
Statistisches Jahrbuch für das Deutsche Reich 1930: S. 24
StBa, Fachserie A, Reihe 6, I, 1967: S. 18, 1970: S. 18

Studenten bzw. Studienanfänger ohne Angabe der Berufsstellung ihrer Väter (in %): 1928: 1,0 , 1951: 0,4 , 1959: 0,4 , 1967: 2,7 bzw. 1,8 , 1971: 2,5 . Sie wurden den Gruppenanteilen entsprechend verteilt.
Der Auswahl der speziellen Erwerbsbevölkerung lag die Überlegung zu Grunde, daß sie die Gruppe repräsentieren solle, der die Väter der Studenten angehören. Das sollen männliche Erwerbspersonen sein, die Kinder im Alter von mindestens 19 Jahren haben. Diese Gruppe ist natürlich schwer exakt zu ermitteln. Mit den männlichen Erwerbstätigen, die älter als 40 bzw. 45 Jahre sind, wurde die beste und in der Zeit vergleichbare Annäherung gewählt.
Die Frauenquoten von 1928, 1951 und 1960 betreffen das Sommersemester

2) Popitz, Heinrich, 1964: Die Ungleichheit der Chancen im Zugang zur höheren Schulbildung. In: Friedeburg, Ludwig von (Hrsg.), 1966: Jugend in der modernen Gesellschaft. Köln-Berlin: Kiepenheuer & Witsch. S. 392
StBa, Jb 1973: S. 38*, 40*

Frauenanteil betrifft Fach- und Hochschulen

3) StBa, Fachserie A, Reihe 6, Mai 1965: S. 17
Reihe 10, V, WS 1969/70: S. 76, 120
Reihe 5, 1969: S. 37
StBa, Jb 1971: S. 35
WiSta 1967: S. 522

Der Anteil von Kindern bestimmter Schichten (Berufsgruppen ihrer Väter) an den Studienanfängern im Vergleich zum Anteil, den diese Berufsgruppen an der Erwerbsbevölkerung haben, ist ein erster grober Indikator, um die schichtspezifische Auslese eines Schulsystems zu beurteilen. Er ist aber weder ein besonders genauer noch anschaulicher Indikator, weil der Umweg über den Vergleich mit der Erwerbsbevölkerung nötig ist. In dieser Tabelle ist daher versucht worden, eine direkte Antwort auf die Chancengleichheitsfrage zu geben:"Wieviel Kinder eines schichtspezifischen Geburtsjahrganges kommen bis zur Universität?" Da diese Frage nur exakt durch nicht vorliegende Längsschnittdaten beantwortet werden könnte, soll als Annäherung folgende Frage betrachtet werden: "Welchen Anteil haben Studienanfänger bestimmter sozialer Herkunft zu einem Zeitpunkt an den Gleichaltrigen ihrer Schicht?" Da schichtspezifische Altersaufbauten nicht vorliegen, mußten sie geschätzt werden. Das Verfahren war wie folgt:
Da die Studienanfänger sehr unterschiedliches Alter haben (es wird von "18 und jünger" bis "30 und älter" erhoben), mußte zunächst die allen Studienanfängern entsprechende Gleichaltrigengruppe in der Gesamtbevölkerung ermittelt werden. Dazu wurde vom Altersaufbau 1969 aus jedem Jahrgang der Bruchteil genommen, den derselbe Jahrgang an Studienanfängern hatte (z. B. da 33 % der Studienanfänger 19 Jahre alt waren, wurde ein Drittel der 19jährigen Einwohner genommen etc.). Die Summe dieser Jahrgangsanteile ergab einen gewichteten Durchschnittsjahrgang. Dieser fiktive Jahrgang mußte in schichtspezifische Teile aufgeteilt werden. Hierfür wurde die Verteilung zu Grunde gelegt, nach der sich männliche, über 45jährige Vorstände von Mehrpersonenhaushalten auf die

Berufsgruppen verteilen. Ein möglicher Fehler besteht hierbei darin, daß es berufsgruppenspezifische Unterschiede der Kinderzahl gibt.
Die Errechnung der schichtspezifischen Schulbesuchsquoten erfolgte bei den Gymnasialschülern analog. Zur Schichtbildung wurden allerdings die männlichen Erwerbstätigen über 35 Jahre herangezogen

4) StBa, Fachserie A, Reihe 10, IV, Sonderbeiträge aus dem Schul- und Fortbildungsbereich 6. Ausbildungsabsichten der Eltern für ihre Kinder, Juli 1972: S. 8 - 12, 13, 14, 22

5) StBa, Fachserie A, Reihe 10, I, 1960: S. 12, 30, 40, 46
1970: S. 16, 83, 116, 154
V, Wintersemester 1959/60: S. 16
1960/61: S. 35, 36, 38
1970/71: S. 14, 56

StBa, Jb 1952: S. 61, 64, 65, 71
1963: S. 102
1973: S. 96

Bei Abiturienten, Staats- und Diplomprüflingen und Doktoranden handelt es sich um Prüflinge, die bestanden haben
Die Quoten für Studenten und Studienanfänger betreffen jeweils das Wintersemester des angegebenen Jahres, die Quoten für Staats- und Diplomprüflinge und Doktoranden das Jahr 1952, das WS 1960/61 und das Sommersemester 1970
Erfaßt werden Studenten und Studienanfänger an wissenschaftlichen Hochschulen, allerdings 1950 ohne pädagogische Hochschulen

6) Glatzer, Wolfgang, 1973: Die Bildungschancen der Kinder von Gastarbeitern. In: aspekte Nr. 4: S. 35

Mittelmeerländer: Türkei, Griechenland, Jugoslawien, Italien, Spanien und Portugal (aus diesen Ländern stammen circa 80 Prozent der "Gastarbeiter")

7) StBa, Fachserie A, Reihe 10, V, Wintersemester 1971/72: S. 92 - 95

8) StBa, Fachserie A, Reihe 10, I, 1967: S. 57
1968: S. 65
1969: S. 72
1970: S. 154

Stärke des Altersjahrgangs nach Angaben des Statistischen Bundesamts gemäß Ergebnissen der Volkszählung 1970.

VERTIKALE MOBILITÄT

Daten über soziale Mobilität sind sowohl von sozialwissenschaftlichem als auch von politischem Interesse. Die systematische Erfassung der Bewegungen von Personen zwischen sozialen Positionen, vor allem innerhalb der sozialen oder beruflichen Hierarchie, ist einer der wichtigsten empirischen Zugänge zur Dynamik des Schichtgefüges. Der Umfang sozialer Mobilität, der Grad der Statusvererbung und die Art und Weise der Zuweisung sozialer Positionen (kollektive Statusvererbung vs. individueller Statuserwerb) gelten in der soziologischen Theorie als zentrale Variablen in der Entwicklung von Gesellschaften. Der Häufigkeit und Distanz sozialer Aufstiege und Abstiege werden weitreichende Folgewirkungen auf Individuen (z.B. Statusunsicherheit, Überkonformität, politische Apathie oder Radikalität), auf Kollektive (z.B. Grad der Integration und Organisationsfähigkeit) und Gesamtgesellschaften (z.B. Grad der Konfliktanfälligkeit) zugeschrieben. Politische Bedeutung haben Mobilitätsdaten als empirische Evidenz für die unvollkommene Durchsetzung politisch - ideologischer Programmatik (Chancengleichheit, Leistungsgerechtigkeit),aber auch als Erfolgskontrolle politischer Interventionen (soziale Sicherung, Chancengleichheit durch Bildungsreformen). Zu bedenken ist dabei freilich, daß auch hohe Mobilitätsraten und eine Egalisierung der Chancen im Zugang zu sozialen Positionen gleichzeitig mit einer hohen Ungleichheit in der Verteilung sozialer Güter und Werte vorhanden sein können. Die Gesellschaft der Bundesrepublik ist weder extrem mobil noch extrem immobil. Viel mehr Menschen steigen auf und ab als etwa durch Veränderung der Berufsstruktur erzwungen würde,aber viel weniger sind mobil als ein (statistisches) Modell der Chancengleichheit verlangen würde. Entgegen populären Vorstellungen lassen die hier präsentierten und ähnliche, detaillierte Daten keinen Trend in Richtung auf eine größere Häufigkeit sozialer Mobilität oder eine Verminderung der Chancengleichheit erkennen (vgl. Tab 3). Im Gegenteil scheint die Struk-

tur sozialer Mobilität in vielen Aspekten (Häufigkeit, Vater-Sohn-Abhängigkeit, Status oder Berufsvererbung) über die Zeit bemerkenswert stabil. Dies gilt im übrigen auch für andere Gesellschaften, wie etwa die der USA, wo diese Stabilität für eine Periode von über 40 Jahren nachgewiesen wurde.
Auch im internationalen (zwangsläufig sehr groben) Vergleich der in Tabelle 2 aufgeführten Industrieländer können keine markanten Unterschiede festgestellt werden. Dies deutet ebenfalls auf die strukturelle Stabilität der Ungleichheit im Zugang zu sozialen Positionen hin, zumindest, was die hier erfaßte Hierarchie beruflicher Positionen anbelangt.

Tabelle 4 zeigt in differenzierter Weise, wie sich die Söhne von Vätern einer bestimmten Berufskategorie auf die verschiedenen Kategorien verteilen. Charakteristisch ist einerseits, daß alle Berufskategorien bis zu einem gewissen Grad durchlässig sind(abgesehen von den stark schrumpfenden Landwirten), andererseits aber, daß im allgemeinen die Vererbung des beruflichen Status (s. die Besetzung der Diagonalzellen) den wahrscheinlichsten Fall darstellt. Bei einer derartig differenzierten Aufgliederung überwiegt zwar der Anteil der Mobilen den Anteil der Immobilen bei weitem, doch gehen die meisten Bewegungen über kurze Distanzen in statusähnliche Berufe.

Die Matrix der Assoziationskoeffizienten (Tab. 5), die die Mobilitätschancen in Abhängigkeit der Größe der Herkunfts- und Zielkategorie abbilden, ergibt ein eindeutiges Bild der Mobilitätsbarrieren in der BRD. Sieht man von kleinen Handwerkern und Landwirten einmal ab, so verläuft eine klare Grenze zwischen Arbeitern und Nicht - Arbeitern. Während die Mobilität innerhalb dieser Bevölkerungsteile über den Werten liegt, die bei statistischer Unabhängigkeit zwischen Vaterberuf und Sohnberuf zu erwarten wären, verdünnen sich die Mobilitätsprozesse an der Trennungslinie, wobei die geringe Zahl der einfachen Beamten und Meister eine Art Zwischenstufe bildet.

Die These der zentralen Bedeutung von Bildungsqualifikationen beim Zugang zu sozialen Positionen kann zwar bestätigt werden (Tab. 6), doch im Gegensatz zu populären Vorstellungen vermindert das Bildungssystem die benachteiligenden und privilegierenden Einflüsse der sozialen Herkunft nicht in erheblichem Maß. Diese Einflüsse werden nicht nur größtenteils über die Schule vermittelt, sie wirken auch davon unabhängig noch auf die späteren Berufschancen. Zieht man insbesondere neben den Faktoren des Status der Herkunftsfamilie andere, davon unabhängige Einflüsse der Herkunftsfamilie in Betracht, so zeigt sich, daß dem Schulsystem nur in geringem Maße eine mobilitätsfördernde Funktion zukommt (Tab 7).

Aussagen über soziale Mobilität können nicht zuverlässiger sein als die Daten und Methoden, auf denen sie basieren. Vor allem die internationalen und historischen Vergleiche sind methodisch nur sehr unvollkommen abgesichert. Zu kleine Stichproben, unvergleichbare Stichprobenverfahren und Berufsklassifikationen, unvergleichbare Definitionen der 'Väter' und'Söhne' erzwingen sehr grobe Vergleiche, deren Resultate nur mit Vorsicht interpretiert werden dürfen. Es ist zweifellos zu erwarten, daß detaillierende Vergleiche mit differenzierteren Klassifikationen und besseren Daten mehr Unterschiede zu Tage gebracht hätten als die hier verwandten Materialien. Offensichtliche Fehler läßt auch der Umstand vermuten, daß die Streuung für die BRD - Stichproben fast ebenso groß ist wie beim internationalen Vergleich. Die Interpretation von Daten über berufliche Mobilität als soziale Mobilität, spezifische Auf- und Abstiege, ist nur unter besonderen theoretischen Annahmen und empirischen Nachweisen (etwa einer Rangordnung) zulässig.

Schwerwiegende Methodenprobleme wirft auch die Verwendung von Querschnittsdaten auf, da diese die Berufs- oder Statusverteilung zwar für die Generation, aber nicht die Kohorte der Väter abbilden können und daher der Strukturwandel zwischen den Vergleichszeitpunkten nur mit Verzerrungen erfaßt wird. Auch die Daten über die Determinanten der Statuszuweisungsprozeße sind keineswegs optimal, da sie sich nur auf eine Untersuchung 33-jähriger Konstanzer Männer stützen. Allerdings ist es eine alte Erfahrung der Mobilitätsforschung, daß Informationen über einzelne Städte oder Regionen in Bezug auf die Mobilitätsmuster (nicht die Randverteilungen!) kaum von nationalen Daten abweichen. Ein einseitiges Bild vermittelt auch die Beschränkung auf Mobilitätsdaten über Männer. Wenn erwerbstätige Frauen mituntersucht werden, wie bei Müller (1973), verstärkt sich der Grad der Immobilität.

2 ASPEKTE INTERGENERATIONALER MOBILITÄT IM INTERNATIONALEN VERGLEICH

Land	Jahr	Stichprobengröße	Verteilung der Söhne nach: Nichtarbeiter	Arbeiter	Agrarberufe	Mobilitätsquote mit Agrarberufe	ohne Agrarberufe	Strukturmobilität mit Agrarberufe	ohne Agrarberufe	Aufstiegsquote	Abstiegsquote	Grad der Vater-Sohn Assoziation	Grad der Berufsvererbung	Grad der Privilegierung
Dim		N	%	%	%	%	%	%	%	%	%	(gamma)	(Yasuda)	(Boudon)
BRD	1970	73 233	46	49	5	37	31	11	2	32	30	0,67	0,40	0,70
DDR														
GBR	1963	1 603	38	62	-	30	-	8	-	27	37	0,65	0,42	0,63
FRA	1964	ca.20 000	36	48	16	40	31	17	2	28	34	0,66	0,39	0,69
ITA	63/64	1 568	22	51	26	35	22	19	7	21	27	0,82	0,58	0,73
NIE	1954	2 355	31	69	-	27	-	1	-	20	43	0,68	0,38	0,57
BEL	1968	3 878	54	38	8	39	32	18	16	43	18	0,72	0,55	0,80
LUX														
DÄN	1972	435	36	42	23	39	32	16	9	35	28	0,66	0,45	0,72
ÖST														
SWI														
SWE	1968	2 411	34	58	8	48	34	22	10	32	38	0,56	0,35	0,62
USA	1962	ca.20 700	24	45	31	48	34	23	15	38	28	0,62	0,45	0,75
USR														
JAP	1965	2 158	51	29	21	47	27	29	10	45	23	0,61	0,37	0,55
IND														

3 INTERGENERATIONALE MOBILITÄT IN DER BRD

Studie	Jahr	Stichprobengröße	Verteilung der Söhne nach: Nicht-arbeiter	Arbeiter	Agrar-berufe	Mobilitätsquote mit Agrarberufe	ohne Agrarberufe	Strukturmobilität mit Agrarberufe	ohne Agrarberufe	Aufstiegs-quote	Abstiegs-quote	Grad der Vater-Sohn Assoziation	Grad der Berufsver-erbung	Grad der Privile-gierung
Dim.		N	%	%	%	%	%	%	%	%	%	(gamma)	(Yasuda)	(Boudon)
Janowitz	1955	3 385	34	51	15	37	26	12	2	24	30	0,76	0,48	0,70
Daheim	1959	1 538	38	52	10	38	29	12	4	31	32	0,71	0,45	0,68
Busch A	1965	830	41	59	-	32	-	1	-	29	38	0,60	0,36	0,62
Busch B	1965	823	42	53	6	40	34	11	4	33	36	0,57	0,33	0,64
Müller	1968	3 153	52	44	3	30	28	6	5	30	19	0,81	0,56	0,78
Mayer/Müller	1968	1 668	34	58	8	34	28	12	6	20	38	0,74	0,48	0,71
Kleining A	69/70	5 999	47	45	8	34	26	10	4	29	22	0,78	0,52	0,76
Kleining B	69/70	14 443	59	41	-	27	-	6	-	36	20	0,76	0,51	0,74
Hofbauer/Kraft	1970	73 233	46	49	5	37	31	11	2	32	30	0,67	0,40	0,70

4 BERUFLICHE INTERGENERATIONENMOBILITÄT IN DER BRD 1970 - ABSTROMQUOTEN

beruflicher Status der Väter	beruflicher Status der Söhne 1	2	3	4	5	6	7	8	9	10	11	12	Summe	Insgesamt absolut	Insgesamt v.H.
1 freie Berufe	<u>20</u>	5	3	19	3	21	3	2	13	10	2	0	101	1 052	1,6
2 Selbständige Handel/Industrie	4	<u>25</u>	2	15	2	19	3	2	12	12	2	1	99	4 057	6,1
3 höhere Beamte	13	4	<u>21</u>	31	6	18	2	-	3	2	2	-	102	745	1,1
4 leitende Angestellte	5	5	4	<u>29</u>	6	27	2	3	11	6	2	1	101	2 432	3,7
5 gehobene/mittlere Beamte	6	5	10	22	<u>13</u>	20	5	2	10	5	2	-	100	1 954	2,9
6 mittlere Angestellte	2	4	2	12	5	<u>28</u>	6	4	22	13	2	0	100	4 411	6,6
7 einfache Beamte	2	4	2	10	6	21	<u>15</u>	3	21	14	3	0	101	4 437	6,7
8 Meister	1	6	1	14	3	24	4	<u>8</u>	22	14	4	-	101	2 034	3,1
9 Facharbeiter	1	2	0	5	2	14	5	4	<u>38</u>	26	3	1	101	17 334	26,1
10 un-, angelernte Arbeiter	1	2	0	3	1	10	4	3	34	<u>40</u>	2	1	101	11 468	17,3
11 selbständige Handwerker	2	6	1	7	2	13	4	4	22	16	<u>21</u>	2	100	5 996	9,0
12 Landwirte	1	3	1	3	1	7	3	2	18	29	3	<u>30</u>	101	10 457	15,8
Zusammen absolut	1 309	3 069	958	5 407	1 647	9 913	3 165	2 025	17 104	15 518	2 807	3 453		66 382	
Zusammen in v.H.	2,0	4,6	1,4	8,1	2,5	14,9	4,8	3,1	25,8	23,4	4,2	5,2	100		100.

5 BERUFLICHE INTERGENERATIONENMOBILITÄT IN DER BRD 1970 - ASSOZIATIONSINDICES

beruflicher Status der Väter	beruflicher Status der Söhne 1	2	3	4	5	6	7	8	9	10	11	12
1 freie Berufe	10,1	1,1	2,2	2,3	1,3	1,4	0,6	0,7	0,5	0,4	0,5	-
2 Selbständige Handel/Industrie	2.0	5.5	1,5	1,9	0,9	1,3	0,6	0,7	0,5	0,5	0,6	0,2
3 höhere Beamte	6,4	0,8	14,7	3,8	2,3	1,2	0,4	-	0,1	0,1	0,4	-
4 leitende Angestellte	2,7	1,1	3,0	3,5	2,2	1,8	0,5	0,8	0,4	0,2	0,5	0,1
5 gehobene/mittlere Beamte	3,1	1,1	6,8	2,8	5,1	1,3	1,0	0,7	0,4	0,2	0,5	-
6 mittlere Angestellte	0,9	0,9	1,3	1,5	1,9	1,9	1,3	1,2	0,9	0,6	0,5	0,1
7 einfache Beamte	0,9	0,8	1,6	1,3	2,2	1,4	3,1	1,1	0,8	0,6	0,7	0,1
8 Meister	0,6	1,3	0,9	1,8	1.0	1,6	0,9	2,6	0,9	0,6	0,8	-
9 Facharbeiter	0,5	0,5	0,2	0,7	0,6	0,9	1,0	1,1	1,5	1,1	0,7	0,1
10 un-, angelernte Arbeiter	0,3	0,3	0,1	0,3	0,4	0,7	0,8	0,8	1,3	1,7	0,5	0,1
11 Selbständige Handwerker	0,8	1,3	0,6	0,9	0,8	0,9	0,9	1,4	0,9	0,7	4,9	0,4
12 Landwirte	0,5	0,6	0,3	0,4	0,4	0,5	0,7	0,6	0,7	1,3	0,7	5,7

6 DIE DETERMINANTEN DER STATUSZUWEISUNG 1969: KORRELATIONSMATRIX ZWISCHEN 6 INDIKATOREN

	1	2	3	4	5
1 Ausbildung des Vaters					
2 Beruflicher Status des Vaters	0,52				
3 Ausbildung des Sohnes vor 1. Beruf	0,40	0,47			
4 Status des 1. Berufes des Sohnes	0,39	0,42	0,86		
5 Beruflicher Status des Sohnes im Alter von 33 Jahren	0,40	0,48	0,71	0,71	
6 Nettoeinkommen des Sohnes im Alter von 33 Jahren	0,27	0,33	0,39	0,37	0,53

7 DIE DETERMINANTEN DER STATUSZUWEISUNG 1969: DER BEITRAG VERSCHIEDENER FAKTOREN ZUR ERKLÄRUNG DES BERUFLICHEN STATUS

erklärende Variablen	Anteil der gebundenen Varianz in der abhängigen Variable "beruflicher Status" (in v.H.)
1 Bildung und Beruf des Vaters	26,2
2 Einflüsse der Herkunftsfamilie (unabhängig von Variable 1)	24,9
3 Ausbildung des Sohnes (unabhängig von Variablen 1-2)	18,7
4 andere Faktoren (unabhängig von Variablen 1-3)	30,2

DEFINITIONEN

Abstiegsquote: Anteil der Söhne von Nicht-Arbeitern, die selbst einen manuellen Beruf ausüben, in v.H. der Gesamtzahl der Söhne von Nicht-Arbeitern.

Abstromquote: Abstromquoten messen die Verteilung der Söhne einer bestimmten Berufskategorie von Vätern (Herkunftsschicht) auf die verschiedenen Berufskategorien (Zielschichten) in v.H. der Söhne aus einer bestimmten Berufskategorie von Vätern. Die Matrix der Abstromquoten ist bei repräsentativen Stichproben identisch mit der Matrix der Übergangswahrscheinlichkeiten zwischen Väter- und Sohnberufen.

Assoziationsindex: der Assoziationsindex vergleicht die beobachtete Häufigkeit in einer Zelle mit der statistisch unter der Annahme von Unabhängigkeit zwischen Vätern und Söhnen erwarteten Häufigkeit. Ein Wert 1 bedeutet, daß die beobachtete Häufigkeit in einer Zelle der erwarteten entspricht. Je größer der Wert, desto größer ist die Assoziation zwischen der beruflichen Stellung der Väter- und der der Sohngeneration. Eine obere Grenze des Assoziationsindex ist nicht standadisiert, sie hängt von der Größe der jeweiligen Spalten- bzw. Summenhäufigkeiten ab.

Aufstiegsquote: Anteil der Arbeitersöhne, die selbst nicht-manuelle Berufe ausüben, in v.H. der Gesamtzahl der Arbeitersöhne. Die Berechnung erfolgt auf der Basis einer dichotomischen Aufgliederung 'Arbeiter/Nicht-Arbeiter' unter Fortfall der Agrarberufe.

Grad der Berufsvererbung (Yasuda): Yasudas immobilitätsindex berücksichtigt nur Moblität, die nicht durch Strukturwandel erzwungen wurde, und mißt dafür das Ausmaß, zu dem die beobachtete Immobilität von der bei statistischer Unabhängigkeit zwischen Vaterberuf und Sohnberuf erwarteter Immobilität abweicht. Yasudas Index nimmt den Wert 1an, wenn nur Strukturmobilität vorliegt, also bei maximaler Immoblilität, den Wert 0, wenn die beobachtete Mobilität der bei statistischer Unabhängigkeit erwarteten entspricht. Berechnungsbasis wie bei gamma.

Grad der Privilegierung (Boudon): Boudons Immobilitätsindex berücksichtigt ebenfalls nur Mobilität, die nicht durch Strukturwandel erzwungen wird, und mißt das Ausmaß, zu dem die Söhne von Nicht-Arbeitern im Vergleich mit Arbeitersöhnen im Zugang zu nicht-manuellen Berufspositionen privilegiert sind. Ein Wert 1 von Boudons Index würde bedeuten, daß ein maximaler Anteil der Söhne von Nicht-Arbeitern nichtmanuelle Berufspositionen innehat, ein Wert 0, daß ein maximaler Anteil von Arbeitersöhnen nichtmanuelle Pos ition erhält. Berechnungsbasis wie bei gamma.

Grad der Vater-Sohn Assoziation (gamma): Goodman-Kruskals gamma mißt hier die Stärke des Zusammenhangs zwischen dem Beruf des Vaters und dem Beruf des Sohnes. Berechnungsbasis ist eine Aufgliederung nach 'Arbeitern/Nicht-Arbeitern' unter Fortfall der Agrarberufe. Der Wert +1 von gamma würde eine vollständige positive Assoziation zwischen beruflichem Status des Sohnes und beruflichem Status des Vaters kennzeichnen, der Wert - 1 eine vollständige negative Assoziation, der Wert 0 die Abwesenheit eines empirischen Zusammenhangs.

Mobilitätsquote: Anteil der Untersuchungspersonen, die bei gegebener Klassifikation der Berufe <u>nicht</u> in die Berufskategorie ihres Vaters fallen, in v.H. der Gesamtzahl. 'Mit Agrarberufe' kennzeichnet die Berechnung der Mobilitätsquote auf der Basis einer Klassifikation der Berufe von Vätern und Söhnen nach 'Nicht-Arbeiter/Arbeiter/Agrarberufe'; 'ohne Agrarberufe' kennzeichnet eine Berechnung der Mobilitätsquote auf der Basis einer Klassifikation 'Arbeiter/Nicht-Arbeiter' unter Fortfall aller Untersuchungspersonen, die selbst oder deren Väter einen agrarischen Beruf ausüben bzw. ausübten.

Strukturmobilität: Anteil der Untersuchungspersonen, die auf Grund von quantitativen Veränderungen der Berufskategorien zwischen Vater- und Sohngeneration nicht in der Kategorie ihres Vaters bleiben konnten, in v.H. der Gesamtzahl. Diese Kennziffer indiziert den Umfang durch Strukturwandel 'erzwungenen' Mobilität, unter der Annahme, daß die Randverteilung der Söhne nicht durch Mobilitätsprozesse, d.h. die Fluktuation, determiniert wird. Die Differenz zwischen Mobilitätsquote und dem Anteil der Strukturmobilität kann - bei gegebener Berufsklassifikation - als grobe Schätzung der nicht durch beruflichen Strukturwandel erzwungenen Mobilität angesehen werden. Allerdings ist ein Rückschluß von dieser Differenz, häufig Austauschmobilität genannt, auf die durch individuelle Fähigkeiten und Leistungen determinierte Mobilität nicht ohne weiteres statthaft.

BERUFSKLASSIFIKATION

(Hinweise in Klammarn beziehen sich auf die in den Tabellen genannten Studien bzw. Länder)

Agrarberufe:
Landwirte, Bauern, Landarbeiter, selbständige Landwirte (Janowitz, Busch B., Daheim, Kleining A., Müller, Hofbauer/Kraft); agriculteursexploitants, salariés agricoles (FRA); agriculteurs (BEL); farmers, farm workers (DÄN); Bonde, Smabrukare, Jord - o Skogsarb (SWE); farmers, farm workers (USA); farmers, lumbermen, fishermen, employed workers in agriculture, forestry and fishery (JAP).

Arbeiter:
ungelernte Arbeiter, angelernte Arbeiter, unqualifizierte Tätigkeit, qualifizierte praktische Tätigkeit, Facharbeiter, gelernte Arbeiter, abhängige Handwerker, höchstqualifizierte Facharbeiter (Janowitz, Daheim, Busch A und B, Müller, Mayer/Müller, Kleining A., Hofbauer/Kraft); manoeuvres, mineurs, ouvriers spécialisés, ouvriers qualifiés, contremaitres (FRA); skilled manual, unskilled manual (GBR); skilled workers, small retailers, lower employees and civil servants (NIE); ouvriers (BEL); skilled workers, unskilled workers, artisans (DÄN); Off anst arb, Priv anst arbt, Övr arb (SWE); craftsmen, operatives, service, laborers (USA); blue collar workers, laborers and day workers (JAP).

Nicht - Arbeiter:
alle Berufskategorien, die weder unter Agrarberufen, noch unter Arbeiterberufen erfaßt sind, so z.B. selbständige Handwerker, freie Berufe, Angestellte, Beamte.

QUELLEN UND ANMERKUNGEN (A)

(Legende für die Anmerkungen: 1 = Erhebungsorganisation; 2 = Stichprobenerfassung; 3 = Zusammensetzung der Stichprobe als Basis der Tabellen; 4 = besondere Merkmale der Klassifikation; 5 = Operationalisierung der Berufsinformation; 6 = Operationalisierung des Vaterberufs; 7 = Zahl der Kategorien in der Ausgangstabelle)

Tab 2 BRD: s. Hofbauer/Kraft, Tab 3

GBR: Butler, D., D. Stokes: Political Change in Britain, London 1971, Pelican, S. 126

A 1: British Market Research Bureau, 2: mehrstufiges geschichtetes Sample der erwachsenen Population, 3: Männer und Frauen, 4: die Agrarberufe sind in der dichotomischen Aufgliederung enthalten, 5: Beruf des Haushaltungsvorstandes, 6: Beruf des Vaters, als der Befragte ein Kind war, 7: 6

FRA: Bertaux, D.: L'héréditésociale en France. In: Economie et Statistique, 9/1970, S. 38, Tab 1

A 1: INSEE, 2: Zufallsstichprobe der 1959 und 1964 erwerbstätigen Personen, die nach 1918 geboren sind, 3: Berechnung auf Grund von hochgerechneten Daten, 5: Beruf des Befragten, 6: letzter Beruf des Vaters, 7: 3

ITA: Lopreato: Social Mobility in Italy. In: American Journal of Sociology, 71, 1965, S. 313, Tab 1

A 1: DOXA, 2: geschichtet Zufallsstichprobe, männliche Haushaltsvorstände, 6: letzter Beruf des Vaters, 7: 3

NIE: Miller, S.M.: Comparative Social Mobility. In: Current Sociology, IX, 1960, S. 75

A 4: erwachsene Männer, 7: 6

BEL: Delruelle, N.: La mobilité sociale en Belgique. Brüssel: Editions de l'institut de Sociologie, 1972, S. 11, Tab 5

A 2: Zufallsstichprobe, 3: Männer und Frauen, 5: Beruf des Haushaltsvorstandes, 6: Beruf des Vaters des Befragten, 7: 5

DÄN: Preliminary data from the Scandinavian Survey in 1972, Research Group for

Comparative Sociology, University of Helsinki. Berechnungen durch Hannu Uusitalo.

A 2: Zufallsstichprobe, 3: männliche Erwerbstätige im Alter zwischen 15 und 64 Jahren, 7: 3

SWE: Erikson, R.: Uppväxtförhallanden och social rörlighet. Stockholm: Allmänna 1971, Umrechnung der Tabelle 6.B 43.

A 1: Level of Living Survey, Low Income Commission, 2: Zufallsstichprobe, gewichtet, 3: männliche Erwerbstätige zwischen 15 und 75 Jahren, 7: 13

USA: Blau, P.M., O.D. Duncan: The American Occupational Strukture, New York 1967: Wiley, Umrechnung der Tabellen 3.6, J2, 1; S. 104, 496

A 1: Bureau of the Census, Current Population Survey, 2: Zufallsstichprobe der 20 - 64 Jahre alten Männer, 3: Berechnungen auf der Basis von hochgerechneten Daten, 6: Beruf des Vaters, als der Befragte 16 Jahre alt war, 7: 17

JAP: Yasuda, S.: A Study on Social Mobility, Tokio: The University of Tokio Press, 1972, Umrechnungen der Tabelle 3.3, S. 597 auf Grund einer englischen Übersetzung der Berufskategorien durch den Autor.

A 3: männliche Wohnbevölkerung über 20 Jahre, 6: 'father's main job', 7: 15

Tab 3 Janowitz, Morris, Soziale Schichtung und Mobilität in Westdeutschland. In: KZfSS, 10. Jg., 1958, S. 11, Tab 5

A 1: DIVO, 2: Repräsentativstichprobe, 3: Haushaltsvorstände (auch Frauen), 5: Befragung des Berufes, Verschlüsselung durch Verkoder bei nichterwerbstätigen Frauen, Beruf des Mannes, 6: Beruf des Vaters zur Schulzeit des Befragten, 7: 6

Daheim, Hans-Jürgen: Berufliche Intergenerationenmobilität in der komplexen Gesellschaft. In: KZfSS, 16. Jg., Tab VII/VIII, S. 123/124

A 1: DIVO, 2: Repräsentativerhebung für die Bevölkerung, 3: Männer und Frauen, 5: Beruf des Befragten/Haushaltsvorstandes, Zuordnung durch Interviewer, 6: Vater des Befragten, letzter Beruf, 7: 8

Busch, Dirk: Berufliche Wertorientierung und berufliche Mobilität. Stuttgart 1973, Enke, Umrechnung der Tabellen 18/20, S. 62, 63, 66, 67

A 1: DIVO, 2: Repräsentativerhebung für Berufstätige, 3: männliche Berufstätige, 4: in der mit 'Busch A.' gekennzeichneten Klassifikation sind die Agrarberufe in der Arbeiter/Nicht-Arbeiter Dichotomie enthalten, 5: Zuordnung durch Interviewer, 6: letzter Beruf des Vaters, 7: Busch A: 4, Busch B: 8

Müller, Walter: Soziale Mobilität: Strukturen und Prozesse der Statuszuweisung, Diss. Konstanz 1973, S. 72, Tab 7

A 1: infratest, 2: Repräsentativerhebung aller Erwerbstätigen im Alter von 16 - 65 Jahren, 3: die Berechnungsbasis enthält 28 % weibliche Erwerbstätige, 5: 7, 6: 7, 7: 14

Mayer, Karl - Ulrich; Müller, Walter: Progress in Mobility Research? In: Quality and Quantity, V, 1971, S. 164, Tab. 5

A 1: Institut für Demoskopie, Allensbach, 2: repräsentative Quotenstichprobe, 3: erwerbstätige Männer, 5: 7, 6: 7, 7: 4

Kleining, Gerhard: Die Veränderungen der Mobilitätschancen in der Bundesrepublik. In: KZfSS, 23. Jg., 1971, S. 796 - 807, Tab a - g, I - VII

A 1: DIVO, Marplan, 2: Repräsentativerhebung der Wohnbevölkerung im Bundesgebiet und Westberlin im Alter zwischen 16 und 65 Jahren ohne Gastarbeiter und ohne Personen in Ausbildung, dreifach gesicherte Zufallsstichprobe, 3: männliche Erwerbstätige, 4: Kleining basiert auf sechs Prestigegruppen nach dem SSE - Verfahren von Kleining-Moore, 5: Selbsteinstufung in Berufskreise bzw. Prestigegruppen, 6: Einstufung durch Befragte, 6: Kleining A: 10, Kleining B: 6

Hofbauer, Hans, Hermine Kraft: Materialien zur Statusmobilität bei männlichen Erwerbstätigen in der Bundesrepublik Deutschland. In: Mitteilungen aus der Berufs- und Arbeitsmarktforschung, 5. Jg., S. 215, Tab II

A 2: 0,5 % der deutschen männlichen Erwerbstätigen, 5: Selbsteinstufung der Befragten, 6: Einstufung durch den Befragten, Beruf des Vaters, als der Befragte 15 Jahre alt war, 7: 13

Tab 4 u. 5 s. Hofbauer/Kraft, Tab 1, Umrechnungen der Tab 11, S. 215 durch Walter Müller, Universität Konstanz

Tab 6 u. 7 Müller, W.: Soziale Mobilität: Strukturen und Prozesse der Statuszuweisung. Diss. Konstanz, Tab 27, S. 172 und Tab 32, S. 203

A Die Variable 'Ausbildung' wird definiert als Anzahl der Ausbildungsjahre; die Variable 'beruflicher Status' wird gemessen durch eine objektive Zuordnung von Berufen zu 5 rangmäßig geordneten Kategorien entsprechend der Schichtskala von Kleining/Moore. Der Korrelationskoeffizient mißt die Stärke des (linearen) Zusammenhangs zwischen zwei Variablen. Bei einer vollständigen positiven Assoziation nimmt er den Wert + 1 an, bei einer vollständigen negativen Assoziation den Wert - 1. Besteht kein empirischer Zusammenhang zwischen den zwei untersuchten Variablen, so ist der Wert des Korrelationskoeffizienten '0'.

Die Werte für den Anteil der erklärten Varianz geben an, zu welchem Ausmaß eine oder mehrere Variablen in einem gegebenen kausalen (hier: pfadanalytischen) Modell zur Erklärung oder Prognose der abhängigen Variable beitragen und erlauben damit eine Schätzung ihres relativen kausalen Einflusses.

Die Variable 'Einflüsse der Herkunftsfamilie' wird hier definiert als alle diejenigen Einflüsse der Herkunftsfamilie auf den beruflichen Status der Kinder, die unabhängig von Bildung und Beruf des Vaters wirken. Die Werte für diese Variable wurden von W. Müller errechnet auf Grund einer Varianzanalyse von Familien mit mehr als einem Sohn.

G

KONFLIKT UND INTEGRATION

ARBEITSKÄMPFE

Arbeitskämpfe als spezifische Form industrieller Konflikte werden von den Arbeitnehmern eingesetzt als Mittel zur Durchsetzung höherer Löhne, kürzerer Arbeitszeiten, größerer Sicherheit der Arbeitsplätze, zur Verbesserung der Arbeitsbedingungen, zur Ausdehnung der betrieblichen Mitbestimmung und anderes mehr. Je nach dem theoretischen Standort des Betrachters werden den Arbeitskämpfen unterschiedliche Funktionen zugewiesen: der linke Radikalismus schreibt dem Streik die Funktion eines kollektiven Lernprozesses zu, in dem neue Erfahrungen für den Kampf um Emanzipation und Demokratisierung erst während der Aktion selbst produziert werden; für den Syndikalismus stellt der Streik das Kampfmittel dar zur Zerschlagung der Macht der Eigentümerklasse und zur Durchsetzung von Arbeitermitverwaltung und -selbstverwaltung in den Betrieben; im Revisionismus gilt jeder Streik insofern als politischer Streik, als die politischen Organe eines Staates, um Krisensituationen zu vermeiden, durch größere Streikaktivitäten zu gesellschaftlichen und politischen Reformen gezwungen werden und darüber hinaus die Rechtsverhältnisse sich aufgrund materieller Streiksituationen ändern; im klassischen Marxismus gilt der Streik als Mittel zur Behauptung der Arbeiterklasse im Kapitalismus und ihrer Vorbereitung auf dessen politisch-revolutionäre Beseitigung; die liberale Gewerkschaftstheorie schließlich sieht im Streik die Manifestation ökonomischer Gegenmacht und Gegensolidarität mit dem Ziel der Einflußnahme auf die Lage auf dem Arbeitsmarkt.

Arbeitskämpfe haben ihre Ursache im Herrschafts- und Disziplinierungscharakter der Arbeitsbeziehungen in unserer Gesellschaft. Ihr Ausmaß und ihre Formen sind sehr stark geprägt durch die Organisationsform der Streikenden, durch Streikursache und -gegenstand, und Streikziele, nicht zuletzt auch durch die rechtlich und staatlich fixierten Rahmenbedingungen. Unter den kollektiven Formen des Arbeitskampfes stellt der gewerkschaftlich organisierte Streik die letzte Stufe der Möglichkeiten der Auseinandersetzungen zwischen den Tarifpartnern dar, mit dem Gegenstück der Aussperrung auf der Arbeitgeberseite. Die Auseinandersetzungen zwischen den Tarifpartnern sind in ihrem Ablauf und ihrer Steigerung gesetzlich kanalisiert. Der Umfang der Streiks liegt allerdings, innerhalb eines gegebenen Tarifgebietes, im Ermessen der Gewerkschaften; Teil- und Massenstreiks werden in den letzten Jahren zunehmend durch Schwerpunktstreiks und sogenannte "rollende" Streiks abgelöst, die, ausgerichtet an der Ermattungsstrategie, sich auf die Lahmlegung wichtiger Schlüsselfunktionen im Wirtschaftsablauf konzentrieren.

Neben den gewerkschaftlich organisierten und staatlich sanktionierten Streiks gibt es eine Vielzahl von kollektiven Formen industrieller Konflikte, die wesentlich weniger stark kanalisiert sind: Warnstreiks, Sympathiestreiks, Arbeitsniederlegungen, Demonstrationen, bis hin zu dem in der Bundesrepublik als Kampfmittel sehr selten eingesetzten Generalstreik. Die Unterscheidung zwischen politischem und wirtschaftlichem Streik ist legalistischer Natur. Die Beamten des öffentlichen Dienstes, denen mit dem Hinweis auf die erhöhte Fürsorgepflicht ihres Arbeitgebers bislang das Streikrecht verweigert wurde, haben als besondere Form der Leistungszurückhaltung den Bummelstreik, den "Dienst nach Vorschrift" entwickelt. Mit den nichtkollektiven Formen der Arbeitskonflikte, die im Einzelfall oft schwer als solche zu erkennen sind, wie beispielsweise im Fall der Leistungszurückhaltung, beschäftigen sich vor allem gewerkschaftliche Vertrauensleute, Betriebsräte, Schiedsgerichte und Arbeitsgerichte.

Für die am Streik Beteiligten und die Gewerkschaftsmitglieder hat der organisierte Streik, ebenso wie eine eventuell verhängte Aussperrung, integrative Funktionen und die Wirkung der Identifikation mit der Gewerkschaft. Für die Gewerkschaftsspitze wirft ein Streik in jedem Fall Führungsprobleme auf, die besonders in der Verhinderung einer möglichen Verselbständigung der Streikenden liegen. So sind denn auch nichtorganisierte, also "wilde" Streiks, als mangelnde Bereitschaft der Gewerkschaftsmitglieder zu verstehen, ihrer Führung die notwendige Legitimation zu geben. Diese ist wieder durch die rechtlichen Rahmenbedingungen, die sie zur Friedenspflicht während der Laufzeit eines Tarifvertrages zwingt, in ihrer Handlungsfähigkeit unmittelbar eingeschränkt. Eines der zentralen Probleme der Gewerkschaftsführung ist die Wahrung des Handlungsspielraumes zwischen den Polen "Legitimation durch die Mitglieder" und "Autonomie gegenüber dem Gesellschaftssystem".

Empirisches Material über die Arbeitskämpfe liegt kaum vor. Weder die Gewerkschaften noch die Arbeitgeberverbände haben hier ein eigenes Informationssystem entwickelt, dem sich Informationen beispielsweise über die quantitative oder qualitative Entwicklung von Auseinandersetzungen entnehmen ließen. Arbeitskämpfe spielen in der wissenschaftlichen Forschung und in Untersuchungen von Meinungsforschungsinstituten kaum eine Rolle, mit Ausnahme der wilden Streiks in der metallverarbeitenden Industrie im September 1969. Die gewerkschaftlich organisierten Streiks - also die primär wirtschaftlich organisierten Streiks - werden über die betroffenen Betriebe und die Bundesanstalt für Arbeit nach Arbeitsamtsbezirken erfaßt. Aber selbst die wenigen erfaßten Variablen - betroffene Betriebe, am Streik beteiligte Arbeitnehmer, von einer Aussperrung betroffene Arbeitnehmer, ausgefallene Arbeitstage - dürften erhebliche Fehler aufweisen. Von den nichtkollektiven Formen des Arbeitskampfes werden lediglich die Arbeitsgerichtsprozesse und die Tätigkeiten der gewerkschaftlichen Rechtsabteilungen statistisch erfaßt; betriebliche Formen der Auseinandersetzung liegen auch hier im Dunkeln.

1 WIRTSCHAFTLICHE STREIKS UND AUSSPERRUNGEN IM HISTORISCHEN VERGLEICH (Jahresdurchschnitte der jeweils vorangegangenen Dekade)

	Dim.	1870	1880	1890	1900	1910	1920	1930	1940	1950	1960	1970
STREIKS												
Zahl der Streiks	N	.	.	113	1 361	1 835	1 716	1 595	386	.	.	.
Betroffene Betriebe	N	.	.	.	7 431	8 700	11 090	17 605	2 432	1 344	877	175
Beteiligte Arbeitnehmer (in 1000)	N	.	.	18,5	120,7	161,3	570,2	675,8	89,8	79,3	132,2	76,8
Verlorene Arbeitstage (in 1000)	Tg	.	.	.	3 266	4 865	7 748	9 959	920	380	942	224
Ø Streikdauer je Streikendem	Tg	.	.	.	29,8	30,2	13,6	14,7	10,2	4,8	7,1	2,9
AUSSPERRUNGEN (als Quote der entsprechenden Streikziffer)												
Zahl der Aussperrungen	v.H.	.	.	.	2,1	13,5	6,8	11,7	5,2	.	.	.
Beteiligte Betriebe	v.H.	.	.	.	8,3	34,8	12,9	21,6	30,2	.	.	36,0
Betroffene Arbeitnehmer	v.H.	.	.	.	6,8	40,5	7,8	39,2	17.8	.	.	28,1
Verlorene Arbeitstage	v.H.	.	.	.	9,8	62,6	16,5	55,2	16,8	.	.	43,3
(Ø Aussperrungsdauer je Ausgesperrtem	v.H.	.	.	.	131,2	154,3	211,8	140,8	89,2	.	.	155,2

2 STREIKS UND AUSSPERRUNGEN IM INTERNATIONALEN VERGLEICH (Jahresdurchschnittswerte von 1964 bis 1970)

	Dim.	BRD	DDR	GBR	FRA	ITA	NIE	BEL	LUX	DÄN	ÖST	SWI	SWE	JAP	USA	USR	IND
(Zahl der Streiks und Aussperrungen	N	.	.	2 638	2 035	3 343	40	75	.	37	.	2	33	1 547	4 726	.	2 441
(Beteiligte Arbeitnehmer (in 1 000)	N	81	.	1 251	1 934	3 683	16	46	.	23	49	(128)	10	1 270	2 351	.	1 383
(Verlorene Arbeitstage je bet. Arbeitnehmer	Tg	1,5	.	3,8	1,1	4,2	3,7	9,9	1,0	12,4	1,0	9,7	9,7	2,7	16,5	.	10,2

3 STREIKS UND AUSSPERRUNGEN IN DER BUNDESREPUBLIK SEIT 1950

	Dim.	1950	1951	1952	1953	1954	1955	1956	1957	1958	1959	1960	1961	1962	1963	1964	1965	1966	1967	1968	1969	1970	1971	1972
STREIKS																								
Betroffene Betriebe	N	1344	1528	2529	1395	538	866	268	84	1475	55	28	119	195	187	34	20	205	742	36	86	129	624	54
Beteiligte Arbeitnehmer (in 1 000)	N	79	174	84	51	116	597	25	34	202	22	17	21	79	101	6	6	196	60	25	90	184	334	23
davon mit Streikdauer bis 7 Tg	v.H.	.	46,2	80,4	11,1	19,4	97,0	39,6	14,3	94,5	95,0	83,0	91,9	43,0	9,7	94,4	72,8	99,9	80,1	94,7	88,6	99,7	56,6	90,6
7 bis 24 Tg	v.H.	.	53,3	17,4	21,7	79,6	2,7	57,2	0,6	0,1	4,5	17,0	4,2	54,8	90,1	5,6	13,1	-	8,9	5,2	11,4	0,3	43,4	9,3
über 24 Tg	v.H.	.	0,5	2,2	67,2	1,0	0,3	3,3	85,1	5,4	0,5	-	1,8	2,1	0,2	-	9,2	0,1	11,0	0,1	-	-	-	0,0
Verlorene Arbeitstage (in 1 000)	Tg	380	1593	443	1488	1586	847	264	2321	780	62	38	64	451	878	17	49	27	390	25	249	93	2599	66
Ø Streikdauer je Beteiligtem	Tg	4,8	9,1	5,3	29,4	13,7	1,4	10,4	68,5	3,9	2,9	2,2	3,1	5,7	8,7	3,0	7,8	0,1	6,5	1,0	2,8	0,5	7,8	2,9
Ø Streikdauer je Beschäftigtem	Tg	0,02	0,11	0,03	0,09	0,09	0,05	0,01	0,12	0,04	0,00	0,00	0,00	0,02	0,04	0,00	0,00	0,00	0,01	0,00	0,01	0,00	0,11	.
AUSSPERRUNGEN (Als Quote der entsprechenden Streikziffer)																								
Beteiligte Betriebe	v.H.	.	.	.	.	.	.	.	.	.	.	.	3,4	0,5	323	-	35,0	1,0	0,3	8,3	2,3	-	89,3	-
Betroffene Arbeitnehmer	v.H.	.	.	.	.	.	.	.	.	.	.	.	2,6	0,1	214	-	0,7	0,0	-	-	0,0	-	60,4	-
Verlorene Arbeitstage	v.H.	.	.	.	.	.	.	.	.	.	.	.	3,7	0,7	110	-	2,0	0,7	-	0,5	0,0	-	72,5	-
Ø Aussperrungsdauer je Betroffenen	v,H.	.	.	.	.	.	.	.	.	.	.	.	141	516	51,6	-	295	.	-	-	.	-	120	-
STREIKS UND AUSSPERRUNGEN																								
(Beteiligte und betroffene Arbeitnehmer (in 1 000)	N	.	.	.	.	.	.	.	.	.	.	.	22	79	316	x	6	196	60	25	90	x	536	x
(Durch Streik und Aussperrung verlorene Arbeitstage (in 1 000)	Tg	.	.	.	.	.	.	.	.	.	.	.	68	454	1846	x	49	27	390	25	249	x	4484	x

4 STREIKS UND AUSSPERRUNGEN NACH WIRTSCHAFTSBEREICHEN 1971

	Dim.	Ins-gesamt	Verar-beitendes Gewerbe	Handel	Verkehr, Nachrichten-übermittlung	Dienstleis-tungen von Unternehmen
STREIKS						
Betroffene Betriebe	N	624	602	8	13	1
Beteiligte Arbeitnehmer (in 1 000)	N	334	329	0,3	5	0,02
davon mit Streikdauer bis 7 Tg	v.H.	56,6	57,4	58,3	2,6	-
7 bis 24 Tg	v.H.	43,4	42,6	41,7	97.4	100,0
über 24 Tg	v.H.	-	-	-	-	-
Verlorene Arbeitstage (in 1 000)	Tg	2599	2549	2	48	0,2
Ø Streikdauer je Beteiligtem	Tg	7,8	7,8	7,0	9,2	7,0
Ø Streikdauer je Beschäftigtem	Tg	0,11	.	.	.	.
AUSSPERRUNGEN (Als Quote der entsprechenden Streikziffer)						
Beteiligte Betriebe	v.H.	89,3	92,2	25,0	-	-
Betroffene Arbeitnehmer	v.H.	60,4	92,8	21,6	-	-
Verlorene Arbeitstage	v.H.	72,5	119	33,4	-	-
Ø Aussperrungsdauer je Betroffenen	v.H.	120	128	156	-	-

5 ERHÖHUNGEN DER TARIFLOHN- UND TARIFGEHALTSSÄTZE UND DER TARIFLICHEN WOCHENARBEITSZEITEN 1954 BIS 1971

	1954	1955	1956	1957	1958	1959	1960	1961	1962	1963	1964	1965	1966	1967	1968	1969	1970	1971
Tarifneuabschlüsse für ARBEITER (in v.H. aller beschäftigten Arbeiter)	(8,5)	(8,9)	(9,5)	64,8	.	.	.	.	91,6	81,8	56,1	65,9	80,6	31,6	87,9	86,6	89,1	89,9
Tariflohnsatzerhöhung für Stundenlohn (in v.H.)	5,4	7,8	9,1	8,7	.	.	.	.	8,7	6,1	8,0	7,3	6,6	4,5	4,4	10,6	11,9	9,8
Veränderung der tariflichen Wochenarbeitszeit (in v.H. des Vorjahres)	.	.	.	-3,8	-1,2	-1,4	-0,9	-0,4	-1,4	-0,8	-1,6	-0,7	-0,6	-1,3	-0,3	-0,3	-0,7	-0,5
Tarifneuabschlüsse für ANGESTELLTE (in v.H. aller beschäftigten Angestellten)	(2,6)	(2,4)	(2,1)	51,6	.	.	.	.	52,3	60,4	35,3	49,9	53,8	20,3	67,6	64,7	60,2	60,5
Prozentuale Gehaltserhöhung insgesamt	5,1	7,6	6,9	6,8	.	.	.	.	7,2	5,5	5,4	7,1	6,6	3,1	4,1	9,7	11,0	9,2
Veränderung der tariflichen Wochenarbeitszeit (in v.H. des Vorjahres)	.	.	.	-2,6	-2,0	-1,9	-0,5	-0,1	-0,8	-0,4	-1,1	-0,7	-1,2	-1,0	-0,2	-0,6	-0,4	-1,0
Jährliche Steigerungsrate des Lebenshaltungskostenindex	0,2	1,6	2,5	2,0	2,2	1,0	1,4	2,3	3,0	3,0	2,3	3,4	3,5	1,4	1,5	2,8	3,7	5,4

6 ARBEITSGERICHTSVERFAHREN VON 1951 BIS 1970

	Dim.	1951	1955	1960	1965	1970
Im Berichtsjahr eingereichte Verfahren (in 1 000)	N	145,3	145,0	160,4	178,2	201,0
darunter von Arbeitnehmern eingereicht	v.H.	97,9	95,6	92,5	91,3	92,6
Im Berichtsjahr erledigte Klagen (in 1 000)	N	(145,3)	(145,0)	161,7	167,6	187,1
darunter durch Vergleich erledigt	v.H.	.	.	33,7	30,3	31,3
Anteil der Streitgegenstände an den eingereichten Verfahren:						
Arbeitsentgeld	v.H.	68,4	56,5	58,5	57,6	59,6
Arbeitszeit	v.H.	0,8	0,7	0,5	0,5	0,3
Urlaub, Urlaubsentgeld	v.H.	11,0	11,2	9,3	8,1	6,7
Kündigung	v.H.	21,6	27,6	23,6	21,6	23,9
Herausgabe von Arbeitspapieren	v.H.	.	.	7,2	7,6	7,8
Zeugniserteilung und -berichtigung	v.H.	.	.	1,7	1,8	1,5
Aufhebung von Schiedssprüchen	v.H.	.	.	.	0,8	0,0
Berufungsquote beim Landesarbeitsgericht	v.H.	0,9	1,1	4.9	5,5	5,3
Revisionsquote beim Bundesarbeitsgericht	v.H.	.	.	0,7	0,5	0.4

DEFINITIONEN

Aussperrungen: siehe Streiks

Berufungsquote: Anteil der beim LAG eingereichten Berufungsverfahren an den bei den Arbeitsgerichten erledigten Verfahren, jeweils im Berichtsjahr

Lebenshaltungskostenindex: bezieht sich auf die Lebenshaltungskosten von 4-Personen-Arbeitnehmerhaushalten mit mittlerem Einkommen des allein verdienenden Haushaltungsvorstandes.

Revisionsquote: Anteil der beim BAG eingereichten Revisionsverfahren an den bei den Arbeitsgerichten erledigten Verfahren, jeweils im Berichtsjahr

Streik: Die Streikstatistik wird anhand der Anzeigen der Betriebe an die Arbeitsämter erstellt. Unberücksichtigt bleiben "wilde" Streiks und Streiks mit einer Beteiligung von weniger als 10 Arbeitern oder einer Streikdauer von weniger als 1 Tag, wenn nicht insgesamt damit mehr als 10 Arbeitstage verlorengingen. Aufgrund der Erhebungsmethoden treten erhebliche Fehler auf, und zwar in der Regel Unterschätzungen der Streikdauer und der Beteiligten. Die Fehlerquoten sind dabei unsystematisch. Die Gewerkschaften verfügen bislang über keine eigene Streikstatistik.

QUELLEN UND ANMERKUNGEN (A)

Tab 1 Bruno Gleitze, Wirtschafts- und Sozialstatistisches Handbuch, Köln 1960, S. 335 ff.; dpa-Hintergrund: Archiv- und Informationsmaterial, hrsg. von der Deutschen Presseagentur, Hamburg 1972; dap-Archiv/HG 2227 - 2229; Roswitha Leckebusch, Entstehung und Wandlungen der Zielsetzungen, der Struktur und der Wirkungen von Arbeitgeberverbänden, Berlin 1966, S. 124; Leo Uhen, Gruppenbewußtsein und informelle Gruppenbildungen bei deutschen Arbeitern im Jahrhundert der Industri alisierung, Berlin 1964, S. 171 ff.; BuW 1872 - 1972, S. 149

Tab 2 StBA, FS M, R 12, I 1971, S. 78 ff.

Tab 3 StBA, JB 1951 bis 1972, Abschnitt Erwerbstätige/Streiks

Tab 4 WiSta 1972

Tab 5 Tarifabteilung des Wirtschafts- und Sozialwissenschaftlichen Instituts der Gewerkschaften, Düsseldorf, jährliche Veröffentlichungen in den WSI-Nachrichten; Bretschneider u.a., Handbuch einkommens-, vermögens- und sozialpolitischer Daten, Köln, Abschnitte G 12 und G 13; BuW 1872 - 1972, S. 147 und 250

A a.+d. .1-.3 Die Zahlen in Klammern geben die Zahl der Arbeiter bzw. Angestellten in 1 000 an, für die neue Tarife abgeschlossen wurden.

Tab 6 StBA, JB 1952 bis 1972, Abschnitt Rechtspflege

KRIMINALITÄT

Abgesehen davon, daß sich darüber streiten läßt, ob "Kriminalität" ein normales oder pathologisches Phänomen ist, gilt für jedes Maß an Kriminalität, daß es Opfer und Geschädigte gibt und daß "soziale Kosten" verursacht werden, so daß von daher eine Minimierung von "Kriminalität" erstrebenswert erscheint.

Allerdings ist die Frage nach dem Ausmaß von "Kriminalität" in einer Gesellschaft wegen der Problematik der Definition und Messung von "Kriminalität" nur schwer zu beantworten.

Kriminalität und Kriminelle sind wechselnder sozialer Definition unterworden. Die als Strafgesetze formulierten Normen und deren Wertbezüge weisen historisch und zwischen Nationen Unterschiede auf, die unmittelbar für das Kriminalitätsniveau bedeutsam sind. Was als kriminelles Verhalten angesehen wird, ist ein sozialkulturell-rechtspolitisches Problem.

Kriminelles Verhalten ist auch insofern gesellschaftliches Produkt, wie es auf Gelegenheitsstrukturen und subkultureller Sozialisation beruht. Schließlich ist auch die Aufdeckung von "Kriminalität" eine Frage gesellschaftlicher Reaktionen (Anzeigebereitschaft, Verfolgungspraktiken), die nach Tätergruppen und Deliktarten differentiell erfolgen kann.

Dem komplizierten Sachverhalt der sozialen Definition und Ermittlung kriminellen Verhaltens entsprechend, gibt es eine problemreiche Suche nach einem adäquaten statistischen Maß zur Erfassung kriminellen Verhaltens.

Die Definition von Kriminalität ist durch die Strafgesetze, die in einer Gesellschaft zu einem bestimmten Zeitpunkt Geltung haben, vorgegeben und muß bei historischen und internationalen Vergleichen auf Übereinstimmung hin überprüft werden.

Wird die "Kriminalität" dann aufgrund von Straftaten gemessen, die bekannt werden, wird einerseits der Einschluß von Bagatellfällen hingenommen, andererseits gibt es eine unbekannte Dunkelziffer, da ein nach Deliktarten unterschiedlicher Anteil der Verstöße gegen die Rechtsordnung nicht bekannt wird.

Wenn kriminelles Verhalten auf der Grundlage von Tatverdächtigen (meist kurz und unzutreffend "Täter" genannt) ermittelt wird, bleibt die unaufgeklärte Kriminalität außer Betracht. Die Täterziffer ist also von der Effizienz des Kontrollapparates abhängig; unter den "Tatverdächtigen" befinden sich außerdem Personen, gegen die keine Anklage erhoben wird (Bagatelltäter) und solche, die bei der späteren Aburteilung freigesprochen werden.

Werden die Verurteilten zur Berechnung einer Kriminalitätsziffer herangezogen, so wird damit primär die Aktivität des Gerichtswesens gemessen. Allerdings wird die Größe einer Personengruppe gekennzeichnet, der das Merkmal "kriminell" gerichtlich zugeschrieben wurde und die daraus sich ergebende soziale Folgen zu tragen hat.

Es gibt auch Vorschläge, Kriminalitätsmessungen auf einen "harten Kern" zu konzentrieren und etwa die "polizeilich bereits in Erscheinung getretenen Tatverdächtigen" oder "Berufs- und Gewohnheitsverbrecher" zu erfassen.

Auf der skizzierten Problematik beruht die starke Skepsis gegenüber einer Verwendung von Kriminalstatistiken (polizeiliche Kriminalstatistik und Strafverfolgungsstatistik) als Maß für kriminelles Verhalten. Gegen die Einstufung als "wissenschaftlich unbrauchbar" läßt sich allerdings einwenden, daß die Ergebnisse der Kriminalstatistik ein wertvolles Indiz für Strukturen und Trends der Kriminalität sind, sofern sie im Kontext der Kriminalität "verwaltenden" Organe und gesellschaftlicher Entwicklungen interpretiert werden.

Es können also durchaus Kriminalstatistiken zu den aktuellen wissenschaftlichen und öffentlichen Problemdefinitionen herangezogen werden:

- Gibt es einen säkular steigenden Trend der Kriminalität? Dabei sollte die Häufigkeit kriminellen Verhaltens nicht losgelöst von den Deliktarten betrachtet werden, weil heute die Mehrzahl "krimineller" Handlungen aus Verkehrsdelikten und einfachem Diebstahl besteht.
- Wie unterscheidet sich Kriminalität zwischen städtischen und ländlichen Regionen im Hinblick auf die Häufigkeit krimineller Handlungen und Deliktstruktur?
- Wie entwickelt sich der Anstieg bei der registrierten Frauen- und Jugendkriminalität und auf welchen Komponenten beruht er?
- Aus welchen Sozialgruppen rekrutieren sich "Kriminelle"? An diese Fragestellung schließen Überlegungen an, kriminelles Verhalten entweder auf subkulturelle Sozialisation oder gruppenspezifische Selektionspraktiken der Strafverfolgungsbehörden zurückzuführen.
- Wie vollzieht sich der Ausleseprozeß von einer geschätzten Menge von Verstößen gegen Strafgesetze bis zu jenen Verurteilten, die eine Strafe verbüßen. An den wichtigsten Stationen dieses Prozesses (tatsächlich begangene Verbrechen und Vergehen - entdeckte, kriminelle Taten - polizeilich bekanntgewordene Straftaten - aufgeklärte Straftaten - ermittelte Täter - Angeklagte - Abgeurteilte - Verurteilte - Strafe Verbüßende) erfolgen jeweils Reduktionen der Menge der Taten bzw. Täter.
- Welches Risiko besteht, das Opfer oder der Geschädigte krimineller Handlungen zu werden und wie wird dieses Risiko subjektiv wahrgenommen? Unter dem Gesichtspunkt des Schutzes der Bevölkerung müßten soziale Indikatoren zur Kriminalität vor allem die objektive Bedrohung von Bevölkerungsgruppen und in Regionen messen.

1 VERURTEILTENZIFFER NACH HAUPTDELIKTSGRUPPEN SEIT 1882

Hauptdeliktsgruppen	1882	1890	1900	1910	1920	1930	1936	1954	1960	1965	1970
Gegen den Staat, die öffentliche Ordnung und im Amt	109,5	113,0	117,8	106,4	73,9	82,9	38,4	54,4	49,9	40,8	33,6
Wider die Sittlichkeit	20,3	21,8	29,1	30,3	13,8	27,0	39,0	34,8	34,5	25,0	16,6
Andere Personendelikte	318,3	407,2	488,9	435,0	224,9	268,0	162,3	130,2	139,8	113,2	103,4
Diebstahl und Unterschlagung	370,8	316,0	292,8	316,6	623,6	274,8	165,9	225,5	223,1	203,2	290,0
Raub und Erpressung	3,0	2,7	2,6	3,1	4,5	3,8	3,0	3,0	4,5	4,5	6,5
Andere Vermögensdelikte	147,6	153,4	162,6	175,2	208,6	209,3	133,0	162,9	163,3	118,5	112,1
Gemeingefährliche Delikte	6,9	8,1	12,4	10,3	6,0	15,9	13,5	27,0	30,3	29,1	21,5
Zusammen	976,4	1022,3	1106,2	1077,0	1155,2	881,7	555,1	637,9	645,4	534,4	583,6
Alle Verbrechen und Vergehen	996	1 049	1 164	1 184	1 284	1 187	737	1 281	1 326	1 234	1 346

2 STRAFTATENZIFFERN UND VERURTEILTENZIFFERN IM INTERNATIONALEN VERGLEICH

	BRD 1969	DDR 1969	GBR 1969	FRA	ITA	NIE 1969	BEL	LUX	DÄN 1969	ÖST	SWI 1969	SWE 1969	USA 1969	USR	JAP	IND
Straftatenziffer	3 645	620	3 050			1 740			4 300			5 590	2 471			
Verurteiltenziffer	1 310					348			820		670					

3 TATERMITTLUNG, STRAFVERFOLGUNG UND STRAFVOLLZUG

Jahr	Straftatenziffer	Aufklärungsquote %	Täterziffer	Anklagequote %	Verurteilungsquote %	Verurteiltenziffer	Einweisungsquote %	Gefangenenziffer
1954	2 923	73,4	2 613		81,4	1 267		
1955	3 032	72,6	2 630		85,3	1 328		
1956	3 105	70,6	2 604		86,4	1 342		
1957	3 160	66,9	2 534		86,9	1 400		
1958	3 194	66,1	2 523		87,0	1 345		
1959	3 567	67,3	2 854	54,4	87,6	1 362		
1960	3 681	65,6	2 856	52,5	87,9	1 316		
1961	3 771	64,8	2 889	53,4	88,5	1 357	23,2	106,4
1962	3 699	64,6	2 827	53,2	88,4	1 328	19,1	104,9
1963	2 914	55,5	1 796	44,8	88,1	682	25,7	106,7
1964	2 998	55,0	1 799	44,7	88,7	685	25,5	105,0
1965	3 031	53,2	1 756	42,2	88,6	630	23,8	107,3
1966	3 213	53,0	1 856	40,1	88,9	634	23,4	98,3
1967	3 465	52,2	1 947	39,8	88,6	657	22,3	102,4
1968	3 588	51,8	1 962	42,3	87,8	698	18,7	103,5
1969	3 645	51,2	1 956	43,0	87,1	705	12,8	99,1
1970	3 976	48,3	1 997	41,9	87,1	701	9,3	75,2
1971	3 983	46,8	1 948	44,4	86,9	726	9,0	69,2

9 SCHICHTZUGEHÖRIGKEIT UND KRIMINALITÄT

	Schichtung der Bevölkerung in Nordrhein-Westfalen %	Schichtzugehörigkeit der Täter in Dortmund %
Oberschicht	0	0,4
Obere Mittelschicht	6	1
Mittlere Mittelschicht	11	3
Untere Mittelschicht / Obere Unterschicht	67	40
Untere Unterschicht	16	56

4 DELIKTSTRUKTUR 1971

	Straf-taten-gruppen %	Straf-taten-ziffer Insgesamt	Index der Straftatenziffer (Insgesamt = 100) Land-gebiet	Klein-stadt	Mittel-stadt	Groß-stadt	Aufklä-rungs-quote %	Anteil unter den Tatverdächtigen Kinder %	Jugend-liche %	Heran-wachsende %	Erwach-sene %	Frauen %	Aus-länder %
Diebstahl unter erschwerenden Umständen	33,4	1330,2	50	110	143	191	22,1	8,8	27,3	22,7	41,3	3,4	5,6
Diebstahl ohne erschwerende Umstände	32,5	1294,3	52	119	146	163	40,5	13,1	20,0	11,8	55,0	31,6	8,4
Betrug	7,1	281,7	56	109	123	193	97,5	0,7	4,2	7,7	87,5	17,7	8,4
Sachbeschädigung	6,9	276,5	62	117	141	153	24,7	17,0	20,3	17,3	45,4	5,1	7,9
Vorsätzliche leichte Körperverletzung	2,2	88,9	64	80	98	227	89,3	1,1	6,0	11,2	81,7	8,6	12,1
Straftaten wider die Sittlichkeit	2,1	83,3	68	122	128	140	75,7	1,7	9,0	9,8	79,5	7,4	13,8
Widerstand gegen die Staatsgewalt und Verbrechen und Vergehen wider die öffentl. Ordnung	1,5	60,2	47	78	145	237	97,4	1,2	7,0	15,1	76,6	10,4	8,9
Gefährliche und schwere Körperverletzung	1,4	57,3	54	98	163	178	86,2	1,5	9,2	16,3	73,2	8,5	18,9
Unterschlagung	1,3	52,1	54	105	149	178	89,2	2,0	5,3	7,8	84,9	18,4	8,0
Beleidigung	1,1	42,4	75	99	114	159	82,6	0,9	5,2	7,6	86,4	16,5	7,8
Rauschgiftdelikte	1,0	41,3	49	146	118	167	97,2	0,5	28,9	39,5	31,0	13,9	12,2
Verbrechen und Vergehen wider die persönliche Freiheit	0,9	35,2	78	89	120	155	87,9	0,7	5,3	10,5	83,6	6,2	15,9
Brandstiftung	0,7	29,5	114	94	72	93	53,6	34,5	7,9	5,5	52,2	15,3	4,7
Verletzung der Unterhaltspflicht	0,7	28,4	55	117	161	154	101,1	0,11	0,13	1,8	98,1	8,8	3,4
Urkundenfälschung	0,7	27,9	71	100	125	149	97,4	0,5	9,2	11,3	78,9	13,4	17,1
Raub, räuberische Erpressung und Autostraßenraub	0,6	25,3	32	98	168	237	56,5	7,4	18,4	22,0	52,3	5,6	17,2
Begünstigung und Hehlerei	0,6	25,1	60	121	150	140	105,0	5,5	19,4	14,8	60,2	15,5	6,9
Verbrechen und Vergehen gegen strafrechtliche Nebengesetze auf dem Wirtschaftssektor	0,1	5,6	50	82	84	275	101,7	0,02	1,1	2,0	96,9	17,4	6,7
Untreue	0,1	4,6	74	126	124	126	98,3	-	0,9	3,4	95,7	19,7	3,7
Erpressung	0,1	4,0	73	113	125	148	62,8	13,1	14,5	11,2	61,4	12,8	9,5
Mord und Totschlag	0,1	4,0	80	110	123	130	95,1	0,4	4,1	11,2	84,3	10,9	23,7
Verbrechen und Vergehen im Amt	0,1	3,2	72	97	97	184	107,4	-	0,9	5,0	94,0	4,8	1,0

OLIZEILICH FESTGESTELLTE KRIMINALITÄT UND GESCHÄTZTE VERBRECHENSWIRKLICHKEIT 1969

	Bekanntgewordene Straftaten	Relation von bekannten zu vermutlich begangenen Taten Minimum	Maximum	Geschätzte Zahl tatsächlich verübter Straftaten Minimum	Maximum
ktart	N	Quote	Quote	N	N
, Totschlag, Kinds- ng, einschl. Versuch	2 115	1 : 3	1 : 6	8 400	14 000
eibung	1 005	1 : 100	1 : 500	101 500	503 000
hrliche und schwere erverletzung	34 955	1 : 1,5	1 : 4	87 300	174 000
ucht	6 766	1 : 5	1 : 10	40 500	74 000
cht mit Kindern	17 337	1 : 6	1 : 10	121 300	190 000
cht zwischen Männern	3 391	1 : 100	1 : 500	342 400	1 690 000
elei, Zuhälterei	4 039	1 : 10	1 : 20	44 400	84 000
tige Sittlich- sdelikte	27 022	1 : 7	1 : 12	216 100	351 000
lichkeitsdelikte mmen	58 555	1 : 12	1 : 40	764 700	2 389 000
facher Diebstahl	892 735	1 : 10	1 : 20	9 820 000	18 700 000
erer Diebstahl, ruch	468 077	1 : 2	1 : 3	1 400 000	1 870 000
, räuberische essung	11 503	1 : 2	1 : 4	34 500	57 000
rschlagung, Hehlerei, eue, Begünstigung	55 849	1 : 5	1 : 10	335 000	610 000
ug	183 534	1 : 8	1 : 12	1 650 000	2 380 000
ndenfälschung, delikte	19 544	1 : 2	1 : 3	58 600	78 000
töße gegen das Opium- tz (Rauschgiftdelikte)	4 761	1 : 100	1 : 500	480 000	2 380 000
sonstigen	426 737	1 : 2	1 : 5	1 280 000	2 560 000
esamt	2 159 370	1 : 7	1 : 14	16 020 000	31 715 000
einfachen Diebstahl, eibung, Homosexualität	1 262 239	1 : 4	1 : 8	5 756 000	10 822 000
rdem: ohne Rauschgift	1 257 478	1 : 3	1 : 6	5 276 000	8 442 000

6 VERURTEILTE NACH HAUPTDELIKTSGRUPPEN

Deliktgruppe	1955 %	1960 %	1965 %	1970 %
Gegen den Staat, die öffentliche Ordnung und im Amte	4,1	3,8	3,3	2,7
Wider die Sittlichkeit	2,7	2,6	2,0	1,4
Andere gegen die Person außer im Straßenverkehr	10,1	10,5	9,2	8,9
Diebstahl und Unterschlagung	16,8	16,8	16,4	21,5
Raub und Erpressung	0,3	0,3	0,4	0,5
Andere Vermögensdelikte	11,7	12,3	9,6	9,2
Gemeingefährliche außer im Straßenverkehr	1,9	2,3	2,4	1,5
Im Straßenverkehr	41,6	42,2	48,9	45,9
Nach anderen Bundes- und Landesgesetzen außer StGB und StVG	10,8	9,2	7,8	8,4
Insgesamt (absolut)	530 655	548 954	570 392	738 141

7 VERURTEILTENZIFFER NACH ALTER, GESCHLECHT UND DELIKTGRUPPEN 1971

	Verbrechen und Vergehen ohne Straßenverkehr		Verbrechen und Vergehen im Straßenverkehr		Diebstahl und Unterschlagung		einfacher Diebstahl	
	M	F	M	F	M	F	M	F
14 - u. 16	1 967	439	302	14	1 474	381	917	366
16 - u. 18	2 947	478	957	54	1 801	377	892	354
18 - u. 21	3 370	455	3 019	263	1 515	298	735	274
21 - u. 25	2 924	500	3 306	247	1 046	279	570	258
25 - u. 30	2 152	434	2 547	188	652	245	373	232
30 - u. 40	1 305	333	1 680	129	329	190	216	179
40 - u. 50	749	249	1 029	82	174	144	134	138
50 - u. 60	437	173	679	43	104	119	91	116
60 u. m.	149	61	227	9	46	49	44	48

8 TÄTER- UND VERURTEILTENZIFFERN NACH ALTERSKATEGORIEN UND GESCHLECHT SEIT 1963

	1963 (absolut)	1964	1965	1966 (Index 1963 = 100)	1967	1968	1969	1970	1971
Täterziffern:									
Insgesamt	1 796	100,2	97,8	103,3	108,4	109,2	108,9	111,2	108,5
männlich	3 280	100,0	97,6	103,2	107,7	108,4	107,1	107,8	104,8
weiblich	523	100,6	96,7	100,6	109,2	112,4	117,7	123,9	123,3
Jugendliche	2 676	102,1	102,4	116,6	127,8	143,8	152,5	161,2	162,9
weiblich	597	98,5	95,0	114,1	127,3	153,3	182,4	222,6	224,6
Heranwachsende	3 541	100,8	104,9	121,7	122,3	127,6	132,8	145,4	151,9
weiblich	724	100,8	99,7	109,1	115,7	122,7	134,0	161,7	173,2
Erwachsene	1 634	100,2	96,9	100,4	104,5	102,6	100,1	100,1	95,7
weiblich	508	101,0	97,0	99,2	107,5	108,3	108,9	112,8	111,0
Verurteiltenziffern:									
Insgesamt	682	100,5	92,4	93,0	96,4	102,4	103,4	102,9	106,5
männlich	1 241	100,3	91,9	92,0	94,7	100,4	100,2	97,9	102,2
weiblich	202	101,0	78,8	95,7	102,7	110,7	117,3	124,4	124,3
Jugendliche	1 064	99,1	92,0	98,7	104,5	116,8	131,6	135,9	139,0
weiblich	207	98,4	93,4	109,7	122,2	149,8	180,6	217,9	221,5
Heranwachsende	1 683	99,3	90,5	93,6	91,6	94,3	100,7	104,3	115,4
weiblich	357	98,6	87,0	92,2	94,1	98,5	105,7	123,1	127,8
Erwachsene	597	101,4	93,6	93,2	96,3	101,5	99,5	97,6	100,0
weiblich	194	101,8	94,8	95,6	102,3	109,2	113,8	117,6	116,7

10 RÜCKFÄLLE UND VORSTRAFEN 1971

		Anteil der Vorbestraften	davon vorbestraft (Vorbestrafte=100): 1mal	2-4mal	5mal u. mehr
Verurteilte wegen:					
Verbrechen und Vergehen ohne Straßenverkehr	(%)	49,7	27,9	36,9	35,2
Verbrechen und Vergehen im Straßenverkehr	(%)	36,2	43,1	37,7	19,2
Strafgefangene und Sicherungsverwahrte	(%)	81,1	20,1	37,9	42,0

11 RISIKOZIFFERN FÜR OPFER UND BETROFFENE KRIMINELLER HANDLUNGEN

	1968	1969	1970	1971	1972
Opfer von Mord und Totschlag	539	662	779	760	873
Opfer von vollendetem Mord und Totschlag je 100 000 Einwohner	0,91	1,10	1,28	1,24	1,42
Fälle von fahrlässiger Tötung je 100 000 Einwohner	1,43	1,31	1,26	1,20	1,15
Fälle von gefährlicher und schwerer Körperverletzung je 100 000 Einwohner	54,9	58,2	62,5	57,3	63,6
Opfer von vollendeter und versuchter Notzucht je 100 000 Frauen	20,1	21,4	21,7	21,3	22,2
Fälle von Kraftwagen-Diebstahl je 100 000 Kraftwagen	448,3	444,4	475,9	486,9	444,6
Fälle von schwerem Diebstahl aus oder in Wohnungen je 100 000 Wohnungen	242,2	246,8	268,7	324,4	367,6

12 WAHRNEHMUNG VON GEWALTKRIMINALITÄT 1965

Frage: "Wieviele Menschen werden nach Ihrer Ansicht in einem Jahr in Hamburg vorsätzlich getötet?"

	Frauen %	Männer %
unter 10	4	3
10 - 30	23	38
31 - 100	33	40
101 - 500	28	14
über 500	10	4
keine Angabe	2	1
Befragte N	100	100

Tatsächlich getötete Menschen in Hamburg 1953 - 1964:

Durchschnitt pro Jahr:	16
Maximum	26
Minimum	9

DEFINITIONEN:

Straftatenziffer: bekanntgewordene Fälle auf 100 000 Einwohner
Täterziffer: Ermittelte Täter auf 100 000 strafmündige Einwohner
Verurteiltenziffer: Verurteilte auf 100 000 strafmündige Einwohner
Gefangenenziffer: Strafgefangene und Verwahrte auf 100 000 Einwohner (Stichtag 31.3.)
Bekanntgewordener Fall: Im Strafkatalog aufgeführte Straftat einschließlich der mit Strafe bedrohten Versuche, der eine polizeilich bearbeitete Anzeige zugrunde liegt.
Ermittelter Täter: Strenggenommen der Tatverdächtige (!), der aufgrund des polizeilichen Ermittlungsergebnisses zumindest hinreichend verdächtig ist, eine mit Strafe bedrohte Handlung begangen zu haben.
Strafmündige: die Einwohner über 14 Jahre
Aufklärungsquote: prozentuales Verhältnis von aufgeklärten zu bekanntgewordenen Fällen im Berichtszeitraum (eine Aufklärungsquote von mehr als 100 kommt zustande, wenn im Berichtszeitraum noch Fälle aufgeklärt werden, die vor dem Berichtszeitraum erfaßt wurden)
Anklagequote: Abgeurteilte in % der ermittelten Täter (Tatverdächtige)
Verurteiltenquote: Verurteilte in % der Abgeurteilten
Einweisungsquote: in Strafanstalten Eingewiesene in % der Verurteilten

QUELLENANGABEN UND ANMERKUNGEN:

1) Bevölkerung und Wirtschaft, 1872 - 1972: S. 132, 133

1882 - 1936: jeweiliges Reichsgebiet
1954 - 1960: Bundesgebiet ohne Saarland und Berlin
ab 1961: Bundesgebiet
Verurteilte: bis 30.6.1923 Personen im Alter von 12 und mehr Jahren; danach im Alter von 14 und mehr Jahren;
Verbrechen und Vergehen: ab 1954 ohne Vergehen im Straßenverkehr (in der Kategorie "Alle Verbrechen und Vergehen" sind Verkehrsdelikte enthalten, was die Diskrepanz zur Kategorie "zusammen" bewirkt).

2) BRD: StBA, JB 1972; S. 103, 104
DDR: Materialien zur Lage der Nation 1972: S. 236
GBR: Social Trends, S. 177, 179 (nur England und Wales)
FRA:
ITA:
NIE: SY of the Netherlands, 1971: S. 336
BEL:
DÄN: SY of Denmark, 1971: S. 6, 338, 345
ÖST:
SWI: SJ der Schweiz , 1971: S. 536
SWE: Statistical Abstract of Sweden, 1971: S. 28, 293
USA: Statistical Abstract of the United States, 1971: S. 140

3) StBA, JB 1960; S. 128, 129
StBA, JB 1961: S. 126
StBA, JB 1962: S. 125
StBA, JB 1965; S. 142
Fachserie A, Reihe 9, Rechtspflege 1960: S. 9; 1961: S. 14
1964: S. 12, 13, 15, 23;
1967: S. 11, 14, 24;
1968: S. 11, 14, 24;
1971: S. 11, 12, 14, 24;

1954 - 1956: Bundesgebiet ohne Saarland
ab 1963: Verbrechen und Vergehen ohne Vergehen im Straßenverkehr
1971: Präzisierungen und Änderungen des Registrierverfahrens schränken die Vergleichbarkeit geringfügig ein.

4) Kriminalitätsstatistik 1971: S. 10, 11, 17, 22, 27, 28, 40;

Großstadt 500 000 und mehr Einwohner
Mittelstadt: 100 000 bis unter 500 000 Einwohner
Kleinstadt: 20 000 bis unter 100 000 Einwohner
Landgebiet: Gemeindegröße unter 20 000 Einwohner

Kinder: bis unter 14 Jahre
Jugendliche: 14 bis unter 18 Jahre
Heranwachsende: 18 bis unter 21 Jahre
Erwachsene: über 21 Jahre

5) Kerner, Hans Jürgen, 1973: Verbrechenswirklichkeit und Strafverfolgung; München, Goldmann, S. 45

Übertragung von Expertenschätzungen aus dem Jahr 1956

6) StBA, JB 1972: S. 105
Fachserie A, Reihe 9, Sonderbeitrag: Die Straffälligkeit im Bundesgebiet; 1954 - 1965: S. 6, 7

7) Fachserie A, Reihe 9, Rechtspflege 1971: S. 51, 37, 29

Das Delikt einfacher Diebstahl ist in der Deliktgruppe Diebstahl und Unterschlagung enthalten.

8) StBA, JB 1967; S. 120; JB 1972: S. 103
Fachserie A, Reihe 9, Rechtspflege 1964: S. 13
Fachserie A, Reihe 9, Rechtspflege 1967: S. 11, 14
Fachserie A, Reihe 9, Rechtspflege 1968: S. 14
Fachserie A, Reihe 9, Rechtspflege 1971: S. 11, 14

Täter- und Verurteiltenziffern ohne Vergehen im Straßenverkehr

9) Peters, D., 1969: Schichtspezifische Verteilung von Kriminalität, Manuskript.

Die Verteilung nach Schichten beruht auf dem von Scheuch entwickelten Index, der die Merkmale Einkommen, Ausbildung und berufliche Stellung kombiniert. Die Untersuchung der aufgegriffenen Täter erfolgte im Polizeipräsidium Dortmund im Zeitraum vom 15.11. bis 15.12.1968

10) Fachserie A, Reihe 9, Rechtspflege 1971: S. 25, 136, 137

Die polizeiliche Kriminalstatistik gibt 1971 erstmals Quoten zu folgenden Kategorien an:
Kriminalpolizeilich bereits in Erscheinung getretene Tatverdächtige:
42,2 % aller Tatverdächtigen (1972: 42,4 %)
Erfaßte Berufs- und Gewohnheitsverbrecher: 1,3% aller Tatverdächtigen (1972: 1,1 %)
(Polizeiliche Kriminalstatistik 1971: S. 36, 37; 1972: S. 37, 38)

11) Polizeiliche Kriminalstatistik, 1968: S. 42, 46, 50, 64, 73, 48
1969: S. 44, 48, 52, 66, 75, 50
1970: S. 44, 48, 52, 66, 75, 50
1971: 46, 5(gelb), 51, 79, 70, 60
1972: S. 48, 5(gelb), 50, 53, 84, 76, 63

StBA, Lange Reihen zur Wirtschaftsentwicklung 1973: S. 23 (Bereinigte Bevölkerungszahlen)
StBA, JB 1972: S. 258, 324
StBA, JB 1973: S. 283, 338
Opfer von versuchter und vollendeter Notzucht: ab 1971; davor "Fälle" statt "Opfer"; zu einem Fall können (müssen aber nicht) mehrere Opfer gehören.

12) Engler, Günther, 1973: Zum Bild des Strafrechts in der öffentlichen Meinung, Göttingen, Otto Schwartz: S. 81

H

KOMMUNIKATION UND PARTIZIPATION

WAHLERGEBNISSE UND WÄHLERVERHALTEN

Die Wahlergebnisse der Bundestagswahlen seit 1949 weisen mehrere Trends auf:

Der Trend zum ZWEIPARTEIENSYSTEM hält seit 1949 ununterbrochen an. CDU/CSU und SPD bekamen in der 1. Bundestagswahl zusammen ca. 60 % der Stimmen und 67 % der Parlamentssitze, bei der 7. Bundestagswahl 90,7 % der Zweitstimmen und 91,6 % der Sitze. Diesen Grad der Konzentration erreichten die beiden Parteien in der Verteilung der Direktmandate schon 1949. Von den 242 Direktmandaten des 1. Bundestages gingen alle an die Kandidaten der beiden "Großen". Noch deutlicher als in der Verteilung der Zweitstimmen wird der Trend zur Konzentration in der Anzahl der Parteien, die in den Bundestag eingezogen sind: Waren dies 1949 noch die Vertreter von 10 Parteien (zusätzlich einiger parteiloser Abgeordneter), so reduzierte sich ihre Menge bis 1969 kontinuierlich auf drei Parteien, wenn man CDU und CSU einmal als eine Partei betrachtet.

Die CDU/CSU konnte bei der Wahl zum 2. Bundestag 1953 einen sog. ERDRUTSCHERFOLG verbuchen: sie gewann gegenüber der 1. Bundestagswahl 50 % der Stimmen hinzu und verfehlte nur knapp die absolute Mehrheit, die sie dann bei der nächsten Wahl erreichte. Seit 1957 hat sich bei der SPD der "GENOSSE TREND" eingestellt: von Wahl zu Wahl gewannen die Sozialdemokraten bei den Zweitstimmen drei bis vier Prozentpunkte hinzu. Dies wird zum Teil auf das Wählerverhalten bei Kommunal- und Landtagswahlen zurückgeführt: bei diesen Wahlen bleibt ein Teil der Wählerschaft der Regierungspartei auf Bundesebene den Wahlen fern, was zu einer Stärkung der Oppositionspartei auf der kommunalen und Landesebene führt. Sie kann sich hier als Regierungspartei profilieren und auch bei den Wählern anderer Parteien Vertrauen gewinnen.

Die politischen EXTREMGRUPPEN spielen innerhalb des parlamentarischen Systems eine immer geringere Rolle, sowohl zahlenmäßig wie auch in Bezug auf ihren Stimmanteil. Bei den ersten Bundestagswahlen fallen Vielfalt, Zersplitterung, kurze Lebensdauer und häufige Koalisationsbildungen dieser Parteien auf. Nach immer stärker sinkendem Einfluß erzielten die Rechten, insbesondere die NPD, bei der 69er Bundestagswahl und noch stärker bei den vorhergehenden Landtagswahlen noch einmal kurzfristig Erfolge, die zu erklären sind im Zusammenhang der wirtschaftlichen Rezession 1967/68, der Bildung der Großen Koalition 1968 und der relativen Deprivation und Statusinkonsistenz bestimmter sozialer Gruppen. Das Wählerpotential der NPD scheint seitdem den beiden grossen Parteien zugeflossen zu sein, teilweise auch zur Wahlabstinenz zurückgekehrt zu sein. Der wichtigste Effekt der Extremgruppen dürfte die Integration und Stabilisierung der "Großen" sein.

Die WAHLBETEILIGUNG nimmt mit der Hierarchie Bund - Land - Gemeinde ab; bei Bundestagswahlen liegt sie durchschnittlich unter 90 %, sonst um mehr als 10 % niedriger, in Extremfällen bei nur etwas mehr als 50 %. Die ca. 12 % Nicht - Wähler bei Bundestagswahlen und ca. 24 % bei Regionalwahlen, von denen etwa zwei Drittel den bürgerlichen Parteien, ein Drittel den Sozialdemokraten zugerechnet werden können, haben dabei einen entscheidenden Einfluß auf das Wahlergebnis. Diese PARTEI DER NICHTWÄHLER bewirkt einmal einen höheren sozialdemokratischen Stimmanteil bei den Regionalwahlen als bei der Bundestagswahl. Die Sozialdemokraten können in den regionalen Wahlen damit Positionen und potentiell Vertrauen gewinnen, das sich dann vermutlich auch im "Genossen Trend" niederschlägt. Dadurch fördert die Partei der Nichtwähler schließlich die Entwicklung zum Zweiparteiensystem und bewirkt die wesentlichen Veränderungen der politischen Verhältnisse in der BRD. Der Einfluß der WECHSELWÄHLER ist demgegenüber gering. Zwar liegt die Bruttofluktuation zwischen zwei Wahlen bei 10 bis 15 %, doch sind die Nettoveränderungen nur sehr gering.

Seit der 4. Bundestagswahl 1961 machen immer mehr Wähler von der Möglichkeit der SPLIT VOTE Gebrauch; sie geben Erst- und Zweitstimmen verschiedenen Parteien, zum Teil wohl unter Berücksichtigung der Erfolgschancen einzelner Wahlkreiskandidaten. Bei der Bundestagswahl 1969 entschieden sich insbesondere die FDP - Wähler für das Splitting; 40 % der Wähler, die ihre Zweitstimme der FDP gaben, unterstützten mit ihrer Erststimme den Kandidaten einer anderen Partei. Bei den ersten drei Bundestagswahlen lag der Anteil der Split Vote relativ hoch. In diesen Jahren war dies aber weniger eine Folge bewußter Wahlentscheidungen als vielmehr institutioneller Notwendigkeiten, da die meisten kleineren Parteien nur in wenigen Wahlkreisen Direktkandidaten aufstellen konnten.

In Verbindung mit der Veröffentlichung von UMFRAGEERGEBNISSEN vor der Bundestagswahl 69 wurde vielfach die Frage diskutiert, ob dies einen Einfluß auf das Wahlergebnis im Sinne einer Mobilisierung der letzten Wählerreserven haben könne. Obgleich dieses Problem nicht eindeutig geklärt ist, sprechen Untersuchungsergebnisse eher für das Gegenteil. Das gleiche gilt für die Funktion von Regionalwahlen als TESTWAHLEN für die Bundestagswahlen. Hier ist vielleicht eher eine Mobilisierung von Wählerreserven als Konsequenz der Regionalwahlen zu erwarten.

Zu den strukturellen Zusammenhängen zwischen personellen Merkmalen und dem individuellen Wahlverhalten läßt sich polarisierend folgendes sagen: SOZIALDEMOKRATISCH WÄHLEN eher Männer, junge Menschen, Arbeiter, untere Einkommensschichten, Städter, Evangelische; CHRISTDEMOKRATISCH WÄHLEN eher Frauen, ältere Menschen, Angestellte - Beamte - Selbständige, höhere Einkommensschichten, ländliche Bevölkerung, Katholiken.

1 HISTORISCHE ÜBERSICHT: WAHLBERECHTIGTENQUOTE, WAHLBETEILIGUNG UND STIMMENANTEILE FÜR "LINKE" UND ARBEITER-PARTEIEN BEI DEN NATIONALEN WAHLEN
(Angaben in v.H. der Wohnbevölkerung, der Wahlberechtigten, der gültigen Stimmen)

	Dim.	1871	1881	1890	1903	1912	1920	1928	1933	1953	1961	1972
Wahlberechtigtenquote	v.H.	19,4	20,1	21,7	22,2	22,2	60,7	66,1	71,6	64,2	66,7	67,1
Wahlbeteiligung	v.H.	51,0	56,3	71,6	76,1	84,9	79,2	75,6	88,7	85,8	87,7	91,1
Stimmenanteile der "Linken"	v.H.	3,2	6,1	19,7	31,7	34,8	41,6	40,3	30,6	31,0	38,1	46,1
darunter Kommunisten	v.H.	-	-	-	-	-	2,1	10,6	12,3	2,2	1,9	0,3

2 INTERNATIONALE ÜBERSICHT: WAHLBETEILIGUNG UND STIMMANTEILE FÜR "LINKE" UND ARBEITER-PARTEIEN BEI DEN LETZTEN NATIONALEN WAHLEN DES PARLAMENTS
(Angaben in v.H. der Wahlberechtigten bzw. der gültigen Stimmen)

Land	Wahl Jahr	Wahlbeteiligung	Stimmanteile der Linken insg.	Stimmanteile der Kommunisten
BRD	1972	91,1	46,1	0,3
DDR	1971			
GBR	1970	72,0	46,2	
FRA	1972	81,2	46,1	21.6
ITA	1972	92.8	43,6	27,2
NIE	1972	82		
BEL	1971	82,4	30.5	3,2
LUX	1968		47,7	15,5
DÄN	1971		49,4	1,4
ÖST	1971		56.6	1,4
SWI	1971		23,1	-
SWE	1970		51,5	
JAP	1972	72	35.2	7,7
USA				
USR				
IND	1971	55,3	68.6	9,8

3 STIMMVERTEILUNG DER ERST- UND ZWEITSTIMMEN UND DER PARLAMENTSSITZE BEI DEN BUNDESTAGSWAHLEN SEIT 1949 (Angaben in v.H. der gültigen Stimmen bzw. der Wahlkreismandate)

		Parteien						
		Linke	SPD	FDP	CDU	Rechte	Sonst.	Mandate
Dim.		v.H.	v.H.	v.H.	v.H.	v.H.	v.H.	N
1949 B	Einzige Stimme	6,8	29,2	11,9	31,0	13,1	5,8	
	Parlamentssitze	3,7	32,6	12,9	34,6	12,2	4,0	402
	Direktmandate	-	39,7	5,0	47,5	6,6	1,2	242
1953 B	Zweitstimmen	2,2	28,8	9,5	45,2	10,9	3,4	
	Parlamentssitze	-	30,8	10,3	49,5	9,1	0,4	497
	Erststimmen	2,2	29,5	11,8	43,7	10,8	1,9	
	Direktmandate	-	18,6	5,8	71,1	4,1	0,4	242
1957 B	Zweitstimmen	-	31,8	7,7	50,2	8,9	1,5	
	Parlamentssitze	-	34,0	8,2	54,3	3,4	-	497
	Erststimmen	-	32,0	7,5	50,3	9,0	1,2	
	Direktmandate	-	18,6	0,4	78,5	2,4	-	247
1961 B	Zweitstimmen	1,9	36,2	12,8	45,3	3,6	0,1	
	Parlamentssitze	-	38,1	13,4	48,5	-	-	499
	Erststimmen	1,8	36,5	12,1	46,0	3,6	0,1	
	Direktmandate	-	36,8	-	63,2	-	-	247
1965 B	Zweitstimmen	1,3	39,3	9,5	47,6	2,0	0,3	
	Parlamentssitze	-	40,7	9,9	49,4	-	-	496
	Erststimmen	-	40,1	7,9	48,8	1,8	1,4	
	Direktmandate	-	37,9	-	62,3	-	-	248
1969 B	Zweitstimmen	0,6	42,7	5,8	46,1	4,6	0,3	
	Parlamentssitze	-	45,2	6,0	48,8	-	-	496
	Erststimmen	0,6	44,0	4,8	46,6	3,8	0,3	
	Direktmandate	-	51,2	-	48,8	-	-	248
1972 B	Zweitstimmen	0,3	45,8	8,4	44,9	0,6	0,1	
	Parlamentssitze	-	46,3	8,4	45,3	-	-	496
	Erststimmen	0,4	48,9	4,8	45,4	0,5	-	
	Direktmandate	-	61,3	-	38,7	-	-	248

4 KOMBINATION DER ERST- UND ZWEITSTIMMEN BEI DEN BUNDESTAGSWAHLEN SEIT 1949 UND ANTEIL DER "SPLIT VOTE" (Kombination: Von 100 Wählern, die mit der Zweitstimme die im Kopf genannte Partei wählten, gaben die gültige Erststimme derselben Partei ...; Split Vote: Von 100 Wählern, die mit der Zweitstimme die im Kopf genannte Partei wählten, gaben die gültige Erststimme einer anderen Partei ...)

	Kombination							Split
	Linke	SPD	FDP	CDU	Rechte	Sonst	Parteien insg.	Vote
1949 B	x	x	x	x	x	x	x	x
1953 B	93,3	97,0	85,3	87,1	87,7	67,3	87,5	9,7
1957 B	-	93,6	86,2	92,8	78,1	84,5	89,2	6,2
1961 B	87,0	95,5	86,5	95,6	84,4	80,6	90,7	4,2
1965 B	77,9	94,7	70,3	93,9	77,9	54,5	90,1	6,4
1969 B	76,9	93,4	62,0	93,4	76,3	46,2	89,7	7,7
1972 B	77,7	94,1	38,2	96,8	71,1	68,5	91,2	8,8

5 STIMMVERTEILUNG DER ZWEITSTIMMEN BEI DER BUNDESTAGSWAHL 1969
(Angaben als Abweichungen vom Bundesdurchschnitt in Prozentpunkten)

	ADF	SPD	FDP	CDU	NPD	Sonst.
Bundesdurchschnitt	0,6	42,8	5,6	46,0	4,4	0,6
MÄNNER NACH ALTERSGRUPPEN						
21 - 30 Jahre	+0,2	+5,3	+1,3	-6,4	-0,2	-0,2
30 - 45 Jahre	0,0	+5,8	+0,4	-7,4	+1,3	-0,1
45 - 60 Jahre	+0,2	+1,0	+0,6	-6,2	+4,3	+0,5
60 u.m. Jahre	+0,4	-1,3	-0,1	-1,1	+1,9	+0,3
Zusammen	+0,2	+2,8	+0,5	-5,4	+1,9	0,0
FRAUEN NACH ALTERSGRUPPEN						
21 - 30 Jahre	-0,2	+2,0	+0,4	+0,7	-2,7	-0,2
30 - 45 Jahre	-0,2	+0,7	+0,2	+1,1	-1,5	-0,2
45 - 60 Jahre	-0,1	-3,8	-0,2	+4,9	-0,7	-0,1
60 u.m. Jahre	-0,1	-6,3	-1,2	+9,6	-2,0	0,0
Zusammen	-0,2	-2,4	-0,3	+4,6	-1,4	-0,1
NACH GEMEINDEGRÖSSENKLASSEN						
unter 1 000 Einwohner	-0,3	-15,2	-0,8	+14,2	+1,8	+0,2
1 000 - 3 000 Ew.	-0,3	-8,3	-0,4	+7,8	+1,0	+0,1
3 000 - 20 000 Ew.	-0,2	-1,5	-0,1	+2,0	-0,1	-0,2
20 000 - 50 000 Ew.	0,0	+2,1	0,0	-1,2	-0,7	-0,3
50 000 - 100 000 Ew.	+0,2	+4,6	-0,1	-4,5	+0,1	-0,3
100 000 - 200 000 Ew.	+0,3	+4,5	+0,8	-4,9	-0,4	-0,2
200 000 u.m. Einwohn.	+0,3	+9,1	+0,7	-9,5	-0,6	0,0
NACH DER RELIGIONSZUGEHÖRIGKEIT (Anteil der evangelischen Bevölkerung in den Wahlbezirken)						
unter 50 %	.	-5,8	-1,2	+7,8	-0,4	-0,4
über 50 %	.	+5,1	+1,0	-6,5	+0,3	+0,1

6 VERTEILUNG DER PARLAMENTSSITZE IN DEN LANDTAGEN - Zusammenfassung nach Jahrgängen und der Verteilung entsprechend dem Wahlergebnis

	Linke	SPD	Parteien FDP	CDU	Rechte	Sonst.	Mandate insgesamt
Dim.	v.H.	v.H.	v.H.	v.H.	v.H.	v.H.	N
1952	4,2	38,0	12,4	29,5	14,4	1,5	1 167
1953	3,8	37,4	12,4	30,7	14,2	1,5	1 167
1954	2,7	38,3	12,9	33,8	11,4	0,9	1 168
1955	1,0	37,4	12,2	35,6	12,2	1,6	1 219
1956	0,7	37,3	12,1	36,1	12,3	1,6	1 218
1957	0,7	38,2	11,5	36,5	11,6	1,6	1 218
1958	0,7	39,2	9,1	40,5	9,1	1,4	1 218
1959	0,2	40,6	8,5	41,1	8,2	1,4	1 216
1960	-	42,0	7,8	41,2	8,2	0,8	1 217
1961	-	42,2	8,0	40,8	8,2	0,8	1 217
1962	-	44,7	8,3	40,4	5,8	0,7	1 217
1963	-	45,8	9,0	42,3	2,1	0,7	1 209
1964	-	46,1	8,7	43,0	1,5	0,7	1 208
1965	-	46,5	8,4	43,3	1,5	0,2	1 208
1966	-	47,5	7,4	42,6	2,2	0,2	1 208
1967	-	46,0	6,8	42,9	4,0	0,2	1 212
1968	-	44,9	7,1	42,7	5,0	0,2	1 219
1969	-	44,9	7,1	42,7	5,0	0,2	1 219
1970	-	43,9	6,6	47,2	2,3	0,1	1 233
1971	-	45,2	5,6	48,2	1,0	0,1	1 233
1972	-	46,1	5,0	48,9	-	0,1	1 226

7 WIRKSAMKEIT DES WAHLSYSTEMS (Abweichungen der Mandatsverteilung von der Verteilung der Erst- und Zweitstimmen bei den Bundestagswahlen in Prozentpunkten)

		Linke	SPD	FDP	CDU	Rechte	Sonst.
1949 B	Einzige Stimme	- 6,8	+ 3,4	+ 1,0	+ 3,6	- 0,9	- 1,8
1953 B	Zweitstimmen	- 2,2	+ 2,0	+ 0,8	+ 4,3	- 1,8	- 3,0
	Erststimmen	- 2,2	-10,9	- 6,0	+28,0	- 6,7	- 1,5
1957 B	Zweitstimmen	-	+ 2,2	+ 0,5	+ 4,1	- 5,5	- 1,5
	Erststimmen	-	-13,4	- 7,1	+28,2	- 6,6	- 1,2
1961 B	Zweitstimmen	- 1,9	+ 1,9	+ 0,6	+ 3,2	- 3,6	- 0,1
	Erststimmen	- 1,8	+ 0,3	-12,1	+17,2	- 3,6	- 0,1
1965 B	Zweitstimmen	- 1,3	+ 1,4	+ 0,4	+ 1,8	- 2,0	- 0,3
	Erststimmen	-	- 2,2	- 7,9	+13,5	- 1,8	- 1,4
1969 B	Zweitstimmen	- 0,6	+ 2,5	+ 0,2	+ 2,7	- 4,6	- 0,3
	Erststimmen	- 0,6	+ 7,2	- 4,8	+ 2,2	- 3,8	- 0,3
1972 B	Zweitstimmen	- 0,3	+ 0,5	0	+ 0,4	- 0,6	- 0,1
	Erststimmen	- 0,4	+12,4	- 4,8	- 6,7	- 0,5	-

8 ERFOLGSWERT DER GÜLTIGEN ZWEITSTIMMEN NACH BUNDESLÄNDERN UND PARTEIEN BEI DER BUNDESTAGSWAHL 1972
(Frage: Den wievielfachen Erfolg hat eine bestimmte abgegebene Stimme im Verhältnis zu einem Standarderfolgswert?)

		Stimmen je Mandat Bund	Bund	SchH	Hamb	Brem	NieS	NRW	Hess	Rhpf	BaWü	Bayn	Saar
	Dim.	N	v.H.	v.H.	v.H.	v.H.	v.H.	v.H.	v.H.	v.H.	v.H.	v.H.	v.H.
VERGLEICH DES ERFOLGSWERTES IN DEN BUNDESLÄNDERN GEGENÜBER DEM BUNDESDURCHSCHNITT													
Erfolgswert der Stimmen insg.		74 606	100	100	98	70	100	102	101	98	102	99	90
Erfolgswert der SPD Stimmen		74 675	100	102	99	79	101	102	97	98	101	99	85
Erfolgswert der FDP Stimmen		76 341	100	108	110	-	97	107	107	79	112	96	-
Erfolgswert der CDU/CSU St.		74 693	100	97	91	52	101	102	101	103	102	102	94
VERGLEICH DES ERFOLGSWERTES DER FDP UND CDU/CSU GEGENÜBER DER SPD													
Zweitstimmen je SPD Mandat	N		74 675	73 131	74 835	94 676	74 530	73 465	77 151	76 282	73 899	75 247	87 450
Erfolgswert der SPD Stimmen	v.H.		100	100	100	100	100	100	100	100	100	100	100
Erfolgswert der FDP Stimmen	v.H.		98	103	78	-	95	103	108	79	108	94	-
Erfolgswert der CDU/CSU St.	v.H.		100	95	91	66	101	100	104	105	100	103	110

WAHLENTSCHEIDUNGEN BEI DEN BUNDESTAGSWAHLEN VON 1953 BIS 1972 NACH BERUF UND RELIGION DES HAUSHALTSVORSTANDES
(Dimension: Angaben in v.H.)

hlentscheidungen r Befragten	I n s g e s a m t					K a t h o l i k e n					P r o t e s t a n t e n				
	1953	1961	1965	1969	1972	1953	1961	1965	1969	1972	1953	1961	1965	1969	1972
n s g e s a m t															
SPD	30	36	39	46	52	22	25	26	38	43	37	46	49	55	60
CDU/CSU	45	50	52	48	36	58	65	68	59	48	33	37	40	36	26
FDP	10	11	7	4	11	5	7	4	1	8	15	14	9	7	13
Sonstige	15	2	2	2	1	15	3	1	2	0	15	2	2	2	1
fragte (abs.)	1063	1362	1071	646	2625	510	640	484	321	1210	553	722	587	325	1415
r b e i t e r															
SPD	48	56	54	58	66	36	41	40	50	55	60	69	66	69	77
CDU/CSU	35	36	42	39	27	47	50	58	49	39	22	25	30	27	15
FDP	4	5	2	1	6	2	4	2	-	5	6	5	3	2	7
Sonstige	14	3	1	2	1	15	5	0	1	0	12	1	1	2	1
fragte (abs.)	376	502	412	248	839	195	233	186	135	404	181	269	226	113	435
e a m t e und A n g e s t e l l t e															
SPD	27	30	34	46	50	22	21	21	38	42	31	36	44	52	56
CDU/CSU	49	50	54	45	33	61	64	71	56	45	40	41	42	36	23
FDP	14	18	10	7	17	8	12	7	1	12	19	21	11	11	20
Sonstige	10	2	2	3	0	9	3	1	5	0	10	2	3	1	0
fragte (abs.)	221	288	326	177	982	97	108	135	79	439	124	180	191	98	543
e l b s t ä n d i g e (ohne Landwirte)															
SPD	11	14	18	17	23	7	7	13	10	22	15	21	23	25	25
CDU/CSU	53	62	58	75	62	66	74	72	87	64	39	47	46	62	59
FDP	20	23	19	8	13	14	17	9	3	12	26	30	28	12	15
Sonstige	16	1	4	-	1	13	1	6	-	2	20	1	3	-	1
fragte (abs.)	165	162	115	63	201	85	86	54	31	93	80	76	61	32	108
a n d w i r t e															
SPD	4	8	-	16	10	-	7	-	27	9	8	11	-	7	10
CDU/CSU	58	77	92	72	82	68	90	97	73	88	48	54	85	71	77
FDP	12	13	8	4	8	4	3	3	-	3	20	30	15	7	13
Sonstige	26	2	-	8	-	28	-	-	-	-	24	4	-	14	-
efragte (abs.)	118	117	50	25	62	57	73	30	11	32	61	44	20	14	30

STIMMVERTEILUNG DER ZWEITSTIMMEN BEI DEN BUNDES- UND LANDTAGSWAHLEN SEIT 1949 NACH BUNDESLÄNDERN (Angaben in v.H. der gültigen Stimmen bzw. Zweitstimmen)

Wahl	Bund	SchH	Hamb	Brem	NieS	NRW	Hess	RhPf	BaWü	Bayn	Saar	Berl	Bund	SchH	Hamb	Brem	NieS	NRW	Hess	RhPf	BaWü	Bayn	Saar	Berl	Wahl
	A "LINKE" PARTEIEN												B KONSERVATIVE UND "RECHTE" PARTEIEN												
1949 B	6,6	4,4	10,0	8,9	4,1	9,7	6,7	6,2	6,4	4,1	x	x	10,0	14.0	14,3	18,0	26,9	1.8	-	-	-	20.9	x	x	1949 B
L	x	2.2	9,4	7,7	1.8	7.5	4.7	4.3	4.4	1,9	x	1,8	x	35.8	13,3	28,0	32,2	3,6	-	2,4	8,6	31,1	x	5,9	L
1953 B	2,2	1,2	3,8	3,9	1.1	2,9	2.5	2,3	2,3	1,6	x	x	12,3	16,9	10,0	23,3	26,2	3,7	9,2	5,1	8,1	20,4	x	x	1953 B
L	x	2,1	3,2	-	-	3,8	3.4	-	-	2,1	-	2,7	x	16,3	(50.7)	19,5	27,2	4.9	9.4	1.8	6,3	23.9	-	7.4	L
1957 B	-	-	-	-	-	-	-	-	-	-	-	x	8.9	12,9	6,2	15.8	19,0	4,1	11.0	3,1	6.0	10,7	1,0	x	1957 B
L	x	-	-	-	-	-	-	-	-	-	-	-	x	11.3	4,5	20,2	24,3	2,1	11.5	6.5	8.2	17.7	0,6	3,4	L
1961 B	1.9	1.3	3,6	3,0	1,3	2.0	2.3	1.5	2.3	1.6	3.2	x	3.6	4.9	1.9	5.2	7,8	1.4	4.8	2,9	3,7	4.5	1.3	x	1961 B
L	x	1,2	2.9	2.7	0,6	2.1	1,2	1,4	1.4	0.9	-	1,4	x	4.2	0,9	5,4	6,8	1,4	6.3	3.4	1,8	5.1	-	-	L
1965 B	1,3	1,0	0,1	2,7	0,8	1,3	1,8	1,3	1.6	1.1	1.5	x	2.0	2.4	1.8	2.7	2,5	1.1	2,5	2,5	2.2	2,7	1,4	x	1965 B
L	x	0,9	-	4,2	0,8	-	-	1.2	2,3	-	x	2.0	x	5.8	3.9	8,8	7,0	0,2	12,2	6,9	9,8	7,6	x	-	L
1969 B	0,6	0,4	1,2	1,5	0.4	0,7	0,7	0,6	0,5	0,5	1,2	x	4.6	4.5	3.5	4.4	4.9	3.3	5,7	5,2	4,5	6,3	5,7	x	1969 B
L	x	0,4	1,7	3,1	0,4	0,9	1,2	0,9	0,5	1,7	2,7	2,3	x	1.3	2,7	2,8	3,2	1,1	3,0	2.7	-	2.9	3,4	-	L
1972 B	0,3	0,2	0,6	0,7	0,2	0,3	0.4	0.3	0.2	0,2	0,7	x	0.6	0,5	0,4	0,5	0,5	0,3	0,6	0,8	0.8	0.7	0,8	x	1972 B
Wahl	Bund	SchH	Hamb	Brem	NieS	NRW	Hess	RhPf	BaWü	Bayn	Saar	Berl	Bund	SchH	Hamb	Brem	NieS	NRW	Hess	RhPf	BaWü	Bayn	Saar	Berl	Wahl

Fortsetzung der Tabelle "STIMMVERTEILUNG DER ZEITSTIMMEN ..."

Wahl	Bund	SchH	Hamb	Brem	NieS	NRW	Hess	RhPf	BaWü	Bayn	Saar	Berl	Bund	SchH	Hamb	Brem	NieS	NRW	Hess	RhPf	BaWü	Bayn	Saar	Berl	Wahl
	C SOZIALDEMOKRATISCHE PARTEI DEUTSCHLANDS (SPD)												D CHRISTLICH DEMOKRATISCHE und SOZIALE UNION (CDU/CSU)												
1949 B	29,2	29,6	39,6	34,4	33,4	31,4	32,1	28,6	23,9	22,7	x	x	31,0	30,7	19,8	16,9	17,6	36,9	21,4	49,0	39,6	29,2	x	x	1949 B
L	x	27,5	42,8	39,1	33,7	32,3	44.4	34.0	28,0	28,0	x	44,6	x	19,7	(34,5)	9,0	23.7	36.9	18,8	39,2	36,0	27,4	x	24,6	L
1953 B	28,8	26,5	38,1	39,0	30,1	31,9	33,7	27,2	23,0	23,3	x	x	45,2	47,1	36.7	24.8	35,2	48,9	33,2	52,1	52.4	47,8	x	x	1953 B
L	x	33,2	45,2	47,8	35,2	34,5	42,6	31,7	28,9	28,1	20,1	44,6	x	32,2	(50,7)	18,0	26,6	41,3	24,1	46.8	42,6	38,0	47,2	30,4	L
1957 B	31,8	30,8	45,8	46,2	32,8	33,5	38,0	30,4	25,8	26,4	25,1	x	50,2	48,1	37,4	30,4	39,1	54,4	40,9	53.7	52.8	57,2	54,4	x	1957 B
L	x	35,9	53,9	54.9	39,5	39,2	46,9	34,9	35,3	30,8	30,0	37,3	x	44,4	32,3	14,8	30,8	50,5	32,0	48,4	39,5	45,6	36,6	37,7	L
1961 B	36,2	36,4	46.9	49,7	38,7	37,3	42,8	33,5	32,1	30,1	33,5	x	45,3	41,8	31,9	27,0	39,0	47,6	34,9	48,9	45,3	54,9	49,0	x	1961 B
L	x	39,2	57,4	54,7	44,9	43,3	50.8	40,7	37,3	35,3	40,7	61,9	x	45,0	29,1	28,9	37,7	46,4	28,8	44,4	46,2	47,5	42,7	28,8	L
1965 B	39,3	38,8	48,3	48,5	39,8	42,6	45,7	36,7	33,0	33,1	39,8	x	47,6	48,2	37,6	34,0	45,8	47,1	37,8	49,3	49,9	55,6	46,8	x	1965 B
L	x	39,4	59,0	46,0	43,1	49,5	51,0	36,8	29,0	35,8	x	56,9	x	46,0	30,0	29,5	41,7	42,8	26,4	46,7	44,2	48,1	x	32,9	L
1969 B	42,7	43,5	54,6	52,0	43,8	46,8	48,2	40,1	36,5	34,6	39,9	x	46,1	46,2	34,0	32,3	45,2	43,6	38,4	47,8	50,7	54,4	46,1	x	1969 B
L	x	41,0	55,3	55,3	46,3	46,1	45,9	40,5	37,6	33,3	40,8	50,4	x	51,9	32,8	31,6	45,7	46,3	39,7	50,0	52,9	56,4	47,8	38,2	L
1972 B	45,9	48,6	54,4	58,1	48,1	50,4	48,5	44,9	38,9	34,6	47,9	x	44,8	42,0	33,3	29,5	42,7	41,0	40,3	45,8	49,8	55,1	43,4	x	1972 B
Wahl	Bund	SchH	Hamb	Brem	NieS	NRW	Hess	RhPf	BaWü	Bayn	Saar	Berl	Bund	SchH	Hamb	Brem	NieS	NRW	Hess	RhPf	BaWü	Bayn	Saar	Berl	Wahl

Fortsetzung der Tabelle "STIMMVERTEILUNG DER ZWEITSTIMMEN ..."

E FREIE DEMOKRATISCHE PARTEI (F.D.P.)

Wahl	Bund	SchH	Hamb	Brem	NieS	NRW	Hess	RhPf	BaWü	Bayn	Saar	Berl
1949 B	11,9	7,4	15,8	12,9	7,5	8,6	28,1	15,8	17,6	8,5	x	x
L	x	7,1	(34,5)	11,8	8,3	12,1	31,8	16.7	18.0	7.1	x	23,1
1953 B	9,5	4.5	10.3	7.5	6.9	8.5	19.7	12,1	12,7	6,2	x	x
L	x	7,5	(50,7)	8,6	7,9	11,5	20,5	12,7	16,6	7,2	24,2	12,8
1957 B	7,7	5,6	9,4	5,8	5,9	6,3	8,5	9.8	14,4	4,6	18,2	x
L	x	5,4	8,6	7,2	5,2	7,1	9,5	9,7	15,8	5,6	13,8	3,8
1961 B	12,8	13.8	15,7	15,2	13,2	11,8	15,2	13,2	16,6	8,7	12,9	x
L	x	7,9	9,6	8,4	8,8	6,9	11,5	10,1	13,1	5,9	8,3	7,9
1965 B	9,5	9,4	9,4	11,7	10,9	7,6	12,0	10,2	13,1	7,3	8,6	x
L	x	5,9	6,8	10,5	6,9	7.4	10.4	8,3	14,4	5,1	x	7,1
1969 B	5,8	5,2	6,3	9,3	5,6	5,4	6,7	6,3	7,5	4,1	6,7	x
L	x	3,8	7,1	7,1	4,4	5,5	10,1	5,9	8,9	5,6	4,4	8,4
1972 B	8,4	8,6	11,2	11,1	8,5	7,8	10,2	8,1	10,2	6,1	7,1	x
Wahl	Bund	SchH	Hamb	Brem	NieS	NRW	Hess	RhPf	BaWü	Bayn	Saar	Berl

F SONSTIGE PARTEIEN, WÄHLERGEMEINSCHAFTEN, PARTEILOSE

Bund	SchH	Hamb	Brem	NieS	NRW	Hess	RhPf	BaWü	Bayn	Saar	Berl	Wahl
11,3	13,9	0,5	9,0	11,5	11,5	11,8	0,3	12,5	14,5	x	x	1949 B
x	7,7	-	4,3	0,1	7,6	0,3	3,4	5,0	4,5	x	-	L
2.2	3,8	1,2	1,6	0,6	4,2	1,7	1.2	1,5	0,6	x	x	1953 B
x	8,7	0,9	6,1	3,1	4,0	-	7,0	5,7	0,7	8,5	2,0	L
1,5	3,3	1,2	1,7	3,2	1,8	1,5	3.1	1,0	1.1	1,2	x	1957 B
x	3,5	0,7	3,0	0,3	0,8	0.1	0.6	1,2	0,3	19,0	0,6	L
0,1	2,0	-	-	0,0	0,0	-	0,1	-	0,1	0.1	x	1961 B
x	2,4	0,1	-	0,6	0,0	2,5	-	0,3	5,3	8,3	-	L
0,3	0,2	0,2	0,3	0,2	0,3	0,2	-	0,3	0,2	0,1	x	1965 B
x	2,0	1.2	0,9	0,5	0,1	-	-	0,3	3,4	x	1,1	L
0,3	0,2	0,4	0,5	0,1	0,1	0,4	0,0	0,3	0,1	0,4	x	1969 B
x	1,6	0,4	0,1	0,1	0,1	0,1	-	0,1	0,1	0,9	0,7	L
0,1	0,1	0,1	0,1	0,0	0,1	0,1	-	0,1	0,1	0,1	x	1972 B
Bund	SchH	Hamb	Brem	NieS	NRW	Hess	RhPf	BaWü	Bayn	Saar	Berl	Wahl

ABKÜRZUNGEN

Bund Bundesgebiet ohne West-Berlin
B Bundestagswahlen
L Landtagswahlen

DEFINITIONEN

Erfolgswert: Hier geht es um die Frage, welchen Einfluß die einzelne Wählerstimme bei der Besetzung eines Mandates hat, in Abhängigkeit von der gewählten Partei, dem Bundesland, zu dem der Wahlkreis gehört und den für das jeweilige Mandat abgegebenen Stimmen insgesamt. Berechnungsmethode: es werden alle im jeweiligen Bundesland für eine Partei abgegebenen gültigen Zweitstimmen auf die gewonnenen Mandate "umgelegt". Diese für eine Partei abgegebenen Stimmen je Mandatwerden bezogen auf den Bundesdurchschnitt derselben Partei (bzw. auf die "Stimmen je Mandat" der SPD - als größter Regierungspartei - im selben Bundesland). Dieser Quotient gibt an, das Wie - viel - fache an Stimmen gegenüber dem Bundesdurchschnitt (SPD-Durchschnitt) soz. notwendig war, um ein best. Mandat in einem Bundesland zu besetzen. Je höher dieser Quotient, desto geringer der Erfolgswert der von einzelnen Wählern abgegebenen Stimme. Um eine positive Korrelation zwischen dem Zahlenwert und der Logik des Erfolgswertes zu erreichen, wurde in der Tabelle der Kehrwert des eben beschriebenen Quotienten verwendet; d.h.: je größer die Zahl, desto größer der Erfolgswert der einzelnen Stimme gegenüber der Norm. Die Setzung des Bundesdurchschnitts bzw. des Erfolgswertes der für die SPD als größter Regierungspartei abgegebenen Stimmen ist dabei willkürlich.
Wahlberechtigtenquote: Anteil der Wahlberechtigten an der Gesamtbevölkerung
Wahlbeteiligung: Anteil der Wahlberechtigten, die von Ihrem Wahlrecht Gebrauch gemacht haben.

PARTEIENKLASSIFIKATION

LINKE: ADF - Aktion Demokratischer Fortschritt; DFU - Deutsche Friedensunion; DKP-Deutsche Kommunistische Partei; DL - Demokratische Linke; KPD - Kommunistische Partei Deutschlands; SED - Sozialistische Einheitspartei Deutschlands; SEW - Sozialistische Einheitspartei West; SPD - Sozialdemokratische Partei Deutschlands
FDP: BDV - Bremer Demokratische Volkspartei; DVP - Demokratische Volkspartei (in Baden-Würtemberg), Deutsche Volkspartei (in Hessen und Niedersachsen) ; FDP - Freie Demokratische Partei
CDU: CDU - Christlich Demokratische Union; CSU - Christlich Soziale Union (Bayern)
RECHTS: BdD - Bund der Deutschen; BHE - Bund der Heimatvertriebenen und Entrechteten; BP - Bayernpartei; DKP - Deutsche Konservative Partei; DNS - Deutsche Nationale Sammlung; DP - Deutsche Partei; DRP - Deutsche Rechtspartei (DKP/DRP); DRP - Deutsche Reichspartei; FU - Föderalistische Union; GB/BHE - Gesamtdeutscher Block /BHE;GDP - Gesamtdeutsche Partei; NDP bzw. NPD - Nationaldemokratische Partei Deutschlands
SONSTIGE: Alle anderen Parteien, Wählergemeinschaften und Einzelbewerber wurden als "Sonstige" klassifiziert.

QUELLEN UND ANMERKUNGEN (A)

Tab 1 a.-d. .1-.8 StBA, FS A, R 8 1965, H 9, S. 67 - 68; .9 StBRD, Bd. 100, H 1, S. 16-17; .10 StBA, FS A, R 8 1961, H 3, S. 12; .11 StBA, FS A, R 8 1972, H 6, S. 6-10; WiSta 1972, S. 672

A .1-.8 Deutsches Reich; .9-.11 Bundesgebiet ohne Berlin

Tab 2 a. StBA, FS A, R 8 1972, H 6, S. 6-10; b.- .+n.-q. nach Zeitungsmeldungen, eingesehen im Zentralarchiv der Frankfurter Allgemeine Zeitung; m.

Tab 3 a.-c. StBRD, Bd. 10, S. 7 - 8; d.+f.+g. StBRD, Bd. 100, H 1, S. 15 - 16; e. StBA, JB 1955, Abschnitt Wahlen; n.+k.-m.+o.+p. StBA, FS A, R 8 1961, H 1, S. 8 - 13; i. StBA, JB 1959, Abschnitt Wahlen; n. StBA, JB 1962, Abschnitt Wahlen; q.+s.-u.+w.+x. StBA, FS A, R 8 1969, H 6, S. 6 - 10; r. StBA, JB 1966, Abschnitt Wahlen; v. StBA, JB 1971, Abschnitt

Wahlen; y.-zb. StBA, FS A, R 8 1972, H 6, S. 6 - 10, S. 14

Tab 4 b. StBRD, Bd. 100, H 2, S. 54; c. StBRD, Bd. 200, H 2, S. 32 - 33; d. StBA, FS A, R 8 1961, H 4, S. 51; e. StBA, FS A, R 8 1965, H 3, S. 15; f. StBA, WiSta 1973, S. 358 f., Repräsentative Bundestagsstatistik; StBA, FS A, R 8 1972, H 8, S. 36 - 37, FS A, R 8 1969, H 8, S. 50; g. StBA, FS A, R 8 1972

A a. Bei der ersten Bundestagswahl wurde nur eine Stimme abgegeben; b.-g. Repräsentative Bundestagsstatistik; b. Bundesgebiet ohne Rheinland - Pfalz und Bayern; ohne Hochrechnung der Stichprobe; c. Bundesgebiet ohne Bayern; ohne Hochrechnung der Stichprobe; d.-g. Bundesgebiet ohne Briefwähler; Hochrechnungen der Stichprobe

Tab 5 A bis D StBA, FS A, R 8 1969, H 8, S. 12, S. 15

A Repräsentative Bundestagsstatistik, Bundesgebiet, Hochrechnungen einer Stichprobe ohne Briefwähler

Tab 6 a. StBRD, Bd. 10, 1949; b. StBA, Statistische Berichte 1953; c. StBA, JB 1955, Abschnitt Wahlen; d. StBA, JB 1955 und 1959, Abschnitt Wahlen; e. StBA, JB 1959, Abschnitt Wahlen; f. StBA, JB 1959 und 1962, Abschnitt Wahlen; g. StBA, JB 1962 und 1966, Abschnitt Wahlen; i. StBA, JB 1966, Abschnitt Wahlen; k. StBA, JB 1969 und 1971, Abschnitt Wahlen; l. StBA, JB 1971, Abschnitt Wahlen; m. StBA, JB 1971 und 1972, Abschnitt Wahlen; n. StBA, FS A, R 8 1972, Heft über Ergebnisse vorausgegangener Wahlen.

Tab 7 T. Eigene Errechnungen auf der Basis der hier vorgelegten Tabellen

Tab 8 T. StBA, FS A, R 8 1972, H 6, S. 6 - 7

Tab 9 T. Franz Urban Pappi, Parteiensystem und Sozialstruktur in der Bundesrepublik. In: PVS 2/1973, S. 191 - 213

A T. Nachwahluntersuchungen, repräsentative Umfragen
1953 Erich Reigrotzki, Soziale Verflechtungen in der Bundesrepublik, Tübingen 1956, S. 253
1961 Erwin K. Scheuch und Rudolf Wildenmann, Das Forschungsprogramm der 'Wahlstudie 1961'; in: dies. (Hrsg.), Zur Soziologie der Wahl, Köln und Opladen 1965, S. 12
1965 DIVO - Institut, Der Wähler nach der Bundestagswahl 1965, vervielfältigtes Manuskript ohne Jahr
1969 und 1972 Hans D. Klingenmann und Franz Urban Pappi, im Auftrag des Instituts für politische Planung und Kybernetik, Bonn - Bad Godesberg

REZIPIENTEN DER MASSENKOMMUNIKATION

Die wachsende Komplexität und Interdependenz der sozialen Beziehungen in der Gesellschaft und zwischen ihren Subsystemen führen zu einem wachsenden Bedürfnis nach Informationen und Informiertheit, auch über die nicht direkt zum Erfahrungsbereich gehörenden Ereignisse, Entwicklungen und Zusammenhänge hinaus. Als Informationsmedien stehen neben den "klassischen" Formen der Massenkommunikation Zeitung, Zeitschrift, Buch und Film die "modernen" Formen Funk, Fernsehen und Tonträger zur Verfügung; letzte sind besonders durch die Notwendigkeit einer technischen Empfangsapparatur auf der Seite des Empfängers gekennzeichnet.

Die Nutzung der Massenmedien beansprucht einen erheblichen Teil der Freizeit der Individuen. In der Auswahl und Präferenz bestimmter Medien sowie in der Funktion, den diese für sie primär zu erfüllen haben, unterscheiden sich die Rezipienten nach Alter, Bildung, sozialer Schicht, Berufstätigkeit und anderen sozialen Merkmalen: je höher der jeweilige Status des Individuums, desto stärker werden tendenziell politische Informationen und gedruckte Medien bewertet; je niedriger der Status, desto stärker ist die Präferenz für Unterhaltung und Fernsehen ausgeprägt. Die Medien erreichen ihren Rezipienten in der Regel als einen Einzelnen (mit der Ausnahme des Films und des Fernsehens als Medium für Erziehungs- und Fortbildungszwecke), der einen spezifischen Sozialisationsprozeß als Mitglied bestimmter sozialer Gruppen und Schichten durchlaufen hat, der spezifische Vorstellungen von "seiner" Gesellschaft und von der Gültigkeit von Werten und Normen entwickelt hat, der gesellschaftlich geprägt und mehr oder weniger stark in ein soziales Beziehungsgefüge integriert ist. Für die Frage der Wirkung der Massenkommunikation - die man nach Familie, Schule und Beruf vielleicht als quartäre Sozialisation bezeichnen kann - ist die Auswahl der Inhalte der Medien durch den Rezipienten von ausschlaggebender Bedeutung; dabei spielen neben den schon oben genannten Sozialisationseinflüssen auch intrapersonale und interpersonale Faktoren, wie Prädispositionen, selektives Sich-aussetzen und selektive Perzeption der Nachricht, selektives Verhalten, situativer Kontext, Gruppenwerte und -normen, Meinungsführerschaft und interpersonelle Kommunikation eine entscheidende, "mediatisierende" Rolle: sie machen Massenkommunikation zu einem mitwirkenden Stimulus in einer multikausalen Bedingtheit von Effekten, nicht aber zur alleinigen Ursache. Die ihr zugeschriebene Omnipotenz und "Einbahnstruktur" der Wirkungen erscheint in diesem Sinne als fraglich, besonders wenn man die Medien im Rahmen und als Teil des gesamten sozialen Prozesses sieht. Ihre Wirkung läßt sich eher als konservativer Verstärkereffekt charakterisieren, in dem sie bestehende gesellschaftliche Normen und Wertvorstellungen akzeptieren und rezipieren und diese in den Inhalten der Kommunikation als "Message" aufnehmen und wiedergeben. Dies gilt sicher auch für die Rolle, die das Medium Fernsehen als Instrument in der Erwachsenenbildung und -fortbildung spielt. Auch als Sozialisationsinstanz von Kindern und Jugendlichen - neben der Schule ist es deren größte Quelle gemeinsamen Erlebens - beeinflußt es eher ihre Wissensstrukturen als ihre Wertvorstellungen. So scheinen die Medien der Massenkommunikation in ihrer Wirkung eher präexistente Meinungen des Rezipienten zu verstärken als neue Meinungen hervorzubringen oder gar einen inkongruenten Meinungswandel herbeizuführen.

Insofern die personalen Wirkungen der Massenkommunikationsmittel also bedingt sind durch den jeweiligen "aperzipierenden Hintergrund" ihrer Rezipienten, müssen die ihnen oft zugeschriebenen Effekte von gesamtgesellschaftlicher Bedeutung in der Frage ihrer ausschließlichen Verursachung relativiert werden. Hier sind zu nennen die Rolle der Medien als Multiplikatoren im Prozeß des gesellschaftlichen Wandels allgemein, insbesondere von einer traditionalen über eine transitorische zu einer modernen Gesellschaft (gerade in den Entwicklungsländern werden die Medien als Sozialisationsinstrumente eingesetzt); ihr Beitrag für die Herstellung einer informierten, kritischen Öffentlichkeit; die Wirkung der

Standardisierung und Vereinheitlichung von Normen und Werten, die zur Massenkultur führen; die Polarisierung von Elite- und Populärkultur, die vielleicht durch die Begriffe Partizipation und Perzeption charakterisiert werden können; die Personalisierung gesellschaftlicher Tatbestände, die Intimisierung öffentlicher Angelegenheiten, die Verwandlung gesellschaftspolitischer Themen in individuelle Lebensproblematik, der Aufbau von "heilen" Scheinwelten, die den Prozeß der Privatisierung und Passivierung des Staatsbürgers fördern; die Wirkung besonders visueller Medien als Stimulus zu unmittelbarer, spontaner und nicht reflektierter Reaktion.

Die Frage, wie sich die gesellschaftlichen, wirtschaftlichen, kulturellen und politischen Kräfte, die in den Medien zu Wort kommen, über die Medien gegenseitig beeinflussen, wie sie die Inhalte der Medien verarbeiten und in politisches Handeln oder Nichthandeln umsetzen, ist eine Frage nach einem weiteren wesentlichen Wirkungszusammenhang der Massenkommunikation, der in der Forschung aber bisher kaum berücksichtigt ist. In diesem Zusammenhang ist auch das Problem der Filterwirkung der Medien zu nennen, das mit der Auswahl von Nachrichten, Inhalten und gesellschaftlichen Institutionen, die in den Medien zu Wort kommen, verbunden ist.

Im Mittelpunkt wissenschaftlicher Medienforschung standen in den letzten Jahren neben den Konzentrationsprozessen und Monopolisierungstendenzen vor allem Fragen der Wirkungen, die Form und Inhalt der Massenkommunikation bei den Rezipienten, besonders bei Kindern und Jugendlichen, hervorrufen, also Fragen nach mediatisierenden Faktoren, nach den Objekten der Wirkung, nach Richtung und Intensität der Effekte. Hier liegt eine ganze Reihe spezieller, zumeist amerikanischer Untersuchungen vor. Der amtlichen Statistik sind überhaupt keine medienpolitischen Informationen zu entnehmen; die Regierungsberichterstattung konzentriert sich primär auf die mit der Konzentration und Monopolisierung verbundenen Probleme. Die Medieninstitute bzw.

- verbände selbst machen Angaben über Umfang Produktion und Rezipienten und interessieren sich im Verbund mit Markt- und Meinungsforschungsinstituten primär für das Ausmaß der Nutzung spezifischer Medien und Sendungen und deren Reichweite unter dem Aspekt der Werbewirksamkeit für Produkte der Konsumgüterindustrie. Die politische Wirkungsforschung spielte hier bisher nur eine untergeordnete Rolle.

1 HISTORISCHE ÜBERSICHT ÜBER DIE MEDIENVERBREITUNG

	Dim.	1870	1880	1890	1900	1910	1920	1930	1940	1950	1960	1970
Bezieherdichte von Tageszeitungen	V.T.	.	.	.	.	.	.	.	.	258	277	338
∅ Filmbesuche je Ew. und Jahr	N	.	.	.	.	.	.	3,8	16,1	14,8	10,8	2,7
Haushaltsteilnehmerdichte Hörfunk	v.T.	x	x	x	x	x	0	255	607	437	819	881
Haushaltsteilnehmerdichte Fernsehen	v.T.	x	x	x	x	x	x	x	x	10	239	723

2a INTERNATIONALE ÜBERSICHT ÜBER DIE MEDIENVERBREITUNG 1970

	Dim.	BRD	DDR	GBR	FRA	ITA	NIE	BEL	LUX	DÄN	ÖST	SWI	SWE	JAP	USA	USR	IND
Bezieherdichte von Tageszeitungen	v.T.	319	445	488	238	127	307	260	412	364	268	375	534	511	302	336	14
∅ Filmbesuche je Ew. und Jahr	N	3	6	4	4	11	2	3	5	5	4	5	3	2	5	19	4
Haushaltsteilnehmerdichte Hörfunk	v.T.	318	370	324	314	218	316	373	463	325	273	295	370	(255)	(1412)	390	22
Haush.teilnehmerdichte Fernsehen	v.T.	272	282	293	201	181	223	216	208	266	192	203	312	(215)	(412)	143	0

2b INTERNATIONALE ÜBERSICHT ÜBER DIE SACHGRUPPEN-ANTEILE DER BUCHTITELPRODUKTION 1970

	Dim.	BRD	DDR	GBR	FRA	ITA	NIE	BEL	LUX	DÄN	ÖST	SWI	SWE	JAP	USA	USR	IND
Allgemeines	v.H.	7,3	3,6	1,8	2,2	3,7	1,7	3,0	3,8	3,3	2,7	1,4	1,9	2,7	1,2	2,9	1,8
Philosophie, Psychologie	v.H.	2,3	1,6	2,9	3,0	4,3	3,7	4,3	1,3	2,1	3,0	2,7	1,6	2,9	1,7	1,1	2,9
Religion, Theologie	v.H.	6,2	5,6	4,0	4,5	6,5	3,9	5,1	3,4	3,5	5,5	6,1	3,5	1,8	2,5	0,2	6,7
Recht, Sozialwissenschaften, Pädagogik	v.H.	30,3	17,7	18,0	22,3	22,7	18,7	15,2	38,8	15,1	22,3	21,4	16,0	22,7	10,5	24,4	33,9
Philologie, Sprachwissenschaften	v.H.	4,0	4,5	1,7	2,0	4,2	17,8	8,6	2,2	3,9	2,8	2,8	5,6	3,9	0,6	2,9	1,5
Exakte Naturwissenschaften	v.H.	5,6	7,0	10,0	5,4	6,2	13,5	8,1	2,6	6,4	11,4	8,6	9,4	6,7	3,2	8,3	4,5
Technik, angewandte Wissenschaften	v.H.	10,0	15,2	14,8	12,6	8,9	8,0	11,2	12,5	17,0	14,4	17,4	21,4	18,3	5,4	44,5	6,8
Kunst, Spiele, Sport	v.H.	5,9	6,1	8,0	5,7	7,1	4,0	7,7	14,2	5,5	11,1	9,6	3,8	8,8	3,6	3,0	1,6
Schöne Literatur	v.H.	20,2	18,5	27,1	25,5	29,1	22,9	28,9	10,0	31,7	16,3	17,4	27,9	24,4	10,4	10,1	32,0
Geschichte, Geographie, Biographien	v.H.	8,2	5,3	11,7	8,6	7,3	5,8	7,7	11,2	11,4	10,5	7,0	8,9	7,8	5,4	2,6	8,3
Insgesamt (in 1 000)	N	45,4	5,2	33,4	22,9	8,6	11,2	4,4	0,2	5,1	4,8	8,3	7,7	31,3	79,5	78,9	14,1
Anteil der Kinderbuchproduktion	v.H.	5,1	10,0	7,2	4,9	7,2	8,8	4,1	1,0	11,6	4,8	4,3	8,3	14,0	3,4	3,2	2,0

3 ENTWICKLUNG DER MEDIENVERBREITUNG IN DER BUNDESREPUBLIK 1950-1972

	Dim.	1950	1951	1952	1953	1954	1955	1956	1957	1958	1959	1960	1961	1962	1963	1964	1965	1966	1967	1968	1969	1970	1971	1972
Bezieherdichte von:																								
Tageszeitungen	v.T.	.	.	.	.	.	258	276	272	272	273	277	280	287	289	338	339	351	347	342	345	338	332	335
deren Abonnentenanteil	v.H.	.	.	.	.	.	.	.	.	.	.	.	.	.	66,7	63,2	56,5	55,9	55,6	56,9	57,1	58,7	59,5	59,1
Wochenzeitungen	v.T.	.	.	.	.	.	30	38	35	37	40	47	46	49	57	17	17	18	20	20	21	21	21	27
Publikumszeitschriften	v.T.	.	.	.	502	656	607	652	707	713	700	699	714	716	728	739	784	823	877	931	949	994	1004	1021
Fachzeitschriften	v.T.	.	.	.	320	380	232	249	259	271	257	254	280	250	268	271	268	279	297	301	297	318	315	297
Filmbesuche je Ew. und Jahr	N	.	.	11,8	12,9	14,4	14,8	15,6	15,1	14,0	12,1	10,8	9,1	7,7	6,5	5,8	5,4	4,7	4,1	3,2	3,0	2,7	2,6	
Haushaltsteilnehmerdichte (Teilnehmerdichte) Hörfunk	v.T.	.	445	(206)	(226)	(236)	(246)	(251)	753	(267)	(280)	(288)	819	806	823	825	824	829	841	845	853	880	859	
Haushaltsteiln.dichte (Teilnehmerdichte) Fernsehen	v.T.	x	x	x	(0)	(0)	(2)	(5)	37	(22)	(39)	(61)	238	291	355	412	472	528	586	628	672	723	729	

4 ZEITUNGSTHEMEN - IHR ANTEIL AM UMFANG DER TAGESZEITUNGEN 1967

Themenbereiche:	Dim.	FAZ und Die Welt	Hauptausgaben regionaler Abo.-Zeitungen insgesamt	Regionale Kauf-Zeitungen	Bild-Zeitung
Ø Umfang je Nummer	qcm	51 495	31 733	18 054	12 580
(Ø Umfang des redaktionellen Teils	qcm	28 734	20 373	12 602	10 002
davon: Politik	v.H.	30,1	18,1	9,2	12,3
Wirtschaft	v.H.	22,8	7,2	1,3	0,5
Kunst und Kultur	v.H.	15,1	6,8	4,4	1,1
Unterhaltung, Hobby	v.H.	1,1	3,1	5,6	2,3
"Gesellschaft"	v.H.	5,4	6,1	25,9	28,3
Unglück, Verbrechen	v.H.	1,8	4,4	19,1	22,5
Sport	v.H.	5,7	11,8	19,3	18,1
Spezielle Themen	v.H.	18,1	14,0	15,0	14,8
Regionalteil	v.H.	-	10,6	0,1	-
Lokalteil	v.H.	-	17,9	-	-
(Ø Umfang des Anzeigenteils	qcm	22 761	11 360	5 452	2 578

5 THEMENÜBERSICHT DER HÖRFUNKPROGRAMME VON 1960 BIS 1970

	Dim.	1960 alle Programme	1965 alle Programme	1970 alle Programme	1970 1. Programm	1970 2. Programm	1970 3. Programm
Sendezeit insg. (in 1 000)	Std.	111,7	130,9	168,0	77,6	56,7	33,8
Musiksendungen (in 1 000)	Std.	63,7	67,4	78,1	36,4	32,0	9,8
darunter leichte Musik	v.H.	68,8	69,1	69,1	89,5	50,9	52,3
Wortsendungen (in 1 000)	Std.	41,2	41,8	54,5	24,6	22,2	7,8
darunter Politik	v.H.	34,2	36,1	38,6	47,2	35,2	20,9
Kultur	v.H.	46,2	44,5	16,9	9,9	22,8	22,3
Bildung	v.H.	.	.	10,0	5,6	9,1	16,6
Unterhaltung	v.H.	.	.	6,6	8,5	4,7	6,0
Hörspiel	v.H.	3,0	2,8	2,1	2,2	2,3	1,5
Sport	v.H.	5,7	5,3	4,4	4,3	5,2	1,9
Familienprogramm	v.H.	.	.	6,1	5,1	9,1	0,6
Magazine	v.H.	8,7	11,3	13,0	14,2	10,7	15,9
Werbefunk (in 1 000)	Std.	6,7	8,2	10,6	8,3	1,9	0,4
Programm-Übernahme (in 1000)	Std.	-	-	9,2	8,4	0,6	0,2
Gastarbeitersendungen (1000)	Std.	-	13,5	15,6	-	-	15,6

6 THEMATISCHE ÜBERSICHT ÜBER DIE SENDUNGEN DER FERNSEHHAUPTPROGRAMME VON 1960 BIS 1970

Art der Darstellung nach der Ressorteinteilung bei			1960	1965		1970	
ARD	ZDF	Dim.	ARD	ARD	ZDF	ARD	ZDF
Zeitgeschehen, Tagesschau Wochenspiegel, Informationssendungen	Tagesgeschehen, Politik u. Zeitgeschehen, Politische Dokumentation	v.H.	18,1	35,5	33,9	36,9	27,0
Aktuelle Übertragungen, Sport	Sportsendungen	v.H.	18,0	7,1	13,6	9,8	9,9
Musik- und Unterhaltungssendungen	Unterhaltungs-, Theater u. Musiksendungen	v.H.	12,1	15,2	18,3	14,6	17,7
Fernsehspiele, Kinofilme	Fernsehspiele, Spielfilme, Dokumentarspiele	v.H.	20,5	17,3	20,8	19,1	25,4
Kinder-, Jugend- und Frauenfunk	Kulturelle Sendungen einschließlich Jugend- und Frauenfunk	v.H.	15,0	12,4	8,1	13,3	15,0
Programmverbindungen, Sonstiges	Programmverbindungen, Sonstiges	v.H.	16,3	12,5	6,3	6,3	5,1
Sendezeit insgesamt ohne Werbefernsehen		Std.	1 910	2 703	2 069	2 672	2 893
Werbefernsehen (nur Spots, ohne Rahmen)		Std.	•	81	111	88	149

7 REICHWEITE DER PRESSE 1969

Von jeweils 100 befragten Personen lesen eine:	(Überregion. Abonnementszeitung	(Regionale Abonnementszeitung	Kaufzeitung	Publikumszeitschrift
Bevölkerung ab 14 Jahre	5	66	27	84
nach Geschlecht:				
Männer	6	67	32	86
Frauen	4	65	22	83
nach Alter:				
14 - 19 Jahre	3	63	29	90
20 - 29 Jahre	7	64	31	92
30 - 39 Jahre	5	65	30	89
40 - 49 Jahre	5	67	27	86
50 - 59 Jahre	4	69	27	83
60 - 69 Jahre	3	69	22	76
70 Jahre u.m.	2	68	17	65
nach Schulausbildung:				
Volksschule ohne Lehre	1	63	24	75
Volksschule mit Lehre	3	66	33	87
Mittelschule bis Universität	12	72	20	92
nach Einkommen:				
bis unter 600 DM	2	62	21	67
600 bis unter 1 000 DM	3	64	29	84
1 000 bis unter 1 500 DM	5	68	29	88
1 500 DM und mehr	10	72	23	91
nach Wohnortgröße:				
bis 2 000 Ew	2	69	23	76
2 000 bis 20 000 Ew	4	68	26	84
20 000 bis 100 000 Ew	4	70	25	86
100 000 bis 500 000 Ew	5	69	25	88
500 000 und mehr Ew	8	54	35	88

8 EINSCHALTQUOTE DER FERNSEHHAUSHALTE BEI UNTERSCHIEDLICHEN PROGRAMMEN

	Programmanteile		Einschaltquote	
	ARD	ZDF	ARD	ZDF
Berichte, Dokumentationen, Diskussionen und aktuelle Sendungen aus Politik und Wirtschaft	16,0	12,0	22	9
Berichte, Dokumentationen, Diskussionen und aktuelle Sendungen, nicht aus Politik und Wirtschaft	13,1	14,8	28	12
Fernsehspiele und Fernsehfilme	25,9	24,5	36	31
Theaterübertragungen	1,6	2,9	43	29
Opern und Opernquerschnitte	1,6	1,3	13	6
Operetten, Musicals und entsprechende Querschnitte	0,6	1,8	29	27
Kinospielfilme	13,9	14,8	31	23
Unterhaltungssendungen inclusive Unterhaltungsmusik und Ballet	16,5	11,8	33	24
Reine Musikdarbietungen (Konzert, Opern- und Operettenkonzerte)	1,4	1,6	13	9
Sport	9,4	14,5	19	17
Insgesamt	100,0	100,0	-	-

9 MEDIENNUTZUNG 1967: ANTEILE EINZELNER MEDIEN AM TIME-BUDGET VON 6 WERKTAGEN	Zeitung lesen	Zeitschrift lesen	Unterhalt.buch les.	Buch zur Weiterbildung lesen	Radio hören	Schallplatte hören	Fernsehen	Zeit für Mediennutzg. insg. (in Std.:min.)	Personen ohne Mediennutzung (in v.H.)
Anteil der Personen, die mindestens einmal in der Woche	81	61	44	23	64	23	80	24:56	2
ANTEILE DER EINZELNEN MEDIEN AM JEWEILIGEN TIMEBUDGET (in v.H.)									
Bevölkerung zusammen	15	9	9	4	21	3	39	24:56	2
nach Geschlecht:									
Männer	17	9	8	6	18	3	39	25:19	2
Frauen	13	10	9	3	23	3	39	24:48	2
nach Alter:									
16 - 29 Jahre	11	8	9	6	25	7	34	25:04	2
30 - 44 Jahre	15	8	8	4	20	3	42	22:59	1
45 - 59 Jahre	16	9	8	4	19	2	42	24:56	1
60 u.m. Jahre	18	11	10	3	20	1	37	27:18	3
nach Schulausbildung:									
Volksschule	15	9	7	3	22	3	41	24:34	2
Mittlere Reife	14	9	11	8	19	5	34	26:47	-
Abitur	17	9	14	13	16	5	26	25:42	-
nach Beruf:									
Landwirte	20	8	6	2	23	3	38	15:59	5
An- und ungelernte Arbeiter	14	9	6	2	23	4	42	24:31	3
Facharbeiter	15	9	7	4	21	4	40	26:04	1
Einf.+ mittl.Angest. u. Beamte	14	9	12	5	21	3	36	26:35	1
Leitende Angestellte u. Beamte	16	10	13	7	18	3	33	27:24	-
Selbständige	15	10	7	4	19	2	43	24:11	2
Freie Berufe	19	9	14	11	14	3	30	23:43	-
ZUM VERGLEICH: MEDIENANTEILE 1973									
Bevölkerung zusammen	13	8	6	3	25	5	40	30:59	1

10 AUFWENDUNGEN AUSGEWÄHLTER PRIVATER HAUSHALTE FÜR FREIZEITGÜTER JE HAUSHALT UND MONAT 1971
(Ergebnis der laufenden Wirtschaftsrechnungen, Haushaltstyp 1: 2-P.-Haushalt von Renten- und Sozialhilfeempfängern; Typ 2: 4-P.-Arbeitnehmerhaushalt mit mittlerem Einkommen; Typ 3: 4-P.-Beamten- und Angestelltenhaushalt mit höherem Einkommen)

Verteilung der Aufwendungen für	Dim.	Haushaltstyp 1	2	3
Bücher, Broschüren, Zeitungen, Zeitschriften	%	29,2	17,0	18,5
Fernseh-, Rundfunk- und Phonogeräte u.ä.	%	24,1	14,6	11,1
Kraftfahrzeug	%	3,8	13,7	13,7
Sport und Camping	%	2,3	10,0	8,8
Gartenpflege und Tierhaltung	%	16,2	7,5	6,4
Spiele und Spielzeug	%	1,9	5,5	3,6
Besuch von Kino, Theater, Konzert u.ä.	%	1,1	2,5	2,8
Fotografieren, Filmen	%	0,6	1,9	2,1
Sonstigen Freizeitbedarf	%	0,6	0,6	0,6
Freizeitgüter Zusammen	%	79,9	73,3	67,7
dazu Urlaub	%	20,1	26,7	32,3
Freizeitgüter Insgesamt	DM	36	163	340
Summe der ausgabefähigen Einkommen und Einnahmen	DM	622	1 427	2 630

11 UNENTBEHRLICHKEIT VERSCHIEDENER ANGEBOTSKATEGORIEN VON FERNSEHEN, HÖRFUNK UND TAGESZEITUNG 1971
(Umfrageergebnisse)

	Fernsehen	Hörfunk	Tageszeitung
Dim.	%	%	%
Es würden am stärksten vermissen:			
Überregionale, politische Informationen	50	48	28
Regionale, lokale Informationen	1	3	38
Unterhaltungsangebot	30	35	15
Informationen über Sport	6	5	9
Informationen über Kunst	2	2	1
Informationen über Wirtschaft	0	0	1
Informationen über Technik und Wissenschaft	1	0	1
Es würden nichts vermissen	10	7	7

12 DIE GLAUBWÜRDIGKEIT VERSCHIEDENER MEDIEN DER MASSENKOMMUNIKATION ALS QUELLE POLITISCHER INFORMATIONEN 1972
(Umfrageergebnisse, Indexwerte; Index 1 = nicht glaubwürdig, Index 10 = glaubwürdig)

	Befragte Zusammen	Informationen durch Medien: Tages-zeitung	Zeit-schriften	Fern-sehen	Radio	Wahlveran-staltungen	Gespräche mit Freunden
Dim.	N	Index von 1 bis 10					
Zusammen	3 388	5,8	4,5	7,0	6,6	4,8	5,7
Männer	1 586	5,7	4,5	7,0	6,5	4,7	5,7
Frauen	1 802	5,8	4,6	7,0	6,6	4,9	5,7
18 - 29 Jahre	803	5,8	4,5	7,2	6,8	4,8	5,6
30 - 49 Jahre	1 351	5,7	4,4	6,9	6,5	4,7	5,6
50 u.m. Jahre	1 235	5,8	4,6	7,0	6,5	4,9	5,8
Volksschule ohne Lehre	787	5,7	4,5	7,0	6,5	4,9	5,7
Volksschule mit Lehre	1 802	5,9	4,5	7,1	6,6	4,8	5,7
Höhere Ausbildung	781	5,7	4,5	6,6	6,5	4,6	5,7
Selbständige und freie Berufe, Landwirte	691	5,7	4,5	6,9	6,5	4,7	5,7
Leitende Angestellte und Beamte	267	5,8	4,5	6,9	6,7	4,7	5,9
Sonstige Angestellte und Beamte	1 054	5,9	4,6	7,1	6,6	4,9	5,7
Arbeiter	1 362	5,7	4,5	7,0	6,5	4,8	5,6

13 EINSCHÄTZUNG DES EINFLUSSES EINER POLITISCHEN SENDUNG IM MEDIUM FERNSEHEN AUF DIE WAHLENTSCHEIDUNG BEI DER BUNDESTAGSWAHL 1972
(Umfrageergebnisse. Fernsehsendung: Diskussion zwischen den vier Parteivorsitzenden Brandt, Barzel, Strauß und Scheel am 15.11.1972)

	Dim	Zusammen	Männer	Frauen	18 - 29 Jahre	30 - 49 Jahre	50 u.m. Jahre	Volksschule ohne Lehre	Volksschule mit Lehre	Höhere Ausbildung	Selbständige, freie Berufe, Landwirte	Leitende Angestellte und Beamte	Sonstige Angestellte und Beamte	Arbeiter	Präferenz SPD/FDP	Präferenz CDU	Präferenz SPD
Die Sendung hatten gesehen insgesamt																	
als Anteil der Befragten	%	75	78	72	72	74	76	73	72	83	74	91	76	71	76	75	77
absolut (Basis der Prozentuierung)	N	600	300	300	138	236	225	138	328	132	121	50	187	240	310	244	276
"Glauben Sie, daß diese Diskussion auf die Entscheidung der Wähler Einfluß hat oder nicht?"																	
Ja	%	73	74	73	77	73	72	71	76	71	75	75	73	73	71	76	72
"Und wie ist das bei Ihnen persönlich? Hat Sie diese Diskussion auf irgendeine Weise beeinflußt oder nicht?"																	
Ja	%	18	17	18	18	18	17	16	19	17	18	18	18	17	18	18	16
"Hat diese Diskussion Ihre Absicht verstärkt, eine bestimmte Partei zu wählen, oder sind Sie durch die Diskussion wieder etwas unsicher geworden?"																	
Absicht verstärkt	%	48	49	46	56	43	47	44	47	53	51	45	48	46	45	54	44
unsicher gemacht	%	2	2	2	1	3	3	4	2	1	1	4	1	3	2	2	2
weder/noch	%	49	48	50	41	53	50	52	50	45	47	47	50	50	51	44	52
"Haben Sie während oder nach der Sendung über diese Sendung mit anderen diskutiert?"																	
Ja	%	58	61	54	61	60	53	45	60	65	60	70	61	52	61	58	60
"Sympathisierten diejenigen, mit denen Sie über die Sendung gesprochen haben, überwiegend mit der gleichen Partei wie Sie selbst, oder sympathisierten sie überwiegend mit einer anderen Partei?"																	
gleiche Partei	%	78	70	86	74	74	85	83	76	78	76	78	77	80	77	83	80
andere Partei	%	13	18	8	14	15	9	10	12	17	9	19	16	11	12	11	10

ABKÜRZUNGEN

ARD Arbeitsgemeinschaft der öffentlich-rechtlichen Rundfunkanstalten Deutschlands
Abo. Abonnement
FAZ Frankfurter Allgemeine Zeitung
IVW Informationsgemeinschaft zur Feststellung der Verbreitung von Werbeträgern
ZAW Zentralausschuß der Werbewirtschaft

DEFINITIONEN

Abonnementszeitungen: Zeitungen, deren Verkaufsauflage zum größten Teil abonniert ist
Abonnentenanteil: abonnierter Anteil an der gesamten Verkaufsauflage
Bezieherdichte: verkaufte Zeitungs- bzw. Zeitschriftennummern auf 1 000 Ew
Einschaltquote: Anteil der Haushalte, die bei einem bestimmten Programm ihr Gerät eingeschaltet haben, an allen befragten Haushalten mit Gerät
Haushaltsteilnehmerdichte: Zahl der Haushalte, die Radio- bzw. Fernsehgebühren zahlen (also Privat- und Anstaltshaushalte) auf 1 000 Privathaushalte
Kaufzeitungen: Zeitungen, deren Verkaufsauflage zum größten Teil über Kiosk- und Straßenverkauf abgesetzt wird.
Teilnehmerdichte: Zahl der Haushalte, die Radio- bzw. Fernsehgebühren zahlen (also Privat- und Anstaltshaushalte) auf 1 000 der mittleren Bevölkerung
Verkaufsauflage: Zahl der Zeitungs- bzw. Zeitschriftenexemplare, die verkauft werden. Die Verkaufsauflage mit den Freiexemplaren ergibt die Druckauflage
Zeitungen: sonstige Zeitungsdefinitionen siehe Abschnitt "Medien der Massenkommunikation".

QUELLEN UND ANMERKUNGEN (A)

Tab 1 Heinz Vollmann, Rechtlich -wirtschaftlich-soziologische Grundlagen der deutschen Rundfunkentwicklung, Leipzig 1936, S. 67; Kurt E. Fischer, Dokumente zur Geschichte des Rundfunks und Fernsehens, Göttingen, Berlin, Frankfurt 1957, S. 29 - 37; Helmut H. Diederichs, Konzentration in den Massenmedien, München 1973: Reihe Hanser, 120, S. 115 und 124; Reinhard Knierim, Filmstatistisches Taschenbuch 1965 und 1972, Wiesbaden 1965 und 1972; StBA, JB 1951, 1961, 1971, Abschnitt Bildung und Kultur - Kulturelle Einrichtungen

A a. Die Erfassung der Zeitungs-Auflagenhöhe (vgl. Abschnitt "Medien der Massenkommunikation, Tab 3 Anmerkungen.) führt zur Unterschätzung der Bezieherdichte. b. .8 Filmbesuche aus dem Jahr 1943, Bevölkerung vom 17.5.1939; .9 1955; c.+d. Die Definition der Haushaltsteilnehmerdichte (s.o.) führt zur Überschätzung durch Einbeziehung der Lizenzen von Anstalten und juristischen Personen, durch die Nichterfassung von nicht zahlenden Hörern und Sehern zur Unterschätzung. d. .9 1954

Tab 2a UN, SY 1971, S. 796 ff., S. 802 ff., S. 806 ff.; ÖST JB 1972, Internationale Übersicht

A T. Anmerkungen analog Tab 1; a. Im UN, SY werden nur Tageszeitungen erfaßt, die mindestens vier mal in der Woche erscheinen. c.+d. .6 1969; .13+.14 hier wurden Schätzungen für die Zahl der Geräte angegeben, nicht Lizenzen; c. .3+.13 1969

Tab 2b UN, SY 1972, S. 785 ff.; Börsenverein des deutschen Buchhandels (Hrsg.), Buch und Buchhandel in Zahlen 1972, Buchhändler Vereinigung 1972: Frankfurt, S. 43

A T. Die Klassifikation entspricht der Dezimalklassifikation der Unesco. .3 In Irland veröffentlichte Bücher sind mit enthalten. Bücher, die weniger als 6 d. kosten, sind nicht berücksichtigt. .11 Von Schweizern im Ausland veröffentlichte Bücher sind mit enthalten. .14 .1 Die Gesamtproduktion enthält 13 812 Regierungsveröffentlichungen, für die keine Klassifikation vorliegt (= 55,5 v.H. der Gesamtproduktion).Kinder- und Schulbücher sind in der Summe enthalten, aber nicht nach ihrer Sachgruppe aufgeschlüsselt.

Tab 3 StBA, JB 1951 - 1972, Abschnitt Bildung und Kultur - Kulturelle Einrichtungen; Helmut A. Diederichs, a.a.O., S. 124

A T. Anmerkungen analog Tab 1; g.+h. da für die Jahre 1952 - 1956 und 1958 - 1960 keine Angaben über die Zahl der Privathaushalte vorliegen, wurde hier statt der Haushaltsteilnehmerdichte die Teilnehmerdichte errechnet. a.+c. Die Angaben für die Bezieherdichte von Wochenzeitungen beziehen sich bis 1963 auf regionale und überregionale Wochenzeitungen, ab 1964 nur noch auf überregionale. Die regionalen Wochenzeitungen wurden ab 1964 den Tageszeitungen zugeschlagen.

Tab 4 Winfried Schulz (Hrsg.), der Inhalt der Zeitungen, Düsseldorf 1970, Econ, S. 14

A T. Untersuchungsmaterial ist eine publizistische Stichprobe, die die Zeitungsnummern jeweils einer Woche im Frühjahr und Sommer 1967 erfaßt.

Tab 5 StBA, JB 1961, 1966, 1971, Abschnitt Bildung und Kultur - Kulturelle Einrichtungen

A T. Es handelt sich hier um von den Rundfunkanstalten gelieferte Daten

Tab 6 entsprechend Tab 5

Tab 7 Media-Perspektiven, Frankfurt, Januar 1970 (Nr. 136), S. 16 (herausgegeben im Auftrag der Arbeitsgemeinschaft Werbefernsehen)

A T. Es handelt sich hier um Stichprobendaten; Untersuchungsbasis: 14 054 Fälle (Bevölkerung über 14 Jahre), erhoben im Rahmen der Leseranalyse für Publikumszeitschriften in den Monaten Januar bis April 1969

Tab 8 Elisabeth Noelle - Neuman und Winfried Schulz (Hrsg.), Publizistik, Fischer - Lexikon Nr. 9, Frankfurt 1971: Fischer, S. 19

A T. Jahr der Erhebung und Informationen über die Untersuchungsbasis wurden im Quellentext nicht ausgewiesen

Tab 9 Gerhard Schmidtchen, Leserkultur in Deutschland, in: Börsenblatt für den deutschen Buchhandel - Frankfurter Ausgabe - Nr. 70 vom 30.8.1968, S. 2032. ARD (Hrsg.), Rundfunkanstalten und Tageszeitungen, Dokument 4: Meinungsumfragen und Analysen, ohne Ort, 1969, S. 54 ff. Siehe auch Nachtrag.

A Schmidtchen: Untersuchungsbasis waren 4 063 Personen (Bevölkerung über 16 Jahre), repräsentative Quotenauswahl.
ARD: Untersuchungsbasis nicht ausgewiesen. Die Zeit für Mediennutzung gilt für die sechs Werktage, die Sonntage wurden nicht erfaßt. Die Stundenwerte wurden von montags bis samstags jeweils von 5 Uhr morgens bis 1 Uhr nachts in der Zeit vom 20.9. bis 12.10.1964 erhoben.

Tab 10 WiSta, 1973, S. 325 - 326

A Ergebnisse der laufenden Wirtschaftsrechnungen

Tab 11 Infratest Fernsehforschung, München, Fernsehen und Wahlen 1972, Band II, Fernsehen und Wahlkampf, Frage 007 Seite 28 ff. Dieses Material wurde uns freundlicherweise von der gemeinsamen ARD/ZDF - Medienkommission zur Verfügung gestellt

A Es handelt sich hier um eine Umfrage, die von der gemeinsamen ARD/ZDF - Medienkommission in Auftrag gegeben wurde und das Ziel hatte, Einstellungen und Verhaltensweisen der Fernsehzuschauer gegenüber den Informationssendungen zur Bundestagswahl vor und unmittelbar nach dem 19.11.1972 zu regist rieren und zu beschreiben. Befragt wurden in der Zeit zwischen dem 6. und 18. und 22. November 1972 täglich 300 Personen über 14 Jahre in der BRD und Westberlin, insgesamt 4 800 Personen, und zwar im Rahmen der kontinuierlichen Befragung zum Fernsehprogramm. Die Stichprobe wurde nach dem Quotenverfahren ausgewählt; als Variable für die Quotenbildung wurden Geschlecht und Alter der Zielperson und der Beruf des Haushaltsvorstandes herangezogen. Die Befragten sind disproportional auf die einzelnen Sendebereiche verteilt; die Ergebnisse wurden einer faktoriellen Gewichtung entsprechend der tatsächlichen Fernsehdichte unterzogen.

Tab 13 Infratest Fernsehforschung, München, Fernsehen und Wahlen 1972, Band III, Die Fernsehdiskussion am 15.11.1972. (In der Reihenfolge der Nennungen in der Tabelle): Frage 39 auf S. 65 ff. und Frage 40 auf S. 70 ff.; Frage 41 auf S. 75 ff.; Frage 32 auf S. 35 ff.; Frage 33 auf S. 40 ff.. Dieses Material wurde uns freundlicherweise von der gemeinsamen ARD/ZDF - Medienkommission zur Verfügung gestellt.

A Zur Stichprobe und Untersuchung siehe Anmerkungen Tab 12
Bei den Fragen 39, 40 und 32 wurden die Antwortkategorien "nein" ausgelassen = Differenz zwischen dem Tabellenwert und 100 %. Bei Frage 41 machten die ausgelassenen Antwortkategorien "war schon vorher unsicher", "bin nicht wahlberechtigt" und "keine Antwort" zusammen nur 1 % der Antworten aus. Bei Frage 33 machten die ausgelassenen Antwortkategorien "weiß nicht" und "keine Antwort" zusammen 9 % der Antworten aus.

NACHTRAG

Tab 9 Gerhard Schmidtchen, Leserkultur in Deutschland 1974 - Soziologische Analyse des Buchmarktes für den Börsenverein des Deutschen Buchhandels. In: Börsenblatt für den Deutschen Buchhandel - Frankfurter Ausgabe - Nr. 39, vom 17. Mai 1974, S. 710

I

GESELLSCHAFTLICHE UND STAATLICHE STEUERUNG

MAGISCHES VIERECK

Gesellschaftliche Zieldiskussionen wiesen bisher meist einen "bias" zugunsten ökonomischer Indikatoren auf. Dies wird darauf zurückgeführt, daß - wie das Beispiel des "Magischen Vierecks" zeigt - ökonomische Indikatoren leichter zu operationalisieren sind und eher übereinstimmend beurteilt werden.

In der BRD sind die Zielvariablen des "Magischen Vierecks" im Gesetz zur Förderung der Stabilität und des Wachstums der Wirtschaft festgelegt und damit gesellschaftspolitischer Willensbildung und der Wirtschaftspolitik der Regierung vorgegeben. Spielräume bestehen in Bezug auf die Gewichtung der Ziele. Allerdings hat der Sachverständigenrat zur Begutachtung der gesamtwirtschaftlichen Entwicklung die Variablenwerte definiert, bei denen die wirtschaftspolitischen Grundziele als erreicht gelten können. Nach der letzten Version wird von Preisstabilität gesprochen, wenn das Preisniveau der Inlandsnachfrage jährlich höchstens um 2,5 % ansteigt; als Vollbeschäftigung wird eine Arbeitslosenquote bis zu 0,8 % bezeichnet; außenwirtschaftliches Gleichgewicht ist erreicht, wenn der Überschuß im Waren- und Dienstleistungsverkehr mit dem Ausland zwischen 1,5 und 2 % des Bruttosozialprodukts liegt; als angemessenes Wachstum gilt eine Rate von 4 % für das reale Bruttosozialprodukt.

Die wirtschaftspolitische Diskussion dieser Ziele bezieht sich einmal auf ihren Charakter als Modal- oder Finalziele. Zum anderen werden die Konsequenzen der Abweichung von optimalen Zielwerten untersucht. Vollbeschäftigung wird nicht nur als sozialstaatliches Postulat betont, sondern auch gefordert, weil Unterbeschäftigung eine Verschwendung von Produktionsmitteln darstellt und gegen das ökonomische Prinzip verstößt. Im Gefolge einer "Reinigungskrise" würde ein Beschäftigungsrückgang von manchen Wirtschaftspolitikern begrüßt. Preisniveausteigerungen gefährden nicht nur die marktwirtschaftliche Funktion des Geldes, sondern bewirken auch unerwünschte Umverteilungsvorgänge.

Bei Preisniveausteigerungen profitieren Schuldner gegenüber Gläubigern und Eigentümer von Sachwerten gegenüber Besitzern von Geldvermögen.Von Preisniveausteigerungen werden schließlich soziale Gruppen und Institutionen ganz unterschiedlich betroffen.

Zahlungsbilanzungleichgewichte gelten als Störfaktor in Bezug auf die Geldmenge, die ihrerseits das Preisniveau beeinflußt.
Wirtschaftswachstum soll einen ständigen Anstieg des Wohlstands ermöglichen und damit auch politische Stabilität garantieren. Es ist notwendig für Umverteilungsmaßnahmen, die den Zuwachs des Sozialprodukts betreffen und nicht vorhandenen Besitz.

Der Realisierungsgrad der wirtschaftspolitischen Grundziele schwankt im Konjunkturverlauf. Die "säkulare Inflation", die alle kapitalistischen Industrieländer betrifft, zeigt, daß das Ziel der Preisniveaustabilität am stärksten gefährdet ist. Aber auch die anderen Zielsetzungen sind nur manchmal annähernd erreicht worden. Die wirtschaftliche Entwicklung in der Geschichte der BRD verlief jedoch soweit stabil, daß man von "Wachstumszyklen" statt von "Konjunkturschwankungen" sprechen kann.

Auch die Aussagekraft der Indikatoren des "Magischen Vierecks" ist nicht unproblematisch. In Bezug auf die Preisindices gibt es einen unabgeschlossenen Streit darüber, ob diese die tatsächlichen Preissteigerungen über- oder untertreiben.
Die Größenordnung der Maßzahlen für Arbeitslosigkeit hängt weitgehend von der Erhebungsmethode ab. In der BRD werden die Arbeitslosen gezählt, die sich beim Arbeitsamt als arbeitslos regist-rieren lassen. Andere Arbeitssuchende und "versteckte" Arbeitslosigkeit bleiben unberücksichtigt.Zudem beeinträchtigt die Konjunkturpufferfunktion der Gastarbeiter die Aussagekraft der Arbeitslosenquote, da es 1967 ohne die Rückwanderung entlassener Ausländer eine Arbeitslosenquote von 4,5 % statt von 2,1 % gegeben hätte.

Zu beachten ist auch, daß von Arbeitslosigkeit Alters- und Berufsgruppen und Regionen unterschiedlich betroffen werden.

Wie wenig ein Wachstum des Sozialprodukts mit einer Hebung des Wohlstands, mit einer Erhöhung des Lebensstandards oder einer Verbesserung der Lebensqualität gleichgesetzt werden darf, zeigen die Diskussionen um die Aussagekraft des Indikators Sozialprodukt.

1 LANGFRISTIGER VERGLEICH VON WACHSTUM, PREISNIVEAUVERÄNDERUNG UND ARBEITSLOSIGKEIT IM BUNDESGEBIET

	Zuwachs des realen BSP in %	Anstieg des Niveaus der Verbraucherpreise in %	Arbeitslosenquote Min. %	Max. %
1926 - 1930	16,1	4,4	6,8	23,0
1930 - 1934	- 2,7	- 21,4	14,9	30,8
1935 - 1939	56,7	4,3	2,2	11,6
1951 - 1955	56,6	10,0	5,6	10,4
1956 - 1960	37,6	9,5	1,3	4,4
1961 - 1965	27,7	12,3	0,7	0,8
1966 - 1970	25,6	13,5	0,7	2,1

2 WIRTSCHAFTSWACHSTUM, PREISNIVEAUANSTIEG UND ARBEITSLOSIGKEIT IM INTERNATIONALEN VERGLEICH

Land	Preisniveau 1970 (1960=100)	Bruttosozialprod. 1970 (1960 = 100) nominal	real	Arbeitslosenquoten 1960 - 1970 Max.	Min.	
BRD	131	226	160	2,1	0,7	(R)
DDR	100	173	173	-	-	
GBR	148	196	132	2,5	1,5	(R)
FRA						
ITA	164	266	173	4,2	2,5	(S)
NIE	152	265	165	1,9	0,1	(R)
BEL	134	225	161	5,4	2,2	(R)
LUX	128	202				
DÄN	171	282	160	4,3	0,9	(G)
ÖST	144	228	159	3,5	1,5	(R)
SWI	139	236	156			
SWE	150	237	157	2,0	0,9	(R)
JAP	176	457	286	1,3	0,8	(S)
USA	131	248	148	6,7	3,6	(S)
USR						
IND						

3 WIRTSCHAFTSWACHSTUM, PREISENTWICKLUNG, BESCHÄFTIGUNG UND ZAHLUNGSBILANZ IN DER BRD SEIT 1950

Jahr	Jährliche Wachstumsraten des BSP in %		Jährlicher Anstieg des Preisniveaus in %		Index der Kapazitätsauslastung (Maximum = 100)	Arbeitslosenquote in %	offene Stellen pro Arbeitsl.	Kurzarbeiterquote %	Außenbeitrag in % des BSP
	nominal	real	Erzeugerpreise	Verbraucherpreise					
1950			- 2,7	- 6,2		11,0	0,1		- 1,4
1951	22,3	10,4	18,7	7,7		10,4	0,1		1,8
1952	14,2	8,9	2,3	2,1		9,5	0,1		2,3
1953	7,8	8,2	- 2,6	- 1,8		8,4	0,1	0,5	3,5
1954	7,4	7,4	- 1,6	0,2		7,6	0,1	0,3	3,1
1955	14,4	12,0	1,7	1,6		5,6	0,2	0,1	2,2
1956	10,5	7,3	1,5	2,5		4,4	0,3	0,1	3,2
1957	9,0	5,7	1,8	2,0		3,7	0,3	0,1	3,9
1958	7,8	3,7	- 0,4	2,2		3,7	0,3	0,3	3,7
1959	8,8	7,3	- 0,7	1,0		2,6	0,5	0,1	3,6
1960	11,7	9,0	1,1	1,4	95,9	1,3	1,7	0,0	2,4
1961	10,0	5,4	1,3	2,3	94,1	0,8	3,0	0,0	2,0
1962	8,3	4,0	1,1	3,0	90,9	0,7	3,7	0,0	1,0
1963	6,6	3,4	0,5	3,0	88,2	0,8	3,0	0,1	1,3
1964	9,6	6,7	1,1	2,3	91,4	0,8	3,6	0,0	1,2
1965	9,4	5,6	2,4	3,4	91,7	0,7	4,4	0,0	- 0,1
1966	6,6	2,9	1,7	3,5	88,2	0,7	3,4	0,1	1,3
1967	1,0	- 0,2	- 0,9	1,4	82,3	2,1	0,7	0,7	3,2
1968	9,0	7,3	- 5,3	1,5	89,1	1,5	1,5	0,0	3,3
1969	12,1	8,2	2,2	2,8	96,6	0,9	4,2	0,0	2,4
1970	13,3	5,8	5,9	3,7	97,6	0,7	5,3	0,0	1,6
1971	10,6	2,7	4,7	5,4		0,9	3,5	0,4	1,5
1972	9,3	3,0	3,2	5,8		1,1	2,2	0,3	1,7

4 PREISINDICES AUSGEWÄHLTER GÜTERGRUPPEN (1962 = 100)

Gütergruppe	1965	1968	1971
Lebenshaltung insgesamt	108,7	116,4	130,4
Nahrungs- und Genußmittel	108,8	111,1	121,8
Kleidung, Schuhe	105,8	110,0	122,8
Wohnungsmiete	117,8	146,0	173,1
Elektrizität, Gas, Brennstoffe	107,1	116,7	135,5
Baupreise für			
Wohngebäude	112,6	118,8	159,0
Bürogebäude	113,6	119,0	162,4
Straßenbau	97,5	96,2	124,8
Brücken im Straßenbau	107,8	109,9	154,1
Erzeugerpreise industrieller Produkte		99,3	112,5
Verbrauchsgüter		101,2	112,4
Investitionsgüter		102,4	126,8
	1966/67	1968/69	1970/71
Erzeugerpreise landwirtschaftlicher Produkte	109,3	107,8	106,0

5 PREISINDICES FÜR HAUSHALTSTYPEN UND VERWENDUNGSBEREICHE DES SOZIALPRODUKTS

	1965	1968 (1962 = 100)	1971
Alle privaten Haushalte	108,7	116,4	130,4
4-Personen-Haushalte von Angestellten und Beamten mit höherem Einkommen	107,2	115,8	129,6
4-Personen-Arbeitnehmerhaushalte mit mittlerem Einkommen des alleinverdienenden Haushaltsvorstandes	109,0	116,1	130,4
2-Personen-Haushalte von Renten- und Sozialhilfeempfängern	110,7	118,5	133,7
Einfache Lebenshaltung eines Kindes	109,7	115,6	130,8
Bruttosozialprodukt	109,7	116,8	139,6
Privater Verbrauch	108,5	116,5	130,3
Staatsverbrauch	117,6	143,8	175,8
Anlageinvestitionen	108,8	111,3	138,8
Ausfuhr	103,3	103,7	110,8

6 ALTERS- UND GESCHLECHTSSPEZIFISCHE ARBEITSLOSENQUOTEN

Alters-	Insgesamt			Männer			Frauen		
gruppe	1967	1969	1971	1967	1969	1971	1967	1969	1971
unter 25	2,0	0,3	0,7	2,7	0,2	0,7	1,2	0,5	0,8
25 - 35	2,2	0,3	0,8	2,3	0,1	0,6	2,0	0,5	1,0
35 - 45	2,1	0,2	0,7	2,1	0,2	0,6	2,2	0,4	0,9
45 - 55	2,2	0,3	0,7	2,1	0,3	0,6	2,3	0,4	0,8
55 - 60	3,1	1,0	1,3	3,2	1,2	1,4	2,7	0,6	1,1
60 - 65	5,1			5,6			3,5		
65 u. mehr	9,4	0,2	0,0	11,9	0,2	0,0	2,2	0,2	0,0

7 DIE ANZAHL DER KREISE MIT HOHEN UND NIEDRIGEN ARBEITSLOSENQUOTEN (Sept.)

Arbeitslosen-	Anzahl der Kreise	
quote in %	1969	1971
0,1 - 0,5	361	231
0,6 - 1,0	138	195
1,1 - 1,5	38	65
1,6 - 2,0	7	29
2,1 - 3,0	4	15
3,1 - 4,3	0	5
Kreise insgesamt	548	540

8 EINSCHÄTZUNGEN DER ALLGEMEINEN WIRTSCHAFTSLAGE

Ansichten	Apr. 72	Okt. 72	Jan. 73	Apr. 73	Okt. 73
	Wie hat sich Ihrer Meinung nach die "allgemeine Wirtschaftslage" in Ihrem Land seit einem Jahr entwickelt?				
wesentlich verbessert	2,0	3,2	2,1	1,8	1,0
etwas verbessert	20,0	16,6	21,7	12,5	10,9
in etwa gleichgeblieben	38,0	42,7	49,8	37,8	35,8
etwas verschlechtert	30,0	27,4	19,2	33,5	37,0
wesentlich verschlechtert	7,0	5,5	3,4	10,5	11,4
weiss nicht	3,0	4,6	4,0	3,6	3,8
	Wie dürfte sich Ihrer Ansicht nach die "allgemeine Wirtschaftslage" in den kommenden 12 Monaten entwickeln?				
sich wesentlich verbessern	1,0	0,6	0,9	0,6	0,3
sich etwas verbessern	20,0	17,0	22,1	12,0	11,6
in etwa gleichbleiben	44,0	49,0	50,1	42,5	42,5
sich etwas verschlechtern	20,0	13,9	15,8	29,6	29,4
sich wesentlich verschlechtern	2,0	0,9	1,4	3,2	4,3
weiss nicht	14,0	18,6	9,6	11,6	11,8

QUELLENANGABEN UND ANMERKUNGEN:

1) Bevölkerung und Wirtschaft, 1872 - 1972: S. 250, 260
Gleitze, 1960: S. 45
Amtliche Nachrichten der Bundesanstalt für Arbeit, 1972, S. 84, 85

Reales BSP: bis 1939 in Preisen von 1936, ab 1950 in Preisen von 1962; 1925 bis 1960 Bundesgebiet ohne Saarland und Berlin
Niveau der Verbraucherpreise: 1924 - 1944 Reichsindexziffer für die Lebenshaltungskosten; ab 1950 Preisindex für die Lebenshaltung eines 4-Personen-Arbeitnehmerhaushaltes mit mittlerem Einkommen des alleinverdienenden Haushaltsvorstandes.
Arbeitslosenquote: 1926 - 1930 Arbeitslose unter den Gewerkschaftsmitgliedern in %;
1930 - 1939 Arbeitslose in % der beschäftigten Arbeiter und Angestellten
ab 1950: registrierte Arbeitslose in % der Erwerbspersonen

2) StBA, JB 1972: S. 105*, 127*, 128*
Yearbook of Labour Statistics, 1970: S. 422, 423

Preisniveau: Preisindex für die Lebenshaltung (vergl. StBA, JB 1972,: S. 104*
(R) = Amtlich registrierte Arbeitslose
(S) = Durch Stichproben ermittelte Arbeitslose
(G) = Arbeitslose nach der Gewerkschaftsstatiktik

3) Amtliche Nachrichten der Bundesanstalt für Arbeit, 1972: S. 8, 9
Amtliche Nachrichten der Bundesanstalt für Arbeit, Jahreszahlen 1973: S. 8
Bevölkerung und Wirtschaft, 1872 - 1972: S. 248, 250
DIW, Vierteljahreshefte, 1972: 1'2, S. 74
Sachverständigenrat, 1972: S. 215,; 1973: S. 206, 212, 213, 269
StBA, JB 1972, S. 514; 1973: S. 465
Erzeugerpreise: Index der Erzeugerpreise industrieller Produkte einschließlich bergbauliche Erzeugnisse, elektrischer Strom, Gas und Wasser
Verbraucherpreise: Preisindex für die Lebenshaltung eines 4-Personen-Arbeitnehmerhaushaltes mit mittlerem Einkommen des alleinverdienenden Haushaltsvorstandes
Arbeitslosenquote: Arbeitslose in % der abhängigen Erwerbspersonen (Jahresdurchschnitt)
Kurzarbeiterquote: Kurzarbeiter in % der abhängig Beschäftigten

4) StBA, JB 1972: S. 437, 443, 450, 457

Lebenshaltung insgesamt: Lebenshaltungsausgaben von rund DM 740 monatlich nach den Verbrauchsverhältnissen von 1962
Erzeugerpreise industrieller Produkte: ab 1968 ohne Umsatz- bzw. Mehrwertsteuer
Preisindex landwirtschaftlicher Produkte nach Wirtschaftsjahren!

5) StBA, JB 1972: S. 458, 523

Die Preisindices der Haushalte beruhen auf einem konstanten Warenkorb, die der Verwendungsbereiche des BSP auf dem Warenkorb des jeweiligen Berichtsjahres

6) Sachverständigenrat 1967/68: S. 44
Fachserie A, Reihe 6, I: April 1969, S. 17; April 1971: S. 25
Amtliche Nachrichten des Bundesanstalt für Arbeit, 1972: S. 116 - 119
Amtliche Nachrichten der Bundesanstalt für Arbeit, 1971: S. 536, 537

7) Amtliche Nachrichten der Bundesanstalt für Arbeit, 1970: Sonderheft Jahreszahlen, S. 57 - 59
Amtliche Nachrichten der Bundesanstalt für Arbeit, 1971: S. 1012 - 1014

8) Kommission der europäischen Gemeinschaften, Information P - 10
Brüssel, Februar 1974, Tabelle 1, Tabelle 2
Wiederholte Befragungen von 25 000 Haushalten in fünf Ländern (BRD, FRA, ITA, NIE, BEL)

STAATSEINNAHMEN

Die Analyse der staatlichen Aktivitäten ist von grundlegender Bedeutung, wenn im Rahmen einer Theorie des öffentlichen Interesses versucht wird, den tatsächlichen und potentiellen Einfluß der staatlichen Tätigkeit auf die Gestaltung der Lebensverhältnisse der Bevölkerung zu bestimmen. In entwicklungstheoretischer Perspektive, im Rahmen einer historisch orientierten Theorie gesamtgesellschaftlicher Entwicklung, ist die Analyse der sich wandelnden "Funktionen" des Staates ebenfalls eine zentrale Problemstellung.
Einen wesentlichen Zugang zu dieser umfassenden Problematik eröffnet die Analyse der Staatseinnahmen und -ausgaben, der monetären Größen, in denen staatliche Tätigkeit sich niederschlägt. Diese vermag bereits auf einer vorwiegend deskriptiven Ebene zu aufschlußreichen Ergebnissen zu führen.

Auf der Einnahmenseite sind die Höhe und die Struktur der Staatseinnahmen charakteristische Merkmale für die Fähigkeit eines Staates, die Verfügung über einen bestimmten Teil der volkswirtschaftlichen Wertschöpfung zu erlangen, welcher durch die Quote der Staatseinnahmen ausgedrückt wird. Die begrenzten Möglichkeiten, sich durch Steuer- und andere Einnahmen Ressourcen zu verschaffen, setzen zugleich gewisse restriktive Bedingungen für das Angebot öffentlicher Güter und Leistungen.
Eine weitere Möglichkeit der Ausgabendeckung besteht in der Schuldenaufnahme, sowohl kurzfristig zum Ausgleich von Einnahmeschwankungen wie auch längerfristig zur Investitionsfinanzierung. Die vielfältigen Wirkungen einer höheren Staatsverschuldung in Bezug auf Konjunktur, Wachstum, Preisniveau und Verteilung sind in der politischen und wirtschaftswissenschaftlichen Diskussion umstritten. Eine sachgerechte Beurteilung der Verschuldungsproblematik hat zumindest drei Größen in Betracht zu ziehen: die Höhe der Gesamtverschuldung im Verhältnis zum volkswirtschaftlichen Gesamtprodukt; die Höhe der jeweiligen Neuverschul-

dung, gemessen am gesamten Einnahmevolumen; und die Höhe des jährlichen Schuldendienstes (Zinsen und Tilgung), gemessen am gesamten Ausgabevolumen. Weiterhin muß die Verteilung der Gesamtschuldenlast auf die einzelnen Gebietskörperschaften in Rechnung gestellt werden.
Den weitaus größeren Teil der Staatseinnahmen bilden aber nach wie vor, und tendenziell eher steigend, die Steuereinnahmen. Ihr Anteil an der volkswirtschaftlichen Wertschöpfung wird durch die volkswirtschaftliche Steuerquote ausgedrückt. Einnahmeposten von geringerer Bedeutung sind daneben Gebühren und Verwaltungseinnahmen sowie die (Netto-) Einnahmen aus staatlichen Unternehmen.
Diese Einnahmearten haben auf den verschiedenen Ebenen der staatlichen Organisation unterschiedliches Gewicht. Für den Bereich der Steuern ist die Gesetzgebungskompetenz und Ertragshoheit für die einzelnen Steuerarten im Rahmen der Finanzverfassung (Abschn. X des Grundgesetzes, insbes. Art. 105 und 106 GG) festgelegt. Über solche verfassungsmäßigen Festlegungen hinaus gibt die institutionelle Struktur, d.h. die Verteilung von Einnahmen und Ausgaben auf die Gebietskörperschaften (Bund, Länder, Gemeinden) Aufschlüsse über die faktische Verteilung staatlicher Macht zwischen ihnen.
Eine kombinierte Aufgliederung, die zeigt, welche Steuern welchen Gebietskörperschaften zufließen und welche quantitative Bedeutung ihnen dabei zukommt, ermöglicht Aussagen über die Konjunkturreagibilität und die mittelfristige Entwicklung des Steueraufkommens der jeweiligen Gebietskörperschaft.

Die Zusammensetzung des Gesamtsteueraufkommens nach Steuerarten ist noch aus anderen Gründen von großem Interesse: Historisch war der Übergang von überwiegend "externen" zu "internen Kontrollen" (Zölle gegenüber im Lande erhobenen Steuern) ein markantes Datum in der inneren Konsolidierung der Nationalstaaten. In der Gegenwart ist stärker das Verhältnis von indirekter zu direkter Besteuerung (d.h. im wesentlichen Besteuerung des Verbrauchs vs. Be-

steuerung des Einkommens) in den Vordergrund getreten. Dies hat seinen Grund in den unterschiedlichen Überwälzungsbedingungen und davon ausgehenden Belastungswirkungen der einzelnen Steuern. Direkte Steuern weisen nämlich in aller Regel eine mehr oder minder ausgeprägte Progression, d.h. eine überproportional ansteigende Belastung höherer Einkommen auf; demgegenüber zeigen indirekte Steuern (vor allem Umsatz- und spezielle Verbrauchssteuern) eine eher degressive Tendenz, also bei steigendem Einkommen - wegen der abnehmenden "Konsumneigung" - geringer werdende relative Belastung. Doch auch innerhalb der Gruppe der direkten Steuern sind beträchtliche Unterschiede im Progressionsgrad und Gewichtsverschiebungen im Steueraufkommen denkbar (etwa zwischen der Besteuerung von privaten Haushalten und Unternehmen, Besteuerung verschiedener Einkunftsarten o.ä.), vor allem auch infolge von Veränderungen des Kreises der jeweils Steuerpflichtigen.
Berücksichtigt man diese Einschränkungen, so kann die Struktur des Steueraufkommens einen besseren Eindruck von der steuerlichen Belastung einzelner Bevölkerungsgruppen und von der "Verteilungsgerechtigkeit" vermitteln als die globale volkswirtschaftliche Steuerquote.
Denn erst aus der Kombination der beiden genannten Effekte und aus dem relativen Gewicht direkter und indirekter Steuern an der Steuerlast bestimmter Einkommensgruppen bzw. am Gesamtsteueraufkommen läßt sich auf die Gesamtprogression des Steuersystems schließen. Dies aber ist die letztlich entscheidende Größe für die Umverteilungswirkungen der öffentlichen Haushalte, soweit sie von der Einnahmenseite ausgehen.

1 QUOTE DER STAATSEINNAHMEN, VOLKSWIRTSCHAFTLICHE STEUERQUOTE, ANTEIL DER STEUERN AN DEN GESAMTEN STAATSEINNAHMEN UND VERSCHULDUNGSQUOTE IM HISTORISCHEN VERGLEICH

Jahr	Anteil der gesamten Staatseinnahmen am		Anteil der gesamten Steuereinnahmen am		Anteil der Steuern an den Gesamteinnahmen	Schuldenstand
	BSP_m %	NSP_f %	BSP_m %	NSP_f %	%	in % des BSP_m
1913	•	12,3	•	8,1	65,8	•
1925	18,5	22,7	14,4	17,6	77,5	•
1932	24,2	32,2	18,0	23,9	74,3	42,6
1938			22,8	28,6		30,3
1951	30,5	39,3	24,5	31,5	80,2	15,6
1961	29,5	38,1	23,7	30,6	80,4	16,8
1971	28,3	36,9	22,6	29,4	79,8	18,1

2 QUOTE DER STAATSEINNAHMEN, VOLKSWIRTSCHAFTLICHE STEUERQUOTE UND STRUKTUR DER STEUEREINNAHMEN IM INTERNATIONALEN VERGLEICH

Land	Gesamte Staatseinnahmen in % des BIP_m	Einnahmen der Zentralregierung in % des BIP_m	Steuereinnahmen in % des BIP_m	Direkte Steuern	Indirekte Steuern
				Anteil in % aller Steuern	
BRD			23,9	44,3	55,7
DDR					
GBR	38,0	31,8	32,3	49,3	50,7
FRA	26,2	20,7	21,7	32,2	67,8
ITA	29,1	21,5	18,1	33,9	66,1
NIE	27,8	23,5	25,5	54,2	45,8
BEL	28,4	22,9	24,0	46,3	53,7
LUX			23,8	53,2	44,8
DÄN	41,1	31,4	34,1	48,3	51,7
ÖST	31,9	20,4	27,7	43,4	56,6
SWI	22,5	9,2	17,3	59,7	40,3
SWE	39,9	24,2	33,1	63,1	36,9
JAP	16,2	11,0	16,2	54,1	45,9
USA	31,1	19,9	24,1	59,8	40,2
USR					
IND					

3 QUOTE DER STAATSEINNAHMEN UND VOLKSWIRTSCHAFTLICHE STEUERQUOTE, VERTEILUNG DER STAATSEINNAHMEN BZW. STEUEREINNAHMEN AUF DIE GEBIETSKÖRPERSCHAFTEN

Jahr	Staatseinnahmen in % des BSP_m	Staatseinnahmen in % des NSP_f	Anteil an den gesamten Staatseinnahmen in %			Steuereinnahmen in % des BSP_m	Steuereinnahmen in % des NSP_f	Anteil an den gesamten Steuereinnahmen in %		
			Bund	Länder	Gemeinden			Bund	Länder	Gemeinden
1950	27,7	35,3	48,9	31,6	19,5	21,3	27,2	57,1	31,0	11,9
1951	30,5	39,3	53,2	28,9	17,9	24,5	31,5	61,9	26,8	11,3
1952	30,7	39,8	53,3	28,7	18,0	24,9	32,2	61,9	26,7	11,4
1953	30,6	39,6	53,0	28,5	18,5	24,7	32,0	61,5	26,8	11,7
1954	30,9	40,0	53,1	28,0	18,9	24,8	32,1	61,7	26,4	11,9
1955	30,0	38,6	53,3	27,9	18,8	24,1	31,0	62,3	26,3	11,4
1956	29,6	38,0	51,3	29,7	19,0	23,9	30,6	59,6	28,7	11,7
1957	29,3	37,3	50,8	29,7	19,5	23,0	29,3	58,0	29,5	12,5
1958	30,1	38,4	51,4	29,3	19,3	23,0	29,4	57,8	29,5	12,7
1959	30,2	38,8	50,8	29,7	19,5	23,8	30,6	55,8	29,9	14,3
1960			49,2	30,9	19,9			55,4	31,4	13,2
1961	29,5	38,1	48,9	32,1	19,1	23,7	30,6	54,9	32,6	12,5
1962	30,3	39,3	49,0	32,3	18,7	24,1	31,2	55,9	33,3	10,8
1963	29,8	38,6	49,3	31,7	19,0	23,9	31,0	56,4	32,5	11,1
1964	29,8	38,7	49,7	31,2	19,1	23,8	30,9	57,1	32,3	10,6
1965	29,1	37,7	50,3	30,6	19,1	23,1	29,9	56,6	31,7	11,7
1966	28,7	37,3	49,1	31,2	19,7	23,0	29,9	56,2	32,2	11,6
1967	29,4	38,7	48,9	31,0	20,0	23,2	30,6	56,3	32,7	11,0
1968	29,0	37,6	49,0	31,2	19,8	22,6	29,3	55,6	33,5	10,9
1969	29,8	39,1	49,1	31,1	19,8	24,1	31,6	55,0	33,2	11,8
1970	28,2	36,5				22,4	29,1	55,4	33,8	10,8
1971	28,3	36,9				22,6	29,4	54,6	34,2	11,2
1972	27,4	35,8				[illegible]	[illegible]	[illegible]	34,7	[illegible]

4 STAATSVERSCHULDUNG: SCHULDENSTAND, SCHULDENAUFNAHME, SCHULDENDIENST, VERTEILUNG DER SCHULDENLAST AUF DIE GEBIETSKÖRPERSCHAFTEN UND SONDERVERMÖGEN

Jahr	Schuldenstand in % des BSP	Anteil an den Gesamtschulden in %				Schuldenaufnahme in % der Gesamteinnahmen	Schuldendienst in % der Gesamtausgaben
		Bund	LAF/ERP	Länder	Gemeinden		
1950	18,2	30,8		67,1	2,1	2,6	2,5
1951	15,6	32,4		63,9	3,7	2,3	2,7
1952	15,8	35,1		60,1	4,8	5,1	2,6
1953	16,5	35,4		57,2	7,5	7,1	4,1
1954	21,2	46,3	1,9	44,2	7,7	5,4	4,9
1955	21,5	46,0	5,8	38,4	9,8	4,6	4,9
1956	20,6	43,7	7,0	37,4	11,9	3,7	4,9
1957	19,6	47,9	7,2	31,3	13,7	5,3	4,9
1958	19,0	44,4	6,7	32,1	16,8	5,6	4,9
1959	18,5	43,2	7,0	31,4	18,4	6,3	5,6
1960	17,0	42,3	7,3	28,7	21,7	3,7	4,7
1961	16,8	45,3	6,8	25,0	22,9	5,9	4,9
1962	16,3	44,3	7,2	22,9	25,6	4,8	5,2
1963	16,8	43,3	8,4	20,9	27,4	7,1	4,4
1964	17,1	41,5	8,7	20,3	29,5	8,1	5,3
1965	17,5	38,5	8,5	21,1	31,9	8,2	4,7
1966	18,0	36,7	8,1	22,0	33,2	7,8	5,4
1967	21,0	38,8	7,5	23,1	30,6	12,2	6,6
1968	20,9	39,4	7,2	23,2	30,2	10,6	7,4
1969	18,8	38,1	7,2	22,6	32,1	7,6	9,9
1970	18,0	36,8	8,4	22,3	32,5	6,9	7,1
1971	18,1	34,3	7,7	23,3	34,7	9,7	6,9
1972	18,7	33,1	7,1	23,8	36,0		

5 STRUKTUR DER STEUEREINNAHMEN NACH AUSGEWÄHLTEN STEUERARTEN

Jahr	Steuern vom Einkommen	Vermögens-steuer	Umsatz-steuer	Verbrauchs-steuern	Zölle	Gewerbe-steuern	Sonstige Steuern
	Anteil in % des gesamten Steueraufkommens						
1950	28,6	0,7	25,2	14,5	3,3	6,6	21,1
1951	29,6	0,6	27,1	13,5	3,3	7,8	18,1
1952	33,6	0,6	26,9	11,1	3,4	8,4	16,0
1953	34,2	1,2	25,8	10,5	3,7	9,0	15,6
1954	32,9	1,7	26,7	10,1	4,1	9,3	15,2
1955	30,7	1,3	28,0	10,8	4,5	9,4	15,3
1956	31,9	1,7	27,4	11,0	4,5	9,5	14,0
1957	33,7	1,7	26,3	11,2	4,2	10,5	12,4
1958	34,1	1,8	25,8	11,2	4,2	10,5	12,4
1959	33,8	2,0	25,1	11,2	4,4	11,4	12,1
1960	36,7	1,7	24,2	10,8	4,2	11,2	11,2
1961	38,8	1,9	23,3	10,8	4,1	10,6	10,5
1962	39,6	2,1	22,7	10,8	4,1	10,4	10,3
1963	40,2	1,9	22,3	10,9	4,1	10,3	10,3
1964	40,2	2,0	22,4	12,2	3,1	10,2	9,9
1965	39,3	1,8	23,2	13,0	2,8	9,8	10,1
1966	39,8	1,8	22,5	13,3	2,5	10,0	10,1
1967	38,7	2,1	21,8	15,0	2,3	9,7	10,4
1968	40,2	1,9	21,3	14,8	2,0	9,6	10,2
1969	38,6	1,7	25,0	12,9	2,0	10,5	9,3
1970	40,5	1,9	25,0	13,3	1,9	7,9	9,5
1971	41,2	1,8	25,1	12,7	1,8	8,3	9,1
1972	42,7	1,5	24,0	12,7	1,7	8,7	8,7

6 STRUKTUR DER STEUEREINNAHMEN NACH STEUERARTEN UND GEBIETSKÖRPERSCHAFTEN 1972

	Steuereinnahmen der jeweiligen Ebene				
	Bund %	Länder %	Gemeinden %	Insgesamt %	Insgesamt Mrd.DM
GEMEINSCHAFTSSTEUERN					
Einkommen- und Körperschaftssteuer	35,5	54,8	39,9	42,7	83,5
Umsatzsteuer, Einfuhrumsatzsteuer	29,6	24,6	x	24,0	47,0
BUNDESSTEUERN					
Mineralölsteuer	13,8	x	x	7,3	14,2
Tabaksteuer	7,6	x	x	4,0	7,8
Brantweinmonopol	2,8	x	x	1,5	2,9
Sonstige Verbrauchssteuern	1,8	x	x	0,9	1,8
Zölle	3,1	x	x	1,7	3,2
Sonstige Bundessteuern	3,0	x	x	1,6	3,1
LANDESSTEUERN					
Kraftfahrzeugsteuer	x	7,0	x	2,4	4,7
Vermögens- und Erbschaftssteuer	x	5,2	x	1,8	3,5
Sonstige Landessteuern	x	4,0	x	1,4	2,7
GEMEINDESTEUERN					
Gewerbesteuer, Lohnsummensteuer	2,8	4,4	44,1	8,7	17,0
Grundsteuer A, B	x	x	11,9	1,5	3,0
Sonstige Gemeindesteuern	x	x	4,1	0,5	1,1
Insgesamt %	100	100	100	100	
Insgesamt Mrd. DM	103,3	66,9	25,3	195,5	195,5

7 STEUERPFLICHTIGE, EINKÜNFTE UND STEUERSCHULD

Jahr	Steuerpflichtige in 1 000	Steuerpflichtige 1950=100	Einkünfte Mio. DM	Einkünfte 1950=100	Steuerschuld Mio. DM	Steuerschuld 1950=100
			LOHNSTEUER			
1950	13 320	100	37 333	100	1 768	100
1955	17 156	129	70 150	188	3 888	220
1957	18 427	138	85 442	229	4 470	258
1961	20 669	155	129 008	346	9 028	511
1965	22 363	168	189 557	508	14 606	826
1968	21 983	164	216 142	579	18 752	1 061
			EINKOMMENSTEUER			
1950	2 928	100	17 629	100	3 189	100
1954	3 143	107	25 771	146	4 647	146
1957	3 141	107	37 674	214	6 841	215
1961	3 277	112	63 794	362	13 008	408
1965	3 990	136	94 771	538	18 739	588
1968	4 842	165	119 491	678	22 337	700
			KÖRPERSCHAFTSSTEUER			
1950	29	100	4 334	100	2 035	100
1954	29	100	5 294	122	2 781	137
1957	37	125	10 428	241	4 225	208
1961	39	134	15 738	363	6 046	297
1965	43	147	18 550	428	6 784	333
1968	45	153	23 244	536	8 147	400

8 RELATIVE STEUERLICHE BELASTUNG BEI STEIGENDEM EINKOMMEN

Steuerart	jährliches Bruttoeinkommen in DM: 4 800	7 200	9 600	12 000	15 000	18 000	24 000	36 000	60 000	120 000
2-PERSONEN-HAUSHALTE	Steuern in % des jeweiligen Einkommens:									
Einkommmen- und Kirchensteuer	4,2	8,4	11,3	12,9	15,0	18,7	21,1	25,6	31,3	37,3
Vermögen- und Grundsteuer	-	-	-	-	2,9	4,1	7,6	11,0	12,0	11,9
Umsatzsteuer, Zölle	7,2	6,7	6,3	6,1	6,0	5,5	4,6	3,3	2,2	1,4
Sonstige Produktionssteuern	5,1	5,0	4,8	4,9	3,4	3,2	2,7	2,0	1,4	0,9
Genußmittelsteuern	1,8	1,8	1,8	1,9	1,9	1,8	1,4	1,0	0,6	0,4
Gesamtsteuerlast	18,3	21,9	24,2	25,8	29,2	33,3	37,4	42,9	47,5	51,9
4-PERSONEN-HAUSHALTE										
Einkommen- und Kirchensteuer	-	2,8	6,2	9,0	11,1	14,8	17,6	22,5	29,3	36,6
Vermögen- und Grundsteuer	-	-	-	-	-	-	3,1	7,3	10,4	10,3
Umsatzsteuer, Zölle	7,7	7,3	6,9	6,5	6,3	6,0	5,5	4,1	3,0	2,1
Sonstige Produktionssteuern	5,4	5,2	5,0	4,7	4,5	4,5	3,2	2,5	1,8	1,3
Genußmittelsteuern	1,3	1,5	1,6	1,8	1,8	1,9	1,7	1,1	0,7	0,5
Gesamtsteuerlast	14,4	16,8	19,7	22,0	23,7	27,2	31,1	37,5	45,2	50,8

DEFINITIONEN

Quote der Staatseinnahmen: Gesamte Staatseinnahmen in % des Bruttosozialprodukts bzw. Volkseinkommens
Volkswirtschaftliche Steuerquote: Gesamte Steuereinnahmen in % des Bruttosozialprodukts bzw. Volkseinkommens
Verschuldungsquote: Gesamtschuldenstand in % des Bruttosozialprodukts des Berichtsjahres
Gesamte Staats- bzw. Steuereinnahmen: Gesamteinnahmen aller Gebietskörperschaften (Reich/Bund einschließlich Lastenausgleichfonds und ERP-Sondervermögen, Länder einschließlich Stadtstaaten, Gemeinden und Gemeindeverbände), jedoch ohne Sozialversicherung; ohne Doppelzählungen, d.h. ohne Zahlungen der Gebietskörperschaften untereinander; soweit nicht anders vermerkt, ohne Schuldenaufnahme, aber einschließlich Entnahmen aus Rücklagen.
Gesamtschuldenstand: Fundierte Schulden (Inlands- und Auslandsschulden) aller Gebietskörperschaften und Sondervermögen (Reich/Bund, LAF/ERP, Länder, Gemeinden) jeweils am 31.12. des Berichtsjahres;
ohne Doppelzählungen, d.h. ohne Schulden der Gebietskörperschaften untereinander
Zur Diskussion geeigneter Bezugsgrößen für die Relativierung von Staatseinnahmen und -ausgaben vgl. Weitzel, Otto, Die Entwicklung der Staatsausgaben in Deutschland, Dissertation Erlangen-Nürnberg 1968: S. 16 ff.

QUELLEN UND ANMERKUNGEN:

Bruttosozialprodukt zu Marktpreisen (BSPm) und Nettosozialprodukt zu Faktorkosten (NSPf) beziehen sich auf Kalenderjahre, Staats- bzw. Steuereinnahmen auf Rechnungsjahre (Ausnahme: Steuereinnahmen 1938 ebenfalls Kalenderjahr); Rechnungsjahre bis 1959 jeweils vom 1.4. des Berichtsjahres bis 31.3. des folgenden Jahres, 1960 vom 1.4. bis 31.12., ab 1961 gleichlaufend mit Kalenderjahren; Angaben für 1960 wegen Rumpfrechnungsjahr nicht sinnvoll;

Gebietsstand: bis 1939 Deutsches Reich in den jeweiligen Grenzen, 1950 Bundesgebiet ohne Saarland und Berlin (West), 1951 - 1959 Bundesrepublik ohne Saarland, mit Berlin (West), ab 1960 Bundesgebiet mit Saarland und Berlin (West);
1972 Haushaltsansätze (ohne Entnahmen aus Rücklagen)
Schuldenstand: Reichsgebiet: ohne politische Auslandsschulden (Reparationen), Bundesgebiet: einschließlich Auslandsschulden nach dem Londoner Schuldenabkommen 1953

1) StBA, Bevölkerung und Wirtschaft 1872 - 1972: S. 229 f, 233 ff, 260
StBA, Wirtschaft und Statistik 6/1973: S. 376, 379
StBA, JB 1972: S. 400 ff.
StBA, JB 1973: S. 412 ff., 520

2) StBA, JB 1972: S. 94*, 121* f
StBA, JB 1973: S. 94*, 121* f, 412 ff
Statistisches Amt der Europäischen Gemeinschaften 1971: Statistische Grundzahlen der Gemeinschaft, 11. Aufl., S. 28
Statistisches Amt der Europäischen Gemeinschaften 1972: Statistische Grundzahlen der Gemeinschaft, 12. Aufl., S. 34

Gesamte Staatseinnahmen und Einnahmen der Zentralregierung: jeweils Haushaltsansätze (ausgenommen BRD: Ist-Zahlen);
ohne Sozialversicherung (ausgenommen USA); DDR und UdSSR: wegen eines anderen Sozialproduktkonzepts ist kein sinnvoller Vergleich möglich

3) StBA, Bevölkerung und Wirtschaft 1872 - 1972: S. 229 f, 233 ff, 260
StBA, Wirtschaft und Statistik 6/1973: S. 376, 379
StBA, JB 1972: S. 400 ff
StBA, JB 1973: S. 412 ff, 520

Abgrenzung der Gebietskörperschaften und Gebietsstand vgl. Anmerkungen zu 1);
ab 1970 Aufteilung der Staatseinnahmen auf die Gebietskörperschaften nicht möglich wegen Doppelzählungen; 1972 Haushaltsansätze.

4) StBA, Bevölkerung und Wirtschaft 1872 - 1972: S. 229 f, 234 f
StBA, Wirtschaft und Statistik 6/1973: S. 379
StBA, JB 1972: S. 400 ff
StBA, JB 1973: S. 412 ff

Verschuldungsquote und Schuldenstand vgl. Definition; Schuldenaufnahme in % der Gesamteinnahmen einschließlich Schuldenaufnahmen (Zinsen und Tilgung) in % der Gesamtausgaben einschließlich Schuldendienst

5) StBA, Bevölkerung und Wirtschaft 1872 - 1972: S. 233
StBA, JB 1973: S. 422 f

Steuereinnahmen: hier kassenmäßige Steuereinnahmen im jeweiligen Kalenderjahr
Gebietsstand: bis 1961 Bundesgebiet ohne Saarland,ab 1962 Bundesgebiet mit Saarland;
Steuern vom Einkommen: Lohnsteuer, veranlagte Einkommensteuer, Körperschaftssteuer, Kapitalertragsteuer
Umsatzsteuer: einschließlich Umsatzausgleichsteuer, ab 1968 Mehrwertsteuer einschließlich Einfuhrumsatzsteuer
Wichtige Verbrauchssteuern: Branntweinmonopol, Tabaksteuer, Mineralölsteuer
Gewerbesteuern: Gewerbesteuer (E + K) und Lohnsummensteuer
Sonstige Steuern: vor allem kleinere Verbrauchssteuern, Besitz- und Verkehrssteuern

6) StBA, JB 1973: S. 422 f

7) StBA, JB 1973: S. 425

Ergebnisse der Steuerstatistiken
Steuerpflichtige: a) bei Lohnsteuer: veranlagte und nichtveranlagte Lohnsteuerpflichtige
b) bei Einkommensteuer: mit Einkommen veranlagte unbeschränkt Steuerpflichtige
c) bei Körperschaftssteuer: Steuerbelastete unbeschränkt Steuerpflichtige
Einkünfte: a) bei Lohnsteuer: Bruttolohn, b), c) bei Einkommen- und Körperschaftssteuer: Gesamtbetrag der Einkünfte aller Einkunftsarten

8) Zeitel, Gerhard 1959: Die Steuerlastverteilung in der Bundesrepublik Deutschland, Tübingen: J.C.B. Mohr (Paul Siebeck), Anhang Tab 31 a) und c)

Die Angaben beruhen z.T. auf Ergebnissen der Steuerstatistiken, z.T. auf begründeten Schätzungen aufgrund unterstellter Konsum-, Besitz- u.a. Funktionen der verschiedenen Einkommensklassen. Den Schätzungen liegt der steuerrechtliche Stand von 1957 zugrunde. In der hier ausgewiesenen Gesamtsteuerlast sind einige kleinere Steuern nicht enthalten, ebenfalls nicht - im Gegensatz zur Originalquelle - die Sozialversicherungsbeiträge.

STAATSAUSGABEN

Seit vor gut 100 Jahren der Nationalökonom Adolph Wagner das "Gesetz der wachsenden Staatsausgaben" formulierte, sind sowohl der Tatbestand selber wie auch die zur Erklärung herangezogenen technischen, ökonomischen, sozialen und politischen Faktoren in der sozialwissenschaftlichen Diskussion umstritten.
Das hat seinen Grund u.a. darin, daß man unterschiedliche Bezugsgrößen zugrundelegt, um das - unbestrittene - absolute Anwachsen der Staatsausgaben zu relativieren. Deutlicher als bei den Staatseinnahmen ergeben sich hier Meßprobleme, die eng mit inhaltlichen Überlegungen verbunden sind.

Durch Angabe von Pro-Kopf-Ausgaben können die Einflüsse von Bevölkerungs- und Gebietsveränderungen eliminiert werden. Sinnvoll erscheint es auch, das Wachstum der Staatsausgaben am gesamtwirtschaftlichen Wachstum zu messen, um zugleich auch Veränderungen der gesamtwirtschaftlichen Wertschöpfung Rechnung zu tragen. Zwar verläuft die Entwicklung der Staatseinnahmen und -ausgaben weitgehend parallel, doch liegt die Quote der Staatsausgaben im allgemeinen - wegen der kreditären Finanzierung mancher Ausgaben - auf einem etwas höheren Niveau als die Quote der Staatseinnahmen. Ein weiteres methodisches Problem besteht in der Ausschaltung von Preisveränderungen, wenn das reale und nicht nur nominale Wachstum der Staatsausgaben gemessen werden soll. Die Quote der Staatsausgaben spiegelt die reale Entwicklung nur unter der (nicht unproblematischen) Voraussetzung wider, daß die Geldentwertung im staatlichen Bereich etwa ebenso hoch ist und den gleichen Verlauf nimmt wie in der Gesamtwirtschaft. Ein "Preisindex der Staatsausgaben" - nicht nur des Staatsverbrauchs - wird im amtlichen statistischen Programm jedoch nicht erhoben; er kann nur für einzelne Teilbereiche näherungsweise ermittelt werden.

Man wird davon ausgehen können, daß politische Entscheidungen über die Ausgabengestaltung vorwiegend unter nominalen Gesichtspunkten getroffen werden, wie schließlich auch die gesamte Haushaltsführung "zu jeweiligen Preisen" vorgenommen wird. Überlegungen zur Rationalisierung und Produktivitätssteigerung im öffentlichen Sektor und zur Erfolgskontrolle von Maßnahmen und Programmen geben jedoch einer Rechnung "zu konstanten Preisen" den Vorzug.

Die zentrale Fragestellung auf dem Gebiet der Staatsausgaben ist zweifellos die nach ihrer Zusammensetzung, d.h. für welche Aufgabenbereiche staatlicher Tätigkeit sie Verwendung finden. Im Mittelpunkt der öffentlichen Diskussion stehen dabei vor allem die Verteidigungsausgaben, die Ausgaben für Bildung und Wissenschaft sowie die unmittelbar aus dem Staatshaushalt finanzierten Sozialleistungen. Aus der Veränderung der Anteile, die auf bestimmte Aufgabenbereiche entfallen, kann auf eine veränderte Prioritätensetzung geschlossen werden. Über die Erklärung der Strukturveränderungen der Staatsausgaben läßt sich auch die Erklärung der Expansion der Gesamtausgaben vornehmen. Die von Vertretern einer Theorie des "Staatsinterventionismus" behauptete Tendenz zur zunehmenden und auf immer weitere gesellschaftliche Bereiche sich erstreckenden Einflußnahme des Staates läßt sich hieran historisch verfolgen, wenn man anerkennt, daß solche langfristigen Tendenzen sich auch quantitativ in der Höhe und Struktur der Staatsausgaben niederschlagen.

Die Aussagefähigkeit einer funktionalen Gliederung hängt sehr stark von einer sinnvollen und dem jeweiligen Untersuchungszweck angemessenen Abgrenzung der jeweiligen Aufgabenbereiche ab. Bei Sekundäranalysen ist man jedoch vielfach gezwungen, sich an vorliegende finanzstatistische Gliederungen zu halten, die in ihrer genauen Abgrenzung nachträglich kaum zu rekonstruieren sind. Zwar zeigen auch voneinander abweichende Aufgliederungen einen im großen und ganzen ähnlichen Trend, jedoch infolge einer engeren oder weiteren Abgrenzung der Aufgabenbereiche auf unterschiedlichem Niveau; die Möglichkeit der Verknüpfung verschiedener Zeitreihen wird deswegen sehr erschwert.

Neben der funktionalen Struktur hat auch die institutionelle Struktur ihre Bedeutung, indem sie aufzeigt, in welchem Umfang Bund, Länder und Gemeinden zur Finanzierung der Gesamtausgaben beitragen (Nettoausgaben) bzw. bestimmte Aufgaben wahrnehmen und dafür letzlich die Mittel verausgaben (unmittelbare Ausgaben). Die Differenz zwischen beiden Ausgabenarten, die durch Zahlungen zwischen den Gebietskörperschaften entsteht (Zuschüsse, Finanzhilfen, Erstattungen), bringt die Auswirkungen des - im weiteren Sinne - vertikalen Finanzausgleichs zum Ausdruck. Aufschlußreich ist auch die Untersuchung der funktionalen Struktur der Ausgaben auf den einzelnen Haushaltsebenen. In den markanten Strukturunterschieden spiegeln sich z.T. verfassungsmäßig festgelegte Kompetenzen, in den zeitlichen Entwicklungstrends aber auch die trotz solcher Festlegungen möglichen Gewichtsverschiebungen.

Umgekehrt läßt sich fragen, in welchem Ausmaß die Aufwendungen für bestimmte Aufgabenbereiche von den einzelnen Gebietskörperschaften getragen werden. Vor dem Hintergrund solcher Daten läßt sich die oft vertretene Behauptung einer Tendenz zur Zentralisierung, zur Verschiebung der Machtbalance zwischen den Ebenen der staatlichen Organisation, zugunsten der Zentralregierung, genauer beurteilen.

Unter ökonomischen Aspekten lassen sich die Staatsausgaben nach ihrer Verwendung als Staatsverbrauch bzw. öffentlicher Konsum, Investition oder Transferzahlungen gliedern. Zum Staatsverbrauch zählen vor allem die Personalausgaben für Beamte, Angestellte und Arbeiter im öffentlichen Dienst, welche gewissermaßen zu den "laufenden Kosten" der Staatsverwaltung gerechnet werden können. Überlegungen zur Produktivitätsentwicklung im tertiären Sektor legen die Vermutung nahe, daß die Personalausgaben einen tendenziell steigenden Anteil der öffentlichen Haushalte

in Anspruch nehmen (werden). Die Verteilung nach Haushaltsebenen macht deutlich, in welch unterschiedlichem Maß diese von Personalkosten - und den jeweiligen Erhöhungen - belastet werden und dadurch deren Spielraum für investive Zwecke eingeschränkt wird.
Die Investitionstätigkeit des Staates, insbesonders auf den Gebieten Bildung und Wissenschaft, Verkehr und kommunale Einrichtungen ist - neben ihren konjunkturellen Wirkungen - von ganz wesentlicher Bedeutung für das Angebot öffentlicher Güter und Leistungen. Für den Bereich der Investitionen kann auch der Versuch gemacht werden, durch Deflationierung mit entsprechenden Preisindizes die Entwicklung der realen Aufwendungen zu messen.

Allerdings erscheint der volkswirtschaftliche Investitionsbegriff zu eng, da er lediglich Investitionen in Bauten und Ausrüstungen erfaßt. Demgegenüber können aber beispielsweise auch Aufwendungen für die Ausbildung gesamtgesellschaftlich als Investitionen in das "Humankapital" betrachtet werden.
Um die "Produktivität" solcher Investitionen zu messen, müßten - etwa in der Art von Kosten-Nutzen-Analysen - den finanziellen Aufwendungen im jeweiligen Aufgabenbereich die in 'natürlichen' Einheiten gemessenen staatlichen Leistungen (z.B. Straßen, Schulen, aber auch ausgebildete Lehrer, Ärzte etc.) gegenübergestellt werden. Darauf aufbauend, könnte eine systematische Zuordnung von Indikatoren staatlicher Leistungen (Outputs) auf verschiedenen Gebieten zu Indikatoren der 'Lebensqualität' im engeren Sinn - die auf der Ebene von Individuen zu messen wären - angestrebt werden.

1 STAATSAUSGABEN PRO KOPF, QUOTE DER STAATSAUSGABEN UND FUNKTIONALE STRUKTUR DER STAATSAUSGABEN IM HISTORISCHEN VERGLEICH

Jahr	Staatsausgaben Pro Kopf (defl.)	Anteil am BSP_m	Anteil am NSP_f	Öffentliche Sicherheit, Rechtsschutz	Verteidigung	Besondere Kriegsfolgelasten	Bildung und Wissenschaft	Sozial- und Gesundheitswesen	Bau- und Wohnungswesen	Verkehr	Wirtschaftsförderung	Sonstige
	RM/M/DM	%	%	(		Anteil der Aufgabenbereiche an den Staatsausgaben in %						)
1872	57	.	18,5	6,2	24,3	4,5	6,8	6,2	1,8	5,6	0,8	43,8
1881	39	.	12,6	11,8	24,7	0,1	15,2	7,4	3,2	9,9	1,6	26,1
1891	50	.	13,0	10,0	25,7	-	15,1	7,5	3,8	11,4	1,7	24,8
1900	64	.	13,9	9,4	24,4	-	15,5	8,1	5,7	10,2	2,0	24,7
1906	76	.	14,6	9,6	20,8	-	15,4	9,0	7,0	11,1	2,1	25,0
1910	84	.	15,6	9,2	21,0	-	17,2	9,7	6,2	10,6	2,3	23,8
1913	96	.	16,5	7,9	25,2	-	16,5	9,7	6,1	10,4	2,3	21,9
1917	375											
1925	132	20,6	25,2	8,8	4,4	11,6	13,8	26,8	11,1	7,4	2,2	13,9
1930	182	24,7	30,7	7,6	3,7	10,5	13,2	30,1	9,0	6,3	2,8	16,8
1935	227	30,1	38,7	5,7	24,3	2,0	9,4	21,2	5,0	8,2	4,0	20,2
1939	461	42,8	60,4									
1943	1005	96,9	114,9									
1950	236	29,1	37,1	3,7	15,0	5,9	7,3	29,3	13,1	4,4	6,7	15,5
1956	370	31,0	39,8	3,8	11,7	2,7	8,4	25,5	10,4	5,8	6,8	24,9
1962	553	31,9	41,4	3,3	14,9	3,1	9,0	21,4	8,9	7,4	7,1	24,9
1968		32,1	41,6	3,4	10,3	1,5	11,5	22,4	7,2	7,4	8,7	27,6

2 STAATSAUSGABEN, AUSGABEN DER ZENTRALREGIERUNG UND VERTEIDIGUNGSAUSGABEN IM INTERNATIONALEN VERGLEICH 1971

Land	Gesamte Staatsausgaben in % des BIP_m	Ausgaben der Zentralregierung in % des BIP_m	Verteidigungsausgaben in % der Staatsausgaben
BRD	31,5	14,1	10,1
DDR			
GBR	40,9	31,8	18,1
FRA	28,5	18,8	11,2
ITA	37,5	22,4	6,3
NIE	30,7	27,7	11,6
BEL	30,8	24,3	7,3
LUX	28,9	26,8	3,0
DÄN	42,6	30,0	6,0
ÖST	33,2	19,5	2,9
SWI	24,4	9,2	9,7
SWE	48,1	30,3	9,5
JAP	16,3	12,0	7,0
USA	32,4	21,1	29,6
USR			
IND			

10 EINKOMMENSTHEORETISCHE GLIEDERUNG DER STAATSAUSGABEN UND GLIEDERUNG DER TRANSFERAUSGABEN

	Konsum	Investition	Transfer	Sozialtransfer	Zinszahlungen	Subventionen	Vermögenstransfer	Auslandstransfer
	(% der Staatsausgaben)			(% der Transferausgaben)				
1872	50,7	7,0	42,3	19,3	13,0	0,1	67,6	-
1881	71,0	7,3	21,7	50,1	32,3	0,4	16,6	0,6
1891	69,6	8,8	21,6	53,3	36,1	0,5	9,4	0,7
1900	67,2	10,7	22,1	49,3	32,9	0,8	13,8	3,2
1906	66,5	11,7	21,8	51,1	37,7	0,6	7,7	2,9
1910	66,4	11,7	21,8	48,0	32,0	1,0	16,8	2,2
1913	66,0	13,2	20,8	44,2	29,1	1,0	23,8	1,9
1925	54,1	13,8	32,1	68,9	2,2	2,5	3,1	23,2
1930	45,4	11,5	43,1	59,9	9,6	3,3	5,7	21,5
1935	54,7	10,2	35,1	62,7	10,5	4,1	20,4	2,3
1950	50,3	15,5	34,2	79,0	6,5	7,4	1,1	6,0
1955	44,7	19,9	35,4	81,0	7,6	2,0	6,1	3,3
1960	48,2	20,7	31,1	68,3	8,4	6,0	6,6	10,7
1962	49,0	21,5	29,5	69,6	7,5	5,4	6,2	11,3

3 FUNKTIONALE STRUKTUR DER STAATSAUSGABEN

Jahr	Verteidigung	Öffentliche Sicherheit, Rechtsschutz	Schulwesen	Hochschulen, Forschung	Soziale Sicherung	Gesundheit, Sport	Wirtschaftsförderung	Verkehrswesen	Wohnungswesen	Kommunale Dienste u. Einrichtungen	Übrige Aufgabenbereiche
	Anteil der Aufgabenbereiche an den Staatsausgaben in %										
1950	15,0	3,7	5,9	1,4	26,0	3,3	6,7	4,4	10,4	2,7	20,5
1951	20,7	4,0	5,7	1,4	24,8	3,3	6,2	3,9	10,5	2,8	16,7
1952	18,5	4,0	6,0	1,4	22,9	3,2	5,9	4,2	7,9	2,8	23,2
1953	11,6	4,0	6,3	1,5	25,2	3,1	5,1	4,3	7,7	2,7	28,5
1954	11,4	4,0	6,4	1,5	23,3	3,1	5,2	4,3	8,0	2,9	29,9
1955	11,4	4,1	6,7	1,6	24,3	3,4	5,4	5,6	7,6	3,3	26,6
1956	11,7	3,8	6,7	1,7	22,3	3,3	6,8	5,8	7,2	3,2	27,5
1957	10,8	3,8	6,5	1,9	21,9	3,3	7,7	5,4	6,9	3,0	28,8
1958	12,8	3,9	6,7	2,1	21,7	3,4	6,8	6,1	6,6	3,1	26,8
1959	11,7	3,6	6,6	2,2	20,3	3,3	6,2	6,3	7,0	3,2	29,6
1960	12,3	3,6	6,5	2,3	18,9	3,4	7,1	6,8	6,9	3,4	28,8
1961	12,8	3,4	6,4	2,9	18,1	3,4	8,4	6,7	5,3	3,3	29,3
1962	14,9	3,3	6,3	2,6	17,9	3,5	7,1	7,4	5,5	3,5	28,0
1963	15,8	3,5	6,7	2,8	16,8	3,7	7,9	7,9	5,4	3,6	25,9
1964	13,9	3,3	6,9	3,2	17,7	3,7	7,6	7,7	5,2	3,8	27,0
1965	13,1	3,4	7,3	3,5	18,5	3,8	7,8	7,7	4,8	3,8	26,3
1966	12,8	3,5	7,6	3,6	18,8	4,0	7,3	7,5	4,6	3,8	26,5
1967	12,9	3,4	7,4	3,8	19,0	3,9	7,4	7,5	4,1	3,4	27,2
1968	10,3	3,4	7,7	3,9	18,5	4,0	8,7	7,4	3,7	3,5	28,9
1969_{alt}	10,4	3,3	7,8	4,0	17,3	3,8	8,4	7,4	3,2	3,5	30,9
1969_{neu}	11,5	4,0	8,8	4,5	21,4	4,9	7,3	8,6	2,1	3,1	23,8
1970	10,4	4,0	9,3	5,0	20,6	5,2	7,3	9,0	2,2	3,3	23,7
1971	10,1	4,1	10,2	5,5	20,0	5,6	5,4	8,8	2,1	3,5	24,7

4 QUOTE DER STAATSAUSGABEN UND VERTEILUNG DER STAATSAUSGABEN AUF DIE GEBIETSKÖRPERSCHAFTEN

Jahr	Staatsausgaben Anteil am BSP_m in %	Staatsausgaben Anteil am NSP_f in %	Bund NA	Bund UA	Länder NA	Länder UA	Gemeinden NA	Gemeinden UA
			Anteil an den Staatsausgaben in %					
1950	29,1	37,1	48,0	45,3	32,5	29,7	19,5	25,0
1951	31,9	41,1	54,5	46,8	27,7	31,6	17,8	21,6
1952	31,0	40,2	53,3	45,5	27,7	31,8	19,0	22,7
1953	32,3	41,9	52,5	46,6	28,1	30,5	19,4	22,9
1954	32,7	42,3	52,2	46,4	27,7	29,6	20,1	24,0
1955	29,3	37,8	47,6	42,0	30,3	31,4	22,1	26,6
1956	31,0	39,8	49,4	42,6	30,0	31,9	20,6	25,5
1957	31,7	40,4	50,8	43,4	29,0	31,8	20,2	24,8
1958	31,8	40,7	50,3	43,5	29,3	31,6	20,4	24,9
1959	32,0	41,1	51,5	44,1	27,8	30,9	20,7	25,0
1960	x	x	48,8	41,3	29,6	32,6	21,6	26,1
1961	31,0	40,0	49,6	43,4	29,9	31,3	20,5	25,3
1962	31,9	41,4	48,5	42,9	31,2	30,7	20,3	26,4
1963	32,0	41,5	48,7	42,5	30,4	29,8	20,9	27,7
1964	32,5	42,2	48,6	43,0	30,1	28,8	21,3	28,2
1965	32,1	41,6	48,1	42,7	30,5	29,0	21,4	28,3
1966	31,5	41,0	47,4	42,0	31,1	29,4	21,5	28,6
1967	33,4	44,0	50,1	44,4	29,8	28,5	21,5	27,1
1968	32,1	41,6	49,8	43,4	29,6	29,2	20,6	27,4
1969_{alt}	32,5	42,7	49,9	44,7	29,6	28,0	20,5	27,3
1969_{neu}	31,8	41,7	48,6		31,9		19,5	
1970	30,8	39,8	46,1		33,0		20,9	
1971	31,5	41,0	44,8		33,0		22,2	

5 FUNKTIONALE STRUKTUR DER AUSGABEN DER GEBIETSKÖRPERSCHAFTEN

Jahr	Verteidigung	Öffentliche Sicherheit, Rechtsschutz	Schulwesen	Hochschulen, Forschung	Soziale Sicherung	Gesundheit, Sport	Wirtschaftsförderung	Verkehrswesen	Wohnungswesen	Kommunale Dienste und Einrichtungen	Übrige Aufgabenbereiche
	Ausgaben für die Aufgabenbereiche in % der Nettoausgaben der jeweiligen Gebietskörperschaft										
					Bund						
1950	31,2	0,0	0,0	0,3	40,2	0,1	8,2	2,8	7,8	-	9,4
1953	22,1	0,5	0,0	0,3	37,4	0,0	4,3	2,3	6,7	-	26,4
1956	23,6	0,4	0,0	0,5	34,4	0,0	8,5	3,6	6,8	-	22,2
1959	22,6	0,6	0,0	1,2	30,6	0,0	7,8	4,4	7,4	0,0	25,4
1962	30,7	0,6	0,1	1,7	28,2	0,1	9,2	5,6	3,1	0,0	20,7
1965	27,1	0,5	0,1	1,8	29,3	0,1	10,4	5,9	2,1	0,0	22,7
1968	20,7	0,5	0,2	2,6	27,7	0,2	13,1	6,6	1,4	0,0	27,0
1969	20,9	0,4	0,1	2,4	25,6	0,1	12,7	6,5	1,1	0,0	30,2
1969	23,8	0,5	0,1	2,9	31,4	0,2	10,2	7,7	0,5	0,0	22,7
1970	22,6	0,5	0,2	3,4	31,1	0,3	10,6	8,3	0,4	0,1	22,5
1971	22,5	0,6	0,5	4,1	30,5	0,5	7,0	8,7	0,5	0,1	25,0
					Länder						
1950	-	8,9	10,0	3,7	11,6	3,3	7,3	4,4	15,6	1,2	34,0
1953	-	11,0	12,6	4,5	11,6	3,9	8,7	4,8	9,9	1,5	31,5
1956	-	10,3	12,7	4,7	10,0	3,5	7,4	6,4	8,6	1,7	34,7
1959	-	10,0	14,5	5,4	8,6	3,7	6,2	6,2	7,3	1,9	36,2
1962	-	8,2	12,1	5,6	7,3	3,6	6,9	7,6	8,8	1,7	38,2
1965	-	9,0	14,3	8,4	6,7	4,2	8,0	7,8	8,8	1,7	31,1
1968	-	9,5	16,4	8,5	7,0	4,3	6,1	7,4	6,4	1,6	32,8
1969	-	9,3	17,0	9,1	6,7	3,9	5,6	7,3	5,4	1,5	34,2
1969	-	9,9	17,8	9,5	10,2	4,3	5,8	8,0	3,3	1,1	30,1
1970	-	9,5	19,0	10,3	9,9	4,5	5,8	7,5	3,5	1,0	29,0
1971	-	9,7	20,4	11,0	9,7	4,6	5,2	6,8	3,2	0,9	28,5

Jahr	Verteidigung	Öffentliche Sicherheit, Rechtsschutz	Schulwesen	Hochschulen, Forschung	Soziale Sicherung	Gesundheit, Sport	Wirtschaftsförderung	Verkehrswesen	Wohnungswesen	Kommunale Dienste und Einrichtungen	Übrige Aufgabenbereiche
	Ausgaben für die Aufgabenbereiche in % der Nettoausgaben der jeweiligen Gebietskörperschaft										
	Gemeinden										
1950	-	4,1	13,4	0,4	15,0	11,2	2,2	8,3	8,1	11,9	25,4
1953	-	3,3	14,2	0,4	11,9	10,1	2,0	8,9	7,3	12,0	29,9
1956	-	2,6	13,7	0,3	11,0	10,7	2,0	10,2	5,9	13,2	30,4
1959	-	2,4	12,1	0,3	10,3	10,9	2,2	11,2	5,5	13,0	32,1
1962	-	2,2	12,3	0,3	9,5	11,5	2,1	11,3	5,9	14,5	30,4
1965	-	1,8	13,5	0,3	10,9	11,7	1,9	11,3	6,1	15,3	27,2
1968	-	1,8	13,1	0,2	12,6	12,5	1,8	9,6	5,2	14,7	28,5
1969	-	1,8	13,2	0,2	12,3	12,6	1,9	9,6	5,0	14,7	28,7
1969	-	3,2	15,6	0,2	14,6	17,3	2,6	11,7	4,2	14,1	16,5
1970	-	3,1	14,1	0,2	14,3	17,2	2,6	12,7	4,0	14,2	17,6
1971	-	3,0	14,8	0,2	14,3	17,5	2,4	12,0	3,8	14,0	18,0

9 STRUKTUR DER ÖFFENTLICHEN INVESTITIONEN 1960 - 1971 NACH AUFGABENBEREICHEN UND GEBIETSKÖRPERSCHAFTEN

Aufgabenbereich		Bund	%	Länder	%	Gemeinden	%	Staat	%
Verkehr	%	37,5	89,4	13,1	31,5	49,4	36,9	100,0	45,5
Unterricht, Wissenschaft, Kultur	%	0,9	1,0	36,5	42,2	62,6	22,6	100,0	22,0
Kommunale Anstalten und Einrichtungen	%	-	-	10,6	10,0	89,4	26,5	100,0	18,0
Sozial- und Gesundheitswesen	%	-	-	15,5	6,2	84,5	10,5	100,0	8,6
Verwaltung, sonstige Aufgaben	%	31,3	9,6	32,9	10,1	35,8	3,5	100,0	5,9
Gesamt-Investitionen	%	19,3	100,0	19,2	100,0	61,5	100,0	100,0	100,0

6 VERTEILUNG DER FINANZIERUNGSLAST FÜR AUSGABEN AUSGEWÄHLTER AUFGABENBEREICHE AUF DIE GEBIETSKÖRPERSCHAFTEN

	Öffentliche Sicherheit			Schulwesen			Hochschulen, Forschung			Soziale Sicherung		
	Bund	Länder	Gemeinden	Bund	Länder	Gemeinden	Bund	Länder	Gemeinden	Bund	Länder	Gemeinden
	%	%	%	%	%	%	%	%	%	%	%	%
1950	0,5	78,2	21,3	.	55,3	44,7	10,8	84,3	4,9	74,2	14,5	11,3
1953	6,2	77,6	16,2	0,2	56,2	43,6	10,9	84,5	4,6	77,8	13,0	9,2
1956	5,4	80,6	14,0	0,3	57,3	42,4	15,1	81,1	3,8	76,4	13,4	10,2
1959	8,3	78,0	13,7	0,4	61,5	38,1	27,5	69,3	3,2	77,8	11,7	10,5
1962	8,1	78,3	13,6	0,9	59,5	39,6	31,6	66,1	2,3	76,4	12,8	10,8
1965	7,3	81,4	11,3	0,7	59,9	39,4	24,7	73,6	1,7	76,3	11,1	12,6
1968	6,9	82,1	11,0	1,5	63,5	35,0	33,6	65,2	1,2	74,8	11,2	14,0
1969	6,7	82,4	10,9	0,5	64,7	34,8	30,8	68,1	1,1	73,9	11,4	14,7
1969	6,0	78,6	15,4	0,5	64,8	34,7	31,4	67,5	1,1	71,4	15,2	13,4
1970	6,0	77,9	16,1	0,8	67,6	31,6	31,2	67,8	1,0	69,6	15,9	14,5
1971	6,1	77,6	16,3	2,2	65,7	32,1	33,1	66,1	0,8	68,1	16,0	15,9

	Gesundheit, Sport			Wirtschaftsförderung			Verkehrswesen			Wohnungswesen		
	Bund	Länder	Gemeinden	Bund	Länder	Gemeinden	Bund	Länder	Gemeinden	Bund	Länder	Gemeinden
	%	%	%	%	%	%	%	%	%	%	%	%
1950	1,5	32,5	66,0	58,4	35,1	6,5	30,2	32,8	37,0	36,0	48,7	15,3
1953	0,3	36,1	63,6	44,5	47,9	7,6	28,5	31,3	40,2	45,6	36,0	18,4
1956	0,6	31,7	67,7	61,4	32,4	6,2	30,4	33,2	36,4	46,7	36,2	17,1
1959	0,8	31,4	67,8	64,8	28,0	7,2	35,9	27,4	36,7	54,6	29,1	16,3
1962	1,4	32,2	66,4	63,4	30,4	6,2	36,8	32,1	31,1	27,7	50,3	22,0
1965	1,4	33,1	65,5	63,6	31,3	5,1	37,0	31,3	31,7	20,1	53,8	26,1
1968	2,5	32,2	65,3	75,0	20,7	4,3	43,9	29,6	26,5	19,3	51,6	29,1
1969	1,6	30,4	68,0	75,7	19,6	4,7	44,2	29,2	26,6	17,1	50,5	32,4
1969	1,8	28,4	69,8	67,7	25,2	7,1	43,5	29,7	26,8	11,6	50,1	38,3
1970	2,2	28,8	69,0	66,7	26,0	7,3	42,9	27,4	29,7	8,2	53,1	38,7
1971	4,0	27,0	69,0	58,3	31,7	10,0	44,0	25,6	30,4	10,9	49,2	39,9

7 RELATIVE BELASTUNG DER ÖFFENTLICHEN HAUSHALTE DURCH PERSONALAUSGABEN UND VERTEILUNG DER PERSONALAUSGABEN AUF DIE GEBIETSKÖRPERSCHAFTEN

Jahr	Staat	Bund	Länder	Gemeinden	Anteil an den gesamten Personalausgaben		
	Personalausgaben in % der Gesamtausgaben				Bund	Länder	Gemeinden
1950	20,9	2,3	42,0	29,8	5,0	59,5	35,5
1951	20,8	2,5	40,6	31,2	5,7	61,9	32,4
1952	21,2	3,4	40,1	30,4	7,4	60,1	32,5
1953	21,5	3,6	42,5	29,9	7,8	60,3	31,9
1954	21,3	3,8	43,3	28,0	8,2	60,2	31,6
1955	22,2	3,9	43,1	26,3	7,5	61,1	31,5
1956	22,0	5,0	40,9	26,6	9,8	59,4	30,8
1957	22,4	6,4	40,6	27,2	12,4	57,6	30,0
1958	23,0	7,2	41,6	26,9	13,6	57,2	29,2
1959	21,6	7,3	39,5	24,6	15,0	56,5	28,5
1960	22,2	8,4	38,6	23,8	15,7	56,4	27,9
1961	21,8	8,5	38,8	23,7	16,9	55,6	27,5
1962	21,6	9,3	38,1	22,4	18,5	54,1	27,4
1963	22,5	10,3	40,3	22,0	19,4	53,5	27,1
1964	22,1	10,3	40,7	21,2	20,0	53,0	27,0
1965	23,3	11,0	42,5	22,1	20,1	53,0	26,9
1966	24,7	12,0	44,3	23,3	20,4	52,7	26,9
1967	24,6	11,3	45,5	24,3	20,3	52,9	26,8
1968	25,0	11,5	45,6	24,4	19,9	53,3	26,8
1969	25,3	11,8	47,6	24,5	20,9	52,7	26,4
1969	27,5				24,3	50,9	24,8
1970	29,2				23,8	51,5	24,7
1971	30,7				23,3	51,8	24,9

8 STRUKTUR UND ENTWICKLUNG DER ÖFFENTLICHEN INVESTITIONEN NACH AUFGABENBEREICHEN

	Verkehr	Unterricht, Wissenschaft, Kultur	Kommunale Anstalten u. Einrichtungen	Sozial- und Gesundheits-wesen	Verwaltung, sonstige Aufgaben
	% der gesamten Investitionen (jeweilige Preise)				
1960	40,3	23,5	19,4	8,0	8,8
1961	42,0	22,7	19,9	8,1	7,3
1962	43,3	21,1	20,6	7,7	7,3
1963	43,5	21,4	20,5	7,7	6,9
1964	41,6	23,3	21,1	8,0	6,0
1965	40,1	24,9	20,4	8,6	6,0
1966	41,1	24,5	19,7	8,6	6,1
1967	43,7	24,2	17,9	8,3	5,9
1968	44,4	22,9	18,6	8,1	6,0
1969	45,4	22,8	18,8	7,4	5,6
1970	44,0	24,9	16,5	8,9	5,7
1971	44,2	26,6	15,8	8,3	5,1
	Index 1962 = 100 (konstante Preise von 1962)				
1960	71	86	72	79	91
1961	84	92	84	90	85
1962	100	100	100	100	100
1963	113	113	110	111	106
1964	130	143	133	134	108
1965	135	152	129	144	107
1966	145	150	127	145	110
1967	139	125	100	119	90
1968	153	133	115	129	102
1969	168	140	124	126	102
1970	179	172	120	168	116
1971	175	174	111	149	100

DEFINITIONEN

Quote der Staatsausgaben: Gesamte Staatsausgaben in % des Bruttosozialprodukts zu Marktpreisen (BSPm) bzw. des Nettosozialprodukts zu Faktorkosten (NSPf = Volkseinkommen)
Gesamte Staatsausgaben: Gesamtausgaben aller Gebietskörperschaften (Reich/Bund einschließlich Lastenausgleichfonds und ERP-Sondervermögen, Länder einschließlich Stadtstaaten, Gemeinden und Gemeindeverbände), jedoch ohne Sozialversicherung; ohne Doppelzählungen, d.h. ohne Zahlungen der Gebietskörperschaften untereinander; soweit nicht anders vermerkt, einschließlich Schuldendienst (Zinsen und Tilgung) und Zuführung an Rücklagen
Netto-Ausgaben (NA): Summe der aus eigenen Mitteln der betreffenden Gebietskörperschaft zu deckenden bzw. zu finanzierenden Aufwendungen, also einschließlich der Zahlungen an, jedoch ohne Zahlungen von anderen Gebietskörperschaften
Unmittelbare Ausgaben (UA): Summe der unmittelbaren Aufwendungen, die letztlich von den verschiedenen Verwaltungsebenen für die ihnen übertragenen Aufgaben geleistet werden, also einschließlich der Zahlungen von, jedoch ohne Zahlungen an andere Gebietskörperschaften
(Die gesamten Staatsausgaben können nach beiden Prinzipien vollständig auf die Gebietskörperschaften aufgeteilt werden. Tatsächlich weichen jedoch die Summen der Netto-Ausgaben bzw. unmittelbaren Ausgaben aus Gründen der zeitlichen Abgrenzung auch auf der Ebene des Gesamtstaates geringfügig voneinander ab.)
Personalausgaben: Aktivitätsbezüge der Beschäftigten des öffentlichen Dienstes und Versorgungsbezüge der Ruhegehaltsempfänger und ihrer Hinterbliebenen
Öffentliche Investitionen: unmittelbare Investitionen der Gebietskörperschaften und Sondervermögen, ohne Sozialversicherung; die unmittelbaren Investitionen umfassen lediglich Sachinvestitionen (Ausgaben für Grundstücke, Bauten und Ausrüstungen, ohne Bauten und Ausrüstungen für militärische Zwecke), jedoch keine Finanzinvestitionen.

QUELLEN UND ANMERKUNGEN

Bruttosozialprodukt zu Marktpreisen (BSPm) und Nettosozialprodukt zu Faktorkosten(NSPf) beziehen sich auf Kalenderjahre, Staatsausgaben auf Rechnungsjahre; Rechnungsjahre bis 1959 jeweils vom 1.4. des Berichtsjahres bis zum 31.3. des folgenden Jahres, 1960 vom 1.4. bis 31.12., ab 1961 gleichlaufend mit Kalenderjahren.

Gebietsstand: bis 1944 Deutsches Reich in den jeweiligen Grenzen, 1950 Bundesgebiet ohne Saarland und Berlin (West), 1951 - 1959 Bundesgebiet ohne Saarland, mit Berlin (West), ab 1960 Bundesgebiet mit Saarland und Berlin (West).

1) Weitzel, Otto, 1968: Die Entwicklung der Staatsausgaben in Deutschland. Dissertation Erlangen-Nürnberg: Tabellenanhang, Tab. 1, 7, 27
StBA, Bevölkerung und Wirtschaft 1872 - 1972: S. 231, 260

Sp. 1: Zur Deflationierung der Pro-Kopf-Ausgaben wurde ein "Preisindex der Staatsausgaben" verwendet, der als gewogener Index aus den Indexreihen des öffentlichen Verbrauchs, der öffentlichen Investitionen und der öffentlichen Transferzahlungen berechnet wurde. Vgl. Weitzel, Otto, Die Entwicklung der Staatsausgaben ..., Abschn. J (Stat. Anhang) und Tabellenanhang, Tab. 54 a

Sp. 2: Für die Zeit von 1925 liegen keine Berechnungen des Bruttosozialprodukts zu Marktpreisen vor.

Sp. 4-12: Der funktionalen Gliederung liegt die Abgrenzung der Aufgabenbereiche nach Weitzel, Otto, Die Entwicklung der Staatsausgaben ..., Abschn. J (Stat. Anhang) und Tabellenanhang, Tab. 27 zugrunde. Die Daten für 1950 ff, die nach dem finanzstatistischen Funktionenplan für die BRD gegliedert vorlagen, wurden durch Zusammenfassung bestimmter Aufgabenbereiche weitgehend vergleichbar gemacht. Im einzelnen: besondere Kriegsfolgelasten: Entschädigung, Wiedergutmachung etc., jedoch keine sozialen Kriegsfolgelasten.
Bildung und Wissenschaft: Schulwesen, Hochschulen, Forschung

Sozial- und Gesundheitswesen: soziale Sicherung, Gesundheit, Sport
Bau- und Wohnungswesen: Wohnungs- und Siedlungswesen sowie kommunale Anstalten und Einrichtungen
Wirtschaftsförderung: Landwirtschaft, Handel, Gewerbe
Sonstige: Vor allem Allgemeine Verwaltung und Allgemeine Finanzwirtschaft (Schuldendienst, Versorgung etc.)

2) StBA, JB 1972: S. 94*, 95*
StBA, JB 1973: S. 94*, 95*, 121*f

Staatsausgaben, Ausgaben der Zentralregierung und Verteidigungsausgaben: jeweils Haushaltsansätze (Ausgenommen BRD: Ist-Zahlen); ohne Sozialversicherung (ausgenommen USA); DDR und UdSSR: wegen eines anderen Sozialproduktkonzepts ist kein sinnvoller Vergleich möglich.
Der Anteil der Verteidigungsausgaben an den gesamten Staatsausgaben wurde mit Hilfe einer funktionalen Gliederung der Ausgaben der Zentralregierung unter der Voraussetzung berechnet, daß der Verteidigungsbereich in allen angegebenen Staaten in die ausschließliche Kompetenz der Zentralregierung fällt

3) StBA, Bevölkerung und Wirtschaft 1872 - 1972: S. 231
StBA, JB 1972: S. 402 f
StBA, JB 1973: S. 414 f

Der funktionalen Gliederung der Staatsausgaben und den Ausgaben der Gebietskörperschaften sowie der Verteilung der Finanzierungslast liegt die Abgrenzung der Aufgabenbereiche nach dem bis 1969 gültigen Finanzstatistischen Funktionenplan zugrunde. Der neue Funktionenplan von 1970 weicht hiervon in einzelnen Punkten mehr oder weniger stark ab. Die Differenzen zwischen den Angaben für 1969 (alt) und 1969 (neu) vermitteln einen Eindruck von der Größenordnung der jeweiligen Abweichungen.
Übrige Aufgabenbereiche: vor allem allgemeine Verwaltung und Finanzverwaltung, Wirtschaftsunternehmen des Staates, Allgemeine Finanzwirtschaft (Schuldendienst, Versorgung, besondere Kriegsfolgelasten, Berlin-Hilfe etc.)
Die funktionale Struktur der Ausgaben der Gebietskörperschaften und die Verteilung der Finanzierungslast beruht auf der Verteilung der Gesamtausgaben auf die Gebietskörperschaften nach dem Prinzip der Netto-Ausgaben. Die Angaben für 1969 (neu) ff. beziehen sich auf die Gliederung der Netto-Ausgaben ohne Schuldentilgung und Zuführung an Rücklagen; wegen der niedrigen Bezugsbasis liegen die Anteile für die einzelnen Aufgabenbereiche durchweg auf einem etwas höheren Niveau

4) StBA, Bevölkerung und Wirtschaft 1872 - 1972: S. 229 ff, 260
StBA, JB 1972: S. 400 ff
StBA, JB 1973: S. 412 ff, 520

Die Staatsausgaben werden in der Originalquelle ab 1969 (neu) ohne Schuldendienst und Zuführung an Rücklagen ausgewiesen. Zwecks besserer Vergleichbarkeit wurden hier jedoch diesen Zahlen die aus anderen Quellen entnommenen Angaben über Schuldendienst und Zuführung an Rücklagen hinzugerechnet.
Bezugsbasis für die Aufteilung der Netto-Ausgaben ab 1969 (neu) sind die Gesamtausgaben ohne Schuldendienst und Zuführung an Rücklagen.
Die Aufteilung der unmittelbaren Ausgaben auf die Gebietskörperschaften ist ab 1969 (neu) wegen Doppelzählungen nicht mehr möglich

5) StBA, Bevölkerung und Wirtschaft 1872 - 1972: S. 231 f
StBA, JB 1972: S. 402 f
StBA, JB 1973: S. 414 f

Anmerkungen wie bei 3)

6) StBA, Bevölkerung und Wirtschaft 1872 - 1972: S. 231 f
StBA, JB 1972: S. 402 f; StBA, JB 1973: S. 414 f
Anmerkungen wie bei 3)

7) StBa, Bevölkerung und Wirtschaft 1872-1972: S. 229 f
StBa, JB 1972: S. 400 f
StBa, JB 1973: S. 412 f

Die Personalausgaben werden den Gebietskörperschaften als Teil ihrer unmittelbaren Ausgaben zugerechnet. Die Quote der Personalausgaben (Sp. 1-4) ergibt sich deshalb als Anteil der Personalausgaben an den unmittelbaren Ausgaben der jeweiligen Gebietskörperschaft. Wegen der Unmöglichkeit der Aufteilung der unmittelbaren Ausgaben auf die Gebietskörperschaften ab 1969 (neu) (vgl. Anm. Tab. 4) ist auch ab 1969 (neu) keine Berechnung der Quoten der Personalausgaben mehr möglich

8) Bartholmai, Bernd, 1973: Entwicklung und Struktur der Staatsinvestitionen seit 1960 und der Stand der längerfristigen Investitionsplanung, DIW - Sonderheft 95, Übersichten 7 und 8 S. 24-31

Die öffentlichen Investitionen werden sachlich den Gebietskörperschaften zugerechnet, die die Ausgaben hierfür bestreiten (also nach dem Prinzip der unmittelbaren Ausgaben); zeitlich werden sie hier dem Jahr der Leistungsentstehung (wie bei der Volkswirtschaftlichen Gesamtrechnung) zugerechnet, nicht dem der Zahlung (wie in der Finanzstatistik).
Die Zeitreihen 'zu konstanten Preisen' wurden durch Deflationierung der Reihen 'zu jeweiligen Preisen' mit entsprechenden Preisindizes (für Straßenbau, sonst. Tiefbau, Hochbau, etc.) ermittelt. Vgl. Bartholmai, Bernd, Entwicklung und Struktur der Staatsinvestitionen...
Der Gliederung nach Aufgabenbereichen liegt der bis 1969 gültige Finanzstatistische Funktionenplan zugrunde. Die Angaben für 1970 und 1971 beziehen sich ebenfalls noch auf auf diesen Funktionenplan

9) Bartholmai, Bernd, 1973: Entwicklung und Struktur der Staatsinvestitionen seit 1960 und der Stand der längerfristigen Investitionsplanung, DIW - Sonderheft 95, Übersichten 7 und 8 S. 24-31

vgl. Anmerkungen zu 8)
Die öffentlichen Investitionen unterliegen, wie Tab. 8 zeigt, starken und für die einzelnen Aufgabenbereiche ungleichzeitigen konjunkturbedingten Schwankungen. Um diese Schwankungen zu relativieren und Verzerrungen der Strukturkomponenten zu vermeiden, werden hier die gesamten Investitionen des Zeitraums 1960 bis 1971, bewertet zu konstanten Preisen von 1962, aggregiert. Die Aggregate werden dann nach Aufgabenbereichen und Gebietskörperschaften aufgegliedert

10) Weitzel, Otto, Die Entwicklung der Staatsausgaben...Tabellenanhang, Tab. 40b und 41

Konsum (=Staatsverbrauch): Laufende Käufe von Gütern und Dienstleistungen, insbesondere Personalausgaben für die Beschäftigten des öffentlichen Dienstes, sowie die gesamten militärischen Ausgaben
Investition: Ausgaben für Grundstücke, Bauten und Ausrüstungen, ohne Ausgaben für militärische Zwecke
Transfer: Übertragungen von Geldleistungen an andere Sektoren (private Haushalte, Unternehmen, Ausland)
Sozialtransfer: Pensionen, Renten, Unterstützungen und Zuschüsse zur Sozialversicherung

AUSSENWIRTSCHAFTLICHE VERFLECHTUNG

Internationale Handelsbeziehungen werden üblicherweise damit begründet, daß sie die Versorgung von Bevölkerung und Wirtschaft mit Produkten ermöglichen, die im eigenen Land nicht hergestellt werden können, sei es aufgrund fehlender Bodenschätze oder bestimmter klimatischer Bedingungen, und, daß sie einen höheren Versorgungsgrad ermöglichen, wenn absolute und komparative Kostenvorteile bei der Produktion genutzt werden. Außer auf den Gütermärkten bestehen internationale Wirtschaftsbeziehungen auf Dienstleistungs-, Kapital- und Arbeitsmärkten und sie bewirken eine wechselseitige Abhängigkeit zwischen weltwirtschaftlicher und volkswirtschaftlicher Entwicklung. Der Grad an Autarkie bzw. Integration in die Weltwirtschaft und die Intensität der Wirtschaftsbeziehungen zwischen einzelnen Volkswirtschaften scheint allerdings ebenso eine Frage politischer Präferenzen und Entscheidungen wie ökonomischer Kalküle zu sein.

Sowohl im historischen wie im internationalen Vergleich läßt sich die Auslandsabhänigkeit einer Volkswirtschaft durch den Anteil der Exporte bzw. Importe am Bruttosozialprodukt aufzeigen; je größer dieser Anteil ist, desto größer wird die Wahrscheinlichkeit, daß weltwirtschaftliche Entwicklungstendenzen auf die nationale Wirtschaftsentwicklung Einfluß nehmen.

Die Größenordnung des Anteils, den eine Volkswirtschaft am Welthandel hat, kann als Indikator für wirtschaftliche Macht und mit Einschränkungen auch für politischen Einfluß angesehen werden. Dafür ist auch die "Zahlungsfähigkeit" eines Landes relevant die durch die nationalen Devisenbestände gemessen werden kann (Tab. 1 und 2).

Die Aufgliederung der Ein- und Ausfuhren nach Herkunfts- und Verbraucherländern kann die Intensität von Handelsbeziehungen zwischen einzelnen Ländern verdeutlichen. Werden die Länder zu "Wirtschaftsblöcken" zusammengefaßt, so lassen sich deutliche Konzentrationseffekte bei den Handelsbeziehungen erkennen (Tab. 4). Interessante Aufschlüsse im Hinblick auf die Rolle der Volkswirtschaft in der weltwirtschaftlichen Arbeitsteilung vermittelt die Aufgliederung der Ein- und Ausfuhr nach Warengruppen (Tab. 5).

Die Gesamtheit der ökonomischen Transaktionen, neben den Handelsbeziehungen, Dienstleistungsgeschäfte und Geld- und Kreditbeziehungen, werden in der Zahlungsbilanz zusammenfassend dargestellt. Aus den Teilbilanzen läßt sich entnehmen, in welchen Bereichen Überschüsse bzw. Defizite erzielt werden und welchen Beitrag sie zur Devisenbilanz leisten, deren Ausgleich die Wirtschaftspolitik anzustreben hat (Tab. 3).

Im Zusammenhang mit den internationalen Wirtschaftsbeziehungen erreichen hin und wieder die Themen "Exportabhängigkeit der Wirtschaft" und "Kapitalflucht" Aktualität. Die Exportabhängigkeit gilt in besonderem Maße für typische Exportindustrien, die bei Verschlechterung ihrer Wettbewerbsfähigkeit durch Wechselkurserhöhungen jeweils auf ihre 'wirtschaftlichen Sorgen' hinweisen und Entlastungsforderungen stellen (Tab. 6). Das Argument der Kapitalflucht, deren Ausmaß sich anhand von Statistiken der Bundesbank überprüfen läßt (Tab. 8), wird häufig gegen Wirtschaftsreformen vorgebracht, die in- wie ausländische Kapitalgeber veranlassen könnten Kapital abzuziehen.

Von den wirtschaftlichen Außenbeziehungen der BRD haben zwei besonderen Charakter und besondere Bedeutung, nämlich die Wirtschaftsbeziehungen zur DDR und zu den "Entwicklungsländern". Der Handel zwischen der BRD und der DDR vollzieht sich auf der Grundlage des "Interzonenhandelsabkommen" von 1951 unter besonderen Bedingungen (Zollfreiheit bei gewerblichen Erzeugnissen, Abschöpfungsfreiheit bei landwirtschaftlichen Produkten, steuerliche Erleichterungen). Die innerdeutschen Handelsbeziehungen, deren Bedeutung für die beiden Volkswirtschaften sehr unterschiedlich ist, konnten selten bilateral ausgeglichen werden und machten Überziehungskredite zugunsten der DDR erforderlich (Tab. 7). Um die Kluft zwischen den prosperierenden, industrialisierten Ländern und den notleidenden, unentwickelten Ländern zu mildern, wird die Forderung nach Entwicklungshilfe erhoben, die teils als Kapitalhilfe, teils als technische Hilfe aufgrund bi- und multilateraler Vereinbarungen auch gewährt wird, deren Größenordnung allerdings gewöhnlich als völlig unzureichend beurteilt wird (Tab. 9).

1 EIN- UND AUSFUHR DEUTSCHLANDS UND DEREN ANTEIL AM BRUTTOSOZIALPRODUKT UND AM WELTHANDEL SEIT 1913

	1913	1929	1936	1938	1950	1955	1960	1965	1970	1972
Einfuhr:										
Mrd. RM/DM	10,8	13,4	4,2	5,4	11,4	24,5	42,7	70,4	109,6	128,7
% des BSP		15,2	5,2	5,4	11,6	13,7	14,1	15,3	16,0	15,5
% der Welteinf.	12,9	9,1	7,8	9,2	4,6	6,5	8,5	10,1	10,2	10,5
Ausfuhr:										
Mrd. RM/DM	10,1	13,5	4,8	5,3	8,4	25,7	47,9	71,7	125,3	149,0
% des BSP		15,3	5,9	5,3	8,5	14,4	15,8	15,6	18,3	18,0
% der Weltausf.	13,1	9,9	9,3	9,6	3,5	7,3	10,1	10,9	12,3	12,6

2 EXPORTQUOTE, IMPORTQUOTE, ANTEIL AM WELTHANDEL UND WÄHRUNGSRESERVEN DER ZENTRALBANK FÜR AUSGEWÄHLTE LÄNDER 1970, 1971

	Exporte		Importe		Währungsres.
	% des BSP 1970	% d. Welthandel 1971	% des BSP 1970	% d. Welthandel 1971	in Mrd. Doll. 1971
BRD	18,3	11,2	16,1	9,4	17,5
DDR		1,3		1,3	
GBR	16,0	6,4	18,0	6,6	(2,6)
FRA	12,1	5,9	12,9	5,7	(4,8)
ITA	14,3	4,3	16,2	4,4	6,2
NIE	37,7	4,0	42,9	4,2	2,5
BEL					
LUX		) 3,5		) 3,4	) 2,4
DÄN	21,2	1,1	28,3	1,3	0,6
ÖST	19,9	0,9	24,7	1,1	2,1
SWI	25,4	1,7	32,0	2,0	7,0
SWE	22,8	2,2	23,5	1,9	0,9
USA	4,4	12,5	4,0	12,5	11,4
USR		4,1		3,6	
JAP	9,8	6,9	9,6	5,4	14,5
IND					0,9

3 ZAHLUNGSBILANZ DER BRD SEIT 1950 (SALDEN IN MILLIONEN DM) UND INDEX DER TERMS OF TRADE

Jahr	Handelsbilanz cif/fob Mio. DM	Dienstleistungsbilanz Mio. DM	Bilanz der Übertragungen Mio. DM	Kapitalbilanz langfristig Mio. DM	Kapitalbilanz kurzfristig + R. Mio. DM	Ausgleichsbedarf der Bundesbank Mio. DM	Devisenbilanz Mio. DM	Terms of Trade Index
1950	- 3 012	+ 540	+ 2 065	+ 458	- 615	-	- 564	.
1951	- 149	+ 961	+ 1 529	- 149	- 154	-	+ 2 038	.
1952	+ 706	+ 1 662	+ 160	- 447	+ 819	-	+ 2 900	75,9
1953	+ 2 516	+ 1 728	- 451	- 398	+ 251	-	+ 3 646	82,9
1954	+ 2 698	+ 1 385	- 474	- 518	- 120	-	+ 2 971	83,6
1955	+ 1 245	+ 1 794	- 834	- 381	+ 27	-	+ 1 851	82,7
1956	+ 2 897	+ 2 703	- 1 221	- 455	+ 1 086	-	+ 5 010	83,8
1957	+ 4 083	+ 3 560	- 1 882	- 440	- 199	-	+ 5 122	84,4
1958	+ 4 954	+ 2 844	- 2 000	- 1 457	- 897	-	+ 3 444	91,2
1959	+ 5 361	+ 1 880	- 3 279	- 3 739	- 1 915	-	- 1 692	93,9
1960	+ 5 223	+ 2 758	- 3 488	- 171	+ 3 697	-	+ 8 019	93,7
1961	+ 6 615	+ 658	- 4 430	- 4 203	+ 538	- 1 475	- 2 297	97,2
1962	+ 3 477	- 217	- 5 210	- 353	+ 1 426	-	- 877	100
1963	+ 6 032	- 276	- 5 095	+ 1 546	+ 533	-	+ 2 740	100,8
1964	+ 6 081	- 786	- 5 311	- 1 034	+ 1 485	-	+ 435	100,8
1965	+ 1 203	- 1 549	- 6 377	+ 957	+ 4 483	-	- 1 283	100,0
1966	+ 7 958	- 1 595	- 6 295	- 762	+ 2 646	-	+ 1 952	99,5
1967	+ 16 862	- 1 004	- 6 422	- 3 180	- 6 396	-	- 140	99,8
1968	+ 18 372	- 154	- 7 312	- 11 411	+ 7 514	-	+ 7 009	100,6
1969	+ 15 584	- 908	- 8 650	- 23 069	+ 6 792	- 4 099	- 14 361	100,1
1970	+ 15 670	- 3 938	- 9 359	- 2 948	+ 22 418	+ 738	+ 22 650	103,9
1971	+ 15 892	- 4 907	- 10 552	+ 6 605	+ 8 689	- 5 369	+ 10 989	106,8
1972	+ 20 278	- 5 657	- 13 297	+ 13 012	+ 1 354	- 496	+ 15 194	109,9

4 EINFUHR AUS HERSTELLUNGSLÄNDERN UND AUSFUHR NACH VERBRAUCHSLÄNDERN

Einfuhr	1950	1955	1960	1965	1970
Mill. DM	11 374	24 472	42 723	70 448	109 606
aus:	%	%	%	%	%
westeuropäischen Ländern	52,4	50,8	54,0	59,2	63,4
davon: EWG	26,6	25,8	29,7	37,8	44,2
EFTA	21,1	19,2	19,7	17,3	15,2
übrige	4,6	5,7	4,6	4,1	4,0
außereuropäischen Industrieländern	20,2	19,1	18,8	17,5	16,4
Entwicklungsländern	24,2	27,1	22,3	19,1	16,1
sozialistischen Ländern	3,1	3,0	4,7	4,1	4,0
nicht erfaßt	0,1	0,1	0,2	0,1	0,1
Ausfuhr:					
Mill. DM	8 362	25 717	47 946	71 651	125 276
in:	%	%	%	%	%
westeuropäische Länder	72,0	64,8	63,5	68,9	69,4
davon: EWG	37,0	28,8	29,5	35,2	40,1
EFTA	26,6	29,0	28,1	27,1	22,6
übrige	8,4	7,0	5,9	6,6	6,7
außereuropäische Industrieländer	8,5	10,5	12,7	12,7	14,2
Entwicklungsländer	14,8	21,6	18,8	14,4	11,9
sozialistische Länder	4,3	2,4	4,7	4,1	4,0
nicht erfaßt	0,3	0,7	0,3	0,3	0,2

5 ANTEIL DER WARENGRUPPEN AN DER EIN- UND AUSFUHR INSGESAMT NACH 1952

Jahr	Ernährungswirtschaft		Gewerbliche Wirtschaft					
			Rohstoffe		Halbwaren		Fertigwaren	
	Einfuhr	Ausfuhr	Einfuhr	Ausfuhr	Einfuhr	Ausfuhr	Einfuhr	Ausfuhr
	% der gesamten Einfuhr bzw. Ausfuhr							
1952	37,4	2,2	34,8	7,6	14,5	15,0	13,2	75,1
1960	26,3	2,3	21,7	4,6	18,9	10,4	32,2	82,4
1966	24,0	2,4	16,3	3,5	14,9	8,9	43,7	84,7
1972	19,1	4,0	12,3	2,3	12,8	7,0	54,3	86,1

6 EXPORTQUOTEN NACH INDUSTRIEGRUPPEN SEIT 1965

Industriegruppe	Exportquote 1965	1970	1972
Bergbau	20,6	20,5	20,6
Grundstoff- und Produktionsgüterindustrien	16,1	19,2	20,2
Chemische Industrie	25,0	31,1	32,1
Investitionsgüterindustrien	24,8	28,7	29,9
Herstellung von Büromaschinen, Datenverarbeitungsgeräten und -einrichtungen	.	46,6	47,4
Schiffbau	40,8	36,2	48,9
Straßenfahrzeugbau	34,7	39,1	41,4
Maschinenbau	30,4	35,5	37,3
Feinmechanische und optische sowie Uhrenindustrie	32,8	36,6	35,3
Verbrauchsgüterindustrien	7,6	10,3	10,4
Nahrungs- und Genußmittelindustrien	1,9	2,8	3,1

7 DIE ENTWICKLUNG DES INNERDEUTSCHEN HANDELS SEIT 1952

Jahr	Bezüge der BRD Mio. DM	Liefer. der BRD Mio. DM	Saldo Mio. DM	% der Gesamteinfuhr BRD	DDR
1952	220	178	- 42	1,3	5,9
1953	307	271	- 36	1,9	6,4
1954	450	454	4	2,3	9,5
1955	588	563	- 25	2,3	11,2
1956	653	699	46	2,3	11,0
1957	817	846	29	2,5	11,4
1958	858	800	- 58	2,7	11,3
1959	892	1 079	187	2,4	11,5
1960	1 122	960	-162	2,6	10,5
1961	941	873	- 68	2,1	9,7
1962	914	853	- 61	2,0	8,8
1963	1 022	860	-162	1,9	9,1
1964	1 027	1 151	124	1,7	10,7
1965	1 260	1 206	- 54	1,8	10,4
1966	1 345	1 625	280	1,8	10,9
1967	1 264	1 483	219	1,8	9,4
1968	1 440	1 422	- 18	1,7	8,6
1969	1 656	2 272	616	1,7	11,3
1970	1 996	2 416	420	1,8	10,6
1971	2 319	2 499	180	1,9	10,3
1972	2 381	2 927	546	1,8	
1973	2 660	2 998	338		

8 VERGLEICH DER DIREKTINVESTITIONEN DEUTSCHER IM AUSLAND MIT DEN DIREKTINVESTITIONEN GEBIETSFREMDER IN DER BRD

	Direktinvestitionen (Nettowerte)		
	Deutscher im Ausland	Gebietsfremder in der BRD	Saldo
Jahr	Mio. DM	Mio. DM	Mio. DM
1961	947,7	296,3	- 651,4
1962	846,2	1 390,5	544,3
1963	1 115,1	1 503,5	388,4
1964	1 134,3	2 004,9	870,6
1965	1 112,0	2 548,5	1 436,5
1966	1 678,2	2 884,7	1 206,5
1967	2 061,5	3 889,5	1 828,0
1968	2 292,2	2 248,7	- 43,5
1969	3 269,3	2 103,9	-1 165,4
1970	3 494,9	2 729,4	- 765,5
1971	2 667,5	3 986,0	1 318,5
1972	2 816,2	3 728,5	912,3

9 NETTOLEISTUNGEN DER BUNDESREPUBLIK AN ENTWICKLUNGSLÄNDER SEIT 1960

	Nettoleistungen					
	insgesamt	öffentliche	private	bilaterale	multilaterale	Anteil am BSP
Jahr	Mio. DM	%	%	%	%	%
1960	2 638,3	56	44	83	17	0,9
1961	3 388,4	73	27	67	33	1,0
1962	2 437,4	77	23	83	17	0,8
1963	2 482,8	70	30	94	6	0,6
1964	2 825,7	60	40	91	9	0,7
1965	2 938,6	64	36	84	16	0,6
1966	3 153,9	62	38	96	4	0,6
1967	4 581,6	48	52	95	5	0,9
1968	6 653,7	36	64	76	24	1,2
1969	7 951,0	26	74	79	21	1,3
1970	5 453,1	49	51	83	17	0,8
1971	6 685,8	47	53	82	18	0,9
1972	5 522,7	56	44	73	27	0,7

DEFINITIONEN:

Exportquote: Anteil der Exporte am Bruttosozialprodukt
Importquote: Anteil der Importe am Bruttosozialprodukt
Terms of Trade: Index der Durchschnittswerte der Ausfuhr in % des Index der Durchschnittswerte der Einfuhr.
Spezialhandel: enthält bei der Einfuhr im wesentlichen die Waren, die zum Gebrauch, Verbrauch oder zur Bearbeitung oder zur Verarbeitung des Erhebungsgebietes stammen; diese Abgrenzung liegt allen hier aufgenommenen Außenhandelstabellen zugrunde.

QUELLENANGABEN UND ANMERKUNGEN:

1) Gleitze, 1960: S. 147, 174
BMWF, Leistung in Zahlen 1971: S. 72, 73

bis 1938: Reichsgebiet, danach Bundesgebiet;
Welteinfuhr und -ausfuhr ohne Ostblockländer

2) StBA, JB 1972: S. 70*, 71*, 110*, 127*;

3) BMWF, Leistung in Zahlen 1970: S. 88; 1971: S. 70

Handelsbilanz: Saldo der Umsätze von Waren
Dienstleistungsbilanz: Saldo der Umsätze von Dienstleistungen
Bilanz der Übertragungen: hauptsächlich Wiedergutmachung, Überweisungen der ausländischen Arbeitskräfte und Beiträge an internationale Organisationen
Kapitalverkehrsbilanz: Zunahme und Abnahme von Ansprüchen und Verbindlichkeiten.
In der kurzfr istigen Kapitalbilanz ist der Restposten enthalten (=Salden der nicht erfaßten Posten und der statistischen Ermittlungsfehler).
Ausgleichsbedarf der Deutschen Bundesbank (DBbk): entsteht durch Aufwertungen, die eine Wertminderung der Devisenbestände verursachen.

Aufwertungen:	6. März	1961	5,0 %
	27. Oktober	1969	9,3 %
	18. Dezember	1971	

1970 wurden der Bundesbank Sonderziehungsrechte von 738 Mio. DM zugewiesen.

4) BMWF, Leistung in Zahlen 1971: S. 74/75

EWG-Länder: Belgien, Frankreich, Luxenburg, Italien, Niederlande;
EFTA-Länder: Dänemark, Großbritannien, Island, Norwegen, Österreich, Portugal, Schweden, Schweiz;
übrige westeuropäische Länder: Griechenland, Türkei, Spanien, Irland, Jugoslawien, Finnland, Malta, Gibraltat;
außereuropäische Industrieländer: Republik Südafrika, Kanada, USA, Japan, Australischer Bund, Neuseeland;
Entwicklungsländer: Afrika ohne Republik Südafrika, Asien ohne Ostblock und Japan, Mittel- und Südamerika, Australien und Ozeanien ohne Australischer Bund und Neuseeland;
Sozialistische Länder: Albanien, Bulgarien, Polen, Rumänien, Sowjetunion, Tschechoslowakei, Ungarn, VR China, Nord-Korea, Mongolische Volksrepublik, Nord-Vietnam;

5) HevsD, M 22

Anteile errechnet auf der Grundlage der tatsächlichen Werte im Spezialhandel;

6) StBA, JB 1972: S. 210;

Exportquote: Anteil des Auslandsumsatzes am Gesamtumsatz;
Neben den Industriegruppen wurden die Einzelindustrien berücksichtig, deren Exportquote 30% übersteigt.

7) StBA, Fachserie F, Reihe 6, Warenverkehr mit der Deutschen Demokratischen Republik und Berlin (Ost), 1973: S. 7

StBA, JB 1966: S. 595
StBA, JB 1971: S. 547
StBA, JB 1973: S. 565
Statistisches Jahrbuch der Deutschen Demokratischen Republik, 1962: S. 547;
1960/61: S. 573

Sachverständigenrat, Jahresgutachten 1973: S. 256

8) BMWI, Leistung in Zahlen 1972: S. 88

Nettowerte: Im Jahr gemeldete (Brutto-)Zugänge abzüglich Rückzahlungen
Folgende Direktinvestitionen werden erfaßt: Gründung oder Erwerb von Unternehmen; Errichtung oder Erwerb von Unternehmen; Errichtung oder Erwerb von Betriebsstätten; Erwerb von Beteiligungen an Unternehmen; Ausstattung dieser Unternehmen, Zweigniederlassungen oder Betriebsstätten mit Anlagemitteln oder Zuschüssen; Gewährung von Darlehen an Unternehmen, die dem gebietsfremden Darlehensgeber gehören oder an denen er unmittelbar oder mittelbar beteiligt ist oder auf deren Geschäftsführung er infolge der Darlehensgewährung erheblichen Einfluß hat.

9) BMWI, Leistung in Zahlen 1972: S. 93

Die öffentlichen Nettoleistungen setzen sich zusammen aus Zuwendungen (technischer Hilfe, Schenkungen, Reparationen) und Krediten und können bilateral oder multilateral über internationale Organisationen gegeben werden (z.B. UN-Organisationen, EWG-Entwicklungsfonds, Weltbank).
Die privaten Nettoleistungen bestehen aus Investitionen, Exportkrediten, Leistungen an nicht-staatliche Einrichtungen und Krediten an multilaterale Institutionen.
Nettoleistungen sind Bruttoleistungen abzüglich Rückflüsse.